主 编 李育民

近代中外条约关系通史

第 6 卷

条约关系趋向平等的改善及挫折

（1927—1937）

刘利民 著

中华书局

目　录

导 言

南京国民政府统治前期是中外条约关系变化的重要阶段。这一时期，国际国内局势均发生显著变化，影响着中国社会的发展走向。在民族主义旗帜下，从政府到民间，都在积极从事废除不平等条约的运动。面对中华民族的觉醒，列强也被迫调整对华政策，以应对中国取消不平等条约的诉求。在这种背景下，中外条约关系发生深刻变化，旧有不平等条约关系得到明显改善，新的平等条约关系逐步建立，并日益扩大。南京国民政府不仅与原有一些条约国磋商缔结了新的通商条约或友好条约，重新建立了平等条约关系，还积极与诸多无约国发展邦交关系，扩展平等条约关系。新的平等条约关系逐步取代旧有不平等条约关系，成为一种历史趋势。当然，日本帝国主义发动侵略战争，打断了这种进程，中外条约关系的改善遭受重大挫折。

南京国民政府建立后，宣称遵循孙中山"革命外交"方针，继承其遗志，高举废约旗帜，采取废止旧约、改订新约政策，分步骤实施收回各种主权的办法，以达到废除不平等条约的目的。到 1930 年 5 月，分别与美、德、挪、比、意、丹、葡、荷、英、瑞(典)、法、西、日等十三个条约国签署了新的关税条约，取消了协定关税制度，关税自主权基本得以恢复。同时，南京国民政府向列强提出法权交涉，要求取消在华领事裁判权。到 1928 年底，中国分别与比、意、丹、葡、西五个国家达成新约，有条件取消其在华领事裁判权。随后，中国又成功说服墨西哥自动无条件放弃领事裁判权。这些进展在法律意义上使享有领事裁判权的主体数量明显减少。到 1931 年"九一八"事变前，列强在华领事裁判权制度已经出现松动，中国取消外国在华领事裁判权的阻力开始减小。南京国民政府还与英、美、法、荷、巴、挪等国进行了艰难交涉，以期实现撤销领事裁判权的目标。尽管这个目标最终没有实现，但取消领事裁判权的愿望得到了列强的承认。南京国民政府还通过磋商，基本收回了上海临时法院，在一定程度上减轻了领事裁判权制度对中国法权的束缚。不仅关税主权、法权等得到部分恢复，租界、租借地、航权等方面的主权也得到一定程度的恢复。

南京国民政府前期比较注重发展对外平等条约关系。在民国北京政府的基础上,南京国民政府与原条约国智利、玻利维亚、波斯、苏联、德国、奥地利、芬兰等改订新约,重建平等条约关系,与希腊、土耳其、阿根廷、利比里亚、波兰、捷克斯洛伐克、埃及、拉脱维亚、爱沙尼亚等无约国缔结平等条约。同时,南京国民政府还与无条约关系的暹罗、阿富汗、罗马尼亚、立陶宛、匈牙利及中南美洲诸国进行缔约谈判,试图建立平等条约关系。通过这些努力,改善了旧有不平等条约关系,建立或拓展了新的平等条约关系。

在"准条约"关系上,南京国民政府也取得了明显进步。电信、外债等准条约的束缚部分得以解除。在国际公约关系上,南京国民政府也积极参加新的国际公约,在国际组织主动发挥自己的作用,影响日益扩大。

值得注意的是,这一时期,不管是政府还是民众,都在积极思考废约问题。为了适应废约新形势,政府从外交、司法、经济、社会等方面作了体制和政策上的调整,有利于条约关系的改善。民众积极开展各种废约宣传、理论探讨和群众运动,形成一种强大的社会压力,有力地促进了废约运动的发展。

总体而言,条约制度在 20 世纪 30 年代开始出现较为明显的松动,条约关系朝着有利于中国主权恢复的方向发展。当然,由于种种因素,此时条约关系并没有得到根本改变,旧的条约关系继续存在,改善条约关系的努力在日本侵略加剧的背景下遭受重大挫折。但不管怎样,这一时期中外条约关系确实发生了重大变化,不平等条约关系得到一定改善,平等条约关系得以逐步建立和扩大,为 20 世纪 40 年代条约关系的根本转型奠定了基础。

本卷主要研究南京国民政府统治前十年间条约关系的发展变化,即条约关系的改善与挫折,主要内容包括:国民政府条约政策的确立、关税自主的实现与条约关系的重大突破、废弃领事裁判权的努力与挫折、取消其他条约特权的努力、平等条约关系的扩大、低潮中的废约努力、"准条约"关系的变动与扩展、国际公约关系的发展、条约关系变化过程中的体制与政策调整、民众运动与废约动员、废约理论的探讨等问题。本卷重点考察不平等条约关系向平等条约关系的转换,即南京国民政府前期废除不平等条约,促使不平等条约关系逐步改善的过程及结局,分析这一过程中的各种影响因素、各方态度变化,揭示此阶段条约关系的实质,及中国在此过程中的地位变化。

　　本卷按照全书的理论框架与写作框架要求,紧扣南京国民政府统治前期中外条约关系历史演变,系统论述这一时期中外条约关系的发展变化及其影响。本卷的具体研究思路是,在理论探讨和总体概述的基础上,以纵向建构为基本框架,阐述南京国民政府前期条约关系的变化发展,以条约构筑的中外关系为中心,探讨该时期各种关系的变化,揭示条约关系逐步改善的历程,并深入挖掘各种影响因素,涉及"准条约"关系、国际公约关系、政府体制与政策调整、民众运动与废约动员、条约观念的变化等各方面的变动。

第一章 国民政府条约政策的确立

南京国民政府统治前十年是条约关系的重要转型时期，条约关系由不平等趋向平等的改善。这种转型是在"改订新约"方针指导下进行的。在这种条约政策指导下，南京国民政府希望以和平谈判的方式，废止旧约，缔结新约，改善原有不平等条约关系，建立新的平等条约关系。这种条约政策受"革命外交"方针的影响。从孙中山提出废约反帝主张开始，"革命外交"方针开始酝酿，后经广州国民政府时期、武汉国民政府时期，"革命外交"方针得以确立与实施。从武汉国民政府到南京国民政府成立，"革命外交"实际上发生了变化，条约政策也因此发生改变，经历了由"宣布废约"到"正当修约"的转变。南京国民政府成立后，继续延续这种变化，到1928年正式确立"改订新约"方针。此时的"改订新约"方针与"革命外交"方针既有一定联系，又有较大区别。

第一节 由"宣布废约"到"正当修约"的转变

南京国民政府成立初期，条约政策受武汉国民政府时期的条约政策影响。武汉国民政府在北伐过程中，受群众运动的推动，以及苏俄、中共等影响，采取了比较激进的外交方针，一度出现"革命外交"的呼声。但是，武汉国民政府受制于内部派系斗争、国际形势变化等因素，其"革命外交"方针并非一贯到底，废约政策表现得颇为复杂。作为"革命外交"范例的汉浔租界收回案只是个案，且不是预先"谋划布置"的，也不是"以强力夺回租界为目的"。① 尽管武汉国民政府继续宣传要取消一切不平等条约，② 在某些问题处理上表现出激进的一面，但为考虑国际承认问题，其态度较之广州国民政府时期有所改变，有由"废约"到"修约"转变的倾向。这从陈友仁与英、日、美等驻华公使谈话及向国民党中央报告外交工作时可以看出。

1926 年 12 月 9 日，陈友仁在汉口与英国新任驻华公使蓝普森（Miles Wedderburn Lampson，又译兰普森、蓝蒲森）接洽，讨论了修改不平等条约以及承认国民政府等问题。蓝普森表示，此时国民政府尚未统一全国，根本谈不到这点。陈友仁则希望英方正视事实，以"远大眼光"考虑问题，即时与国民政府着手谈判"修改条约"问题。这里用的是"修改"二字。12 月中旬，陈友仁与日本外务省条约局局长佐分利贞男进行会谈，指出"更正"不平等条约为国民政府当前外交的主要目的，其中如租界、领事裁判权、关税等项都必须立即"更正"，以符合平等原则。与美国驻华公使馆参赞斐迪南·迈尔（Ferdinand L. Mayer）会谈时，陈友仁提出，"更正"不平等条约，缔结平等新约，是国民政府外交政策的主要目的，愿与各国单独磋商以达到

---

① 《外交部长陈友仁之报告》，国民政府行政院秘书处编印：《国民政府行政文件集》第 2 辑《外交》，1929 年，第 113 页。

② 《最近外交政策决议案》，1926 年 10 月 26 日中央各省区联席会议通过，荣孟源主编：《中国国民党历次代表大会及中央全会资料》上册，光明日报出版社，1985 年，第 294 页。

此目的。① 汉口事件发生后，武汉国民政府于 1927 年 1 月 22 日发表《对外宣言》称："国民政府深望以谈判及协议之手续，解决中国与列强间一切之问题。"《宣言》指出，国民政府愿意在平等原则及互相尊重主权的基础上，单独与各国开始谈判，讨论"修改"两国条约及其他附属的问题。② 从这些表述可以看出，此时国民政府的条约政策与广州时期已有差别："修改""更正"取代了"取消""废除"，"讨论""谈判""磋商"取代了"宣布废除"。

为何会有如此差别呢？第一，与国民政府在不同时期地位不同有关。广州期间，国民政府实力有限，"被认为偏居的政府"，基本上无法获得西方国家的承认，因此它只能转向内部，酝酿实行"革命外交"，强调"废除"不平等条约，以唤起民众的支持。广州时期的废约更多是在政治宣传上，表现得较为激进。国民政府迁都武汉后，势力大增，统治区域扩展到长江流域，政治威望大大提高，地位已经不同。长江流域又为英国等列强的利益区域，列强不得不正视这一政权的存在。第二，国民政府自身认知也发生变化。在与日本交涉时，陈友仁明确告诉对方，国民政府迁到武汉后，已在事实上成为代表全国的正式政府，有关全国的事件应与国民政府交涉。③ 一个代表全国的政府，需要获得国际社会的承认。国际社会不太可能承认一个"不顾国际法的约定，不顾以前国家间达成的正常协议而采取不合常理的政策"的政府。④ 国民政府如果坚持采取"断然方式"废约，只可能引起列强的仇视。为了获得列强的承认，国民政府废约态度已经不如以前坚决，从而提出通过谈判方式实现"修约"的主张。武汉国民政府自己承认并不反对修约，只反对西方国家与北京政府讨论修约，因为这"无形中即抬高其地位，使人民觉得在外交上军阀政府与国民政府无多大差别，损失国民政府威信"。它强调，

---

① 《陈友仁在国民党中央二届三中全会上的外交报告》，1927 年 3 月 13 日，王建朗主编：《中华民国时期外交文献汇编（1911—1949）》第 4 卷下，中华书局，2015 年，第 754、759 页。

② 《武汉国民政府对外宣言》，1927 年 1 月 22 日，王建朗主编：《中华民国时期外交文献汇编（1911—1949）》第 4 卷下，第 730 页。

③ 《陈友仁在中央宣传会议第八次会议报告国民政府最近之外交》，1927 年 2 月 9 日，王建朗主编：《中华民国时期外交文献汇编（1911—1949）》第 4 卷下，第 743 页。

④ 宋清松：《广州、武汉国民政府时期的革命外交（1923—1927）》，东北师范大学硕士学位论文，2009 年，第 10 页。

国民政府是代表中国民众利益的政府，列国应与之进行修约交涉。[①] 可见，武汉国民政府已经将自己视为代表中国的政府，有意识地寻求国际社会的承认，因而表达出愿意遵循国际规则"修改"条约的意向。当然，武汉国民政府的"修约"根本没有机会进入实践阶段。这种机会留给了南京国民政府。

1927 年 4 月 12 日，蒋介石发动反革命政变，国共合作破裂。18 日，南京国民政府宣告成立，正式与武汉国民政府形成对峙。为对付国民党左派及共产党等，蒋介石急需胡汉民、伍朝枢等粤系党员支持，于是邀请胡汉民出任政府代理主席，并请伍朝枢出任外长。蒋介石邀请伍朝枢掌管外交部，与此时注重对美外交也有关系。蒋在日记中提醒自己："美国外交紧要，应注重之。"[②] 在蒋介石的一再催促下，伍朝枢答应出任外长。[③] 5 月 10 日，伍朝枢宣誓就职，蒋介石出席典礼。[④] 在就职典礼上，政府各要员均表示要遵循总理遗嘱，实现废约目标。吴稚晖代表国民党中央党部训话，表示伍朝枢负责取消不平等条约，外交一定会胜利。胡汉民代表国民政府训话，指出国民政府的外交方针是使中国得到国际自由平等，尤应于最短期间取消不平等条约，外长应遵循孙中山遗训，致力于废约。王宠惠、褚民谊、吴万钧、刘纪文、温建刚、冯士奇等相继演说，都主张实行民族外交政策，取消不平等条约。伍朝枢则表态，外交要依照孙中山的遗训进行，目标即可实现。孙中山的外交方针是"凡平等待我之国家，当诚意与之亲善，最大目的在求中国之自由平等，完成自由独立之精神"。外交部只要遵照这个方针，将目的与主义确定，即可取消不平等条约。[⑤] 伍朝枢随即发表就职通电，公开表示要秉承孙中山的遗训，努力废约，以获得中国的自由平等。[⑥] 5 月 11 日，他致函驻华各国公使，通告就职事宜。[⑦] 随后，他以外长名义首次发表《对外宣言》，称："本政府唯一之职责，为秉承孙先生之遗训，服从全国之民意，解除中国

① 《陈友仁在中央宣传会议第八次会议报告国民政府最近之外交》，1927 年 2 月 9 日，王建朗主编：《中华民国时期外交文献汇编（1911—1949）》第 4 卷下，第 745 页。

② 《蒋介石日记》，1927 年 4 月 25 日，美国斯坦福大学藏，中国社会科学院近代史研究所抄本。

③ 《伍朝枢昨赴宁履新》，《申报》1927 年 5 月 8 日，第 4 张第 13 版。

④ 《蒋介石日记》，1927 年 5 月 10 日。

⑤ 《伍朝枢就任外交部长》，《申报》1927 年 5 月 13 日，第 2 张第 5 版。

⑥ 《南京来电》，《申报》1927 年 5 月 15 日，第 2 张第 6 版。

⑦ 《伍朝枢就职通告使团》，《申报》1927 年 5 月 14 日，第 4 张第 13 版。

在国际上之缚束，而取得国际上之平等地位，盖以中国之文化富源及民众论之，固应有此地位也。"宣言指出，中国受到各种不平等条约的束缚。这种条约既阻碍中国发展，又妨碍外人利益保护和商务发展。因此，从双方利益出发，现在条约关系"有根本上厘正之必要"。至于如何"厘正"，宣言表示将采取正当手续来达到目的。伍朝枢希望缔结新约的谈判马上开始。为打消列强疑虑，他同时宣布国民政府必依照普通国际公法，尽力保护外人生命财产。①

从伍朝枢及国民党要员表态可以看出，南京国民政府初期仍坚持"废约"外交方针，宣布要遵循孙中山遗训，"废除"或"取消"不平等条约。但是，南京国民政府显然有争取国际承认的考虑，对外政策已有"柔和"表示，宣布取消不平等条约"将采正当之手续"，要经过"谈判"程序，并且将遵守国际公法，尽力保护外人。这些措辞，显然是说给列强听的。这一外交方针的采用，实际上是基于两方面的原因：一方面是国民大革命以来形成的反帝废约要求，使南京国民政府不得不加以考虑。对外交而言，群众运动既是政府外交的后盾，又对政府形成压力。当反帝废约成为全国的普遍要求时，任何当权者都无法漠视。南京国民政府宣布要继承孙中山遗志，必然要坚持反帝，要"取消"不平等条约。另一方面，南京国民政府要获得列强的承认，必然要放弃"激进"的方式。这就形成了南京国民政府初期特殊的废约方针。伍朝枢卸任外长后游历菲律宾时，明白提及他所支持的废约特色，"其手段为文明的，为合法的，有外交方法，有政治方法，此外尚有人人可做之法，即宣传是也。"②从这一表态看出，伍朝枢担任外长期间，希望"取消"不平等条约，但采取的是"理性的"外交方式。

伍朝枢的外交方针其实只是秉承蒋介石意旨而已。在南京国民政府成立前，蒋介石就宣布了类似的方针。1927年3月31日，蒋介石声明：取消不平等条约及收回租界决不用武力及暴动，应由中央政府采用外交正当手续办理；国民革命军的革命目的是求国际地位的平等，只要各国自动取消不平等条约，归还租界，就可认为友邦，即使以前以不平等待我者，只

---

① 《伍朝枢发表对外宣言》，《申报》1927年5月14日，第4张第13版。
② 《菲岛侨胞欢迎胡孙伍之盛况》，《申报》1928年2月12日，第3张第10版。

要改弦易辙，也可和好亲善。① 这一表态其实就奠定了此后蒋介石当政时期的废约方针。

南京国民政府初期"取消"不平等条约政策虽然强调要经过"正当"手续，但明白宣布要"取消"一切不平等条约。这使列强仍有顾虑，因此它们多持观望态度。于是，南京国民政府决定采取"攻势的外交策略"，1927年7月20日发布通告，定于9月1日宣告关税自主。② 8月31日，伍朝枢又代表国民政府发表对外宣言，宣布："凡经前北京政府与各国所订各种不平等条约，现今再无存在之理由，当由国民政府以正当之手续，概予废除。至此等条约中规定修改期限而现已期满者，更应即予终止，由国民政府与关系各国分别改订新约。嗣后任何条约协定，非经国民政府缔结，概不发生效力。"③ 布告和宣言引起各国惊慌，它们以各种方式表示强硬反对。恰好此时第二次北伐失利，蒋介石突然宣布下野，南京国民政府陷入内外交困状态，只得暂缓实行关税自主政策。

尽管强硬的关税自主政策失败，但在对外宣传上南京国民政府仍取攻势状态，不断重申废约之意。11月2日，伍朝枢再次发表对外宣言，重申8月31日宣言意旨，并以照会形式分送各有关国家代表。④ 11月23日，伍朝枢就有关条约问题发表第三次宣言，进一步阐述国民政府对条约的处置方针，包括四点：以前政府签订的任何条约、协定无存在的理由，国民政府将于最短期间内废除它们；凡满期条约、合同无效；凡未经国民政府参与或许可的条约、协定完全无效；关系中国的条约或协定，未经国民政府参加为缔约一方者，对中国无约束力。⑤ 同日，根据该宣言，伍朝枢又单独照会西班牙驻华公使，声明1864年签订的中西条约期满作废。同时，国民政府根据伍朝枢提议，以命令形式颁布"旧约无效，新约尚未订定之期间"维持两国关系

①《蒋总司令昨召外报记者谈话，报告南京事件之经过，声明革命军对外之主张，对上海租界作非正式之标示》，《申报》1927年4月1日，第4张第13版。

② 洪钧培编：《国民政府外交史》，华通书局，1930年，第226页。

③ 洪钧培编：《国民政府外交史》，第234—235页。

④ 洪钧培编：《国民政府外交史》，第235页。

⑤《国府外长伍朝枢本日发表对外宣言，声明未经国民政府同意之条约式协定一律无效》，1927年11月23日，陈志奇辑编：《中华民国外交史料汇编》第5册，台北渤海堂文化事业有限公司，1996年，第2283页。

的临时办法七条。①

但是，伍朝枢的"废约"之策进展并不顺利。且此时国民政府内政纷扰，严重影响外交。伍朝枢又因发表与当局不合拍的谈话，受到国民党中央执监委员抨击。② 任职半年之后，伍朝枢决意辞职。12 月 25 日，他对新闻界发表谈话，表示："鄙人自担任国民政府外交，已历七月，对于个人抱负和国人期望的取销不平等条约之主张，未能达到目的，惭愧得很。但有一点为全体党员以至全体国民所不容忽视者，则政局不巩固，政府无权威，简直无外交可办是也。这几个月当中，初而蒋总司令下野，继而孙军渡江，继而宁汉合作，改组国民政府，继而预备会议开幕，高呼取销特委会，取销国民政府。数月之间，政局飘摇，大变四五次，小变六七次，影响外交，殊非浅鲜。所以每有计划，方在着手，而因政局变动之故，又须停止进行，甚或前功尽废。"③ 30 日，伍朝枢正式向国民政府递交了辞职函，部务交次长郭泰祺代理。④ 但不久郭泰祺也提出辞职。⑤

1928 年 1 月 9 日，蒋介石在下野五个月后复出。此时他需要完成第二次北伐，统一中国，最重要的外交是对日外交。⑥ 因此，蒋介石决意启用与日本有关系的黄郛。2 月 2 日蒋介石的日记提到"外交委员会决议膺白为外交部长"。⑦ 2 月 21 日，黄郛正式宣誓就职。他的任务是为国民政府"开睦邻之路"，完成统一，其外交必然与前不同，即"从英雄外交回到常人外交，从打倒列强回到条约束缚，而这些条约又实是不平等的"。因此，"他面临着与前不同甚至相反的任务，骤然间从'打倒列强'口号回到依照国际公法。"⑧ 这个转变说明南京国民政府废约方针必然发生变化，转向"修约"。

① 《国民政府财政部令》，1927 年 12 月 8 日，《财政日刊》第 23 期，1927 年 12 月 8 日，训令，第 1 页。

② 《四次全体会议之进行，会期约在五日、十日之间，蒋介石须至下月初赴宁，拉都路昨日上午有会议，李济琛等将有重要通电》，《申报》1927 年 12 月 26 日，第 4 张第 13 版。

③ 《伍朝枢重要谈话，对外交、政治、党务及特委会均有所论列》，《申报》1927 年 12 月 25 日，第 4 张第 13 版。

④ 《伍朝枢辞外交部长》，《申报》1927 年 12 月 30 日，第 2 张第 8 版。

⑤ 《郭泰祺呈辞外次》，《申报》1928 年 2 月 3 日，第 4 张第 13 版。

⑥ 沈云龙编辑：《亦云回忆》，台北传记文学出版社，1980 年第 2 版，第 350 页。

⑦ 《蒋介石日记》，1928 年 2 月 2 日。

⑧ 沈云龙编辑：《亦云回忆》，第 349、350 页。

在就职后，黄郛发表谈话，指出不平等条约束缚了正常的国际关系，不但有碍中国发展，且易酿成不良后果，牵动远东和平，因此，国民政府要"努力国民革命，一面冀改善内政与民更始，一面欲按照外交手续，与各国厘正不平等各约，期获得中国在国际上应有之平等地位"。按照外交手续"厘正"条约，就暗含承认旧有条约的有效性。如何"厘正"呢？黄郛认为，最好的方式就是请友邦赞助，而最重要、最有效的赞助就是悉数解除中国的国际束缚。为了促使列强同意撤销条约束缚，黄郛宣示四点政策："一、现经公认为不平等之中外各约，国民政府为欲促其早日废除起见，当并力准备，切盼于最短期内得与各友邦开始商订新约，以平等及相互尊重领土主权为基础。二、在前项新约尚未订定以前，国民政府准备与各友邦维持并增进其亲善关系，俾有以顺现代之变更情势并解除中外人民间接之发生困难，及误会之因。三、国民政府当按照国际公法，尽力保护居留外人之生命财产。四、嗣后各地方与外国政府订立之任何条约，或与外国公司或个人订立之任何契约，经国民政府参预或许可者均认为有效。其各国间关于中国方面之任何条约协议，经国民政府参预者，亦认为有效。"①

对照伍朝枢就职后发表的宣言，黄郛的四点政策显然又退却了一步。伍朝枢宣布以前条约"无存在之理由"，要"最短期间内废除之"，而黄郛改为"欲促其早日废除"，"当并力准备"，"切盼于最短期内"与各友邦商订新约。即使是第四点，内容与伍朝枢宣言大意差不多，但是措辞、语气显然要缓和得多。从黄郛修约实践看也是如此。黄郛修约实践不多，典型的是中葡修约交涉。1928 年 4 月 21 日，黄郛以外交部名义照会葡萄牙驻华公使，表示中葡条约到期，"已不适用，亟应重行修改。"②

黄郛不仅在条约问题上采"缓和"方针，在对外交涉时也以妥协为主。黄郛上台后，需要解决与英美等国之间的南京事件悬案，不久又面临日本挑起的济南惨案。但黄郛在处理过程中的妥协都引起非议。3 月，黄郛在处理南京惨案善后时，蒋介石就表示不满，他在日记中记载："与膺白谈外交，

---

① 洪钧培编：《国民政府外交史》，第 238—239 页。
② 《黄郛照会葡政府，修改中葡到期商约》，天津《益世报》1928 年 4 月 29 日，第 1 张第 4 版。

英人狡猾而吾人太实，黄近于轻。国人无知自薄，心甚不悦也。"① 当交涉过程中，英国驻华公使蓝普森扬言回北京，黄郛等"皆现恐慌"，蒋介石"不以为然"，对黄郛办理外交"自暴弱点"颇为不满。② 中美达成宁案解决方案，则被郭泰祺等抨击为"屈辱的外交"。黄郛本人被指责为"北方旧官僚系人物渐侵入国民政府内部"。③

1928年5月3日，济南惨案发生，黄郛建议蒋介石"不撄蛮横日军之锋，绕道渡黄河以完成北伐，统一中国，再图其他"。④ 这被蒋介石采纳。⑤ 而在与日军交涉过程中，黄郛的行为被认为失策。"据闻黄氏自济案发生以来，其所取种种办法，颇为各方所不满，尤以签'阅'字于某种公文上，大受国人之指责。"⑥ 当时有人指出，济案的发生和失败的原因是：黄郛高唱亲日外交错误。他虽高唱亲日而无法亲日，事变后又无能应付，畏缩软弱。⑦ 他的对日外交失败，受到国民党内高层的责难，冯玉祥、王正廷、丁惟芬等要弹劾他。在各种压力下，蒋介石不得不撤换黄郛。⑧ 蒋介石决定以王正廷继任外交部部长。⑨

第二节 "改订新约"外交方针的确立及其实质

1928年6月14日，王正廷宣誓就职外交部部长，宣布要"改订新约"。6月15日，国民政府发表对外宣言，正式对外宣布要重订条约。⑩ 7月7日，王正廷以外交部名义发表《关于重订条约之宣言》，宣布"废除"一切不平

---

① 《蒋介石日记》，1928年3月22日。
② 《蒋介石日记》，1928年3月25日。
③ 《郭泰祺抨击黄郛，愤慨旧官僚系侵入宁府内部》，天津《益世报》1928年4月11日，第1张第3版。
④ 沈云龙编辑：《亦云回忆》，第372页。
⑤ 《蒋介石日记》，1928年5月4日。
⑥ 《蒋中正赞同王正廷长外交，黄郛辞职将照准》，《申报》1928年5月25日，第3张第9版。
⑦ 中子：《黄郛还不肯下台》，《再造》第8期，1928年，时事短评，第2页。
⑧ 《宁府之外长问题》，天津《益世报》1928年5月27日，第1张第3版。
⑨ 沈云龙编辑：《亦云回忆》，第394页。
⑩ 《中华民国国民政府对外宣言》，1928年6月15日，《外交部公报》第1卷第3期，1928年7月，特载，第131—132页。

等条约，"重订"双方平等互尊主权的新约。[①] 此后，南京国民政府修约交涉即以此为主导方针。对于王正廷的"改订新约"，史学界历来有不同看法。[②] 笔者认为，要理解王正廷的"改订新约"方针，至少应该理解以下几点：

第一，"改订新约"方针是在"废约"名义下进行的，具有一定刚性原则。

王正廷多次强调要"废除"或"取消"一切不平等条约，废约的同时重订新约。在就职典礼上，王正廷就明白表示，要"根据民意，定整理方针"，改变以前对列强主张"唯唯诺诺"的陋习，"以不让精神解除条约痛苦。"[③] 从这表态看，王正廷将改变旧的外交政策，以"不让精神"废约。王正廷也自信能够这样实现废约目标。他在自传中说："当我接受外交总长的任命时，我感觉到这次一定能够成功地将所有不平等条约废除掉……我对能够说服各国政府在公平与正义的原则下废除条约抱有很大信心。"王正廷对自己担任外长这段时期的废约史评价颇高，"一个又一个国家同意废除之前签署的不平等条约，取而代之的是建立在公平和对等之上的新条约。"[④] 在宣传上，王正廷也多次阐述自己的"废约"主张。1928 年 8 月 6 日，他在上海交涉署外交大楼宴请商、学、政、军、新闻各界，席间演讲时就是以《废约》作为标题。在演讲中他指出："原夫国民政府对内对外政策，一本先总理建国大纲建国方略及第一次宣言为归宿。对外要旨，在先总理遗嘱之促进废除不平等条约宣言，而尤须注重促进二字，良以促进废除不平等条约，实为全国民意一致之要求。"[⑤] 11 月 28 日，王正廷在中央广播电台发表演讲，称"办外交当绝对遵守总理遗教，联合以平等待我民族，共同奋斗，以期废除不平等条约"。[⑥] 是年底，他在外交部纪念周演讲时明确提到，自上任以来外交部的工

---

① 《中华民国国民政府外交部关于重订条约之宣言》，1928 年 7 月 7 日，《外交部公报》第 1 卷第 3 期，1928 年 7 月，特载，第 132 页。

② 台湾地区有学者认为，王正廷的"革命外交"成果"丰硕"（参见李恩涵：《北伐前后的"革命外交"（1925—1931）》，台北"中研院"近代史研究所，1993 年，第 315 页），大陆有学者认为，没有什么成效（申晓云：《国民政府建立初期"改订新约运动"之我见——再评王正廷"革命外交"》，《南京大学学报》（哲学·人文科学·社会科学）2001 年第 1 期）。

③ 《王正廷昨就外长职，李烈钧、谭延闿致训词》，《申报》1928 年 6 月 15 日，第 1 张第 4 版。

④ 王正廷著，柯龙飞、刘昱译：《顾往观来——王正廷自传》（内部资料），宁波国际友好联络会印，2012 年，第 119—120 页。

⑤ 王正廷：《废约》，1928 年 8 月 6 日，吴天放编辑：《王正廷近言录》，现代书局，1933 年，第 9 页。

⑥ 《王正廷演讲外交》，《申报》1928 年 11 月 29 日，第 2 张第 6 版。

作即为废除不平等条约问题。① 1929 年 1 月 12 日，他在上海总商会演讲时指出，国民革命有两个目标，即打倒军阀和废除不平等条约。同时，他强调不平等条约的完全撤废是短时期的事。② 显然，王正廷是主张"废约"的。"改订新约"是废约的一种方式，且有一定刚性原则。根据外交部《关于重订条约之宣言》精神，满期条约"当然废除"。③ 为了解决废止条约后的问题，外交部随后制定了《中华民国与外国旧约已废新约未订前适用之临时办法》。这些措辞和办法，说明王正廷至少在期满条约废除方面是带有刚性特点的。④ 对于不平等条约而言，有人指出，"承认就是不革命"，"尊重更是反革命"，"怎样才算革命呢？当然只有废除了。"⑤ 王正廷依然喊出"废除"口号，就是希望挂上"革命"的旗帜。

第二，"改订新约"方针的内核是"修约"。

不平等条约应该废除，已经毫无疑义，但怎样废除却存在分歧。按照当时部分知识分子的理解，废除的最好办法就是应用迎头痛击先发制人的手段，由政府宣布撤销。⑥ 但是，王正廷采取的是依靠正当外交手续，与列强谈判进行。他希望的是既要取消不平等条约，又要获得国际好感。他在就任外长一周年时总结其办理外交的宗旨，指出：大体可分两点，即取消不平等条约、与各国通好。⑦ 这两个目标要同时实现不容易，需要高超的外交艺术，达成两者的平衡。显然，"单方面宣布"废除一切不平等条约，只会激化与列强的矛盾，不可能达成两者平衡。因此，王正廷也只能宣布，按照正当手续重订新约。王正廷就职第二天，《中华民国国民政府对外宣言》发表，宣布："今当中国统一告成之会，应进一步而遵正当之手续，实行重订新约，以副完成平等及相互尊重主权之宗旨。"同时宣称，"国民政府对于友邦以平

---

① 王正廷：《外部工作与废除不平等条约》，1928 年 12 月 31 日，吴天放编辑：《王正廷近言录》，第 29 页。

② 《收回税法两权与适度外交》，1929 年 1 月 12 日，吴天放编辑：《王正廷近言录》，第 37、43 页。

③ 《中华民国国民政府外交部关于重订条约之宣言》，1928 年 7 月 7 日，《外交部公报》第 1 卷第 3 期，1928 年 7 月，特载，第 132 页。

④ 《中华民国与外国旧约已废新约未订前适用之临时办法》，1928 年 7 月 9 日，《外交部公报》第 1 卷第 3 期，1928 年 7 月，特载，第 133 页。

⑤ 郭法顺：《废除一切不平等条约》，《革命外交周刊》第 9 期，1930 年，第 19 页。

⑥ 郭法顺：《废除一切不平等条约》，《革命外交周刊》第 9 期，1930 年，第 19 页。

⑦ 《王正廷谈外交》，《国闻周报》第 6 卷第 28 期，1929 年 7 月 21 日，一周间国内外大事述评，第 4 页。

等原则依合法手续所负之义务，始终未尝蔑视。"① 这与伍朝枢就任外长时所发表的宣言没有本质差别，都是强调"遵正当之手续"重订新约，并承担国际义务。随后，王正廷发表对外宣言，表示对于国民政府宣言的外交政策，"予必尽其力之所至，以奉行之，使中国脱离条约之束缚"，同时希望友邦能"同情赞助"中国"脱离条约之束缚"。王正廷在对中国新闻记者谈话时谈到取消不平等条约问题，说："余于三年前在北京时即定有一种方法，务期到期修改。故当时如法国之安南商约、比约等如期修改。以后北京外交部，即据此方法办理。现在仍将继续进行。且有提前修改者，而各国亦皆表示同情。盖取消不平等条约，为总理遗嘱，亦正廷所素愿，当竭力提早实行。"② 从这一表态来看，此时王正廷的"改订新约"方针与在民国北京政府任职时提出的"修约"政策是有关联的。

第三，"改订新约"方针是激进废约方式与温和修约方式的折中。

南京国民政府初期，自大革命以来兴起的民众废约反帝运动仍处于高涨时期，废约已成了全国被压迫民众一致的呼声。③ 这决定了作为孙中山"继承人"的统治者必须重视这股"废约"浪潮。但是，作为全国性政府，南京国民政府又希望得到列强的承认，实现中外邦交的亲睦。④ 这就决定了南京国民政府不能过分"得罪列强"。为此，王正廷希望在激进的废约方式与温和的修约方式之间找到折中办法，既能缓和民众的废约情绪，又能照顾列强的感受。他在上海暨南大学演讲时指出，废除不平等条约的方法有两种：一是自动宣布废弃，二是会议协商废弃。第一种方式颇为激进，会遭到列强的强烈反对而失败，而第二种方式又过于妥协，列强不同意时不可能成功。他指出，这两种方式中国都曾试验过，均没有取得实际效果。因此，他向国民政府提出第三种方法："凡条约已满期的，便行废弃，另订新约。在新约未

① 《中华民国国民政府对外宣言》，1928 年 6 月 15 日，《外交部公报》第 1 卷第 3 期，1928 年 7 月，特载，第 131—132 页。

② 《王正廷就外长职》，《国闻周报》第 5 卷第 24 期，1928 年 6 月 24 日，一周间国内外大事述评，第 9—10 页。

③ 甫：《修改不平等条约与废除不平等条约》，《策进》第 2 卷第 41 期，1928 年 6 月 26 日，第 5 页。

④ 《中华民国国民政府对外宣言》，1928 年 6 月 15 日，《外交部公报》第 1 卷第 3 期，1928 年 7 月，特载，第 131 页。

订之前，则适用临时办法内所规定的。"①这种方式隐含了片面废约与协商修约的双重意思。片面废约，即"期满"废弃。这种方式在其上任之初即有完整表示。1928 年 7 月 7 日，他以国民政府外交部部长名义发表废约宣言，强调"废除"一切不平等条约、"重订"平等互尊主权新约是"当务之急"，废约的具体方针包括三条：中华民国与各国间已届期满的条约当然废除，另订新约；其尚未满期的条约，国民政府应即以相当手续解除而重订；其旧约业已期满而新约尚未订定的，应由国民政府另订适当临时办法来处理一切。②其中第一条就是期满废弃，采取的方式是单方面宣布废除，体现了"强硬"的革命气魄。但第二条和第三条的语气马上就缓和下来了。王正廷说未满期条约必须"以相当手续解除"，或者说"其未满期之条约，亦设法使得提前修改"。这里就不是"强硬"废弃了，而是"设法"提前修改。换言之，必须与列强谈判。因此，他所说的"毅然决然"中实际含有"和缓"之意。他说："为今之计，惟有与平等待我之民族为亲热之携手。有不然者，即毅然与之拒绝，愿以和缓之方法，坚持之目的以赴之。未达目的，自矢不休。"③不管是期满还是未期满条约，王正廷都希望是"另订新约"，也就是含有通过外交谈判方式重订条约的意思。为此，他采取了单个交涉的办法，即与驻华代表"会谈"，"并试图说服他们政府撤销不平等条约"。为了更有效解决这个问题，王正廷决定各个击破，"就是通过先挑一个国家的代表与其单独协商此事。"④从王正廷这个交涉办法可以看出，他采取的是分头接洽、单独谈判方式，希望"说服"对手撤销不平等条约。这含有寄望"友邦"同意的意思。6 月 15 日发表的国民政府对外宣言不过五百多字，其中使用"友好诸国""友邦"字样就达七次，多次提及希望友邦"同情""谅解"中国的废约，另订新约，说明南京国民政府此时急切希望得到列强支持。⑤ 在这种心

---

① 《外交力量与废除不平等条约》，1929 年 1 月 14 日，吴天放编辑：《王正廷近言录》，第 47 页。
② 《中华民国国民政府外交部关于重订条约之宣言》，1928 年 7 月 7 日，《外交部公报》第 1 卷第 3 期，1928 年 7 月，特载，第 132 页。
③ 王正廷：《废约》，1928 年 8 月 6 日，吴天放编辑：《王正廷近言录》，第 9—10 页。
④ 王正廷著，柯龙飞、刘昱译：《顾往观来——王正廷自传》（内部资料），第 121 页。
⑤ 《中华民国国民政府对外宣言》，1928 年 6 月 15 日，《外交部公报》第 1 卷第 3 期，1928 年 7 月，特载，第 131—132 页。

态下，王正廷虽然提及"废约"，但不可能采取激进方式，只能是与"友邦"谈判。此外，激进的废约是以革命群众的力量为后盾，单方面宣布废除一切旧有条约，完全不承认旧有条约的效力。而"期满"废约，只是政府根据国际惯例，宣布满期条约终止效力，而且制定临时办法，等于在一定时期内继续承认条约国享有一定特权，如在国定税则未实行以前，外人缴纳关税照现行章程办理。① 至于未满期的条约，并不是宣布废除，而是需要与列强谈判，等于承认未满期条约具有法律效力，只不过希望通过谈判改订而已。此外，王正廷的废约思想里实际上并不是要废弃一切条约。他说："对取消不平等条约，青年学者颇有误会，以为条约可以随便废弃。殊不知条约里面不平等的，只有一部分。所谓取消不平等条约，乃是取消这些不平等的部分之意。"② 从这些方面可以看出，王正廷"改订新约"既不是激进的废约，也不是完全妥协的修约，而是试图将两种结合起来，寻找一个折中方案。

第四，"改订新约"与"革命外交"方针既有联系又有区别。

从形式上看，王正廷的"改订新约"遵循了"革命外交"方针，即要求废除不平等条约。他多次强调自己办理外交是根据孙中山遗训进行的。③ 他把自己打扮成孙中山外交的继承者，将"废止旧约、重订新约"称之为"革命外交"。日本驻华代理公使重光葵甚至将王正廷视为"执行革命外交的急先锋"。重光葵在回忆录中记载，"随着南京政府在国内势力的稳定，外交部长王正廷的革命外交更加推向前进"。具体表现就是王正廷在收回使馆区、撤退根据《辛丑条约》驻扎的军队、收回租界、撤销领事裁判权等方面采取措施，并表明若各国拒绝要求，中国将单方面采取行动收回权益。1931 年初，王正廷发表了"革命外交实行策略的方针"，即分五期实行革命外交，分别是恢复关税自主权，撤销领事裁判权，收回租界，收回租借地，收回铁路利权、内河航行权、沿海贸易权。4 月 14 日，重光葵在拜访王正廷时专门谈及"革命外交程序问题"，试探是不是王本人的真意，王正廷当时给予肯

---

① 《国民政府公布〈中华民国与各外国旧约已废新约未定前适用之临时办法〉》，1928 年 7 月 9 日，中国第二历史档案馆编：《国民党政府政治制度档案史料选编》上，安徽教育出版社，1994 年，第 589 页。

② 《外交力量与废除不平等条约》，1929 年 1 月 14 日，吴天放编辑：《王正廷近言录》，第 46 页。

③ 《王正廷演讲外交》，《申报》1928 年 11 月 29 日，第 2 张第 6 版。

定回答。① 可见，王正廷本人是将其"改订新约"外交视为"革命外交"的。从其宣传来看，王正廷也一直在使用"废除"或"取消"不平等条约字样，而这正是"革命外交"的口号。因此，王正廷的"改订新约"方针是从"革命外交"那里获得了源泉。王正廷办理外交，在一定程度上也表现出"革命"气魄。他在宣誓就职时，明确表示："将不畏强悍，务求取消一切不平等条约，增高国际地位，且须帮扶世界各弱小民族增进文化。"② 在随后接受记者采访时又表示："予办理国民政府对列国外交，向赞成不屈伏政策。"③ 在具体交涉过程中，在某些问题上，尤其是在满期条约废止上，王正廷还是表现出了一定"强硬"态度。他说："鄙人以为实行废除不平等条约之下手方法，在条约满期时，毅然决然通知约满各国废除旧约，不得再续。"④这些说明，王正廷并不赞成一味退让，继承了"革命外交"的一些精神。

但是，"改订新约"方针与"革命外交"又有一定差距。王正廷发表他的外交方针后，当即有人指出，它与国民党的外交政策不一致。这里所指的国民党外交政策是指 1924 年国民党一大宣言等文件上确立的外交政策，被视为真正"革命外交"方针的具体体现。舆论认为，王正廷的外交方针与国民党外交政策的区别在于：其一，取消与修改的区别。"取消和废除同义，即对于不平等条约，根本否认，主张自动的宣布废除而重订平等的新约。所谓修改，是根本上承认不平等条约，而取协商的态度，要求各国修改旧约。前者是硬性的，革命的，后者是软化的，妥协的。"其二，一切与一部分的区别。"本党对于不平等条约，不仅主张取消，并进一步主张取消一切……既没有时间的限制，更没有轻重的区分。"王正廷则认为立即取消的是满期条约，其他条约则需要经正当外交手续。而且条约只有不平等的部分需要修改。⑤ 王正廷的"改订新约"方针受到了国民党内部一些人激烈批评。1928 年 7 月 21 日，国民党浙江省党务指导委员会常务委员何应钦、王漱芳等联

① ［日］重光葵口述，天津市政协编译委员会编译：《重光葵外交回忆录》，知识出版社，1982 年，第 55—57 页。
② 《外交部长王正廷宣誓就职》，《中央日报特刊》第 5 卷第 19 期，1928 年，一周间的大事，第 3 页。
③ 《王正廷就外长职》，《国闻周报》第 5 卷第 24 期，1928 年 6 月 24 日，一周间国内外大事述评，第 9 页。
④ 王正廷：《废约》，1928 年 8 月 6 日，吴天放编辑：《王正廷近言录》，第 9 页。
⑤ 一凡：《王正廷的外交政策》，《青年呼声》第 8 期，1928 年 7 月 1 日，第 5 页。

名呈文国民党中央执行委员会，呼吁厉行革命外交。在呈文中，何应钦等对王正廷外交方针予以激烈批评，指出废约与修约大有天壤之别，"本党之革命的外交，应为彻底地废约，而非苟且地修约"。"所谓废除，实再无犹豫修正之余地。"国民政府对外宣言及外交部重订新约宣言，虽"运用废除名词"，但"实际与要求修约无异"。呈文指出，"革命民众"渴望废除的不仅仅是期满之不平等商约，"其他尚未满期之一切不平等条约与不正当之外债，不必有待于正当手续，应以革命精神，一律宣告无效。而不平等条约中之最使我国创痛害深者，如宣言中所曾提及之关税协定、领事裁判权以及内河航行权诸项，更应乘取得全国政权之初，立时以革命之精神与手段，收回国家主权，固不必有待于满期，始次第订立新约。"何应钦等认为，宣告条约满期无效是国际惯例，不是废除条约，只是停止条约，"尚不足遽以革命外交相许也"。国民政府应当依照国民党革命外交精神，以革命方式废除不平等条约。"弱国于革命垂成之际，应以快刀斩乱麻与毫不妥协之手段，自动宣告不平等条约之无效。""如以软弱求怜之方式，期得帝国主义者之谅解与同情，自动废止对华侵略之依据，实为痴人梦想。"① 从这里可以看出，何应钦等要求的是以革命方式单方面废除一切不平等条约，而不是请求修约。王正廷重订新约，实质上仍寄望于列强同意修约。他的外交方针实际上改变了孙中山废除一切不平等条约的初衷。"总理的废除不平等条约，已经被我们的外交当局改成修改不平等条约。既云不平等，而根本就应废除，还谈得上什么修改？既云修改不平等条约，而'不平等'三字，自己仍在承认着。修改之后，除了由'不平等条约'，一变而成为'修改的不平等条约'之外，还有什么？然则废除不平等条约，将成为中国国民的一场春梦。在外交当局口中称的所谓革命外交也者，如是而已矣。"② 国民党左派领袖宋庆龄也指责国民政府对"孙中山的遗嘱连一天也没有真正实行过"，只是用"革命外交"

---

① 《何应钦等为请厉行"革命外交"的呈文》，1928 年 7 月 21 日，中国第二历史档案馆编：《中华民国史档案资料汇编》第 5 辑第 1 编《外交》（一），江苏古籍出版社，1994 年，第 38—39、35 页。

② 《革命外交与外交革命》，重庆《正声》第 1 期，1929 年 5 月 20 日，第 27—28 页。

等政治口号欺骗大众。①

　　正因为王正廷"改订新约"方针不是"硬性的、革命的"自动宣布废除不平等条约，因此被时人称之为假"革命外交"，或"口头上的革命外交"，而实质是"一种求怜赤白帝国主义的乞丐外交"。② 王正廷也因"假革命外交"而被一些激进青年殴打。1931年9月27日，国民党中央大学学生"愤于前外长王正廷之假革命外交，丧权辱国"，遂将王正廷殴打，并要求政府枪毙王正廷。③ 不仅青年如此激愤，部分国民政府官员也对王正廷的外交表示不满。监察院委员高友唐提出弹劾案，要求政府将王正廷撤职惩戒。高友唐指责王正廷"巧于趋奉，一无外交知识"，尤其违背革命外交精神。他说："革命外交当具有大无畏的精神，始能贯彻取消不平等条约之目的。乃王正廷任职数载，备极媚外取容、误国丧权之能事，平日种种失败，罄竹难书。"④ 监察委员李梦庚也对王正廷"贻误外交，丧失国土"不满，提出弹劾。⑤ 由此可见，王正廷引以为自豪的"改订新约"外交在一些人看来并非真正"革命外交"。1931年9月30日，受到诸多打击的王正廷宣布辞职。10月3日，国民政府准许王正廷辞职。他的"革命外交"也因此划上句号。

第三节　"改订新约"内容

　　一般认为，改订新约是指1928—1931年期间王正廷主导的改善中外不平等条约关系的外交活动。该外交活动的起始标志是1928年6月15日南京国民政府正式对外发表修改不平等条约宣言。而随着1931年"九一八"事

---

　　① 宋庆龄：《国民党已不再是一个政治力量》，1931年12月19日，宋庆龄基金会编辑：《宋庆龄选集》，中华书局，1966年，第52页。

　　② 罗子山：《由革命外交到乞丐外交》，《火线》创刊号，1931年12月2日，第10页。

　　③ 《中央大学：殴警王正廷纪实》，《青年生活》第1卷第1期，1931年10月10日，学校新闻，第14页。

　　④ 《提劾外交部长王正廷巧于趋奉，误国丧权，串通日商垄断面粉案：本院呈国民政府文》，《监察院公报》第7期至第12期合刊本，1931年11月至1932年4月，弹劾案，第183页。

　　⑤ 《提劾外交部长王正廷贻误外交，丧失国土案：本院呈国民政府文》，1931年9月28日，《监察院公报》第7期至第12期合刊本，1931年11月至1932年4月，弹劾案，第185页。

变爆发，王正廷下台，改订新约也无形终止。当然，1927 年南京国民政府开始实施的裁厘加税实际上可视为改订新约的先声。而王正廷下台后，南京国民政府仍有改订新约的行动，可以视为改订新约的尾声。如 1933 年与英美修约交涉，1935 年成功改订中法越南商约，1937 年取消领事裁判权的提议等等。只不过，"九一八"事变至"七七"事变期间，改订新约的外交活动是个别的、零星的，且成效不大。换言之，作为一场规模颇大的外交运动，改订新约在"九一八"事变前已经结束。

改订新约，从字面上看，应该是废止旧约、重订新约。因此，从严格意义上说，改订新约，只包括曾与中国存在旧有条约关系的各国重订条约，如英、美、日、法、荷、瑞（典）、挪、比、意、丹、葡、西等国，其条约涉及友好通商条约、关税条约及收回法权、收回租界租借地等协定。值得注意的是，当时南京国民政府还与原本不存在条约关系的一些国家签订了条约。这些条约并不是"改订"的结果，只是新缔结的条约，南京国民政府一并将其视为新约。因此，我们在阐述时也一并分析。

从订约性质来看，南京国民政府订立的新约有几种类型：其一是旧约满期，废止旧约、重新改订的商约，包括中比、中意、中丹、中葡、中西等条约。这些条约名为商约，其实只是简单的条约，一般只有三四条，涉及关税、领事裁判权及规定通商航海条约适用相互平等原则等内容，附件一般声明有条件取消在华领事裁判权等问题。其二是旧约未满期而继续有效，只不过针对其中有关关税的条款等进行修订，另订关税条约，包括中美、中德、中挪、中荷、中瑞、中英、中法等关税条约，只涉及关税问题。这两类条约就是真正意义的"改订新约"。其三是以前与中国从无条约关系，双方新订建交通好或通商航海条约。这类新约是平等的，以相互平等原则发展两国友好通商关系，订立对象多为小国，如中捷、中波、中希等条约。简单的通好条约，内容只有几条，涉及外交代表的派驻、侨民入境、法权管辖、关税等问题，如中国与希腊订立的《通好条约》。复杂的通好条约是建交通好与通商航海一并详细规定，如中捷《友好通商条约》和中波《友好通商航海条约》，前者有 21 条，后者 22 条，内容详细，涉及建交、外交代表派驻、领事馆设置、侨民入境、保护、游历、居住、留学、各种营业、诉讼、财产及遗产处置、关税、货物运输、商标、公司经营、舰船航行等等。这些建交通好或通商航海条约严格来说不能算"改订"新约。

从条约内容与形式看，新约主要包括友好通商条约（通好条约、友好通商航海条约）、关税条约等条约，以及收回法权、收回租界租借地等协定。友好通商条约和关税条约是南京国民政府改订新约的主要成果。友好通商条约包括中比、中意、中丹、中葡、中西、中波、中希、中捷等新约。这些新约条约名称不一，有的称友好通商条约，有的称通好条约，还有的称友好通商航海条约。不过，这些条约性质不一。关税条约有中美、中德、中挪、中荷、中英、中瑞（典）、中法、中日等关税条约。这类条约非常简单，目的单一，只指向关税自主问题，承认撤销旧约中对中国关税自主权构成约束的条款，允许中国适用关税自主原则，及规定此后缔约双方关税平等互惠原则。其中，与英法所订关税新约又相对复杂一些，还包含船钞等特殊的规定。至于专门协定，主要是取消领事裁判权和收回租界租借地协定，前者有中墨《关于墨国放弃领事裁判权换文》、中挪《关于在华领事裁判权之换文》及中国与各国《关于上海公共租界内中国法院之协定》、中法《关于上海法租界内设置中国法院之协定》等，后者有中比《关于比国交还天津比国租界协定》、中英《收回镇江英租界案来往照会》、中英《收回厦门英租界换文》、中英《交收威海卫专约及协定》等。

至于改订新约的具体内容，主要涉及关税自主、恢复法权、收回租界和租借地、收回航权、撤退外国在华军舰和驻兵等。

改订新约的第一个内容是关税自主。关税自主是南京国民政府成立初期外交的首要目标。自 1928 年 7 月 25 日中美关税条约的签订开始，至 1930 年 5 月 6 日中日关税条约的签订止，南京国民政府先后与美国、德国、挪威、比利时、意大利、丹麦、葡萄牙、荷兰、英国、瑞典、法国、西班牙、日本等 13 个国家签订了新约，获得了列强对中国享有关税自主权的承认。尽管列强对中国关税自主的承认也有一些条件，但毕竟新约在原则上确认了中国关税自主。此后，中国政府终于摆脱了协定关税制度的束缚，自主实施国定税则。关税自主的实现，意味着关税条约关系的改善。这是中国自《南京条约》后首次根本调整关税条约关系，也是中外条约关系转向平等的首次重大突破。

改订新约的第二个内容是恢复法权。恢复法权，自然就要取消领事裁判权。自 1928 年 7 月起，南京国民政府外交部与列强开展了法权交涉，取得了一定进展。首先，根据情势变迁原则照会各条约期满国，宣布旧约期满作废，提议另订新约。经过谈判，至是年底与比、意、丹、葡、西先后达成新约，获得它们承诺有条件放弃在华领事裁判权。1929 年 11 月，在南京国民政府积极交涉下，墨西哥政府主动声明无条件放弃在华领事裁判权。这些成果的取得对改善中外司法条约关系有积极意义。通过新约，至少在法律层面取消了上述国家在华领事裁判权，减少了享有领事裁判权的国家数量，减轻了领事裁判权制度对中国的伤害程度。其次，自 1929 年 4 月 27 日开始，南京国民政府与英、美、法、荷、巴、挪六个条约未满期国家进行法权交涉，并取得一定进展。经过两年交涉，终于在 1931 年 4 月 23 日，中国与挪威交换《关于在华领事裁判权之换文》，与荷兰达成有关条约，正式解决取消领事裁判权问题。这是恢复法权谈判的又一胜利。1931 年 6 月 6 日，中国与英国达成条约草案，至 7 月 13 日，与美国达成条约草案，获得了英美对放弃在华领事裁判权的同意。只可惜，受日本侵略中国行动的影响，这两个条约最终未能签订批准。至于与日本的法权交涉，进展不大。1928 年 7 月，南京国民政府宣布中日通商条约期满作废，要求另订新约。1929 年 5 月，中日正式启动修约交涉，唯因日本态度强硬，除关税条约外，其他方面没有进展。但不管怎样，此次南京国民政府与列强的法权交涉，仍取得了较大成就，在一定程度上改善了司法条约关系。

改订新约的第三个内容是收回租界和租借地。租界和租借地涉及领土主权和完整。南京国民政府希望通过外交谈判，收回列强在华租界和租借地。南京国民政府收回的第一个租界是天津比租界。自 1928 年 11 月开始交涉，至 1929 年 8 月 31 日正式签订接收比租界协定，完成谈判。1931 年 1 月 15 日，正式接收天津比租界。这是南京国民政府第一次通过外交手段收回租界。除天津比租界外，南京国民政府还收回了镇江英租界、厦门英租界。1929 年 3 月，中英开始磋商交收镇江租界问题，至 10 月 31 日正式达成协定，11 月 15 日正式举行交收仪式，收回了镇江英租界。同年 6 月，南京国民政府向英国提议收回厦门英租界，至 1930 年 9 月 17 日正式收回。随即，南京国民政府又准备收回汉口日、法租界等其他各处租界，并提起交涉，但由于"九一八"事变的突然爆发而被打断，收回租界行动无形停顿。除了租界外，南京国民政府也提起收回租借地的交涉。1929 年 1 月，王正廷向英国驻华公使蓝普森提出收回威海卫租借地。通过谈判，于 1930 年 4 月 18 日达成交收威海卫条约。10 月 1 日，中英互换条约批准书，威海卫租借地正式收回。此外，南京国民政府还提起了收回广州湾租借地和旅大租借地的交涉，不过进展不大。可见，通过改订新约，南京国民政府在收回租界和租借地问题上取得了有限成就。

此外，南京国民政府还试图收回航权、撤退外国在华军舰和驻兵。这些也是改订新约的重要内容。但是，由于南京国民政府采取先关税，次法权，再收回租界和租借地、航权，撤退外国在华军舰和驻兵的分步骤办法，在法权交涉困难的情况下，其他步骤未来得及全面实施，取得的成效自然有限。

改订新约是南京国民政府在"革命外交"的口号下进行的恢复国权的外交运动。它与激进的废约方式不同，采取和平外交谈判的方式，获得列强对改善中外不平等条约关系的同情，达到"废止旧约，缔结新约，分步骤、有计划地取消各项条约特权"的目的。就新约的内容来说，取消了外人在华的一些特权：通过关税新约，中国恢复了关税自主权；在有些新约中，一些国家有条件放弃了在华领事裁判权，中国还基本收回了上海临时法院，对于中国法权恢复起到了积极影响；通过谈判，一些租界和租借地被收回，有利于领土主权完整的恢复；片面最惠国待遇条款不再出现在新约中。改订新约运动是中国自 1840 年以后首次和平取消主要条约特权的尝试，有利于调整中外不平等条约关系。

当然，改订新约存在的局限也较为明显。改订新约实质上是以和平手段修约，而不是根本废止一切不平等条约，因此它必然是有妥协的，有让步的，不可能彻底改变中外不平等条约关系性质。改订新约也没有达到废除一切不平等条约的目的，没有实现孙中山所说的"恢复我国际平等，国家独立"的目标。就新约的内容来说，也存在明显局限。具体来说，这些不足包括：（一）新订条约在某些问题上较前有所倒退。例如关于取消领事裁判权，中比新约规定以享受同样权利的缔约国一半以上同意放弃这些权利为条件，而这是北京政府一贯反对的内容。曾友豪认为，新约延长了比利时在华权益，"就这一点说来，中比新约的条文，当然比不上北京政府的交涉。"（二）由于新约正约还附有附件，对正约进行限制，以至于中国获得的权益多是不可能兑现的。例如，正约确认了关税自主原则，但附件又对关税自主构成限制，附以种种条件。（三）"新订条约实际上将自己置于所有列强国整体谈判的不利环境。"中比新约取消领事裁判权以享有同样权利的半数国家承认为条件，中意新约以华盛顿条约签署国议定取消领事裁判权为条件，都是将中国置于列强整体对面，中国不得不取得这些国家的同意。此外，新约的内容还增加了一些对中国约束的条件。例如，中比、中意新约规定允许比、意侨民进入中国内地自由居住权和享有土地权，尽管这是当时国际通例，但在领事裁判权没有完全取消之前，这种规定无疑对中国不利。正因为存在种种局限和问题，故时人对新约的批评也不少。[①]

由于改订新约存在诸多局限，尤其是它的"成功"要依赖列强的同情，因此它不能从根本上废除不平等条约，全面改善不平等条约关系的目标无法实现。"九一八"事变爆发后，改订新约无形终止，中外条约关系调整遭到重大挫折。

---

① 李育民：《中国废约史》，中华书局，2005 年，第 692—702 页。

第二章　关税自主的实现与条约关系的重大突破

南京国民政府前期致力于实现关税自主，这是"改订新约"最重要的内容之一。关税自主实质上是要改订旧的不平等关税条约，缔结新的关税条约，这是该时期条约关系在经济领域最重要的变化。关税自主是南京国民政府前期改订不平等条约运动的首要目标。通过努力，南京国民政府与主要列强达成了新的关税条约，取代了旧的不平等关税条约。1930 年 12 月 29 日，南京国民政府公布了《中华民国海关进口税税则》，宣布第二年元旦实行。尽管此次关税自主运动存在不少局限，但至少在法律层面实现了关税自主，从此中国关税被不平等条约束缚的历史得以改写，中外经济关系出现了重大转变。不仅如此，关税自主问题的解决鼓舞了中国政府和人民改善旧有条约关系的信心。此后，法权交涉、收回租界和租借地交涉、收回航权交涉等列上讨论日程。因此，从条约特权的取消角度看，关税新约不仅仅意味着关税条约关系的改变，也开启了其他条约关系改善的大门。

第一节 南京国民政府初期关税自主政策的变化

南京国民政府成立之初,百废待兴,急需扩大税源,增加收入,自然非常重视关税问题。加之此时南京国民政府以继承孙中山革命遗志为号召,继续高举废除不平等条约大旗,在这种背景下,将关税自主问题列为外交的重点。

一、"民族革命式"自动宣布关税自主政策的实施

最初,南京国民政府实施"民族革命式"自动宣布关税自主政策。1927年 5 月 10 日,南京国民政府决定采取单方面宣告关税自主的政策。6 月 24 日,国民党中央政治会议(以下简称中政会)第 108 次会议决定,自本年 8 月 1 日起,所有广东、广西、江苏、浙江、福建、安徽六省厘金及厘金性质相同之通过税,一律先行裁撤;入口关税,除特定物品如烟、酒等依特定税则征收外,其奢侈物品抽收不过 30%,普通物品照 12.5% 征收。统一各省后,陆续一律办理。[①] 据此,南京国民政府于 7 月 20 日发布《关税自主布告》,指出非彻底废除厘金及类似制度不足以苏民困,非迅速实行关税自主不足以跻身国际平等行列,因此要在最短期间内实行裁厘,并宣告关税自主,并决定 9 月 1 日起先在上述六省实行裁厘,随后全国推广。同日,南京国民政府宣告关税自主,实施国定关税。南京国民政府又公布了《裁撤国内通过税条例》《国定进口关税暂行条例》《出厂税条例》等三个法令。[②] 其中《国定进口关税暂行条例》明确规定,外国普通进口商品征收 12.5% 的税率,奢侈品分甲、乙、丙三种,分别征收 20%、30%、62.5% 的税率,大幅度提

---

① 武堉干:《中国关税问题》,收入王云五主编:《万有文库》(第一集一千种),商务印书馆,1930 年,第 150—151 页。

② 《国民政府关税自主布告》,1927 年 7 月 20 日,中国第二历史档案馆编:《中华民国史档案资料汇编》第 5 辑第 1 编《外交》(一),第 8、9 页。

高了现行税率。① 南京国民政府在实行国定税率问题上采取了断然措施，沿袭了广州国民政府时期自行宣布征收附加税的做法，仍不失为"革命外交"的一种方式。如果真正实行国定税率，则意味着关税自主得以真正实现。这种方式被认为"惟一最良之法"，时人评价："盖中国欲取得真正之关税自主，则不得不将束缚关税之一切条约或议决（如关税会议之议决）概行推翻。然欲推翻一切条约或议决，则舍民族革命式之自动的宣布关税自主外，别无他路之可通，惟有俯首承认各帝国主义对于我国关税变相的新协定，而绝对不能收回真正之关税自主也。"②

但是，这种"民族革命式"办法遭到列强的强烈反对。英、日一致反对新税，甚至威胁中方，若强迫征收新税，将不惜武力对付。③ 在华洋商亦群起抵制。④ 例如，法国邮船不纳船钞、自由出口。8 月 2 日，在上海的日本商会决议向日本政府请愿，向国民政府提出抗议。⑤

不仅国定的加征关税无法施行，裁厘的命令也因遭到上海总商会等工商业者反对而事实上无法执行。8 月 29 日，南京国民政府宣布裁厘加税暂缓举办，唯称关税自主仍定 9 月 1 日实施。⑥ 同日，外交部照会各国驻华公使，宣布上述三个法令暂缓实行，唯宣称自 9 月 1 日起实行关税自主政策仍然维持有效。⑦ 这样，南京国民政府第一次单方面宣告关税自主就只剩下空名，事实上等于失败。

通过"民族革命式"办法实现关税自主因列强强硬反对等原因而失败，南京国民政府随后不得不调整策略，采取谈判协商的办法实现关税自主，最终通过改订新约运动基本实现了关税自主的目标。

---

① 《国定进口关税暂行条例》，外交部编纂委员会编印：《中国恢复关税主权之经过》下编，1929 年，第 83 页。

② 刘彦：《被侵害之中国》，上海太平洋书店，1928 年，第 92—93 页。

③ 武堉干：《中国关税问题》，第 153 页。

④ 刘彦：《被侵害之中国》，第 92 页。

⑤ 《蒋介石抄送殷汝耕关于各国反对关税自主情形函》，1927 年 8 月 16 日，中国第二历史档案馆编：《中华民国史档案资料汇编》第 5 辑第 1 编《财政经济》（二），第 1 页。

⑥ 《国民政府为增加关税暂缓的布告》，1927 年 8 月 29 日，中国第二历史档案馆编：《中华民国史档案资料汇编》第 5 辑第 1 编《外交》（一），第 9—10 页。

⑦ 《外交部为增加关税暂缓事致各国公使照会》，1927 年 8 月 29 日，中国第二历史档案馆编：《中华民国史档案资料汇编》第 5 辑第 1 编《外交》（一），第 10 页。

二、 通过改订新约方式实现关税自主政策的确立

1928 年 6 月，王正廷担任外交部部长，采取"期满作废，到期修改"为主旨的改订新约方针，发起以实现关税自主、撤废领事裁判权等为主要内容的改订新约运动。其中，关税自主是此次运动的首要任务。王正廷认为，不平等条约主要内容有五点，即关税协定、领事裁判权、租界及租借地、外兵之驻扎、内河航权。其中关税自主是最重要的，"关系全国人民的生命，为国民经济的生死关头。"[①] 关税自主是废除不平等条约的第一步。[②] 在这种思想指导下，王正廷将实现关税自主作为外交工作的首要目标。

就任之前，王正廷宣示了实现关税自主的办法。6 月 11 日，他在上海发表外交方针，主要包括：努力修改不平等条约；先从撤废满期条约入手；应先与同情中国的国家进行关税自主谈判，但在各国未尽赞同以前，仍照旧税征收，不使同情中国的国家吃亏。[③] 6 月 15 日，国民政府发表对外宣言，要求重订新约。7 月 7 日，外交部发表重订条约宣言，具体阐述其修约方针，归纳起来就是期满者废除，另订新约；未满期者以相当手续解除，重订新约；旧约满期而新约未订者，适用临时办法。[④] 7 月 9 日，公布的《临时办法》主要涉及关税自主和撤销领事裁判权。《临时办法》第五条就关税问题进行规定：国定税则未实行以前，关税照现行章程办理。[⑤] 同时，外交部将上述宣言和《临时办法》照会各关系国，要求重订新约。

当时，与中国有不平等条约关系的国家共 16 个，即英国、法国、美国、意大利、荷兰、比利时、丹麦、葡萄牙、西班牙、日本及瑞典、挪威、墨西哥、巴西、秘鲁、瑞士，其中墨、巴、秘、瑞（士）4 个国家系根据最惠国条款获得关税特权。因此，要获得关税自主权，必须与除此四国之外的 12

① 《外交力量与废除不平等条约》，1929 年 1 月 14 日在上海暨南大学演讲，吴天放编辑：《王正廷近言录》，第 46 页。

② 《实行关税自主宣传大纲》，《汉平新语》第 1 卷第 7 期，1929 年 1 月 1 日，党务，第 31 页。

③ 一凡：《王正廷的外交政策》，《青年呼声》第 8 期，1928 年 7 月 1 日，第 4 页。

④ 《中华民国国民政府外交部关于重订条约之宣言》，1928 年 7 月 7 日，《外交部公报》第 1 卷第 3 期，1928 年 7 月，特载，第 132 页。

⑤ 《国民政府制定〈中华民国与各外国旧约已废新约未订前适用之临时办法〉，本日公布》，1928 年 7 月 9 日，陈志奇辑编：《中华民国外交史料汇编》第 5 册，第 2332 页。

个国家重订新约。南京国民政府将这些国家分为两类，并分别采取了不同对策。第一类是条约期满之国，包括比、西、意、葡、丹、日 6 个国家。南京国民政府对这类国家采取宣布旧约失效、重订包括关税自主在内的平等通商新约的方针。第二类国家是条约尚未期满之国，即英、美、法、荷、瑞（典）、挪 6 个国家。南京国民政府与这类国家谈判的重点是先实现关税自主，缔结关税新约。

在关税自主谈判中，美、英、日是最主要的对手国，与这几个国家的关税新约缔结意味着关税自主的主要障碍消除。中美关税新约的缔结是中外关税条约关系改善的开端，中英关税新约是关税自主的关键一环，中日关税协定则是关税自主谈判最后完成的标志。

第二节 中美关税条约及其示范作用

中美关税条约关系变化是南京国民政府初期实施关税自主政策中具有标志性意义的事件。1928 年 7 月 25 日，财政部部长宋子文与美国驻华公使马克谟（John V. A. MacMurray，又译马慕瑞）签订《整理中美两国关税关系之条约》，标志着中美关税条约关系的重大调整。美国率先承认中国关税自主权，对其他国家产生了震动，推动了中国关税自主进程。

一、中美关税条约的签订

在有关条约国中，美国对中国要求恢复关税自主的态度还算比较积极。华盛顿会议通过《九国间关于中国关税税则之条约》时，尽管没有承认中国关税自主原则，但主持中国关税问题讨论的美国代表恩华特承诺，一旦中国情形安定，要求关税自主，定当欢迎。[①] 随后，在北京关税特别会议时，美

---

① 《美京施顾王代表电》，1922 年 1 月 5 日，中国社会科学院近代史研究所《近代史资料》编译室主编：《秘笈录存》（近代史资料专刊），知识产权出版社，2013 年，第 398 页。

国代表团对于中国请求恢复关税自主的要求也表现了积极态度。① 在美国的支持下，北京关税会议参与各国最终同意承认中国享有关税自主权，准许中国国定税率于 1929 年 1 月 1 日实施。

在中国国民革命不断取得进展的情况下，美国国内要求改变传统对华政策的呼声出现。1927 年 1 月 4 日，美国众议院外交委员会主席波特 (Stephen G. Porter，又译波尔多) 提出对华事宜议案。他认为，列强在华利益不同，对华政策也不一致，很难一致行动。在中国行使自己的主权，单方面废约的情况下，美国极应脱离与列强勾结的关系。他指出，在此种时局下，若不以公平正义为基础，从速解决，势必危及世界和平。因此，他建议柯立芝总统 (Calvin Coolidge) 立即开始与中国磋商关税新约，"以代替美国在华行使治外法权及限制中国征收关税与其他税捐自由之现行条约，以及条约中其他不平等、不互惠的规定，以期两国的关系，不妨碍双方的主权，而完全置于平等互惠基础之上。"实际上，波特要求美国政府"改变美国向来与列强协调的传统政策，而主张单独与中国成立平等互惠的关系"。② 波特的议案得到了国会议员广泛支持。在国会的压力下，美国国务院确立了新的对华政策。1 月 27 日，美国国务卿凯洛格 (Frank Billings Kellogg) 正式发表对华政策宣言，准备与能代表中国的政府或代表开始商议，以便华盛顿条约规定的附加税得以实行，且中国关税自主权得以完全恢复。③ 此后，美国政府对中国关税自主持比较积极的政策。不久南京事件发生，使中美之间有关关税问题的谈判处于停滞状态。

1928 年 3 月 30 日，中美就南京事件达成协议。黄郛在给马克谟的照会中提议，以平等及互相尊重主权为原则进行修约，得到美方同意。④ 6 月 23 日，凯洛格授权马克谟在适当的时间就修改关税条款开始谈判，并且训令他

---

① 《关税会议关税自主问题委员会开会纪事》，1925 年 11 月 3 日，王建朗主编：《中华民国时期外交文献汇编 (1911—1949)》第 3 卷中，第 563 页。

② 召：《美国要自动的取消不平等条约吗》，《现代评论》第 5 卷第 110 期，1927 年 1 月 15 日，时事短评，第 1 页。

③ 《美国国务卿凯洛格致外部关于修约照会全文译文》，1929 年 7 月，国民政府行政院秘书处编印：《国民政府行政文件集》第 2 辑《外交》，第 25 页。

④ 《黄部长致美马使照会》，1928 年 3 月 30 日；《美马使复黄部长照会》，1928 年 3 月 30 日，国民政府行政院秘书处编印：《国民政府行政文件集》第 2 辑《外交》，第 23—24 页。

"可以通知国民政府，美国政府现在愿意就修改中美之间的关税条约之条款展开谈判"。关于谈判的具体内容，凯洛格指出，美国政府可以同意中美旧约中关于关税特殊待遇应该在 1929 年 1 月 1 日或此条约生效四个月后，予以取消并生效；在关税等项缔约方享有不低于第三国待遇前提下，可以适用关税完全自主原则；不得迫使缔约一方公民缴纳高于本国或任何其他国家公民的国内税。① 但是，马克谟与凯洛格态度不一致，不愿意采取主动。

1928 年 6 月，国民革命军攻克平津。7 月 6 日，国民政府宣布北伐完成，国家统一。第二天，外交部发表废约宣言。7 月 11 日，施肇基将此宣言递交给美国国务院。同一天，伍朝枢致函美国国务卿凯洛格，称自己已被任命为条约谈判代表，请求美国政府也委任代表接洽。凯洛格得到的印象是，除非立刻行动，否则国民党人将强迫采取两项行动：一是谈判包括关税和领事裁判权两方面的全新条约，二是在华盛顿而非在北京谈判。因此，他在 7 月 20 日训令驻华公使马克谟立即行动，先在北京将关税问题解决，以避免美国政府在领事裁判权问题上处于被动地位。② 在凯洛格的一再训令下，马克谟不敢再拖延，当天便与刚到北京的宋子文进行接触。

凯洛格本来训令马克谟在 7 月 25 日前将修约照会递交给中国外交部，但在 20 日晚上马克谟报告了他与宋子文的会谈之后，立即改变了这一决定。当时，国民革命军攻克平津后，宋子文正陪同蒋介石巡视。宋子文对关税自主颇为关注。在 7 月上旬，全国财政会议召开，宋子文主持通过了《筹备关税自主裁撤厘金案》，对关税自主制定了明确时间表：8 月 31 日前拟订国定税率，至迟 10 月 1 日公布，1929 年 1 月 1 日起实行关税自主。因此，宋子文一有机会就积极推进关税自主进程。7 月 20 日，宋子文与马克谟会面，双方谈及美国对修约问题的态度。宋子文表示，他可以很快获得全权资格，进行条约谈判，建议立即缔结关税条约。马克谟报告这一情况后，凯洛格当即要求将照会递交给宋子文和王正廷，并特别提到，可以告诉宋子文，马克谟

---

① 《凯洛格致马克谟》，1928 年 6 月 23 日，王建朗主编：《中华民国时期外交文献汇编（1911—1949）》第 5 卷下，第 603—604 页。

② 《凯洛格致马克谟》，1928 年 7 月 20 日，王建朗主编：《中华民国时期外交文献汇编（1911—1949）》第 5 卷下，第 605 页。

有权进行谈判。① 21 日，马克谟与宋子文进一步会谈，双方很快就条约内容达成了共识。条约内容包括：废止中美条约中所有涉及商品在华进出口税率、存票、转运税、沿海贸易税和吨位税的条款，关税自主原则的适用将以最惠国待遇为基础，不得以任何借口迫使缔约任何一方的公民在另一方境内支付高于本国或任何其他国家公民的关税、国内税、进出口税。② 至于以废除厘金作为关税自主的条件，宋子文表示需要考虑。

在会谈时，宋子文告诉马克谟，已向蒋介石进行了汇报。蒋介石非常支持。③ 随后双方主要就非强制性条款和厘金问题进行磋商。宋子文建议删除非强制性条款，因为他觉得在目前的形势下日本会对此不满。至于厘金问题，宋子文反对条约本身内包含任何将废除厘金作为条件的条款，只同意发表废除厘金的声明，并将此作为条约的附件。④ 对此，美国没有反对。因为美国国务院已经指示马克谟，关于非强制性条款，应该完全根据中方的意愿；至于厘金问题，国务院认为，把至多部分实现而且即使未实现也极可能被忽略的东西作为条件，实际上从中得不到什么。⑤ 美国国务院的建议与宋子文的意思是一致的，双方很快达成一致，中美关税条约谈判基本结束。对于这么快就完成条约谈判，美国国务卿都表示进展超乎预期地快。⑥ 7 月 24 日，宋子文通知马克谟，他已经得到王正廷的授权，第二天可以签署条约。⑦ 同一天，马克谟将 20 日拟定的国务卿凯洛格致国民政府外交部部长修约照会转给王正廷，照会阐述美国政府对华历来"友善"，表示愿意修约，准备

---

① 《凯洛格致马克谟》，1928 年 7 月 21 日，王建朗主编：《中华民国时期外交文献汇编（1911—1949）》第 5 卷下，第 607 页。

② 《马克谟致凯洛格》，1928 年 7 月 21 日，王建朗主编：《中华民国时期外交文献汇编（1911—1949）》第 5 卷下，第 608 页。

③ 《马克谟致凯洛格》，1928 年 7 月 21 日，王建朗主编：《中华民国时期外交文献汇编（1911—1949）》第 5 卷下，第 608 页。

④ 《马克谟致凯洛格》，1928 年 7 月 21 日，王建朗主编：《中华民国时期外交文献汇编（1911—1949）》第 5 卷下，第 611 页。

⑤ 《凯洛格致马克谟》，1928 年 7 月 23 日，王建朗主编：《中华民国时期外交文献汇编（1911—1949）》第 5 卷下，第 610 页。

⑥ 《凯洛格致柯立芝》，1928 年 7 月 25 日，王建朗主编：《中华民国时期外交文献汇编（1911—1949）》第 5 卷下，第 611 页。

⑦ 《马克谟致凯洛格》，1928 年 7 月 24 日，王建朗主编：《中华民国时期外交文献汇编（1911—1949）》第 5 卷下，第 611 页。

以驻华公使为代表，与中方即时商议关税规定，达成新约，"庶关税自主之原则，及此国之商务在彼国口岸及领土内得享有无异于他国商务享受之待遇之原则，得相互完全表明。"① 照会同时由美方送给 12 个相关国家，并随后向媒体公布。此照会表明了美国的对华修约政策，明确表示将同意与中方缔结新约，给予中国完全关税自主权。

7 月 25 日，中美双方代表签订《整理中美两国关税关系之条约》。该约非常简单，只有两条。除条约批准手续外，核心内容是："历来中、美两国所订立有效之条约内所载关于在中国进口货之税率、存票、子口税并船钞等项之各条款，应即撤销作废，而应适用国家关税完全自主之原则。惟缔约各国对于上述及有关系之事项，在彼此领土内享受之待遇，应与其他国享受之待遇，毫无区别。缔约各国不论以何借口，在本国领土内，不得向彼国人民所运输进口之货物勒收关税或内地税，或何项捐款，超过本国人民或其他国人民所完纳者，或有所区别。如于民国十八年即西历一九二九年一月一日前，经双方政府按照以下所规定业经批准以上之条款，则于是日发生效力，否则，随时按批准日起四阅月后发生效力。"② 归纳起来是三点：废除旧约对关税的限制，承认中国完全关税自主权；缔约双方"互享"最惠国待遇，实质上是保证美国在华利益；条约批准生效问题。7 月 28 日，中美双方公布条约。

二、 中美关税条约的意义

中美关税条约不仅意味着中美两国关系的调整，也意味着列强在中国关税自主问题上一致行动的华盛顿体系的动摇，列强之间的裂缝已经打开，对中外条约关系调整意义重大。当时舆论预测它将改变中外关系，"此后我国与各国之关系，皆将重行安置，新时代之来，当不在远。"③《华盛顿邮报》（*Washington Post*）断言，"在华盛顿缔结的关于中国关税的九国公约变得无

---

① 《美国公使关于中美修订条约照会》，1928 年 7 月 24 日到，26 日外交部公表，周鲠生：《革命的外交》，上海太平洋书店，1929 年增订三版，第 226 页。
② 王铁崖编：《中外旧约章汇编》第 3 册，生活·读书·新知三联书店，1962 年，第 628—629 页。
③ 《中美关税条约在北平签字》，《中央周报》第 9 期，1928 年 8 月 6 日，一周大事述评，第 4 页。

效"。《纽约世界报》（*New York World*）指出，"没有理由感到惊讶，自从签署中美条约以来几个月，外国列强的分离已经确凿而持续地预示。"美国打破《九国间关于中国关税税则之条约》束缚，率先与中国缔结关税新约，对各国产生了震动，促使各国抛弃观望政策。《纽约先驱论坛报》（*New York Heald-Tribune*）相信，"美国政府的决定，不能不影响其他列强。"① 中美关税新约发表后，"外交界和舆论界都大为激动。尤其日本更特别表示愤慨嫉妒的态度，英国也以美国事先不与她商量，颇为悻悻，但她和其他各国却都很有乘机步美国的后尘，与我国表示修约的愿望。"② 在美国的示范下，各国相继与中国签订了关税新约，推动了关税自主运动的进程。

当然，中美关税条约是有局限的。它并非无条件承认中国关税自主，而是附加了条件，即税率等事项，"在彼此领土内享受之待遇，应与其他国享受之待遇毫无区别"，且不得"超过本国人民或其他国人民所完纳者，或有所区别"。③ 这样，只要其他条约国中有一个国家不承认中国关税自主时，美国人民也可依据最惠国待遇继续均沾利益，也就是继续保持旧有条约特权。所以，有学者指出，该约产生的影响主要是政治上和外交上的，从实际来看，美国并未真正放弃关税方面的条约特权。从条约关系变化来说，该约对现有条约关系，未做丝毫改变。④ 更甚者，美国还通过新约获得了内国待遇。

第三节　中英关税条约关系的改善

在中美签订关税条约的刺激下，英国政府也迈出了改善中英关税条约关系的一步，与南京国民政府讨论签订中英关税条约。

---

① British Embassy Mr. Chilton to Sir Austen Chamberlain，Aug. 2，1928，FO371/13158.
② "中华民国"史事纪要编辑委员会编：《中华民国史事纪要》（1928 年 7—12 月），台北"中华民国"史料研究中心，1982 年，第 194 页。
③ 王铁崖编：《中外旧约章汇编》第 3 册，第 629 页。
④ 李育民：《中国废约史》，第 656 页。

一、　中英关税条约谈判建议的提出

英国在各国对华贸易总额中，占据绝对优势。在中国关税自主进程中，没有英国的同意，中国关税自主权将很难实现。因此，中英关税新约签订就成为关键一环。

"五卅"运动以后，在中国反英浪潮的打击下，英国政府决定调整对华政策。1926 年 12 月 18 日，英国政府制定了《英国对华"新政策"备忘录》，开始放弃炮舰政策，转而采取"软化"政策。英国政府知道，要实现扩大对华贸易的总目标，必须与中国当局谈判改善关系。为此，英国对中国的关税自主要求持同情态度。《备忘录》声明，只要中国确定并颁布新的国定关税税则，就承认中国的关税自主权。[①] 此后英国政府一再声明坚持这种立场。但是，南京国民政府成立后，英国并没有采取积极态度推进谈判。

此时美国抢先一步，没有与英、日等其他列强商量，单独迅速与中国达成关税协议，率先承认中国的关税自主权。在中美关税条约签署之前，即 1928 年 6 月 16 日、19 日美国政府两次向英国政府保证在采取任何措施前将向其他列强说明。结果美国突然宣布签署条约，使英国政府感到恼火。7 月 25 日，马克谟才将签约一事通报给蓝普森。蓝普森认为，"我们的手无疑在一定程度上被束缚。"7 月 26 日，蓝普森将中美签约一事报告给外交部。他告诉英国政府，"急于追随和复制美国例子，将是最大可能的错误"，但他也指出，在年前应该讨论和谨慎考虑按照美国模式签署一份关税条约。[②] 自此之后，英国政府就开始讨论签署关税条约的可行性。

8 月 1 日，蓝普森向英国外交部报告，王正廷通过次长唐悦良向英方建议，只要可能，就与英国缔结如同美国那样的条约，或者一份通商条约。唐悦良还提出，只要英国同意谈判，他被授权待在北京，以便与蓝普森谈判。蓝普森向英国外交部建议准备同意与中国谈判关税自主问题。[③] 英国外交大

---

① 《中国关税问题备忘录》，1928 年 10 月 10 日，王建朗主编：《中华民国时期外交文献汇编（1911—1949）》第 5 卷下，第 632 页。

② M. Lampson（Peking）to Foreign Office, Jul. 26, 1928, FO371/13158.

③ M. Lampson（Peking）to Foreign Office, Aug. 1, 1928, FO371/13158.

臣张伯伦（Austen Chamberlain）在答复议员达克沃思（Duckworth）质询时，提及蓝普森已经汇报中美缔结关于关税自主的条约的情况，并说听到了缔结类似条约的可能性。[①]

8 月 5 日，中英就南京事件解决达成协议。9 日，王正廷照会蓝普森，对该案发生表示道歉，并负责赔偿，同时提议以平等及互相尊重领土主权为原则进行修约，并解决其他悬案。[②] 同日，蓝普森照复，承认中国修约要求"根本合理"，愿意按照 1926 年 12 月 18 日宣言和 1927 年 1 月 28 日建议书阐明的政策和步骤，与中国商订条约。[③] 8 月 14 日，英国外交部致电蓝普森，同意其提出的谈判关税条约建议。[④] 蓝普森开始着手安排与中方接触，他指示英国驻南京总领事休利特（William Meyrick Hewlett，又译许立德）与国民政府进行磋商。

9 月初，休利特拜访了国民政府财政部部长宋子文，后者向英方提出签订关税自主条约的要求。[⑤] 休利特随后拜访了王正廷，就关税自主谈判进行接触。9 月 12 日，王正廷正式建议立即为中英修约而行动，提出废除现存关税条件，"新条约应该建立在完全国家自主基础上，关税事务方面采取互惠和非歧视性的待遇。"王正廷建议条约应该在 1929 年 2 月 1 日生效，或者交换文本后四个月生效。[⑥] 蓝普森接到报告后立即将中方的建议向英国政府汇报，英国内阁对此进行了讨论。英国印度事务大臣伯肯黑德（Birkenhead）认为，"由于国民政府已经正式提出关税问题，是努力谈判一个仅局限于关税自主（如王正廷所提议的）的条约及一个互惠的关税协定的时候了。"他在给蓝普森的电报中建议，在中国确定并公布法定税率后承认中国关税自主的权利，表明英国愿意按照王正廷的提议缔结一个关税自主条约，但希望在

① Parliamentary Question by Mr. Duckworth，Aug. 3，1928，FO371/13158.

② 《关于南京事件往来文件：王部长致英蓝使照会》，1928 年 8 月，国民政府行政院秘书处编印：《国民政府行政文件集》第 2 辑《外交》，第 40 页。

③ 《关于南京事件往来文件：英蓝使复王部长照会》，1928 年 8 月，国民政府行政院秘书处编印：《国民政府行政文件集》第 2 辑《外交》，第 40 页。

④ 《柯兴登致蓝普森》，1928 年 8 月 14 日，王建朗主编：《中华民国时期外交文献汇编（1911—1949）》第 5 卷下，第 624 页。

⑤ 《纽顿（Newton）致伯肯黑德》，1928 年 9 月 7 日，9 月 12 日收，王建朗主编：《中华民国时期外交文献汇编（1911—1949）》第 5 卷下，第 628 页。

⑥ Mr. Newton（Peking）to Foreign Office，Sept. 12，1928，FO371/13159.

条约后附加一个简短的关税互惠协议。英国担心的是海关管理，所以伯肯黑德要求蓝普森注意提醒中方，所谓"法定税率"，即关税应该由海关征收，不能设立独立的征税机构来达到关税自主。①

经过与商务部等讨论，英国外交部于 9 月 14 日致电蓝普森，授权其在适当时机与国民政府就下列内容进行谈判：（一）棉花、羊毛纱及制品，钢、铁及其制品，机械等关税需在一定年限之内不变。（二）将多种对英国贸易重要的物品和这些物品关税在足够长时间内保持不变的内容包括在税则中。（三）英国政府为取得互惠而做出的承诺取决于中国在多大程度上满足英方的意见。创造收入的商品不能纳入协议，只能保证大豆和蛋是免税的商品。②从这些条件可以看出，英国显然不愿意完全按照中美关税条约来签订新约，而希望获得对英国有利的一些条件。英国外交部后来指出，"如果我们能阐明我们对国民政府给予的担保及诚信满意并同意关税自主，其他各国无疑愿意跟随我们的带领，他们信赖我们能正确履行我们的特殊地位给予我们的责任。"如果英国只是追随美国，结果是不利的。③

接到英国外交部的指示后，蓝普森于 9 月 21 日写信给休利特，要求其以私人方式与王正廷接触，了解中方在关税问题上的态度。④ 9 月 29 日，蓝普森以正式声明方式答复中国政府，表示可以承认中国享有关税自主权，英国准备与国民政府缔结关税自主条约，但希望国民政府同意在条约后附加一个简单的互惠关税协定。⑤ 10 月初，蓝普森训令休利特，要求其转告王正廷，希望中国接受英方的条件和要求，并表示如果能够得到一个真正令人满意的条约，他自己就准备到南京签约。⑥ 但是，王正廷予以婉拒。鉴于王正廷的态度，蓝普森建议英国外交部放弃附加互惠关税协议，而设法与他达成

---

① 《伯肯黑德致蓝普森》，1928 年 9 月 22 日，王建朗主编：《中华民国时期外交文献汇编（1911—1949）》第 5 卷下，第 629—630 页。

② 《中国关税问题备忘录》，1928 年 10 月 10 日，王建朗主编：《中华民国时期外交文献汇编（1911—1949）》第 5 卷下，第 633 页。

③ 《柯兴登致蓝普森》，1928 年 10 月 26 日，王建朗主编：《中华民国时期外交文献汇编（1911—1949）》第 5 卷下，第 636 页。

④ M. Lampson（Peking）to Foreign Office，Sept. 21，1928，FO371/13159.

⑤ Parliamentary Question，Nov. 25，1928，FO371/13161.

⑥ M. Lampson（Peking）to Foreign Office，Oct. 8，1928，FO371/13159.

协议。10 月 13 日，王正廷答复，中国政府准备同意原则上达成互惠关税协定，但希望与关税条约本身分开。[1]

因中方原则上同意磋商关税互惠协定，蓝普森决定授权使馆商务参赞傅夏礼（Harry Halton Fox）赴上海，与国民政府财政部部长宋子文、海关监督张福运进行谈判。傅夏礼得到的指示是：在签署关税自主条约时，必须获得互惠关税协定；新关税应与临时附加税表一致；如果有可能，某些输入中国的货物税率应该稳定十年；装运日期应作为确定货物新税率日期。[2]

但是，这些条件与中国政府的期望有差距，尤其是第一、三两点。关于互惠关税协定，中方坚持的是，不能作为条约签署的条件。而税率问题，中方对临时附加税率表的税率并不排斥，但不可能同意税率稳定十年的提议。税率稳定十年是英国商务部提出的，这一点英国外交人员其实也有不同意见。蓝普森希望外交部警告商务部，中国人不可能同意这个建议。蓝普森认为，中国有能力单方面实行关税自主。如果中国这样做，英国很难抵制。所以，英国不应该把目标定得太高。[3] 傅夏礼建议，稳定税率时期能够稳定在三年就不错了。[4] 因此，英国外交部后来只是希望在关税自主条约签订之前获得中国对税率稳定的保证，[5] 至于稳定时间，也降低到稳定两年。[6]

10 月 26 日，英国外交部致电蓝普森，要求催促休利特，尽早敦促王正廷，同时采取措施，推动互惠条约的谈判。为了使王正廷能接受互惠关税协定，英国政府提出一个解决方案，即由休利特建议王正廷给英国驻华公使写信，承诺中国实施关税自主时，保证两点：将外国代表团修订的临时附加税表作为其自主关税；现行关税保持两年不变。英方表示，一旦收到信函，英国就立即同意签署关税条约，从而结束互惠关税协定的谈判。[7]

11 月 1 日，休利特拜访了王正廷，向其传达了英国外交部的意见。王正

---

① Parliamentary Question, Nov. 25, 1928, FO371/13161.

② Draft by M. Lampson, November 1928, FO371/13160.

③ M. Lampson（Peking）to Foreign Office, Oct. 17, 1928, FO371/13159.

④ Draft by M. Lampson, Nov. 1928, FO371/13160.

⑤ 《柯兴登致蓝普森》，1928 年 10 月 26 日，王建朗主编：《中华民国时期外交文献汇编（1911—1949）》第 5 卷下，第 635 页。

⑥ Draft by M. Lampson, November 1928, FO371/13160

⑦ Foreign Office to Sir M. Lampson（Peking）, Oct. 26, 1928, FO371/13159.

廷没有正面回应，只是强调关税不会经常剧烈波动。为了保持稳定，他会向宋子文建议颁布一个公告，并表示倾向于在一年或两年期内采取七等税表。为了使英方充分理解，王正廷建议英国使馆参赞傅夏礼去拜访宋子文，进行有关沟通。①

11月3日，傅夏礼与南京国民政府关务署署长张福运就英方提出的互惠关税协定方案进行了讨论。11月10日，傅夏礼拜访了宋子文。傅夏礼转达了蓝普森对互惠关税协定讨论进展缓慢的不满。宋子文表示遗憾，并答应下周将对英国方案给予官方答复。从会谈中，傅夏礼得到的印象是，中国政府不同意关税协定，因为中国担心其他国家尤其是日本效仿，由此中国关税自主将变成有条件的束缚。但是，宋子文表示，中国能够做出书面保证的是，新的国定税率公布后一年期内，除细微修改外，不作任何改变。同时，宋子文向傅夏礼透露，新关税与临时附加税没有多大不同。②

在宋子文答复英方之前，蓝普森向英国政府提供了四个选择方案：（一）暂停讨论并向南京政府暗示，如果关税筹划失败，将等待他们新关税的具体情况并看能够执行到何种程度。（二）拒绝在没有关税协议的情况下签订关税自主条约。（三）签订条约，但要以取得一些正式的保证为条件，包括在固定的最短期限内对英国特定种类的商品按1926年税则征税，如果有可能，未提前六个月通知则税率不得更改。（四）签订条约，并在宋子文目前提供的条件外，要求正式保证在新税则实施后六个月内着手处理关税协议的事。蓝普森表示，自己倾向于选择第三个方案。③英国政府则表示，需要各种理由，不能匆忙决定给予蓝普森训令。④

在英方犹豫不决的时候，国民政府内部态度发生了一些变化。王正廷10月13日同意进行的关税互惠协定谈判方案被国民政府否决了。11月17日，宋子文告诉傅夏礼，国民政府决定，英方建议的关税协定不在讨论之中，将

①　M. Lampson（Peking）to Foreign Office，Nov. 5，1928，FO371/13160.

②　M. Lampson（Peking）to Foreign Office，Nov. 14，1928，FO371/13160.

③　《蓝普森致柯兴登》，1928年11月14日，王建朗主编：《中华民国时期外交文献汇编（1911—1949）》第5卷下，第638—639页。

④　M. Lampson（Peking）to Foreign Office，Nov. 14，1928，FO371/13160.

采用 1926 年关税会议提出的七等税表作为自主税率，新税率将马上宣布，一年内不修改，且征收前有两个月的告知时间。宋子文以私人意见告诉傅夏礼，他准备就货物稳定税率一年给英方单独照会保证。[1]

对于宣布新税的行动，国民政府也在试探英方态度。11 月 25 日，王正廷派外交部顾问拜访傅夏礼。傅夏礼趁机表示不满，指责王正廷不守诺言，没有事先与之讨论关税协定。26 日，王正廷与傅夏礼通电话，表示并不否认签订关税协定，但不准备在签署关税自主条约时讨论这些问题。关税协定可以在签署条约后，或谈判通商条约时讨论。王正廷强调，12 月 1 日会宣布实施新税，关税税率将在一年期内不变。期间如果进行必要修改，会给予为期两个月的告示期。对于国内税取消问题，王正廷表示中国不打算发表任何声明，但正在采取步骤关闭许多地方的厘金站。[2] 傅夏礼得不到满意的答复，又于 11 月 29 日拜访了宋子文。宋子文表示不能做出让步。[3]

在这种背景下，英国政府决定再做出一定让步。11 月 28 日，英国外交部官员威尔斯（Victor Wellesley，又译韦尔斯利、威尔斯利）提到，英国外交部实际上已经作出决定，暂时放弃互惠关税安排的想法，签署关税自主条约的条件是能够保证临时附加税表作为新的关税，新税征收告知将有两个月时间，整个关税税率保持一年不变。英国外交部对蓝普森动身前往南京表示支持，并建议与中国政府按照英国外交部提供的条约草案和互换照会进行磋商。[4]

12 月 3 日，英国外交部告诉蓝普森，各自治领已经同意授权其签署条约和交换照会。[5] 4 日，蓝普森南下。8 日，蓝普森到达南京，王正廷亲自到浦口迎接。当晚，国民政府举行欢迎宴会，王正廷、胡汉民、孙科等国民政府要员出席，可见中方对此颇为重视。[6]

---

① Parliamentary Question, Nov. 25, 1928, FO371/13161.
② M. Lampson (Peking) to Foreign Office, Nov. 28, 1928, FO371/13161.
③ M. Lampson (Peking) to Foreign Office, Nov. 29, 1928, FO371/13161.
④ M. Lampson (Peking) to Foreign Office, Nov. 28, 1928, FO371/13161.
⑤ Foreign Office to Mr. Hewlett (Nanking), Dec. 3, 1928, FO371/13161.
⑥ M. Lampson (Nanking) to Foreign Office, Dec. 8, 1928, FO371/13161.

二、 中英关税条约谈判的经过与新约签订

蓝普森在南京与王正廷共进行了五次谈判。12 月 11 日，双方举行第一次会谈。王正廷提出中方草案，共包括三条，前两条实际上与中美关税条约内容一样，第三条规定在绝对平等和相互尊重主权原则的基础上，在六个月内谈判一项商业和航行条约。蓝普森不同意这个草案，认为讨论这个草案会拖延很久，建议以英方草案为基础。①

英方草案共六款，第一款主要是规定英国承认中国完全关税自主权，取消旧约中对中国订定关税税则权的限制，但要求中方保证关税将统一适用于所有进口地点；第二、三、四款要求给予缔约双方国民、进出口货物最惠国待遇；第五款规定英方同意取消旧约对中国订定船钞的限制；第六款涉及批准生效问题。② 王正廷没有肯定英方草案，但随后双方谈判主要围绕这个草案进行。

王正廷对英方草案提出了一些看法：（一）第一款最后一句"但有一项谅解，即关税将统一适用于所有进口地点"。王正廷认为是多余的，"因为中国政府宣布打算对所有陆海边界统一征收新税。"（二）第二、三、四款提及国民、货物的最惠国待遇问题。王正廷指出，中美关税条约只给予国民最惠国待遇，中英条约不应超出此范围。谈判中，蓝普森还就新约有关保证问题向王正廷施加压力，要求中方给予关税稳定、变更通知、装运日期等方面的保证。王正廷只同意保证税率稳定一年，对稳定期满后关税变更告知则不愿意保证，只表示国民政府不准备做任何变更。除了关税条约谈判外，王正廷还就领事裁判权、驻军、租界、内河航行权等其他问题提出了希望，但遭到蓝普森拒绝。③

12 日，双方举行第二次会谈，主要讨论三个问题：第一，关于陆海边界统一适用税率问题。王正廷指出，英国草案实际上是在授予关税自主权的同时，又对中国附加一项限制，中方不能接受。王正廷要求从第一款中删除这

---

① M. Lampson（Nanking）to Foreign Office，Dec. 11，1928，FO371/13161.
② Foreign Office to Sir M. Lampson（Peking），Oct. 31，1928，FO371/13160.
③ M. Lampson（Nanking）to Foreign Office，Dec. 11，1928，FO371/13161.

句话。蓝普森虽当场拒绝让步，但在随后向英国外交部的请示中提及"这似乎是我们要让步的一点"。英方对陆路边境税感兴趣，蓝普森要求中方以书面形式确认在华盛顿会议上对印度做出的声明。对缅甸，也要在换文中确认。王正廷表示会考虑印度的问题。而对缅甸问题，他似乎认为除了华盛顿会议换文外没有必要再讨论。第二，关于最惠国待遇问题。王正廷仍坚持条约只能给予国民最惠国待遇，反对给货物以最惠国待遇。蓝普森坚持要求同时给予货物最惠国待遇。双方就此争论很久，没有达成一致。第三，关于税率稳定性的担保等。王正廷答应通过指令税率稳定限定一年，关税税则实行则提前两个月告知。至于稳定期结束后关税变更问题，王正廷拒绝给予保证。蓝普森要求将货物装运日期作为两个月告知的替代方案。但是，王正廷除了答应与宋子文协商看能否在新税第一次变动时给予某种告知外，拒绝任何让步。①

14 日，双方举行第三次会谈。此次会谈气氛并不融洽，双方争论的焦点在于给予货物最惠国待遇问题，双方均不愿意让步。此次会谈，双方就条约的形式进行了磋商，就几点达成了一致，主要包括：第一款进行重新措辞，删除英方草案中关于"统一适用于所有进口地点"的那段，而代之以附加声明："即中国政府打算在任何地方统一适用关税。"第二、三款在条约中省略，放到互换照会中。第四、五、六款重新编号为第二、三、四款。第六款"自交换批准书生效"替换为"自两国政府彼此通知批准书生效"。②

17 日，双方举行第四次会谈，就各自条约草案交换意见，几乎所有问题都达成了协议。在王正廷的要求下，条约第一条规定：双方同意，废除两国现行条约中所有限制中国关税自主权的规定，而适用完全国家自主的原则。对此，蓝普森虽有不满，但也接受了。其他条款按照第三次会议协议处理，即第二、三款放到附件，第四、五、六款内容不变，重新编号。至于担保问题，"除了今后变更问题外，担保的说明意见被接受。"此次会议，王正廷提出了自治领国民享受最惠国待遇问题，担心自治领不给中国国民最惠国待

---

① M. Lampson（Nanking, via Shanghai）to Foreign Office, Dec. 13, 1928, FO371/13161.
② M. Lampson（Nanking）to Foreign Office, Dec. 15, 1928, FO371/13161.

遇。蓝普森答应向国内报告此事，但建议不要在这方面拖延条约签订。[①]

19 日，第五次会议举行，主要是修正条约词句。至于担保问题的争论，则以不附于条约或发表的照会形式解决。对于一年稳定期后关税税率变更问题，中方对提前两个月告之一事不愿意做出正式承诺。最终双方议定，关税实施日期和两个月告知时间，只限于关税生效。对于这些补充说明，中方要求不予公布。[②] 但是，英国外交部不同意这样做。[③]

20 日，中英《关税条约》正式签字。条约共四款，除第四款为批准手续外，实质内容为三款：第一款规定取消旧条约对中国制定关税税则权的限制，承认适用关税完全自主原则。第二款规定两缔约国人民运入、运出货物完纳税款享受最惠国待遇。第三款规定取消中英现行条约对中国任意自定船钞权的限制，缔约双方相互给予各自境内对方船只最惠国待遇。[④] 除正文外，还有四个附件。附件一规定两缔约国境内生产或制造并运入或运出货物完纳税款享受最惠国待遇。[⑤] 附件二是关于英国各自治领与中国之间的声明，一是自治领同意取消限制中国自定关税税则和船钞数目权之各条款，二是自治领与中国相互给予各自境内生产或制造的货物最惠国待遇。[⑥] 附件三是关于中国颁布国定税率问题，包括三点：一是要求中国国定税率与 1926 年关税会议议定税率相同，作为对英国货物所课之最高税率；二是保证税率自国定税则实行起稳定一年，税则实行须提前两个月告知；三是要求取消内地税，规定中国方面将及早设法废除厘金、常关税、沿岸贸易税及别项进口货物税，如通过税、落地税等。[⑦] 附件四是关于陆海路实行统一税则问题，由王正廷代表国民政府声明："对于新订海关税则，意欲一律适用于中国海陆边界，故从新税则实行之日起，所有陆路进出口货物现在所课之优待税率，予以废止。"蓝普森对此予以复照同意。[⑧] 至此，中英关税谈判正式结束。

---

① M. Lampson（Nanking）to Foreign Office，Dec. 17，1928，FO371/13161.
② M. Lampson（Nanking）to Foreign Office，Dec. 19，1928，FO371/13161.
③ Foreign Office to Sir M. Lampson（Peking），Dec. 26，1928，FO371/13161.
④ 王铁崖编：《中外旧约章汇编》第 3 册，第 661—662 页。
⑤ 王铁崖编：《中外旧约章汇编》第 3 册，第 662—663 页。
⑥ 王铁崖编：《中外旧约章汇编》第 3 册，第 663—665 页。
⑦ 王铁崖编：《中外旧约章汇编》第 3 册，第 665—666 页。
⑧ 王铁崖编：《中外旧约章汇编》第 3 册，第 666—667 页。

中英关税新约，除了承认中国关税自主外，特别规定取消限制中国自定船钞之权，在船钞及相关事项上规定两国互享最惠国待遇；同意陆路与海路实行统一税则，有助于中国主权的部分恢复，减轻了不平等条约对中国主权的束缚。

三、 中英关税新约签订的意义与局限

以英国在华所处的特殊地位，同意签订承认中国关税自主原则的新约，对中国关税自主运动有积极影响。英国外交副大臣柯兴登（Cushendun，又译库申登）认为，"只有设法取得各国的同意，中国才能通过谈判和平地实现关税自主"，而各国"正等着我们带头"。[①] 事实也如此，不少条约国都观望英国的态度。例如，意大利政府专门就此事派驻英使馆顾问维拉诺瓦（Villanova）伯爵了解英国态度，并请求保持联系。[②] 葡萄牙也在条约谈判过程中与英方保持密切联系，请英方向其传达信息。[③] 荷兰政府希望与中国进行关税谈判前首先获得包括英国在内的其他国家的意见。[④] 这些说明，英国的态度必然会影响其他国家，促使其他有约国采取类似行动，从而加速了中国关税自主运动进程。正因为如此，当时舆论对中英新约的签订表示认可。[⑤]

当然，中英关税新约也有局限。条约附件对中国作了诸多限制，例如应英国一再要求，给予货物最惠国待遇；要求国定税率必须与 1926 年关税会议议定税率相同，并规定实行此税则时必须提前两个月预告，并要求新税率稳定一年；要求中国取消所有内地税等等。这些规定都是满足英国政府的愿望，在一定程度上构成对中国关税自主的限制。正因为如此，这个条约遭到了时人批评，认为新约所规定的关税自主，仍旧像中英《续议通商行船条约》及《华盛顿协定》所载，是有条件的自主，不是完全的自主，甚至有许多地方还不及 1903 年《中美续议通商行船条约》，"因为该约尚附有声明书，

---

① 《柯兴登致蓝普森》，1928 年 10 月 26 日，王建朗主编：《中华民国时期外交文献汇编（1911—1949）》第 5 卷下，第 636 页。

② Foreign Office to Sir M. Lampson, Aug. 3, 1928, FO371/13158.

③ Board of Trade to Foreign Office, Sept. 11, 1928, FO371/13158.

④ Foreign Office Minute by Mr. Mounsey, Oct. 2, 1928, FO371/13159.

⑤ 李育民：《中国废约史》，第 683 页。

指定中国政府得自行抽收销场税、出厂税及出产税"。[1]

第四节　中日关税协定签订与关税自主谈判完成

在所有条约国中，日本是最后一个承认中国关税自主权的国家，是中国实现关税自主的主要阻力。南京国民政府成立后，中日之间进行了长达两年的交涉，才于 1930 年 5 月订立关税协定。中日关税谈判分为两个阶段：第一阶段是暂行税率（关税自主前的过渡性税则）问题谈判；第二阶段是关税自主问题谈判。

一、中日关税暂行税率问题的谈判

中日围绕暂行税率问题的谈判是在宁案、汉案、济案、修约等中日悬案交涉过程中穿插进行的。在磋商该问题前，双方围绕条约期满失效问题争吵不休。1896 年，中日订立《通商行船条约》并附属文件，1903 年又签订有续约。按照条约十年期满规定，中日条约到 1926 年 10 月 29 日第三次期满。后虽经展限（每次三个月）磋商，但未能达成一致。到 1928 年 7 月 20 日，展限又将期满。1928 年 7 月 19 日，国民政府外交部给日本驻南京领事冈本一策送去一份照会，要求转交日本政府，宣布中日《通商行船条约》及续约失效，提议另订新约，新约未成前适用临时办法。同日，驻日公使汪荣宝也将此意告知日本政府。此时国民政府显然不满足于只订立关税条约，而是希望重订新的通商条约。但是，日本对此不接受。7 月 31 日日本政府答复照会宣称："条约既不能废止，也不能期满失效，除非缔约双方有特别的双边协定或条约。"日本指责国民政府违反了条约，是"不顾诚信的粗暴行为"，要求中国撤回临时办法。[2] 此后，中日双方围绕条约有效性问题发生交涉，一

---

[1]　曾友豪：《从国际法的观点批评中外新约》，《东方杂志》第 26 卷第 14 期，1929 年 7 月 25 日，第 14 页。

[2]　Note sent by the Japanese Government to the Chinese Nationalist Government on Jul. 31, 1928，FO371/13155.

度僵持不下。这种局面对中日关系发展不利，因双方都有改善关系的需要，迟至 9 月底双方僵局逐渐打开。[1]

10 月初，宋子文与日本驻沪总领事矢田七太郎进行初步接触，就中日交涉交换意见。12 日，日本首相田中义一在内阁会议上表示中日悬案照已定对华方针进行。[2] 具体进行的方法是，"拟本列国协调主义，自国定税率问题入手，与国民政府开始交涉。"[3] 17 日，日本驻华公使芳泽谦吉应电召回国。18 日，矢田赴南京，全权进行中日悬案交涉。19 日，由王正廷、周龙光与日代表矢田、冈本在南京交涉，双方就条约、宁案、汉案、济案四项交换意见。经过九次会议，到 10 月 25 日，双方意见一致，决定报告双方政府以待训令。[4] 但是，双方政府因为济南撤兵问题意见不一，致使交涉一度停顿。[5]

此时国民政府正准备征收暂行税，使关税问题谈判具有紧迫性。在这个问题上，日本仍是一个必须克服的障碍，因为国民政府与其他国家签订的新约均规定了最惠国条款，[6] 一旦日本拒不承认中国施行国定税则，关税自主将成为一句空话。早在 1928 年 7 月上旬全国财政会议就通过决议，国民政府准备在当年 8 月 31 日前拟订国定税率，至迟 10 月 1 日公布，作为关税自主前的暂行税率。8 月底，宋子文与英国驻沪总领事休利特会谈时也提及 10 月 1 日准备公布暂行税率问题。[7] 9 月 12 日，中政会决定：政府将在 10 月 1 日起实行关税等差税率。[8] 一方面国民政府表示要开征暂行税，另一方面英美等各国对于中国实现关税自主多予同情，已经或正准备与国民政府磋商关税条约。显然，国民政府开征暂行税已经无法阻挡，而新关税的开征对日本货物有直接影响。因此，日本获悉这一消息，颇为不满。日本认为中国不经磋商就实施新税率，是与废约性质相同的行为，将导致中日关系进一步恶

---

① 具体交涉情况，参见李育民：《中国废约史》，第 703—719 页。

② 王芸生编著：《六十年来中国与日本》第 8 卷，生活·读书·新知三联书店，1982 年，第 173 页。

③ 《日本对华交涉从关税问题入手》，《顺天时报》1928 年 10 月 24 日，第 2 版。

④ 王芸生编著：《六十年来中国与日本》第 8 卷，第 173—174 页。

⑤ 李育民：《中国废约史》，第 725—730 页。

⑥ 中美《整理中美两国关税关系之条约》，1928 年 7 月 25 日，王铁崖编：《中外旧约章汇编》第 3 册，第 629 页。

⑦ Mr. Newton（Peking）to Foreign Office, Sept. 12, 1928, FO371/13159.

⑧ 刘绍唐主编：《民国大事日志》第 1 册，台北传记文学出版社，1978 年，第 408 页。

化，要求南京国民政府暂缓公布，与有关各国协调。同时，日本寄望于寻求英国等国支持，试图向中国政府施压，在接受日方条件的前提下才能开征暂行税。9 月 19 日，田中就承认暂行税率开出了条件："以北京关税会议提出的七级税率为基准；废止内地通过税；保证整理无确实担保的外债。"①

但是，英国早就确定了对华新政策，7 月 26 日蓝普森的电报就提到希望对中国提出的开征临时附加税和关税自主要求"加紧准备同意"，并要努力劝说日本同意。② 显然，英国不会支持日本的这种要求。英国的态度对日本形成了压力。1928 年 8 月，日本驻华使馆与英国驻华使馆密切联系，"日本公使正在全力以赴地展示英日两国的团结。"③ 所谓团结合作，就是日本试图拉拢英国，在中国关税问题上对华采取压力，要求中国承认难以接受的条件。因为日本知道，在这一问题上，除了日本之外，英国的态度是至关重要的。正如英国外交部指出的，"小国的态度，甚至法国，并不太重要。美国的态度将是顺从中国人的意愿。英国和日本是两个主要的利益相关列强。如果他们赞同一个政策，政策将获胜。"④ 正因为如此，日本特别在意英国的态度。日本希望与英国协调的真实想法是复活关税会议，形成一个除了美国外的大国集团，拒绝答应中国关于增加关税的要求，直到中国同意各种条件，也就是债务合并、取消厘金、常关税和两个或三个其他条件。⑤ 英国政府虽愿意与日本合作，也坚持中国关税自主应是有条件的，但对日方的计划并不支持。英国外交部备忘录提到："我们明确重申，我们不准备将关税自主独立依赖于取消厘金。"⑥ 不仅如此，英国对日本的顽固态度也逐渐不满。英国政府抱怨日本人正在逼迫与之合作，认为日本现在是一个绊脚石。对于日本的一些无理要求，比如要求重开关税会议，英方必须公开反对。⑦ 9 月 25

---

① 王建朗：《日本与国民政府的"革命外交"：对关税自主交涉的考察》，《历史研究》2002 年第 4 期，第 27 页。

② M. Lampson（Peking）to Foreign Office，Jul. 26，1928，FO371/13158.

③ M. Lampson（Peking）to Foreign Office，Aug. 21，1928，FO371/13158.

④ Foreign Office Memorandum about Tariff autonomy for China：Attitude of Great Britain and Japan，Jun. 21，1928，FO371/13158.

⑤ M. Lampson（Peking）to Foreign Office，Sept. 12，1928，FO371/13159.

⑥ Foreign Office Memorandum about Tariff autonomy for China：Attitude of Great Britain and Japan，Jun. 21，1928，FO371/13158.

⑦ Mr. Newton（Peking）to Foreign Office，Sept. 12，1928，FO371/13159.

日，英国外交部正式告知日方，英国准备与中方谈判关税问题，"我们现在不能把我们的关税政策建立在与其他列强会议结果的基础上"，不能如同关税会议时联合对华行动。① 这就使日本复活关税会议的计划破产。

在各国尤其是英国倾向于同意给予中国关税自主权的背景下，日本不得不调整政策，准备有条件磋商关税问题，但限于暂行税率问题。10 月 2 日，田中训令日本驻沪总领事矢田七太郎，同意在不妨碍现行条约有效的前提下，与中方讨论实施暂行税率的问题，但不能将此与承认关税自主联系起来。② 10 月 13 日，田中首相在政友会关东大会发表演说，表示关税与条约问题，截然两事，不妨分开办理。③

在日本政府政策调整之后，矢田与宋子文就日方开出的条件进行磋商。此时日方的政策是，不同意中国关税自主，但允许中国有条件征收超过 5% 的更高税率的新税，具体条件包括新税为关税会议外国代表同意的附加税表、满足清偿无担保债务、取消征收华盛顿条约规定的附加税、其他列强同意。④ 这些条件中，中方最反对的是以增加关税来保障清偿无担保债务，而这一点也是日本最关注的问题。日本希望利用此次机会要挟中国解决西原借款问题，使之成为有担保的合法债务。⑤ 这也是日本为何坚持要以解决此问题作为承认中国实施新关税的原因。

为了解决无担保债务，日方提出将无充分担保债或未清偿债合并成关税，由新增关税部分解决，并召开债权国代表会议，商量具体安排。宋子文对此表示反对。⑥

为了压服国民政府，日本决定寻求英国的支持。但是，英国在此之前就已经确定了对无担保债务问题的处理方针，即不反对解决无担保债务问题，但不同意将此作为承认关税自主权的条件。对于召开债务人会议，英国认为

① Foreign Office to Sir M. Lampson (Peking), Sept. 25, 1928, FO371/13159.

② 王建朗:《日本与国民政府的"革命外交"：对关税自主交涉的考察》，《历史研究》2002 年第 4 期，第 27 页。

③ 卢化锦:《中日关税交涉之过去现在与未来》，《关税问题》第 1 卷第 5、6 期合刊，1928 年 10 月 31 日，第 22 页。

④ Draft by M. Lampson, Oct. 24, 1928, FO371/13160.

⑤ M. Lampson (Peking) to Foreign Office, Oct. 18, 1928, FO371/13159.

⑥ M. Lampson (Peking) to Foreign Office, Oct. 29, 1928, FO371/13160.

可行，但不同意压迫中国。1928 年 10 月 20 日，日本驻英使馆代办佐分利受田中义一指示，拜会了英国外交部负责远东事务的官员威尔斯，希望英方在与中国谈判无担保债务问题上给予日本更多支持。佐分利表示，田中"热切期望"能与英国密切合作。但是，英方态度并不热情。威尔斯提醒日方，英国的政策在 1926 年 12 月就已经宣布了，合作必须符合这一政策。对于解决无担保债务问题，英方并不反对，因为这也有利于英国的无担保债务。但是，英国政府已经了解到国民政府准备原则上承认这些无担保债务，认为应该尊重中国政府的承诺，由其自行解决。至于召开强制的债权人国际会议，英国也不热心，不可能在任何企图违背中国意愿的国际会议上把这个问题强加给中国。[①] 随后，蓝普森明确告诉日本驻华代办，英方对于日本请求支持无担保债务问题倾向于给予"道义支持"，不把债务清偿作为承认关税自主的条件。[②] 不仅如此，英方还准备调和中日矛盾。10 月 25 日，蓝普森报告，"由于在南京进行对话，中日之间已有相当缓和。"英方准备乘此"适度劝告迅速达成协议"。[③]

但是，日本并不甘心放弃自己的立场，决心单独压迫中国同意解决无担保债问题。中日双方为此争持不已。11 月 8 日，矢田奉令二次赴南京，与王正廷交涉宁案、汉案，同时与宋子文磋商关税、盐税问题。在会谈中，矢田提出，如果国民政府同意以增收的关税整理债务，日本可以同意在最初的一两年无需支付，此后逐年增加支付额的方案；考虑到国民政府的财政困难，可以根据关税增收的比例来确定用于债务整理的比例。矢田声称，若不获得日方同意就实施差等税，必然引起日方的反对，两国关系必将恶化。[④] 但是，中方并没有对矢田的主张给予肯定。19 日，矢田再到南京。21 日，宋子文与矢田就关税问题进行会谈。矢田提出三点意见，一是不能赞同中国在 1929 年 1 月 1 日实行关税自主，二是要求切实整理日本部分之无担保外债，三是

---

① Memorandum by V. Wellesley，Oct. 20，1928，FO371/13159.
② M. Lampson（Peking）to Foreign Office，Oct. 29，1928，FO371/13160.
③ M. Lampson（Peking）to Foreign Office，Oct. 25，1928，FO371/13160.
④ 王建朗：《日本与国民政府的"革命外交"：对关税自主交涉的考察》，《历史研究》2002 年第 4 期，第 28 页。

提出以裁厘为实行关税自主的交换条件。宋子文表示，不能接受日方条件。22 日，王正廷与矢田会谈宁案、汉案、济案及修约等问题，因日方无诚意，谈判停顿。① 23 日，矢田返回上海。至此，中日政治问题谈判陷入停顿。

在王、矢交涉中断时，宋、矢交涉仍在进行。11 月 26 日，矢田在上海与宋子文谈判，宋子文提出七级差等税的过渡计划，矢田仍反对。但经过磋商，双方意见逐渐接近。中方提出的七级差等税，本来是依据北京关税会议英美日代表提出的方案制定，日方至 11 月 30 日原则上表示同意。② 至于实施日期，国民政府希望 1929 年 1—2 月实施，日方也并不反对。债务整理问题，中方提出国定税实行第一年先从新增关税中拨出 500 万元偿还，以后按照实际关税增加情况偿还。日方认为这是南京政府不得已的办法而予以承认。至于撤废厘金，先从裁撤子口半税二分五厘开始。③ 至此，中日双方就暂行税问题基本上达成一致。但是，这仅仅是"口头协商"，并未签订协定。④

此时，国民政府决定公布新税则。1928 年 12 月 7 日，颁布《中华民国海关进口税税则》，宣布自第二年 2 月 1 日起施行国定税则。同时，外交部分别照会比、意、日、美、葡、挪、丹、西八国驻华领事，宣布施行关税自主，并附《中华民国海关进口税税则》各一份，由外交部驻沪办事处分别递交各该国驻沪总领事馆。9 日，外交部将同样内容的照会送达各国驻华使馆。⑤ 这遭到日方反对。日方认为谈判未解决之前，中方如此做法有违国际惯例。日方退还了照会，不承认中国的新税则。⑥

在中日僵持之时，张学良于 1928 年 12 月 29 日宣布东北易帜，对日本震动很大。"日本帝国主义完全丧失了推行满蒙统治的支柱。现在，日本已陷入这种境地，要解决中国问题，包括满蒙问题在内，就必须以国民政府为

---

① 王芸生编著：《六十年来中国与日本》第 8 卷，第 177 页。
② 王芸生编著：《六十年来中国与日本》第 8 卷，第 177—178 页。
③ 李育民：《中国废约史》，第 731 页。
④ 王芸生编著：《六十年来中国与日本》第 8 卷，第 178 页。
⑤ 《国民政府宣布从 1929 年 2 月 1 日起开始实行关税自主》，蔡翔、孔一龙主编：《20 世纪中国通鉴》，改革出版社，1994 年，第 80 页。
⑥ 王芸生编著：《六十年来中国与日本》第 8 卷，第 178 页。

交涉对手，否则就不会有任何进展。"① 加上济南惨案等中日悬案迟迟不见解决，中国国内反日运动高涨，使日本对华贸易受到较大打击，日本国内对田中内阁的政策表示强烈不满，在野党趁机对田中内阁施压。在这种背景下，田中内阁对华态度开始变化，派驻华公使芳泽谦吉回任，前往上海谈判。临行前，田中告诫芳泽："恢复邦交是目的，所以关于解决济南问题的条件，不想过于苛求，一切都希望酌情办理。"② 在这种指导思想下，中日双方就各种悬案重新开启谈判，其中关税协定是最先解决的。

在芳泽来华之前，中日双方就关税问题已在磋商。1929 年元旦，日本驻沪领事上村伸一与国民政府外交部亚洲司司长周龙光会谈，就中国实施新税率和债务整理问题草拟了国民政府外交部部长王正廷与日本驻华使馆代办堀义贵的换文照会。③

1929 年 1 月 11 日，王正廷与矢田会晤，双方决定先就关税问题进行换文。1 月 14 日，王正廷发表对日方针，要求日方必须声明放弃旅大租借地、取消领事裁判权、撤尽日兵，然后关税条约才能签字。④ 18 日，王正廷按照约定向日本驻华代办堀义贵发出照会，大意是中国政府同意每年从新增关税中拨出 500 万元用于整理内外债，并同意召开债权代表会议讨论具体整理办法；1929 年 2 月 1 日起中国实施新关税，中方承认在新关税实施两年内裁撤厘金，同时停征华盛顿会议附加税。⑤ 19 日，芳泽抵达上海。1 月 21 日，芳泽在上村陪同下抵达南京。⑥ 当天，上村拜访了王正廷，双方磋商了债务整理问题，实现换文。⑦ 24 日，日本枢密院讨论了王正廷致堀义贵照会内容。30 日，日本枢密院正式通过中日关税协议。按照日本政府的指示，堀义贵于

---

① ［日］信夫清三郎编，天津社会科学院日本问题研究所译：《日本外交史》，商务印书馆，1980 年，第 536 页。

② ［日］重光葵口述，天津市政协编译委员会编译：《重光葵外交回忆录》，第 34 页。

③ 『在上海矢田総領事より田中外務大臣宛（電報）』，1929 年 1 月 2 日，日本外务省编纂：《日本外交文书》昭和期Ⅰ第 1 部第 3 卷，1933 年，第 642—643 页。

④ 王芸生编著：《六十年来中国与日本》第 8 卷，第 183 页。

⑤ 『田中外務大臣より在中國堀臨時代理公使苑（電報）』，1929 年 1 月 25 日，日本外务省编纂：《日本外交文书》昭和期Ⅰ第 1 部第 3 卷，第 663—664 页。

⑥ "中华民国"史事纪要编辑委员会编：《中华民国史事纪要》（1929 年 1—2 月），台北"中华民国"史料研究中心，1985 年，第 200 页。

⑦ 单冠初：《中国收复关税自主权的历程》，学林出版社，2004 年，第 191 页。

30 日与王正廷交换了两国对暂行税率的照会，有条件承认中国自 2 月 1 日起实施新税率。31 日，日本驻南京领事冈本告知国民政府外交部，日本枢密院正式通过中日关税协议，海关新税则可在 2 月 1 日实施，在华日侨遵照办理。① 31 日，海关总税务司饬令各关自 2 月 1 日起施行新税则。② 至此，暂行税问题得到解决。

二、 中日关税自主问题谈判与《关税协定》的签订

暂行税问题的解决并不意味着日本承认中国关税自主原则。关税自主必须另订新约决定。③ 由于济案、宁案、汉案等问题没有解决，中日双方在暂行税问题解决后没有立即展开新关税条约谈判。几经周折，至 3 月 28 日，中日双方就济案交涉达成一致。5 月 2 日，宁、汉两案解决。至此，中日三大悬案解决。随后，双方准备就修约问题进行磋商。

悬案解决当天，王正廷与芳泽举行修订中日商约第一次会议，讨论修约原则。王正廷向日方提出新的《中日通商航海条约》草案，希望芳泽回国述职时与日本政府提出解决。双方约定，二次会议当在孙中山灵榇奉安以后举行。5 月 4 日，芳泽回国，与日本外交当局接洽中日修约事宜。④ 6 月 1 日，芳泽参加孙中山奉安大典。6 月 3 日，芳泽向蒋介石呈递国书，事实上承认南京国民政府。

但是，就在中日修约朝着有利方向进展的时候，日本国内政局发生了变化。7 月 2 日，田中内阁因内政、外交失去议会信任而倒台，民政党总裁浜口雄幸组阁，币原喜重郎出任外相。币原主张协调外交，决定尽快承认中国关税自主，以改善与中国关系。为此，币原于 8 月 28 日任命亲信佐分利为驻华公使。10 月 4 日，佐分利带领上海领事堀内干城（日华通商条约专家）、一等书记官守屋和郎（北京关税会议以来专门研究法权问题）、条约局第一

---

① 王芸生编著：《六十年来中国与日本》第 8 卷，第 185—186 页。
② 《海关总税务司署通令第 3854 号》，1929 年 1 月 31 日，海关总署《旧中国海关总税务司署通令选编》编译委员会：《旧中国海关总税务司署通令选编》第 2 卷，中国海关出版社，2003 年，第 441 页。
③ 周鲠生：《中国不平等条约的现状》，《国立武汉大学社会科学季刊》第 1 卷第 4 期，1930 年 12 月。
④ 王芸生编著：《六十年来中国与日本》第 8 卷，第 193—194 页。

课长盐崎观三（北京关税会议以来专门研究法权问题）到上海。7日，佐分利向蒋介石呈递国书。"佐分利公使的任命给中国以好感，改善了对日情绪，排日气氛趋于和缓，情况尚属顺利。"①

佐分利就任后，中日双方首先从关税问题进行谈判。佐分利坚持以缔结互惠税率协定作为承认中国关税自主的条件。但王正廷只愿意以秘密换文方式承认在一至三年内维持某些特定商品的现行税率，② 互惠税率协定则不能讨论。③ 佐分利还与宋子文磋商了关税和整理债务问题，但他感觉到中日分歧较大。11月20日，佐分利回国，由公使馆首席书记官堀内谦介在北京代理公使。11月29日，佐分利自杀身亡。此后，日本政府拟定驻土耳其大使小幡酉吉接替驻华公使。但小幡曾在担任驻华使馆参事官时负责"二十一条"谈判，主张对华强硬，引起中国社会的反感，国民政府因此决定拒绝小幡使华。中日双方为此争持不休。佐分利的突然身故及随后的拒使风波，再次中断了中日修约交涉。

1930年1月11日，日本政府任命上海总领事重光葵代理驻华公使，并训令他立即进行修订通商条约以及解决中日各种悬案的谈判。1月16日，重光葵会见了王正廷，开始就关税协定问题进行谈判。④ 此后，双方进行了40次会谈，于1930年3月12日在南京签订了中日关税协定草约，并呈报各自政府核准。⑤ 5月6日，王正廷与重光葵在南京正式签订中日《关税协定》。条约正文共五条，核心内容是前两条：第一条规定缔约双方彼此按照国内法令规定进出口税率、存票、通过税、船钞等一切事项；第二条规定缔约双方给予彼此进出口货物有关税捐、船钞等事项最惠国待遇和国民待遇。除正文外，协定还有四个附件，主要规定：中日维持部分货物互惠税率不变，中国承诺协定签订后三年内不改变日本的棉货、水产品及麦粉三类货物税率，而杂品类的一些货物税率则一年不变，日本则给予中国绸缎、绣货、夏布三类

---

① ［日］重光葵口述，天津市政协编译委员会编译：《重光葵外交回忆录》，第49页。
② 单冠初：《中国收复关税自主权的历程》，第236页。
③ 《佐分利向外省当局报告中国修约意向》，《顺天时报》1929年11月23日，第2版。
④ 李育民：《中国废约史》，第752页。
⑤ 具体谈判经过，参见单冠初：《中国收复关税自主权的历程》，第245—278页。

货物维持税率三年不变；中国于协定生效后四个月废除陆路减税税率，实现关税统一；中国于最短期内废除厘金、常关税、沿岸贸易税、通过税及其他类似各税等一切税捐；中国政府同意每年于海关收入项下拨出 500 万元用于内外债整理，计划 10 月 1 日前召集债权人代表会议，讨论有关整理计划等。1931 年 5 月 6 日，重光葵与王正廷又签署《签订中日协定双方代表会议录》，规定"本协定第三条所规定之'换文'字样，不包括协定之第四附件，即关于整理中国无担保品及担保品不足债款之换文"。①

三、 中日《关税协定》 的意义与局限

中日《关税协定》的签订，标志着中国关税自主谈判的最终完成。在该约谈判过程中，国民政府虽然做了较大妥协，但毕竟获得了日本对中国关税自主权的承认，扫清了中国关税自主进程中的最后一个障碍，有助于关税自主权的恢复。该约容纳了中国的一些愿望，如否定了日本的长期协定互惠税率打算，将互惠税率限制在有限期内，并限制在制造品范围，规定互惠期内中日商品互惠等等，意味着南京国民政府并未完全放弃自己的原则。②

当然，该约存在诸多问题。如中国被迫接受不对等的货物互惠税率、承认无担保债务、承诺尽早废除厘金及内地税等附加条件。换言之，即换取日方对中国关税自主的承认，需要付出代价。例如，关于互惠税率细则，"太不平等。"有分析认为，"就数量说，日本输入我国甲部之货，子目多至七百余种，而我国输往日本者，只有绸缎、绣货、夏布三类，名为互惠，实则日本坐享其利。就税率说，日本输入我国各货，因我国关税尚未完全自主，征税低廉，因得倾销我全国，而我国运往的货物，则受日本苛税的排挤，几致完全停销。"③ 至于无担保债务的承认，更受到人们的批评。国民政府虽在附件中并未承认西原借款，但"日本照会中所列负债额太巨"，"现我照此无担保签字，即不啻承认西原借款，而有担保之债为两千万左右。"④ 因此，时人

---

① 王铁崖编：《中外旧约章汇编》第 3 册，第 798—805 页。
② 李育民：《中国废约史》，第 761—762 页。
③ 作舟：《中日关税协定》，《东方杂志》第 30 卷第 5 期，1933 年 3 月 1 日，东方论坛，第 2 页。
④ 《中日税约之微波》，《国闻周报》第 7 卷第 19 期，1930 年 5 月 19 日，一周间国内外大事述评，第 6 页。

对此约多持否认态度。有人认为，中日关税协定附件互惠细则实则同为不平等条约，"此种协定，当时根本即不应签订，不应存在。"[①] 这种指责并非没有道理。

总体来说，这个条约是日本外交的成功。对南京国民政府而言，有收获，但更多的是让步，尤其在互惠税率问题上损失巨大。

第五节　其他关税新约的签订及国定税则的实施

在美国的示范作用下，除英国、日本外，德国、法国、意大利、比利时、挪威、瑞典、丹麦、葡萄牙、荷兰、西班牙等国也纷纷与中国签订关税新约。

一、中德《关税条约》的签订

中美关税新约签订后，德国表示愿意与国民政府磋商关税条约，并于1928年8月17日与中国签署关税条约。德国虽不属于上述条约国范畴，但毕竟是一个有影响的大国，其行动对其他国家也产生了影响。

南京国民政府成立后，试图与德国政府建立联系，要求承认新政府，但德国政府不敢贸然承认新政府，仍以北京政府为中国合法政府。中国驻柏林代办蒋兆钰向德国政府提出照会，询问"德国是否在国民政府占领北京之后就当然承认南京政府"，德国外交部官员陶德曼（Trautmann）给予否定答复。德国驻华公使也建议采取观望的态度，"因为南方政府尚不稳定，而且履行旧条约义务的问题也仍然未决。"[②]

但到1928年初，随着孙科、胡汉民、伍朝枢等赴欧洲考察团到达德国，德国外交部开始考虑承认南京国民政府问题了。尽管孙科等人被德国政府视为不重要的在野反蒋政治家，德国政府仍然给予热情接待。入境之前，德国

---

① 作舟：《中日关税协定》，《东方杂志》第30卷第5期，1933年3月1日，东方论坛，第2—3页。
② 郭恒钰、罗梅君主编，许琳菲、孙善豪等译：《德国外交档案：1928—1938年之中德关系》，台北"中研院"近代史研究所，1991年，第3—4、12—13页。

外交部就要求对于《柏林日报》2 月 24 日有关孙科等人的环球旅行的报道提供进一步消息。6 月，孙科等人与德国政府官员会谈，希望德国协助中国的经济发展。"出乎德国外交部预料，他们没有提出承认南京政府问题。"① 可见，此时德国外交部已经在思考承认南京国民政府问题了。

此时德国决定以承认为条件，与南京国民政府达成条约，获得与其他国家在贸易、航运、关税、法律方面同等待遇的保证。随后，德国政府又明确表达了这种态度。②

1928 年 6 月，南京国民政府初步实现了全国统一。6 月 14 日，王正廷担任外交部部长。7 月 7 日，他以外交部部长名义发表了重订新约的宣言，要求在北京的各国使馆派人赴南京谈判，修订条约。在各国仍然继续观望的情况下，没有历史包袱之累的德国迅速采取了行动。卜尔熙（Herbert von Borch）于 6 月 18 日被任命为全权代表，派遣驻香港总领事瓦格纳（Wilhelm Wagner）为公使参赞前往南京。③ 这表明德国政府决定先行一步，准备承认南京国民政府。

7 月 12 日，德国总理米勒（Hermann Müller）与孙科会晤，还只愿意经济合作，拒绝立刻承认南京政府。④ 但是，7 月 27 日，中美关税条约公布。卜尔熙在赴天津途中听说中美关税条约签署，于是迅速建议改善德国的条约地位。对中国而言，德国愿意修约也是求之不得。虽为战败国，但德国仍是一个大国，继美国之后与国民政府签署条约，能对其他列强产生一定影响。正如卜尔熙所指出，"完全是因为王希望制造另一次轰动。即使并不能真正得到什么，与一个大国签署第二个条约也是他想要的。"⑤

在接到驻华代表的电报后，德国外交部迅速授权卜尔熙，依据他的提议，在 1921 年中德协定的基础上与南京国民政府进行条约谈判。8 月 5 日，卜尔熙抵达上海。8 月 7 日，他向王正廷递交了条约草案，这是 1921 年中德

① 郭恒钰、罗梅君主编，许琳菲、孙善豪等译：《德国外交档案：1928—1938 年之中德关系》，第 1、3 页。
② 郭恒钰、罗梅君主编，许琳菲、孙善豪等译：《德国外交档案：1928—1938 年之中德关系》，第 3、10 页。
③ 郭恒钰、罗梅君主编，许琳菲、孙善豪等译：《德国外交档案：1928—1938 年之中德关系》，第 12 页。
④ 郭恒钰、罗梅君主编，许琳菲、孙善豪等译：《德国外交档案：1928—1938 年之中德关系》，第 15 页。
⑤ M. Lampson（Peking）to Foreign Office, Aug. 25, FO371/13158.

协定的补充，"包括保证双方在关税和有关方面不相互歧视，以及为立刻缔结一项新的条约做好准备。"① 德国要求的是最惠国待遇，中国要求的是相互平等原则。此外，中国政府希望取消 1921 年中德协约附件中的相关规定，即"在国定税率未普通施行之前，德货入口得暂照通用税率完纳关税"。② 这个对德国而言并不是很大的障碍，因为获得最惠国待遇才是根本。因此，双方很快就达成一致，于 8 月 17 日签订中德《关税条约》。新约共四条，核心内容为第一条，规定有关关税等事宜。

这个条约对德国明显是一个胜利，获得了它想要的"最惠国"条款。德国方面对于该约"大为满意"。③ 但中国各方反应不一。共产党的报纸批评这个条约是送给德国的厚礼。④ 实际上，国民党内部也多有批评。例如，国民党上海特别市党务指导委员会认为中德新约交涉失败，要求国民党中央明令国民政府惩办外交当局，拒绝批准中德新约。⑤ 国民党《中央日报》发表文章指出，新约中的一些内容成于仓促之间，没有经过充分考虑，且我们对于是否应该急于签订也存有疑问。文章认为，"条约的精神虽然是要使中国关税自主，而同时约定关税自主后给德国以最惠国待遇，惟条约的文字上却像是即刻给德国以最惠国待遇，致令关税自主的原则有成为具文的危险。"⑥

社会上批评之声也不断。有人认为此种新约签订使"我国仍受不平等之束缚"。⑦ 有人将中德新约斥为"不平等"条约。署名捷云的作者指出："中德新税约，名义上固然是根据绝对平等原则而议定的，但事实上则距绝对平等原则相差还太远，简直言之，与其谓为平等，毋宁谓为不平等。"⑧ 署名一鹤的作者认为，该约是在 1921 年中德协约基础上的倒退。中德协约已经明文承认关税税则由缔约双方内部法令规定，也就是承认关税自主权。而中德

① 郭恒钰、罗梅君主编，许琳菲、孙善豪等译：《德国外交档案：1928—1938 年之中德关系》，第 16 页。
② 《外交总长复德国卜代表公函》，1921 年 5 月 20 日，中国第二历史档案馆编：《中华民国史档案资料汇编》第 3 辑《外交》，江苏古籍出版社，1991 年，第 958 页。
③ 《德报评中德新约》，《新闻报》1928 年 8 月 21 日，第 1 张第 4 版。
④ 健：《拼命送礼》，《布尔塞维克》第 1 卷第 27 期，1928 年 8 月 30 日，第 968 页。
⑤ 《市指委会昨日议决，请中央拒绝批准中德新约》，《民国日报》1928 年 9 月 13 日，第 3 张第 4 版。
⑥ 梁云松：《中德新约批准问题》，《中央日报》1928 年 9 月 29 日，第 1 张第 3 版。
⑦ 《最近外交之新讯》，天津《益世报》1928 年 10 月 2 日，第 2 张第 6 版。
⑧ 捷云：《不平等的中德新约》，《先导月刊》第 1 卷第 4 期，1928 年 9 月 15 日，第 3 页。

新约规定不得向对方进出口货物征收高于或异于本国人民或任何他国人民所完纳之关税、内地税或何项捐款。这等于给德国最惠国待遇。① 法学家曾友豪也批评中德新约不妥："中德新约却把德国人的权利提高，和英国侨民平等了，是新约的精神，自然还不如从前的中德协约。"② 正因为新约存在缺陷，批评声音不少，全国舆论大哗。③

当然，国民政府内部也有赞成该约的。如 8 月 27 日，国民政府主席谭延闿在国民政府第四十七次总理纪念周上发言表示，国人认为中德新约文字欠妥，殊属误会。他认为，"吾人平日所希望者，厥为平等。现达此目的即属大胜利。外间误会，乃不知外交之运用。"④ 新约签订后，外交部官员多次解释新条约并无不妥。王正廷称，中德新约并不存在不平等性质。他对记者言，中德新约有三点值得注意：第一，华人在德享受与他国同样的关税待遇；第二，新约系缔结中德平等通商条约第一步；第三，中德新约对各不平等条约国影响甚大。⑤ 10 月 1 日，他又称，最惠二字之意义，有双方及片面之不同。根据中德新约，德国在华固可享受最惠国待遇，中国在德亦可享最惠国待遇，而非以往的不平等条约，外国在华可享最惠国待遇，而我国在外国则不得有此权利，"故中德新约所载之最惠国字样，其意义系互惠平等的，而非片面的也。若谓德国系战败国，因欲有所歧视，尤属不当。盖我欲取消不平等条约，反欲以不平等条约加诸人，非事理之常云云。"⑥ 10 月 4 日，他又声明，"外间对该约所发表之意见，系完全误会，不知国与国间，亟应平等互惠。如别国对我互惠，而我对人并不如此，殊非正当办法。故中德新约之批准，仅时间问题而已。"⑦ 12 月 6 日，王正廷向请愿的中央大学学生解释"中德条约完全系相互性质，从前德国要求于承认中国关税自主后，凡

---

① 一鹤：《中德新约之批评》，《民声旬报》创刊号，1928 年 9 月 5 日，第 23—25 页。
② 曾友豪：《从国际法学的观点批评中外新约》，《东方杂志》第 26 卷第 14 号，1929 年 7 月 25 日，第17 页。
③ 洪钧培编：《国民政府外交史》，第 296 页。
④ 《国府纪念周，李谭张均有报告》，《申报》1928 年 8 月 28 日，第 3 张第 9 版。
⑤ 《王正廷谈中德新约》，天津《益世报》1928 年 8 月 26 日，第 1 张第 4 版。
⑥ 《王正廷述最近外交》，《申报》1928 年 10 月 2 日，第 4 张第 13 版。
⑦ 《王正廷报告外交》，《申报》1928 年 10 月 5 日，第 1 张第 4 版。

德国运至中国货物，须与各国同等待遇。现在仍系根据此项原则办理，并无不妥"。[①] 总之，王正廷认为这是一个完全平等的条约。

那么如何看待中德新约呢？客观地说，这个条约在文字上是遵循平等相互原则的，大体上是一个平等条约。而且，这个条约是在列强大多不愿承认南京国民政府的情况下签订的，南京国民政府获得这个条约具有重要的政治意义。德国人认为，"签署条约，这应视为事实上承认了南京政府。"中德新约签订后，双方迅速互派驻使节。10 月初，德国驻华公使参赞瓦格纳在南京就职。11 月，蒋作宾担任中国驻德公使。这意味着南京国民政府在获得国际承认上打开了一个缺口，同时也刺激了其他国家，为此后南京国民政府与其他列强磋商关税条约提供了有利环境。卜尔熙将中德关税条约签订的消息告诉英国驻华公使蓝普森后，蓝普森转报英国外交部时提到，"如果我们在决定我们想要什么的问题上不磨蹭太久的话，我们也许能从王那里获得更好的条件。但要避免的一件事是，任何束缚中国关税自主的事情出现。"[②] 显然，蓝普森从中德关税条约签署这件事上得出了一个结论：中国关税自主是必然的，英国应该采取行动。而且，此约签订后，中德平等外交关系得以继续，并在此基础上不断发展。20 世纪 30 年代，中德关系还一度进入亲密合作期。德国比较早地与南京国民政府订约，是中德关系良性发展的基础。

当然，中德新约并非尽如人意。首先，这只是一个简单的关税条约，是1921 年中德协约的补充，没有解决通商、航海问题。虽然条约规定，"两缔约国应于最短期内，以完全均一及平等待遇之原则为基础，开议商订通商及航行条约。"[③] 但是，中德通商航海条约一直未能按期开议，终至南京国民政府垮台，也未能缔结。其次，中德新约确实存在使中国处于不利地位的情况。因为当时绝大多数列强没有承认中国的关税自主地位，中德新约中规定给德国最惠国待遇，实际上是允许德国享受与其他列强同样的关税权利，相对中德协约而言是一种倒退。中国货物在德国不可能有任何优待，而德国货

---

① 《中大全体学生请愿，先赴外部，继赴中央党部，要求对日交涉勿让步》，《申报》1928 年 12 月 7 日，第 1 张第 4 版。

② M. Lampson（Peking）to Foreign Office，Aug. 25，FO371/13158.

③ 王铁崖编：《中外旧约章汇编》第 3 册，第 630 页。

物在中国可以享受与列强货物同样的税率，这就形成事实上的不平等。例如，中国丝绸在德国的税就很重。因此，1936 年 2 月 27 日上海市商会致电外交、实业两部，"请速改订中德新商约，以求完全均一及平等待遇之原则。"① 在签约时，南京国民政府认为，关税自主是迟早的事，这个相互的最惠国待遇条款并不影响中国关税自主。但后来的事实证明，关税自主并未如期在 1929 年元旦实现，这就让德国继续享受了优待。当然，这不是条约本身的不平等，而是事实上造成的不平等。正因为这种矛盾，造成了不同立场的人有不同看法。驻德公使蒋作宾认为："在以为关税自主不能即行实施者观之，则德国为向处平等地位之国家，自签订新约后，我国反处于不平等地位。在外交当局观之，则实行关税自主，势在必行，实不失平等互惠原则。所见均是。"②

二、 中国与其他有约国家签订关税新约

有约国家中，法国也是一个在华有重大利益的大国，对中国关税自主影响甚大。南京国民政府自然也希望获得法国赞同。南京国民政府成立后，于 1928 年 7 月 10 日照会法国驻华代办，宣布中法越南商约期满作废，提议另缔新约。③ 这得到法国的回应，允许修改。但事实上，中法修约谈判最初并非就越南商约进行交涉，而是先磋商关税条约。1928 年 10 月，中法解决宁案问题。10 月 9 日，王正廷照会法国驻华代办提议进一步接洽，以平等及互相尊重领土主权为原则修改条约，并解决其他悬案。同日，法方照覆同意修改条约。④

中法关税谈判颇为顺利。11 月底，法国驻华公使玛德（Comteed Martel，又译马泰尔、玛泰尔）南下抵达南京。29 日，玛德拜会王正廷。30 日，双方开始磋商关税问题。⑤ 具体谈判由外交部欧美司司长徐谟、秘书胡

① 《沪商会吁请改订中德商约》，《中央日报》1936 年 2 月 29 日，第 1 张第 3 版。
② 《蒋作宾昨晨来沪，准十二月十一日赴德》，《申报》1928 年 11 月 11 日，第 4 张第 14 版。
③ 《外部照会法国改订条约》，《申报》1928 年 7 月 12 日，第 4 张第 14 版。
④ 《国民政府外交部公布中法修约中法宁案两照会原文》，《湖北省政府公报》第 21 期，1928 年 11 月 1 日，公牍，第 42 页。
⑤ 《法公使昨日抵京，中法修约谈判今日开始》，《申报》1928 年 11 月 30 日，第 1 张第 4 版。

世泽等与法方代表磋商。法方除了玛德外，还有使馆参赞沙森、秘书奥斯梯罗、驻沪总领事梅礼霭（Jacques Meyrier）等。到 12 月 18 日，徐谟与玛德等就各问题详细讨论，意见颇为接近。18 日，玛德抵达南京，与王正廷"就在沪所拟定之中法关税条约草案逐条整理，已完全商妥"。① 随即，玛德返回上海。22 日，中法双方代表签订《关税条约》。该条约于 1929 年 1 月 28 日批准生效。

中法关税新约正文本身并没有什么特别，与中美关税新约差不多，惟适应范围更大，包括彼此领土、属地、殖民地及保护地内。此外，中法关税条约还有附件，即王正廷与玛德之间的照会。这些照会规定了一些特殊内容，具体来说，包括：（一）以附表形式列举纯粹丝织品等 11 种运入法国时享受最低税率之中国货物，并承诺对于其他欲享受法国最低税率的中国货物，另行议订相互协定税率的协定。（二）以友好精神解决各种悬案，主要为三项：第一，准备即日开议中法越南通商条约，但条件是"在越南边境行将施行中国新税则及截至签订新条约止维持越南现状"；第二，废除厘金；第三，采取适当方法以保证偿付某种借款。双方约定，于 1929 年 3 月 31 日前签订中法越南通商新约。在越南边境进出口之减税办法，自 1929 年 3 月 31 日起，即予废止。② 中法关税新约签订后，双方又开始磋商中法越南通商条约。此约谈判颇为曲折，直至 1935 年才完成。有关此约谈判情况，将在其他章节详细阐述。

截至 1928 年底，美、德、挪、比、意、丹、葡、荷、英、瑞（典）、法、西 12 个有约国与中国签署新约，承认中国关税自主。这些条约有关关税条款的规定大体相似，以中美《关税条约》为蓝本。③ 短短几个月，中国获得 12 个新约，速度不可谓不快。当时舆论认为，"中美新税约成立，承认中国自主关税，开全部改约之先声。"④

① 《中法关税会议，关税条约完全商妥》，《申报》1928 年 12 月 19 日，第 1 张第 4 版。
② 王铁崖编：《中外旧约章汇编》第 3 册，第 670—674 页。
③ 诸青来：《关税自主之目的安在》，《东方杂志》第 28 卷第 17 期，1931 年 9 月 10 日，第 10 页。
④ 《修改不平等条约之进行，我国决废日旧约，义丹法赞同修约，中美新税约成立，外人修约问题观》，《真光杂志》第 27 卷第 8 期，1928 年 8 月 15 日，第 88 页。

在这种形势下，日本不得不与国民政府进行磋商。1929 年 1 月 30 日，日本有条件承认中国自该年 2 月 1 日起实施暂行税率，随后又于 1930 年 5 月 6 日签署中日《关税协定》，最终承认中国关税自主。

除中德条约外，国民政府与上述华盛顿会议参与国所订新约，分为三类，一是单纯的关税条约，只涉及关税问题。这包括中美、中挪、中荷、中瑞关税条约。二是简单的通商条约，主要是解决关税问题，同时就领事裁判权等达成协定。这包括中比、中意、中丹、中葡、中西通商条约。三是特殊的关税条约，主要是与英、法、日三国签署的条约。这类新约主要内容也是解决关税问题，但附带其他规定，比如船钞、债务整理等。

三、 国定税则的制订与实施

关税自主必定实行国定税则。国定税则，又称自主税则，或通用税则，是一国独立制定并可以更改的税则。国民政府先是希望通过单方面实施国定税则来实现关税自主。1927 年，国民政府颁布《国定进口关税暂行条例》，但遭到列强的反对，被迫宣布暂缓实施。国民政府被迫改变政策，与各国单独谈判，缔结关税新约，取得列强对中国关税自主权的承认。经过一年多的交涉，关税自主谈判终于有了进展。到 1928 年 11 月，除日本外，美、英、法等国或者承认中国关税自主权，或者表示同意。国民政府认为，实施国定税率时机已经到来。外交部部长王正廷与财政部部长宋子文联合向行政院提交关税税率表，建议 1929 年 1 月 1 日实行新税率，为期一年，期满酌情改订。11 月 13 日，行政院通过提案。[①] 出于与日本交涉需要，不久国民政府又对新税率实施日期做了调整。12 月 7 日，国民政府正式颁布《中华民国海关进口税税则》，决定第二年 2 月 1 日起实施新税则，有效期一年。[②] 这是南京国民政府首个正式实施的国定税则。该税则将货品分为 14 类，共 718 目，将税率分为 7 级，即 7.5%、10%、12.5%、15%、17.5%、22.5%、

---

① 《王正廷宋子文关于确定海关进口税率提案》，1928 年 11 月，财政部财政科学研究所、中国第二历史档案馆编：《国民政府财政金融税收档案史料（1927—1937）》，中国财政经济出版社，1997 年，第 788 页。

② 《海关总税务司署通令第 3833 号》，1928 年 12 月 15 日，海关总署《旧中国海关总税务司署通令选编》编译委员会编：《旧中国海关总税务司署通令选编》第 2 卷，第 433 页。

27.5%。这个税则采用差等税率，相对于原来协定税则的一律"值百抽五"有了明显进步，且税率均有一定提高，最低税率比原有税率增加了 2.5%，最高税率增加了 22.5%。新税则实施，有利于关税收入的增加。这从关税收入的变化可以看出。1928 年关税收入为 1.33223 亿元，1929 年为 2.43966 亿元，1930 年为 2.91444 亿元。①

　　但是，第一个国定税则也有局限，即自主精神不强。在制定这个税则时，国民政府与各国谈判关税新约多未完成。为了不过于刺激列强，避免引起反对，国民政府在编制税则时，不敢将税率大幅度提高，而是以北京关税特别会议上英、美、日等国代表提出的七级税率方案为基础，也就是在原 5% 的正税基础上，增加关税特别会议时列强认可的七级附加税，由此合成新税率。这不能算作真正的自主税则。马寅初指出，这个税则只是关税自主的过渡办法。② 对该国定税则的过渡性，国民政府亦不否认。财政部指出，"对于关税特别会议所拟之税表既须从事迁就，在体例方面，对于积年沿袭之税则亦确多数更张，过渡时期只能如此。"③ 该国定税则并不完全自主，还表现在计算单位仍采用关平银两计算。海关征税采用银价计算，而关税担保的外债必须用金价计算。此时各国多采用金本位制，世界产银供过于求，中国无法消纳源源不断而来的银货，因此金贵银贱，中国金银汇兑严重亏损。1929 年世界经济危机，更加剧了这种局面。1930 年 1 月，"金价暴涨，银价跌落，致本年偿付关税担保外债已有不敷之虞。"为了改变这种局面，1930 年 1 月 15 日，国民政府决定自 2 月 1 日起，海关进口税一律改用海关金单位计算，海关金单位由政府规定值，60.1866 克纯金等于 40 美元。2 月 1 日执行时，1 关平两折合 1.5 海关金，3 月 15 日后折合 1.75 海关金。银元、银两及其他通用银币须折合海关金单位使用。④ 这是"关税自主"后中国第一次自主改变关税征收的计算单位，避免了国际银价下跌造成的损失。

---

① 诸青来：《关税自主之目的安在》，《东方杂志》第 28 卷第 17 期，1931 年 9 月 10 日，第 11 页。
② 孙大权、马大成编注：《马寅初全集补编》，上海三联书店，2007 年，第 59 页。
③ 《国民政府饬财政部迅拟海关进口税则草案送立法院审议令》，1930 年 9 月 17 日，中国第二历史档案馆编：《中华民国史档案资料汇编》第 5 辑第 1 编《财政经济》（二），第 37 页。
④ 《财政部关于征收海关进口税一律改用海关金单位计算电》，1930 年 1 月 15 日，中国第二历史档案馆编：《中华民国史档案资料汇编》第 5 辑第 1 编《财政经济》（二），第 34 页。

　　显然，第一个国定税则的作用在于增加关税收入，而对于保护本国工商业发展的意义不大。时人对此颇有微词。这一点，国民政府十分清楚，故而在该税则实施一年期即将届满时，就酝酿重行修订。1929 年 11 月，孙科、王正廷向国民党中央执行委员会政治会议提议，为保护本国工商业起见，应重订关税税则。他们建议 12 月 20 日前由财政部与工商部拟订新关税税则草案，得到批准。① 但由于此时中日关税协定尚未签订，在第一个税则实施一年期满时关税税则仍无法完成修订。至 1930 年 5 月 6 日，随着中日《关税协定》签订，中国关税自主的最后障碍被扫除，于是，财政部督促国定税则委员会进行研究，修订新税率。此次修订，"关于税率问题，宜就货物之性质、用途，而区分其高下，或视消费之奢侈必要而酌量其轻重。关于体例问题，从前条文认为有窒碍者，则宜予以疏解，认为有缺陷者，则宜予以补充，藉期渐进于科学税则之境域。"② 经过一再讨论，南京国民政府于 1930 年 12 月 29 日颁布了新的《海关进口税税则》，定于 1931 年 1 月 1 日实行。这是南京国民政府实施的第二个国定税则。该税则将货物分为 16 类，共 647 目。按货物性质，税率分为 12 级，即 5％、7.5％、10％、12.5％、15％、20％、25％、30％、35％、40％、45％、50％。其最高税率较第一个国定税则提高了一倍。机器等货物课最低税率，烟酒等奢侈品课最高税率。③ 这种关税的自主调节，有利于保护本国工商业发展。但是，第二个国定税则仍受制于中日《关税协定》，不少货物税率偏低，部分日本货物如棉布、面粉、海产以及若干杂品享受第一个税则优惠税率。换言之，该税则不能完全体现自主精神。

　　第二个国定税则实施两年多，已显示出修改的必要。第一，挽回对外贸易的逆势，即改变入超局面。根据财政部统计，1929 年入超 2.5 亿两，1930 年入超 4 亿余两，1931 年及 1932 年更增至 6 亿余两。这种"与年俱增之入

---

　　① 《国民政府准中政会重订关税税则训令》，1929 年 11 月 30 日，中国第二历史档案馆编：《中华民国史档案资料汇编》第 5 辑第 1 编《财政经济》（二），第 28—29 页。

　　② 《国民政府饬财政部迅拟海关进口税则草案送立法院审议令》，1930 年 9 月 17 日，中国第二历史档案馆编：《中华民国史档案资料汇编》第 5 辑第 1 编《财政经济》（二），第 37 页。

　　③ 王孝通：《中国商业史》（中国文化史丛书），商务印书馆，1998 年，第 244—245 页。

超"，显然不利于国民经济发展。第二，防止关税收入减少。第三，提高中日关税协定有关货品的税率。到 1933 年 5 月，中日《关税协定》三年届满，日本货物享受的互惠税率期满失效。而日本于 1933 年 5 月 16 日起，对中国输日的夏布增税 35％。显然，中日《关税协定》互惠税率期满时，中国有必要重新制定税则。第四，"酌减贵重品之税率。"因为贵重品税率高，走私增加，国库收入反而减少，不如酌量减低。第五，"订正货价之标准"，即根据较近之年度调整货价标准。第六，"修改税则之品目等级"，即根据商品变化、产销状况变迁，对税则上的品名及分类方法进行修正。[①] 基于以上理由，财政部饬令国定税则委员会草拟新税则草案。"所拟各货税率比较现行税则，有增高者，有减低者，有照旧不动者，斟酌变通，一方为增裕税收，一方为维护实业，并顾兼筹，尚称周妥。至于货物分类之整理，价格之估计，以及条文之损益，亦径悉心钩稽，多所致善。"[②] 1933 年 5 月 22 日，国民政府颁布新的《海关进口税税则》，决定 6 月 1 日起实施。这是国民政府实施的第三个国定税则。该税则将货物分为 16 类，共 672 目。按照货物性质，税率分为 14 级，即 5％、7.5％、10％、12.5％、15％、17.5％、20％、25％、30％、40％、50％、60％、70％、80％。这个税则最高税率较前一个税则又提高了 30％，且普遍适用于各国进口货物，体现了关税自主精神。新税则基本实现了关税的两大功能——增加收入，保护工商业，可以说是真正意义上的自主税则。当然，该税则也受列强的影响。国民政府之所以敢于提高日本货物税率，一方面固然是中日《关税协定》期满的结果，但另一方面也有英美势力影响的因素。新税则降低税率的货物主要是英美输入的汽车、电车、汽油、木材等，而增加税率的则是日本输入中国的货物。[③]

第三个国定税则取消了日货的优惠，等于大幅度提高了日货的进口税率。例如，鲍鱼散装品，在第二个国定税则时每百公斤征收 30 金单位，按

①《财政部拟订修正进口税则节略》，1933 年 6 月 22 日，中国第二历史档案馆编：《中华民国史档案资料汇编》第 5 辑第 1 编《财政经济》（二），第 78—80 页。

②《行政院奉准财政部关于修订海关进口税则提案的密令》，1933 年 5 月 26 日，中国第二历史档案馆编：《中华民国史档案资料汇编》第 5 辑第 1 编《财政经济》（二），第 69 页。

③ 陈诗启：《中国近代海关史》，人民出版社，2002 年，第 781 页。

照优惠税率则只有 21 金单位，到第三个国定税则时征收 51 金单位。① 新税则取消了日货的优惠税率，对日货输华有不利影响，因而遭到日方的强烈反对。日本驻华使馆参赞提出抗议，声称新税对日货和其他外国货物有明显差别待遇，对日货很不利，因为棉布、海产、煤、麦粉、水泥、橡鞋、电料、自行车等日货的税率均有增加，而卷烟、煤油、汽车、机器等其他外货的税率多不变。其实，这只不过是因为受《中日关税协定》束缚，日货征税税率偏低，新税则"酌予增加"而已。日方要求中国不能随意变更税则，声称即使在关税自主承认之后，中国也要负有道德上的义务，尽力维持七级税率所依据的原则。② 这种主张虽然遭到中方的反驳，但在日方的压力下，国民政府仍被迫让步，决定对 1933 年税则进行修改。根据财政部的指示，此次税则修改的基本原则为："（甲）为补助财政暨维持实业起见，对于若干种进口货物，酌加税率。（乙）为调剂海外贸易起见，对于若干种进口货物，酌减税率。"国定税则委员会建议将棉花、金属及制品、机器工具、荤食、日用杂货、菜蔬、果品、子仁、化学产品及染料（一部分）、木材等稍加关税，对针、铝器、樟脑、冰片、硫酸、盐酸、锌白、木片、木梗、白煤、磁器、磁砖、橡皮车轮胎、人造松香品等加征较高税率，而对印花及染纱织布匹、高级毛绒线呢绒、鱼介海产品（一部分）、香菌、纸（一部分）、鞋底皮、椰子干肉、白杨木等酌减税率。③ 1934 年 6 月 30 日，国民政府颁布了第四个国定税则，定于 7 月 1 日实施。

第四个国定税则在货物分类、税率等级方面与第三个国定税则保持一致，主要在税率上做了有利于日货的调整。按照中日《关税协定》规定，日本棉货、水产品及麦粉三类货物 46 个税号享受优惠税率三年，杂货类 17 个税号享受优惠税率一年。而此次税则修订的减税范围，主要是印花及杂类棉布品、鱼介海产、纸类、毛及制品。其中，棉布品中，本色棉布共 14 项均

---

① 李权时：《中国关税问题》，收入王云五主编：《万有文库》（第二集七百种），商务印书馆，1936 年，第 197 页。
② 《国定税则委员会陈复日本对新税则意见呈》，1933 年 12 月 13 日，中国第二历史档案馆编：《中华民国史档案资料汇编》第 5 辑第 1 编《财政经济》（二），第 160—161 页。
③ 《孔祥熙报告修改进口税则大概情形提案》，1934 年 6 月 18 日，中国第二历史档案馆编：《中华民国史档案资料汇编》第 5 辑第 1 编《财政经济》（二），第 102 页。

无变动；漂白或染色棉布共 24 项，只有 3 项减税；印花棉布 18 项，全部减税，计最高减少 48%，最低减少 2%；杂类棉布 14 项，全部减税，计最高减少 39%，最低减少 17%。后两类棉布是中日《关税协定》中的主要互惠品，"中日互惠协定停止以后，日方就有不满意的表示，因此，就成为这一次修订税则的主要原因。"除了棉布外，鱼介海产也减税不少，如鲍鱼、海参、江瑶柱、鱿鱼、海带丝、海带等六种，一律减税进口，计最低减 14%，最高减 26%。[①] 显然，相较于第三个国定税则，第四个国定税则的自主精神已经大减。

综上所述，四个国定税则都是国民政府自主制定的，在某种程度上体现了关税自主精神。尤其是第三个国定税则，关税自主精神比较明显，在一定程度上能够根据本国经济发展情况，自主增减关税税率，保护民族工商业发展。但是，仍应看到，四个国定税则都程度不同地受制于外部因素，国民政府并不能完全做到关税自主。比如，第一个国定税则是对北京关税特别会议上列强提出方案的确认，第二个国定税则受中日《关税协定》的束缚，第四个国定税则是日本压力的结果。即使自主精神颇为明显的第三个国定税则，也有英美势力的影子。这些说明，虽然关税新约从法律上承认了中国的关税自主权，但在事实上中国的关税自主仍受限制。也就是说，关税自主运动只是部分实现了中国的关税自主。

从关税新约的缔结，到国定税则的实施，可以看出，中国关税条约关系发生了重大调整，意味着中国关税条约关系从旧有不平等条约关系转向了平等条约关系。而关税条约关系是中外条约关系的最重要的内容，因此这是中外不平等条约关系转向平等条约关系的重要环节，也意味着中外经济关系发生了重要变化。关税自主权的实现，在一定程度上有利于减轻列强对中国经济的侵略，有利于中国社会经济的发展，鼓舞了中国政府和人民的废约信心。随后，南京国民政府展开了撤废领事裁判权的交涉，并对收回航权、收回租界和租借地等进行了筹备，促进了条约关系的改善。

---

① 李权时：《中国关税问题》，第 196—197 页。

第三章　废弃领事裁判权的努力与挫折

实现关税自主体现的是中外经济关系的新变化，而取消领事裁判权则是中外司法关系的变化。领事裁判权制度是近代中外条约关系在司法领域最重要的体现，在近代中外不平等条约关系体系中居于核心地位，危害极大。有人指出，"领事裁判权是不平等条约中最毒辣、最险狠的侵略中国的东西，我们要想废除不平等条约，建设独立自由平等的国家，最初一步，便非撤销领事裁判权不可。"[①] 因此，南京国民政府将取消领事裁判权作为关税自主后废除不平等条约的最重要目标，并为之不懈努力，取得重要进展。但因"九一八"事变前后形势恶化，撤废领事裁判权交涉进程被打断，交涉成果夭折。可以说，南京国民政府前期，中外司法关系有了一定调整，不平等条约关系在司法领域有了一定改善。但与关税自主相比，南京国民政府在调整中外司法条约关系方面没有实现自己的目标。

---

① 姚希明：《领事裁判权的撤废问题》，中国国民党广东省宣传部编印，1930 年，第 2 页。

第一节　初步成功取消部分条约期满国领事裁判权

根据不平等条约，各国在华享有片面领事裁判权者共有 19 个，分别是英国、法国、俄国、美国、德国、丹麦、荷兰、西班牙、比利时、意大利、奥地利、葡萄牙、日本及秘鲁、巴西、墨西哥、瑞士、瑞典、挪威。其中，德、奥在第一次世界大战后失去此权，俄则自动声明废除帝俄时代与中国签订的不平等条约，放弃包括领事裁判权在内的一切特权。因此，到南京国民政府成立时，只有 16 个国家享有这种特权。其中瑞士是根据 1918 年 6 月 13 日的《通好条约》规定的最惠国待遇条款而获得领事裁判权，但同时在条约附件中特别规定："俟中国将来司法制度改良有效时，瑞士国即与他缔约国同弃其在中国之领事裁判权。"[①] 因此，瑞士无须特别交涉取消领事裁判权。这样，要取消领事裁判权，南京国民政府实际要交涉的对手国就剩下 15 个。对于这 15 个国家，南京国民政府采取了分类处理办法，即按照条约期满国和条约未期满国两类分别处理。

一、 有条件取消五国领事裁判权

南京国民政府成立之初，并没有专门针对取消领事裁判权向列强提出要求，而是要求整体上取消不平等条约。1927 年 5 月 10 日，外交部部长伍朝枢上台就明确宣布以取消不平等条约为己任，唯宣称将采取正当手续。[②] 为了达到这个目的，伍朝枢于 8 月 31 日、11 月 2 日、11 月 23 日先后发表了对外宣言，宣布将于最短期间内废除旧约，条约已经满期者完全无效。[③] 这是南京国民政府首先明确对条约期满国废约的政策。但列强不为所动，伍朝枢的废约政策并未取得实质效果。到该年底，随着伍朝枢本人的去职，废约

[①] 王铁崖编：《中外旧约章汇编》第 2 册，生活·读书·新知三联书店，1959 年，第 1374 页。

[②] 《伍朝枢发表对外宣言》，《申报》1927 年 5 月 14 日，第 4 张第 13 版。

[③] 《国府外长伍朝枢本日发表对外宣言，声明未经国民政府同意之条约式协定一律无效》，1927 年 11 月 23 日，陈志奇辑编：《中华民国外交史料汇编》第 5 册，第 2283 页。

政策也发生改变。随后上台的黄郛采取了缓和政策，寄望于列强赞助来撤销条约束缚，商订新约。这种政策下，取消领事裁判权也不可能。

真正推动领事裁判权取消的是王正廷。在王正廷看来，不平等条约中，最严重的是关税不能自主及外人享受领事裁判权。[①] 当然，王正廷又认为，关税自主权收回是最重要的，比领事裁判权更急。[②] 因此，王正廷上任之初着重注意的是收回关税自主权。但是，他在实现关税自主的同时，也开始着手取消领事裁判权。

王正廷优先选择的办法仍是期满废约。[③] 1928 年 6 月 11 日，王正廷在上海发表外交方针，其中就提到要努力修改不平等条约，先从撤废满期条约开始。[④] 7 月 7 日，王正廷以外交部名义发表正式宣言，宣布分情况取消不平等条约，即已满期的旧约无效，另订新约；未满期者以正当手续解除重订；旧约已满新约未订者按临时办法处理。[⑤] 随后，王正廷按照此方针，与各国开展交涉。

从法理上讲，条约期满进行修改或废除，容易找到依据。要废除不平等条约，与条约期满国交涉的阻力显然要小得多。王正廷决定先将交涉的重点放在条约期满国，希望与它们达成新约，再与条约未满期的国家商定重新订约。事实证明，这一策略取得了较好的效果。到 1928 年底，中国与比、意、丹、葡、西先后达成新约，有条件取消领事裁判权。

最先取得突破的是中比修约交涉，中比新约承诺有条件取消领事裁判权。

早在北京政府时期，中比就围绕商约期满问题发生纠纷。中比《通商条约》签订于 1865 年 11 月 2 日，第二年 10 月 27 日互换。条约规定比国"欲行变通"，可以在每届十年满期前六个月照会中国"再行筹议"。[⑥] 1926 年 10

---

① 《收回税法两权与适度外交》，1929 年 1 月 12 日在上海总商会演讲，吴天放编辑：《王正廷近言录》，第 37 页。

② 《外部工作与废除不平等条约》，1928 年 12 月 31 日外交部纪念周演词，吴天放编辑：《王正廷近言录》，第 30 页。

③ 《废约》，1928 年 8 月 6 日在上海交涉署外交大楼宴请商学政军新闻各界席间演讲，吴天放编辑：《王正廷近言录》，第 9 页。

④ 一凡：《王正廷的外交政策》，《青年呼声》第 8 期，1928 年 7 月 1 日，第 4 页。

⑤ 郭廷以编著：《中华民国史事日志》第 2 册，台北"中研院"近代史研究所，1984 年，第 367 页。

⑥ 王铁崖编：《中外旧约章汇编》第 1 册，生活·读书·新知三联书店，1957 年，第 237 页。

月 27 日，中比《通商条约》届第六个十年期。中国政府遂于 4 月 16 日照会比利时驻华使馆，声明该约失效，要求另订新约。因比利时不愿意放弃旧约特权，双方关系一度颇为紧张，中方甚至单方面宣布废除中比《通商条约》，比利时则将此问题提交国际法庭。1927 年 1 月，双方关系缓和，重新举行修约会议。此次交涉，对于领事裁判权，比利时方面表示可满足中国希望。①但由于北京政府临近垮台，此次修约最终未能完成谈判。

1928 年 7 月 30 日，南京国民政府外交部照会比利时驻华代办，重申中比《通商条约》早届期满，并曾由中国政府照会声明废止，希望根据时势变迁原则重订新约，请比利时政府派代表于 10 月间至南京会谈，订定新约。②对此，比利时政府采取了比较积极的态度，它事实上"已经接受北京政府废止条约的事实"。③因此，比利时政府授权驻华代办纪偌穆（Jules Guillaume）与国民政府谈判。纪偌穆遂于 8 月 10 日离开北京，11 从天津搭乘轮船南下，与南京国民政府进行修约交涉。④ 8 月 20 日，王正廷与纪偌穆开始谈判。⑤ 关于这次交涉，王正廷在 8 月 23 日记者招待会上提及"比代办此次来京，对中比修约，已为进一步之磋商，并由双方拟具草案，彼正向其本国政府请训中"。⑥

10 月 6 日，纪偌穆在与蓝普森的通话中提及，他已经接到比利时政府的训令，马上返回上海，与王正廷讨论缔约问题。此时比利时政府已经准备以有条件放弃领事裁判权换取最惠国待遇条款。此时比利时愿意废止领事裁判权的原因是什么呢？实际上，作为欧洲小国，比利时讨价还价的余地并不大。在法理上，比利时已经因为旧约被宣布"废止"而处于无约国地位，而其在华金融和经济利益巨大，需要条约来保障。为了获得最惠国条款，"他们不得不在条约中接受一些南京政府能接受的关于废止治外法权的条款。"

---

① 《中比修约大体确定，关权、法权无甚问题》，《申报》1927 年 2 月 6 日，第 3 张第 9 版。

② 程道德等编：《中华民国外交史资料选编（1919—1931）》，北京大学出版社，1985 年，第 457 页。

③ Foreign policy association information service, Sept. 28, 1928, FO371/13155.

④ 《比代办即日赴离津赴宁，预定以一个月成立中比新约》，季啸风、沈友益主编：《中华民国史史料外编：前日本末次研究所情报资料（中文部分）》第 79 册，广西师范大学出版社，1997 年，第 548 页。

⑤ 郭廷以编著：《中华民国史事日志》第 2 册，第 381 页。

⑥ 《王正廷报告外交，中葡订约谈判下月开始，中法中意宁案交涉解决，我国拟即加入废战条约》，《申报》1928 年 8 月 24 日，第 1 张第 4 版。

王正廷抓住了这一点，明确告诉纪偌穆，如果比利时不赞同"关于治外法权方面的一些事"，将得不到条约。对于比利时的这种"困难境地"，蓝普森也表示认同。① 10 月 16 日，纪偌穆由北平启程南下。② 20 日，纪偌穆由天津乘船抵达上海。③ 21 日，他到达南京。经过多次接触，双方逐步意见接近。10 月下旬，纪偌穆接到训令，准备就废止领事裁判权作出让步，但前提条件是"在华比利时公民不接受与其他列强公民不同的歧视性待遇"。④ 10 月 30 日，王正廷与纪偌穆在南京继续交涉修约及撤废领事裁判权。⑤ 经过数次谈判，中比双方最终于 11 月 22 日在南京签订《友好通商条约》。1929 年 2 月 28 日，双方互换批准书，条约同日生效。

中比条约共五条，主要内容是处理关税和法权问题，其中第二条规定："此缔约国人民在彼缔约国领土内，应受彼缔约国法律及法院之管辖。"⑥ 从条约文本看，中比互相平等，承认对方享有完全法权。从中方来说，得到了享有平等法权的书面保障。但事实不尽然，因条约同时有附件五件，就比利时放弃领事裁判权的条件进行规定。除附件三是关于两国适用个人身份法律的规定，附件四是关于居住、营商及享有土地权的规定，附件五是关于比国及卢森堡国人民在华缴纳税款的规定外，附件一和附件二对比利时放弃领事裁判权作了规定。附件一以换文形式规定比利时放弃领事裁判权的条件，声明在 1930 年 1 月 1 日前，中比两国政府"订定中国对于比国人民行使法权之详细办法"，"如该项办法届时尚未订定，比国人民应于现有领事裁判权之国半数以上承认放弃是项特权时，受中国法律及法院之管辖。"从该声明看，比利时并非立即无条件放弃领事裁判权，而是暗含条件：在 1930 年 1 月 1 日前，比利时人民在华继续享有领事裁判权；1930 年 1 月 1 日以后，若中比未达成详细办法，同时享有领事裁判权的国家没有达到半数以上承认放弃此项特权，则比利时人民不接受中国法律及法院管辖。换言之，到 1930 年 1

---

① M. Lampson（Peking）to Foreign Office, Oct. 6, 1928，FO371/13155.
② 《首都纪闻》，《申报》1928 年 10 月 17 日，第 2 张第 7 版。
③ 《比利时代办到沪》，《申报》1928 年 10 月 21 日，第 4 张第 14 版。
④ M. Lampson（Peking）to Foreign Office, Nov. 1, 1928，FO371/13155.
⑤ 《中比修约，王正廷与比使继续口头接洽》，天津《益世报》1928 年 10 月 31 日，第 1 张第 3 版。
⑥ 王铁崖编：《中外旧约章汇编》第 3 册，第 643 页。

月1日，比利时人民是否接受中国法律及法院管辖，还是一个未知数。附件二是中方声明书，规定除正在施行的法律外，中国应于1930年1月1日或此前颁布民法、商法。① 这个声明，实际上等于中方向比利时保证，必须制定新的法律，作为比利时人民接受中国法律管辖的一个前提。因此，从条文上看，中比新约解决了比利时在华领事裁判权问题，但这是有前提的。

正因为是有条件取消领事裁判权，这个条约的签订受到了批评。国际法专家周鲠生指出，这是"中国名为收回法权，而实受重重条件之限制；法权的实行，可以无期的延缓下去"。他认为，按照中比新约规定的条件撤废领事裁判权有导致目标无法实现的可能。周鲠生甚至认为，中比新约宣布1930年1月1日前有条件放弃领事裁判权还是一种倒退。②

当然，不管怎样，中比新约开了通过谈判修约方式解决放弃领事裁判权问题的先河，这对领事裁判权制度的松动具有重要意义。"此次订立新约，定入正文，得到一重书面的正式同意，以解决数年来双方的争持而作他国抛弃领判权的开端和引导，似亦属外交上应有的步骤。"③ 确实，中比新约为随后国民政府与其他条约期满国谈判提供了蓝本。

随即，中意达成新约，承诺有条件取消领事裁判权。

1927年3月24日，南京发生军队抢夺事件。列强以保护侨民和领事馆为借口，派军舰炮轰南京，造成惨案，是为宁案。在中意宁案交涉过程中，中方提出解决宁案与修约同时进行的主张，遭到意方拒绝。此时意大利政府对于修约并不热心。1928年3月10日，意大利驻华公使华雷（Daniel Vare，又译瓦雷、华蕾）在天津意大利侨民欢迎会上发表演说称，在中国内乱存在及民政与司法不独立的现状下，取消外人在条约上的保护是"不公正"的，领事裁判权条约应该渐进改订。④ 这显然不是中方所要的。

1928年6月30日，中意《通商条约》第六个十年期满。7月1日，国民政府外交部照会意使指出，六十年间情势已经发生根本变迁，旧约不应继

---

① 王铁崖编：《中外旧约章汇编》第3册，第643—644页。
② 周鲠生：《革命的外交》，第188—191页。
③ 楼桐孙：《新约平议》，《东方杂志》第26卷第1期，1929年1月10日，第18页。
④ 《意使之对华问题谈》，《申报》1928年3月11日，第3张第9版。

续存在，根据条约第二十六条规定，条约期满，应即作废，因此希望两国各派全权代表，在平等及互相尊重领土主权的基础上另订新约。[①] 7 月 11 日，华雷答复王正廷，否认中国废止旧约的权利，只承认中国有权在期满前六个月内提出修改要求。意大利认为条约继续有效，并表示将捍卫条约权利，当然也表示愿意磋商修约。[②] 尽管意方态度强硬，[③] 但国民政府外交部获悉意大利政府并不拒绝修约，遂于 7 月 30 日再次照会意使，提议派全权代表于 10 月间在南京谈判，于最短期内签订新约。[④] 8 月 12 日，意使答复，其政府已授权他负责谈判，并表示希望新约建立在平等、互尊主权和互惠性质的最惠国条款基础上。[⑤] 10 月 8 日，中意宁案协定换文签字。11 日，意使正式照会中方，愿以平等和互尊主权为原则会商新约。[⑥]

10 月 17 日，华雷到达南京，与王正廷进行修约交涉。[⑦] 双方主要围绕关税和领事裁判权问题进行谈判。谈判过程中，中方代表向华雷提议按照中国向比利时提出的临时条约，缔结一项在关税问题上不与外国人歧视的条款。关于领事裁判权条款，中方同意暂停条款，在单独的文件中，直到 1931 年 1 月。[⑧] 但意大利不愿意立即放弃领事裁判权。到 11 月中旬，由于领事裁判权条款，中意新约谈判陷入僵局。[⑨] 11 月 22 日，中比条约签订，为解决领事裁判权问题提供了样本，推进了中意谈判进程。25 日，王正廷与华雷在上海举行谈判。27 日，双方在南京签订中意《友好通商条约》。1929 年 5 月 21 日生效。

中意条约基本上以中比条约为蓝本，内容大体相同，主要涉及关税与领事裁判权问题。关于领事裁判权，与中比条约不同的是，中意条约换文规

---

① 《关于商订新约文件：外交部致义公使照会（一）》，1928 年 7 月 1 日，国民政府行政院秘书处编印：《国民政府行政文件集》第 2 辑《外交》，第 86 页。

② Daniel Vare to Wang Chen-ting, Jul. 11, 1928, FO371/13155.

③ M. Lampson（Peking）to Foreign Office, Jul. 12, 1928, FO371/13155.

④ 《关于商订新约文件：外交部致义公使照会（二）》，1928 年 7 月 30 日，国民政府行政院秘书处编印：《国民政府行政文件集》第 2 辑《外交》，第 86—87 页。

⑤ Sir R. Graham to Lord Cushendun, Oct. 19, 1928, FO371/13155.

⑥ 中国社会科学院近代史研究所中华民国史研究室编：《中华民国史资料丛稿·大事记》第 14 辑，中华书局，1985 年，第 264 页。

⑦ 《义使昨日到京》，《申报》1928 年 10 月 18 日，第 1 张第 4 版。

⑧ M. Lampson（Peking）to Foreign Office, Oct. 24, 1928, FO371/13160.

⑨ M. Lampson（Peking）to Foreign Office, Nov. 14, 1928, FO371/13155.

定，1930 年 1 月 1 日以前未能订定详细办法，"则中国与签订华盛顿条约国议定取消领事裁判权之后，定一日期，自该日期始义国人民受中国法律及法院之管辖，但该日期应于各该国一律适用。"① 这个条件实际上较中比新约规定的条件还要苛刻。因为如果华盛顿条约国中有一国不同意取消领事裁判权，则意大利在华人民也不接受中国法律及法院管辖，这样意大利的承诺就可能变成一个画饼。果然，意大利驻华公使于 1930 年 1 月 1 日致王正廷照会称，因为 1928 年 11 月 27 日中意换文所规定的条件没有得到满足，意大利继续享有领事裁判权。②

与意大利情况类似，中丹新约也是承诺有条件取消领事裁判权。在向意大利发出废约照会的同一天，即 1928 年 7 月 1 日，王正廷通过丹麦驻上海总领事向丹麦驻华公使发出了内容相同的照会，宣布 1863 年 7 月 13 日签订的中丹《天津条约》期满失效，要求丹麦政府派代表尽快商谈新约。③ 7 月 7 日，丹麦公使考夫曼（Henrik Kaufmann，又译高福曼）收到照会，当即起草答复照会，并在咨询英、美、日等国驻华代表意见后，将修改文本递交丹麦政府。考夫曼的计划是采取拖延策略，直到有大国缔结新约为止，然后丹麦政府紧随其后。在给其政府草拟的答复照会文本中，考夫曼建议就条约一般修改举行公开谈判。④ 这个建议得到赞同。7 月 16 日，考夫曼代表丹麦政府答复中方，声明："丹麦政府希望进一步加强中丹双边关系，尽可能满足中国人民的民族情绪，准备就中丹之间一般性修约进行公开谈判"，但不同意中方关于中丹商约第 26 条的解释，声称条约只提供每十年修改的机会，中国无权据此废止条约。⑤

7 月 19 日，王正廷举行记者招待会，提及丹麦政府已表示愿意派代表谈判。⑥ 8 月 4 日，丹麦驻华公使考夫曼到达上海。当晚在接待《申报》记者时，他发表谈话，重申丹麦政府对中国废约照会的复照精神，表示丹麦政府

---

① 王铁崖编：《中外旧约章汇编》第 3 册，第 648 页。
② M. Lampson（Peking）to Foreign Office, Jan. 2, 1930, FO371/14659.
③ 郭廷以编著：《中华民国史事日志》第 2 册，第 365 页。
④ M. Lampson（Peking）to Foreign Office, Jul. 12, 1928, FO371/13155.
⑤ H. Kauffman to C. T. Wang, Jul. 18, 1928, FO371/13155.
⑥ 《王正廷报告外交》，《申报》1928 年 7 月 20 日，第 1 张第 4 版。

愿意以友谊态度谈判修约，但强调在新约未成立前不承认旧约失效。[①] 8 月 8 日，考夫曼到达南京。当天晚上，王正廷设宴招待考夫曼，并商讨修约事宜。[②] 但不久考夫曼即前往汉口，并乘车返回北平。因此，他这次到访南京，并没有展开谈判，只对修约地点、时间有所商量。[③] 此时考夫曼也没有得到授权。到 9 月底，丹麦政府授权考夫曼与南京国民政府谈判。[④] 12 月 9 日，考夫曼到达上海，定 10 日前往南京。[⑤] 因为有了中比、中意先例，中丹谈判并没有太多波折。12 月 12 日，王正廷与考夫曼代表两国政府在南京签订中丹《友好通商条约》，其内容与中意条约相同。[⑥] 在取消领事裁判权问题上，丹麦政府也保留了相当的自由权。到 1930 年 1 月 1 日，中丹未能就详细办法达成一致，丹麦驻华公使照会国民政府，声称在中国与所有华盛顿条约签署国达成一致前，丹麦在华臣民不能接受中国管辖。[⑦] 据此，丹麦继续享有在华领事裁判权。

中葡、中西新约情况差不多，均承诺有条件取消领事裁判权。

中葡《和好通商条约》订于 1887 年 12 月 1 日，第二年 4 月 28 日生效。到 1928 年 4 月 28 日，已第四次满十年期。4 月 19 日，南京国民政府外交部致函葡萄牙驻沪总领事，提出修约问题。23 日，外交部部长黄郛正式照会葡萄牙驻华公使毕安琪（Joao Antonio de Bianchi），声称：条约届满第四个十年，"现在两国政治经济商务情形，与四十年前初订约时迥异，国民政府认为该约已不适用，亟应重行修改。"国民政府提议派员"以平等及互相尊重领土主权为基础，重行修订，另订新约"。[⑧] 葡使对南北政府给予同样答复，表示："现正在考量。"[⑨] 实际上，葡萄牙政府采取的是拖延策略。

---

① 《丹德驻华两公使昨晨抵沪，两公使将于明后两日赴都，外交部长王正廷今晨来会，丹麦公使与本报记者谈话》，《申报》1928 年 8 月 5 日，第 4 张第 13 版。

② 《丹麦公使到京》，《申报》1928 年 8 月 9 日，第 3 张第 9 版。

③ 《丹使赴京之任务，决定修约地点时期，交换大北公司意见》，《申报》1928 年 8 月 9 日，第 2 张第 7 版。

④ 郭廷以编著：《中华民国史事日志》第 2 册，第 392 页。

⑤ 《葡丹两使明日晋京》，《申报》1928 年 12 月 9 日，第 1 张第 4 版。

⑥ 王铁崖编：《中外旧约章汇编》第 3 册，第 649—652 页。

⑦ Sir M. Lampson（Peking）to Foreign Office, Jan. 2, 1930, FO371/14659.

⑧ 《国民政府外交部长黄郛照会葡萄牙公使毕安琪，提出"中葡商约"修改问题》，张海鹏主编：《中葡关系史资料集》下册，四川人民出版社，1999 年，第 2054—2055 页。

⑨ 《葡国如存心延宕，我国惟有断然宣布废约》，张海鹏主编：《中葡关系史资料集》下册，第 2057 页。

7月11日，南京国民政府外交部部长王正廷照会毕安琪，声明中葡《和好通商条约》期满失效，依照临时办法处理关系各案。同时，中国驻里斯本公使通知葡萄牙政府，申明中葡《和好通商条约》届满废止，要求在里斯本进行新约谈判，并称临时办法适用于葡萄牙国民。除书面通知外，中国公使还口头暗示，"澳门地位因此受影响。"① 葡萄牙政府外交部部长贝当古·罗德里格斯（Bettencourt Rodrigues）不准备在里斯本进行谈判，而是训令驻华公使，要求其与英国等驻华公使保持密切联系，就条约问题征求意见。② 7月25日，葡萄牙政府答复南京国民政府，否认中国基于条约第46款宣布条约失效的权利，不过仍然愿意与中国政府进行修约谈判。③

8月9日，毕安琪致电葡萄牙驻沪总领事，要求照复王正廷，称葡萄牙政府将任命驻沪总领事为修约代表，并同意在新约未成立前暂时适用临时办法，葡萄牙愿意本平等相互原则与中国发展关系。④ 不久，葡萄牙政府授权驻华公使毕安琪亲自谈判。8月23日，王正廷在记者招待会通报，葡萄牙公使已获政府授权，订9月间在南京谈判。⑤ 南京国民政府遂委任外交部次长唐悦良为全权代表，与葡国代表开议。⑥

9月12日，毕安琪从青岛乘船前往上海。⑦ 15日，他抵达上海。第二天，毕安琪拜访王正廷，接洽中葡修约问题。⑧ 随后毕安琪告诉记者，与王正廷会晤，虽非正式，但可谓是两国修约谈判的开始，彼此对于重订新约的许多根本性要点，已取得一致。毕安琪认为，修约唯一有效可行的稳健方法，是不尽以所有问题与一国修改，而将每一问题都与各国修改。这是因为修约涉及的问题多，不可能一下子全部修改。他认为，中国首先应提出的是关税问题。至于领事裁判权问题，他觉得还不是应当考虑的。⑨

---

① M. Lampson（Peking）to Foreign Office, Jul. 24, 1928, FO371/13155.

② Sir Colville Barclay（Lisben）to Sir Austen Chamberlain, Jul. 27, 1928, FO371/13155.

③ Foreign policy association information service, Sept. 28, 1928, FO371/13155.

④《葡国承认临时办法，葡使毕安琪之谈话》，《申报》1928年8月9日，第2张第7版。

⑤《王正廷报告外交，中葡订约谈判下月开始，中法中意宁案交涉解决，我国拟即加入废战条约》，《申报》1928年8月24日，第1张第4版。

⑥《派唐悦良修订葡约》，张海鹏主编：《中葡关系史资料集》下册，第2058页。

⑦《葡使毕安琪启程来沪》，《申报》1928年9月14日，第4张第14版。

⑧《葡使日内赴宁与唐悦良开始修约交涉》，张海鹏主编：《中葡关系史资料集》下册，第2058页。

⑨《葡使毕安琪与外报记者谈话》，《申报》1928年9月20日，第4张第13版。

10 月 11 日，毕安琪到达南京，正式与王正廷会谈。在会谈中，毕安琪始终不同意废除中葡旧约另订新约，只答应部分修改，并不愿意讨论澳门问题。王正廷当然不满意，双方谈判遂无结果。① 13 日，毕安琪返回上海。随后在接待记者时，他谈及此次修约谈判，"告以中葡修约，关系甚重，势将造一先例，其影响不仅及于业经期满废约各国，即未满期而愿修约者，亦将同被波及。"② 10 月中下旬，葡萄牙政府将修约谈判原则训令毕安琪，"以不涉及澳门问题为重要方针"，"否则宁处无约国地位。"③ 由于双方态度都颇为坚决，谈判陷于僵局。毕安琪随后赴澳门。

中葡谈判主要争论点是澳门问题和领事裁判权问题。关于领事裁判权问题，葡方最初不准备谈判。在谈判时，王正廷等劝说毕安琪接受"通过暂停执行条款的换文形式，废除治外法权"的建议，遭到婉拒。不过，毕安琪在致王正廷的信中透露"当保证葡萄牙侨民不受非公正对待时，可以放弃治外法权"。④ 到 10 月底，葡萄牙政府将葡方让步正式通知国民政府。10 月 29 日，毕安琪对外宣布"谈判之第一章，业已完毕"，"此后之步骤，当由国民政府发动。"⑤ 12 月初，毕安琪再次到达上海。⑥ 12 日，中丹新约签订。毕安琪建议按照该约内容订约，得到中方同意。19 日，他到达南京，与王正廷进行最后磋商。⑦ 同日，双方签订中葡《友好通商条约》，内容与中丹新约相同。至此，葡萄牙宣布有条件放弃领事裁判权。1930 年 1 月 1 日后，因条约规定的条件不具备，葡萄牙仍享有在华领事裁判权。

中国与西班牙于 1864 年 10 月 10 日签订《和好贸易条约》，1867 年 5 月 10 日批准，至 1927 年 5 月 10 日届满第六个十年。民国北京政府外交部早在 1926 年 11 月 10 日就据条约第二十三款照会西班牙驻华公使嘎利德（Don Justo Garrido Y Cisneras），要求另订新约。中西两国随后举行了修约会议。

① 《葡使不允订新约》，张海鹏主编：《中葡关系史资料集》下册，第 2060 页。
② 《葡使毕安琪之中葡修约谈》，《申报》1928 年 10 月 18 日，第 4 张第 13 版。
③ 《中葡修约之前途》，《申报》1928 年 10 月 20 日，第 1 张第 4 版。
④ M. Lampson（Peking）to Foreign Office, Nov. 1, 1928, FO371/13155.
⑤ 《葡使谈及中葡修约事》，《申报》1928 年 10 月 30 日，第 2 张第 6 版。
⑥ 《葡丹两使明日晋京》，《申报》1928 年 12 月 9 日，第 4 张第 14 版。
⑦ 《瑞典代办与葡公使先后晋京》，《申报》1928 年 12 月 19 日，第 4 张第 13 版。

会谈中，西班牙坚持只允许局部修约，双方意见分歧较大，北京政府甚至一度于 1927 年 11 月 10 日宣布中西条约失效，引起西班牙严重抗议。后虽双方仍有接触，但因西班牙不愿意让步，中西修约交涉陷于停顿。[①]

南京国民政府成立后继续修约。外交部于 1928 年 7 月 11 日向西班牙驻华公使嘎利德发出废止旧约重订新约照会，建议 10 月间在南京商讨新约，要求迅派全权代表。[②] 8 月 4 日，西班牙给予答复，[③] 拒绝承认旧约废止。同日，外交部再次照会西班牙驻华公使，重申前意。9 月 6 日，西班牙回复，仍坚持旧约继续有效。9 月 12 日，中国再次照会，建议以四点为基础缔结新约：第一，废止旧约中有关税项条款，适用关税自主原则；第二，彼此给予对方关税等项互惠待遇；第三，两国人民在彼此领土接受对方法律支配及其法院管辖；第四，于最短期内以完全均一及平等待遇原则为基础商订通商及航行条约。[④] 西班牙方面要求中国政府书面保证新约确保两国人民生命财产不受低于任何他国所订新约的待遇，即同意开议。但国民政府表示不能接受这样的条件，因为中方没有对任何国家作出过如此书面保证，也没有提出过任何歧视条件。[⑤] 由于双方立场分歧，到 10 月间西班牙仍未与中国接洽修约。26 日，西班牙驻华使馆发表谈话，称将与列强持同样态度。[⑥] 不过此时陆续有各国开始与中国谈判。28 日，国民政府催促各国进行撤销领事裁判权交涉。[⑦] 在这种背景下，西班牙政府态度有所改变，到 11 月初表示愿意谈判。18 日，嘎利德南下。[⑧] 12 月 12 日，西班牙同意比照中意新约先订友好通商条约。经过谈判，27 日双方签订中西《友好通商条约》。第二年 12 月 31 日互换批准书生效。该约与中意新约内容相同。至此，西班牙承诺有条件

---

① 李育民：《中国废约史》，第 629—631 页。

② 《关于商订新约文件：外交部致西公使照会（一）》，1928 年 7 月 11 日，国民政府行政院秘书处编印：《国民政府行政文件集》第 2 辑《外交》，第 98 页。

③ 《西班牙昨送达废约复文》，《申报》1928 年 8 月 5 日，第 4 张第 13 版。

④ 《关于商订新约文件：外交部致西公使照会（二）》，国民政府行政院秘书处编印：《国民政府行政文件集》第 2 辑《外交》，第 98—99 页。

⑤ 王世杰、胡庆育编著：《"蒋总统"对中国及世界之贡献：中国不平等条约之废除》，台北"蒋总统"对中国及世界之贡献丛编纂委员会，1967 年，第 199 页。

⑥ 《西班牙对修约态度》，《申报》1928 年 10 月 26 日，第 1 张第 4 版。

⑦ 郭廷以编著：《中华民国史事日志》第 2 册，第 399 页。

⑧ 《西班牙公使南下》，《申报》1928 年 11 月 19 日，第 1 张第 4 版。

放弃领事裁判权。但事实上，在 1930 年 1 月 1 日西班牙也以条件未满足为由继续享有领事裁判权。

总的来说，比、意、丹、葡、西都基本按照一个模式处理领事裁判权，只不过比利时的条件稍有不同而已。这些国家都是国民政府宣布条约期满的国家。在谈判新约时，他们大都只准备谈关税自主问题，不愿意放弃领事裁判权，但在南京国民政府的攻势下最终都接受了重订新约的事实，有条件承诺放弃领事裁判权。这固然有中国政府的"外交之功"，其背后则有民族主义潮流影响下的中国民众力量作支撑，而这些国家实力有限，在华的侨民也不多，更注重商务利益或其他权益（如比利时注重电线、铁路利益，葡萄牙注重澳门利益等等）的保护，因此在不得不选择时，只好做出有限退让，选择有条件放弃领事裁判权，换取中国对其他问题的让步。

此外，值得注意的是，这五个条约期满国只是"形式上"放弃领事裁判权，给予中国面子而已，而中国要获得恢复法权的"实惠"不容易。因为这些条约承认放弃领事裁判权是有条件的。中比新约附件规定，该条款在 1930 年 1 月 1 日起发生效力，但需要在此前由中比两国政府订定中国对比国人民行使法权的详细办法，如详细办法未能制定，则需要享有领事裁判权半数以上国家承认放弃才有效；中意、中丹、中葡、中西新约更要求如详细办法未能制定，则需要签订华盛顿条约国全部承认放弃领事裁判权，条款才有效。若条件不能满足，废除领事裁判权就不可能。在条约中要求互订行使法权的详细办法，这是有损主权的。正如时人指出，"中比互订行使法权详细办法一点，开外人干预我国立法之机，则尤辱国丧权之显著者也。"① 除此点外，互订行使法权详细办法还存在明显不确定性，实际上使条款难以生效。因为一旦对方采取拖延政策（事实上随后这些国家也是这种态度），详细办法就无法达成。即使彼方同意磋商，势必要充分确保其利益才有可能达成。因此，详细办法的达成就存在不确定性。如果不能制定这种详细办法（事实上也没有），则需要看其他国家的态度。不管是半数以上国家同意，还是华盛顿条约缔约国全部同意，都是不容易达到的条件。尤其是华盛顿条约缔约国

---

① 亮：《废除不平等条约与订立新约》，《建国》第 33、34 期合刊，1929 年，时事评论，第 4 页。

全部同意放弃领事裁判权绝不是短时期内能做到的。这个条款的设立，实际上使新约规定放弃领事裁判权徒有空文。有人以中比新约相关规定诘责外交当局。[①] 此外，作为交换条件，中国允许这些国家人民在中国任何区域内居住、营商及享有土地权。换言之，它们获得了多年来一直寻求的内地杂居和购地权。这些条约使中国获得了"口惠"，而"实惠"则由对方享受。这也是时人普遍诟病的。周鲠生指出，"新约的成功不但是部分的而且只是表面的。"[②] 所以，当时很多人对此颇有异议，批评之声不断。

二、 推动墨西哥自动宣布无条件放弃领事裁判权

墨西哥取得在华领事裁判权始于 1899 年 12 月 14 日签订的中墨《通商条约》。1928 年 11 月 30 日，中墨《通商条约》届满第三个十年。

1929 年 6 月 21 日，中国驻墨西哥公使李锦纶照会墨西哥外长，称中国决心取消领事裁判权。7 月 22 日，墨西哥外长答复，表示同意。"关于中国决心取消在华领事裁判权事，双方同意，在华墨人所享之领事裁判权系根据于一八九九年中墨商约，该约既已于一九二八年十一月三十日期满失效，则在华墨人今后不复享有领事裁判权。"10 月 31 日，中国驻墨西哥公使李锦纶致墨西哥外交部照会表示感谢，并请墨西哥政府正式宣告此后不再在华要求领事裁判权，同时表示"在中墨新约尚未议订之前，所有在华墨人之生命、财产，中国政府当依照中国法律予以充分之保护，与其他友邦侨民一律待遇，决不加以歧视"。11 月 12 日，墨外交部部长艾斯加大（Estrada，又译艾思垂达）照复，声明对中国恢复法权运动正当主张给予支持，认为"任何国家应有独立自主之全权，此种各民族合理之要求实不能不予以承认也"。墨西哥政府对于中国要求取得完全自主的国际地位"予以同情之赞助"，照会保证："墨国政府今后对中国制定法律、治理境内人民之主权，绝不加以非议，或要求在华领事裁判权。"[③]

[①] 任仲：《王正廷的秘密性》，《浙江党务》第 29 期，1928 年，时事述评，第 15—16 页。
[②] 周鲠生：《中国不平等条约的现状》，《国立武汉大学社会科学季刊》第 1 卷第 4 期，1930 年，专载，第 866 页。
[③] 王铁崖编：《中外旧约章汇编》第 3 册，第 734—735 页。

至此，墨西哥在华领事裁判权制度取消。从法权交涉来看，这无疑是一次成功的交涉。当时有人将此次交涉称为"1929年外交上最光荣之收获"。[①]确实，这次交涉使墨西哥无条件取消了在华领事裁判权制度，减少了在华享有领事裁判权的国家数量。但是，墨西哥宣布放弃领事裁判权也不是太大的外交成就。墨西哥在华侨民本来就不多，在华贸易额甚微，享有领事裁判权意义不大；而在此前，墨西哥在华犯罪侨民嘉西亚（Carlos Garcia）已经被中国法院实行审判。[②]墨西哥继续保留这种权利，既不可能，也无实际意义，反而可能引起中国恶感。而放弃领事裁判权，墨西哥还能博得中国好感。墨西哥此种行动，对条约体系影响有限。墨西哥地处中美洲，国家实力不大，其无条件取消在华领事裁判权制度不具有示范意义。

三、 与秘鲁、瑞典谈判新约

秘鲁、瑞典属于条约期满国。南京国民政府与它们进行了交涉，但谈判没有结果。不过，这个结果并不影响领事裁判权取消大局。

秘鲁在华享有领事裁判权是基于1874年6月26日中秘两国签订的《通商条约》。该约于第二年8月7日交换生效。有意思的是，首先提出废除中秘条约的不是中国政府，而是秘鲁政府。秘鲁提出废除旧约要求是在清末时期。秘鲁对中秘条约中关于最惠国待遇条款和华工移民问题的《会议专条》表示不满，因华工藉此大量涌入秘鲁境内，引起民众不满。秘鲁政府提出，中秘条约于1894年期满失效。但中方不承认，只答应可以根据条约到期修订。中国在秘鲁侨民多，中国政府担心废约将使秘鲁政府得以严禁华工和限制华商，损害华侨利益。1909年8月17日，中国驻美、墨、秘公使伍廷芳与秘鲁外交部部长玻士立签订《中秘条约证明书》，28日签订《中秘废除苛例证明书》，以中国自行限制华工赴秘方式换取商约继续有效。但是，此后华工入秘仍然不少，秘鲁政府因此多次提出废约要求。1914年8月28日，秘鲁政府照会中国驻秘代办吴振麟，正式宣布废除中秘条约，要求另订新

① 孙晓楼、赵颐年编著：《领事裁判权问题》（现代问题丛书），商务印书馆，1937年，第267页。
② 卫挺生：《墨西哥及中南美》，《时事月报》第2卷第1期，1930年1月，国外时事，第17页。

约。这遭到中方的抗议。1923 年 8 月 19 日，秘鲁驻华代办照会中国政府，通告《中秘条约证明书》失效，要求重订新约。中方表示愿意修约，但坚持新约未订以前，旧约继续有效。1925 年 8 月 7 日，中秘条约将届满第五个十年。民国北京政府遂于年初拟定中秘《友好通商航海条约》和《移民专约》草案，进行交涉，但秘鲁政府希望按照日秘新约议定新约，而中方坚持以中方草案为基础，双方关于新约谈判遂没有正式举行。①

南京国民政府成立后，希望废除一切不平等条约。在这种背景下，中秘重新接洽新约事宜。1929 年国民政府外交部 5 月份工作报告提到，接国民党中央组织部函，转达秘鲁利马代表大会电称：中秘旧约早已满期失效，请续订新约。外交部遂训令驻美公使施肇基重申前议，得到允许，外交部遂重新拟订条约草案，电令积极交涉。② 6 月 27 日，中国驻秘使馆一等秘书兼代办使事魏子京与秘鲁政府接洽，提出修改条约主张。据魏子京事后报告，秘鲁总统对修约表示赞同，并答应要求外交部办理。③ 于是，南京国民政府授予魏子京商订全权，与秘鲁外交部谈判中秘《友好通商航海条约》。到 1930 年春，双方意见基本达成一致。外交部甚至已经电令魏子京准备签字。④ 但是，由于王正廷临时要求加入"两国工人亦可相互自由入境"一条，遭到秘鲁政府的拒绝，谈判又陷入僵局。⑤ 1930 年 8 月，秘鲁发生政变，新政府成立。南京国民政府认为，秘鲁新政府应会改变对外政策，遂训令魏子京乘机接续谈判。⑥ 但新约谈判并未有明显进展。1935 年，国民政府外交部呈请行政院改派新任驻秘公使李骏为议约全权代表，⑦ 但谈判仍无多大进展，终至南京国民政府垮台，中秘新约都未能签订。当然，应注意的是，在新约谈判中，

---

① 参见马振犊、唐启华、蒋耘：《北京政府时期的政治与外交》，南京大学出版社，2015 年，第 392—393 页；石源华：《中华民国外交史新著》第 2 卷，社会科学文献出版社，2013 年，第 507—508 页。

② 《外交部 1929 年 5 月份工作报告》，1929 年 5 月，王建朗主编：《中华民国时期外交文献汇编（1911—1949）》第 5 卷上，第 59 页。

③ 《外交部 1929 年 6 月份工作报告》，1929 年 6 月，王建朗主编：《中华民国时期外交文献汇编（1911—1949）》第 5 卷上，第 70 页。

④ 《外交部函送 1930 年 3 月份工作报告表》，1930 年 4 月 30 日，王建朗主编：《中华民国时期外交文献汇编（1911—1949）》第 5 卷上，第 193 页。

⑤ 石源华：《中华民国外交史新著》第 2 卷，第 508 页。

⑥ 《外交部 1931 年 3 月份工作报告》，1931 年 3 月，王建朗主编：《中华民国时期外交文献汇编（1911—1949）》第 5 卷上，第 345 页。

⑦ 《议订中秘友好条约》，《海外月刊》第 29 期，1935 年 2 月，国内要闻，第 82 页。

秘鲁政府对在华领事裁判权并不很在意，中秘双方谈判的焦点主要是华工入秘问题，因此领事裁判权问题并不构成中秘新约谈判的障碍。事实上，秘鲁与中国远隔重洋，在华侨民很少，享受在华领事裁判权对于秘鲁政府而言更多的是象征意义的。中国单方面宣布取消列国在华领事裁判权时，秘鲁政府也没有异议。

瑞典享有在华领事裁判权基于 1847 年 3 月 20 日订立的中瑞《五口通商章程：海关税则》。1908 年 7 月 2 日，中国与瑞典政府订立《通商条约》，详细规定了瑞典人在华领事裁判权。该约于 1909 年 6 月 14 日交换批准。按照该约内十年届满规定，到 1929 年 6 月 14 日届满第二个十年。1929 年 6 月 19 日，南京国民政府外交部部长王正廷照会瑞典驻华代办雷尧伍德（Carl Leijonhufond），基于情势变迁原则，提议"以平等及互相尊重主权为基础，重行修订新约"。这得到瑞典政府的回应。7 月 22 日，雷尧伍德根据瑞典政府训令复照，称瑞典政府极愿与中国修约。[①] 1930 年 1 月，驻华兼驻日公使哈式曼（E. Hultman，又译哈脱满）来华，与南京国民政府外交部进行接洽。[②] 南京国民政府外交部亦通过驻瑞典公使诸昌年向瑞典政府商订中瑞友好通商条约。[③] 但是，由于时局关系，中瑞通商新约未能完成。当然，就取消领事裁判权而言，中瑞通商新约谈判并不会太影响这个问题。1908 年中瑞《通商条约》第十款已经规定："惟中国现正改良律例及审判各事宜，兹特订明：一俟各国均允弃其治外法权，瑞典国亦必照办。"[④] 因此，瑞典并不构成中国取消领事裁判权的障碍。

综上所述，经过努力，南京国民政府初期交涉取消领事裁判权活动取得了一些成效，使比、意、丹、葡、西五国承诺有条件放弃了领事裁判权，墨西哥则自动宣布无条件取消在华领事裁判权。这些国家放弃领事裁判权虽然在实际生活中并未产生直接效果，但至少在理论上缩小了领事裁判权享受主体的范围。加上瑞典在 1908 年即承诺有条件放弃在华领事裁判权，秘鲁多

---

① 《瑞典表示愿订新约，瑞代办照会外部》，《申报》1929 年 7 月 31 日，第 2 张第 8 版。
② 《新任瑞使即将来华》，《申报》1930 年 1 月 21 日，第 2 张第 7 版。
③ 《中秘、中瑞友好通商条约》，《中央周报》新年增刊，1930 年，大事述评，第 40 页。
④ 王铁崖编：《中外旧约章汇编》第 2 册，第 518 页。

次宣布要废止中秘条约，到 1931 年"九一八"事变前，列强在华领事裁判权制度已经松动，中国取消外国在华领事裁判权的阻力已经减小。此外，这些国家的行动，给中国进一步取消领事裁判权提供了道义支持。因此，在改善司法条约关系上，与这些国家的交涉还是有一定积极意义的。

第二节　条约未满期国拒绝取消领事裁判权

1929 年，南京国民政府外交部将交涉的重心转移到法权自主方面。4 月 23 日，外交委员会作出决议，应积极进行撤销领事裁判权交涉。① 此后，国民政府外交部即按照这一决议，与英国、美国、法国、荷兰、巴西、挪威等列强进行艰难交涉，以期实现撤销领事裁判权的目标。经过努力，交涉取得了一些成果，但最终因日本侵华战争打断了进程，取消领事裁判权的目标未能实现。

一、与六国同时交涉取消领事裁判权

第一阶段，南京国民政府同时向六国提出取消领事裁判权主张，遭"一致"拒绝。

按照王正廷所订方针，条约未满期者，应以正当手续解除旧约，重订新约。这需要经过外交谈判才能实现。但是，条约未满期国是否愿意谈判，以及谈判能否取得成功，就不是中国所能左右的了。在条约未满期国中，英、美、法、荷、巴、挪六国成为南京国民政府主要交涉对象，但它们均不愿意放弃在华领事裁判权。

南京国民政府开始采取的是全盘交涉方针，即要求所有条约未满期国同意一并取消领事裁判权。这种策略有其风险，即容易引起条约未满期国集体对抗。

1929 年 4 月 27 日，南京国民政府外交部同时照会上述六国。其中，致

① 王芸生编著：《六十年来中国与日本》第 8 卷，第 192—193 页。

英、美、法三国照会与致荷、巴、挪三国照会内容略有差异，但主旨相同。
致英、美、法三国照会对中国自巴黎和会、华盛顿会议以来要求撤废领事裁
判权的主张进行追述，希望各国政府能满足中国愿望。照会指出，领事裁判
权制度"不合现状"，且"阻害"中国司法行政机关自由活动，"迟延"中国
进步。领事裁判权制度具有诸多"不便与缺陷"，这是一个"时代错误之制
度"。照会阐述了中国司法法律的进步，包括法律的颁布，近代法庭及监狱
等均有成绩或正建设中，已撤销领事裁判权诸国之外人均受到中国法律保
护。因此，撤废领事裁判权不会使外人正当权益受到影响。中国政府请各国
"于最短期间内，撤去中国司法主权上之限制"，希望"速予同情之考虑"。[①]
这是一份被英国人视为"以温和措词要求尽早放弃治外法权的照会"。[②] 照会
发出后，六国政府并没有立即予以答复，"而持极冷淡之态度"，舆论分析原
因有三点：一是中国照会"异常空泛，且并未附有答复期限"；二是观望日
本及其他承认修约各国的态度；三是国民政府自身原因，"于现情之下，遽
尔对外要求撤销治外法权，殊属不当。"[③]

在收到中国照会后，列强之间进行了长时间的研究与磋商，以期形成一
份立场相同的答复照会。而在此过程中，英、美、法、荷的态度颇为重要，
尤其英美被认为是"向执世界外交之牛耳，尤其是东方外交"，因此，英、
美态度是关键。[④]

英国驻华使馆接到中国照会后，立即向其政府报告。英国外交部经过研
究后认为，"这是一个我们必须放慢速度，不惜一切代价延缓的问题。"英国
政府认为，现在还没有到取消在华领事裁判权的时候。在这个基调下，英国
政府考虑的是如何令中国人却步，对合理的诉求作出足够的让步，以防止反
英情绪再次猛烈爆发。为此，英国外交部官员起草了一份暂定答复草案。草

---

① 《撤废治外法权致英美法照会，内容与前致荷巴挪三国者略异》，季啸风、沈友益主编：《中华民国史史料
外编：前日本末次研究所情报资料（中文部分）》第 85 册，第 372 页。

② M. Lampson to Foreign Office, Apr. 29, 1929, FO371/13911.

③ 《撤废领判权声中关系国之态度，因外部通告异常空泛，故决定暂行搁置不复》，季啸风、沈友益主编：
《中华民国史史料外编：前日本末次研究所情报资料（中文部分）》第 85 册，第 373 页。

④ 《撤废领判权问题之前途》，季啸风、沈友益主编：《中华民国史史料外编：前日本末次研究所情报资料
（中文部分）》第 85 册，第 384 页。

案的主旨是：英国政府认为，取消条约口岸制度的时机并不成熟，而维持某种形式的领事裁判权，似乎是维持条约口岸制度的必然结果。英国并不是不愿意修改特权的条约制度，而是希望同中国讨论如何进一步修改领事裁判权制度，使之符合现代条件，满足中国人民的合法愿望。[①] 这一份暂定答复草案需要综合英国驻华使馆及美国、法国等各方面的意见而修改成型。因此，英国外交部与其驻华使馆进行了探讨，并指示其驻华公使蓝普森与其他各利益相关国在华代表保持密切合作。

美国驻华使馆接到中国照会后，也迅速电告国务院。时任美国国务卿史汀生（Henry L. Stimson）即于5月3日致电驻华公使马克谟，征询其看法。马克谟于5月6日、7日连续两次电告史汀生，总的看法是中国现在不具备撤废领事裁判权的条件，建议严厉拒绝中国的要求。[②] 在马克谟看来，南京国民政府要求撤废领事裁判权不是基于法律和司法体系的进步，而是基于政治的需要，这是相当危险的。[③]

除本国政府与其驻华公使之间沟通外，英国、法国、美国等国政府之间也在保持沟通。美国国务院与有关各国进行沟通，希望协商一致。这些国家政府同时分别指示其驻华公使关注其他相关国家在华代表的行动。这些主要国家的驻华代表在其政府的指示下，多次进行会晤，磋商如何答复中国照会。

5月7日上午，在法国公使的建议下，英、美、法、荷四国驻华公使就中国照会进行了初步磋商。挪威、巴西代表没有参与讨论，巴西代表甚至被认为不必要考虑。四国代表经过讨论，达成四点共识：公使们表达的只是个人观点，不代表政府意见；一致都不准备在目前阶段完全放弃领事裁判权；应该努力合作，对中国照会采取相同或相似的方法；"如果可能，针对中国

---

① Chinese Chargé d'Affaires to Foreign Office, May 2, 1929, FO371/13911.

② 《马克谟致史汀生》，1929年5月7日，王建朗主编：《中华民国时期外交文献汇编（1911—1949）》第5卷下，第686—687页。

③ 《马克谟致史汀生》，1929年5月9日，王建朗主编：《中华民国时期外交文献汇编（1911—1949）》第5卷下，第689页。

最终可能提出的具体建议采用一种联合可行的方案。"① 会议讨论了回复草案问题,欧登科(William James Oudendijk)提议应该制定一个一致答复草案,得到了英、法公使的支持。"我们都同意几个相关国家的政府回复时在这一点上保持大体一致是明显有利的,即任何修改注定是不成熟的,有待于中国司法机构进一步证明其处理关系外国利益之案件的能力。"② 因此,会议决定,建议各自政府答复照会应大体一致。美国公使马克谟表示,尽管国务卿已经起草了美国政府给中国的复照,但自己仍愿意提交一份各国大体一致的照会草稿,供国务卿参考。马克谟主动承担了起草这样一份草案的任务。马克谟的草案以 1926 年法权委员会调查报告为基础,强调根据法权会议决议,指出取消领事裁判权需要先决条件,即"中国政府现在有责任对其法律和司法制度以及司法管理制度进行改革,以便达到该委员会认为必要的程度"。而马克谟认为,中国现在还不具备这个条件,因此不能取消领事裁判权。③这个草案只是马克谟个人的意见,被英国人认为不太可能为美国国务院所接受。④ 会议上,荷兰公使欧登科还提出了一个循序渐进取消领事裁判权的粗略方案,希望由此制订一些商定的最终行动方案。⑤

5 月 9 日,四国公使聚会讨论了马克谟草案,决定将草案向各自政府报告。⑥ 这个草案的核心是指责中国法律、司法制度不健全。马克谟在当天向国务院报告这个草案时提到"我的同行们和我都觉得有必要作出一项鉴于对中国法院的行政职能及司法独立缺乏信心的直接声明"。⑦ 此次会议上,欧登科也提供了他的初步计划方案。这是一个按区域逐步取消领事裁判权的方案,即先放弃内地的领事裁判权,而在条约口岸予以保留。但英国不太可能

---

① 《蓝普森致张伯伦》,1929 年 5 月 15 日,王建朗主编:《中华民国时期外交文献汇编(1911—1949)》第 5 卷下,第 657 页。

② 《马克谟致史汀生》,1929 年 5 月 7 日,王建朗主编:《中华民国时期外交文献汇编(1911—1949)》第 5 卷下,第 687 页。

③ M. Lampson (Peking) to Foreign Office, May 9, 1929, FO371/13911.

④ M. Lampson (Peking) to Foreign Office, May 10, 1929, FO371/13911.

⑤ M. Lampson (Peking) to Foreign Office, May 8, 1929, FO371/13911.

⑥ M. Lampson (Peking) to Foreign Office, May 9, 1929, FO371/13911.

⑦ 《马克谟致史汀生》,1929 年 5 月 9 日,王建朗主编:《中华民国时期外交文献汇编(1911—1949)》第 5 卷下,第 688 页。

赞同这个方案。事实上，1927 年 1 月 21 日英国外交部曾否定过这种想法。外交大臣张伯伦更希望根据案件的性质处理领事裁判权问题，即按民事、刑事、个人身份案件的顺序逐步解决。①

5 月 13 日，四国公使再次开会讨论欧登科的方案。在讨论之初，法国公使玛德提交了一份驻上海法国法官、原法权委员会法国代表图森（M. Toussaint）起草的文件。图森强调法权委员会的建议的重要性，指出取消领事裁判权应限制在民事案件上，要求外国被告不受"事先拘禁"，中国法庭应设置外籍法官，组织一个委员会对中国自 1926 年以来的进步作一评估并制定一个过渡时期的方案等等。这些看法有的并不被会议所赞同，如关于外籍法官和组织委员会的建议，但有的被认为很有价值而被吸纳。蓝普森随即建议弄清楚会议各方对欧登科方案的感觉，尤其是关于该方案的第一条。马克谟提出了一个综合性建议。他建议将欧登科方案推荐给各自政府作为一系列谈判推荐，但遭到蓝普森反对。因各方无法就欧登科方案达成共识，此次会议没有作出决议。值得注意的是，此次会议上，蓝普森提出让日本加入讨论，得到会议各方的赞同。随即日本驻华代办堀义贵应邀参加了讨论。②

会议结束后，蓝普森向张伯伦报告，指出他本人倾向于支持欧登科方案，并称："如果能确保中央和地方政府的稳定并结束不负责任的军事统治，在合理的保护措施之下逐步放弃治外法权可能不会给英国的利益带来重大不利。"蓝普森希望，英国外交部能对欧登科方案、马可谟试探性建议提供看法，并指示在整个问题上应采取的方法。③

英国政府对马克谟草案并不赞同。张伯伦认为，尽管撤废领事裁判权对中英双方都不利，也无法保证英国人的合法权益，但答复照会应该语气缓和，顺应中国的意愿，以同情态度与之谈判。5 月 16 日，张伯伦给驻华使馆

---

① 《蓝普森致张伯伦》，1929 年 5 月 15 日，王建朗主编：《中华民国时期外交文献汇编（1911—1949）》第 5 卷下，第 658—660 页。

② 《蓝普森致张伯伦》，1929 年 5 月 15 日，王建朗主编：《中华民国时期外交文献汇编（1911—1949）》第 5 卷下，第 660—661 页。

③ 《蓝普森致张伯伦》，1929 年 5 月 15 日，王建朗主编：《中华民国时期外交文献汇编（1911—1949）》第 5 卷下，第 661—662 页。

参赞英格拉姆（E. M. B. Ingram）发出电报，要求将英国政府拟议的答复文本草案转交蓝普森，要其适当修改后，"务必指示英格拉姆先生把草案传达给那些在北京的对此感兴趣的同事，并向他们解释其主旨打算和马克谟先生的草案保持一致，尽管可能语气有点软化。"张伯伦希望其他各国能尽可能多地吸取英国草案的内容，但为了避免刺激中国，又应尽可能避免相同的措辞。张伯伦指示，要在"某个合适的时间"答复中国。① 这份草案强调了英国一直以来的对华友好，和对中国要求取消领事裁判权的同情，但通过大篇幅文字追述该制度的产生历史，强调其存在了一个世纪的重要意义，指出虽然该制度存在缺陷和不便，但并没有"任何切实可行的替代办法"，应考虑的不是废除，而是在取消条件具备之前如何进一步完善它。当然，英国政府也表示愿意继续保持友好和乐意帮助的态度。②

日本本来没有接到中国的照会，因为在中国政府看来，日本是条约期满国，条约已经失效，不需要再给照会。但列强总想把日本拉进讨论圈。5 月 23 日，六国代表和日本代办举行会议。在会议中，英国代表按照其政府的指示提出了英国草案，并建议在此后十天内提交照会。在这次会议上，各国代表对英国草案反应平淡，没有引起任何明确的评论。法、美两国公使对英国草案不感兴趣。③ 日本代办指出，"日本政府将坚持，应实现法权委员会建议书及其序言中规定的先决条件"，他个人认为，英方草案可能为中国政府不履行这个先决条件提供了理由。④

5 月 30 日，公使团再次举行会议。英国代表极力推销英国的草案。法国公使表示，法国政府以前接受美国公使的草案，现正结合英国草案进一步审核美国公使草案。美国公使称没有接到政府的进一步训令。与会者普遍认为，英美草案本质上是一致的。法国公使注意到，英国草案"虽然看起来比

---

① 《张伯伦致英格拉姆》，1929 年 5 月 16 日，王建朗主编：《中华民国时期外交文献汇编（1911—1949）》第 5 卷下，第 653 页。

② Foreign Office to Mr. Ingram（Peking），May 16，1929，FO371/13911.

③ Mr. Ingram（Peking）to Foreign Office，May 23，1929，FO371/13912.

④ Mr. Ingram（Peking）to Lampson，May 23，1929，FO371/13912.

较温和，实际上更强".①

　　为了推销英国方案，6 月 8 日，英国驻美大使拜访了美国国务卿史汀生，表明英国政府的态度，建议为了顾及中国人的感受，回复照会不必完全一致，只要相似即可。在这次会谈中，史汀生表示，他觉得美国的态度与英方没有差别。史汀生认为，中国还不处于容许废除治外法权的地位，并需要与总统仔细商讨。② 也就是说，到此时美国也没有完全确定如何答复中国的政策。

　　此后，美国政府与其驻华使馆就中国直接废除领事裁判权的可能性及其可能引起的后果进行沟通。6 月 25 日，史汀生致电马克谟，征询其意见。7 月 5 日，马克谟回电说：自己并不怀疑中国打算在 1930 年 1 月 1 日强行解决领事裁判权问题。因为中国确信美英等主要大国不太可能为维护"权利"而采取共同行动，并有所妥协来安抚中国政府，以避免其煽动反对外国的情绪。马克谟认为，如果相关主要国家果断地决定尽力保留他们需要的权利，他们就很有可能会成功地抵制目前中国剥夺其现有权利的努力。因此，马克谟建议，美国应与英国、法国和日本合作，共同阻止中国的行动。实施行动的第一步是按照 5 月 9 日他向国务卿提出的建议方式递交照会。随后，国务卿应向中国公使明确指出，滥用美国的善意而回避对美国政府和人民应尽的义务将有严重后果，关系到美国政府是否支持南京政府的态度。关于与其他大国合作，马克谟希望国务卿赞同美国在国际合作中处于领导地位的主张，并支持其他相关大国采取明确及时的立场。实际上，他是希望建立一个由美国领导的国际联合阵线。他还提醒，国际联合行动的成功取决于尽早采取行动，以防中国抢先提出并公布方案。③ 但是，史汀生对马克谟的建议抱有疑虑。史汀生认为，马克谟的主张实际上是由美国领导组建一个反对中国的国际集团。这将改变美国的独立政策，将产生明显危险，因为如果集团中的任

---

　　① Mr. Newton（Nanking, via Peking）to Foreign Office, Jun. 1, 1929, FO371/13912.
　　② 《约翰逊备忘录》，1929 年 6 月 8 日，王建朗主编：《中华民国时期外交文献汇编（1911—1949）》第 5 卷下，第 691—692 页。
　　③ 《马克谟致史汀生》，1929 年 7 月 5 日，王建朗主编：《中华民国时期外交文献汇编（1911—1949）》第 5 卷下，第 694—695 页。

何成员能通过某种其他政策，使国家利益得到更好的满足，它会选择背叛，美国被孤立。史汀生指出，这种政策的转变将意味着失去国家的支持。[①] 7 月 15 日，马克谟回了一份长电，辩解自己提出的国际合作建议与华盛顿会议所确立的合作原则是一致的。他指出，在中国事务方面国际合作是必不可少的，国务卿担心的背叛危险是"微不足道的"。为了对付中国指责领事裁判权所造成的威胁，即使冒着被美国的同伴们背叛的危险，美国也值得。马克谟不主张对中国让步。[②] 他的这种态度对美国国务卿的决策产生了影响，史汀生不再坚持自己的意见，转而寻求与各国的一致。

在列强磋商对中国的答复照会过程中，中国政府也在行动。例如，筹划裁撤各地交涉署，使各地外国领事无对应机关。6 月 14 日，国民党中央执行委员会全体会议讨论《振刷政治案》，决定在最短期间内加紧废除不平等条约的工作，如撤销领事裁判权、收回租界等。国民政府据此于 7 月 1 日训令行政院、外交部从速制定方案。[③]

在对外方面，中国政府则积极宣传与联络，争取有利的舆论支持。"南京国民政府打算在 1 月 1 日取消治外法权的宣告变得越来越频繁；7 月 12 日外交部长的一次中外媒体代表招待会中作了这样的宣告。"[④] 此外，中国政府还派员与英美相关人士密切接触，表明中国立场。驻美公使伍朝枢奉命与美国政府展开非正式交涉，尝试从美国方面找到解决取消领事裁判权问题的突破口。南京国民政府顾问托马斯·富兰克林·密勒（Thomas Franklin Fairfax Millard）也于 6 月 20 日、21 日先后拜访了美国总统赫伯特·克拉克·胡佛（Herbert Clark Hoover）和国务院助理国务卿詹森（Nelson Trusler Johnson，又译约翰逊）。在与总统的会谈中，密勒谈到了修约问题，提醒美国政府要认真对待。"他说中国人正集中精力准备在 1930 年 1 月 1 日向各国政府宣布他

---

① 《史汀生致马克谟》，1929 年 7 月 9 日，王建朗主编：《中华民国时期外交文献汇编（1911—1949）》第 5 卷下，第 695—696 页。

② 《马克谟致史汀生》，1929 年 7 月 15 日，王建朗主编：《中华民国时期外交文献汇编（1911—1949）》第 5 卷下，第 700—701 页。

③ 《训令第二四三号，为饬拟撤废不平等条约各方案由》，1929 年 7 月 1 日，《行政院公报》第 62 期，1929 年 7 月 6 日，"训令"，第 11 页。

④ 《马克谟致史汀生》，1929 年 7 月 15 日，王建朗主编：《中华民国时期外交文献汇编（1911—1949）》第 5 卷下，第 702 页。

们现在已经准备了一定的法典并且他们还成立了一些法院，现在期望各国放弃他们的治外法权"。他告诉美国总统，在这方面中国绝不会放弃。在这一问题上，列强只有两条路可走："一条路是向中国妥协并因这一举动得到赞扬；另一条路是拒绝妥协并利用武力使我们的拒绝成功。"密勒指出，实际上美国人只能选择第一条路。他还指出，大概两三年前中国人或许会同意逐步废除领事裁判权的方式，但现在不会再同意了。① 司法部部长王宠惠则与英、美驻华公使等会晤，并访问欧美，呼吁各国放弃在华领事裁判权。在与蓝普森的会谈中，王宠惠希望英国政府对中国照会的答复不要过于强调法权委员会的报告和劝告，因为国民政府拒绝承认这个报告。② 蓝普森颇为重视王宠惠的态度，因为王宠惠既是司法部部长，又曾担任法权调查委员会委员。在 5 月 15 日致张伯伦的报告中，蓝普森就提到，"我建议在目前阶段不要制定任何更为具体的提案，要等待事态的进一步发展和可能出现的机会向中国人，特别是上海或南京方面的王宠惠博士，征询他们在这一问题以及临时法院的未来这相对次要的问题上的打算。"③ 在与马克谟的会谈中，王宠惠表示，中国非常期待在 1930 年 1 月 1 日之前解决领事裁判权问题。王宠惠的态度影响了马克谟。6 月 10 日，马克谟在给国务院的报告中表达了他自己对王宠惠态度的重视，美国国务院据此认为此前的观点可能是错误的。④ 在国际舞台上，中国也抓住机会，尽可能宣传自己的主张。6 月、7 月，在日内瓦与阿姆斯特丹分别召开第十二次国际劳工大会和国际商务大会，中国政府代表提出废除在华列国领事裁判权议案，以征求同情，但因与议题无关而无结果。⑤ 这些行动对列强产生了一定影响。史汀生承认，他非常关注中国国民政府在治外法权问题上带给各国的压力。⑥

---

① 《约翰逊与密勒会谈备忘录》，1929 年 6 月 21 日，王建朗主编：《中华民国时期外交文献汇编（1911—1949）》第 5 卷下，第 693 页。

② M. Lampson（Nanking）to Foreign Office, Jun. 5, 1929, FO371/13912.

③ 《蓝普森致张伯伦》，1929 年 5 月 15 日，王建朗主编：《中华民国时期外交文献汇编（1911—1949）》第 5 卷下，第 661 页。

④ 转引自李育民：《中国废约史》，第 771—772 页。

⑤ 孙晓楼、赵颐年编著：《领事裁判权问题》（现代问题丛书），第 266 页。

⑥ 《史汀生致道威斯》，1929 年 7 月 10 日，王建朗主编：《中华民国时期外交文献汇编（1911—1949）》第 5 卷下，第 697 页。

当然，这些并不能轻易动摇英、美等国反对立即取消领事裁判权的决心。英、美等经过沟通，就回复中国达成了一致。7 月底，美国国务院又收到法、荷等国复照通报。这样，五国确定了基本态度。1929 年 8 月 10 日，英、美、法、荷同时向国民政府提出主旨相同的答复照会，拒绝中国废除领事裁判权的要求。14 日，挪威也给予答复。

英国的复照中提到，英国政府对中国政府要求取消领事裁判权愿意给予同情的考虑，但又指出这个问题要从每一个方面予以评估。正确处理这个问题要取决于正确认识领事裁判权产生的原因、行使的方式和现存制度。英国政府认为，发现领事裁判权制度还有哪些应该进一步修改是可取的和可行的。英国政府正在等待国民政府提出进一步的建议，并将继续对任何此类建议保持友好和有益的态度。① 通观照会，英国照会是用"温和的"语气拒绝国民政府的取消领事裁判权建议。

美国的照会也声称对中国取消领事裁判权愿望给予同情之考虑，但又从领事裁判权制度起因入手，强调这一制度的产生是基于当时两国及其人民习俗和司法制度的区别，由美国政府担负对其在华侨民司法管辖的责任。美国政府不同意立即放弃领事裁判权。②

法国照会相对简单些，但口气相对较为强硬，主要强调 1926 年法权委员会的"忠告"，声称中国要废除领事裁判权，必须依照忠告，改良法律与司法机关。至于改良办法，法国政府愿意与中国当局合作，"俾能形成一种局面，庶得有保证，而可变更侨华之法人法律上之地位也。"③

荷兰照会语气比较缓和，追述了华盛顿会议时荷兰对中国愿望的"同情"，也"乐意"赞助当前中国的愿望，但又指出中国应采纳法权委员会提出的"最有价值"的建议办法，并表示只要中国创立了新式设施，拥有独立

---

① Text of note presented to Chinese Government by M. Lampson on Aug. 12（received Sept. 6），Peking, Aug. 10, 1929, FO371/13913.

② 《外交部本日接获英、美、法、荷、挪等国驻华使节关于废除在华领事裁判权之照会》，1929 年 8 月 10 日，陈志奇辑编：《中华民国外交史料汇编》第 6 册，第 2486—2489 页。

③ 《外交部本日接获英、美、法、荷、挪等国驻华使节关于废除在华领事裁判权之照会》，1929 年 8 月 10 日，陈志奇辑编：《中华民国外交史料汇编》第 6 册，第 2489—2490 页。

的司法机关，并改良管理荷兰侨民的法律，则荷兰愿与各国采取一致行动。[1]

挪威照会很简单，以 1928 年中挪关税新约为例，强调挪威对华友好态度，并重申愿意修改 1847 年条约的其他条款，"本国政府亦决不变更此种友好态度。"至于取消领事裁判权，"本国政府如至领事法庭已非必要之时，决不愿继续维持，并已准备与其他各国同时取消。"[2] 这就意味着挪威可能不会成为中国取消领事裁判权的障碍。

从上述照会语气看，法、美态度比较强硬，英、荷比较折中，挪威态度较为缓和。当然，这些国家的态度基本一致，即都不赞成立即取消在华领事裁判权，基本理由是中国法律改良还没有达到法权委员会建议的条件。对此，王宠惠专门予以批驳，称这纯属于误解，法权委员会报告并不是说在取消领事裁判权以前，要将中国所有法律修改至令外人满意。王宠惠认为，中国法律主要是支配中国人民的，不是专门针对人数甚少的外国侨民。中国不能要求别国修改法律来适用其境内华侨，别国也不应该要求中国修改法律来适用其侨民，中国境内中外人民只需适应同一法律即可。王宠惠强调，各国放弃对中国主权约束的时机已成熟，且中国对此变更已有相当准备。他表示相信，领事裁判权取消后，外侨及其商务非但不受影响，且可能较领事裁判权存在时更好。[3]

当然，五国照会虽然拒绝立即取消领事裁判权，但又都没有完全关上对话大门。美国明确表示愿意参加谈判，以便逐步放弃领事裁判权，英国表示可以考虑改善领事裁判权，法国也愿意与中国合作，荷兰、挪威将与各国一致行动。这些表态在某种程度上给国民政府进一步交涉留下了余地。

此外，顺便提及的是，巴西没有参与这次集团行动。直到 1930 年 1 月 27 日，巴西驻华公使索尔斯（P. E. Soares）才给国民政府外交部部长王正廷一份答复照会，且语气比较缓和。巴西政府强调，巴西并没有利用条约特权

---

[1] 《外交部本日接获英、美、法、荷、挪等国驻华使节关于废除在华领事裁判权之照会》，1929 年 8 月 10 日，陈志奇辑编：《中华民国外交史料汇编》第 6 册，第 2491—2492 页。

[2] 《外交部本日接获英、美、法、荷、挪等国驻华使节关于废除在华领事裁判权之照会》，1929 年 8 月 10 日，陈志奇辑编：《中华民国外交史料汇编》第 6 册，第 2492 页。

[3] 《外交部本日接获英、美、法、荷、挪等国驻华使节关于废除在华领事裁判权之照会》，1929 年 8 月 10 日，陈志奇辑编：《中华民国外交史料汇编》第 6 册，第 2493 页。

来获得在华优势地位，巴西政府也对中国的司法改革努力表示赞赏，同情中方主张，愿意与中方谈判，取消在华领事裁判权。[①] 换言之，巴西不会成为中国终结这种特权的障碍，此后国民政府也没有将巴西当作主要交涉对象。

二、 分别向五国重申废除领事裁判权要求

接到五国照会后，国民政府对其答复不甚满意，决定再次发出照会。由于第一次照会是同一天发出，各国则经过协商，除挪威稍后外，四国完全于同一天照复，取一致态度，等于形成了一个"反对中国的国际集团"。这引起国民政府警觉。为了打破这种局面，国民政府决定采取单独交涉方针，第二次发出照会时有意在不同时间进行，以免各国再次共同行动。9 月 6 日先送美国，7 日送英、法，9 日送荷兰、挪威。"内容详略不同，而要旨不外乎说明领判权的继续存在实为两国间纠纷与冲突的根源，敬请各该国立即派员与我商定废止领判权之必要办法。"[②]

除了照会五国外，南京国民政府还指示驻国联首席代表伍朝枢根据《国联盟约》第十九条向国联大会提出了取消不平等条约问题。9 月 10 日，伍朝枢向大会提出，中国和西方列强之间的不平等条约是不适宜的，要求根据《国联盟约》第十九条加以修改。国联小组委员会最初不同意将此提案列入议程，只不过在伍朝枢表示要退盟的强烈抗议下，小组委员会才同意送交国联大会。最终，国联大会通过决议：这项决议虽只是原则，但对中国还是有利的。因为它明确承认中国有权不必征得列强同意而随时、主动将不平等条约向国联提出，也确认只要中国以适当形式提出请求，大会就有义务审议已变得不适用的任何条约。[③] 当然，国联的决议并没有实际举措，只是一种姿态而已。

9 月照会发出后，经过近两个月列强才给予答复。在此期间，列强之间也进行了磋商，但意见不尽一致。至于答复照会送出时间，美国政府似乎比

---

① P. E. Soares to C. T. Wang, Jan. 27, 1930, FO371/14661.

② 吴颂皋：《（民国十六年以后）外交上修约运动的回顾》，陈志奇辑编：《中华民国外交史料汇编》第 6 册，第 2632 页。

③ Foreign Office to Sir M. Lampson (Peking), Dec. 6, 1929, FO371/13913.

其他国家显得更"着急"一些。在未与各国充分协调的情况下，史汀生 10 月 22 日就将答复照会交给了马克谟，要求给中国政府送出照会。美国这么"着急"的做法引起英、法的不安。① 对于史汀生的做法，美国驻华公使马克谟也不太赞成。马克谟建议，复照递送时间应推迟到 11 月 1 日，"希望进行可能的合作以达到几份照会同时发出的效果。"他同时将这个意见与英国、法国、荷兰驻华公使进行了沟通。最终，他的意见得到了支持。②

这样，尽管存在一些观点的差异，但为了强调"列国在谈判中展示联合战线的重要性"，防止"让中国人认为他们可以利用一个列强反对另一个列强"的糟糕局面出现，③ 英、美、法、荷等还是协商一致，决定同时递送主旨相同的答复照会。此次答复，除巴西外，挪威也缺席了"协调一致"的集团活动。

从这次照会答复情况看，列强仍拒绝立即取消领事裁判权。不过，他们的态度发生了稍微变化，至少意识到了就取消领事裁判权问题进行谈判是不可避免的，必须正视问题的存在。列强的内心深处是希望尽量拖延，允许就"逐步取消"问题进行谈判。英国驻华公使蓝普森就提及，必须思考若中国人咬紧牙关在 1930 年元旦单方面废除领事裁判权而可能产生的问题。他认为，要避免这种局面的最好办法是，在此前开始进行认真谈判。正是基于这样的压力，英国政府才指示蓝普森应以完全开放的态度开始谈判。④

列强讨论的方案主要包括两种：地域方案和类别方案。前者是指，先放弃内地领事裁判权，在一定时期内保留通商口岸的领事裁判权，或者至少在上海、天津、汉口、广州和其他可能的地方保留这种特权。后者是指，当有效法院建立和令人满意的法律颁布后，分类向中国法院逐步移交管辖权。

第一种方案是"外交团过去常常考虑的方法"，蓝普森曾在 1927 年也

①　French Ambassador (Conversation) to Foreign Office, Oct. 25, 1929, FO371/13913.

②　《史汀生致马克谟》，1929 年 10 月 28 日，王建朗主编：《中华民国时期外交文献汇编（1911—1949）》第 5 卷下，第 704—705 页。

③　French Ambassador (Conversation) to Foreign Office, Oct. 25, 1929, FO371/13913.

④　M. Lampson (Peking) to Sir V. Wellesley, Aug. 11, 1929, FO371/13913.

提及过这种方案，但遭到外交大臣张伯伦否定。[①] 在 1929 年，荷兰公使欧登科则是这个方案的支持者。这个方案的基本特点是：完全取消内地领事裁判权；建立特别中国法院，由外人审判官在旁，在条约口岸审理民刑混合案件。[②]

第二种方案主要是英国提出，主张根据司法管辖权的类别逐步放弃。11月 2 日，英国外交大臣汉德森（Arthur Henderson，又译哈德森、亨德逊、亨德森）训令蓝普森，明确反对地域解决方案，要求他把精力集中在按民事、刑事和个人身份的顺序移交司法权的方法上。[③] 根据训令，蓝普森倡导举行公使团会议，希望说服各国赞同英国的计划。11 月 8 日，英、美、日、荷、法各国驻北京代表举行会议，讨论采取何种方案逐步取消领事裁判权。[④]11 月 25 日，各国驻华公使再次举行会议。[⑤]

经过英国的协调，列强对于逐步放弃领事裁判权的方案有了初步的统一。多数国家的基本态度已经清晰：强调行动的统一战线；谈判只能在北京进行；逐步放弃领事裁判权按照管辖权类别进行，反对按照地域放弃方案。当然，列强的一致行动方案仍在不断协调中。直到 12 月 3 日，美国政府才明确表态，同意英国的观点。[⑥]

第三阶段，南京国民政府决定采取单独交涉，但未能取得进展，遂决定单方面宣布废除领事裁判权。

由于两次对条约未满各国提起交涉均未得满意答复，各国第二次答复虽表示愿意讨论，但仍坚持原来主张，交涉进展不大。这种情况下，国民政府决定改变思路，放弃全盘交涉方式，采取个别交涉方针。[⑦] 个别交涉的重点

---

① 《蓝普森致张伯伦》，1929 年 5 月 15 日，王建朗主编：《中华民国时期外交文献汇编（1911—1949）》第 5 卷下，第 658 页。

② From Foreign Office Memorandum（Sir J. Pratt），Oct.. 22，1929，FO371/13913.

③ 《亨德森致蓝普森》，1929 年 11 月 2 日，王建朗主编：《中华民国时期外交文献汇编（1911—1949）》第 5 卷下，第 663 页。

④ M. Lampson（Peking）to Foreign Office，Nov. 9，1929，FO371/13913.

⑤ M. Lampson（Peking）to Foreign Office，Nov. 26，1929，FO371/13913.

⑥ E. Howard（Washington）to Foreign Office，Dec. 8，1929，FO371/13914.

⑦ 吴颂皋：《（民国十六年以后）外交上修约运动的回顾》，陈志奇辑编《中华民国外交史料汇编》第 6 册，第 2632 页。

是美国和英国。

11 月初，外交部训令驻美公使伍朝枢，与美国国务院直接谈判。① 中国政府希望美国能率先开始与中国交涉，以为各国表率。② 11 月 11 日，伍朝枢与美国国务院助理国务卿詹森开始会谈。11 月 21 日，伍朝枢会见詹森，要求在华盛顿进行领事裁判权问题讨论，詹森没有拒绝谈判，但明确表示中国政府不能要求立即废除领事裁判权。美国政府有意同意在华盛顿讨论领事裁判权问题，主要还是希望阻止中国采取单边行动。而且，美国也不愿意单独行动，詹森明确向英国驻美大使表示列强应尽可能遵循一个共同路线。③ 换言之，美国不会单独与中国进行谈判。

在与美国单独交涉的同时，中国外交部也训令驻英公使施肇基向英国提起交涉。施肇基拜会了英国外交部官员威尔斯，向其转达了王正廷的意愿，渴望在 1 月 1 日前达成协议，但遭到拒绝。施肇基指出，王正廷和国民政府其他官员正面临巨大压力，因为他们在演讲和出版物中已对人民作出郑重承诺，害怕没有取得成果而产生很大麻烦，因此急于找到出路。威尔斯坦承，那也是他面临的压力，但认为只有中国政府尽快提出自己的建议才行。施肇基以个人建议方式向英方提出，希望中英达成一个简单协议予以解决。协议包括三点：英国政府原则上同意英国臣民应当接受中国管辖，中英将立即就此谈判，时间限制。威尔斯表示可以考虑这个建议，但强调不能在伦敦进行这种谈判，而且根本的建议是向列强在华代表提出。在会谈中，施肇基"似乎正在竭尽全力，试图通过单独谈判，利用一个列强抗衡另一个列强。他现在的提议似乎是想诱使我们在这方面进行讨论，而无视我从一开始向其表明的立场"。④

此次会谈后，施肇基将英方的态度电告国内。外交部回电，要求他再次努力。按照外交部的要求，施肇基又与威尔斯举行会谈，告知南京政府的决

---

① From Chinese Minister（Conversation），Nov. 11，1929，FO371/13913.
② 《国府恳恳美国先开始法权交涉，以为有关系国之倡率，列强对此推移极重视》，《顺天时报》1929 年 11 月 25 日，第 2 版。
③ Mr. Campbell（Washington）to Foreign Office，Dec. 3，1929，FO371/13914.
④ From Chinese Minister（Conversation），Nov. 11，1929，FO371/13913.

定：1月1日宣布取消领事裁判权，要求所有在华外人接受中国管辖；在哈尔滨、上海、广州、天津和汉口建立现代法院；这些法院聘请外国法律顾问，供法官咨询，但无权干涉审判；允许外人之间的民事案件由中国境外的外国法庭审判，若判决与中国法律和习惯不冲突，中国法院准备执行。其中，后面两项内容在实施两年后进行修订。这个方案与施肇基前次以个人名义提出的建议显然不同。威尔斯称，这个方案是"打算促使事态发展，迫使列强采取行动"，这是"鲁莽和缺乏政治远见"的表现。他指出，这个方案是一种"威胁"，是"不真诚的行为"。威尔斯建议考虑将施肇基提出的三点个人建议作为谈判基础，要求其说服中国政府向驻华各国代表提出。但施肇基告诉威尔斯，南京政府否定了他的建议，认为太保守。① 11月28日，施肇基又与英国外交大臣汉德森举行会谈。汉德森明确反对中国政府自动宣布废除领事裁判权的行动，认为这只会造成混乱。施肇基建议英国政府"在一个给定的时期内宣布他们的意愿声明放弃在华治外法权，不必一定在1月1日"，这可能会绕过现在的困难。汉德森表示会考虑研究这个建议。②

对于中国希望通过分途交涉的办法进行取消领事裁判权谈判，英国政府明确表示不行。英国外交部希望领事裁判权问题在中国解决。12月5日，英国外交部在给蓝普森的电报中详细分析了不能在伦敦进行谈判的原因。英国外交部认为，谈判的主要目的是要保障在华外人的利益和安全，而真正有效的保障措施只能通过实际接触来实现，必须与受影响利益的当地代表经常协商。此外，涉及的很多问题与在华英国人利益相关，也必须由熟悉当地情况的人负责谈判。③ 因此，英国外交部要求蓝普森前往南京，与王正廷进行会谈。

除与英、美交涉外，国民政府外交部也试图与法国、荷兰进行单独交涉。11月9日，法国驻华公使和荷兰代办收到中方照会，邀请他们到南京去尽快开始讨论。法国公使建议其政府坚持以前立场，要求中国先提出建议方

---

① From Chinese Minister (Conversation)，Nov. 25，1929，FO371/13913.
② From Chinese Minister (Conversation)，Nov. 28，1929，FO371/13913.
③ Foreign Office to Sir M. Lampson (Peking)，Dec. 5，1929，FO371/13914.

案再谈判。荷兰代办也准备采取类似立场。[①] 法国政府指示驻华公使玛尔泰，要求其与相关国家驻华公使取得一致，在共同的原则下与中国谈判。[②] 可见，法、荷也不愿单独与中国举行谈判。

由于单独交涉亦无法取得进展，国民政府决定考虑采取单方面废约办法。11 月 25 日，国民政府外交部声称，中国政府准备第二年元旦一定撤销领事裁判权，希望英、美、法等国能同意中国的主张，派代表来华磋商适当的解决办法。外交部同时发表声明，如列强再延宕，中国政府将于 1930 年元旦自动宣布废除领事裁判权。[③]

上述声明引起英、美、法等国的惊慌。法国反应尤其激烈。[④] 法国政府与英国政府联系，建议"在答复中提请注意条约立场，并指出不可能为废除而确定一个任意日期"，并要求一起警告中国：如果中国不通过谈判而废除领事裁判权将承担重大责任。[⑤] 12 月初，法国政府通过驻英大使再次表示希望各国就答复中国上述照会达成一致意见。法国政府不准备谈判，并强调如果中国政府激进废约，法国将以武力应对。不过，这种激烈主张遭到了英国政府的否定。[⑥] 英国的这种主张得到了挪威等国的赞同。[⑦]

除了列强政府之间沟通外，驻华公使团也在磋商，试图寻找阻止的方策。11 月 25 日的公使团会议上，英国公使蓝普森抛出了一个问题："如果中国单方面宣布 1930 年 1 月 1 日部分或全部废除该怎么办？"蓝普森首先想到了适用海牙国际法院规约的任择条款，但他不能确定中国是否仍然被它束缚、英国是否仍然批准它，需要弄清楚这两点再决定。[⑧] 英国外交部随后的答复否定了蓝普森的提议。因为中国已经于 1927 年满期后没有续签任择条款，不受其约束。中国不同意，英国就不能将其提交法庭。英国外交部也提

---

① M. Lampson（Peking）to Foreign Office，Nov. 20，1929，FO371/13913.

② Lord Tyrrell（Paris）to Foreign Office，Nov. 15，1929，FO371/13913.

③《外交部声明：各国如再延宕协商，中国政府定十九年元旦自动宣言废除领事裁判权》，1929 年 11 月 25 日，陈志奇辑编：《中华民国外交史料汇编》第 6 册，第 2513 页。

④ Mr. R. H. Campbell（Paris）to Foreign Office，Nov. 26，1929，FO371/13914.

⑤ French Ambassador to Foreign Office，Dec. 2，1929，FO371/13914.

⑥ French Ambassador（Conversation）to Foreign Office，Dec. 6，1929，FO371/13914.

⑦ Mr. Wingfield（Oslo）to Foreign Office，Dec. 6，1929，FO371/13914.

⑧ M. Lampson（Peking）to Foreign Office，Nov. 26，1929，FO371/13913.

出，利用其他联盟机制来制约中国是行不通的。①

蓝普森向英国国内传达的信息越来越清晰：中国打算于 1930 年废除领事裁判权。他指出，即使这种宣布取消只是一张纸，但影响将是置外国人于危险境地，建议英国政府马上考虑保护英国臣民权利和财产的措施。② 蓝普森提出了三种假设和处理办法，即中国单方面谴责并使之生效；单方面谴责只是纸上的，中国默许列强处理实际上存在的领事裁判权；与第二种情况一样，但地方当局也许鼓励取消领事裁判权，中央政府在单方面谴责没有第一时间遇到坚决反对时也许同样这样做，最后发展成为第一种情况。蓝普森指出，第一、三种情况，必须坚决拒绝谈判，直到中国放弃主张，同时英诉诸武力来保护英国臣民的个人自由和财产，也应考虑诉诸国际联盟或海牙国际法院的可能性。第二种情况下，应该同意谈判，只是需要明确承诺现有权利不受侵害。如果权利受到侵犯时，诉诸武力。蓝普森还提出，为了战术原因，最理想的是在 1 月 1 日前与中国开始谈判。③ 英国政府认为，中国威胁要单方面宣布取消领事裁判权"仅仅是一枚重磅炸弹，目的是迫使各大国来处理这个问题"。④

确实，南京国民政府此时并不真正准备立即采取单方面宣布废除领事裁判权的方案，仍幻想列强会在"威胁"之下接受谈判。王正廷在 11 月 25 日后向英方官员表示，如果谈判在年底前进行，在谈判期间，中方不会颁布任何法令，也不会试图强行加快步伐。他还表示，自己不准备与任何单方面行动联系起来。王正廷一再希望蓝普森尽快到南京开始谈判。⑤

在这种情况下，为了避免中国政府单方面宣布取消领事裁判权而使自己陷入尴尬境地，英国政府决定与南京政府进行接触。英国外交部要求蓝普森全速前往南京，与国民政府进行直接接触，以得到认可并就治外法权问题开始进行谈判。⑥ 但是，这个要求并未得到执行。为了就前往南京一事进行协

① Foreign Office to Sir M. Lampson (Peking), Dec. 6, 1929, FO371/13913.
② M. Lampson (Peking) to Foreign Office, Dec. 1, 1929, FO371/13913.
③ M. Lampson (Peking) to Foreign Office, Dec. 1, 1929, FO371/13914.
④ M. Lampson (Peking) to Foreign Office, Dec. 1, 1929, FO371/13914.
⑤ M. Lampson (Peking) to Foreign Office, Dec. 6, 1929, FO371/13914.
⑥ M. Lampson (Peking) to Foreign Office, Dec. 1, 1929, FO371/13913.

调，蓝普森于 12 月 6 日晚上与相关国家驻华代表进行磋商，通报了这一情况。各国代表普遍认为，最好不要马上在南京开始谈判，否则会形成一种危险的先例，即中国采取"胁迫"手段就能如愿以偿。① 12 月 9 日，蓝普森致电英国外交部，提出了不前往南京的主张。他说："在事情明朗之前，中国现在显然没有谈判的可能。"他建议英国外交部立即召见中国驻英公使，拒绝承认 11 月 25 日的照会，要求中国接受一定条件才能开始谈判，即中国政府必须保证不会公开宣布单方面废止领事裁判权。② 12 月 20 日，英国外交部告知蓝普森，已经将一份备忘录交给中国驻英公使，要求转交中国政府，同时训令蓝普森在 1930 年 1 月 1 日前将副本递交给中国政府，并建议蓝普森最好亲自前往南京进行沟通，要求尽快开始谈判。③ 英国外交部的备忘录声称，英国一直以来同情中国取消领事裁判权的努力，但由于中国内战，使谈判无法进行。英国政府反对片面废约方式，原则上同意将 1930 年 1 月 1 日作为逐步取消领事裁判权的开始日期，并不反对任何符合中国政府可能认为可取的态度的声明，并表示只要中国政治环境许可，英国政府准备进行详细谈判，商定一种逐步废止领事裁判权的方法和方案，使两国相互满意。④ 这个备忘录实际是为防止中国单方面宣布取消领事裁判权时带来的尴尬。

英国的上述态度使王正廷感到以"无意冒犯的方式宣布谴责治外法权"风险不会太大。12 月 23 日，他在与英国驻沪代表艾威林（Aveling）会谈时表示，英国的外交备忘录将极大地方便中方的工作，中国政府已经明确决定在 12 月 31 日或 1 月 1 日宣布，将在半年内废除领事裁判权。在此期间，中国政府将与列强进行谈判。⑤

12 月 27 日，中政会举行临时会议，讨论废除领事裁判权问题，决议由国民政府明令公布自 1930 年 1 月 1 日起管辖在华外人。根据该会决议，国民政府以主席蒋中正的名义于 28 日发布特令。这份特令是一份单方面宣布

---

① M. Lampson（Peking）to Foreign Office, Dec. 7, 1929, FO371/13914.

② M. Lampson（Peking）to Foreign Office, Dec. 9, 1929, FO371/13914.

③ Foreign Office to Sir M. Lampson（Peking）, Dec. 20, 1929, FO371/13914.

④ Foreign Office to Sir M. Lampson（Peking）, Dec. 20, 1929, FO371/13914.

⑤ M. Lampson（Peking）to Foreign Office, Dec. 24, 1929, FO371/13914.

取消领事裁判权的声明，含有不与列强进行任何商量的意味。这遭到了列强的抗议。

12 月 30 日，国民政府外交部发表宣言，进一步阐述了国民政府特令，指出："领事裁判权实非寻常外交问题可比，其关系中国人民者至为深切，中国政府同时认为一最重大之内政问题。"中国政府将 1930 年 1 月 1 日撤废领事裁判权视为恢复中国主权开始实现。中国政府相信各国对此原则意见并无不合。各国如对中国政府准备的具体办法有意见，也愿于相当期内与之审议。因此，特令"实系一种步骤，用以去除每易发生误会之原因，并增进中外人民之关系"。① 该宣言表明两层意思：一是领事裁判权被单方面取消了；二是希望列强磋商取消领事裁判权的实施办法。按照王正廷的解释，"命令的最后一句是向列强表明，在谈判达成协议之前，不会采取任何行动。"② 显然，与国民政府特令相比，外交部的宣言有所退让，或者说是对国民政府特令的一种修正。

从列强的态度来看，虽然这份特令和宣言令其无法高兴起来，甚至有的国家反应还比较激烈（如法国明确提出抗议），但总体而言，反应并不算强烈。③ 意大利、丹麦虽然向中国递交了照会，但只是提出了保留意见，强调未满足条件之前不能使其国民服从中国法权。葡萄牙、西班牙、比利时不赞成立即抗议或保留。德国认为抗议和保留没有必要。④ 英、美等主要国家也没有因为这个特令而拒绝与国民政府谈判。尽管在 12 月 30 日公使团会议上，蓝普森明确倾向于采取强硬路线，⑤ 但英国外交部不赞同。⑥ 英国外交部认为，很难将这种语言理解为公开侵犯条约权利。当法国建议联合向中方提出抗议时，英国并不赞成，认为中方并不是向列强下战书，只不过是为了

---

① 《外交部本日发表废除领事裁判权之宣言，惟声明："国民政府十二月二十八日之命令，实系一种步骤，用以去除每易发生误会之原因"，各国"如有意见，亦愿于相当期内与之审议"》，1929 年 12 月 30 日，陈志奇辑编：《中华民国外交史料汇编》第 6 册，第 2519 页。

② M. Lampson (Peking) to Foreign Office, Dec. 30, 1929, FO371/13915.

③ M. Lampson (Peking) to Foreign Office, Jan. 2, 1930, FO371/14659.

④ M. Lampson (Peking) to Foreign Office, Jan. 2, 1930, FO371/14659.

⑤ M. Lampson (Peking) to Foreign Office, Dec. 30, 1929, FO371/13915.

⑥ M. Lampson (Peking) to Foreign Office, Dec. 30, 1929, FO371/13915.

"摆脱非常微妙的处境"而已，① 因此建议法国要"努力适应形势"。② 美国政府也认为，这份声明并没有多大害处，是一份温和的声明。③ 12 月 28 日，美国国务院向中国驻华盛顿公使宣读了一份声明，虽然强调废除这些权利应通过商定和逐步的过程来完成，但又表示，美国政府愿意同意自 1930 年 1 月 1 日开始采取确切步骤，由美国政府逐步取消在华美国人的领事裁判权。④ 因此，美国也并未因为这份声明而拒绝谈判，相反在原则上同意将 1930 年 1 月 1 日作为逐步取消领事裁判权的开始日期。挪威政府则在这个特令颁布之后，主动提出准备派遣代表前往南京，毫不延迟地进行谈判。⑤

可见，特令和宣言并没有对领事裁判权交涉造成多大的困难，相反，它在某种程度上促进了取消领事裁判权的交涉，尤其是英、美于 1930 年 1 月 1 日后与中国开始认真谈判。

第三节　法权交涉的突破性进展

1930 年初，中英、中美关于法权问题的谈判开始。中英之间的谈判是正式举行的，由英国驻华公使蓝普森与国民政府外交部部长王正廷在南京进行。而中美之间的谈判是非正式的，或者说是试探性的，主要是由中国驻美公使伍朝枢与美国国务院远东司司长霍恩贝克（Stanley K. Hornbeck）在华盛顿进行。

一、 与英美进行法权草案磋商

中英谈判于 1 月 9 日开始，双方进行了初步讨论。王正廷草拟了一项谈判计划，包括"地理方案、根本废止、在五个特殊地区的特别法庭，在这些

---

① Mr. A. Henderson to Sir M. Lampson（Peking），Jan. 4，1930，FO371/14659.
② Ambassador（Conversation）to Foreign Office，Dec. 3，1929，FO371/14659.
③ M. Lampson（Peking）to Foreign Office，Jan. 2，1930，FO371/14659.
④ E. Howard to Mr. A. Henderson（received Jan. 21），Jan. 10，1930，FO371/14659.
⑤ Mr. Wingfield（Oslo）to Foreign Office，Dec. 31，1929，FO371/14659.

地方所有外国被告都可能有自己的案件，带有外国要素"。所谓"外国要素"，即在刑事案件中考虑外国顾问。但蓝普森只同意处理一般原则，主张将技术性问题交给专家委员会来研究。蓝普森的第一个原则是逐步取消。他指出："除非承认这一点，否则任何进展都将是困难的。"在此次会晤中，蓝普森明确提到反对地理方案，要求注意分类处理方案。王正廷暗示，如果英国在刑事审判问题上让步的话，法庭可以允许外籍法官的存在。但蓝普森拒绝在这一问题上让步，坚持要在中国保留领事法庭审理某些案件。第一次会晤双方都是试探性的。蓝普森几次警告王正廷不要催促太快，不能狮子大张口，明确提出，英国不会容忍"目前刑事管辖权的任何投降"。①

1 月 10 日，第二次会晤举行。王正廷向英方提出中方草案，共八条，包括：第一、二条原则性规定英国侨民自 1930 年 1 月 1 日起服从中国法律管辖。第三至六条及第八条规定在广州、汉口、上海、天津和哈尔滨的地区法院及其上诉法院内设置特别法庭，并详细规定了特别法庭的人员配置及其特权等。第七条规定拘留外人手续，要求 24 小时内移送最近法院审判。② 中方草案明确提出 1930 年 1 月 1 日彻底取消领事裁判权，这与英国主张的逐步取消领事裁判权不同。中方草案要求的是将包括刑事管辖权在内的所有管辖权都移交，这也是英方"在任何情况下"都不能承认的。此次会晤除了在"中国政府提议在中国所有公民之间制定仲裁裁决法"这一点上双方达成共识外，几乎没有什么进展。③ 蓝普森在此次会晤后，将谈判情况电告英国外交部，并请示是否提出对案。这得到英国外交部同意。

接下来的几天，蓝普森主要与王宠惠、胡汉民等国民党要人进行沟通，因为他认为这些人是负责解决领事裁判权问题的关键人物。王宠惠不赞同地理方案，对按照分类处理的方案表示可以考虑，但不能同意外籍法官的设置。胡汉民对渐进式取消领事裁判权方案表示赞同，对于英方提出的按照民事、刑事和个人案件顺序移交管辖权主张，在有保留的情况下表示接受，只

① M. Lampson（Nanking）to Foreign Office, Jan. 9, 1930, FO371/14659.
② M. Lampson（Nanking）to Foreign Office, Jan. 10, 1930, FO371/14659.
③ M. Lampson（Nanking）to Foreign Office, Jan. 10, 1930, FO371/14659.

是认为民事、刑事分离困难。胡汉民强烈反对外籍法官主张。① 经过与王、胡二人的交流，蓝普森认为，要寻找解决问题的办法，必须与这两人保持密切接触。

1月17日，王正廷催促蓝普森提出对案。18日，蓝普森草拟了英国对案，请求英国外交部指示。2月3日，在得到批示后，蓝普森将英方草案提交给王正廷。②

英国的这个草案与中国草案分歧明显，王正廷对此颇为不满，指出："它离中国人的观点相当遥远。"③ 在2月3日的会谈中，王正廷提出中方很不满意的几点内容：（一）英国草案主张的是分类移交，而即使是在民事案件方面，英方也只考虑有限和有条件地移交管辖权；（二）英国方案将英国当事人之间的案件保留给英国在华法院，而中国的目标是取消所有外国法院。（三）外国联合法官制度是中国不能接受的。但王正廷提出一个假设，如果中国同意在第二审法院雇用外国联合法官，英国是否同意放弃刑事和民事案件。（四）最根本的分歧是，英国希望的是渐进废除领事裁判权，而中国是要求立即废除领事裁判权。中国绝对不同意"那种无限期地拖延任何刑事管辖权转让的安排"。王正廷提出每一阶段必须有固定日期，建议7月1日为民事管辖权的移转日期，1931年1月1日为刑事管辖权的移转日期，但遭到英方拒绝。（五）外国法律顾问，王正廷只同意两年，或者任何可能确定的期限。④

由于分歧太大，蓝普森与王正廷的会谈无法深入进行下去。但通过会谈，双方基本清楚了对方的想法。蓝普森私下告诉王正廷，只要将某些特定地区如上海排除在外，就可能有解决方案的萌芽。王正廷也透露，无论是特定类型的案件，还是排除特定的地点，都必须有明确的时间限制，这样才可能处理。⑤

---

① M. Lampson（Nanking）to Foreign Office, Jan. 14, 1930, FO371/14659.

② Extraterritoriality Text of Memorandum handed by Sir M. Lampson to Dr. Wang on Feb. 3, 1930, FO371/14660.

③ Minute of Interview with Minister of Foreign Affairs, Feb. 3, 1930, FO371/14661.

④ M. Lampson（Nanking）to Foreign Office, Feb. 4, 1930, FO371/14659.

⑤ M. Lampson（Nanking）to Foreign Office, Feb. 19, 1930, FO371/14660.

在中英谈判的同时，中美之间也在进行谈判。美国被南京国民政府内定为最有希望率先突破的国家。按照南京国民政府的想法，撤销领事裁判权问题，极望先得一国同意，然后与其他国家"依例协商"。而这个被寄予厚望的国家就是美国。[①] 南京国民政府特派伍朝枢为谈判代表，与美国国务院进行谈判。1 月 23 日，霍恩贝克向伍朝枢提交了拟议条款。这个条款不是谈判的正式草案，只是可能协定条款。[②] 拟议条款共十二条。[③]

对于美国的方案，双方并没有深入讨论。2 月中旬，国民政府决定派伍朝枢为国际法典编纂会议代表。[④] 伍朝枢于 3 月 7 日行抵海牙。在临行前，伍朝枢就美国拟议条款提出了一些反建议，包括"一再要求放弃最惠国条款"。[⑤] 但霍恩贝克并没有就这些反建议展开详细讨论，只是警告伍朝枢不要指望说服美国政府接受这样一种其他国家不会接受的协议。[⑥] 中美之间的谈判至此暂停。

对照英国的草案，可以发现，英美都是主张 1930 年 1 月 1 日后逐步取消领事裁判权，都强调通过设置一些具体保障措施来处理管辖权移转后的情况，强调法庭不受行政干涉。但两者方案有较大差异：（一）英国主张的是按照类别逐步放弃领事裁判权，只答应先放弃部分民事管辖权；美国主张的是放弃包括刑事管辖权在内的所有领事裁判权。（二）英国对中国现行法典并不认可，要求进一步审查；美国接受现有的民事和刑事法典，无需进一步的审判或审查。（三）英国对现代法院设置没有地域规定，而美国主张在特定地域设置特别法庭。（四）英国主张特别法庭设外籍联合法官充当审判官，直接参与审判；美国主张只设置法律顾问，作为中国司法部的官员，监督法院的审判。（五）此外还有一些差异，如英国要求纯粹英国臣民之间的案件由英国法庭审理，要求允许外籍律师出庭；美国方案为法律顾问设置了五年

---

① 《国府特派伍朝枢为签订撤销领判权全权代表》，《中华实事周刊》第 1 卷第 37 期，1929 年 12 月 28 日，时事要闻，第 4—5 页。

② Mr. Campbell（Washington）to Foreign Office, Jan. 28, 1930, FO371/14659.

③ Mr. Campbell（Washington）to Foreign Office, Jan. 28, 1930, FO371/14659.

④ 《行政院训令第六五三号，为呈奉选派参与编纂国际法会议代表办法仰遵办由》，1930 年 2 月 18 日，《外交部公报》第 2 卷第 11 期，1930 年 4 月，文书，第 31 页。

⑤ Mr. Campbell（Washington）to Foreign Office, Mar. 12, 1930, FO371/14661.

⑥ Mr. Campbell（Washington）to Foreign Office, Mar. 3, 1930, FO371/14661.

期限，规定了五年内可以要求案件移交美国管辖，强调不低于第三国待遇的最惠国待遇，"该条款保证，无论放弃协议的目的是什么，美国公民都不会比英国、法国或日本国民受到更大程度的中国管辖权。"[1]

从上可见，英、美主张并不完全一致。这引起英国人的不满。[2] 对于美国人放弃外籍联合法官的主张，英国人更不满意。[3] 英国人称："美国人又一次挖了我们的墙角，因为他们已经放弃了共同法官的想法，只要求法律顾问在审理案件时充当旁观者的角色。"[4]

为了协调一致，加强合作，防止谈判的被动地位，在蓝普森的要求下，英国外交部指示驻华盛顿英国公使坎贝尔（R. H. Campbell）与美国国务院联系。英、美政府就共同合作问题进行了沟通。2月7日，坎贝尔与霍恩贝克会晤。2月15日，英国人公开抱怨美国国务院的行动。2月21日，坎贝尔再次与霍恩贝克会晤。霍恩贝克强调，美国政府没有通过"协议的可能条款"作出承诺。[5] 他说，美国提出这个条款只是为了引起反提案。在这次会谈中，坎贝尔提出了英国感到为难的主要条款：外国法官、为期五年的移案权、审查中国法典。[6] 在此后，英国政府指示坎贝尔继续与美国国务院沟通，尽可能恢复与美国的统一战线。[7]

3月1日，坎贝尔拜访了霍恩贝克。霍恩贝克认为最好放弃联合法官，因为他们充当保障措施的效力有限。关于审查中国法典问题，他告诉坎贝尔，伍朝枢明确说过中国政府不可能接受一个法典审查委员会。[8] 也就是说，在这些问题上，美国不太赞同英国的方案。

在随后的交涉中，英美又围绕租界和居留地是否排除在取消领事裁判权范围之外进行了讨论。排除租界和居留地是蓝普森提出的。3月初，蓝普森起草了一个新的详细方案，"体现了外国共同法官的民事和刑事管辖权的让

---

① Campbell（Washington）to Foreign Office, Jan. 31, 1930, FO371/14660.
② Campbell（Washington）to Foreign Office, Jan. 31, 1930, FO371/14660.
③ M. Lampson（Nanking）to Foreign Office, Feb. 4, 1930, FO371/14659.
④ Campbell（Washington）to Foreign Office, Jan. 31, 1930, FO371/14660.
⑤ Campbell（Washington）to Foreign Office, Feb. 23, 1930, FO371/14660.
⑥ Mr. Campbell（Washington）to Foreign Office, Feb. 23, 1930, FO371/14660.
⑦ Foreign Office to Mr. Campbell（Washington）, Mar. 3, 1930, FO371/14660.
⑧ Mr. Campbell（Washington）to Foreign Office, Mar. 3, 1930, FO371/14660.

步原则"，加上了英方向美国的计划中提供的移案权和其他保障措施，并提供了排除租界和居留区在外的地理方案。关于地理保留方案，英国外交部原则上接受了蓝普森的建议。蓝普森建议将上海、天津、广州沙面、厦门等地排除在取消领事裁判权范围之外。① 3 月 4 日，坎贝尔将蓝普森的意见转达给美方。3 月 10 日，坎贝尔与霍恩贝克就此展开会谈。霍恩贝克对排除上海持不同看法。② 而英国方面非常看重上海，甚至计划要将大上海区（从吴淞延伸到城市南部，包括直径约 30 英里的圆形区域）纳入保留区。英国方面判断，中国最终可能接受这个计划。③ 但美国对此不感兴趣。④

除具体主张不一致外，双方对谈判地点的安排也有分歧。英国希望列强都在南京进行谈判，以便能够商量，达成统一战线。如蓝普森建议中美谈判应由詹森，负责在南京进行。⑤ 坎贝尔在与霍恩贝克会谈时，也建议趁着伍朝枢"缺席"谈判期间将谈判转移到南京去。但是，美国国务院不同意。⑥ 在华盛顿谈判的政策是国务卿凯洛格定下的，史汀生继任后一直效仿。因此，在荷兰和英国驻美公使的反复劝说下，霍恩贝克也不愿意松口。⑦

由于美国的政策立场，英国想要的统一战线局面很难形成。坎贝尔向英国外交部报告说，"我对成功没有信心。"不过，他认为，进一步的努力仍然值得，甚至建议英国政府邀请霍恩贝克访问伦敦，直接沟通。⑧ 但英国政府认为，美国不会轻易改变立场。3 月 14 日，英国外交部致电坎贝尔，否定了邀请霍恩贝克访问伦敦的建议，并表示不再做任何努力来促使美国政府把谈判转移到南京。⑨ 坎贝尔在华盛顿也在寻求其他相关国家代表的支持。他与荷兰公使保持了比较密切的沟通，荷兰公使建议其他利益相关的代表都向霍恩贝克施压。⑩

---

① M. Lampson（Peking）to Foreign Office, Mar. 6, 1930, FO371/14661.
② Mr. Campbell（Washington）to Foreign Office, Mar. 11, 1930, FO371/14661.
③ M. Lampson（Peking）to Foreign Office, Mar. 12, 1930, FO371/14661.
④ Mr. Campbell（Washington）to Foreign Office, Mar. 18, 1930, FO371/14661.
⑤ M. Lampson（Nanking）to Foreign Office, Feb. 4, 1930, FO371/14659.
⑥ Mr. Campbell（Washington）to Foreign Office, Mar. 3, 1930, FO371/14661.
⑦ Mr. Campbell（Washington）to Foreign Office, Mar. 12, 1930, FO371/14661.
⑧ Mr. Campbell（Washington）to Foreign Office, Mar. 12, 1930, FO371/14661.
⑨ Foreign Office to Mr. Campbell（Washington）, Mar. 14, 1930, FO371/14661.
⑩ Mr. Campbell（Washington）to Foreign Office, Mar. 12, 1930, FO371/14661.

当然，美国政府也并非完全不愿意与英国合作解决在华领事裁判权问题。霍恩贝克向坎贝尔转达了一份美国政府的照会，称：虽然美国不相信通过团结可以促进这个问题的解决，但是"只要可能，希望同其他有关政府合作"，同时表示，美国政府正在研究其他政府的观点，正在研究各种可能的计划。[①]

在英国等要求下，美国政府也决定修改提案。蓝普森与詹森同意在准备协议草案时合作。"其总体效果是为刑事管辖权的直接追诉提供了条件，以使中国同意外国共同法官的判决，并以保留外国居留权和特许权的现状为出发点。"但这个提议给华盛顿时，被美国政府建议，最好首先不要提出包括刑事管辖权的协定草案（除轻微的警察案件外）。[②] 美国国务院向詹森发出指示：关于保留刑事管辖权和由中国雇佣外国共同法官两点上，美国政府的意见是"对外国共同法官的聘用规定更为可取"。"国务院愿意在谈判过程中向中方提出建议，强调共同法官的可取性。"当然，美国国务院不可能提前说出哪点会准备放弃，因为这将取决于拟议的任何方案或方案的其他特点、中国的反应是什么、讨论时可能发展的情况。[③]

在美国国务院的指示下，詹森与蓝普森磋商，双方于 3 月 27 日达成一致意见，作为草案提交给各自政府。这就是所谓《关于治外法权的蓝普森—詹森协定》。该合作草案也转递给法国、日本、荷兰和挪威的驻华代表，向巴西代表则口头提供了大纲。[④] 这个草案得到了他们的赞赏，不过法国代表提出法国拥有利益的每一个地区都应该作为保留区。[⑤] 该草案除前言外，共16 条。[⑥] 这个合作草案发给英、美政府后，它们又各自做了一定修改。4 月15 日，英国外交部指示蓝普森与其他公使讨论。4 月 19 日，蓝普森告知南京国民政府外交部，草案已经准备，但需要与其他政府协商。4 月 23 日，美国国务院与英国外交部沟通，并指示詹森与蓝普森磋商。5 月 2 日，蓝普森

① R. Lindsay to Mr. A. Henderson（received Apr. 4），Mar. 20, 1930，FO371/14662.

② Dominions Office to Foreign Office，Feb. 8, 1930，FO371/14660.

③ M. Lampson（Peking）to Foreign Office，Mar. 21, 1930，FO371/14662.

④ M. Lampson（Peking）to Foreign Office，Mar. 27, 1930，FO371/14662.

⑤ M. Lampson（Peking）to Foreign Office，Apr. 1, 1930，FO371/14662.

⑥ M. Lampson to Mr. A. Henderson（received Apr. 23），Mar. 28, 1930，FO371/14662.

与詹森达成进一步修改意见，并提出这个文本暂只限于英美两国知晓。5 月 13 日，英国外交部将修改意见电告华盛顿。美国国务院接受了这些修正案，并于 6 月 11 日将 6 月 4 日修正草案交给了英国驻华盛顿大使馆。7 月 5 日，英国外交部接到这个文本。7 月中旬，这个文本被传给詹森和蓝普森。

在英、美政府就谈判草案磋商的过程中，中国政局发生了重大变动。1930 年 4 月，阎锡山、冯玉祥、李宗仁等联合发动反蒋战争。5 月，中原大战正式爆发。中国政治局势不稳，南京国民政府中央权威受到严重削弱，影响了对外交涉。英美决定推迟与南京国民政府的谈判。蓝普森虽在 4 月 11 日启程前往南京，但主要是处理威海卫和赔偿问题。他途经天津时，就提到在局势不明朗前不准备讨论领事裁判权问题，并表示，如果王正廷提出这个问题，他准备采取拖延政策。① 因此，在 4 月至 8 月，南京国民政府与英、美政府关于法权问题的谈判处于停顿状态。

总的来说，1930 年上半年，"收回法权运动颇属黯淡。"②

8 月，南京国民政府军事形势好转。美国国务院仍认为中国军事和政治形势十分不确定，怀疑南京国民政府的威信，因此美国政府不愿意展开谈判，并要求英国也不要在 10 月之前采取新的行动。③ 但是，英国的行动否定了美国的建议。南京国民政府外交部部长王正廷在 7 月 7 日和 12 日就连续要求英国恢复谈判，给出英方建议。当时蓝普森答复，希望在中国总体政治形势允许的情况下进行谈判。7 月 16 日和 28 日，英国外交部指示蓝普森可以在 9 月恢复谈判。④ 8 月 17 日，蓝普森做出决定，打算 9 月 5 日离开北京。9 月 9 日，蓝普森抵达南京。11 日，他向王正廷提交英方草案。这个草案中，英国特别看重的是四点，即移案、外国联合法官、刑事管辖权保留和特别区的保留。此外，草案就税收保障、中国法院的运作、警察管辖权的限制、逮捕、住所访问、不动产的权利、征用、航运豁免、仲裁、企业组织的

---

① M. Lampson (Nanking, via Peking) to Foreign Office, Apr. 14, 1930, FO371/14662.
② 孙晓楼、赵颐年编著：《领事裁判权问题》（现代问题丛书），第 268 页。
③ Foreign Office to Sir M. Lampson (Peking)，Aug. 23, 1930, FO371/14664.
④ Foreign Office (Sir J. Pratt), Aug. 25, 1930, FO371/14664.

权利、歧视等问题作了详细规定。①

在尽快恢复谈判问题上，英美的态度不一致。美国国务院要求推迟提交草案。但蓝普森反对延迟提交。② 蓝普森在 9 月 5 日与美国公使詹森达成一致，同意 9 月 11 日向中方提出草案，并由詹森建议美国国务院同时向中国驻美代办提出草案。两人还同意说服日本采取同样行动，并向荷兰、法国、日本驻华使馆提交了草案内容。③ 但是，令英国人感到失望的是，一致行动计划因为美国政策而失败。④ 9 月 12 日，美国国务院向中国驻美代办提交了一份备忘录，告之美国国务院已经准备了一份相似但不完全相同的草案，国务院将准备继续谈判，但建议书将于 10 月提出。⑤ 这就使英美协调效果大打折扣。英国人颇为抱怨。⑥

中英之间的谈判在蓝普森与王正廷之间进行，具体细节磋商则在英国驻华使馆参赞台克曼（E. Teichman，又译台柯曼）和国民政府外交部欧美司司长徐谟之间进行。同时，蓝普森与国民政府司法部部长王宠惠等人保持了密切沟通。

9 月 17 日，王正廷与蓝普森进行了一次秘密会谈。在这次会谈中，王正廷表示，南京国民政府对英国方案"极为失望"。中政会和国民政府外交委员会已经决定让王正廷和王宠惠两人联合处理这件事，他们已经发现草案中"有许多无法接受的东西"。王正廷特别提出外国共同法官是无法接受的。⑦ 9 月 19 日，蓝普森与王宠惠进行了会晤。王宠惠认为英国方案超越了保障措施的范围，联合法官、移案权、刑事案件的保留、某些区域的排除等是中国完全不能接受的。王宠惠认为，中国最不能接受的是联合法官建议。⑧ 9 月 22 日，王正廷要求蓝普森直接处理领事裁判权问题谈判，而不是通过各自代

---

① M. Lampson to Henderson（received Jul. 24），Jun. 8，1931，FO371/15462.
② M. Lampson（Peitaiho）to Foreign Office，Aug. 27，1930，FO371/14664.
③ M. Lampson（Peking），Sept. 5，1930，FO371/14664.
④ M. Lampson（Nanking, on tour），Sept. 9，1930，FO371/14664.
⑤ R. Lindsay（Washington）to Foreign Office，Sept. 16，1930，FO371/14664.
⑥ M. Lampson（Nanking）to Foreign Office，Sept. 15，1930，FO371/14664.
⑦ M. Lampson to Foreign Office，Sept. 19，1930，FO371/14665.
⑧ M. Lampson to Foreign Office，Sept. 19，1930，FO371/14665.

表。但蓝普森要求等到中国政府提出对案才能进行。① 此后，英国方面就一直在等待中国方面的意见。在等待过程中，蓝普森不断接到信息，中国方面对英方草案不满意。②

11 月 20 日，王正廷向蓝普森提出了一些初步的意见，以便于英方考虑正式的中国对案。初步意见的标题是《英国治外法权草案中最令人反感的观点》，列出了中国无法接受的要点，包括：（一）英方建议有条件转移民事案件管辖权和轻微警务案件管辖权，五年后考虑扩展司法管辖权，而中方要求完全、立即行使管辖权；（二）英方要求英国臣民为原告的案件，设置特别法庭，法律顾问可以观察特别法庭的工作情况，使用卷宗，提供观点给法官，而中方反对外国法律顾问出现在法庭；（三）英方要求英国臣民为被告的案件由法律顾问担任法官，没有其同意判决无效，而中国强烈反对外国法官的主意；（四）法律顾问的选择，中方要求自由选择；（五）中国政府特别反对移案原则；（六）中国反对将上海、广州、汉口、天津和塘沽主要港口周边地区排除在取消领事裁判权之外；（七）只有当所有特权被放弃时，中国才考虑全境开放。③ 这个初步意见实际上构成了随后提出的中国对案的要旨。

12 月 1 日，王正廷、徐谟与蓝普森、台克曼举行会谈。中方正式向英方提出了中国的对案。对案由十二条正文、七个附件组成。④

英国人发现，这份对案与英方草案"几乎没有任何联系"，英方草案中的所有保障"都被忽略"。尤其是法律顾问的"所有实际权力"都被"剥夺"了。英国人的结论是"中国的建议真的意味着对治外法权的突然彻底废除。没有什么能表明他们对渐进过程的默许"。⑤ 不过，在提交这份对案的时候，王正廷也表示，这份对案的目的是作为讨论和交换意见的基础，因此可以修改。王正廷表示，他同时与英、美、法进行谈判，希望都能从这个对案获得

① M. Lampson（Nanking, via Peking）to Foreign Office, Sept. 22, 1930, FO371/14664.
② M. Lampson（Peking）to Foreign Office, Oct. 31, 1930, FO371/14665.
③ M. Lampson（Nanking）to Foreign Office, Nov. 21, 1930, FO371/14665.
④ M. Lampson（Nanking）to Foreign Office, Dec. 2, 1930, FO371/14665.
⑤ M. Lampson to Foreign Office, Dec. 2, 1930, FO371/14665.

最好的条件。他还强调了中国政府愿意和希望迅速解决问题。[①] 12 月 10 日，蓝普森将附有自己意见的中国对案副本寄交英国外交部。

相比英国，美国的谈判恢复得迟一点。9 月 18 日，美国国务院宣布准备于 10 月份恢复谈判。10 月 28 日，美国国务院才向伍朝枢提交了一份草案，并指示詹森前往南京，将复件交给王正廷。11 月 9 日，詹森将草案交给王正廷。美国的草案与英方草案大体相似，当然也有差别。例如，关于保留区域，英国要求上海、广州、汉口、天津四处，而美国只强调上海一处。12 月 7 日，伍朝枢提出了中方的对案，内容与提交给英国的对案相似。

至此，经过整整一年的交涉，虽然没有取得任何成果，但中英、中美关于取消领事裁判权的谈判毕竟进入草案的实质性磋商阶段，谈判各方都亮了牌。接下来的工作就是如何妥协、让步，形成共识。

二、　与英美法权谈判的恢复与突破性进展

1930 年的谈判受中国政局影响甚大，其间爆发的中原大战直接导致谈判停顿近半年。到 11 月，中原大战结束，中国政治局势再度稳定，南京国民政府得以集中精力处理法权问题。1930 年底、1931 年初，南京国民政府已经将取消领事裁判权问题作为最重大的问题之一来处理。[②] 根据国民党中央的部署，1931 年 5 月将召开国民大会，南京国民政府计划在此前解决领事裁判权问题。因此，外交部敦促英美加速处理该问题。除与英美保持沟通外，南京国民政府还决定向他们施压。12 月 17 日，南京国民政府外交部同时给英、美、法、荷、挪、巴六国驻华使馆发出隐含"威胁"的照会。[③]这在英国人看来是发出的"最后通牒"。[④] 中国政府照会也确实隐含有威胁列强的意思。[⑤]

虽然不喜欢中国的威胁，但英、美还是决定继续谈判。英国外交部指示

---

① M. Lampson（Nanking）to Foreign Office, Dec. 2, 1930, FO371/14665.

② 《最近之外交：二十年二月廿七日在中央广播无线电台》（外交部报告），《中央党务月刊》第 31 期，1931 年 2 月，选录，第 482 页。

③ M. Lampson（Peking）to Foreign Office, Dec. 19, 1930, FO371/14665.

④ M. Lampson（Peking）to Foreign Office, Dec. 19, FO371/14665.

⑤ M. Lampson（Peking）to Foreign Office, Dec. 22, 1930, FO371/14665.

蓝普森答复中国政府，同意继续谈判，不过对中方的威胁表示不满，指出："任何一方的威胁都不应影响气氛。"① 12 月 27 日，美国国务院也给中国驻美公使照会，愿意继续谈判。

为何此时的英、美会同意谈判呢？主要的原因是列强感受到了中国废除领事裁判权的压力。美国国务院副国务卿卡斯尔（William R. Castle，又译凯塞尔）向英国驻美公使林赛（R. Lindsay）指出，"中国政府渴望在 5 月 5 日国民党代表大会之前表现出最佳姿态，也许在那个日期前，以单边行动，完全和简单地取消治外法权。"② 英国政府对卡斯尔的观点也表示认同。③

在这种考虑之下，英、美政府于 1931 年初做出对中国让步的决定，这就促成了中英、中美的谈判。1931 年 2 月 18 日，王正廷在向中政会报告工作时指出："对于撤销领事裁判权问题，近与英美两国交涉，尚觉顺利。"④

谈判首先在中英之间进行，而英、美的协商穿插于其中。1931 年 2 月 18 日，英国外交部完成了对中国对案的审查，并发给蓝普森。审查意见认为：中国政治局势的稳定，为解决这个问题提供了有利机会。因此，在接下来的几个月里应该努力达成一个最终的协议。为此，英方决定放弃 9 月 11 日英方草案的一些保障措施，但这些让步只是在谈判中逐步放弃，而不是在草案中一揽子提出。具体来说，英方同意：（一）第一步放弃移案权，因为美国政府已经告知中国驻美公使美国准备放弃这个权利。（二）第二步可以放弃刑事案件的审判权，这是同意蓝普森的主张，因为他认为不放弃这种权利，谈判不可能取得令人满意的结果。但是，这个权利的放弃，要求与美国同步，且中国政府必须同意将上海和 9 月 11 日草案中指明的其他港口排除在外。此外，还必须在此前对中国刑法进行仔细审查。（三）第三步放弃排除天津、广州和汉口。上海必须保留，即使只限于租界，这是底线。（四）最后让步是放弃法律顾问担任共同法官的规定。英国外交部要求蓝普

---

① M. Lampson（Peking）to Foreign Office, Dec. 24, 1930, FO371/14665.

② R. Lindsay to Mr. A. Henderson（received Feb. 21），Feb. 12, 1931, FO371/15455.

③ Mr. A. Henderson to Sir R. Lindsay（Washington），Mar. 7, 1931, FO371/15455.

④《政治会议速纪录第 262 次》，1931 年 2 月 18 日，台北中国国民党党史馆藏中央政治会议速纪录，馆藏号：中央 0262。

森在 2 月底前恢复谈判。①

在英国政府将审查意见发给蓝普森的同一日，中国方面也确定了交涉的方针。2 月 18 日，中政会第 262 次会议举行，讨论了《关于撤销领事裁判权之先决问题案》。王正廷代表外交组提出了三点先决条件：民刑案件应同时撤销领事裁判权；咨议不能有法官职权，但可以帮助法官或贡献意见；租界及海关行政区不能除外，即在租界及海关行政区的领事裁判权须同时撤销，譬如上海的公共租界或海关附近五十里以内的领事裁判权也须撤销。这三点是必须都达到的。如果各国不能同意，"即认为谈判中止，另行运用外交方针，以达目的。"至于中止谈判以后采取的方法，外交组也有预备，即在司法方面施以强制，"如在通商大埠之内，设立专院或专庭，受理外人案件，但普通法院亦可受理，院中设咨议及翻译等。"王宠惠还补充，"现在是撤销领判权的最好时期。在国民会议没有开会以前，就要办好。那末到了五月五日，我们就可以说，总理遗嘱上所说的'开国民会议及废除不平等条约'是同时实现的了。如果这三点做不到，那末我们事前就有命令到各法院，到五月五日，不受理各该国人民的案子。"此次会议上，外交组提出的这个提案得以通过。② 外交部就按照上述方针与英美进行谈判。

3 月 1 日，蓝普森到达南京，与王正廷会面。由于明确训令还没有到达，蓝普森建议先处理无争议性条款。但王正廷反对，他表示宁愿等到蓝普森接到处理一般原则的训令再讨论。③ 3 月 5 日，英国外交部致电蓝普森，要求按照 2 月 18 日电报内容进行谈判，并要求他与美国驻华公使合作。英国外交部同意宣布公开谈判，并准备做出相当大的让步，但要求中国政府在重要事情上给予满足，最重要的是法律顾问的职权，征税的法律保障，特殊区域的排除，中国接管刑事管辖权情况下对羁押、监禁和审判的保障措施。④

在 3 月 1 日至 7 日这一周内，蓝普森除了等待训令外，主要的工作是抓

---

① Foreign Office to Mr. Ingram (Peking)，Feb. 18, 1931, FO371/15455.

② 《政治会议速纪录第 262 次》，1931 年 2 月 18 日，台北中国国民党党史馆藏中央政治会议速纪录，馆藏号：中央 0262。

③ M. Lampson (Nanking) to Foreign Office, Mar. 1, 1931, FO371/15455.

④ Foreign Office to M. Lampson (Nanking)，Mar. 5, 1931, FO371/15455.

住机会与中国政府的主要成员沟通，以及与美国驻华公使詹森进行讨论。詹森是特意前往南京与蓝普森会面的，并被训令给蓝普森以道义支持。①

3 月 7 日，蓝普森得到指示，英方应该逐步放弃外籍法官和移案权、刑事管辖权的保留（在美国政府同意采用同一过程的前提下），但作为回报，中国要答应其他保障措施，即某些条约口岸的排除，关于法律顾问的充分安排，关于征收、逮捕、拘留、保释、个人地位事件、仲裁、不动产、征用、住所访问、航运豁免、商业组织权利、歧视和其他令人满意的抵押和保证等。"中国政府应做好准备，就某些重要保障措施，特别是法律顾问的职能、征税方法、评估和强制征税等方面给予充分的满足。"② 在这个指示之下，蓝普森与王正廷进行了详细谈判。

3 月 8 日，双方举行正式会谈。蓝普森并未按照训令要求立即让步，他认为"涉及重大让步问题的引入过于突然和太早"。双方主要就四个原则性问题进行了"小规模战斗"。③ 这四点是：移案权、联合法官、刑事管辖权、保留区域。由于在上述四个主要问题上无法达成一致，谈判陷入僵局。唯一达成共识的是从中、英两个草案中寻找一份双方同意的所谓"微小的保障措施"的综合草案。④

3 月 11 日，蓝普森告诉王正廷，自己将于 14 日前往上海，并暗示"除非中国表现出一些真正的愿望进行讨论"，否则他自己将返回北方，缺席谈判两个月。⑤ 3 月 12 日，中英谈判主要由台克曼与徐谟进行。

3 月 14 日，中英双方按照 8 日确立的路线就一些问题达成了初步协议，即律师和译员；关于征税的保证；仲裁；动产和不动产权利；豁免承诺；防止兵役和强迫公债；公司权利；悬而未决案件的谅解；非歧视待遇；英国保护人。接下来这些问题的细节由台克曼与徐谟商讨。⑥ 3 月 14 日的协议文本没有就移案权、刑事管辖权和保留区问题进行承诺。

---

① M. Lampson to Henderson（received Jul. 24），Jun. 8, 1931, FO371/15462.
② M. Lampson to Henderson（received Jul. 24），Jun. 8, 1931, FO371/15462.
③ M. Lampson to Henderson（received Jul. 24），Jun. 8, 1931, FO371/15462.
④ M. Lampson（Nanking, via Peking）to Foreign Office, Mar. 9, 1931, FO371/15455.
⑤ M. Lampson（Nanking）to Foreign Office, Mar. 11, 1931, FO371/15455.
⑥ M. Lampson（Nanking）to Foreign Office, Mar. 14, 1931, FO371/15455.

此后，谈判暂停了一段时间。3 月 25 日恢复谈判，主要讨论了个人地位问题。王正廷对英方要求保留权力征收遗产税比较敏感，他担心外人征收遗产税，则中国人也应该被征收，但中国没有遗产税。蓝普森预计在保留区问题上会有僵局，因此决定留着遗产税问题作为筹码。① 除了个人地位问题外，蓝普森引入了新的谈判问题，即"限制司法管辖权向现代法院移交的条文草案"。除了轻微刑事案件允许给予警察法庭外，英方仍未放弃刑事管辖权。② 3 月 26 日，台克曼与徐谟举行专家小组会议，磋商具体细节问题。3 月 27 日，蓝普森与王正廷会谈，就下列条款达成一致：转移管辖权和限制警察管辖、律师、译员、特殊法庭、法律顾问、税收、仲裁、不动产权利、房屋豁免、军事征用和强制公债、公司待遇、未决案件、非歧视性待遇、英国保护民等。③ 这些问题达成一致后，就剩下关键性问题了。

此时，蓝普森认为到了该摊牌的时候了，决定在恰当时机除讨论移案权、刑事管辖权外，抛出一些新的议题：给予逮捕、监禁和审判的综合保障；个人地位案件；航运豁免；保留区；居住权；现存条约冲突条款仲裁；法典公布和翻译；授权文本；有效期和批准条款。这些问题的主要障碍是移案权、刑事管辖权和保留区。移案权，因为美国放弃了这点，蓝普森认为，已经削弱了作为讨价还价的价值。因此，蓝普森的谈判策略是，将刑事管辖权作为工具，在关键时刻进行让步，以获得中国对保留区的让步。④

3 月 30 日，蓝普森单独拜访了王正廷，就争论的焦点问题进行了试探。蓝普森称，如果中方能满足四个保留区的要求，则自己可以劝说英国政府答应放弃刑事管辖权。王正廷答复，不仅中政会明确决定中国不能就四个主题中的任何一个让步，而且就保留区问题给予承诺将削弱中国在处理其他列强（尤其指日本）类似需求时的地位。经过争论，最终王正廷提议，在严格限制时间的前提下，自己将就保留上海国际租界一事向中政会报告。但是，由于蓝普森还不满足，要求必须保留四个区域，催促王正廷"提高出价"，结

① M. Lampson（Nanking, via Peking）to Foreign Office, Mar. 26, 1931, FO371/15456.
② M. Lampson to Henderson（received Jul. 24）, Jun. 8, 1931, FO371/15462.
③ M. Lampson（Nanking）to Foreign Office, Mar. 27, 1931, FO371/15456.
④ M. Lampson to Henderson（received Jul. 24）, Jun. 8, 1931, FO371/15462.

果导致谈判破裂。①

此时，由于复活节临近，蓝普森决定返回北京度假，而王正廷也需要赴上海接待暹罗国王，因此双方谈判暂停。在离开之前，蓝普森与南京国民政府成员进行了私下接触。4月1日，他拜访了海军部代理部长陈绍宽。蓝普森认为陈绍宽是蒋介石的心腹，决定利用陈绍宽影响蒋介石。他详细而秘密地向陈解释了与王正廷会谈的困难。② 同一天，他辞别王正廷，试探上海保留区问题上的进展。但王正廷说"不可能提供更多"，并表示即使是那个提议也必须经过中政会同意，而且取决于保留上海是暂时的。蓝普森警告，英国放弃刑事管辖权是有严格条件的，必须满足保留区条件才有可能，希望王正廷仔细权衡，不要故意放弃这个有利于国家的解决机会。但王正廷仍不退让。③ 4月2日，蓝普森拜访了王宠惠。王宠惠总结了中英谈判主要分歧是保留区多少和时间长度问题。蓝普森坚持四个保留区和十年期限是最低限度。王宠惠建议两个都同时缩小，但遭到拒绝。不过，王宠惠暗示广州沙面租界的放弃可能会促成和解。④ 但是，由于沙面租界有五分之一是法国的，沙面的放弃需要取得法国的配合。这势必在谈判中牵入法国，从而延长谈判进程。英国政府不想把这个责任揽在自己身上。因此，英国外交部否定了这个提议，指出除非中国主动提议，否则不讨论这个问题。

4月2日，蓝普森离开南京北返，留下台克曼继续与徐谟磋商一些双方分歧不大的保障措施的细节文本。可以说，这时中英谈判陷入了僵局。为了打破僵局，国民政府外交部希望通过中国驻英公使直接与英国政府沟通，促使英方做出进一步让步。4月2日，在与英国外交大臣汉德森交流时，施肇基通报了谈判情况，指出蓝王谈判的分歧点在于移案权、刑事管辖权和保留区方面。汉德森称，英国政府准备在移案权、刑事管辖权方面做出让步，但不能同意放弃保留区的立场。施肇基称，如果在5月5日之前问题没有解决，南京国民政府将面临严重的困难。汉德森表示，英国已经做了许多让

① M. Lampson (Nanking) to Foreign Office, Mar. 30, 1931, FO371/15456.

② M. Lampson to Henderson (received Jul. 24), Jun. 8, 1931, FO371/15462.

③ M. Lampson (Nanking) to Foreign Office, Apr. 2, 1931, FO371/15457.

④ M. Lampson (Nanking) to Foreign Office, Apr. 2, 1931, FO371/15457.

步，中国政府应该考虑做出一定让步，因为在所有谈判中，必定有相互让步。① 显然，此时英方不愿意再做出让步。

4月10日，王正廷向新闻界发表谈话，实际上是为了"敦促"列强加速谈判。王正廷承认中国与列强的谈判进展良好，尤其是英国，但指出："某些至关重要的点仍未完成，分歧可能导致谈判失败。"王正廷称，中国政府和中国人民不会再容忍取消领事裁判权的延期，都在寻求5月5日国民会议召开前取消不平等条约，希望列强与国民政府合作，废除领事裁判权。他表示，如果届时不能达成中国所希望的解决方案，国民政府将被迫宣布谈判停顿。这个谈话使蓝普森意识到问题的严重性，因为这次与前次宣布1930年1月1日单方面废除领事裁判权的宣言不同。②

双方都在寻找机会打破僵局。英国外交部就中英前期磋商的一致条款文本和某些未完成点给蓝普森发出了指令。蓝普森认为，有必要恢复谈判。4月14日，台克曼受命先期抵达南京，与徐谟就条款文本的技术问题进行磋商。18日，蓝普森抵达南京，恢复与王正廷的会谈，但主要是就台克曼和徐谟之间磋商的范围进行讨论，并就3月27日协议文本的修正案达成一致。③处理了这些问题后，蓝普森与王正廷就保留区问题进行了单独长谈，但双方态度都很强硬，互不退让。王正廷强调，除了上海国际租界严格限定时期进行保留外，不可能有任何新的让步。而蓝普森在此次谈话中坚持四个保留区和十年期限是英国的最低要求。但王正廷指出，四个保留区将"损害中国抵制日本和法国对其他地区保留的主张"，他不会就此让步。由于看不到王正廷态度的软化迹象，蓝普森决定"利用休会间隔来游说有影响的人"。④ 4月20日，他拜会了王宠惠，但没有进展。⑤ 蓝普森发现，"他不再比外交部长更愿意提供帮助。"⑥

由于僵持不下，4月下旬，施肇基被政府训令向英国外交大臣汉德森交

---

① Foreign Office to Sir M. Lampson（Nanking），Apr. 2, 1931, FO371/15457.

② M. Lampson to Henderson（received Jul. 24），Jun. 8, 1931, FO371/15462.

③ M. Lampson（Nanking）to Foreign Office，Apr. 21, 1931, FO371/15458.

④ M. Lampson（Nanking）to Foreign Office，Apr. 19, 1931, FO371/15458.

⑤ M. Lampson（Nanking）to Foreign Office，Apr. 20, 1931, FO371/15458.

⑥ M. Lampson to Henderson（received Jul. 24），Jun. 8, 1931, FO371/15462.

涉，敦促其同意放弃英国政府在汉口、广州和天津方面提出的主张。汉德森强烈反对这一点，要求施肇基向王正廷呼吁不要进一步尝试讨价还价，应该立即向蓝普森提出"中国政府的最后一个明确的提议"。①

4 月 22 日，台克曼与徐谟就居住权和法典翻译公布等问题进行了磋商。至此，形成了条约的十五个条款。在完成这些条款的条约文本后，4 月 27 日，蓝普森与王正廷进行了一次私人谈话。双方都意识到保留区问题将成为整个条约命运的重大问题。王正廷提议中国允许上海租界领事裁判权保留三年，并提到"在没有解决的情况下单方面行动"。② 蓝普森警告称这样做将对中国不利。英国外交部也认为，这个提议不能接受，甚至不能作为讨论的基础。③ 在此次会谈中，王正廷要求尽快签署条约问题，蓝普森反对在 5 月 5 日之前仓促签字，④ 当蓝普森将此报告给英国外交部时，英国外交部指示：尽力避免不必要的耽搁，但反对匆促签署。⑤

为了打破僵局，英国外交部于 4 月 27 日致电蓝普森，提出了一个新的思路：要求中国先接受四个保留区，与英国达成条约，然后与美、法、日谈判同样的条约，最后与所有关注保留区的列强达成协议。条约生效后，在三至五年的固定期限内进行谈判，设立一个国际联合委员会，研究保留区问题，寻求问题的最终解决方案。⑥ 但是，这个建议在 5 月 1 日的会谈中被王正廷否定。他尤其反对"等待其他国家加入然后一起磋商关于保留区的建议"。王正廷表示非常失望，并说"所有的工作现在都被浪费了"。至此，谈判完全陷入僵局。⑦

此时，蓝普森向英国外交部提出疑问，要求明确对保留区的指示。3 月初的指示是英国"最后一着"是上海，如果有必要，甚至只有国际租界。但随后的指示又要求保留天津，可以放弃汉口和广州。而此时英国外交部的指

---

① Foreign Office to Sir M. Lampson（Nanking），Apr. 21, 1931, FO371/15458.
② M. Lampson（Nanking）to Foreign Office, Apr. 27, 1931, FO371/15458.
③ Foreign Office to Sir M. Lampson（Nanking），Apr. 27, 1931, FO371/15458.
④ M. Lampson（Nanking）to Foreign Office, Apr. 29, 1931, FO371/15458.
⑤ Foreign Office to Sir M. Lampson（Nanking），Apr. 30, 1931, FO371/15458.
⑥ Foreign Office to Sir M. Lampson（Nanking），Apr. 27, 1931, FO371/15458.
⑦ M. Lampson（Nanking）to Foreign Office, May 1, 1931, FO371/15459.

示是必须保留四个地区。蓝普森询问，是否可以放弃汉口、广州，包括沙面租界，换取上海和天津的满意安排。[1]

鉴于谈判的僵持，5 月 4 日，也就是国民会议召开前的一天，南京国民政府发表宣言，宣告法权交涉停顿。同一天，颁布《管辖在华外国人实施条例》，规定于东三省特别区域、沈阳、天津、青岛、上海、汉口、巴县、福州、广州、昆明十处地方法院附设专庭，受理其管辖区域或其系属高等法院管辖区域内之外国人为被告之民刑诉讼，庭长由院长兼。[2] 实际上就是主动实施特别法庭制度。条例规定 1932 年 1 月 1 日开始对外人实施管辖。换言之，即承认在此前列强继续享有领事裁判权，给予半年时间进行磋商。蓝普森认为，这是一个"相当聪明的举动"，"使政府能够在国民大会上取得明显的成功，当然也有足够的时间和外国进行友好的安排。"[3] 实际上，这个宣言、条例更多的是国内宣传意义，对法权交涉影响并不大。蓝普森根本不太重视它们，以致英国外交部抱怨："事实上，他既没有将命令的文本完全电报给我们，也没有将王博士所附的解释性声明文本给我们。"[4]

事实上，中英法权交涉仍在进行中。5 月 4 日，台克曼和徐谟就个人身份问题和其他未完成问题进行讨论。5 月 5 日，王正廷向蓝普森保证，"大门仍敞开"，只是不能满足四个保留区主张。这次会谈中，王正廷做了一定让步，答应给予英方"大上海区的实惠（而不是原来草案的 50 里地带）"，只不过要求在公共租界越界筑路方面达成一些协定。蓝普森认为这个可行，但仍坚持四个保留区，表示"现在不考虑任何妥协"。当然，蓝普森也表示，如收到新的指示，这种妥协是有可能的。在事后的报告中，蓝普森表示自己更看重上海和天津。如果能够有这两个地方，英国的利益能够保证几年。[5]他建议以放弃汉口和广州的管辖权为代价，换取在保留大上海和天津的基础上达成协议。汉德森在 5 月 6 日回复蓝普森，赞同其提议，准备在适当时刻

---

① M. Lampson to Henderson（received Jul. 24），Jun. 8, 1931, FO371/15462.

② 孙晓楼、赵颐年编著：《领事裁判权问题》（现代问题丛书），第 271 页。

③ M. Lampson（Nanking）to Foreign Office, May 6, 1931, FO371/15459.

④ M. Lampson（Nanking）to Foreign Office, May 5, 1931, FO371/15459.

⑤ M. Lampson（Nanking）to Foreign Office, May 4, 1931, FO371/15459.

放弃汉口和广州，而捍卫一个只保留天津和上海的条约，但又提醒蓝普森，在中国政府明确表示接受之前不要提出这两个地方。①

但是，这个只是英国方面的一厢情愿。蓝普森发现实现目标的困难还是颇大。中国的政治环境不允许国民政府作太大的让步。5 月 5 日，国民会议开幕，9 日通过《废除不平等条约宣言》，随后于 13 日通过宣言，宣布不再承认不平等条约。在这种背景下，蓝普森认为自己没有办法推进谈判。他在 5 月 15 日给英国外交部官员威尔斯的信函中透露，自己无法施展手脚，他建议把事情拖到秋天再解决。② 但威尔斯指出，外交大臣仍没有考虑停止谈判的问题，并指出，推迟谈判"有严重的危险"。他建议在保留上海和天津的基础上达成协议，希望蓝普森采取某种方法使中方外交部部长提出天津和大上海。③

随着 5 月 5 日这个关键性日期过去，中英双方决定继续接触。5 月 8 日，台克曼和徐谟恢复讨论，取得了良好进展。5 月中旬，英国外交部发出明确指令，可以采取放弃汉口、广州来换取保留上海和天津的策略。18 日，蓝普森返回南京，同一天下午与王正廷举行会谈，19 日继续开会，就个人地位、居住权、条约的序言、期限、批准和保留区等问题进行了磋商。在条约期限问题上，双方意见很不一致。蓝普森坚持整个条约十年期限，如有必要，某些特殊安排，如特殊法庭、法律顾问、警察法庭管辖权的限制可以短些时间，保留区则五年内根据联合委员会建议进行谈判。蓝普森向中方提出了一份草案，期限为十年，期满后，任何一方可以通过双方协议发出修改通知，否则该条约将失效。并说双方都不要求修改，条约应继续有效五年。④ 蓝普森坚持整个条约的有效期为十年，某些特殊安排的有效期为七年，但王正廷提出前者五年，后者三年。⑤

在 5 月 19 日的会谈中，双方没有谈到保留区数量问题。蓝普森发现，

---

① Foreign Office to Sir M. Lampson（Shanghai），May 13，1931，FO371/15459.
② M. Lampson（Shanghai）to Foreign Office，May 15，1931，FO371/15459.
③ Foreign Office to Sir M. Lampson（Nanking），May 19，1931，FO371/15459.
④ M. Lampson（Shanghai）to Foreign Office，May 17，1931，FO371/15459.
⑤ M. Lampson（Nanking）to Foreign Office，May 19，1931，FO371/15459.

根据指示，自己不能在减少保留区数量方面采取主动。他认为，除非自己开始表明英方可能的让步，否则不大可能在主要问题上取得任何进展。[①] 因此，他建议暂时中断谈判，离开南京。但事实上，蓝普森推迟了一周离开。

在这一周时间内，蓝普森与王正廷进行了有意义的私人会晤，蓝普森认为，私人会谈比正式谈判会有利一些。5 月 21 日，双方在河上进行游览，同时进行谈判。蓝普森抛出了一些诱饵，以期促成王正廷的妥协。蓝普森说，英方将确保解决上海租界外马路扩界问题，允许中国在四个保留区征收非歧视性税。作为回报，中方给予英方：条约期限十年，法律顾问和特别法庭为期五年，四个保留区，五年内相互协商的一些规定（不一定是王正廷最强烈反对的联合委员会）。[②] 但是，王正廷不同意四个保留区，他指出，中国公众将把它看作永久租界，而"恢复这些租界正是中国政府对外政策的主要内容之一"。[③] 24 日，双方继续这种私人讨论。蓝普森把 21 日谈话的内容具体化为一份草稿，双方就此进行商讨。在草案中，蓝普森以放弃广州和沙面租界保留、同意解决上海租界外马路扩界问题为筹码，要求中国给予满意的保证，包括整个条约十年期，特别法庭和顾问不少于五年，一个可以接受的批准条款。条约草案仍保留上海、天津和汉口。王正廷不同意汉口保留。关于上海和天津保留，王正廷坚持必须有时间限制，上海只能保留五年，天津保留三年。至于条约期限，经过激烈争持后，蓝普森成功地使王正廷接受了整个条约十年和法律顾问、特别法庭为期五年的要求。[④]

25 日，双方按照前一天约定，举行第二次河上会谈。这次会谈，主要讨论蓝普森提出的文本草案第十六条的修正案。在会谈中，蓝普森表示，如果王正廷接受其修正草案，他将向英国政府建议放弃汉口。但王正廷并不接受这种修正草案，"因为没有明确的时间限制。"按照英方草案，双方在条约生效后五年内进行谈判，至于谈判有无结果，都没有明确规定。王正廷担心，这将导致领事裁判权无限期延续。经过争持，蓝普森提出如果接受十年期

① M. Lampson（Nanking）to Foreign Office, May 19, 1931, FO371/15459.

② M. Lampson（Nanking）to Foreign Office, May 21, 1931, FO371/15460.

③ M. Lampson to Henderson（received Jul. 24）, Jun. 8, 1931, FO371/15462.

④ M. Lampson（Nanking）to Foreign Office, May 24, 1931, FO371/15460.

限，他将放弃第二款。王正廷则提出上海与天津有区别。最后，蓝普森提出如下方案：大上海保留最多十年，也就是说，在五年内开始谈判，不管是否成功，十年后结束领事裁判权。保留天津五年，包括租界和扩展租界以及临近中国范围的必须区，期满无须任何谈判而结束领事裁判权。①

5月26日，蓝普森将按照上述精神起草的文本交给王正廷。王正廷告诉蓝普森，他在内阁会议上已经尽力，但内阁会议拒绝了其前一天的提议，要求上海保留不超过五年，天津不超过三年。王正廷极力争取，最后将问题提交给蒋介石，最终批准上海和天津期限都为五年。这令蓝普森非常愤怒。但双方还是重新起草了第十六条的文本，即大上海保留期为五年，如无另外协议，则延长至十年。② 这样上海就以十年为极限。王正廷答应将去说服其同僚和蒋介石。

5月27日，双方进行了私人会晤，讨论了第十六条草案和所附照会换文。草案规定，上海保留五年，在此时期就结束领事裁判权进行谈判，如无结果则继续保留五年，天津只能保留五年。同时规定，英国臣民在保留区缴纳中国规定的税额。这些都被王正廷"模棱两可地接受了"，并表示以前的主要反对者财政部部长和总统都赞成。但是，王正廷又提到，蒋介石担心遭到政治对手的反对，暂时不签订这个条款，只作为一个君子协定。至于其他所有条款则签字。或者，任何条款都不开始，让整个事情停顿下来。蓝普森表示，不能考虑没有第十六条的其他文本。最后双方同意，只要时机到了，就交换整个条约草案的副本。③

6月1日，双方讨论了保留区范围。双方对大上海（包括吴淞）的范围没有异议，但对于天津的范围则有争议。王正廷提出天津保留区只限于"租界、租界延伸区和向南一块覆盖赛马场临近区的足够大的区域"。④ 但蓝普森没有同意。王正廷指示驻英公使与英国外交部交涉，要求英国就此点做进一

---

① M. Lampson（Nanking）to Foreign Office, May 25, 1931, FO371/15460.
② M. Lampson（Nanking）to Foreign Office, May 26, 1931, FO371/15460.
③ M. Lampson（Nanking）to Foreign Office, May 28, 1931, FO371/15460.
④ M. Lampson（Nanking）to Foreign Office, Jun. 2, 1931, FO371/15460.

步让步，但遭到拒绝。①

6月5日，蓝普森将有关期限条款的最新文本提交给王正廷，经过讨论，最后达成协议，即规定条约有效期十年，特别法庭和法律顾问期限五年，任何一方可以在十年期满前12个月提出修约要求。如在此期间未达成协议，则条约期满时终止条约。② 至此，蓝普森认为，签约的时机已经来临。他指出，要么中断谈判，要么达成交换文本来结束谈判，反正自己必须离开南京。他警告王正廷接受这个文本。③ 随即，双方在条约草案上签字。6月6日，双方交换了条约草案。至此，经过两年多的断断续续的磋商，尤其是三个月的集中谈判，中英关于法权问题交涉取得了重要突破，除了保留区一点外，其余均达成一致。

相比中英谈判，1931年的中美谈判没有那么复杂。1931年1月，美国政府已经考虑与中国达成一个协定。为此，美国方面准备做出一定让步，形成一个新的草案，其主要特征是放弃移案权和外籍法官。④ 但是，这个主张遭到英国的反对，认为不能一次性提出这些让步。在英国的压力下，美国国务院态度发生了改变。⑤ 2月7日，美国国务院向中国驻美公使伍朝枢提交了一份备忘录。备忘录没有提及外国联合法官问题，但仍抛弃了移案权。备忘录提及1930年10月28日美国建议案和12月7日中国对案的差异，为了调整这种差异，美国决定进行修改，包括：序言部分，对中国法律的编制、公布与发行，同意按照中国方案安排；准备放弃在华美国法院暂时执行中国法律的建议；管辖权的移交应在批准书交换生效后进行。同时，对美国建议案的第一、三、四、五、七至十七条均有程度不同的修改，当然实质性的变动主要是第四条"愿意放弃关于移案的提议"，其他修改不大。备忘录主张的仍是逐步放弃领事裁判权，反对"目前和近期内完全取消治外法权"。为了维护过去87年依据领事裁判权制度建立的庞大的美国利益，需要一些过

---

① Foreign Office to Sir M. Lampson (Nanking), Jun. 4, 1931, FO371/15460.

② M. Lampson (Nanking) to Foreign Office, Jun. 6, 1931, FO371/15460.

③ M. Lampson (Nanking) to Foreign Office, Jun. 6, 1931, FO371/15461.

④ M. Lampson to Henderson (received Jul. 24), Jun. 8, 1931, FO371/15462.

⑤ Mr. Ray Atherton (United States Embassy) to Sir V. Wellesley, Feb. 11, 1931, FO371/15454.

渡安排。因此，这个方案就是一种过渡性安排。美国国务院希望中国公使认真考虑这个方案，尽可能达成一个共同的讨论基础，以尽早起草条约。①

2 月 20 日，伍朝枢对美国国务院 2 月 7 日的备忘录进行答复，对美国的让步表示赞赏，特别是放弃移案权。伍朝枢重申不能接受联合法官、刑事管辖权保留和保留区，请美国在寻求其他问题继续谈判前，明确对这些主要问题的态度。② 但是，美国希望等待英国谈判的结果，故没有采取进一步的行动。

3 月初，蓝普森刚到南京时，美国驻华公使詹森向其通报了国务院的决定，因为伍朝枢坚持中国方案的所有要点，国务院决定暂时不打算在华盛顿进行进一步的谈判。蓝普森趁机建议美国将谈判转移到南京。詹森认为，有可能这样做。③ 随后詹森将此汇报给国务院。美国国务院虽没有对此做出准备，但表示要给英国公使以精神支持，表明英美是站在一起的。④ 3 月 11日，美国国务院正式通知伍朝枢，在华盛顿的谈判暂停，将授权美国驻华公使直接在南京进行谈判。⑤ 但是，美国驻华公使詹森并没有开始认真谈判。他把国务院的指令理解为"他应该暂时保持在幕后"，密切关注蓝普森的谈判过程。3 月 19 日，詹森将一份备忘录送交王正廷，王正廷表示愿意与美国公使讨论有关法律保障问题，但重申不会对刑事管辖权、外国联合法官和保留区问题进行让步，也不接受通过谈判接受逐步取消领事裁判权的原则。⑥此后，詹森刻意避免与王正廷会面，基本上是躲在后面为蓝普森出谋划策。⑦

由于詹森不积极，南京国民政府决定尝试恢复在华盛顿的谈判。3 月 30日，王正廷告诉詹森，已经将中英谈判结果电告中国驻美公使，指示其与美国国务卿联系，恢复在华盛顿的谈判。詹森将此消息通报给蓝普森，引起其警觉。蓝普森认为，这对英国来说是一个倒退的步骤，存在中国借美国来反

---

① Telegraphic summary of Written Statement handed to the Chinese Minister at Washington on Feb. 7, 1931, FO371/15454.

② M. Lampson to Henderson (received Jul. 24), Jun. 8, 1931, FO371/15462.

③ M. Lampson (Nanking) to Foreign Office, Mar. 2, 1931, FO371/15455.

④ M. Lampson (Nanking) to Foreign Office, Mar. 5, 1931, FO371/15455.

⑤ M. Lampson (Nanking) to Foreign Office, Mar. 13, 1931, FO371/15455.

⑥ M. Lampson to Henderson (received Jul. 24), Jun. 8, 1931, FO371/15462.

⑦ M. Lampson (Nanking) to Foreign Office, Mar. 30, 1931, FO371/15456.

对英方的可能性，希望美国政府不要上当。[①] 应英国的要求，美国决定放弃恢复在华盛顿谈判的想法，授权詹森在南京进行谈判，但詹森表示并不渴求着手谈判，而是"让蓝普森开辟道路"。[②]

4 月初，中英谈判陷入僵局。中美谈判则实际上并没有认真进行。詹森尽力回避王正廷，王正廷也正在努力促使谈判转移到华盛顿，因此没有表现出特别渴望与詹森举行会谈。4 月 8 日，伍朝枢将一份新的草案（中英 3 月 27 日协商的绝大部分条款文本）交给美国国务院，要求谈判。[③] 美国表现不太积极。英美态度令王正廷很恼火，他于 10 日发表谈话，警告列强，如近期不能达目的，将宣布交涉停顿，万不得已时将采取断然手段。这促使英美做出新的让步。4 月底，美国国务院决定将谈判转移到华盛顿。4 月 27 日，美国国务院将一份新条约草案传给了伍朝枢。这个条约草案与英方保持了一致，"它包括了关于内地开放和四个保留区的最初美国条款。"[④] 此时中美谈判争论的焦点主要是三个：保留区、上海范围和期限。美国要求上海、汉口、广州和天津四个保留区，上海范围为五十里地带，期限为十年。但中方除了准备就大上海保留领事裁判权三年外，其余不能让步。关于期限，美国国务院已经考虑最小五年到最大十年之间的任何事情，取决于英美两国在华公使的协商。[⑤] 此后一个月中美谈判一直没有多大进展。

5 月 28 日，反蒋派在广州成立国民政府，与南京国民政府分庭抗礼。伍朝枢属于广州集团的人物，于 6 月 12 日提出辞职，中美在华盛顿的谈判因之停顿。国民政府要求将谈判转移到南京。[⑥] 但美国国务院希望仍在华盛顿完成文本草案，然后发给詹森征求意见。6 月 26 日，詹森通报给英方说，"治外法权谈判将在华盛顿继续，在那里希望达成一个包括所有条款在内的尝试性的协定，除了保留区条款外，那将留待美国公使在南京来处理。"[⑦] 也

---

① M. Lampson（Nanking）to Foreign Office, Mar. 31, 1931, FO371/15456.

② From Foreign Office Memorandum（Sir J. Pratt）, Apr. 2, 1931, FO371/15456.

③ M. Lampson to Henderson（received Jul. 24）, Jun. 8, 1931, FO371/15462.

④ M. Lampson（Nanking）to Foreign Office, Apr. 29, 1931, FO371/15458.

⑤ M. Lampson（Nanking）to Foreign Office, May 6, 1931, FO371/15459.

⑥ 《中美法权交涉决移南京办理，因伍朝枢辞美使职，美公使昨访外王》，《观海》第 1 期，1931 年 6 月，外交，第 4 页。

⑦ M. Lampson（Peking）to Foreign Office, Jun. 28, 1931, FO371/15462.

就是说，中美谈判由詹森与王正廷在南京，及中国驻美使馆与美国国务院在华盛顿同时进行。条约文本的主体在华盛顿达成一致，而主要分歧点即保留区问题则在南京处理。7 月 13 日，中美条约草案基本达成，但第十六条（关于保留区和时限规定）仍未定，需继续磋商。中美条约草案与中英草案大体相同，但也有差异。美国国务院对上海的保留时限未做明确规定，只说原则上保留十年，在九年后的任何时候进行有关领事裁判权的谈判。英国人认为这是一个错误。此外，美国草案没有明确规定天津保留。与上海相比，美国政府不重视天津，甚至建议放弃天津。英国人认为，这是一个很大的错误。①总的来说，美国的想法是，以放弃天津换取上海的无限期保留。而英国政府认为，上海固然重要，天津也很重要，领事裁判权既然不可能无限期保留，蓝普森的方案已经是比较理想的方案了。英国政府一直试图说服美国接受英方方案。7 月 31 日，美国国务院将重新起草的第十六条发给詹森。詹森先与蓝普森沟通，蓝普森赞赏美国政府的改进。但是，他也指出，条文有的地方仍需改进，如关于"条约不适用于大上海地区"这样的措辞会令中国人不快。又比如，关于天津的保留，蓝普森坚决反对讨价还价。②此后，英国政府与美国国务院交涉，试图劝阻美国不要放弃天津。

三、 与挪威、荷兰、法国磋商法权问题进展

除英美外，中国政府还与其他国家展开了法权磋商，如挪威、荷兰等。与这些小国的交涉并不复杂，实际上取决于英美的态度。在获悉英美准备逐步放弃领事裁判权后，挪威、荷兰也表示愿意谈判。3 月，挪威、荷兰驻华代表准备按照比、葡、西、丹、意五国条约提供的路线解决领事裁判权问题，也就是只要其他列强同意取消领事裁判权，他们就无条件取消。③ 4 月23 日，挪威结束了与中国的谈判，交换了《关于在华领事裁判权之换文》。④荷兰方面也采取比较积极的态度。在 1931 年 2 月 18 日的中政会会议上，王

① From Mr. Ray Atherton（United States Embassy to Mr. Orde），Jul. 25, 1931，FO371/15463.
② M. Lampson（Nanking）to Foreign Office，Jul. 31, 1931，FO371/15463.
③ M. Lampson to Henderson（received Jul. 24），Jun. 8, 1931，FO371/15462.
④ 王铁崖编：《中外旧约章汇编》第 3 册，第 846—847 页。

正廷就提到"荷兰新近表示愿单独自动撤销在华之领事裁判权"。[①] 4 月 23 日，荷使欧登科与王正廷签订中荷条约六条，换文一件，正式解决取消领事裁判权问题，只待两国政府批准生效。[②]

在取消在华领事裁判权问题上，"法独冷淡。"[③] 但在英美均同意谈判的情况下，法国政府也在 2 月 24 日提出建议，准备按照英美在 1930 年秋的方案路线提出草案。法国草案没有提及移案权和联合法官的主张，但在保留区问题上增加了云南铁路带。关于轻微的保障措施，条款比较简单而笼统。[④] 3 月底，法使抵达南京。但是，他根本无法进行谈判。[⑤] 按照蓝普森的说法，法方草案只是英方草案的最初版本，所以，法国对中英谈判的进展有点惊慌。[⑥] 在中法谈判中，双方主要争持的焦点是汉口和广州湾问题。汉口租界的保留，在法国公使看来并不是那么重要。但是，在日本政府的劝说下，法国驻日大使向法国政府建议要强硬保留汉口，所以法国驻华公使也没有办法。法国政府对按照威海卫方式解决广州湾问题也不感兴趣。由于汉口法国租界和日本租界、广州湾和旅大的相似性，法国的让步都会对日本形成压力，因此日本极力呼吁法国"不要过分匆忙，而是采取与日本联合阵线"。[⑦] 在这种情况下，中法谈判基本上没有什么进展。

综上所述，到 1931 年 7 月中旬，条约未满期六国，除了巴西，[⑧] 英、美、荷、挪、法五国均与国民政府进行了取消领事裁判权谈判。当然，各国态度不一。除法国态度比较强硬外，其余各国均愿意通过谈判取消领事裁判权。在英、美、荷、挪四国之中，由于国力原因，在中国的压力下，荷兰、

---

① 《政治会议速纪录第 262 次》，1931 年 2 月 18 日，台北中国国民党党史馆藏中央政治会议速纪录，馆藏号：中央 0262。

② 《外交部 1931 年 4 月份工作报告》，1931 年 4 月，王建朗主编：《中华民国时期外交文献汇编（1911—1949）》第 5 卷上，第 366—367 页。

③ 《法权交涉经过》，天津《大公报》1931 年 4 月 28 日，第 1 张第 3 版。

④ M. Lampson（Nanking）to Foreign Office, Mar. 12, 1931, FO371/15455.

⑤ M. Lampson to Henderson（received Jul. 24），Jun. 8, 1931, FO371/15462.

⑥ From Foreign Office Memorandum（Sir J. Pratt），Apr. 2, 1931, FO371/15457.

⑦ Foreign Office to Sir M. Lampson（Peking），Apr. 16, 1931, FO371/15457.

⑧ 4 月底，王正廷表示，巴西公使得到训令即来南京。他对外宣称："巴西已毫无问题，专待巴公使接洽签字。"（《中英法权交涉将完成》，天津《大公报》1931 年 4 月 28 日，第 1 张第 3 版）又称："巴西则前曾一度洽商，其解决之程度，可望与挪、荷二国仿佛。"（《收回法权运动》，《中央周报》第 149 期，1931 年 4 月 13 日，一周大事汇述，第 16 页）

挪威态度较为积极，率先与中国达成了协议。这些国家中，英、美立场是关键。英国虽不愿意立即取消领事裁判权，但在 1931 年谈判中态度还是认真的。中英谈判过程颇为曲折，双方交锋也很明显，谈判几度停顿，但最终还是于 6 月 6 日达成了协议。这相比一年前是一个巨大进步。美国虽然对中国取消领事裁判权采取了比较同情的态度，但为了照顾英国的立场，实现所谓联合阵线，因此在谈判中没有那么积极行动。美国大体上是按照英国方案来谈判的，当然有些方面有较大出入。在中英达成协议后不久，中美也于 7 月中旬初步达成了协议。至此，取消领事裁判权谈判取得了突破性进展。

第四节　法权交涉的夭折

但是，1931 年的法权交涉并未导致列强在华领事裁判权的取消，主要的因素是日本。日本不但阻挠中国取消领事裁判权，而且还发动侵略战争，导致中国局势骤然变化。在这种情况下，英美等国乘机停止了法权谈判，初步达成的协定无法落实，交涉成果猝然夭折。

一、 中日法权交涉失败

在南京国民政府看来，中日通商条约已于 1926 年满期，后虽经展限磋商，至 1928 年 7 月 20 日又届满。1928 年 7 月 19 日，外交部照会日使芳泽谦吉将旧约作废，另订新约。[①] 因此，南京国民政府在法权交涉问题上是把日本归入"旧约已满、新约未订"之国，与英美等国不是一类。1929 年 4 月 27 日，国民政府向条约未满期的英、美、法、荷、巴、挪六国发出照会，要求取消领事裁判权。这个照会并没有送给日本。显然，南京国民政府没有把日本归入上述国家行列。南京国民政府的想法是，先与英美等国谈好，再逼迫日本就范。

日本则坚决拒绝承认中国有权废止旧约，认为中日通商条约继续有效。

---

① 郭廷以编著：《中华民国史事日志》第 2 册，第 371 页。

1928 年 7 月 31 日，日使芳泽答复中国，否认中国有权根据中日《通商行船条约》第二十六条废约。[①] 此后，中日双方围绕是否有权废约问题发生了长时间争持。到 10 月份，双方才真正进行修约交涉。

中日修约交涉过程中，法权交涉也属于磋商内容。但按照修约的顺序，法权问题让位于关税问题。1929 年 4 月，中日就修约问题举行了初步接触，日方主张先议关税自主，中方则主张立即商议领事裁判权。经磋商，结果是先议关税自主，有进展后再议领事裁判权问题。[②] 此后，中日修约交涉主要是就关税问题进行谈判。

当然，取消领事裁判权仍是中日修约的内容之一。1929 年 5 月 2 日，中日举行第一次修约会议。中方提出修约意见书，其中提及领事裁判权问题。[③] 此时日方确立的政策是只讨论修改商约问题，而含有政治性质的事件暂缓置议。对于领事裁判权问题，日本在原则上赞同，但要详加研究。[④] 因此，日本政府对领事裁判权问题的态度"仍是简陋的"。此时日本政府并没有制定最终和明确的计划。其实，它的政策仍是坚持法权会议时的立场。5 月 23 日，日本驻华代表与英美等六国公使团磋商时称，日本政府将坚持要实现法权委员会建议书及其序言中规定的先决条件。[⑤] 5 月 31 日，日本公使就日本政府同意废除领事裁判权提出先决条件：完成法权委员会报告书第二项建议所列举的基本原则，并予以执行；在法院运作、司法行政和警察方面提供必要保证，希望考虑到委员会报告的第一、第二号；根据委员会报告的序言，保证在口岸居住和贸易的自由，以及享有包括土地所有权在内的私人权利。此外，日本政府坚决不同意中国政府单方面宣布废除领事裁判权。[⑥] 在这个阶段，日本的态度是比较强硬的。因此，当时中日双方没有就取消领事裁判权问题进行磋商。

---

① 郭廷以编著：《中华民国史事日志》第 2 册，第 375 页。

② 《中日交涉》，《国闻周报》第 6 卷第 16 期，1929 年 4 月 28 日，一周间国内外大事述评，第 3 页。

③ 《中日宁汉案签字》，《国闻周报》第 6 卷第 17 期，1929 年 5 月 5 日，一周间国内外大事述评，第 3 页。

④ 《一周间外交大事记（五月二十三日至五月二十九日）》，《新纪元周报》第 1 卷第 14 期，1929 年 6 月 3 日，第 32 页。

⑤ Mr. Ingram（Peking）to Foreign Office，May 23，1929，FO371/13912.

⑥ M. Lampson（Nanking，via Peking）to Foreign Office，May 31，1929，FO371/13912.

7 月 2 日，主张对华强硬政策的田中义一内阁下台，继任的民政党的浜口雄幸内阁采取了比较"柔和"的对华政策。新外相币原喜重郎对中国要求废除不平等条约主张"原则上予以同情"，对领事裁判权等问题也较前内阁为进步。[1] 他派遣亲信佐分利为驻华公使，负责修约谈判。这似给中国带来希望，以致王正廷在 8 月份对外表示，"日本对治外法权的态度完全不同于美国和欧洲国家，他毫不怀疑能与日本达成协议。"[2] 此时日本政府的政策是，愿意立即取消在华领事裁判权，条件是获得在满洲（不仅指铁路附属地，而且包括南满洲内地）的长期租地权。但这个条件是中国政府不能同意的。[3] 因此，此时双方无法就此达成一致。而且，11 月 29 日，佐分利自杀，影响了中日修约交涉，此后交涉一度停顿。

1930 年 1 月 11 日，日本政府任命驻沪总领事重光葵为代理驻华公使。重光葵获得的训令是立即进行修订通商条约以及解决中日间各种悬案的谈判。[4] 中日修约得以继续，但此时日方只同意进行关税协定谈判。而日本对于取消领事裁判权态度实际上也发生了变化。2 月 4 日，日本驻英公使给英国政府的一份备忘录指出，日本完全同意其他国家的主张，"即立马无条件取消在华治外法权是不明智的。"他们只原则上表示同意取消对中国司法自由的现有限制，但应采取渐进的步骤。[5] 日本拟定的方案是：中国颁布符合现代法理学概念的法典实施一定时间（指相对较短的时间）后，除特殊性质的有限区域（上海租界和满洲铁路地带）外，日本移交民事管辖权。但这需要一些司法保障措施：现代法院的建立，具有审判权的外籍法官聘用，日本臣民不适用民事拘留原则，仲裁制度应被允许，日本律师和口译员的出庭。此外，移交民事管辖权后，中国应允许日人在中国全境居住和贸易。民事管辖权实施一段时期后（大概一年），移交刑事管辖权，但前提条件是中国司法行政的经验已经证明是令人满意的，而且中国的秩序和进步的正常条件应

---

① 许德珩：《中日关系及其现状》（抗战特刊第一种），中山文化教育馆，1939 年，第 108 页。
② Mr. Ingram (Peking) to Foreign Office, Aug. 26, 1929, FO371/13913.
③ Chinese Chargé d'Affaires (Conversation) to Foreign Office, Oct. 17, 1929, FO371/13913.
④ ［日］重光葵口述，天津市政协编译委员会编译：《重光葵外交回忆录》，第 52 页。
⑤ Memorandum communicated by the Japanese Ambassador, Feb. 4, 1930, FO371/14660.

如同其他文明国家一样获得。在完全放弃领事裁判权的情况下，日本臣民应在互惠的条件下，享有包括不动产权利在内的其他第三国享有的一切权利。①

虽然日本已有了初步方案，但日方此时并不准备讨论这个问题，而是要求先谈判好关税协定。重光葵明确表示法权问题须待关税协定正式成立后才开始谈判。② 而中国政府当然希望一并磋商。1930 年 3 月 29 日，王正廷向日方提出关于废除在华领事裁判权的条约草案，并随后敦促日本政府利用一切可能的机会开始谈判。③ 中方提案包括四点：请日本承认撤废原则；1930 年起，内地日侨受中国法庭裁判；间岛韩民应归中国地方官厅管辖；日本在华租界期满后，所有日侨一律受中国法律保护。④

但是，日本仍持前述立场，要求先谈关税协定。日本政府总体想法是，如果关税谈判能够成功，就授权重光葵按照上述路线进行关于领事裁判权的对话。⑤ 1930 年 5 月 6 日，中日双方达成中日《关税协定》。此后，南京国民政府向日方提起法权交涉，但由于多种原因，日本政府也并没有立即展开法权对话。直至第二年 3 月，中国与英美交涉取得一定进展，日本受到了"孤立"，才决定进行法权磋商。

1931 年 3 月 10 日，重光葵告诉蓝普森，东京已经发来电报，"是开始治外法权谈判的先兆指示。"⑥ 3 月 12 日，重光葵与王正廷举行会谈。重光葵提出日本建议大纲。该大纲事先由日本驻英公使递送给英国政府，希望英日在该问题上合作。⑦ 这个大纲只是日本政府做出的"尝试性步骤"，与 1930 年 2 月 4 日传给英国的备忘录"内容相似"。⑧ 它"只是日本沿着渐进取消路线准备做什么的一个大纲"。"种种迹象表明，如果真的要进行任何认真的谈判，日本提议在谈判中以非常缓慢和谨慎的方式进行谈判。"⑨ 日本政府的想

---

① Foreign Office to H. M's Consul General（Shanghai），Feb. 7, 1930，FO371/14660.

② 王芸生编著：《六十年来中国与日本》第 8 卷，第 204 页。

③ Aide Memoire（from Japanese Ambassador），Mar. 9, 1931，FO371/15455.

④ 王芸生编著：《六十年来中国与日本》第 8 卷，第 205 页。

⑤ M. Lampson（Nanking）to Foreign Office，Feb. 12, 1930，FO371/14660.

⑥ M. Lampson（Nanking）to Foreign Office，Mar. 11, 1931，FO371/15455.

⑦ Outline basis for the relinquishment of the extraterritoriality in China（from Japanese Ambassador），Mar. 9, 1931，FO371/15455.

⑧ Aide memoire（from Japanese Ambassador），Mar. 9, 1931，FO371/15455.

⑨ M. Lampson to Henderson（received Jul. 24），Jun. 8, 1931，FO371/15462.

法是，如果重光葵与中国当局就这个大纲能达成一致，日本政府才准备展开详细谈判。至于具体保障措施，日本也提出了要求。[1]

显然，日本的建议大纲遵循的逻辑仍为渐进原则，是要在中国承认日本人仍享有领事裁判权的前提下进行磋商。这既与中国要求立即废除领事裁判权原则存在根本分歧，也与此前国民政府宣布的"日本人的领事裁判权早已与日本条约一起失效"不一致。[2] 至于日本提出的具体条件，王正廷也认为多不可接受，尤其是日方将取消领事裁判权与日本在中国东北特殊利益挂钩。中方对日本的建议方案不能赞成，主张无条件取消领事裁判权。日本方面认为，中方态度"异常强硬"。[3]

此后，王正廷与重光葵虽仍在商谈，但没有任何进展。如王正廷与重光葵在 3 月 27 日、4 月 1 日两次进行会谈，都无结果。[4] 其实，日本政府对于撤废在华领事裁判权并不愿意。2 月 16 日，日本派遣台湾总督府高等法院推事伴野四郎到中国进行为期两个月的司法状况考察活动，他得出的结论是："现在中国司法制度，虽大部分采自日本，然裁判精神颇感缺欠，倘使领事裁判权果能无条件收回，则居留中国邦人生活将无一得安。"[5] 在这种基调下，日本并不积极与中国展开法权磋商，更多的是在观望中国与英美的谈判结果。到 4 月中旬时，蓝普森评价日本的谈判，"他们根本没有真正尝试谈判，显然宁愿等待中国和其他列强之间讨论的结果，就如 1928 年至 1929 年的关税自主谈判一样。"[6]

4 月 14 日，重光葵得到训令，要求回国述职。至 5 月 2 日，他才返回上海。5 月 6 日，重光葵向王正廷提出日本政府所定法权基础案。[7] 根据此前报刊公布的消息，这个提案内容为：须公布实行各项重要法令，经过相当期间才承认取消民事部分的领事裁判权；撤销民事部分的领事裁判权时，所有

① 孙晓楼、赵颐年编著：《领事裁判权问题》（现代问题丛书），第 270 页。
② M. Lampson to Henderson（received Jul. 24），Jun. 8, 1931, FO371/15462.
③ 辽宁省档案馆编：《九一八事变档案史料精编》，辽宁人民出版社，1991 年，第 187 页。
④ 王芸生编著：《六十年来中国与日本》第 8 卷，第 222—223 页。
⑤ 辽宁省档案馆编：《九一八事变档案史料精编》，第 187 页。
⑥ M. Lampson to Henderson（received Jul. 24），Jun. 8, 1931, FO371/15462.
⑦ 王芸生编著：《六十年来中国与日本》第 8 卷，第 224 页。

租界、租借地、附属地一律除外，同时中国须允许日侨在中国全境自由居住营业的权利；中国法庭须用外国推事；视民事方面成绩如何，而准备取消刑事部分的领事裁判权；刑事部分的领事裁判权取消之日，中国须承认日侨在中国全境与华人同样有购置不动产等的私权；根本的原则是要求最惠国待遇。这些条件显然非常苛刻。[①] 实际上，此阶段国民政府在法权交涉问题也并不以日本为重点。[②]

到六、七月份，中国与英美先后达成协议后，国民政府才再次与日本进行法权交涉。7 月 11 日，王正廷以中国与英国达成的协定为基础，向日方再次提出撤废领事裁判权要求。但日方提出非常苛刻的先决条件：不承认该案含有除奉天、哈尔滨两地外，东北四省应一律与中国本部同时施行关于撤废法权之新协定之意；关于在华各专管租界之法权问题，拟与通商条约改订问题分离，另依政治的协定而谋解决，开始新协定时绝对不承认以交还租界、撤废租界行政权及裁判权为交换条件；满铁及安奉路经营权继续期间，铁路附属地的领事裁判权继续存在；中国确认 1909 年关于间岛之条约及 1915 年签订的《关于南满洲及东部内蒙古之条约》所保留的权利继续存在，亦可为渐进的撤废之交涉。[③] 7 月 19 日，中方提出对案：依收回法权整个计划，不承认有除外；特别法庭可聘外国法官为顾问或谘议，但不能如来文所规定；开放内地自由居住须租界问题及日本在华驻军全撤时才能允许。[④] 显然，中日双方分歧太大，无法谈拢。

不仅如此，在此前后，日本国内反华情绪不断高涨，不利于和平交涉法权问题。[⑤] 此后中日关系趋于恶化。[⑥] 在这种情况下，中日法权交涉也没有解决的可能。"九一八"事变爆发后，中日法权交涉自然无法继续进行。

---

① 《中日法权问题》，《国闻周报》第 8 卷第 17 期，1931 年 5 月 4 日，论评选辑，第 9 页。
② 《法权仍重英美，王正廷昨日谈片》，天津《大公报》1931 年 5 月 15 日，第 1 张第 3 版。
③ 《中日法权交涉》，《国闻周报》第 8 卷第 31 期，1931 年 8 月 10 日，一周间国内外大事述评，第 5 页。
④ 王芸生编著：《六十年来中国与日本》第 8 卷，第 231 页。
⑤ 王芸生编著：《六十年来中国与日本》第 8 卷，第 223 页。
⑥ 王芸生编著：《六十年来中国与日本》第 8 卷，第 237 页。

二、 与英美法权交涉无形停顿

由于日本的侵略政策，导致中国政治局势骤然紧张，不仅中日法权交涉无法进行下去，还牵连了中英、中美法权谈判成果的落实，导致南京国民政府整个法权交涉运动夭折。

中英 6 月 6 日协定草签后，提交给各自政府审核。蓝普森原计划 9 月再前往南京，恢复谈判，以便最终签署条约。但到 7 月份，蓝普森意识到，9 月初恢复谈判的计划不可能，因为"中国的总体政治局势急剧恶化"。① 这种政治局势恶化的主因是日本侵略中国东北，当然也有国民政府内部分裂的影响，主要是广州反蒋势力对南京中央政府权威的挑衅。广州反蒋势力成立了国民政府，它对外宣称"不会承认南京签署的任何东西"。这使英美在最终签署条约时有所顾忌。②

不过，尽管中国政治局势不稳，蓝普森仍希望在 1932 年 1 月 1 日之前能签署条约。英国政府在 10 月份之前也倾向于这种意见。例如，7 月 31 日，蓝普森就英人索伯恩（Thorburn）失踪案请求指示："治外法权问题究竟受满意或不满意的答案影响多远？我要等多久才能平静地等待一个可能无限期延期的答复？"③ 英国外交部于 9 月 30 日就此明确指示："如果可能，我同意最好在今年年底前就治外法权问题与中国政府达成最后协议。虽然应该尽一切努力争取妥善解决索伯恩案，但我不认为这个案子会影响我们在治外法权方面的政策。"外交部指出，不能因为索伯恩案而"试图坚持现存条约权利无限期"。④ 这也坚定了蓝普森的信心，认为 1932 年 1 月 1 日之前应该签署条约。10 月 7 日，蓝普森表示，如果能在 1932 年 1 月 1 日之前达成条约，"我们应该尽一切努力做到这一点。""如果我们愿意，我们就可以批准和执行。"他希望在没有进一步指示的情况下这样做。⑤ 在外交部要求他在没有进

---

① M. Lampson（Peking）to Foreign Office, Jul. 3, 1931, FO371/15463.

② Memorandum on the Extraterritoriality Negotiation with China（from Foreign Office Memorandum）（Sir J. Pratt）, Nov. 9, 1931, FO371/15464.

③ M. Lampson（Peking）to Foreign Office, Sept. 17, 1931, FO371/15463.

④ Foreign Office to Sir M. Lampson（Peking）, Sept. 30, 1931, FO371/15463.

⑤ M. Lampson（Peking）to Foreign Office, Oct. 7, 1931, FO371/15464.

一步指示之前不要行动时，10月下旬，蓝普森仍希望等中国政治局势稳定，如果可能的话，在1932年1月1日之前达成协议。①

当然，反对进一步谈判的因素也在迅速增加。10月1日，在汉口的英国侨民举行会议，要求英国政府放弃取消领事裁判权的进一步谈判。英国商会要求蓝普森转告英国外交部。② 在上海，英国商会和中国协会联合委员会在10月27日形成决议，"暗示中日争端及中国缺乏权威政府"，"并应根据目前悬而未决的情况审查治外法权问题和外国解决办法。"③ 12月16日，英国商会和中国协会联合委员会以及新成立的英国居民协会委员会与蓝普森见面，有人表示希望英现任政府能扭转前任的政策，并提出中国不适合废除领事裁判权。④ 这些意见都被寄往英国外交部。

此时，英国新内阁刚组建不久（8月英国保守党取代工党上台），没有来得及考虑法权交涉问题。10月7日，蓝普森发出电报，提出在没有进一步指示的情况下将根据中国的政治形势发展而采取行动，于1932年1月1日前达成协议。但10月22日，英国外交部官员威尔斯致电蓝普森，称国务大臣没有看其电报，并指示，在没有进一步指示之前不能采取任何行动。⑤ 10月29日，蓝普森依然相信应该趁热打铁，在年底前签字。⑥ 但11月4日，威尔斯再次致电蓝普森称，新内阁成立后，会尽快就领事裁判权条约原则做出决定。在此之前，恐怕即使在中国允许的情况下，也不可能采取任何行动。⑦ 11月26日，蓝普森表示自己即将访问上海，要求外交部就领事裁判权问题给予明确指示。直至12月17日，英国外交部才给予明确指示。新内阁认为，英国政府已经将谈判进行到了尽可能远的程度，"整个问题必须暂时搁置，直到与其他大国的谈判取得类似进展，直到中国似乎有可能履行任何因这种谈判而产生的条约。"⑧ 至此，中英法权交涉停顿，初步达成的协定成果

① M. Lampson（Peking）to Foreign Office, Oct. 21, 1931, FO371/15464.
② M. Lampson（Peking）to Foreign Office, Oct. 4, 1931, FO371/15463.
③ M. Lampson（Peking）to Foreign Office, Nov. 6, 1931, FO371/15464.
④ M. Lampson（Shanghai）to Foreign Office, Dec. 17, 1931, FO371/15465.
⑤ Foreign Office to Sir M. Lampson（Nanking）, Oct. 22, 1931, FO371/15464.
⑥ M. Lampson（Peking）to Foreign Office, Oct. 29, 1931, FO371/15464.
⑦ Foreign Office to Sir M. Lampson（Peking）, Nov. 4, 1931, FO371/15464.
⑧ Foreign Office to Sir M. Lampson（Shanghai）, Dec. 17, 1931, FO371/15465.

无法兑现。

至于中美法权交涉，也面临同样命运。7 月中旬，中美条约草案基本达成，但第十六条仍需要谈判。7 月底，美国国务院重新起草了该条内容传给詹森，指示他与蓝普森交流后再形成新的条款。9 月中旬，詹森接到美国驻南京领事转给他的信函，说国民政府外交部部长希望他即刻动身前往南京，进行治外法权谈判。詹森倾向于前往，但美国国务院希望与英国绝对保持一条战线，即要么同时谈判，要么追随英国。① 此时英国政府的政策不明朗，詹森也就一直在观望之中。② 10 月份，詹森与蓝普森就此问题进行了多次磋商，他们皆倾向于在 1932 年 1 月 1 日之前完成条约的签署。③ 11 月 14 日，蓝普森报告英国外交部，美国公使没有从其政府那里收到训令。④ 12 月下旬，美国国务院明确表示现在谈判无济于事。⑤ 至此，中美法权交涉也无形停顿。

中英、中美法权谈判无法按照既定程序进行。谈判最终没有完成，英、美政府自然不会同意让中国法院管辖其侨民，而另一方面南京国民政府在 1931 年 5 月 4 日已经颁布《管辖在华外国人实施条例》，宣布 1932 年 1 月 1 日实施，这就可能导致冲突。为了解决 5 月 4 日命令带来的单方面取消领事裁判权的风险，英、美政府指令其驻华公使与中国政府交涉。

1931 年 11 月 12 日，蓝普森与南京国民政府外交部代理部长李锦纶会谈，谈及 5 月 4 日命令问题。蓝普森警告，如中国强行实施命令，列强完全能够无视这项命令，立即引起国际纷争。在中国为解决东北问题急需国际联盟支持的情况下，如果中国单方面废止领事裁判权，可能会被拖到国际联盟面前，这会令中国感到尴尬。李锦纶表示，"命令现在不能在 1 月 1 日生效。唯一的问题是如何推迟延期。"蓝普森建议，至少在 1933 年 1 月 1 日之前不能实施命令。⑥ 除了自己向中方施压外，蓝普森还劝说美国、法国驻华公使

---

① M. Lampson（Peking）to Foreign Office, Sept. 17, 1931, FO371/15463.
② M. Lampson（Peking）to Foreign Office, Oct. 5, 1931, FO371/15463.
③ M. Lampson（Peking）to Foreign Office, Oct. 29, 1931, FO371/15464.
④ M. Lampson（Nanking）to Foreign Office, Nov. 14, 1931, FO371/15464.
⑤ From Sir R. Lindsay（Washington）, Dec. 23, 1931, FO371/15465.
⑥ M. Lampson（Nanking）to Foreign Office, Nov. 12, 1931, FO371/15464.

采取同样措施。[①]

12 月 12 日，蓝普森再次与李锦纶谈及 5 月 4 日的命令。李锦纶说，他已经开始和同僚讨论命令实施的困难，他个人赞成推迟，但担心广州集团批评。[②] 12 月 17 日，英国外交部致电蓝普森，要求搁置谈判，同时向中方表示，英国政府倾向于完全无视中国的命令，将毫不犹豫地采取所有可能措施以维护其国民的条约权利。[③] 英国政府也确实为此做了准备。在 15 日的内阁会议上，审议了 1932 年 1 月 1 日以后领事裁判权可能被忽视的情况下允许海军当局采取必要措施维护英国国民条约权利的问题。[④]

除此单独警告中国政府外，英国外交部还指令驻日、美、意、法等国公使，探寻驻在国态度，希望采取合作政策。[⑤] 法、美明确赞成英国的态度。美国国务院远东司司长霍恩贝克还建议，最好的办法是有关主要大国（英美法，不包括日本）立即同时提出同样的强烈抗议。他甚至建议立即起草照会草稿，以便在出现紧急情况时使用。[⑥]

在列强的反对下，12 月 29 日，国民政府发布命令，展缓施行 5 月 4 日颁布的《管辖在华外国人实施条例》。这样，南京国民政府前期取消领事裁判权运动夭折。[⑦]

至此，南京国民政府的收回法权运动告一段落。这一运动归于失败。事实上，在华享有领事裁判权的国家仍有英国、美国、法国、意大利、日本、瑞典、荷兰、挪威、瑞士、比利时、丹麦、葡萄牙、巴西、秘鲁等十四国（巴西因内乱没有领事驻华）。此后，中国收回法权运动基本沉寂。直至 1937 年王宠惠就任外长时提出要特别注重修改不适时的条约及废除不平等条约，给人造成一种印象，即"犹注意于收回法权运动之复活"。[⑧] 是年 2 月，国民党五届三中全会通过中央执行委员覃振等提出的《对于撤废各国在华领事裁

---

① M. Lampson（Nanking）to Foreign Office，Dec. 7, 1931，FO371/15465.

② M. Lampson（Nanking）to Foreign Office，Dec. 12, 1931，FO371/15465.

③ Foreign Office to Sir M. Lampson（Shanghai），Dec. 17, 1931，FO371/15465.

④ Admiralty to Foreign Office，Dec. 15, 1931，FO371/15465.

⑤ Mr. Campbell（Paris），Dec. 23, 1931，FO371/15465.

⑥ R. Lindsay（Washington）to Foreign Office，Dec. 29, 1931，FO371/15465.

⑦ 王世杰、胡庆育编著：《"蒋总统"对中国及世界之贡献：中国不平等条约之废除》，第 247 页。

⑧ 洪道铺：《旧事重提的收回法权问题》，《中外月刊》第 2 卷第 4 期，1937 年 4 月，中国动向，第 16 页。

判权，应由政府向有关各国交涉，早日实施，以维我法权之完整案》，决议由政府向各有关国家交涉。① 由此外交部又开始奉令着手撤废领事裁判权工作。但不久日本全面侵华战争爆发，复活的进程彻底被打断。

综上所述，"七七"事变以前，南京国民政府致力于取消领事裁判权的交涉，取得了重要进展，应予肯定。通过交涉，南京国民政府分别与比、意、丹、葡、西等国缔结了平等新约，获得这些国家有条件承认放弃在华领事裁判权，并使墨西哥主动声明放弃在华领事裁判权。这明显减少了在华享有领事裁判权的国家数量，松动了列强统一战线，在一定程度上减轻了领事裁判权制度对中国的束缚。这些成果的取得，至少在法律上调整了中国与这些国家的司法条约关系，打开了大规模和平调整中外司法条约关系的缺口。随后，南京国民政府与英、美、荷、挪、法、日等国家进行了法权交涉，并一度与挪威、荷兰达成一致，取消其在华领事裁判权，并与英、美达成初步草案，法权交涉取得突破性进展。由于日本帝国主义发动侵华战争，中断了这种进程，根本改善中外司法条约关系的目标未能实现。但是，应该注意的是，南京国民政府前期在改善中外司法条约关系方面的努力及其进展，为抗战后期及战后缔结新约谈判奠定了基础，减少了阻力。

---

① 《撤废各国在华领事裁判权应早日交涉实施案》，1937 年 2 月，台北中国国民党党史馆藏会议纪录，馆藏号：会 5.2/20.16.78。

第四章　取消其他条约特权的努力

"七七"事变以前，南京国民政府不仅试图根本改善中外关税条约关系及司法条约关系，也希望在领土条约关系及其他经济条约关系等方面进行调整。按照外交部部长王正廷的观点，中外不平等条约中最不平等的内容有五点，即关税协定、领事裁判权、租界及租借地、外兵之驻扎、内河航权。[①]其中，租界及租借地、外兵之驻扎属于领土条约关系，内河航权属于经济条约关系，当然也影响领土主权和国防安全。王正廷主张按照轻重缓急，先实现关税自主，再交涉取消领事裁判权，然后办理驻军、租界与租借地、内河航权三项。[②]南京国民政府前期改订新约大体上是按照这个思路进行的。当然，有的特权取消并没有进行磋商阶段，如"各国驻华军队，当于取消领判

---

①《外交力量与废除不平等条约》，1929年1月14日在上海暨南大学的演讲，吴天放编辑：《王正廷近言录》，第46页。

②《王正廷谈外交》，《国闻周报》第6卷第28期，1929年7月21日，一周间国内外大事述评，第4页。

权后交涉撤退"，[①] 而由于取消领事裁判权交涉夭折，撤军交涉也就没有进行；有的则取得了一定成果，部分实现了收回目标，如部分租界与租借地的收回、部分内河航权的收回。不过，总体而言，相比关税自主的实现，这些特权取消成效有限，这些领域的条约关系未能得到根本调整。

第一节　部分租界的收回

租界是被称为"国中之国"的特殊区域，拥有独立的管辖权、自卫权和所谓"战时中立"权，对中国主权、尊严和领土完整构成极大危害。因此，收回租界被视为洗刷民族耻辱的重要标志。在群众运动的激励下，大革命时期，武汉国民政府收回了汉口英租界和九江英租界，成为"革命外交"的典范。随后大革命失败，国民党未能乘胜收回更多租界。南京国民政府成立后，采取外交手段，与列强磋商，收回了部分租界，包括天津比租界、镇江和厦门英租界。这被视为修约外交的重要成果，在一定程度上体现了不平等条约关系的改善。

一、　收回天津比租界交涉

天津比租界成立于 1902 年，是比利时在华唯一专管租界，由工部局临时董事会管理，天津比国领事兼任主席董事。民国北京政府时期，中比就通商条约修订进行交涉，其间涉及天津租界问题。1927 年 1 月 17 日，中比商订新约会议开幕式上，比利时驻华公使华洛思为表示比方诚意，主动宣布愿将天津比国租界交还中国。这一"自愿放弃"举动赢得了当时中国外交总长顾维钧的欢迎。顾维钧表示，中国将尽早指定专门委员会商量接管该租界。随后，顾维钧在 18 日的内阁会议上报告了这一事件。内阁会议决定，由主管各部组织接收天津比租界委员会。外交部决定派天津交涉员庄景珂为委员

---

① 王正廷：《废除不平等条约之真义与今后之努力》，《中央周报》第 71 期，1929 年，论著，第 18 页。

进行筹备。① 随后，顾维钧在新年节宴会上与比使商洽，决定双方各派数量相等委员若干人，组织专门委员会。双方约定在三个月内办理好天津比界移交手续。② 2 月 9 日，北京政府内阁会议通过决议，派张煜全、徐犀、庄景珂为接收天津比租界委员会委员。③ 随即外交部将名单照会比使，请派员担任委员。④ 但是，由于中比新约交涉不顺利，比方食言，比利时希望采取拖延战术，等待新约完成以后再交还天津租界。⑤ 此后，在中方一再催促下，比方才同意开议，但提出先决条件，要求天津租界建设各费 16 万元由中国认偿。因担心各国援例，中方予以拒绝。⑥ 4 月 21 日，双方举行第一次会议，比方正式提出条件，最重要的是：维持界内私产、承认市债。5 月 23 日，双方举行第二次会议，但互不让步，无法达成一致。比方代表表示应请示政府后再谈判。随后由于政局剧变，会议中止。⑦ 这样，交还天津比租界案就搁置起来。

南京国民政府成立后，决定重启天津比租界收回案。1928 年 11 月 21 日，中比商订新约签字时，南京国民政府外交部部长王正廷提出收回比租界，随后得到比利时政府的同意。双方决定各派委员组成交收比租界委员会，协商收回办法。1929 年 1 月，中方派定外交部条约委员会委员李广钊、欧美司帮办朱世全、内政部土地司科长赵光庭、河北省政府法律顾问黄宗法、天津特别市政府参议陈鸿鑫五人为委员，并照会比使。⑧ 2 月 25 日，比代办纪偌穆到沪，与王正廷接洽交还天津比租界事宜。双方商定，预计 3 月中旬实行接收。⑨ 3 月，比方派天津比总领事克森、华比银行经理邦特尔、

　　① 《中比修约举行开幕式，比使表示愿自动交还天津比租界，下次会议定星期一仍在外部举行》，《申报》1927 年 1 月 22 日，第 2 张第 7 版。

　　② 《中比订约发生波折之原因，比政府尚未允撤回海牙提案》，《申报》1927 年 2 月 9 日，第 2 张第 8 版。

　　③ 《使团会议免安问题，易纨士请改去免职字样，安格联不服从免职命令，阁议决定应付办法，日使再抗议二五税》，《申报》1927 年 2 月 9 日，第 1 张第 4 版。

　　④ 《外交杂讯》，《申报》1927 年 2 月 15 日，第 2 张第 6 版。

　　⑤ 《比租界收回无期，比使馆委员尚未发表》，天津《益世报》1927 年 2 月 22 日，第 3 张第 11 版。

　　⑥ 《修约与接收津租界》，《申报》1927 年 3 月 22 日，第 2 张第 5 版。

　　⑦ 王世泽：《收回天津比租界之前前后后》，《中外评论》第 28 期（独立第 4 期），1929 年 9 月 10 日，短评，第 10 页。

　　⑧ 《接收津比租界交涉，双方委员均已派定》，《申报》1929 年 1 月 27 日，第 2 张第 7 版。该消息中将黄宗法错印成"黄宗宪"。

　　⑨ 《纪偌穆谒王正廷，津比租界将实行交还中国》，《申报》1929 年 2 月 26 日，第 4 张第 13 版。

比代办纪偌穆为委员。但随后比领事易人，以及比方要求按照 1927 年谈判条件进行遭到中方拒绝，此事暂时搁置。①

5 月 12 日，王正廷在上海接见比利时驻华使馆代办纪偌穆，商量收回天津比租界一事。② 经过此次催促，双方约定 6 月 8 日正式在天津举行接收会议。中方委员除外交部委员改派条约委员会副委员长凌冰、委员周纬外，其余不变。③ 后因纪偌穆行程安排，约定 17 日开议。

在开议前，中比双方均有各自主张。比方"要求甚奢"，主要是要求租界建设费（码头、电气设备等）由中方偿还，实际上是继续坚持在北京政府时期谈判的要求。中方则确定接收的几个原则：收回租界内行政权；无条件收回租界内公产，如一百余亩之公地、码头及一切电气等公共设备；私产及私有物保持原状。④

6 月 17 日，中比交收天津比租界会议在天津租界举行第一次会议。中方出席人员为凌冰、周纬、赵光庭、陈鸿鑫、黄宗法，比方人员为代办纪偌穆、领事范那爱（凡拉爱）、华比银行总理曼敦。凌冰在致辞中希望开诚布公，早日完成交接。这得到纪偌穆响应。此次会议仅为交换意见，比方将交还条件提出，由凌冰电请外交部训示。⑤ 比方提出的条件主要是两项：租界交还后所有界内私产照旧维持，比租界为修筑公共建筑所借的九万余两应由中方偿还。⑥ 但中方只答应维持合法私产，对于应如愿换领租契并依照中国法律缴纳税捐者可准其继续永租，至于市债与公产同时接收，须在查验市债性质后再讨论。⑦

自 6 月 17 日至 8 月 23 日，中比先后举行八次正式会议。6 月 20 日，举行第二次会议，中方提出接收条件：经理租界公司所拥有的合法私产及让与

① 《比使邀宴王外长，收回津比租界大致已谈妥》，《申报》1929 年 3 月 25 日，第 4 张第 13 版。
② 《王外长重要谈话，昨今两日接见外宾，决定今晚夜车返京》，《申报》1929 年 5 月 12 日，第 4 张第 13 版。
③ 《接收津比租界将开会议，委员长凌冰抵津后之谈话》，《申报》1929 年 6 月 4 日，第 3 张第 9 版。
④ 《凌冰昨谈接收比租界》，天津《益世报》1929 年 6 月 15 日，第 3 张第 10 版。
⑤ 《接收津比租界第一次会议之略况，比方出示交还条件，凌冰已电外部请示》，《申报》1929 年 6 月 19 日，第 2 张第 6 版。
⑥ 《接收天津比租界纪要》，《新纪元周报》第 1 卷第 30 期，1929 年 10 月 6 日，第 10 页。
⑦ 王世杰、胡庆育编著：《"蒋总统"对中国及世界之贡献：中国不平等条约之废除》，第 218 页。

私人的地产不会被没收，但因代理比政府经营该租界而取得的私产或其他权利应无条件让与中国；市债可予考虑，界内公产无条件移交。比方坚持该公司所有产业均合法，但界内约两百亩土地为公司私产，可劝公司无偿交还。该公司未售地亩也可照纳手续费换领永租执照，嗣后依中国法律缴纳税捐。至于市债，则坚持与公产同时移交。①

第二次会议后，6月30日发生天津电车工人与厂内职员的冲突事件，致使比方态度突然强硬。此事虽由法院按照普通刑事案件解决，比方也随后谅解，但会议仍停顿了十余日。② 7月12日，第三次会议举行。此次会议继续讨论以前两方提出的意见，进展极为顺利。会后双方各自报告本国政府，等待训令。③ 7月16日，举行第四次会议。比公司同意未售地换领永租契，但比方提出在中国普通地税未公布之前，现行税捐不得增加。中方同意。双方争论焦点在于市债问题。此后几次会议，双方主要讨论的就是市债问题。比方提议，由比公司让出九亩半地，由中方出银九万五千两购买，实为偿还市债，由此打破僵局。中方提出，让地价值必须与市债额相当，或增加亩数，或减少债额。比方不同意。最后中方妥协接受，由天津市政府担保，六个月内还清。④ 8月10日，举行第七次会议。比方提出约稿对案，其中第十条要求我政府尊重并令人民尊重所有中比间一切公私契约合同。经激烈争论，最终比方让步。8月23日，第八次会议举行，基本议妥草约，随后各电本国政府请训。⑤ 8月30日，比使华洛思与王正廷在上海会晤，对双方委员议定收回天津租界协定完全同意，决定各自训令委员正式签字。⑥

8月31日，中比两国《关于比国交还天津比国租界协定》正式签字。中方派凌冰、黄宗法、陈鸿鑫、赵光庭四人为全权代表，比方派纪偌穆为全权

① 王世杰、胡庆育编著：《"蒋总统"对中国及世界之贡献：中国不平等条约之废除》，第218页。
② 《接收天津比租界继续进行，已开三次会议，本月底当可竣事》，《申报》1929年7月17日，第3张第9版。
③ 《接收比租界委员会昨开第三次会》，天津《益世报》1929年7月13日，第3张第10版。
④ 王世杰、胡庆育编著：《"蒋总统"对中国及世界之贡献：中国不平等条约之废除》，第218—219页。
⑤ 《津比租界实行交还为期尚远，须待比国会通过》，《申报》1929年8月25日，第3张第9版。
⑥ 《接收津比租界，外王与比使对协定完全同意，各电本国委员，今日在津签字，二人并发宣言声明经过》，天津《益世报》1929年8月31日，第1张第3版。

代表，举行接收比租界委员会议闭幕式。① 该协定共八条，除规定将比国天津租界"无偿交还"中国，原租界专约及合同失效外，主要涉及如何交还，包括：撤销工部局，其有关案卷移交给中国；租界完全受中国法律、章程支配、保护，并照缴一切中国现行税捐；租界公产、地亩、工部局资产等交给中国；更改专办天津比国租界公司之名义及章程，并适用协定第六条；比国领事馆所发租界内私人地产契据和凭单更换为中国官厅所发的永租凭单。② 此外，还包括换文、声明书共四件。10 月 30 日，外交部将协定送呈行政院，请转呈国民政府批准。③ 11 月 7 日，国民政府以府令批准协定。④ 但是，比利时直至 1931 年才批准该协定。1931 年 1 月 15 日，外交部部长王正廷、护理天津市市长臧启芳与比利时驻天津总领事、驻华使馆人员等举行交收典礼，悬旗庆祝。⑤ 3 月，天津市政府将比租界改为特别第四区，由特别第三区署兼管。⑥ 至此，天津比租界成为历史。

天津比租界是南京国民政府第一次通过外交手段收回租界，故对此次交收颇为满意。协定签字后，王正廷"以此次收回天津比租界，实为收回租界之第一声"，专门设宴款待过京的比使华洛思。⑦ 上海国民外交协进会也发表通电，表示满意，高度评价该协定"实为收回租界之第一章"。⑧ 当然，也有舆论批评此次协定。⑨

其实，此次比利时之所以同意交还租界，一是比租界系不平等特权，妨害中国主权，继续保留，势必引起中国人的反感。在中比新约签订情况下，比利时保留租界得不偿失，主动交还反而有利于提升比利时在中国的形象；

---

① 《天津比租界接收协定已签字，条文俟两国约定后始正式公布，比方先移交租界，我方随后偿款》，《申报》1929 年 9 月 5 日，第 3 张第 11 版。

② 王铁崖编：《中外旧约章汇编》第 3 册，第 711—712 页。

③ 《外交部为请转呈国民政府批准关于比国交还天津租界协定等事呈行政院》，1929 年 10 月 30 日，天津档案局、南开大学分校档案系编：《天津租界档案选编》，天津人民出版社，1992 年，第 490 页。

④ 《比租界协定，国府已下令批准》，天津《大公报》1929 年 11 月 8 日，第 1 张第 3 版。

⑤ 芸生：《天津比国租界接收记》，《国闻周报》第 8 卷第 4 期，1931 年 1 月 19 日，第 6 页。

⑥ 《市政府为将比租界定名为特别四区并归特别三区兼管事训令土地局》，1931 年 3 月 11 日，天津档案局、南开大学分校档案系编：《天津租界档案选编》，第 491—492 页。

⑦ 《比公使今晚北上，王外长明晚欢宴》，《申报》1929 年 9 月 5 日，第 4 张第 13 版。

⑧ 《外交协进会注意收回比租界，对比政府应表示友谊》，《申报》1929 年 9 月 1 日，第 5 张第 17 版。

⑨ 《外报批评中比协定》，《兴华》第 26 卷第 35 期，1929 年 8 月 11 日，第 38 页。

二是保留天津比租界对比利时益处不大。"且比租界，迄今犹系一片荒地，每年收入，不足抵开销，故亦乐得交还，藉为取得杂居内地之一种代价。"[①] 当然，中国收回天津比租界对中国主权恢复确实具有重要象征意义。

在与比利时交涉收回天津租界的同时，南京国民政府还与英国驻华公使交涉，收回镇江、厦门租界，并最终实现了收回目标。

二、 收回镇江英租界交涉

镇江英租界正式开辟于 1861 年。该租界在大革命后期事实上已经名存实亡，南京国民政府收回该租界只是完成了一道外交手续而已。在国民大革命浪潮下，1927 年 3 月 15 日，汉口、九江民众收回了两处英租界，也鼓舞了镇江民众。1927 年 3 月 23 日，国民革命军抵达镇江，市民计划第二天举行庆祝大游行。"当时民众感于民族主义，群情愤愤，租界治安，岌岌可危。"[②] 慑于革命形势的发展，英国驻镇江领事担心出现大规模民众反租界斗争，于是决定采取主动。24 日，英领事怀雅特致镇江交涉署，声明将全部撤销租界内巡捕岗位，交由地方警察厅维持治安。随即，镇江交涉署交涉员贾士毅会同镇江商埠警察厅厅长、丹徒县知事、商会会长等接管了租界的警察权。6 月 18 日，镇江市公安局将租界内的第五区署改为特别区署。至此，镇江英租界警察权被收回。当然，其他市政等问题并没有解决。5 月 20 日，镇江英领事奉令暂时撤退，临行前向中方表示愿意交还租界，且称租界范围狭小，洋商无多，没有多少重大问题需要磋商，只不过租界内外商合股经营的电灯、自来水价值约 6 万元，将来最好由华商估价收回。至于界内公家财产，可等待两国政府妥议办法处置。这样，镇江英租界"事实上已属收回"。[③]

为了彻底解决镇江英租界的法律地位及具体处置租界内公私产业等问题，南京国民政府外交部决定启动收回镇江英租界的谈判。收回镇江英租界

---

① 《凌冰昨谈接收比租界》，天津《益世报》1929 年 6 月 15 日，第 3 张第 10 版。
② 《镇江租界收回之经过》，《申报》1929 年 11 月 14 日，第 2 张第 8 版。
③ 李迪俊：《镇江英租界接收之前后》，1929 年 11 月 21 日，王建朗主编：《中华民国时期外交文献汇编（1911—1949）》第 5 卷下，第 773 页。

谈判分为两步：第一步由镇江交涉员与英国驻镇江领事进行，第二步由外交部直接与驻华英使进行。

1929 年 3 月 8 日，镇江交涉员戴德抚致电外交部称，英国领事根卓之 (George Alexander Combe，又音译为柯姆伯) "谓如中国政府能代将工部局各项债务理涉清楚，不致亏耗，保护侨民居住安全，英国政府当可将镇江租界交还"。① 3 月 20 日，外交部训令镇江交涉员向驻镇江英国领事试谈。② 当时，英方提出四项条件：清理工部局所负债务，赔偿国民党军队抵达镇江时英人所受损失，界内英人产业给予永租权，码头停泊船只及运货经过江岸的权利允许各公司继续享有。③ 镇江交涉员将此转报外交部。

关于第一点，镇江英领事提议，将租界内电灯、自来水厂出售，作为清理债务。4 月 20 日，该两厂由镇江商会以 5 万元的价格购买，作为债务清理款。④ 所以，这一点不成问题。第二点，外交部主张另案解决。第三、四点，外交部要求先研究中英两方从前所订租地合同，分别公私产业，再作决定。外交部研究后认为，该处英人产业系其既得权利，仍应维持，因为中英没有订立新约。但英人所租地亩须由中国政府换给永租地契，每年向中国主管机关预纳地租，以重主权。至于运货经过江岸与泊船的权利，关系较小，也可允许其继续享受。⑤ 换言之，中方对英方提出的要求，除了第二项外，原则上予以认可。但具体细节，需要继续磋商。外交部指示戴德抚继续交涉。

关于第二项，英方同意另案解决。关于第三项，双方在永租权问题上"争持甚烈"。英人虽同意放弃租界行政权，但要求继续保留地亩永租权，理由是英国从中国获得租地时曾支付了永租地价。中方提出，永租要附期限，期满作废，或者期满可以续租，但租金由中国政府随时酌定。英方不接受，

① 李迪俊：《镇江英租界接收之前后》，1929 年 11 月 21 日，王建朗主编：《中华民国时期外交文献汇编 (1911—1949)》第 5 卷下，第 774 页。

② 《外交部派员就镇江英租界案与英方展开谈判》，1929 年，王建朗主编：《中华民国时期外交文献汇编 (1911—1949)》第 5 卷下，第 759 页。

③ 《外交部致行政院呈文》，1929 年 11 月 5 日，王建朗主编：《中华民国时期外交文献汇编 (1911—1949)》第 5 卷下，第 765 页。

④ 李迪俊：《镇江英租界接收之前后》，1929 年 11 月 21 日，王建朗主编：《中华民国时期外交文献汇编 (1911—1949)》第 5 卷下，第 774 页。

⑤ 《外交部致行政院呈文》，1929 年 11 月 5 日，王建朗主编：《中华民国时期外交文献汇编 (1911—1949)》第 5 卷下，第 765 页。

只愿在地契内载明"计年租每亩一千五百文，将来税则及租金如有变更，悉照该华人应纳租金及一切税项办理"。双方颇有争持，最后议定由英国声明1861所订永租批约及续约作废，英人地产另由中国政府换给永租地契，每亩缴纳登记费一元，并每年预纳地租；在国民政府对于土地征税新法未颁布以前，及该项征税新法在镇江区域未实施以前，其应纳年租暂照现在征收数目征收。这样，就将"年租"字样改去，缴纳的地租及地税大致与漕粮相同（每亩大洋一元）。另外将永租契的英文名由"Title Deed"改为"Deed For Perpetual Lease"。关于第四项，中方最初也提出条件，后因关系较小而允许各公司继续享受。① 这样，经过半年，除第二项外，大体磋商就绪。

　　至于赔偿等问题，因存在分歧，由外交部部长王正廷直接出面磋商。英方则由驻华公使蓝普森出面，实际由其代表艾武陵（A. F. Aveling，又译爱斐林）负责。关于赔偿问题，英方提出私人及团体损失 7.6 万元要如数赔偿，并按照九江英租界案前例，坚持交还镇江英租界案与赔偿损失案须同时解决。经过商讨，英方答应将赔偿总额减少为 6.8 万元。中方要求以此为最高赔偿数，由中英各派一人会同调查实际损失，按照实际赔付，有余则退还，但不敷不再增加。这得到英方同意。② 8 月 29 日，蓝普森向英国外交部报告，根据艾武陵的报告，好像很快就可以与外交部部长达成包括永久租赁的中文契约、赔偿问题等在内的协议。除了土地税率未解决外，剩下的手续就是交换照会，解决英文契约与中文租赁契约，交换收回租界，取消 1861 年租赁契约，废除 1925 年英王法规第二条。③ 蓝普森当时就拟定了照会内容。④ 9 月 3 日，镇江英租界领事署解散，镇江侨务事宜由南京总领事署兼办。⑤ 这说明英方已做好签字准备。9 月 24 日，蓝普森报告，已就中文永久

---

　　① 李迪俊：《镇江英租界接收之前后》，1929 年 11 月 21 日，王建朗主编：《中华民国时期外交文献汇编（1911—1949）》第 5 卷下，第 775 页。
　　② 《外交部致行政院呈文》，1929 年 11 月 5 日，王建朗主编：《中华民国时期外交文献汇编（1911—1949）》第 5 卷下，第 765 页。
　　③ 《蓝普森致汉德森电》，1929 年 8 月 29 日，王建朗主编：《中华民国时期外交文献汇编（1911—1949）》第 5 卷下，第 760 页。
　　④ 《蓝普森致汉德森电》，1929 年 8 月 29 日，王建朗主编：《中华民国时期外交文献汇编（1911—1949）》第 5 卷下，第 760—761 页。
　　⑤ 《镇江快信》，《申报》1929 年 9 月 4 日，第 3 张第 11 版。

租赁契约的形式达成共识。他请求英国外交部授权签约。① 这说明此时谈判已经进行到最后阶段。

1929 年 10 月 31 日，王正廷与蓝普森代表中英政府交换照会，正式达成协定。②

至于赔款，11 月 5 日，外交部呈请行政院，由财政部拨款 6.8 万元，在接收租界前转交中英委员核实分配。③ 11 月 9 日，王正廷就解决赔偿英人损失问题照会蓝普森。蓝普森复照表示同意。11 月 11 日，行政院通知外交部，已通知财政部拨付赔款。④ 随后，外交部委派戴德抚为调查损失委员，与英方委员共同调查。最终，经调查后中方赔偿 67796 元。16 日，赔款签发付出，由各地英领事代收并转发收款人。至此，赔款问题解决。⑤

11 月 15 日，镇江英租界接收委员戴德抚与镇江县县长前往租界，将市政机关的官产、官物、档卷、契据等件逐一接收，交由镇江县县长妥慎保管。⑥ 同日，中英双方在镇江旧领事署举行交还租界仪式。外交部部长王正廷、欧美司司长徐谟、特派接收员戴德抚，英国公使代表艾武陵、英国驻南京总领事许立德（W. M. Hewlett）及当地各界人士共同参加。⑦ "从此工部局名义及英领署国旗完全撤除，土地所有权物归原主。"⑧ 典礼的举行，标志着镇江英租界正式成为历史。

关于这次收回镇江英租界的意义，外交部官员李迪俊指出，事虽小，意义却深。他认为有三点值得注意：第一，证明英国改变了传统对华政策；第二，几为无条件交还；第三，采取纯外交方式，且收回之后完全为中国土

---

① 《蓝普森致汉德森电》，1929 年 9 月 24 日，王建朗主编：《中华民国时期外交文献汇编（1911—1949）》第 5 卷下，第 761 页。

② 《关于收回镇江英租界来往照会》，《外交部公报》第 3 卷第 3 期，1930 年 7 月，专载，第 90—91 页。

③ 《外交部致行政院呈文》，1929 年 11 月 5 日，王建朗主编：《中华民国时期外交文献汇编（1911—1949）》第 5 卷下，第 766 页。

④ 《外交部致行政院呈文》，1929 年 11 月 16 日，王建朗主编：《中华民国时期外交文献汇编（1911—1949）》第 5 卷下，第 766—767 页。

⑤ 《外交部致行政院呈文》，1929 年 12 月 31 日，王建朗主编：《中华民国时期外交文献汇编（1911—1949）》第 5 卷下，第 768 页。

⑥ 《外交部致行政院呈文》，1930 年 3 月 19 日，王建朗主编：《中华民国时期外交文献汇编（1911—1949）》第 5 卷下，第 769 页。

⑦ 《镇江英租界接收详情》，《申报》1929 年 11 月 17 日，第 3 张第 10 版。

⑧ 《镇江租界收回之经过》，《申报》1929 年 11 月 14 日，第 2 张第 8 版。

地，没有附加条件。"凡此种种，皆吾国外交上之胜利，而可为来年收回一切外国在华租界之取法也。"①

当然，我们应该看到，镇江英租界得以收回，固然与南京国民政府修约外交"成功"有关，但实际上是英国政府鉴于中国革命的发展主动交还。时人评论认为："英人鉴于吾国国民革命后之新局面，觉其传统对华政策，有改变之必要；且镇江英租界蕞尔小地，自津浦路筑成后，昔日运河商务，多转趋南京，亦无发展之可能，遂不惜自动放弃，以博吾国好感。"②

镇江英租界收回鼓舞了中国人民。例如，上海租界纳税华人会致电国民政府、行政院、外交部表示祝贺，并希望"再接再厉，迅将一切外人在华租界，次第收回，完整我国领土主权，洗尽我国次殖民地位之耻辱，以完成国民革命"。③ 外交部也信心满满地表示："此次收回镇江英租界，不过为收回其余租界之先声。"④ 外交部对 1929 年先后收回天津比租界、镇江英租界表示满意，外交部还派员至天津、牛庄、厦门、广州等处调查各租界章程，为将来收回租界准备材料。⑤ 这说明外交部希望能收回更多租界。

三、 收回厦门英租界交涉

厦门英租界比镇江英租界还小，且"日就荒废"，英国政府认为留此"废地"，"无裨实际，徒留华人不良印象，殊非善计"，加之厦门英租界事实上已经名存实亡，因此决定也交还给中国。⑥ 南京国民政府由此又得以收回一处租界。

厦门英租界源于 1842 年中英《南京条约》。1844 年，厦门地方官与英国领事划定厦门水操台及南校场为英商租地，但未经营。1852 年，英国领事要求另外划定厦门海后岛美路头起至新路头止作为租地，得到允许，自是正式

① 李迪俊：《镇江英租界接收之前后》，1929 年 11 月 21 日，王建朗主编：《中华民国时期外交文献汇编（1911—1949）》第 5 卷下，第 776—777 页。
② 李迪俊：《镇江英租界接收之前后》，1929 年 11 月 21 日，王建朗主编：《中华民国时期外交文献汇编（1911—1949）》第 5 卷下，第 772 页。
③ 《纳税华人会电贺收回镇江租界，并请实行撤销领判权》，《申报》1929 年 11 月 13 日，第 4 张第 13 版。
④ 《外部进行废止领判权，复纳税会马电》，《申报》1929 年 11 月 26 日，第 4 张第 13 版。
⑤ 《外交部招待新闻界，张我华主席报告四事》，《申报》1929 年 11 月 16 日，第 3 张第 9 版。
⑥ 《英国交还厦门租界》，《申报》1930 年 5 月 25 日，第 3 张第 10 版。

开辟厦门英租界。① 该租界设董事会作为市政议决机关。1877 年，英领未经中国同意擅设工部局，有巡捕长一人，巡捕数人，不过中国官厅未予承认。1925 年上海"五卅"惨案发生后，厦门出现反英浪潮。厦门英领事许立德担心租界巡捕无力保护洋商，连夜要求中国当局切实保护，厦门交涉员与漳厦海军警备司令乘机要求英领事将工部局撤销，作为保护洋商的条件。厦门英领事被迫同意。从此，厦门英租界工部局撤销，界内公安、交通、卫生等事完全由中国警察管理。② 不过租界名义仍未取消，其界内地亩的转移及营业仍使用英国所发的皇家契据。③

　　1929 年 6 月，南京国民政府向英方提出收回要求，但没有结果。1930 年 5 月 19 日，福建省政府向外交部报告，据思明县政府报告，英国驻厦门领事卓乃斯（P. Grant Jones）奉驻华公使训令，致函漳厦海军警备总司令林国赓，表示愿意交还厦门租界，且可取最简易手续。英领事还提出更换租契办法，即将英国官厅所发租契注销，免费换给中国官厅所发契据，惟各户仍须按旧率缴纳地租。这里的"照旧"是指 1852 年换文所载办法。漳厦海军警备总司令认为，英国无条件交还厦门租界确系诚意交还，自应立即接收，要求思明县县长接洽办理。④ 思明县县长杨廷枢当即函请英国领事，接洽租契换发事宜。该项工作基本按照镇江英租界交还办法，但也有不同：一是免费换契。镇江英租界换给租契每亩需要缴纳一元登记费，而厦门英租界存有公款八九百元，以此抵充登记费，故厦门租界租契登记免费。二是换契按照厦门习惯办法，即"向由思明县颁发同样契据三分，一分给承租人，其余分存领馆、县署。此契习惯上名曰'会印'，其契纸背面附英译文，并于译文后加英领馆登记讫字样"。⑤ 但是，外交部得到报告后，认为英领事提出的办

---

　　① 《英国驻厦总理本国通商管事府致福建兴泉永兵备道照会》，1852 年 2 月 9 日；《福建兴泉永兵备道复英国驻厦总理本国通商管事府照会》，1852 年，厦门档案资料丛书编委会编：《近代厦门涉外档案史料》，厦门大学出版社，1997 年，第 193—195 页。

　　② 《思明县政府关于调查厦门英、日租界情形致外交部呈》，1930 年 4 月，厦门档案资料丛书编委会编：《近代厦门涉外档案史料》，第 197—198 页。

　　③ 《外交部致行政院呈文》，1930 年 9 月 23 日，王建朗主编：《中华民国时期外交文献汇编（1911—1949）》第 5 卷下，第 812 页。

　　④ 《英国交还厦门租界》，《申报》1930 年 5 月 25 日，第 3 张第 10 版。

　　⑤ 方文政：《租界与租借地之收回》，《时事年刊》第 1 期，1931 年，第 196 页。

法不甚妥善，遂决定派视察专员陶履谦为接收厦门英国租界专员，前往厦门，与英领事接洽办理。[①] 外交部所订方案为：废止旧契标注英领馆登记讫字样，及领馆分存一份办法；外侨持有的旧契应由中国换给永租契，每亩缴纳登记费一元，中国人民持有的旧契，由中国政府另行换给适宜契据；全国土地征税法在厦门区域实施以前，年租数目暂行照旧办理；自中国永租地契交给英领事之日起，厦门英租界即行取消。[②]

8月，外交部加派刁敏谦赴厦门调查。9月初，英国驻华公使蓝普森抵达南京，就中英悬案进行交涉。王正廷与蓝普森就厦门英租界交还办法进行最后晤谈，遂决定仿照收回镇江英租界办法，以照会方式进行，不另订条约。随后双方就照会内容进行磋商。9月17日，双方互换照会，中国政府正式收回厦门英租界。[③] 随后，外交部制定外国人民永租契式发给思明县政府办理，至于给中国人民的地契由思明县政府自行拟具格式。[④] 12月30日，思明县政府报告外交部，换契事宜办完。"至此厦门英租界之收回非但法律上完全确定，即接收手续亦完全办妥矣。"[⑤]

四、 收回其他租界的筹备

除收回上述三处租界外，当时还有上海公共租界、上海法租界、营口英租界和日租界、奉天日租界、安东日租界、烟台公共租界、福州日租界、厦门鼓浪屿公共租界、厦门日租界、汉口法租界和日租界、沙面英租界和法租界、杭州日租界、苏州日租界、沙市日租界、重庆日租界及天津英租界、法租界、日租界、意租界等尚未收回。[⑥] 对于这些租界，南京国民政府也筹备继续收回，有的甚至进入实质提议阶段。例如，天津英租界，"英人曾表示

① 《中英商洽收回厦门租界》，《申报》1930年5月23日，第2张第6版。
② 方文政：《租界与租借地之收回》，《时事年刊》第1期，1931年，第196页。
③ 《关于解决厦门英租界土地产权问题来往照会》，《外交部公报》第3卷第6期，1930年10月，第135—137页。
④ 《外交部致行政院呈文》，1930年11月22日，王建朗主编：《中华民国时期外交文献汇编（1911—1949）》第5卷下，第813页。
⑤ 方文政：《租界与租借地之收回》，《时事年刊》第1期，1931年，第196页。
⑥ 李迪俊：《镇江英租界接收之前后》，1929年11月21日，王建朗主编：《中华民国时期外交文献汇编（1911—1949）》第5卷下，第777—778页。

至相当时机，可以交还。"外交部也在筹议收回步骤。① 汉口日、法租界也在1930 年提议收回。其中，汉口日、法租界收回进入交涉阶段。

南京国民政府根据国民党三届四中全会决议积极进行收回汉口法、日两租界交涉，并表示将陆续收回苏州、杭州、沙市、重庆四地的日本租界。② 1930 年 11 月 23 日，外交部部长王正廷照会法国驻华公使韦礼德、日本驻华代办重光葵，提出无条件收回汉口法、日租界。两国对此反应不一。重光葵将照会内容电告日本外务省，外务省研究后电令重光葵于 12 月 4 日答复王正廷，但只提及已经收到照会，没有表态。不过外务省训令重光葵全权办理此事，重光葵电令驻汉口日领事调查汉口租界现状。法国政府收到照会后，于 11 月 30 日致电法使，表示可以考虑中国提议，同时训令法使与王正廷交换意见。③ 但事实上法国仍属口惠，实际交还无从预测。④ 此后，外交部多次催促法、日进行磋商，但法、日多推诿。不过，在"九一八"事变前，南京国民政府一直未放弃收回租界交涉。1931 年 8 月 7 日，外交部情报司科长鲍静安在中央广播电台报告最近外交形势时仍将收回租界租借地作为重要工作。⑤ 但是，这些工作因为"九一八"事变的突然爆发而被打断，收回租界行动无形停顿。

总的来说，南京国民政府发起了一系列收回租界的交涉，并成功收回了天津比租界、镇江和厦门英租界。这种外交努力值得肯定。由于租界是中国半殖民地化的重要象征，成功收回租界也具有重要的象征意义。但是，也应该看到，这三处租界都是大革命时期"事实上"已经收回，南京国民政府只不过完成最后的法律手续而已。而且，这三处租界面积都不大，实际经营困难，对租界专管国已经没有多大实际价值了，租界专管国"主动"交还租界只是为了博取中国人民的好感，以获得更大"收益"。因此，收回这些租界

① 《津英租界交还问题》，《申报》1929 年 3 月 14 日，第 2 张第 8 版。
② 《收回汉口法日租界，苏杭沙市重庆四处亦将收回》，《兴华》第 27 卷第 47 期，1930 年 12 月 10 日，第 41 页。
③ 鲍静安：《一月来之外交：(三)收回汉口日法租界及广州湾租借地之提议》，《时事月报》第 4 卷第 1 期，1931 年 1 月，第 13—14 页。
④ 《收回汉口法日租界》，《时时周报》第 1 卷第 5 期，1930 年 12 月 3 日，第 78 页。
⑤ 《外部报告最近外交》，《申报》1931 年 8 月 8 日，第 3 张第 9 版。

的实际外交"成果"没有南京国民政府宣传的那么大。还应看到，南京国民政府前期收回租界运动未取得预计效果，绝大部分租界未能收回。

第二节　交还租借地的交涉

与租界不同，租借地是列强通过不平等条约强迫中国将一部分领土出租给承租国有期限使用并暂时治理，形成了明确的租借条约关系，是一种典型的领土主权限制形式，体现的是治理权暂时移转的领土条约关系。列强强租中国沿海港湾作为军事基地，损害中国主权和领土完整的程度远远超过租界，危害极大。收回租借地就必须与承租国磋商废除原有租借条约，缔结交收新约，从根本上调整原有条约关系。为此，南京国民政府与英、法、日三个承租国交涉，希望收回租借地，以期恢复领土主权完整。

近代列强在华租借地共有五个，分别是胶澳、威海卫、旅大、广州湾、九龙。民国北京政府时期，中国开始交涉收回租借地。但是，除了胶澳租借地得以归还外，其他四个租借地由于列强拒绝或拖延，未能收回。南京国民政府成立后，将收回租借地作为废除不平等条约特权的重要内容，决定进行收回租借地谈判。这次交涉，除了有条件收回了威海卫租借地外，其他三个租借地收回或交涉失败，或根本未能启动交涉，租借地制度继续延续。

一、　收回威海卫租借地交涉

威海卫租借地是英国为在中国北部对抗俄国租借旅大、维持远东均势而租借。日俄战争后，俄国将旅大租借地转让给日本，英国失去租借威海卫的理由。当时清政府向英国交涉收回威海卫，但遭到拒绝，此后英国一直非法占领威海卫租借地至 1930 年。

民国北京政府在巴黎和会、华盛顿会议上均提出收回租借地问题。英国政府表示可以有条件归还威海卫租借地，但拒绝交还新界租借地。1922—1923 年，中英两国进行了交还威海卫的谈判。1923 年 6 月，双方达成中英

《交收威海卫专约草案》。但临近签字时正逢冯玉祥政变，原政府被推翻，签字被搁置。随后，英国借口中国政局混乱，不愿意交还威海卫租借地，一再延宕，交涉中断，直至南京国民政府时期才重启中英谈判。

1929 年 1 月 9 日，南京国民政府外交部部长王正廷向英国驻华公使蓝普森提出交还威海卫租借地的要求。24 日，王正廷在南京广播电台再次提出收回威海卫租借地的愿望。蓝普森征求威海卫行政长官庄士敦（Reginald Fleming Johnston）等人的意见。庄士敦赞同交还威海卫，因为威海卫已成为英国的财政负担，而且胶东地区军阀争战导致局势不稳，中日济南惨案解决后，山东地区反日情绪缓和，反英运动可能复燃，这些因素影响英国统治威海卫租借地。英国殖民部也赞同交还威海卫，但提出中国政府必须有效地控制山东局势，并保证威海卫居民的安全。① 在这种情况下，英国外交部训令驻华公使蓝普森，应以 1924 年草案为基础，将威海卫租借地交还中国。3 月 1 日，王正廷正式提出要与蓝普森谈判。5 月 20 日，中英双方举行谈判。谈判中，蓝普森坚持要按照 1924 年草案交还，王正廷以情势变迁，要求修改原案，提出必须重新商谈交还条件。双方为此发生争执多日，英国才答应重开谈判。6 月 2 日，第二次会谈举行。会议决定由英方派台克曼、中方派张履鳌为代表，审查原草案。6 月 21 日，在第三次会谈中，王正廷提出无条件交还威海卫及刘公岛，威海卫开放以供外人居住与贸易的条款应修改，理由是中国需收回威海卫作为海军基地。对于英方提出的租借刘公岛问题，王正廷提出，刘公岛某些设施只可租三年。蓝普森则要求刘公岛保留十年租借权，以作英国远东舰队基地，且十年期满仍可延期，同时提出中方必须保护威海卫外人利益，否则宁作悬案。6 月 22 日，在第四次会谈中，王正廷仍坚持刘公岛只可租借三年，作为让步，表示威海卫可开作商港。会谈第二天，蓝普森专门拜访南京国民政府海军部政务次长陈绍宽，表示威海港不宜作军港，刘公岛为英海军疗养所所必须，英国愿租借十年。6 月 28 日，第五次会谈举行。会议上，蓝普森提出以 1924 年草案为准则，王正廷则坚持另行磋

---

① 朱铭、王宗廉主编，刘大可卷主编：《山东重要历史事件：北洋政府时期》，山东人民出版社，2004 年，第 399 页。

商条约，并要求无条件归还刘公岛。蓝普森表示待请示英国外交部再说。其后，因为中东路战争爆发，王正廷被迫缓议。①

中苏边境战事结束后，王正廷再次提起威海卫问题交涉，希望重开谈判，得到蓝普森同意。1930年1月11日，双方举行第六次会谈，双方都做了一定让步。蓝普森同意如按1924年草案交还，中国将威海卫改为军港，而封闭该港对外贸易时，中国按时价全部收购外人财产；王正廷则同意英国租借刘公岛十年，期满经双方同意可以续借。1月13日，在第七次会谈中，王正廷提出协议分专约和协定两部分。专约涉及威海卫主权、地产等，包括交还威海卫、驻军撤退、档案文件移交、官产地亩房屋医院等交还、行政维持现状、地方市政征求英侨意见、领事馆居留民公益用房无偿租借三十年等；协定为允许刘公岛租借十年，期满仍可续借，维持刘公岛市政办法，准许英舰队打靶操练，存储装卸转运物资，继续使用浮标和泊船物等。至此，双方基本达成一致。② 2月13日，双方在南京拟就草约各件。4月18日，《交收威海卫专约及协定》签字。③ 5月5日，双方正式公布条约，包括《专约》20条、《协定》6条。与1924年草案相比，此次签订的条约主要修改了以下几处：续租刘公岛问题中国有了一定的发言权；取消行政专区的规定；取消外人永租权的规定；取消淤地优先权的规定；取消建筑汽车大道的规定；取消威海卫财政问题的规定。④

此次条约谈判被南京国民政府视为外交成功的典范。主持谈判的外交部部长王正廷认为，此次签约"足雪一部分之耻辱"，"不仅谓主权能以收回，亦可云吾国得一良好军港。"⑤ 南京政府对此非常看重，吹嘘为外交的胜利，称此次收回树立了第一个和平收回租借地的"模范政治典型"。⑥

确实，相比北洋政府时期收回威海卫交涉，此次南京国民政府收回威海

---

① 完颜绍元：《王正廷的外交生涯》，团结出版社，2008年，第235页。

② 朱铭、王宗廉主编，刘大可卷主编：《山东重要历史事件：北洋政府时期》，第401—402页。

③ 完颜绍元：《王正廷的外交生涯》，第236页。

④ 《外交部关于接收威海卫案的说明书》，中国第二历史档案馆编：《中华民国史档案资料汇编》第5辑第1编《外交》（二），第1244—1248页。

⑤ 《外部纪念周席上，外王报告威案经过》，《新晨报》1930年4月28日，第1张第3版。

⑥ 王家桢：《收回威海卫英租界地历见记》，威海市政协文史资料研究委员会编：《威海文史资料》第1辑，威海市新华印刷有限公司，1984年，第25页。

卫交涉取得了一定进展，收回了一些权益，实现了威海卫租借条约的最终取消，开创了通过和平途径收回租借地的先例。但是，此次收回威海卫租借地并非国民政府吹嘘的"外交胜利"。威海卫租借地的交还其实更大的原因还是在于英国。第一，此时英国对威海卫租借地并不真正看重，反而视作负担。[①] 第二，远东形势发生变化，英国不愿保留威海卫。英国租借威海卫是因俄国租借旅大而起，声称为阻止俄国势力南下，保持北部中国均势，而俄国早已在 1905 年退出旅大，故对抗沙俄的借口已不存在。第一次世界大战后，世界形势再次发生变化，保留威海卫租借地不仅没有借口可凭，而且不利于英国的外交。[②] 第三，交还威海卫租借地有利于博取中国人的好感。第四，英国并非真正放弃在华特权，威海卫的放弃不损害它在华根本利益，它还保留了新界租借地、香港割让地及上海租界等。[③] 第五，威海卫租借早已满期，英国在国际会议上已明确承诺交还，此时离英国在华盛顿会议承诺交还又有八年，迟迟不交还威海卫租借地，有损英国的国际声誉。第六，租借地内的民众也一直希望恢复中国的统治。[④] 英国统治了多年仍无法让当地民众"归心"，倒不如放弃。因此，总体来说，收回威海卫租借地不是南京国民政府迫使英国让步的结果，而是英国主动放弃的结果。

更何况，此次收回还有不足之处，其中最大不足就是允许英国保留刘公岛租借权。当时舆论对此议论颇多。[⑤] 后来国民党政要冯玉祥登临威海卫环翠楼时，正遇上英军在刘公岛外进行打靶演习，他还感慨此次收回交涉的弊害。[⑥] 这些批评虽有过于严厉之处，但允许保留刘公岛的租借权确实是此次交涉最大的败笔，刘公岛的租借使中国的领土主权依然不完整，且刘公岛英军的存在依然威胁中国的安全。

---

① R. F. Johnston, *Lion and Dragon in Northern China*, London and Aylesbury: Hazell, Watson & Viney LD., 1910, p. 426.

② 许兴凯：《英国为什么放弃威海卫》，《世界月刊》第 4 卷第 3 期，1930 年 6 月，第 47—49 页。

③ 育干：《收回威海卫问题》，《东方杂志》第 27 卷第 8 期，1930 年 4 月 25 日，国际，第 2 页。

④ R. F. Johnston, *Lion and Dragon in Northern China*, pp. 427, 430.

⑤ 芷：《威海卫岂真收回乎》，季啸风、沈友益主编：《中华民国史史料外编：前日本末次研究所情报资料（中文部分）》第 34 册，第 388 页。

⑥ 《威海卫之游》（《冯玉祥胶东游记》摘录），威海市政协文史资料研究委员会编：《威海文史资料》第 1 辑，第 45 页。

当然，不管怎样，此次谈判取消了威海卫租借条约，实现了威海卫租借地的收回。这是南京国民政府成立以来首次通过和平谈判收回的租借地。南京国民政府在此次收回威海卫租借地的谈判中的积极态度还是应该予以肯定。条约签订后，南京国民政府积极筹备接收事宜。6 月 14 日，南京国民政府成立筹办接收威海卫办事处，外交部司长徐祖善为特派员，朱世全担任调查主任，吴天放担任事务主任。7 月，徐祖善等到达威海卫。9 月 23 日，外交部次长王家桢被任命为接收专员，徐祖善担任威海卫管理公署专员。9 月 29 日，外交部接收员朱世全、邝光林、葛祖广、方祖宝三人先行到达威海卫，预备接收事宜。10 月 1 日上午 9 时，中英双方在南京互换条约批准书。同日，王家桢等到达威海卫。10 时 50 分，举行了接收典礼，英国威海卫行政长官署长官庄士敦陪同王家桢、徐祖善参加了阅兵式，接着庄士敦宣读了《交收威海卫专约及协定》。随后，庄士敦等离开威海卫。下午 2 时，威海卫管理公署专员就职典礼举行，正式宣布管理公署成立。10 月 1 日起，朱世全等开始分头接收。关于财政、交通、司法各事宜，亦由接收员等会同有关各部所派之接收人员，分别接收，或于接收后，移交该管机关接收员接管。① 从此威海卫租借地正式收回，结束了长达三十二年之久的英国殖民统治。

除了威海卫租借地外，南京国民政府还提起了收回广州湾和旅大租借地的交涉，不过未能实现目标。

二、 收回广州湾租借地交涉

广州湾租借地的收回交涉发端于巴黎和会，但因与会议主旨无关而遭拒绝。华盛顿会议上，中国再次提出收回租借地，法国政府代表表示愿意有条件交还广州湾租借地，但实际上由于双方交涉条件不能达成一致，交涉没有进展。

20 世纪 20 年代末 30 年代初，随着北伐战争的胜利，中国国内废除不平等条约、收回列强在华特权的呼声高涨。在这种情况下，广州湾租借地再次

---

① 《威海卫筹收及接管纪略》，威海卫管理公署秘书处编：《威海卫收回周年特刊》，1931 年，第 14 页。

被关注。1928 年夏秋间，广东省大学生掀起要求法国归还广州湾的运动，引起法国方面的不安。与此同时，一些亲法分子却借口说广州湾租借期未满，且法人统治广州湾社会安定，因而反对要求法人归还广州湾。这使法国广州湾租借当局更加嚣张，不但不肯归还广州湾，而且还越过原划定租界，侵入华界内地，于是引起遂溪中学学生的愤慨，他们乘漆黑夜晚潜入西营张贴"打倒法帝""打倒汉奸走狗""还我河山"等标语。益智中学学生举行提灯游行，纪念辛亥革命，他们游行到广州湾总公使楼时还高呼"打倒法帝国主义""还我广州湾"。① 除民众要求收回广州湾租借地外，中国政府也在考虑再次提起广州湾租借地收回交涉请求。

南京国民政府成立后，采取了积极方针，力图进行修约。从 1928 年开始先后与列强进行关税条约谈判和废除领事裁判权交涉，同时还收回了部分租界和租借地，特别是 1930 年威海卫租借地的收回引发了人们的联想，那就是其他几个租借地是否也可以通过外交方式和平收回呢？② 在这种背景下，南京国民政府外交部向法方提出收回广州湾租借地问题。③ 南京国民政府外交部部长王正廷向法国驻华公使提出交还要求，但法使以未得政府训令为由拒绝。外交部因此训令中国驻法使馆与法国外交部直接交涉，但法国此时无意交还广州湾，交涉未得结果。"九一八"事变之后，南京国民政府的修约交涉陷入停顿，广州湾收回问题也就搁置一边，一拖又是十余年，直至第二次世界大战结束，中法才达成《交收广州湾租借地专约》。

三、 收回旅大租借地交涉

旅大租借地的回归先后经历了日俄战争后的转让、"二十一条"的租借延期、1923 年收回旅大运动、"九一八"事变后沦为殖民地、抗战胜利后苏军占领，直至中华人民共和国成立后交涉收回等过程。南京国民政府前期，旅大租借地的收回交涉未能取得进展。

---

① 陈以大：《广州湾益智中学学生运动片段》，中国人民政治协商会议湛江市委员会文史资料研究委员会编：《湛江文史资料》第 9 辑《广州湾法国租借地史料专辑》，湛江市紫荆印刷厂，1990 年，第 234—235 页。

② 育干：《收回威海卫问题》，《东方杂志》第 27 卷第 8 期，1930 年 4 月 25 日，国际，第 3 页。

③ 方文政：《租界与租借地之收回》，《时事年刊》第 1 期，1931 年，第 199 页。

南京国民政府成立后，试图收回旅大租借地。1929 年 1 月 14 日，外交部部长王正廷对上海新闻界谈话，称与上海总领事矢田会晤，阐述对日外交方针，要求日方必须声明两点，放弃旅大租借地，取消领事裁判权，更须声明撤尽日兵，然后关税条约方可签字。① 这是南京国民政府首次正式对日表明收回旅大租借地的态度。1930 年，国民政府将工作重点转移到不平等条约具体问题谈判。1931 年 3 月 12 日起，与日本开始了撤废领事裁判权的谈判，据负责谈判的日方代表重光葵回忆，中国外长王正廷曾对其当面表示，不但收回外国利权，且包括满洲；并说明中国方面对于旅大租借地收回也很关注。② 获悉中国方面即将于撤废领事裁判权谈判后开始收回租界和租借地以及包括满铁在内的路权等内容后，日本国内反华情绪升级，日本政府开始强硬，拒绝谈判租借地问题。

而此时中国国内也出现了日益高涨的反日浪潮，要求收回旅大租借地的呼声再起，如旅大租借地青年学生切望政府早日收回旅大租借地。③ 1929 年 3 月 26 日，旅顺工科大学、旅顺师范学堂、大连商业学堂、大连各公学堂、水师营公学堂及牧城驿普通学堂的学生和教员秘密成立旅大青年义勇会，④ 积极开展秘密活动，宣传收回旅大租借地。1931 年 5 月 11 日，沈阳外交协会致电张学良及东北出席国民会议代表，要求立刻收回旅大及安奉线，取消驻军与日邮。⑤

但不久"九一八"事变发生，中日之间走向战争，不仅修约谈判因此中断，东三省亦沦入日本之手，旅大租借地收回变得遥遥无期，中国收回旅大租借地运动从此陷入低谷。不过，中国人民并未忘记旅大，只要有机会就表达要收回的愿望。1932 年，顾维钧在参与国际联合会调查委员会说帖中提到，各国租借地均已交还或答应交还中国，旅大作为 1898 年各国争夺租借

---

① 王芸生编著：《六十年来中国与日本》第 8 卷，第 180 页。
② 完颜绍元：《王正廷的外交生涯》，第 237 页。
③ 李旭主编，李充生编著：《旅大的今昔》（史地丛书第一种），拔提书局，1947 年，第 49 页。
④ 李旭主编，李充生编著：《旅大的今昔》，第 50—52 页。
⑤ 王芸生编著：《六十年来中国与日本》第 8 卷，第 221 页。

地时代硕果仅存的证据，应该解决。[①] 旅大人民经过"九一八"事变后也从失望情绪中走出，坚持斗争。[②] 旅大租借地人民的革命运动一直坚持到抗日战争胜利。

第三节　收回内河航权的努力

列强通过不平等条约攫取了在华航行特权，享有沿海贸易权、内河航行权和内港航行权，并通过外籍税务司制度把持航政管理权，严重影响中国的社会经济发展、国防安全和领土主权。显然，取消列强在华航权是改善条约关系的重要内容。南京国民政府前期，通过改订新约，取消了部分国家在华航行特权，并试图与英、日等在华享有航行特权的主要国家进行磋商，重点收回内河航行权。

一、　改订新约与收回航权的关系

改订新约运动中，作为旧约中重要内容之一的航行特权自然受到关注。1929 年 1 月 30 日，外交部次长唐悦良在中央广播电台发表演讲，表示 1929 年以后的外交方针主要在于领事裁判权、内河航行权、租借地和外兵驻华问题的解决，并称航权收回愈早愈佳，表示本年内将就全部商约进行谈判。[③] 8 月 7 日，国民党二届中执委会政治会议第 190 次会议通过《航政根本方针案》，决定从速收回航权。[④] 12 月 18 日即传出："收回航权决明年必办，闻政府将不规定时期，以表示有立即收回之意。"[⑤] 南京国民政府自建立之后，也确实开始着手收回航权的行动。但是，抗战以前，南京国民政府收回航权

① 顾维钧编：《参与国际联合会调查委员会中国代表处说帖》，1932 年，收入沈云龙主编：《近代中国史料丛刊续编》第 49 辑 483 册，台北文海出版社，1978 年，第 65 页。

② 李旭主编，李充生编著：《旅大的今昔》，第 56 页。

③ 《唐悦良演讲外交方针》，天津《益世报》1929 年 1 月 31 日，第 2 张第 7 版。

④ 《航政根本方针》，台北"国史馆"藏国民政府档案，馆藏号：0010000060980A。

⑤ 《本周外交事件：收回航权问题》，《国闻周报》第 6 卷第 50 期，1929 年 12 月 22 日，一周间国内外大事述评，第 13 页。

运动所取得的实效不大。

南京国民政府成立后，与欧美各国先后达成了新约。有的对航权问题有所涉及。这些条约分为三类：第一类是单纯的关税条约，与航权问题无直接关联。这包括与美国、挪威、荷兰、瑞典等签订的新约。第二类是通商条约，与航权问题有间接关系。这包括与比利时、意大利、丹麦、葡萄牙、西班牙等国签订的新约。航权属于通商范围，新约只进行了原则性规定。① 从条约内容看，航行特权当在取消之列。第三类是特殊关税条约，主要是与英法两国所订条约。这类新约主要内容也是解决关税问题，但附带其他规定。②

从以上三类条约看，南京国民政府在 1928 年发起的改订新约运动，主要是实现关税自主，并未全面改订通商条约。与各国所签订的新约，大部分未涉及航权问题。因此对于收回航权来说，此次改订新约运动没有实际意义。当然，这并不是说，此次改订新约运动没有对收回航权问题产生影响。它还是从三方面推进了收回航权进程：

一是改订新约运动发起之初，国民政府本准备就所有不平等条款予以取消，因此在与列强谈判之前，就已经对不平等条约主要内容进行了研究，其中包括航权条款。因此，收回航权实际上提上了政府的议事日程，只不过因最初列强只愿意商谈关税问题而作罢。关税条约谈判之后，外交部即准备与各国磋商法权和航权问题。③ 1929 年 3 月 15 日，国民党第三次全国代表大会召开，27 日确定外交方针原则，要求取缔一切不平等条约，使中国获得国际上平等。确定最惠国待遇"限于放弃不平等条约者"，且须附有条件，其条件应有利于我国，"不得再用普通无条件之最惠国待遇。"④ 通过的外交决议案要求：继续贯彻第一次全国代表大会决议，废除不平等条约。⑤ 因此，会后外交部即根据决议与有关国家交涉关税以外的其他问题。只不过一开始

① 《中比通商条约》，1929 年 1 月 26 日立法院第九次会议通过，《立法专刊》第 1 期，1929 年 9 月初版，1931 年 3 月再版。

② 《评中法专约》（录 7 月 26 日上海《时事新报》），《国闻周报》第 7 卷第 30 期，1930 年 8 月 4 日，论评选辑，第 7 页。

③ 《外部准备交涉领判权航行权》，1929 年 3 月 18 日，季啸风、沈友益主编：《中华民国史史料外编：前日本末次研究所情报资料（中文部分）》第 80 册，第 270 页。

④ 《国民党第三次全国代表大会纪（续）》，《国闻周报》第 6 卷第 12 期，1929 年 3 月 31 日，第 8 页。

⑤ 《三次全代会重要议决案》，《国闻周报》第 6 卷第 14 期，1929 年 4 月 14 日，第 11 页。

磋商领事裁判权问题就遇到了很大阻力，交涉无果而终，航权问题交涉也因此未能进入实际谈判程序。

二是所订新约本身有些规定对于收回航权有积极影响。如中比、中意、中丹、中葡、中西新约规定按照相互和平等原则订立通商航海条约，实际上是允许中国取消这些国家船只在华享有航行特权，只是后来未乘机速订这种通商航海条约而作罢。此外，中英条约虽未讨论航权问题，但中英《关税条约》中关于取消中国自定船钞限制的规定，对于收回航政权有一定意义。[①]这有助于中国航政权的恢复。[②]

三是国民政府对外宣布改订新约，进一步激发了国内民众的废约热情，推动了国民对于航权问题的关注，形成了收回航权运动。

还应注意，国民政府在与无约国（主要是小国）订立条约时，没有再允许他国享有沿海及内河航行权。典型的是 1929 年 9 月 18 日签订的中波《友好通商航海条约》，遵循国际法原则，有人对该约有关航权问题的规定给予积极评价。[③]

此后，中国与希腊等国亦订立了条约，大体上遵循了平等原则。9 月 30 日签订的中希《通好条约》虽"非理想的好条约"，但仍是"平等"的。该约未提及航权，但第五条规定："凡未列入本约所规定者，两缔约国承认以平等及互相尊重主权之原则，为本约之基础。"[④] 1930 年 2 月 12 日中捷《友好通商条约》也根据国际法原则及相互原则规定了航权问题。[⑤]

此次改订新约运动，加上此前北京政府的修约运动，使"九一八"事变前的中国得以禁止智利、瑞士、玻利维亚、伊朗、德国、苏联、奥地利、芬兰、捷克、希腊、波兰等国在华享有内河航行权和沿海贸易权。可见，与新交之国订立的条约并未再放弃航权，当然这些国家当时事实上并无商船航行

---

① 《中英关税条约全文：中英关税条约》，《国闻周报》第 6 卷第 1 期，1928 年 12 月 30 日，第 1 页。
② 《中英关税条约全文：中外报纸对英约评论》，《国闻周报》第 6 卷第 1 期，1928 年 12 月 30 日，第 4 页。
③ 朱世全：《中波商约成立志感》，《中外评论》第 30 期（独立第 6 期），1929 年 9 月 31 日，时评，第 2 页。
④ 《中希通好条约》，《国闻周报》第 7 卷第 5 期，1930 年 2 月 10 日出版，3 月 7 日再版，三周间国内外大事述评，第 12 页。
⑤ 《中捷友好通商条约》，此件准于 4 月 7 日下午发表，8 日见报，《外交部公报》第 2 卷第 11 期，1930 年 4 月，特载，第 111 页。

我国内河沿海。而实际上享有这种权利的国家则不愿意放弃，尤其是英日两国。① 故到 1934 年仍有人将国民政府对新交之国与已有此种权利之国的不同方针进行对比，指出："我国对于新交各国，决不愿再使享有沿海贸易及内河航行之权利。惟对已有此种权利之国家，我国是否已有充分之准备而向其要求放弃，实属疑问。"②

二、 中日修约交涉与收回航权问题

国民政府在关税条约交涉后，亦试图与英日等主要条约国磋商收回航权问题，③ 但交涉都不顺利，收回航权遇到了很大阻力。由于中英商约在"九一八"事变以前尚未到期，中英关于航权的磋商亦未实质性展开。国民政府将交涉的重点放在改订中日商约方面。

从各国在华航运势力比例来看，二十世纪二三十年代，日本与英国占有绝对优势。据调查，南京国民政府成立初期，各国在华经营之轮船，英、日船数 156 艘，吨数 326137 吨，而当时中国自身只有十余万吨。④ 可见，从航权问题来说，中日、中英交涉是一大关键。而中日商约在 1926 年早已到期，因此中日修约成为中国是否能够收回航权的试金石。

民国北京政府未能实现修改中日商约的目标。南京国民政府成立后，提出改订新约方针，宣布期满条约废止另订。中日通商条约早已到期，自应在废除另订之列。为此，国民政府做了认真准备。国民政府参事处奉常务委员谕，从事中日不平等条约之研究，由参事吴醒汉、陈扬镳、陈绍由、郑兆熙、黄芸苏等分别担任。陈扬镳等拟具《中日马关条约之研究》《中日新订东三省条约之研究》《中日通商行船条约之研究》《中日通商行船续约之研究》等，以供修约参考。⑤

除政府内部准备外，外交部亦在积极行动。7 月 19 日，外交部部长王正

---

① 王洸编：《中华水运史》第 1 册，台湾商务印书馆，1982 年，第 248 页。
② 崔书琴：《中美修约意见书》，《外交月报》第 4 卷第 6 期，1934 年 6 月 15 日，第 10 页。
③ 《中英交涉，英使无诚意，对中国根本无平等可言，撤销领判权收回租界绝口不谈，入境法极荒谬，反要求海河航权》，天津《益世报》1929 年 7 月 12 日，第 1 张第 2 版。
④ 《本周外交消息》，《国闻周报》第 6 卷第 42 期，1929 年 10 月 27 日，一周间国内外大事述评，第 10 页。
⑤ 《中日通商条约之研究》，《银行周报》第 12 卷第 28 期，1928 年 7 月 24 日，杂纂，第 4—6 页。

廷派人给日本驻南京领事冈本送达致日本公使照会，同时训令驻日公使汪荣宝向日本外务省通告此意。① 国民政府的想法是，在否认旧约有效的前提下，与日本重订平等相互的全面通商条约。这等于要日本放弃长期享有的特权，日本显然不会乐意接受。冈本拒绝接受照会，称此事缺乏国际信义，惟愿意电告驻北平的芳泽公使。对于日方的态度，王正廷亦表示出强硬的立场。7月22日，他表示，"废止日约，决不通融。"②

获悉照会内容后，日本内阁立即开会讨论。在21日的内阁会议上，田中首相明确表示对中国废约通告加以拒绝，有阁员甚至宣称要以武力保护条约权利。日本政府主张持强硬态度对待中国，日本国内各党派、实业界、舆论界等均表态反对中国废约，形成一股指责中国废约的浪潮。③ 不过，日本政府亦不愿意因此关系过僵，田中表示，如果中国以诚意求日本改订条约，则日本愿意同情。④ 7月31日，日本驻华公使奉令答复中国政府，否认中方单方面废约，不能同意条约失效之说。至于中国宣称在新约订立之前实行临时办法，不仅"违反条约正文"，"且为蔑视国际信义之暴举"，日本政府"万难承认"。如果中方不改变态度，则日方"将有不得已出于认为适当之处置"。⑤

由于日方强烈反对，南京国民政府决定让步，答应暂缓适用临时办法。8月14日，外交部第二次照会日本使馆，虽然仍坚持认为，条约期满六个月内，"若任何一方已经提议声明更改，并已实行商议改订，则条款税则即不再延长其效力"，并坚持按照情势变迁原则可以废止或中止条约，但不再提及遵照临时办法实行，而只呼吁日方尽快商议，重订新约。⑥ 日本政府虽对于中方不再坚持临时办法表示满意，但仍不愿意立即商订新约。此后，双方

---

① 《日本拒绝改订中日商约：外部致日使照会》，1928年7月19日，《银行周报》第12卷第31期，1928年8月14日，杂纂，第7页。

② 《七月二十二日》，《国闻周报》第5卷第29期，1928年7月29日，一周大事日记，第1页。

③ 李育民：《中国废约史》，第704—707页。

④ 《宣布日约废止》，《国闻周报》第5卷第29期，1928年7月29日，一周间国内外大事述评，第3页。

⑤ 《日本拒绝改订中日商约：日使复外部牒文》，1928年7月31日发，8月7日到，《银行周报》第12卷第31期，1928年8月14日，杂纂，第8页。

⑥ 《对日第二次照会全文惟一愿望在速订新约望即派代表开始商议》，天津《大公报》1928年8月29日，第1张第2版。

围绕条约第二十六款解释问题发生争持。中方坚持旧约到期已经失效,日方坚持中方无权宣布条约失效,旧约继续有效,中方承认这个前提才愿会商新约。双方一度出现僵持局面。到 10 月份,双方均有缓和紧张关系的愿望,于是开始接近。驻日公使汪荣宝在东京进行斡旋。9 月底,国民政府派张群赴日以观操为名进行斡旋。10 月 4 日,田中接见张群,表示准备进行修约和宁济两案交涉,并指令驻沪总领事矢田拜会王正廷。[①] 从 10 月 6 日开始,王正廷与矢田就宁案、汉案、关税问题及济案等问题进行非正式磋商,至 25日双方意见渐趋一致,预定 11 月 10 日就宁汉两案签字。但是,此后因济南撤兵纠纷,双方交涉陷于停顿。

1929 年 2 月 28 日,重光葵出任驻沪总领事,积极斡旋,双方交涉才有转机。经过多次谈判,3 月 28 日达成济案协定。4 月 14 日至 18 日,中日双方就宁案、汉案及修约问题举行谈判。关于修约问题,主要是就修约手续进行磋商。日方主张先议关税自主,中方则主张立即商议领事裁判权。结果是决定先议关税自主,有进展后再议领事裁判权问题、内河航行权问题、满蒙问题等成立专门委员会即进行商议。双方还约定,此次协定正式签字公布后三个月以内,由两国政府任命委员开始商议商约。[②]

确定商约修订谈判后,中方做了认真准备。外交部指定条约委员会进行研究。该会委员拟有收回航权建议书,如副主任委员方文政编有《日船在华沿海贸易及内河航行问题》(1929 年 5 月 1 日)、委员沈觐鼎撰有《中日改订商约关于沿岸贸易及内河航行之研究》(1929 年 6 月 17 日)、委员刘师舜撰有《沿海贸易及内河航行问题》(1929 年,具体日期不详)等等。[③] 4 月 22日起,该会连日开会讨论中日商约草案,至 24 日将草案议竣,共计二十三条。[④] 从条约草案内容看,国民政府显然是希望按照国际惯例来缔结新的中日通商条约,取消日本在华领水内享有的特权。

---

① 中日交涉僵持及关系解冻情况,参见李育民:《中国废约史》,第 713—719 页。
② 《中日交涉》,《国闻周报》第 6 卷第 16 期,1929 年 4 月 28 日,一周间国内外大事述评,第 3 页。
③ 台北"国史馆"藏外交部档案,馆藏号:020000039604A。
④ 《中日友好通商航海条约草案》,1929 年 5 月,"中华民国"外交问题研究会编:《国民政府北伐后中日外交关系》(中日外交史料丛编第 1 编),台北中国国民党中央委员会党史委员会,1964 年,1995 年发行,第 57—58页。

5 月 2 日，中日双方举行第一次修约会议。在会议时，中方提出修约意见书，主要内容是关于实行国定税、互派领事、取消内河航行权、领事裁判权以及订立平等条约的原则。芳泽表示将认真考虑。此时，他已经得到训令须即日回国，预定 5 月 26 日前再议修约。[①]

在芳泽离华期间，日本内阁讨论了修约对策。5 月 22 日，日本政府召开外务、大藏、内务、司法、商工、农林、递信七省及拓殖局、朝鲜总督府、台湾总督府、关东厅等有关部门联合协议会。外务省通商局局长提交外务省方针，系以芳泽与顾维钧以前在北京政府时期交涉为基础，如只涉及通商问题，而不涉及政治问题等。[②] 其中关于内河航行权问题，该方针提出长江问题以内河开放为前提。经过讨论，会议确定交涉大纲，与中方愿望相距甚大。其中关于内河航行权，主张以现行条约规定而开放的开港场、旅客升降场、寄港地等处继续开放，但对通商贸易并无实利的地方可以封闭。[③] 6 月 21 日，日本政府再次召开联合会议，达成最终交涉意见，基本上以 5 月 22 日大纲为基础，不过更具体。关于内河航行权，除 5 月 22 日主张外，强调原则上不能承认特许制度，但可答应中方提出日本领土内开放的要求。[④] 但芳泽并未能向中国提交这一要求，因为 7 月 2 日日本政局发生变动，田中内阁下台，芳泽亦被撤换。

此后是浜口雄幸内阁，由币原喜重郎出任外相，采取比较"柔和"的外交政策。[⑤] 7 月 9 日，浜口内阁发布施政方针，表示对中国改废不平等条约，将采取"友好协力之方针"。[⑥] 币原外相对中日通商条约提出修订主张：认定中日两国在经济上有特殊关系，高唱共存共荣以增进两国经济提携的论调；原则上同情中国人民的废约主张；关税问题照关税会议所订方针；对于领判权的撤废、内河航行权问题等较前内阁表明进步的态度。[⑦] 为贯彻其修约主

① 《中日宁汉案签字》，《国闻周报》第 6 卷第 17 期，1929 年 5 月 5 日，一周间国内外大事述评，第 4 页。
② 李育民：《中国废约史》，第 746 页。
③ 《中日商约问题日本态度去我原案颇远》，天津《大公报》1929 年 5 月 28 日，第 1 张第 4 版。
④ 《日政府决定修约原则八省联合会议之意见》，天津《大公报》1929 年 6 月 28 日，第 1 张第 4 版。
⑤ 《日民政党组阁》，《国闻周报》第 6 卷第 26 期，1929 年 7 月 7 日，一周间国内外大事述评，第 8—9 页。
⑥ 《日阁施政方针》，《国闻周报》第 6 卷第 27 期，1929 年 7 月 14 日，一周间国内外大事述评，第 13 页。
⑦ 许德珩：《中日关系及其现状》，第 108 页。

张，币原任命亲信佐分利为驻华公使，负责修约谈判。10月7日，佐分利递交了国书。佐分利来华对于修约问题似为一个良好信号。他本人表示："中日间空气近已转佳，此种条约问题，最要在国民感情融洽中商量，较易进行。"① 但事实上，佐分利在华期间，中日之间并未就商约问题举行正式谈判，双方只是交换了意见。

在此期间，中方确立了谈判的基本原则。王正廷在10月21日外交部纪念周报告中提出，此次订立通商条约对于下列三项原则均须加入：进口货物分别适用各自税率，此方人民居留彼方境内须遵守所在国法律；"两缔约国之沿海内河航行权，应各限于本国人民享有。"此前，王正廷对航商一再表示，中日航务不作互惠规定。② 随后，王正廷向日方表明中方在内河航行权问题上的意向，表示对于外国船舶可能采取特许制。③ 11月14日，外交部呈中政会有关中日新约草案明确宣布：内河航行及沿海航行权只许本国人民享受，取消中日旧约原有特权，以免商务利权外溢。外交部表示，拟自日使佐分利到任之日起，三个月内未能订立新约，则宣布旧约失效，适用临时办法。据此，中方的态度似颇强硬。日方则主张先订关税协定，而不是先订立通商条约，而且日方还提出要先解决满蒙问题才谈修约问题。关于航权，日本仍希望维持原有特权。日商会会长米里回国向政府请愿，币原就表态，"中日修约前途难乐观，倘中国能注重事实，不究既往，在互相特殊之立场，充分谅解，亦非难事。"④ 日方希望中国继续允许日船享有航行权，惟可采取相互主义。显然，双方分歧较大。11月29日，返国述职的佐分利突然自杀，又给刚刚重启的中日修约笼罩了一层阴影。⑤ 此后，中日交涉"遂呈若断若续之状况"。⑥

直至1930年1月，重光葵任代理公使，中日修约谈判才又开始，但日

---

① 《佐分利抵北平》，《国闻周报》第6卷第43期，1929年11月3日，一周间国内外大事述评，第13页。
② 《本周外交消息》，《国闻周报》第6卷第42期，1929年10月27日，一周间国内外大事述评，第10页。
③ 《佐分利向外省当局报告中国修约意向》，《顺天时报》1929年11月23日，第2版。
④ 《外部昨呈中政会，拟宣布中日旧约失效，收回航权之坚决表示，币原谓中日订约前途难乐观》，天津《益世报》1929年11月15日，第1张第3版。
⑤ 《佐分利突自杀》，《国闻周报》第6卷第48期，1929年12月8日，一周间国内外大事述评，第9页。
⑥ 百闵编：《中日关税协定问题》（日本研究会小丛书第七种），日本评论社印行，1933年，第12页。

方只同意先进行关税协定谈判。由于中美关税条约规定"在彼此领土内，应与其他国家享受之待遇毫无区别"，此时日本不承认中国关税自主权，新税则无法实施，国民政府只得同意日方建议。5 月 6 日，中日关税协定签字。①

协定签订后，外交部向日方提出了谈判商约要求，但未得回应。直至 1931 年 3 月，双方才开始法权交涉，但也无结果。"九一八"事变后，中日双方交涉陷入停顿。此后中方于 1935 年底张群出任外交部部长后，再次表示要修改不平等条约，但日本表示反对。此后一度有所接触，但中日修约交涉并未重启。"七七"事变后，中日修约已无可能。可见，此次中日商约交涉无果而终，内河航行权问题还未进入中日谈判阶段。当然，在中日交涉期间，航权问题亦在中日双方考虑的范围之中，双方均为此制定了相应的对策。而且，在中日修约交涉期间，航权问题一度引起中日两国社会的关注。

三、 收回航权会议的召开

交通部、外交部均有意收回航行权，但亦意识到收回航权不是空言所能奏效的，需要认真筹划。1929 年 10 月，交通部邀集外交、工商、财政三部派代表一起组成收回航权会议委员会，讨论收回航权范围和补充外轮办法。在会议之前，交通部已经拟具《收回航权节略》，作为讨论基础。②节略的基本原则可大致归纳为：反对互惠协定；不定期航路可先取消；定期航路可另订办法；外轮直接从海外运输货物至沿江各口岸者可以容许。③

10 月 15 日下午，第一次会议以交通部所提节略为讨论根据，主要讨论长江航权、收回内河航行权与沿海贸易权的先后顺序、航权互惠等问题，未达成决议。

10 月 23 日下午，举行第二次会议。就收回航行权范围作出决议，基本原则如下：内港航行权完全收回，禁止外轮航行。沿江航运办法分二项：沿

---

① 百闵编：《中日关税协定问题》，第 13—14 页。
② 《收回航权节略》，1929 年 10 月 15 日交通部在收回航权会议席上提出，台北"国史馆"藏外交部档案，馆藏号：020000039598A。
③ 《交通部收回航权会议第一次纪要》，1929 年 10 月 15 日，台北"国史馆"藏外交部档案，馆藏号：020000039600A。

江二口岸或二口岸以上之间所有运输事业，应完全保留给本国人民，外轮入江航行暂时准许，保留我国随时可以撤销之权利；沿海航运完全保留给本国人民。租借地与各通商港口之间的航运应力争以我国通商港口论；国境河流由关系国另行规定。[①] 10 月 30 日下午，举行第三次会议。经讨论，会议对于收回航权补充办法作出决议：立时的补充办法，包括自置船舶扩充航业，和备款完全收买现有外轮公司的船舶局产；过渡的补充办法，包括将现有外轮公司的船舶局产估价收买，但分年付款清偿，将现有外轮公司改组为中国公司，在一定年限内取合办制度，仍许原公司附股，期满后将外股完全收回。[②]

经过各部委员先后三次开会讨论后，就以下收回原则达成一致：（一）内港航行应行收回。（二）沿江航行应行收回。（三）外轮入江航行应限于沿长江之指定若干口岸，暂时准许，惟须有相当交换权利，并保留随时撤销之权。（四）沿海贸迁应令改用我国船只。（五）沿海运输应保留于本国人民。（六）国际直接贸易到达我国海口或数个海口者，应仍准许。（七）租借地，按通商港口解释。[③]

11 月 6 日下午，第四次会议继续讨论收回航权后补充外轮办法。11 月 20 日下午，举行第五次会议，最终通过各项决议案，主要内容包括：[④]

第一，关于收回航权的范围，决议如下：（一）内港行轮应完全收回，禁止外轮航行；（二）长江沿江二口岸或二口岸以上之间所有运输事业应完全保留给本国人民，外轮入江航行须不违反上述原则，并限于长江内，由中国明令指定若干口岸（对于海外确有大宗直接贸易者），暂时准许，但于定约时须有相当之交换条件，并保留我国随时可以撤销之权。（三）凡沿海二通商港口间或二港口以上之往来运输，完全保留给本国人民。（四）租借地

---

① 《会议收回航权记录（第二次）》，1929 年 10 月 23 日，台北"国史馆"藏外交部档案，馆藏号：020000039600A。

② 《会议收回航权记录（第三次）》，1929 年 10 月 30 日，台北"国史馆"藏外交部档案，馆藏号：020000039600A。

③ 《签呈》，1929 年 11 月 2 日条约委员会委员吴南如签注，台北"国史馆"藏外交部档案，馆藏号：020000039600A。

④ 以下决议案内容均直接引自《（交通部咨外交部）咨送收回航权会议总决议案请查照由：附收回航权会议决议案》，咨文时间 1929 年 12 月 3 日发，5 日到，台北"国史馆"藏外交部档案，馆藏号：020000039600A。

与各通商港口之间的航运应力争以通商港口论。（五）国境河流航运由关系国另行规定，不在通商航海条约规定之内。

第二，关于收回航权的补充办法，决议如下：（一）自置船舶扩充航业，包括筹办国营航业和补助商办航业两项。（二）备款将现有外轮公司的船舶局产完全收买。（三）将现有外轮公司的船舶局产估价收买，订定分年付款办法。（四）将现有外轮公司改组为中国公司，在一定条件内酌定年限，取合办制度，仍许原公司附股，期满后将外股完全收回。

交通部将决议案咨送外交部，以供修约时参考，并呈报行政院。行政院第四十九次会议讨论后，于 1929 年 12 月 19 日训令外交、交通、工商、财政四部，同意备案，并要求切实进行。[①] 这样，国民政府确立了收回航权的基本原则和办法。由于在修约外交思想指导下，收回航权的活动主要寄望于外交，寄望于列强大发善心，而列强不可能轻易放弃巨大的在华航运利益，因此收回航权运动必然遇到强大阻力。正因为如此，当国民政府提出收回航权的要求时，日本、英国等国根本不予容纳，国民政府没有克服这种阻力的决心，也没有这种能力，收回航权运动自然不可能取得胜利。全面抗战爆发前，国民政府一直试图按照这个决议案收回航权，但收回航权的谈判根本没有进入实质性阶段。

综上所述，"七七"事变爆发前，南京国民政府在收回租界、租借地、内河航权等方面做了一定努力，并取得了一定成绩。收回部分租界和威海卫租借地，一定程度上改善了旧有领土条约关系，减轻了列强对中国领土主权的伤害，有利于领土主权完整的恢复。收回航权的努力，也有利于改善经济条约关系。当然，相比于关税条约关系和司法条约关系的改善，南京国民政府在领土、经济、军事等条约关系调整方面取得的成就并不明显。大部分的租界和租借地没有能够收回，主要列强在华航行特权未能取消，列强在华军舰和驻兵依然存在。换言之，领土、经济、军事等方面条约关系改善没有实质性的进展。

---

① 《（行政院训令）准中执委函询办理收回航权一案究竟情形除录案函复外合令遵照各院决议案汇案进行由》，1930 年 2 月 25 日，台北"国史馆"藏外交部档案，馆藏号：020000039601A。

第五章　平等条约关系的扩大

南京国民政府成立后，一方面向原本与中国存在条约关系的国家（包括不平等条约关系和平等条约关系两类）提出交涉，力图废止旧约，改订新约，改善不平等条约关系，重新建立新的平等条约关系；另一方面积极与无条约关系的国家磋商，缔结平等条约（包括友好条约和通商条约等形式），正式建立友好平等条约关系。通过这两种方式，南京国民政府前期明显扩大了中外平等条约关系范围，拓展了外交空间。扩大平等条约关系的努力，体现了南京国民政府前期条约关系转型的新趋势。

第一节　与原友好条约关系国家磋商平等通商条约

南京国民政府成立时，原本与中国存在正式条约关系的国家包括两类：

第一类是存在不平等条约关系的国家，包括英国、美国、法国、瑞典、挪威、葡萄牙、丹麦、比利时、荷兰、西班牙、意大利、日本、秘鲁、巴西、墨西哥、瑞士等 16 个国家（订约时瑞典挪威为一国）。除瑞士是 1918 年签订条约外，其余 15 个国家都是晚清时期所订立的条约关系延续。对于这类国家，南京国民政府希望废止旧有不平等条约，改订平等新约。其中，重点是实现关税自主，取消领事裁判权。与这类国家交涉情况和结果，请参见关税自主和领事裁判权问题相关章节，此处不赘。

第二类是智利、玻利维亚、波斯、苏联、德国、奥地利、芬兰等国家。这些国家都是一战及一战后与中国建立平等条约关系的国家。其中，智利是 1915 年订约，其余都是一战后订立平等条约。苏联（俄）、德国、奥地利比较特殊。它们在一战前与中国存在不平等条约关系，一战后与中国重新建立了平等条约关系。此外，刚果也与中国订立有简单的条约。由于南京国民政府不承认民国北京政府所订立的条约，故对这类条约国家也采取重新谈判的政策，要求另订新约，重新建立新的平等条约关系。

南京国民政府成立前，中国与智利、波斯、芬兰均订有友好条约，建立了平等的外交关系。但是，这些条约不涉及通商问题。南京国民政府成立后，希望建立平等互惠的通商条约关系，因此积极与之谈判缔结通商条约。但是，这些商约磋商都无果而终，其原因不一，有的是因为对手国缺乏订约诚意，例如波斯；有的是因为双方都不愿意在关键问题上让步，例如智利；有的谈判突然中断，原因不详，例如芬兰。当然，这些商约谈判仍具有积极意义。南京国民政府通过与这些国家磋商，至少向外界传递了愿意积极建立平等互惠通商条约关系的信息，并在磋商中与对方保持了比较好的外交关系。这些国家都在上海或南京设立使馆、领事馆，实际上是承认南京国民政府。

一、 与智利磋商通商条约

智利是与中国存在平等条约关系的少数南美洲国家之一，订约以前就有华侨在此国居住通商。1915 年 2 月 18 日，民国北京政府与智利政府订立有

《通好条约》，规定睦邻邦交、派使、设领等问题。这是一个平等的建交条约，但该条约存在局限，没有涉及通商、保侨等问题。

1927 年，智利政府颁布新法规，限制华侨入境。南京国民政府成立后，不断接到华侨的呼吁，希望能够进一步订立中智平等通商条约，保护侨民利益。当时舆论指出，中国侨居智利的人民达 2000 余人，他们自 1928 年以来即多次呈请政府与智利订约，"俾侨民权利，有所保障。"① 随后，由中国驻智利使馆提议，两国订立通商条约。1929 年 9 月 6 日，张履鳌担任中国驻智利使馆代办，1931 年 3 月被正式任命为驻智利特命全权公使，8 月递交国书，此后担任公使直至 1933 年 5 月 13 日。在张履鳌负责馆务期间，与智利政府接洽过两国订约事宜。但实际上，他在智利的时间并不多（1932 年 11 月至 1933 年 5 月使馆事务由张谦代办），订约交涉未正式展开。② 只不过在此期间，中国外交部对缔结两国通商条约做了准备。1930 年夏，外交部条约委员会拟具中智通商航海条约草案，外交部部长王正廷已准备与智利商订新约。③

1931 年，智利政府决定派使赴华，并建议商约事宜"移华续商"。④ 是年夏，智利驻华代办兼驻沪总领事斐采赖与南京国民政府外交部次长郭泰祺接洽订约。郭泰祺遂令情报司司长张似旭进行研究。随后，外交部拟定了中智通商条约文稿。随后，中日关系紧张，中国面临严峻外交形势，中智商约没有立即启动正式磋商。1932 年夏，智利发生革命，建立新政府。7 月 16 日，南京国民政府外交部部长罗文干照会斐采赖，正式承认智利新政府，希望两国以友好精神，增进两国邦交。智利新政府当即训令驻华代办磋商中智商约，斐采赖即照会中国外交部，请求正式交涉。⑤ 不知何故，此时正式交涉仍未启动。

---

① 《智利商业考察团来华与中智关系》，《外部周刊》第 168 期，1937 年 5 月 31 日，专载，第 29 页。
② 《国府承认智利政府，中智通商条约下月开始商讨》，《申报》1932 年 8 月 19 日，第 4 张第 13 版。
③ 《鬓鼓声中之订约声，中波、中智、中埃皆开始缔订新约》，天津《益世报》1930 年 6 月 8 日，第 1 张第 3 版。
④ 《中智商约移华续商，智使赞美在智侨胞，外部拟办中智航行》，天津《益世报》1931 年 7 月 24 日，第 1 张第 3 版。
⑤ 《国府承认智利政府，中智通商条约下月开始商讨》，《申报》1932 年 8 月 19 日，第 4 张第 13 版。

1933 年初，智利政府致电驻华代办斐采赖，要求与中国外交部接洽，继续谈判。斐采赖即照会中国外交部。[①] 5 月 4 日，斐采赖拜会南京国民政府外交部欧美司长，表示希望订约。随后，他与外交部部长罗文干进行了磋商。双方就条约文稿进行了谈判。至 5 月中旬，条约基本内容谈妥。随即斐采赖报告给智利政府，请示给予训令签字。[②] 但是，智利政府对条约内容有顾虑，并未同意签字。7 月底，斐采赖也请假离开中国。智利驻华代办先后由智利驻日代办舍根蒙脱（Sergiomong）、驻沪总领事司麦脱接任。[③] 他们均未得到智利政府的谈判授权。事实上，此次商约谈判就停滞了。

1935 年 10 月，智利新任驻华代办华伽（Vgea）来华。11 日，他拜会南京国民政府外交部部长汪精卫。[④] 此时，中智双方再次提及订约事宜。智利政府希望将商约谈判改在智利首都圣地亚哥进行。11 月 30 日，中国驻智利公使张谦电告南京国民政府外交部，智利外交部部长表示，中智商约已脱稿，马上可以磋商。[⑤] 但此次议约也无结果。

1937 年 5 月，中智两国商务往来加强，智利派出商业考察团赴华，希望发展对华贸易，尤其希望推销智利硝。[⑥] 此时，关于中智商约，有消息称，"前由两国提出蓝本磋商，不久当可进入正式讨论阶段。"[⑦] 实际情况是，此前智利政府提出了通商协定草案，交由中国驻智利使馆呈中国外交部，中国外交部正在研究，没有答复。[⑧] 不久，中日关系紧张，随着日本全面侵华战争的爆发，中外条约谈判均陷入停顿，中智商约谈判也就无法进行。终至国民政府垮台，中智商约都未能订立。

中智两国商约历经多次磋商，但一直未有结果，争论焦点在于中方重在

---

① 《智利促订中智商约，驻沪智代办已照会我外部》，《新闻报》1933 年 2 月 3 日，第 4 张第 13 版。

② 《智代办谈中智新约日内可签字》，《民报》1933 年 5 月 19 日，第 2 张第 5 版。

③ 《智利委司麦脱兼驻华代办，舍根蒙脱已离沪返日》，《中央日报》1933 年 11 月 2 日，第 1 张第 3 版。

④ 《新任智利驻华代办华伽昨晚晋京，谒汪院长呈到任证书》，《新闻报》1935 年 10 月 18 日，第 3 张第 9 版。

⑤ 于能模：《中国与智利订约案》，1936 年 2 月 6 日，台北"中研院"近代史研究所档案馆藏外交部档案，馆藏号：11—10—01—06—001。

⑥ 《智利商业考察团来华与中智关系》，《外部周刊》第 168 期，1937 年 5 月 31 日，专载，第 28 页。

⑦ 《中智商约即将商订，智利商业考察团北来，视察华北经济》，天津《大公报》1937 年 5 月 26 日，第 1 张第 3 版。

⑧ 《智利商业考察团来华与中智关系》，《外部周刊》第 168 期，1937 年 5 月 31 日，专载，第 29 页。

保侨，智方重在硝石贸易。随着 1915 年《通好条约》的签订，不断有华侨入境，智利政府嫌华侨前往数量过多，于是颁布命令，限定华侨入境，每船只允许十二名华侨登岸。1927 年起，为报复中国对智利硝征收 7.5% 的进口税（比他国重），智利政府将初次往智利居留或营业的华侨数量减少为每年三十六人，[①] 并加以他种限制。例如，华侨赴智利前，须向智利驻香港领事馆请领护照，并需要缴纳保证金 185 美元等。而这些规定只针对中国人，日本人赴智利根本没有这些限制。虽然后来这些规定有的有所改变，如保证金制度取消，但智利对华侨入境仍采取限制措施，且对境内和过境华人也有特殊规定，实际上是歧视华人。中国政府希望能取消这些限制，允许华人自由入境。智利政府不愿意商约内出现此种内容。而智利特别注意的是硝石贸易。因为硝石可以制造军火，南京国民政府对硝石入口采取限制措施，规定硝石进口需要军政部护照，且需要缴纳进口税。这引起智利政府不满。智利是硝石生产大国，一战前 80% 销往欧洲。但一战后因为德国人发明人造硝，智利输往欧洲硝石量锐减，降为 20%。因此，中国成为智利硝石的主要市场。为了促进硝石的销售，智利政府希望中国放宽限制，[②] 而中国政府担心放开会引起不良后果。双方各不愿意妥协，中智商约始终无法达成。

二、　与波斯交涉缔结平等通商条约

波斯（1935 年起称"伊朗"）地处亚洲，近代受英、俄、美等列强侵略，成为半殖民地国家。第一次世界大战给波斯脱离羁绊提供了机会，战后逐步废除不平等条约。至 1928 年 5 月，波斯取消与列强的不平等条约，实现关税自主，并取消领事裁判权。[③] 近代波斯与中国的命运相似，且两国往来较为密切，具有订约建交的基础。1920 年 6 月 1 日，两国签订《友好条约》，宣布建立平等友好关系。但是，该约只是建交条约，不涉及通商。

---

① 于能模：《中国与智利订约案》，1936 年 2 月 6 日，台北"中研院"近代史研究所档案馆藏外交部档案，馆藏号：11—10—01—06—001。

② 《智利商业考察团来华与中智关系》，《外部周刊》第 168 期，1937 年 5 月 31 日，专载，第 28—29 页。

③ 《东方民族之光荣，波斯废除卖身契》，《民国日报》1928 年 5 月 18 日，第 1 张第 4 版。

南京国民政府成立后，积极与波斯政府联系，磋商缔结平等通商条约。此时，商界也在呼吁订立中波商约。波斯宣布关税自主后，实施新关税，对有约国和无约国货物征收差别税率。中国输往波斯的货物被视为无约国货物，需缴纳最高税率，受严重打击。商界呼吁政府积极与波斯订约，改变这种状况。1929 年 1 月，外交部"以中波两国同处亚洲，人民往来贸易日渐频繁，亟应另订商约，以期促进两国关系"，电令中国驻意大利使馆，与波斯驻意大利公使接洽订约。波斯公使表示，波斯政府非常赞同订约。①

1930 年 4 月，外交部拟具了通商条约草案。南京国民政府原拟派驻意大使郭泰祺为代表，但因郭泰祺久未赴任，遂将通商条约草案交驻意大利使馆代办蒋履福，进行磋商。11 月，波斯驻意大利大使获政府全权证书，拟与中国开议。② 蒋履福致电外交部，请求颁发全权证书，以便交涉。③ 随后外交部授权蒋履福正式交涉。12 月，蒋履福向外交部转送了波斯政府提出的条约对案。外交部随即研究，拟具答案。1931 年 4 月，外交部将答案交给蒋履福。7 月初，蒋履福电告外交部，已与波斯大使接洽磋商。④ 但是，波斯政府一直对中方条约对案拖延不答。

1933 年 11 月，中国驻苏联大使颜惠庆报告，波斯政府希望在莫斯科磋商订约。外交部遂指示颜惠庆与波斯大使磋商。随后，双方进行了谈判，中方提交了第二次条约草案。1934 年 1 月，中国驻苏大使馆报告，波斯大使已将第二次条约草案转送波斯政府，但他又称，"商约范围甚广，磋订需时，不如先订一暂行办法，规定关税适用最惠国待遇原则。"中国外交部不同意订立暂行办法，要求催波斯方面答复商约草案。但是，经多次催促，波斯政府一直拖延不决。⑤

在两国磋商期间，商界提出先交换公函确定最惠国待遇的主张。1934 年

① 汪杨宝：《中波商约案》，1934 年 12 月 17 日，台北"中研院"近代史研究所档案馆藏外交部档案，馆藏号：11—10—01—06—003。

② 《中国波斯订约将正式开议》，《中央日报》1930 年 11 月 14 日，第 1 张第 3 版。

③ 《外交部 1930 年 11 月份工作报告》，1930 年 12 月 29 日，王建朗主编：《中华民国时期外交文献汇编（1911—1949）》第 5 卷上，第 295 页。

④ 《波斯将与我订商约，由驻意代办与驻意波使接洽》，《民国日报》1931 年 7 月 2 日，第 1 张第 4 版。

⑤ 汪杨宝：《中波商约案》，1934 年 12 月 17 日，台北"中研院"近代史研究所档案馆藏外交部档案，馆藏号：11—10—01—06—003。

5 月，波斯在上海设立总领事馆，派出首任总领事。① 这让两国商人看到了希望。6 月 15 日，上海市总商会致函外交部和实业部，希望政府乘机速订商约，在商约未经商订前，先派代表交换公函，确定最惠国待遇。② 7 月，波斯侨沪商人向总领事呼吁，希望以绝对平等原则订定商约，一方面促进华茶输波斯，另一方面有利于波斯地毯等输入中国。而此前中国茶商等因受无约国待遇的束缚，发展困难，向外交部请愿，希望订约。③

鉴于波斯政府缺乏订约诚意，而中国茶、丝贸易因关税太重而式微，南京国民政府外交部于 11 月 10 日电令中国驻苏联大使馆，一方面催促波斯早日答复草案，另一方面刺探波斯订约诚意。外交部认为，如果波斯缺乏订约诚意，不如先换文订立有效期六个月的临时办法，规定两国货物互相享受最惠国待遇，以期暂时解决中国货物在波斯市场的困境。11 月 23 日，波斯代办答复，波斯政府希望至 1936 年再订新约。在这种情况下，外交部于 27 日指示中国驻苏联大使馆，先订暂行办法。④ 但不知什么原因，这个暂时办法也没有能够订立。1935 年，外交部致电中国驻苏联大使馆，催促速订商约。波斯驻苏使馆代办答复，波斯与各国商约均将于 1935 年底满期，届时波斯政府将与各国另订平等新约，并愿以此为蓝本与中国政府议订商约。外交部再次致电中国驻苏联大使馆，希望波斯政府从速答复我国原提草案，并以此讨论达成商约。⑤ 但是，此后波斯政府仍无订约意愿。终至国民政府垮台，两国都没有达成通商条约。

三、　与芬兰谈判通商条约

芬兰系波罗的海沿岸国家。近代芬兰受俄国控制，至 1917 年 12 月才宣布独立建国。芬兰共和国建立后，寻求与各国发展平等关系。芬兰宣布独立

---

① 《波斯首次领事本日抵沪》，天津《益世报》1934 年 5 月 6 日，第 1 张第 3 版。
② 《沪商会电外实两部，请与波斯订约，挽救对外贸易》，《中央日报》1934 年 6 月 17 日，第 1 张第 3 版。
③ 《波斯侨沪商民希望中波早订商约，波斯总领拟俟天气稍凉晋京》，《新闻报》1934 年 7 月 26 日，第 3 张第 10 版。
④ 汪杨宝：《中波商约案》，1934 年 12 月 17 日，台北"中研院"近代史研究所档案馆藏外交部档案，馆藏号：11—10—01—06—003。
⑤ 《条约之修订：中波商订商约之进行》，《中国国民党指导下之政治成绩统计》第 1 期，1935 年 1 月，行政—外交，第 39 页。

后，民国北京政府宣布承认其独立，并于 1923 年在芬兰设立使馆。1926 年
10 月 29 日，中芬两国订立《通好条约》，正式建立平等友好关系。

南京国民政府成立后，继续保留此前设在芬兰的使馆。芬兰在上海设立
总领事馆，并由驻日公使兼驻华代表。两国政府保持比较友好的关系，但因
为没有订立通商条约，中芬货物进出口多通过第三方，颇为不便。1928 年 8
月 26 日《申报》报道，芬兰驻沪总领事韦美基（K. G. Wähämäki，又译威
海梅基）向南京国民政府外交部提议，芬兰愿与中国订立平等互惠条约，并
互派使领。这得到南京国民政府外交部部长王正廷的赞同。[①] 朱绍阳被任命
为中国驻芬兰使馆代办，是年底到任。12 月 28 日，朱绍阳拜会芬兰外交总
长朴罗斯考皮（Proscope），该外长表示愿与中国订定中芬平等通商条约。朱
绍阳迅速电告外交部，请示是否比照中奥新约原则进行磋商。[②] 但随后因朱
绍阳被调回国内办理中俄交涉，直至 1929 年冬才回任芬兰使馆，中芬商约
未在芬兰展开详细磋商。

1928 年 12 月 7 日，南京国民政府宣布翌年 2 月 1 日实施新税则，引起
芬兰政府的关注。1929 年 1 月 18 日，韦美基拜访外交部驻沪交涉员金问泗，
询问新税则对有约国和无约国货物是否同等待遇。[③] 实际上，芬兰是担心未
与中国订立商约而使芬兰货物缴纳较高税率。尽管此次实施的新税则没有区
分有约国、无约国商品，但该税则实施期限为一年，芬兰政府仍担心对其有
不利影响，希望订立正式商约。4 月，韦美基致函南京国民政府外交部，奉
令询问南京国民政府是否同意芬兰提出的商订与 1926 年内容相同之中芬友
好条约之提议。[④] 4 月 25 日，韦美基奉令拜会外交部驻沪交涉员金问泗，接
洽商订中芬平等条约事宜。[⑤] 这些表明，此时芬兰政府对缔结商约还是比较
积极的。

---

①　《芬兰要求我国订定平等条约》，《申报》1928 年 8 月 26 日，第 5 张第 17 版。
②　《莫斯科朱绍阳来电》，1928 年 12 月 29 日发，30 日收，台北"中研院"近代史研究所档案馆藏外交部档
案，馆藏号：11—10—04—03—017。
③　《芬兰总领韦美基昨访金问泗》，《申报》1929 年 1 月 19 日，第 4 张第 13 版。
④　《芬兰政府商订新约》，《申报》1929 年 4 月 25 日，第 2 张第 6 版。
⑤　《商订中芬条约先声，芬兰总领事韦美基昨访金交涉员接洽》，《申报》1929 年 4 月 26 日，第 4 张
第 13 版。

在芬兰政府的一再提议下，南京国民政府外交部决定启动中芬商约磋商。1929 年 7 月 8 日，外交部呈请行政院转呈国民政府，简派驻芬兰公使朱绍阳为全权代表，与芬兰政府代表商订两国通商航海条约。[①] 7 月 19 日，国民政府第三十六次国务会议决议派朱绍阳为全权代表。[②] 11 月，朱绍阳抵达芬兰。26 日，他向芬兰总统正式递交国书，就任驻芬兰公使。[③] 但朱绍阳的谈判未来得及展开，便因办理对俄交涉不力而被免职。[④] 驻芬兰使馆由夏维崧代办，不久夏也奉令回国。[⑤] 此后，中国驻芬兰使馆处于代办状态。1932 年 4 月 28 日，中国驻芬兰使馆裁撤，馆务由驻瑞典兼挪威公使兼办。[⑥] 6 月 3 日，驻瑞典兼挪威公使诸昌年被任命为兼驻芬兰公使。[⑦] 使馆馆务人事变动影响了商约的磋商。

由于在芬兰没有展开磋商，芬兰政府提议订约磋商转移到中国进行。1930 年 4 月初，韦美基被任命为驻华代办。11 日，韦美基赴南京递交证书，并转达芬兰政府训令，希望中芬订约改在南京进行。[⑧] 外交部部长王正廷指派政务次长李锦纶与韦美基商订中芬友好通商条约。[⑨] 至 5 月 6 日，李锦纶对外宣称，中芬商约双方已订定草案，不久即可正式签订。[⑩] 但是，这个商约并没有签订，此后也没有中芬商约的消息。1931 年 4 月，韦美基回国。[⑪] 此后，芬兰驻华代表多有变更。至 1933 年 7 月，芬兰驻华使馆馆务由丹麦驻华使馆代理。[⑫] 1936 年，有消息称，芬兰政府希望与中国缔结商约。[⑬]

[①] 《外交部 1929 年 7 月份工作报告》，1929 年 7 月，王建朗主编：《中华民国时期外交文献汇编（1911—1949）》第 5 卷上，第 80 页。

[②] 《国府三十六次国务会议》，《申报》1929 年 7 月 20 日，第 3 张第 9 版。

[③] 《朱绍阳在芬递国书》，《申报》1929 年 11 月 28 日，第 2 张第 6 版。

[④] 《中央拟发对俄宣言，中政会昨日开会讨论》，《申报》1930 年 2 月 8 日，第 1 张第 4 版。

[⑤] 《首都纪闻》，《申报》1930 年 5 月 9 日，第 2 张第 7 版。

[⑥] 《驻芬使馆裁撤》，《申报》1932 年 4 月 29 日，第 2 张第 6 版。

[⑦] 《行政院决议案，指定吴铁城为邮研会主席》，《申报》1932 年 6 月 4 日，第 2 张第 8 版。

[⑧] 《王正廷报告外交近况》，《申报》1930 年 4 月 12 日，第 3 张第 9 版。

[⑨] 《德使卜尔熙抵京》，《申报》1930 年 4 月 13 日，第 2 张第 8 版。

[⑩] 《中土、中芬商约，一则开始谈判，一将正式签字，李锦纶偕土代办昨晋京》，《申报》1930 年 5 月 7 日，第 4 张第 13 版。

[⑪] 《芬兰代办奉命返国》，《申报》1931 年 4 月 8 日，第 1 张第 4 版。

[⑫] 《芬兰公使呈递国书》，《申报》1937 年 5 月 3 日，第 1 张第 4 版。

[⑬] 《芬兰希望与中国订立商约，桐油输芬大增》，《国际贸易导报》第 8 卷第 9 号，1936 年 9 月 15 日，第 186 页。

1937 年，芬兰政府决定恢复驻华代表，派华尔槐纳（Huge Valvanne，又译魏尔万尼、范文、范尔佛）担任驻华公使。5 月 1 日，华尔槐纳呈递国书，两国外交联系再次建立。但这次恢复驻华代表，也没有进行商约磋商。随着日本全面侵华战争爆发，国民政府无暇顾及中芬新约谈判。全面抗战期间，芬兰政府采取承认伪满洲国的政策，中芬两国关系再次中断。

除上述三国外，德国、奥地利也属于已与中国建立平等条约关系的国家。南京国民政府与他们也进行了交涉，希望重新缔结新约。与德国的谈判比较顺利，中德关税新约得以缔结。相比而言，中奥条约磋商未能取得明显进展。巴黎和会后，中奥直接接触，商订通商条约。经过四年的磋商，到 1925 年 10 月 19 日，中奥签订新的《通商条约》，正式恢复邦交。随后，中国政府向奥地利派使，由驻德公使兼任驻奥公使。奥地利则派驻日公使兼驻华公使。南京国民政府成立后，与奥地利的关系继续维持民国北京政府时期的中奥关系格局。1928 年 11 月 19 日，国民政府正式任命蒋作宾为驻奥地利公使。① 此后，南京国民政府希望重新磋商中奥通商条约，并于 1929 年 2 月 15 日正式派蒋作宾为商订中奥通商条约全权代表。② 5 月 23 日，蒋作宾赴奥地利递交国书。③ 但是，此后有关中奥通商条约磋商问题一直没有下文。直至南京国民政府垮台，两国也没有缔结新的通商条约。

第二节　与苏联重建条约关系

1924 年 5 月 31 日，中苏达成协定，建立平等条约关系。但随后因多种原因，中苏条约规定的许多问题成为悬案，未能解决。国民党北伐过程中，因对苏联支持中国共产党表示严重不满，国民党与苏联共产党关系恶化。南京国民政府成立后，中苏间一度中断了外交关系。之后基于国际国内局势，

---

① 《中华民国国民政府令》，1928 年 11 月 19 日，《行政院公报》特刊号，1928 年 11 月，府令，第 72 页。

② 《蒋公使在柏林递国书，国府派蒋为订中奥新约全权代表，竟有人收买南京地皮暗售与日人》，天津《益世报》1929 年 2 月 16 日，第 1 张第 3 版。

③ 《蒋作宾赴奥，呈递国书》，《中央日报》1929 年 5 月 25 日，第 1 张第 4 版。

南京国民政府希望恢复中苏关系，并与苏联谈判缔结互不侵犯条约和通商条约。由此，南京国民政府与苏联政府先后签订了《伯力会议议定书》《恢复邦交之换文》《不侵犯条约》《通商条约》，并磋商互助条约，重新恢复了平等条约关系。

一、　中苏签订《伯力会议议定书》

北伐后期，国民党政权与苏联关系恶化。1927 年 12 月 14 日，南京国民政府下令撤销苏联在华领事馆机构，要求停止其在华商业机构。[①] 随后苏联撤走了除东北地区领事馆外的所有在华使领机构，双方关系几乎中断。1929 年，张学良下令搜查苏联驻哈尔滨领事馆（5 月 27 日）并夺取中东铁路（7 月 10 日），引起苏联强烈反应，中苏关系恶化达到极点。7 月 13 日、18 日，苏联两次提出抗议，宣布断绝邦交。[②] 南京国民政府外交部也发表了对苏绝交宣言。[③] 随后双方一度爆发了长达三个月的边境战争。

在冲突事件发生后，中苏试图通过各自驻德使馆进行沟通，同时东北地方当局也与正准备离境的苏联驻哈领事梅里科甫（梅勒尼科夫）保持磋商。7 月 20 日，张学良授意滨江道尹兼外交部交涉员蔡运升与梅里科甫会面，并致函苏联代理外交人民委员加拉罕（喀拉罕），希望磋商。22 日，蔡、梅进行了会晤，达成了一些条件。25 日，梅里科甫将加拉罕回电转给蔡运升，答应"设法由中俄两国自行了结"。26 日，蔡运升根据与梅里科甫的沟通，赴奉天面呈张学良，建议由东北方面致函加拉罕，"作为局部意见。"随后，东北政务委员会起草了办法四条：双方各派代表定期会议解决东路问题；苏联政府另派正副局长；东路现在的状态认为临时办法，由俄正局长、华副局长共同签字办事，俟将来会议后根据中俄、奉俄协定予以规定；被拘苏联人员可以

---

① 《南京国民政府撤销苏俄领事馆及商业机关令》，1927 年 12 月 14 日，程道德等编：《中华民国外交史资料选编（1919—1931）》，第 411 页。

② 《中国国民党三届三中全会国民政府政治工作报告书（关于中东路事件）》，1930 年 3 月，秦孝仪主编：《中华民国重要史料初编：对日战争时期》绪编（二），台北中国国民党中央委员会党史委员会，1981 年，第 258 页。

③ 《搜查哈尔滨苏联总领事馆案：本部对外宣言》，《外交部公报》第 2 卷第 4 号，1929 年 8 月，文书，第 58 页。

释放，但须经过相当手续驱逐出境，被苏联拘留的华人也一律释放。[1] 但外交部不同意正副局长签字办法。[2] 7月27日，蒋介石致函张学良，对交涉条件进行了修改，删掉了其中第二条，并将第三条中"局长签字"一节删除。[3] 7月29日，张学良根据蒋介石意见修改了条件。新函件列了三条为正文，惟在函末附带声明苏联另派正副局长及中苏局长会同签字。[4] 8月2日，梅里科甫向蔡运升转交了加拉罕回函。加拉罕对未提及"苏联政府先派正副局长"表示不满，并指出中方信函"不啻提议将违犯中俄奉俄协定以武力侵夺造成之东路现状，予以合法之承认"，指责东北地方当局及南京国民政府应对破坏苏联7月25日所提出的以协议方式解决冲突的可能性负完全责任。苏联方面担心中方"乘机变更协定，预占改用华正局长之地步"。尽管经蔡运升当面争辩解释，但苏方并不接受。[5] 蔡、梅交涉至此停顿。

此时，南京国民政府决定将交涉权收归中央。外交部派驻芬兰代办朱绍阳回国协助交涉。8月6日，朱绍阳抵达满洲里。8月7日，朱绍阳先后致电梅里科甫、加拉罕。9日，加拉罕回电，不肯正式派员磋商，并表示如要谈判，可以用书面方式，实际上就是要求中方先确认解决正副局长问题。[6] 此时因为中国国内政局不稳，苏联并不着急谈判。10月下旬，蒋介石致电张学良，希望张学良直接相机接洽。但张学良回电要求转催外交当局设法速决。[7] 在这种情况下，南京国民政府致函《非战公约》各国，声称愿意随时准备与苏联直接谈判，"并为提出国际联盟之准备"，引起英美等国的关注。

---

① 《东北边防军司令长官张学良自沈阳报告俄驻哈梅领事与张作相副司令、蔡交涉员谈话情形及拟由东北方面致喀拉罕一文作为局部意见以谋和平解决电》，1929年7月27日，秦孝仪主编：《中华民国重要史料初编：对日战争时期》绪编（二），第239—240页。

② 《中国国民党第四次全国代表大会国民政府政治总报告（关于中苏问题）——附录二：伯力交涉始末记》，王建朗主编：《中华民国时期外交文献汇编（1911—1949）》第5卷下，第911页。

③ 《蒋主席致张学良司令长官指示对俄交涉应注意事项及对喀拉罕提议改正各条文电》，1929年7月27日，秦孝仪主编：《中华民国重要史料初编：对日战争时期》绪编（二），第240—241页。

④ 《东北边防军司令长官张学良自沈阳报告业将所定三条原文用个人名义函达喀拉罕电》，1929年7月28日，秦孝仪主编：《中华民国重要史料初编：对日战争时期》绪编（二），第241页。

⑤ 《东北边防军司令长官张学良转据蔡交涉员电陈俄驻哈梅领事来满面交喀拉罕复函及谈话情形电》，1929年8月3日，秦孝仪主编：《中华民国重要史料初编：对日战争时期》绪编（二），第242—243页。

⑥ 《朱绍阳代办自满洲里报告俄梅领事已启程及喀拉罕复电请我方用书面方式答复意在先行取得有利条件电》，1929年8月11日，秦孝仪主编：《中华民国重要史料初编：对日战争时期》绪编（二），第244页。

⑦ 《蒋主席致张学良司令长官告以暴俄知我国内乱故对我提议与德国斡旋均置之不理电》，1929年10月19日，秦孝仪主编：《中华民国重要史料初编：对日战争时期》绪编（二），第248—249页。

苏联为了避免列强干预，遂决定同意先与东北地方当局磋商。

　　此时，中方在前线失利，苏军分路入境，张学良电招蔡运升谋和。11 月 30 日，蔡运升赴双城子（尼克利斯克—乌苏里斯克），与苏联外交人民委员部驻伯力代表西门诺夫斯基（又译西曼诺夫斯基、司曼诺夫斯基）进行先期磋商，于 12 月 3 日签署《奉天政府与苏联政府间议定书》（《双城子草约》），并约定在伯力（哈巴罗夫斯克）正式会议，再在莫斯科会议，最后在北京换文。[①] 议定书共五条，规定奉天政府同意撤换中东铁路理事长吕荣寰；苏联任命叶穆善诺夫与艾斯蒙特为中东铁路局局长、副局长，并保留任命他们担任其他职务的权利；双方遵守 1924 年两协定，即中苏《解决悬案大纲协定》和《中华民国东三省自治省政府与苏维亚社会联邦政府之协定》（《奉俄协定》）。[②] 上述议定书签署后，东北政务委员会举行会议讨论，委员们对协定意见不一，"反对的理由皆集中于吕督办辞职载在纪录一项。"在争论不休之时，张学良接到军情报告，苏机已飞临省区上空。在这种情况下，会议最后才表决接受协定，并派蔡运升赴伯力。蔡当场提出两点请求：其一，赴伯力后，需要休息，不当莫斯科会议代表；在国外要有全权。张学良表示同意，当即电请南京国民政府派蔡为伯力会议中国代表。[③]

　　12 月 7 日，南京国民政府任命蔡运升为对俄交涉代表。12 月 11 日，蔡运升抵达伯力。16 日，中苏预备会议开会。22 日，蔡运升与苏联代表西门诺夫斯基签订《伯力会议议定书》。该议定书共十条，主要内容为：中东铁路管理恢复至冲突前的状态，所有因中东铁路、哈尔滨总领事馆事件冲突而被逮捕的苏联侨民一律释放，苏联释放所有与冲突有关的中方人员；冲突以来被免职或自动辞职的苏联员工恢复工作；中国同意解除境内白俄武装，并驱逐白俄首领及煽惑者；恢复商业机构；恢复边境和平，并撤兵。该协定对两国恢复邦交也作了安排，先行恢复苏联在东三省的领馆。同时，恢复中国

---

　　① 《中国国民党第四次全国代表大会国民政府政治总报告（关于中苏问题）——附录二：伯力交涉始末记》，王建朗主编：《中华民国时期外交文献汇编（1911—1949）》第 5 卷下，第 912 页。
　　② 王铁崖编：《中外旧约章汇编》第 3 册，第 736—737 页。
　　③ 《中国国民党第四次全国代表大会国民政府政治总报告（关于中苏问题）——附录二：伯力交涉始末记》，王建朗主编：《中华民国时期外交文献汇编（1911—1949）》第 5 卷下，第 912—913 页。

在苏联远东各省的领馆。双方认可按照国际法及惯例保障对方领事馆的不可侵犯权及一切权利。①《伯力会议议定书》宣布结束武装冲突状态，两国边境恢复和平。

但是，《伯力会议议定书》签字后，南京国民政府以蔡运升越权为由，宣布对议定书加以部分否认，并对蔡运升进行处分。1930 年 2 月 8 日，外交部发表宣言称，该议定书"除规定解决中东铁路纠纷之办法外，而载有数种事项，属于两国间之一般关系，显系超越国民政府训令之范围，而为中国代表无权讨论者"。外交部认为，议定书中关于解决中东铁路纠纷办法已实行，拘留人员已释放，正副局长亦已任命，铁路交通已经恢复原状。至于根本解决办法，需等到正式会议。中国准备派代表前往莫斯科讨论中东铁路善后问题，其他通商及一般问题可由苏联派人来华商议。②

按照《伯力会议议定书》，中苏会议应于 1930 年 1 月 25 日举行，但未能如期举行。在张学良推荐下，国民政府正式任命莫德惠为中苏会议代表。蒋介石向莫德惠面授机宜。4 月，莫德惠抵达莫斯科，拜会苏联外交人民委员李维诺夫（Maxin litvinov，当时又译李脱维诺夫）。李维诺夫表达了复交通商的愿望，但也知道中方最注重的中东铁路问题，"如不得相当办法，其他均难进行。"③ 由于双方对于会议范围存在较大分歧，正式会议一再延期。经过几次会晤，直至 10 月 8 日双方才确定正式会议范围。此时，中方同意除讨论中东路问题外，还可以讨论通商、复交问题。④

10 月 11 日，双方举行第一次正式会议。开幕伊始，加拉罕就要求中方承认中苏协定、奉俄协定及伯力协定"为一种国际行为"，作为谈判的基础。莫德惠在答词中强调中苏协定是基于苏俄政府两次对华宣言精神而签订，中方一直遵守该协定；对于《奉俄协定》《伯力会议议定书》，莫德惠只强调凡

---

① 《伯力议定书及其签订之经过纪录》，1929 年 12 月 22 日，秦孝仪主编：《中华民国重要史料初编：对日战争时期》绪编（二），第 253—256 页。

② 《蒋主席致张学良司令长官告以外交部关于伯力纪录之宣言及外交方面已有准备电》，1930 年 2 月 8 日，秦孝仪主编：《中华民国重要史料初编：对日战争时期》绪编（二），第 257 页。

③ 《莫德惠代表呈蒋主席报告抵俄访晤苏联外长李脱维诺夫谈话情形函》，1930 年 4 月 16 日，秦孝仪主编：《中华民国重要史料初编：对日战争时期》绪编（二），第 259—260 页。

④ 《中俄会扩大，外部电俄外交委员会，莫德惠有讨论复交权》，天津《大公报》1930 年 10 月 9 日，第 1 张第 3 版。

经合法手续签订的一切中俄条约中国无不遵守。① 由于中苏协定第九条规定"苏联政府允诺，中国以中国资本赎回中东铁路及该路所属一切财产；并允诺，将该路一切股票、债票移归中国"，② 故中方一开始就表示要遵守中苏协定。而奉俄协定系张作霖东北地方当局所签，其详细规定了铁路管理权限，尤其规定苏联可以派理事会副理事长兼会办、管理局局长和副局长及各种职务等③；伯力协定实际上是肯定奉俄协定所规定的管理状态。因此，中方在意的是赎回铁路，而苏联在意的在复交和通商前按照伯力协定规定继续管理中东铁路，这成为双方分歧之所在。

12 月 4 日，双方举行第二次会议，议定会议程序。会议决定设三个专门委员会，其中，中东铁路委员会由中方代表刘泽荣、李琛、屠慰曾、王曾思及苏联代表三人组成，④ 复交委员会由中方代表钱泰、王明辰与苏方两名代表组成；通商委员会由中方代表许建章（后改胡世泽）、张寿增与苏方三名代表组成。⑤ 随后，莫德惠回国汇报交涉情形，交涉暂时中断。

1931 年 3 月 28 日，莫德惠返回莫斯科。4 月 11 日，举行第三次会议，莫德惠提交了《关于赎买中东铁路的协定草案》（五条大纲）。随后，双方主要围绕赎路问题进行磋商。4 月 21 日，举行第四次会议，"苏联代表团建议先讨论建筑该路的原价，然后再讨论赎路的程序。"4 月 29 日，在第五次会议上，苏方提出赎路条件："赎路应使用何种货币；中国赎路是否借用外债；付给苏方路款系一次付清或分期付款；如系分期付款则相距时间若干；在路款未完全付清前铁路应如何管理，中苏双方的人员是否仍留原职不动。"⑥ 在会议中，苏方坚持认为中苏协定和奉俄协定规定赎路是有条件的，声明所提八条均系赎路条件。中方认为，除了协定所规定原则外，不应有条件，协定

---

① 《中苏正式会议开幕，加拉罕与莫代表之演说原文》，《中央日报》1930 年 10 月 14 日，第 1 张第 3 版。

② 中苏《解决悬案大纲协定》，1924 年 5 月 31 日，王铁崖编：《中外旧约章汇编》第 3 册，第 424 页。

③ 《中华民国东三省自治省政府与苏维亚社会联邦政府之协定》，1924 年 9 月 20 日，王铁崖编：《中外旧约章汇编》第 3 册，第 466—470 页。

④ 《中苏会议继续开会，决分东路通商复交三组进行，东路问题委员双方共推七人，复交通商二组我方尚须另派》，《民国日报》1930 年 12 月 6 日，第 1 张第 3 版。

⑤ 《中苏会议设专委会，通商、复交二组亦派定》，《民国日报》1930 年 12 月 8 日，第 1 张第 3 版。

⑥ ［苏］卡比察著，赵承先、忻鼎明译：《1931—1945 年的中苏关系》，世界知识出版社，1957 年，第 20 页。

中所载"条件"是指赎路方法。由于彼此对协定中所载"条件"二字理解不同，无法达成共识。于是，双方决定暂作非正式接洽。6 月 4 日，举行第八次会议，讨论接理东路五条，"我方主张修改管理协定，彼方坚不同意，力主先决悬案，我方对于修改管理协定一节，声明保留，遂商定订定路局章程。"随后在第九次会议讨论路局章程时，苏方提出十三项问题，多系东路理事会未解决之悬案。随后，中方提出修正案。其中，关于路警任用旧俄籍人一节，双方辩论多次，无果搁置。关于东路财产问题，中方坚持有权收回，苏方认为收回各项财产系强取行为，彼此争辩无果。经过多次磋商，至1931 年 10 月 7 日第二十五次会议，因分歧巨大，仍无结果。双方主要分歧在于：中方要求苏联放弃在中东铁路上的权利，而回避恢复外交关系和贸易问题；苏联要求承认中苏协定、奉天协定和伯力协定，进而恢复外交关系和贸易问题。问题的症结在中东铁路问题。中方要求先收回中东铁路，再讨论复交、通商问题，而苏联要求按照奉俄协定、伯力协定等有关规定办理，即使中方提前赎回中东铁路，也必须在恢复中苏外交关系和缔结贸易协定之后。至于赎路的"条件"，双方分歧也很大。"九一八"事变发生后，东北沦陷，中苏谈判无形中断。[1]

日本占领东三省后，中国政府也无法继续行使管理中东铁路的权利。伪满洲国成立后，在日本的支持下，试图取得中东铁路管理权，时常为难苏联管理中东铁路，比如扣留机车等。在这种情况下，苏联政府决定将中东铁路出售给伪满（实际上是日本）。1933 年 5 月 11 日，苏联外交人民委员李维诺夫向外界公然承认苏联出卖中东铁路。[2] 这引起中国政府强烈不满，双方进行了一系列交涉。虽经中国政府抗议，苏联仍于 1935 年 3 月 22 日与日伪签署协定，非法将中东路一切产业售卖于伪满。[3]

---

① 有关这次谈判的情形，参见［苏］卡比察著，赵承先、忻鼎明译：《1931—1945 年的中苏关系》，第 15—21 页，但该书多有指责中国政府。

② 居正：《苏俄出卖中东铁路事件（民国二十二年五月十五日在国府纪念周讲演）》，秦孝仪主编：《中华民国重要史料初编：对日战争时期》绪编（二），第 264 页。

③ 《中国国民党第五次全国代表大会外交报告（苏俄向日、伪提议让渡中东路交涉案）》，1935 年 11 月，秦孝仪主编：《中华民国重要史料初编：对日战争时期》绪编（二），第 266—273 页。

二、 中苏签订《恢复邦交之换文》

"九一八"事变后，南京国民政府寄望于国联和西方列强的调停，但现实教训了南京国民政府，国联和西方列强根本靠不住。在这种背景下，蒋介石意识到恢复中苏关系的必要性，因此决定展开复交磋商。而苏联政府面对日本在中国东北的侵略行径，也意识到将给其远东和西伯利亚安全带来极大威胁，因此也希望改善与中国的关系。

1932 年 5 月 4 日，外交部报告苏联态度，称苏联政府在五一阅兵大典等场合对中国代表团冷淡，"意在促我复交。"外交部认为，中苏迟早要复交，"倘令早日实现，使我国国际地位焕然一新，内可抚慰国民睦邻之心，外备树远东犄角之势，揆诸现情，似尚得计。"5 月 19 日，中政会外交组对该案进行审议，决定积极准备对俄复交，外交组拟定《关于中苏复交问题方案》，提出四条具体办法：第一是向英、美、法、意等表明态度，声明中苏复交没有军事或政治结合的意思，以解除它们的疑虑。第二是加强宣传，声明复交与防共、联俄没有关系，以解除误解。第三是提出复交的两种具体方式，（甲）采用互换照会形式，即时无条件恢复使领关系，（乙）直接缔结互不侵犯条约，自然复交。第四是拟令莫德惠作为具体执行人，或派专使赴莫斯科商议。外交组还拟具了复交照会和《中苏互不侵犯及和平解决争端条约大纲》（六条）。[①] 6 月 6 日，中政会第 313 次会议决议，"原方案所拟第一、第二、第四及第三之乙方办法均照通过，交外交部办理。第三之甲项办法，则由外交部审度情势，再行提出决定。"实际上，中政会确定的方案是优先缔结互不侵犯条约，自然恢复邦交。此后，外交部电令当时在日内瓦的中国驻德大使颜惠庆设法与苏联代表李维诺夫接洽。

6 月 22 日，颜惠庆拜访李维诺夫，谨慎试探苏方态度，提出通过缔结互不侵犯条约的方式复交。6 月 29 日，李维诺夫将主管部门指示转告颜惠庆，

---

① 《国民政府密令》，1932 年 6 月 18 日，卞岩选辑：《1932 年中苏复交档案史料》，《民国档案》2006 年第 2 期，第 8—10 页。

苏联政府不反对立即无条件地复交，而互不侵犯条约将是复交的自然结果。①
同日，中国代表团成员王增禧与苏联外交人民委员部东方司长科兹洛夫斯基
举行会谈，就缔约和复交一事交换了意见。② 7 月 6 日，李维诺夫致函颜惠
庆，正式同意缔结互不侵犯条约，但要求先无条件恢复邦交。③

在中苏磋商复交的同时，日本极力破坏，谈判受阻。在这种情况下，南
京国民政府决定改变方针。10 月 5 日，中政会决议，与苏联无条件复交。随
后，外交部部长罗文干要求颜惠庆与李维诺夫举行正式复交谈判。1932 年
12 月 12 日，双方以换文形式，正式宣布恢复邦交。④

三、 中苏签订《不侵犯条约》 并磋商互助条约

中苏复交后，开始了不侵犯条约的缔结谈判。⑤ 从中苏复交交涉看，缔
结不侵犯条约是中方提议的。最初，苏联对此并不积极，要求先复交，再磋
商缔结不侵犯条约。1933 年 4 月 26 日，苏联驻华全权代表鲍格莫洛夫发表
谈话，表示递交国书后才对缔结不侵犯条约表态。⑥ 5 月 2 日，鲍格莫洛夫
递交国书。5 月 11 日，中国外交部向鲍格莫洛夫提交了《不侵犯条约草案》，
共十一条，主要内容为：互不侵犯，不得参加敌对行动，不得协助进行侵略
的第三国，不得参加侵犯另一方领土完整或政治独立的协定和互不干涉内
政的义务。草案还特别规定，此方被第三国侵略，彼方"不得在法律上和
事实上承认此种侵略所造成的既成状况"。⑦ 此后因为苏联向伪满洲国出售

　　① 《苏联副外交人民委员致李维诺夫的电报 发往日内瓦》，1932 年 6 月 29 日，李玉贞译：《〈中苏外交文件〉
选译（上）》，中国社会科学院近代史研究所近代史资料编辑部编：《近代史资料》总 79 号，知识产权出版社，
2006 年，第 198 页。
　　② 《王增禧与科兹洛夫斯基的谈话》，1932 年 7 月 1 日，李玉贞译：《〈中苏外交文件〉选译（上）》，中国社
会科学院近代史研究所近代史资料编辑部编：《近代史资料》总 79 号，第 198 页。
　　③ 《李维诺夫致颜惠庆的信》，1932 年 7 月 6 日，李玉贞译：《〈中苏外交文件〉选译（上）》，中国社会科学
院近代史研究所近代史资料编辑部编：《近代史资料》总 79 号，第 198—199 页。
　　④ 《三月来外交大事记：（乙）中俄邦交之恢复》，《外交部公报》第 5 卷第 4 期，1932 年 10 月至 12 月，附
录，第 77—79 页。
　　⑤ 《中外旧约章汇编》称此约为《不侵犯条约》，但有的资料称《互不侵犯条约》。
　　⑥ 《苏联驻华全权代表鲍格莫洛夫抵达南京对记者发表谈话》，1933 年 4 月 26 日，李嘉谷编：《中苏国家关
系史资料汇编（1933—1945）》，社会科学文献出版社，1997 年，第 39 页。
　　⑦ 《苏联驻华全权代表鲍格莫洛夫致苏联外交人民委员部电》，1933 年 10 月 13 日，李嘉谷编：《中苏国家关
系史资料汇编（1933—1945）》，第 41 页注 1。

中东铁路一事发生，引起南京国民政府的强烈不满，导致中苏缔约谈判缺乏信任基础。

1933 年 1 月，日军突破长城一线，进攻华北，南京国民政府边打边谈，向日本求和停战。5 月 30 日，中日缔结《塘沽停战协定》。该协定意味着南京国民政府放弃管辖长城以南一带，这令苏联政府感到担忧。中苏互不侵犯条约的目的是对付日本，现在南京国民政府又与日本妥协，不能不令苏联疑惑。苏联政策采取了观望政策。

直至 7 月 31 日，苏联副外交人民委员才致电鲍格莫洛夫，表示苏联基本同意进行不侵犯条约谈判，但不能以中方草案为基础。如果中方同意，苏联也会提交一个草案。① 8 月 16 日，苏联正式同意磋商不侵犯条约。10 月 13 日，鲍格莫洛夫将苏方草案递交中国外交部。苏方草案共七条，主要内容是：此方受他国侵略时，彼方须保持中立；此方不得对彼方侵略，或与他国结盟针对彼方，包括政治、军事、经济或金融、商品等；彼此不得建立、资助、容许武装反对另一方或蓄意侵犯另一方主权的组织；彼此争端和冲突，以和平手段解决。该条约有效期五年，期满可以按条款延期。② 但是，中方并不满意这个草案。宋子文说："关于中立的条款使苏联有所得，而中国则一无所获，因为从中国观点来看，苏联不存在什么反华集团，可是苏联恪守中立，中国照样还是无力抗战。"除了草案不能满意外，英国政府所发表的不侵略宣言也吸引了南京国民政府。中日之间的谈判也使南京国民政府不急于缔结中苏不侵犯条约。③ 鲍格莫洛夫明显感到国民政府的冷淡态度。④

1934 年 7 月，蒋介石派蒋廷黻赴莫斯科考察苏联。10 月 16 日，蒋廷黻拜会了苏联副外交人民委员斯托莫尼亚科夫，解释了蒋介石的对苏政策，其中提到缔约问题："南京政府收到的关于中苏接近政策的建议，比如：关于

---

① 《苏联副外交人民委员致鲍格莫洛夫的电报》，李玉贞译：《〈中苏外交文件〉选译（上）》，中国社会科学院近代史研究所近代史资料编辑部编：《近代史资料》总 79 号，第 206 页。

② 《苏联驻华全权代表鲍格莫洛夫致苏联外交人民委员部电》，1933 年 10 月 13 日，李嘉谷编：《中苏国家关系史资料汇编（1933—1945）》，第 39—40 页。

③ 《鲍格莫洛夫致苏联外交人民委员部的电报》，1933 年 11 月 12 日，李玉贞译：《〈中苏外交文件〉选译（上）》，中国社会科学院近代史研究所近代史资料编辑部编：《近代史资料》总 79 号，第 207 页。

④ 《鲍格莫洛夫致苏联外交人民委员部的信》，1933 年 11 月 13 日，李玉贞译：《〈中苏外交文件〉选译（上）》，中国社会科学院近代史研究所近代史资料编辑部编：《近代史资料》总 79 号，第 208 页。

缔结《不侵犯条约》，或者以任何形式表明，我们两国友谊的建议带有表面的性质。蒋介石谋求的接近苏联，不是通过形式上的结盟或别的什么公开表示，他希望通过培养相互间的理解与信任来达到这个目的。"[1] 可见，此时蒋介石又开始考虑调整对苏政策了，但他希望的不只是不侵犯条约。

1935 年 1 月 22 日，日本进攻察哈尔，加快了侵华步伐。此时中国面临的形势异常困难。2 月 8 日，中国驻英公使郭泰祺受南京国民政府外交部指令，与苏联驻英全权代表马伊斯基接触。在会谈中，郭泰祺提到中国政府面临的困境。他指出，过去三年多，中国孤军抗击日本，中国所寄望的国际联盟和美国没有给予实际支持。为了摆脱困境，南京国民政府将目光转向苏联。郭泰祺奉令向苏联方面转达一个重要信息：中国驻苏大使颜惠庆将返回莫斯科，"应将此事看作中国对苏政策的重要转折。"[2]

1935 年 5 月，日军指责中国破坏《塘沽停战协定》，对北平施加军事威胁。6 月，日本强迫中国接受中国军队撤出河北的要求，签订《秦土协定》和《何梅协定》。南京国民政府面临空前压力，希望借助与苏联缔结不侵犯条约来减少压力。7 月初，行政院代理院长、财政部部长孔祥熙拜访了鲍格莫洛夫。在会谈中，他突然询问苏联是否打算同中国签订中苏互助条约问题。鲍格莫洛夫对此表示惊奇，指出中国此前"慑于日本压力而拒绝互不侵犯条约，担心有人评说而拖延对于贸易条约的回答"。他指出，互助条约的签订应以良好关系为先决条件，即在贸易条约、互不侵犯条约都早已成为定局的情况下才能谈及。[3] 显然，此时孔祥熙是受蒋介石之命希望重启缔约谈判的。但此时苏联没有兴趣。

1935 年下半年，日本在华北加紧推行"自治"，华北危机空前严重。蒋介石寄望借助英美、国联等力量制约日本的希望也破灭，迫切希望改善与苏联的关系。10 月 18 日，蒋介石约见鲍格莫洛夫，孔祥熙担任翻译。双方表

---

① 《斯托莫尼亚科夫与蒋廷黻的谈话记录》，1934 年 10 月 16 日，李玉贞译：《〈中苏外交文件〉选译（上）》，中国社会科学院近代史研究所近代史资料编辑部编：《近代史资料》总 79 号，第 213 页。

② 《马伊斯基与郭泰祺的谈话记录》，1935 年 2 月 8 日，李玉贞译：《〈中苏外交文件〉选译（上）》，中国社会科学院近代史研究所近代史资料编辑部编：《近代史资料》总 79 号，第 214—216 页。

③ 《鲍格莫洛夫致苏联外交人民委员部的电报》，1935 年 7 月 4 日，李玉贞译：《〈中苏外交文件〉选译（上）》，中国社会科学院近代史研究所近代史资料编辑部编：《近代史资料》总 79 号，第 218—219 页。

达了改善中苏关系的愿望。蒋介石指出，他赞同缔结贸易协定和不侵犯条约，但他认为这些条约都只是表面举动，他希望缔结中苏秘密军事同盟协定。① 此次会谈后，出于保密的需要，鲍格莫洛夫通过邮件形式向苏联政府进行了汇报。由此双方谈判进展比较缓慢。

1935 年 12 月 14 日，苏联政府要求鲍格莫洛夫向蒋介石转达意见，苏联政府不反对这种协议，准备与中国方面进行具体讨论。② 但是，苏联方面仍存疑虑。12 月 28 日，斯托莫尼亚科夫答复鲍格莫洛夫，因为担心蒋介石只是想利用与苏联谈判作为砝码而与日本谈和，苏联政府希望在着手办理互助条约之前，先弄清蒋介石的真实意图。③ 但是，1936 年 1 月下旬鲍格莫洛夫按照政府指令与蒋介石面谈时，蒋介石的兴趣只在于希望苏联向中国共产党施压，要红军承认中央政府权威，对缔约问题避而不谈。鲍格莫洛夫指出，中国对苏联的义务是清楚的，就是一旦日本武装入侵苏联，则中国帮助苏联，但苏联对中国的义务不清楚。在日本已经侵占中国多个省的土地的情况下，苏联不可能同等帮助中国，希望中方明确需要苏方承担何种义务。蒋介石回答，中国并不强求苏联帮助中国保卫那些已被日本占领的地区，只希望苏联保证，如日本企图侵占蒙古、绥远或山西则承担条约义务。当时在场的孔祥熙也催促苏方尽快答复。④

1936 年 3 月 12 日，苏联与外蒙古签订了《苏蒙互助协定》，又给中苏关系蒙上阴影。南京国民政府强烈反对该议定的签订，于 4 月 7 日照会苏联政府，抗议苏联违反 1924 年中苏协定。⑤ 在这种情况下，中苏互助条约谈判自然难以进行。由于中日关系与苏蒙协定的双重影响，苏联对蒋介石和南京政府的真实意图捉摸不透，因此中苏缔约谈判进展缓慢。

---

① 《鲍格莫洛夫致苏联外交人民委员部的电报》，1935 年 10 月 19 日，李玉贞译：《〈中苏外交文件〉选译（上）》，中国社会科学院近代史研究所近代史资料编辑部编：《近代史资料》总 79 号，第 220 页。
② 《苏联副外交人民委员致鲍格莫洛夫的电报》，1935 年 12 月 14 日，李玉贞译：《〈中苏外交文件〉选译（上）》，中国社会科学院近代史研究所近代史资料编辑部编：《近代史资料》总 79 号，第 224 页。
③ 《斯托莫尼亚科夫致鲍格莫洛夫的信》，1935 年 12 月 28 日，李玉贞译：《〈中苏外交文件〉选译（上）》，中国社会科学院近代史研究所近代史资料编辑部编：《近代史资料》总 79 号，第 225—226 页。
④ 《鲍格莫洛夫致斯托莫尼亚科夫的电报》，1936 年 1 月 22 日，李玉贞译：《〈中苏外交文件〉选译（上）》，中国社会科学院近代史研究所近代史资料编辑部编：《近代史资料》总 79 号，第 227—229 页。
⑤ ［苏］卡比察著，赵承先、忻鼎明译：《1931—1945 年的中苏关系》，第 41 页。

1936年秋，日本借口苏联"威胁"中国安全，向南京国民政府建议缔结条约，规定"从山海关到新疆这一条防线要交给日军来防守"，实际上就是要占领中国西北。① 中国政府决定推进中苏不侵犯条约来缓解压力。11月7日，外交部部长张群与鲍格莫洛夫进行了晤谈。张群强调改善中苏关系的必要性，建议苏联政府直接与中国进行谈判如何改善中苏关系，谈判可由鲍格莫洛夫与中国外交部，或中国驻苏大使蒋廷黻与苏联外交人民委员部进行。鲍格莫洛夫指出，苏联为改善两国关系曾提出过就互不侵犯条约和贸易条约进行谈判，但进展缓慢。张群认为，不侵犯条约在当前没有用处。鲍格莫洛夫对此不认同。他认为，苏中关系虽比以前好些，但这种关系并没有任何正式文件作为基础。他对缔结互助条约不感兴趣，希望先签订贸易条约和不侵犯条约，作为中苏接近的第一步。②

事实上，中苏之间互不信任是阻止中苏缔约的重要因素。对中国而言，苏联在恢复中苏邦交后采取的一系列行动都有违友好原则，使蒋介石政府颇为不满。例如，苏联向伪满洲国出售中东铁路，加强在新疆的存在，不愿意答应协助蒋介石向中共施压解决红军问题，与外蒙古磋商互助议定书等等，都是蒋介石无法与苏联达成互信的因素。蒋介石只是在面临日本严重威胁时才会考虑中苏缔约，而且希望的是苏联帮助中国抗日的互助条约，并不是中苏不侵犯条约。对苏联而言，苏联政府不希望与中国缔结互助条约，将自己绑在中日战车上，引起日本的反对，只希望缔结互不侵犯条约和商约。而且，苏联对中国政府的对外政策也不满。中国自"九一八"事变以后一直试图与日本谈判，而把与中苏关系放在次要位置，甚至把中苏缔约视为与日本谈判的砝码。鲍格莫洛夫就向张群抱怨："中国政府对外政策的主要之点是对日关系，而对苏关系似乎是次要的。我觉得，在苏、中关系的任何一个问题上甚至包括像贸易条约这样的小问题，贵国首先考虑的是日本会有何印

---

① ［苏］卡比察著，赵承先、忻鼎明译：《1931—1945年的中苏关系》，第36页。
② 《鲍格莫洛夫与中国外交部长张群的谈话记录》，1936年11月7日，李玉贞译：《〈中苏外交文件〉选译（上）》，中国社会科学院近代史研究所近代史资料编辑部编：《近代史资料》总79号，第238页。

象。"① 令苏联尤其不满的是，中日谈判有时还直接针对苏联。②中苏双方都各有打算，各有不利对方的动作，当然难以达成一致。

　　鲍格莫洛夫与南京国民政府高层关系不和谐也是影响中苏缔约进展的因素。蒋廷黻就说，鲍格莫洛夫在南京不受欢迎。1936 年夏，蒋介石还令外交部部长张群致电顾维钧，要求他在日内瓦乘便向苏联外交人民委员李维诺夫表达不满，希望能将鲍调离南京。鲍格莫洛夫在南京多与蒋介石不喜欢的"左派"交往，如冯玉祥、孙科等，重要交涉则多假手孔祥熙，而不喜欢张群，把张群等人视为亲日派。鲍格莫洛夫虽不受欢迎，但苏联政府仍坚持由鲍继续担任谈判任务。11 月 19 日，蒋廷黻面见李维诺夫时提出希望加强苏中两国友好关系和合作，表示希望在莫斯科讨论此事。但李维诺夫表示，这个事要等鲍格莫洛夫回莫斯科再说。③

　　西方事变和平解决后，中苏关系有一定好转。1937 年 2 月初，蒋介石通过陈立夫和孔祥熙向苏联驻华代办探询鲍格莫洛夫返任时间。苏联政府告知，鲍将于 2 月底返任，拟探讨与中国日后合作问题。④ 苏联政府还通过蒋廷黻向中国政府转达了了解情况后再讨论，并指出会谈移到莫斯科进行不保密，谈判应仍在南京由鲍格莫洛夫进行。3 月 11 日，李维诺夫与蒋廷黻举行会谈，表示将指示鲍格莫洛夫与中国政府探讨缔结太平洋地区公约的建议。李维诺夫表示，"只有这样的公约才能最终制止日本侵略和保障远东和平。"蒋廷黻建议"先以中苏协定的形式建立某个核心，让其他太平洋地区的国家也可以参加"。但李维诺夫不同意，担心会导致建立太平洋联盟这种本来就希望极小的可能性"化为乌有"。苏联担心别人指责中苏搞集团和军事联盟。李维诺夫指出，"只有最终确信不能缔结这样的公约时，才能考虑比较有限

---

　　① 《鲍格莫洛夫与中国外交部长张群的谈话记录》，1936 年 11 月 7 日，李玉贞译：《〈中苏外交文件〉选译（上）》，中国社会科学院近代史研究所近代史资料编辑部编：《近代史资料》总 79 号，第 239 页。

　　② 《斯托莫尼亚科夫致斯皮瓦涅克电报（寄往上海）》，1936 年 11 月 4 日，李玉贞译：《〈中苏外交文件〉选译（上）》，中国社会科学院近代史研究所近代史资料编辑部编：《近代史资料》总 79 号，第 241 页。

　　③ 《中国驻苏大使蒋廷黻与李维诺夫谈话记录》，1936 年 11 月 19 日，中国第二历史档案馆：《驻苏大使蒋廷黻与苏联外交官员会谈纪录（1936 年 11 月—1937 年 10 月）》，《民国档案》1989 年第 4 期，第 22—23 页。

　　④ 《斯托莫尼亚科夫致斯皮瓦涅克电》，1937 年 2 月 11 日，李嘉谷编：《中苏国家关系史资料汇编（1933—1945）》，第 64 页。

的条约。"①

1937 年 4 月 1 日，鲍格莫洛夫在上海与孔祥熙会晤。孔祥熙担心中国若建议日本参加太平洋公约，这个建议会被说成是对伪满洲国的承认。4 月 2 日，鲍格莫洛夫与陈立夫会面。4 月 3 日，蒋介石亲自接待了鲍格莫洛夫。蒋介石以身体不佳为由，要求鲍与新任外交部部长王宠惠进行谈判，技术合作则俟蒋身体康复后亲自办理。根据这三次会谈，鲍格莫洛夫对缔约问题得出的结论是，苏联拒绝互助条约并未使中国政府感到意外，苏联允诺支持太平洋公约并对未来签定双边条约寄以希望，为下一步谈判创造了比较有利的气氛。②

4 月 12 日，王宠惠接见了鲍格莫洛夫。鲍格莫洛夫提出三点建议：第一，中方率先提议太平洋国家参加太平洋区域性互助公约的谈判，苏联赞同，并全力促成此事。第二，若不能签署此种公约，则重新考虑中苏互助条约的可能性。第三，立即开始中苏不侵犯条约的谈判。关于太平洋公约的具体参与国，鲍格莫洛夫不建议与《九国公约》联系，希望参与者包括中国、英国、苏联、日本、美国和法国。在这次会谈中，王宠惠表现出对缔结这种公约的兴趣。③ 为了表示苏联提议是"出于至诚，而无别种作用"，苏联政府提出，即使中国不与之缔结互不侵犯条约或互助条约，苏联政府也愿意提供五千万元军械及军用品，中国以货物分期偿还，目的是帮助中国巩固国防。④

但随后中日关系有所缓和，有达成协定的迹象，苏联提出的缔结太平洋公约建议遭到冷遇。此外，英美的态度及中方对公约的疑虑也影响了中国决策。孔祥熙赴伦敦与英国外交大臣艾登进行接触。艾登对此建议并不积极，

---

① 《苏联外交人民委员与中国驻苏大使蒋廷黻的谈话记录》，1937 年 3 月 11 日，李玉贞译：《〈中苏外交文件〉选译（下）》，中国社会科学院近代史研究所近代史资料编辑部编：《近代史资料》总 80 号，第 186—187 页。

② 《苏联驻华全权代表致苏联外交人民委员部的电报（发自上海）》，1937 年 4 月 3 日，李玉贞译：《〈中苏外交文件〉选译（下）》，中国社会科学院近代史研究所近代史资料编辑部编：《近代史资料》总 80 号，第 188—189 页。

③ 《苏联驻华全权代表鲍格莫洛夫与中国外交部长王宠惠谈话记录》，1937 年 4 月 12 日，李玉贞译：《〈中苏外交文件〉选译（下）》，中国社会科学院近代史研究所近代史资料编辑部编：《近代史资料》总 80 号，第 190—191 页。

④ 《外交部长王宠惠呈蒋介石之意见书》，1937 年 7 月 8 日，李嘉谷编：《中苏国家关系史资料汇编（1933—1945）》，第 72 页。

并对美国能否接受公约也表示怀疑。这使孔祥熙意识到"此事不能操之过急，应从长计议"。[①] 而公约内容不明朗也使中国政府有所顾虑。6月15日，蒋廷黻指出，"所谓互不侵犯是否承认既成事实，而后不再侵犯，抑先清算九一八以后之非法侵略，而后缔互不侵约，如先清算范围，是否包括伪满及冀察，抑仅清算长城以南华北各悬案，而置伪满于不理，且中国是否应于交涉互不侵约以前谋与日本调整邦交，抑该约交涉与邦交调整可同时进行。"对于这些问题，苏联方面没有明确答复。蒋廷黻担心，苏联急推此方案会不惜牺牲中国利益。[②]

在上述种种因素影响下，"七七"事变之前，中国政府对苏联的太平洋公约建议采取了拖延观望战术。"七七"事变后，中华民族面临亡国灭种的危机，促使中国政府重新思考苏联的建议。经过磋商，双方很快达成一致。8月21日，中苏签订《不侵犯条约》。该条约只有四条，核心内容是前两条，即反对将战争作为解决国际纠纷的工具和施行国家政策的工具，不单独或联合他国侵略对方；一方遭受第三方侵略时，另一方不得协助第三方，也不得采取任何行动或签订任何协定使该侵略国有利于侵略。第三条是规定该条约不影响以前所定双边或多边条约。第四条是规定条约效力，以五年为期，期满不通知废止，则按照两年为期延期。[③]

《不侵犯条约》签署后，中方希望两国关系更进一步，缔结互助条约。但是，苏联不愿意单独参加对日作战，不愿意缔结互助条约。10月9日，李维诺夫正式通知卢干滋，要求转告蒋介石，苏联政府认为，这种条约"有可能被列强用来孤立和真正背弃中华民国"，因为它们会将中华民国说成是"东方布尔什维克主义的先锋"，这反而可能增加中国在抗战中所受的困难。苏联政府的态度是，在遵照已有条约基础上，"给予中国一切防御手段的援

---

① 《苏联外交人民委员致苏联外交人民委员部和苏联驻华全权代表鲍格莫洛夫电（发自日内瓦）》，1937年5月29日，李嘉谷编：《中苏国家关系史资料汇编（1933—1945）》，第70页。

② 《中国驻苏大使蒋廷黻致外交部电》，1937年6月15日，李嘉谷编：《中苏国家关系史资料汇编（1933—1945）》，第71页。

③ 王铁崖编：《中外旧约章汇编》第3册，第1105—1106页。

助。"① 至此，苏联政府正式拒绝了中苏互助条约的缔结。

四、 中苏进行《通商条约》谈判

苏联政府对通商条约的缔结比较在意。中苏会议前后，苏联政府就要求磋商通商条约，但南京国民政府不感兴趣。在苏联的压力下，中方被迫同意将通商问题纳入议题，中苏会议专设通商专门委员会进行讨论。不过，中苏会议期间，通商问题没有进入正式磋商阶段。中苏复交后，又进行不侵犯条约和互助条约的磋商。在此期间，苏联政府多次提出缔结商约问题，中苏商约谈判也随之展开。

1918 年，苏俄开始实施对外贸易国家专营制度，由对外贸易局专司其事。而中国采取自由贸易制度，苏联货物可以自由进入中国，而中国货物要受限制，不能平等。因此，"为保护我国出产及生产之实力，维持我国经济状况，并为预防国营经济之侵略，铲除国内投机分子之垄断起见"，1933 年1 月，张国忱向国民政府军事委员会建议在实业部下设对苏贸易局，应对恢复邦交后的对苏通商问题。② 1 月 24 日，国民政府军事委员会将此转达给实业部，要求确定复交后对苏贸易政策。随后，实业部部长陈公博提交了《关于中俄贸易应采国家统制政策案》。2 月 8 日，中政会第 345 次会议讨论，决议"采取国家统制政策，以保护本国工业为目的"，由国民政府训令实业、外交、财政三部会同拟订办法。③ 为此，实业部拟订了《对苏贸易应采国营之理由与办法》，提出对苏贸易应采取国营办法，设立中俄贸易局。实业部建议，该局"应于苏联大使来华双方协议商约之前组织成立，藉使外交进行亦有依据"。④ 从中苏贸易局成立的情况来看，南京国民政府对于中苏商约缔结还是有一定准备的。

① 《李维诺夫致卢干滋电》，1938 年 10 月 9 日，王建朗主编：《中华民国时期外交文献汇编（1911—1949）》第 7 卷上，第 438—439 页。

② 《国民政府军事委员会致实业部公函》，1933 年 1 月 24 日，边言辑：《中苏复交后关于订定中苏商约的史料一组》，《民国档案》2006 年第 3 期，第 5—7 页。

③ 《实业部致军事委员会密稿》，1933 年 3 月 16 日，边言辑：《中苏复交后关于订定中苏商约的史料一组》，《民国档案》2006 年第 3 期，第 9 页。

④ 《实业部呈对苏贸易应采国营之理由与办法密函稿》，1933 年，边言辑：《中苏复交后关于订定中苏商约的史料一组》，《民国档案》2006 年第 3 期，第 11 页。

迟至 1935 年，中苏开始将商约磋商提上日程。3 月 15 日，驻苏大使颜惠庆拜会了李维诺夫，提到了商约草案一事。[①] 3 月 30 日，驻苏大使馆致实业部电中指出，不久中苏拟订商约，有搜集资料的必要。[②] 可见，此时中国方面已经开始认真对待商约问题了。5 月 10 日，鲍格莫洛夫向苏联外交人民委员部汇报了与汪精卫磋商商约一事。双方同意商约草案具有一般性。汪精卫指出，商约将"以平等和最大优惠的原则为基础"，要求苏联先提交草案。[③] 5 月 14 日，苏方将商约草案三十条送交中国外交部。[④]

在苏联要求启动谈判时，中方也在考虑商约问题。对中方而言，中苏商约最大的问题就在于中苏贸易"平等"问题，故而汪精卫于 5 月 10 日训令外交、财政、实业三部先行研究，以备讨论。[⑤] 13 日，审查会议召开，外交部代表为徐谟、高宗武，实业部代表为谷正纲、梁上栋，财政部代表为邹琳、周典，行政院代表为彭学沛、张平群。此次会议认为，中苏缔结商约，自以使双方贸易平衡为原则，但其中的困难点和具体办法均应仔细研究。[⑥] 随后，各部拟具了意见书。5 月 18 日，实业部提交的意见指出，"平衡"字样不宜提，因为苏联如要求将东三省贸易计入，则中国仍居出超地位，届时"反觉不易措词"。因此，实业部建议在商约中避免"平衡之名"，只要求规定"所有两缔约国对外贸易之关税、运销、汇兑及其他有关系之各项商业法令，彼此均应互相尊重"。同时，实业部也将商约应注意的一些重要点拟具意见咨送外交部参考。[⑦]

① 《李维诺夫与颜惠庆的谈话记录》，1935 年 3 月 15 日，李玉贞译：《〈中苏外交文件〉选译（上）》，中国社会科学院近代史研究所近代史资料编辑部编：《近代史资料》总 79 号，第 217 页。

② 《驻苏大使馆致实业部电稿》，1935 年 3 月 30 日，边言辑：《中苏复交后关于订定中苏商约的史料一组》，《民国档案》2006 年第 3 期，第 12 页。

③ 《鲍格莫洛夫致苏联外交人民委员部的电报》，1935 年 5 月 10 日，李玉贞译：《〈中苏外交文件〉选译（上）》，中国社会科学院近代史研究所近代史资料编辑部编：《近代史资料》总 79 号，第 217 页。

④ 《外交部指令》，1935 年 12 月 6 日，边言辑：《中苏复交后关于订定中苏商约的史料一组》，《民国档案》2006 年第 3 期，第 14—17 页。

⑤ 《行政院致实业部密令》，1935 年 5 月 10 日，边言辑：《中苏复交后关于订定中苏商约的史料一组》，《民国档案》2006 年第 3 期，第 13 页。

⑥ 《中俄缔结商约两国贸易应否采用平衡原则案审查会纪录》，1935 年 5 月 13 日，边言辑：《中苏复交后关于订定中苏商约的史料一组》，《民国档案》2006 年第 3 期，第 13 页。

⑦ 《实业部致行政院秘书处函稿》，1935 年 5 月 18 日，边言辑：《中苏复交后关于订定中苏商约的史料一组》，《民国档案》2006 年第 3 期，第 14 页。

1936 年 1 月 29 日，鲍格莫洛夫与张群举行会谈，约定 2 月中旬开始贸易协定谈判。2 月 26 日，外交部亚洲司司长高宗武告诉苏联驻华全权代表团一等秘书麦拉麦德，张群希望近期在开始谈判前与鲍格莫洛夫谈一次话。实际上，是因为张群要与日本驻华公使有吉进行谈判，希望推迟与苏联谈判。① 其实，中方此时并没有做好谈判准备，直到 3 月下旬才认真研究苏联草案。外交部将苏联草案提交给行政院。行政院第 254 次会议决议，交政务处会同外交、财政、实业三部暨侨务委员会审查。随后，审查组开会，就外交部提出的三项原则，提出审查意见：（一）"关于第一原则必须贯彻。如在商约条文内不便规定，另以换文或宣言详加声明亦无不可，其方式由外交部斟酌办理。"② 同时，声明此后不能再签类似条约、协定或换文。③ 这里讲的第一原则应该是指有关缔约权问题，规定地方政府无权缔约。除了这个原则外，审查组还要求俄方在华商务机关地址与房舍不能与该国驻华使领馆在一起，两国人民不能参加、资助"任何行为意图扰乱对方国安宁及秩序之煽惑或宣传"。（二）"关于第二原则为保护我国侨民利益。"审查报告希望外交部交涉时要提出，"凡我国商人购买该国货物得以我国侨民存放该国银行之款项拨付，庶我国在俄劳工所得工资得间接汇回本国。"关于自由汇兑，中方草案第十一条专门作了规定。审查组要求交涉时"须注意我国将来实行管理汇兑制度"。（三）"关于第三原则双方贸易应即平衡。"审查组的意见为，"俄方既坚持不允，外交部应照财政部意见'中苏贸易在若干年以后应达到相当平衡'为第二步交涉办法，倘相对平衡原则不能达到，则该商约有效时间宜短，废约通知时间亦宜缩短。"审查意见提交给行政院第 255 次会议后，只修改了第二项有关劳工工资汇兑问题，改为"应由外交部要求俄方准许我国侨民酌汇所得工资之一部分回国，维持其家庭生活"。④ 这样，中方确立了中

---

① 《鲍格莫洛夫致苏联外交人民委员部的电报》，1936 年 2 月 26 日，李玉贞译：《〈中苏外交文件〉选译（上）》，中国社会科学院近代史研究所近代史资料编辑部编：《近代史资料》总 79 号，第 230 页。

② 《行政院致实业部密令》，1936 年 3 月 25 日，边言辑：《中苏复交后关于订定中苏商约的史料一组》，《民国档案》2006 年第 3 期，第 22 页。

③ 《外交部指令》，1935 年 12 月 6 日，边言辑：《中苏复交后关于订定中苏商约的史料一组》，《民国档案》2006 年第 3 期，第 21 页。

④ 《行政院致实业部密令》，1936 年 3 月 25 日，边言辑：《中苏复交后关于订定中苏商约的史料一组》，《民国档案》2006 年第 3 期，第 22 页。

苏商约的谈判原则，并制定了中方草案。

1936 年 4 月 3 日，外交部致驻苏大使馆提到，"中苏商约现已开始预备会议，苏方允以我方草案为开议根据，但对第十一条汇款问题甚为反对，惟称可以外交方法解决，不必在条约中讨论。"[①] 从这则材料可以看出，中苏商约在此时已经开始启动。但谈判并不顺利。驻苏大使馆向外交部指出，苏联实行特殊的政治经济制度，与之缔订商约困难丛生，尤其是侨民权利等很难达成一致。美与苏虽复交多年也未进行商约谈判，法与苏为互助之邦，也未签订商约。[②] "七七"事变前，双方谈判进展不大。日本全面侵华战争爆发后，中苏商约谈判中止。直至 1939 年 6 月 16 日，中苏才缔结《通商条约》。

第三节　积极与无约国建立平等条约关系

南京国民政府成立后，积极拓展外交空间，确定与无约国缔结平等互惠通商条约的方针。经过努力，南京国民政府与波兰、捷克订立了平等通商条约。与埃及缔结了《临时通商办法换文》。同时，与希腊、土耳其、拉脱维亚、利比亚、爱沙尼亚五个无约国进行了通商条约磋商，但因为各国欲坚持特殊利益，最终未能达成通商条约，而改签平等友好条约。不管是通商条约，还是友好条约，与这些无约国缔结的条约都是平等的。与这些国家建立平等外交关系，有利于南京国民政府外交空间的拓展，也有利于推动废约运动进行。

一、　与无约国缔结平等通商条约

（一）中波缔结《友好通商航海条约》，树立了平等条约关系典范

中波《友好通商航海条约》是南京国民政府最早签字的一个平等友好

---

① 《外交部致驻苏大使馆电》，1936 年 4 月 3 日，边言辑：《中苏复交后关于订定中苏商约的史料一组》，《民国档案》2006 年第 3 期，第 22 页。
② 《驻苏大使馆致外交部函稿》，1936 年 6 月 4 日，边言辑：《中苏复交后关于订定中苏商约的史料一组》，《民国档案》2006 年第 3 期，第 23 页。

通商条约，具有示范作用。这个条约的缔结，既是南京国民政府积极拓展平等条约关系的结果，也与波兰政府主动要求有密切关系。该条约谈判比较顺利，经过初步接触、正式议约、修改补充三个阶段，正式达成友好通商条约。

长期以来，中国与波兰素无条约关系。波兰长期被德、奥、俄蹂躏，直到 1918 年才具有外交资格。此后，波兰积极谋求与中国建立邦交关系。民国北京政府时期，波兰就与中国政府谈判，缔结通商条约。经过谈判，1928 年 5 月 19 日，波兰驻华代表宾铎与民国北京政府外交总长罗文干签订中波《通商友好条约》（即后文所指旧约）。该约共十八条，另附声明书四件。[①] 但是，该约签字不久，张作霖奉系军阀控制的民国北京政府就垮台了。因此，该约并未批准生效，此后中波仍为无约国关系。

1929 年春，波兰政府见南京国民政府实现了中国南北统一，认为建立邦交机会来临，于是设法与南京国民政府接洽。[②] 南京国民政府马上予以积极回应。4 月 14 日，国民政府行政院令致外交部，正式任命驻意公使郭泰祺为商订中波商约全权代表。[③] 波兰政府也立即行动。4 月 17 日，高鲁致电外交部，称波兰政府已派定外交部次长渭登涛[④]（Barthelde Weydenthol）为驻华代表，即将赴华。[⑤]

4 月 25 日，渭登涛由欧洲抵达哈尔滨。4 月 27 日，渭登涛在哈尔滨接受记者采访时表示非常愿意与中国缔结"亲善平等、互相提携之均惠条约"。他指出，条约谈判的原则为平等互惠。[⑥] 渭登涛的秘书克新斯戈也在接受记者采访时表示，"中波既均抱有平等互助精神，预料商订条约，必能顺利进行"，同时称无论是按照与北京政府谈判达成的条约进行谈判，还是另外起

---

① 《伪政府与波兰签订商约，当然不生效力》，《民国日报》1928 年 5 月 21 日，第 2 张第 1 版。
② 《波兰将派代表来华》，《中央日报》1929 年 4 月 17 日，第 1 张第 3 版。
③ 《中波订约代表》，《时报》1929 年 4 月 15 日，第 1 张第 1 版。
④ 当时中国报纸和官方文件译名有威狄塞尔、维登尔、维登克尔、维登特尔、魏登特尔、卫丹少尔等，本书统一使用"渭登涛"。
⑤ 《波兰派定驻华代表》，《时报》1929 年 4 月 18 日，第 1 张第 2 版。
⑥ 《波兰代表过哈时谈话，此来为谈判中波平等商约，事前得中国外交当局同意》，天津《大公报》1929 年 4 月 28 日，第 1 张第 4 版。

草条款，波兰均无成见。① 从这些表态可以看出：波兰政府对缔结条约持积极态度；此次中波缔约将建立在平等互惠基础上；双方谈判障碍较小，进展会比较顺利。

5 月 14 日，渭登涛偕参赞郭雷新斯基（Lrysinski）② 到达南京。第二天，他们拜会了南京国民政府外交部部长王正廷，就中波商约事宜举行了会谈。此次会谈主要讨论的是 1928 年波兰与北京政府所签订的条约是否成为此次中波条约谈判的基础问题。王正廷表示，这个条约中有些内容已不适用，中方已拟有新的草案作为谈判基础。关于新旧约之间的差异，王正廷主要提及旧约第五条"关于司法问题，波兰人民诉讼案件应由中国新法庭审理"中"新法庭"字样不能使用，及外国律师出庭问题。关于前者，王正廷指出，旧约使用"新法庭"字样，容易使外间疑为"新法庭"之外尚有所谓"旧法庭"。关于后者，王正廷指出，现在中国法律已经明确禁止外国律师出庭，因此必须删除。王正廷最后指出，旧约签订时离北京政府垮台仅十多天，因此，南京国民政府和民众不能承认这个条约，必须另起草新约。③

5 月 18 日，波兰代表与外交部亚洲司司长周龙光举行会谈。周龙光再次强调了 15 日王正廷对订约的态度，尤其是关于司法等问题的规定。但此次会议上，波兰代表明确提出，希望中国政府批准旧约，而不是缔结新约。他表示，自己只被授权设法请中国批准旧约，并未被授权接受新草案。周龙光指出，南京国民政府缔约的前提是不承认旧约，"对于约文均采用一律形式"，并非对波兰特殊要求。且新拟草案只有数点与旧约不同，其他多系文字上、形式上的修改。波兰代表声称，如果中国将旧约推翻另议新约，波兰也将提出对案，将以前未要求的权利加入。这样，议约势必费时，邦交不能建立，两国侨民仍处于无约状态。因此，他提出，不如先批准旧约，以一年或二年为期，再用换文声明议定新约。遭到拒绝后，他又提出先批准旧约，

① 《波兰派代表来华谈约，二十二日到哈，不日南下，过哈时秘书克新氏谈话》，《申报》1929 年 5 月 1 日，第 3 张第 10 版。

② 当时报刊和官方文件译名有克雷莘恩祺、克雷斯基、郭特新斯基、格兰斯基等，本书统一采用"郭雷新斯基"。

③ 《部长会晤波兰代表问答》，1929 年 5 月 15 日，台北"中研院"近代史研究所档案馆藏外交部档案，馆藏号：11—10—01—02—042。

再声明条约效力至新约议成时为止。周龙光明确告之，南京国民政府不能批准旧约，这不是针对波兰一国，而是国民政府的订约原则。在这种情况下，波兰代表表示，只能以私人身份接受新草案。周龙光表示，考虑到友好关系，中国政府可以考虑将草案翻译成法文后就提交给波方。①

中波正式议约是从 7 月份开始的。南京国民政府外交部派亚洲司司长周龙光作为代表，双方在南京商议。② 7 月 24 日举行第一次会议，交换意见。25 日举行第二次会谈，围绕中方所提方案进行讨论，波方同意以中方新拟草案为基础。27 日，双方继续开会。双方按照草案内容逐条讨论，草约共三十三条，内容与中葡商约略同。双方同意以平等原则拟订草案，29 日再在此基础上磋商。③ 29、30、31 日连续磋商，对新约草案以平等为原则进行讨论，"结果大半均已同意。"④ 8 月 6 日，双方举行第五次会议，大体完全同意草案。⑤ 7 日，举行第六次会议，讨论条约上的一些文字问题。⑥ 8 日，双方讨论税率问题。⑦ 9 日，讨论商约原则及条文文字。⑧ 10 日，双方又就条文进行了讨论，双方意见接近。⑨ 12 日，连续举行第十二次、十三次会议，中波商约大部分已商妥。⑩ 13 日，举行第十四次会议。⑪ 14 日，渭登涛派参赞与周龙光会晤，对手续问题作最后协商。⑫ 至此，中波商约谈判主体任务完成。渭登涛返回上海，等候政府训令，并为设立驻华使馆做准备。⑬

8 月 23 日，南京国民政府简派王正廷为签订中波条约全权代表。⑭ 9 月

---

① 《周司长会晤波代表问答》，1929 年 5 月 18 日，台北"中研院"近代史研究所档案馆藏外交部档案，馆藏号：11—10—01—02—042。

② 《外交部 1929 年 6 月份工作报告》，1929 年 6 月，王建朗主编：《中华民国时期外交文献汇编（1911—1949）》第 5 卷上，第 66—67 页。

③ 《中波订约续开会议》，《时报》1929 年 7 月 28 日，第 1 张第 3 版。

④ 《中波会议暂停一二日》，《申报》1929 年 8 月 1 日，第 2 张第 8 版。

⑤ 《中波续议商约》，《时报》1929 年 8 月 7 日，第 1 张第 3 版。

⑥ 《中波订约会议》，《申报》1929 年 8 月 8 日，第 2 张第 7 版。

⑦ 《中波商约今日续开》，《中央日报》1929 年 8 月 9 日，第 1 张第 1 版。

⑧ 《中波修约会议》，《申报》1929 年 8 月 10 日，第 3 张第 9 版。

⑨ 《中波修约会议》，《申报》1929 年 8 月 11 日，第 2 张第 8 版。

⑩ 《中波订约昨开两次会议》，《时报》1929 年 8 月 13 日，第 1 张第 2 版。

⑪ 《中波条约议竣》，天津《大公报》1929 年 8 月 14 日，第 1 张第 4 版。

⑫ 《中波商约最后协商》，《申报》1929 年 8 月 15 日，第 2 张第 7 版。

⑬ 《波兰代办昨晨来沪候训，并请陈世光代觅房屋，拟设立波兰驻华使馆》，《新闻报》1929 年 8 月 17 日，第 4 张第 13 版。

⑭ 《王正廷列席陈述对俄意见》，天津《益世报》1929 年 8 月 24 日，第 1 张第 3 版。

3 日，渭登涛得到政府训令，完全赞同条约。① 9 月 18 日，中国政府代表王正廷与波兰政府代表渭登涛在南京签订《友好通商航海条约》。该商约分为正约、葳事议定书、换文三部分。正文共二十二条，内容包括派使、设领、公民权利、法权、关税、通商、航海等。关于派使，条约第二条规定，两国互派外交代表，代表在所驻国权利按照国际公法规定处理。关于设领，条约第三条规定，凡境内设有他国领事馆的地方，彼此均可派驻领事，其权利按照国际通例处理。条约并规定领事必须取得驻在国证书，并可由驻在国以正当理由撤回证书。关于公民权利，条约按照互惠原则给予对方人民入境自由，并规定按所在国法令保护生命、财产安全，并对一切私人权利及利益加以保护。关于法权问题，条约第六条明确规定，"两缔约国人民在彼此领土内，所有民刑诉讼案件，均应与所在国本国人民受所在国法律之支配及所在国法院之管辖。"两国人民均有声诉权，"并得与所在国本国人民一律自由选任律师及代理人"。这就彻底排除了领事裁判权。第七、八、九条按照相互原则和国际惯例处理兵役、财产、遗产、不动产等问题。关于关税问题，条约第十条规定"完全以各本国国内法规之"，并按照相互最惠国待遇原则处理。这就彻底否定了关税协定和片面最惠国待遇权利。第十一、十二、十三条规定进出口禁令、商标保护、公司营业问题，基本精神是相互原则。第十四至第十八条规定航行问题。其中，第十四条明确规定"两缔约国各保留其本国内河行船及沿海贸易权于其本国人民"。这是近代中国所订中外条约中第一个明确将航行权完整保留给本国人民的条约。条约对船舶进出彼此口岸所受待遇均按照相互原则和国际通行规则处理。第十七条对军舰或军用船舶进行特别规定，规定除遇险外，未经彼缔约国允许，"不得驶入其领海、港湾及口岸以内。"② 这也是南京国民政府第一次在条约中明确规定不给予外国军舰驻泊特权。第十九至二十二条为条约效力、条约文字、批准手续等问题。条约规定，两国相互通知批准后三十日起发生效力，有效期三年。三年期满，缔约国任何一方均可通知修改或废止。

---

① 《波兰代办明日赴京签字》，《新闻报》1929 年 9 月 3 日，第 4 张第 13 版。

② 王铁崖编：《中外旧约章汇编》第 3 册，第 719—723 页。

藏事议定书包括三个声明文件，即护照问题、关税问题、声明议定书为条约一部分。①

附件是双方照会，确认彼此对境内对方所设教堂（寺庙）、学校由地方官厅按照各该国法律加以保护。②

从内容来看，中波《友好通商航海条约》是一个完全互相平等的条约，矫正了以往中外通商条约的不平等性。对中国而言，尤其重要的是，有关法权、航行权、军舰驻泊权的条款打破了以往中外不平等条约的规定，在中外条约关系史上树立了平等的典范。

中波条约签字后，双方均迅速呈报各自政府批准。南京国民政府外交部呈报行政院，由行政院转咨立法院完成立法手续。9月28日，立法院第五十一次会议，开始审查中波商约条文，决议由立法院外交委员会审查。10月初，外交委员会审查认为，"内容完善，毫无不平等意味"，决议呈报大会通过。③随后，立法院第五十三次大会讨论后通过，同意呈报国民政府批准。10月11日，国民政府第四十六次国务会议决议批准中波《友好通商航海条约》。④ 至此，中方完成立法手续。

但是，波兰方面却出现了周折。波兰工商部对条约一些文字存在疑问，专门函请解释。波兰外交部遂指示驻华代表与中方交涉修改条约。王正廷认为，条约既然已经签字，并呈报政府批准在案，如果波兰政府坚持要修改，可以考虑以换文形式解决。⑤双方围绕此事又进行了一系列交涉。

1930年2月4日，渭登涛等拜会王正廷，王遂令周龙光、许念曾与之磋商。周龙光强调条约签字不能再修改。5日至7日，双方继续磋商，中方对波兰方面的"疑点"予以逐项解释。⑥ 2月13日，双方继续接洽。"关于该约另加附件事，是日即可起草完竣，将由渭电波政府请训，俟全部批准

---

① 王铁崖编：《中外旧约章汇编》第3册，第724页。
② 王铁崖编：《中外旧约章汇编》第3册，第725页。
③ 《中波商约立法院已通过》，《中央日报》1929年10月9日，第1张第3版。
④ 《国府第四十六次国务会议》，《申报》1929年10月12日，第3张第11版。
⑤ 《中波商约修改问题》，《民国日报》1930年1月26日，第1张第4版。
⑥ 《中波商约解释大致商定》，《时报》1930年2月7日，第1张第2版。

即正式换文。"① 5 月 30 日，中波双方就换文解释疑点问题进行了沟通。②
7 月 1 日，中波《友好通商航海条约附加议定书》签字。至此，中波商约全部谈判结束。

本次所订《友好通商航海条约附加议定书》对条约正文第四、六、八、十、十一、十三、十八各条进行了补充解释，主要是一些细节问题。③

从《友好通商航海条约附加议定书》内容来看，这些规定依然是双方相互的，与国际法或国际惯例并不冲突。而且，以附加议定书形式对条约本身进行解释，也不会伤害条约本身，且有利于条约内容的明晰。

签订《友好通商航海条约附加议定书》后，波兰政府将中波条约所有文件提交国会批准。但由于波兰政潮，国会停开，直至 1931 年 5 月 1 日波兰政府才正式批准。5 月 4 日，接到波兰代表的照会后，外交部当即呈请行政院，转呈国民政府将《友好通商航海条约附加议定书》批准。④ 5 月 19 日，立法院第 143 次大会讨论，决议通过。⑤ 随后国民政府批准了该议定书。7 月 17 日，渭登涛与王正廷互换中波商约批准书。⑥ 至此，中波条约关系正式成立。

如前所述，中波《友好通商航海条约》是一个完全平等的条约。对于这个条约的签订，双方皆相当满意。王正廷在 1929 年 9 月 23 日外交部纪念周演讲时对这个条约给予了高度肯定。⑦ 1930 年初，王正廷在中外新闻记者招待会上介绍 1929 年的重要成绩时再次提及中波条约，称其在中国对外关系中特树"标帜"。⑧

总之，在双方努力下，以平等互惠为基础，中波达成了一个通商友好条

---

① 《中波商约将为最后接洽》，《时报》1930 年 2 月 16 日，第 1 张第 2 版。
② 周树尧：《一月来之外交：（六）中波》，《时事月报》第 3 卷第 1 期，1930 年 7 月，国内时事，第 4 页。
③ 王铁崖编：《中外旧约章汇编》第 3 册，第 819 页。
④ 《外交部 1931 年 5 月份工作报告》，1931 年 5 月，王建朗主编：《中华民国时期外交文献汇编（1911—1949）》第 5 卷上，第 384 页。
⑤ 《中波条约议定书昨日立法院大会已通过》，天津《大公报》1931 年 5 月 20 日，第 1 张第 3 版。
⑥ 《中波条约昨互换批准文件》，《中央日报》1931 年 7 月 18 日，第 1 张第 3 版。
⑦ 王正廷：《中波条约平等的意义》，9 月 23 日在外部纪念周演讲，《新纪元周报》第 1 卷第 28、29 期合刊，1929 年 9 月 29 日，第 45—46 页。
⑧ 《王正廷昨午招待中外报界，陈述过去陈迹，希望将来努力》，《申报》1930 年 1 月 4 日，第 5 张第 18 版。

约，建立了正式平等外交关系。对双方来说，这都是一个值得庆贺的大事。就中外条约关系而言，这个条约是近代中国签订的第一个平等通商友好条约，开启了中外平等条约关系的新篇章，为此后缔结其他通商友好条约提供了样本。

（二）中捷签订《友好通商条约》，成为第一个批准生效的平等友好通商条约

捷克在一战后独立，希望与中国建立条约关系。民国北京政府时期，中捷进行了多次谈判，但因为分歧较大，未能达成一致。为保护对华贸易，在南京国民政府实现形式上统一全国后，捷克政府迅速派驻沪副领事倪慈都（Jas. Hnizdo）进行接触。1928 年 9 月 15 日，倪慈都抵达南京，随即与国民政府外交部商洽订约事宜。① 双方以中方草案为基础，连日将全案逐条讨论完竣。随后，倪慈都将讨论结果和草案全文寄送捷克政府。②

1929 年 2 月 16 日，倪慈都根据政府训令，致电国民政府外交部，表示希望与中国政府所派全权代表会谈，正式商订中捷《友好通商条约》。国民政府派王正廷为全权代表。③ 5 月 18 日，王正廷在上海会见倪慈都。王正廷表示，6 月 2 日以后才能开始商订中捷条约。④ 实际上，中捷商约直至 7 月初才开议。由于王正廷事务繁忙，委派欧美司司长兼江苏特派交涉员徐谟、条约委员会委员刘师舜在上海交涉公署先与倪慈都举行预备会谈。双方先后举行十次预备会议。前面两次双方仅初步交换意见。7 月 16 日，举行第三次会议，根据中方提出的新约草案进行磋商。⑤ 7 月 18 日，举行第四次会议，双方对条约草案条文讨论极为详尽。徐谟会后对新闻界表示，双方意见颇接近，解决没有什么困难。⑥ 会后，徐谟将会谈情况报告给外交部部长王正廷，王审核后即开正式会议。7 月 30 日至 8 月 14 日，经过第五至八次会议，双

---

① 《捷克代表入京任务》，《申报》1928 年 9 月 18 日，第 1 张第 4 版。

② 《捷克代表商订新约》，《申报》1928 年 9 月 23 日，第 1 张第 4 版。

③ 《中捷将订立商约，倪慈都日内将入京》，《申报》1929 年 2 月 18 日，第 1 张第 4 版。

④ 《中捷订约先声，捷克代办访王外长》，《申报》1929 年 5 月 19 日，第 4 张第 13 版。

⑤ 《中捷商订新约，昨日第三次会议》，《申报》1929 年 7 月 17 日，第 4 张第 13 版。

⑥ 《中捷商约昨又开会，意见颇为接近，解决无甚困难》，《申报》1929 年 7 月 19 日，第 4 张第 13 版。

方意见基本一致。① 8 月 20 日，双方举行第九次会议，就第八次会议未讨论的各项原则逐条审核。② 8 月 29 日，双方举行第十次会议，逐条就条约文字等进行审核。至此，非正式草案磋商结束。③ 9 月 9 日，王正廷在外交部驻沪办事处与倪慈都举行第一次正式会议。王正廷对草案中的各细目都主张修改。于是，徐谟、刘师舜与倪慈都于 9 月 12 日举行第十一次非正式会议，详细讨论王正廷所提出的各项细目，逐项修正。④ 随后双方将会谈草案上报政府。

9 月 15 日，倪慈都根据捷克政府指示，递交中捷修约简约草案。王正廷派条约委员会委员长徐东藩与之接洽。徐东藩要求以中方草案作为讨论基础。19 日，双方再次会谈，倪慈都表示愿意接受中方提案草约，定期讨论。21、22 日，双方连续磋商，逐条讨论，前后磋商四次。⑤ 随后，倪慈都赴北京，向捷克驻华代表通报谈判情形。捷克驻华代表将所磋商的草约转送政府。据《益世报》10 月 16 日专电，外交部接驻葡萄牙公使王廷璋电告，捷克国会通过条约。⑥ 但此后由于捷克政府内部发生纠纷，订约一事搁置。1930 年 1 月 20 日，倪慈都才接到政府训令，同意与中方签约。⑦ 1 月 24 日，倪慈都与徐谟、刘师舜举行会谈。⑧ 2 月 6 日，倪慈都与徐谟最后接洽。会后各向政府请示准备签字。⑨ 2 月 12 日，双方代表在南京正式签字。4 月 7 日，外交部正式公布中捷《友好通商条约》。随后外交部将此转呈行政院，经国民政府第 71 次国务会议讨论决议，转送立法院审查。4 月 16 日，立法院外交委员会举行第五次常会审查中捷《友好通商条约》，认为条约内容大

---

① 《中捷商约昨日第八次会议》，《申报》1929 年 8 月 15 日，第 4 张第 13 版。
② 《中捷商约昨开会议，再开一次初步会议即告结束，由外王审核后，在京正式签订》，《申报》1929 年 8 月 21 日，第 4 张第 13 版。
③ 《中捷商约初步结束，昨在交署开第十次会议，双方代表已将草约签定》，《申报》1929 年 8 月 30 日，第 4 张第 14 版。
④ 《中捷商约昨日会议，对各项细目已修改妥善，捷代表将全文邮寄请训》，《申报》1929 年 9 月 13 日，第 4 张第 13 版。
⑤ 《商订中捷条约之经过谈》，《申报》1928 年 9 月 27 日，第 4 张第 13 版。
⑥ 《中捷订约，捷外长宣言将成功》，天津《益世报》1928 年 10 月 17 日，第 1 张第 3 版。
⑦ 《中捷修约进行，捷政府训令已到，倪慈都今晚晋京》，《申报》1930 年 1 月 22 日，第 4 张第 13 版。
⑧ 《中捷商约，捷代表在京商谈谈竣》，天津《大公报》1930 年 1 月 25 日，第 1 张第 3 版。
⑨ 《中捷新约议妥》，《申报》1930 年 2 月 7 日，第 3 张第 9 版。

致妥善，应当批准，但要求修改第十一条中文表述。① 4月19日，立法院第八十五次会议讨论，决议按照外交委员会审查意见通过。② 随后外交部按照要求修改了译文。4月25日，国民政府正式批准该约。7月24日，捷克政府也批准了该条约。11月中旬，捷克新任驻华代表拉法尔携带批准书来华，致函国民政府外交部，请求订期换约。③ 11月20日，拉法尔与王正廷在南京互换批准书。按照条约规定，12月5日，中捷条约正式生效。这是南京国民政府与无约国签字生效的第二个平等条约。④

中捷《友好通商条约》共二十一条，主要内容涉及互设使领、贸易通商、保护侨民、人民纳税、侨民涉讼等项，"完全以平等互惠为原则，与中希友好通商条约，大致相同。"⑤ 由于中希《通好条约》只涉及建交通好，内容更简单。中捷《友好通商条约》则集通好与通商为一体，内容规定更详细。它与随后签字的中波《友好通商航海条约》内容基本相同，惟稍有差别，如规定诉讼时，"如法院认为有必要时，得召翻译员到庭襄助"，这满足了捷克政府的部分要求；又如规定男女工人入境便利，享同等待遇及保护，这是中国政府特别要求新增的内容。⑥ 这个条约是以中方条约草案为基础缔结的，自然特别注意关税、法权、内河航权等条款的平等规定，没有特殊权利的让与。可以说，中捷《友好通商条约》是一个基于平等互惠原则缔结的友好通商条约。此约批准生效在中波《友好通商航海条约》之前，所以南京国民政府外交部认为这是中国根据平等及互尊主权原则，与无约国订立的第一个友好通商条约，"不仅中捷两国间正式往来有所依据，且亦可为将来与其他国家订立此种条约之参考。"⑦

---

① 《中捷友好通商条约案审查报告》，《立法院公报》第17期，1930年6月，立法院各委员会审查报告，第4页。

② 《呈国民政府关于审议中捷友好通商条约录案呈请鉴核由》，1930年4月19日，《立法院公报》第17期，1930年6月，公牍，第2—3页。

③ 《中捷条约即将换文，捷代表昨致外部公文二件》，《申报》1930年11月16日，第4张第13版。

④ 《中捷条约批准书昨互换，下月五日发生效力》，《申报》1930年11月22日，第1张第4版。

⑤ 《中捷通商条约签字》，《军事杂志》第23期，1930年，军事新闻，第217页。

⑥ 王铁崖编：《中外旧约章汇编》第3册，第766—769页。

⑦ 《外交部1930年11月份工作报告》，1930年12月29日，王建朗主编：《中华民国时期外交文献汇编（1911—1949）》第5卷上，第295页。

（三）中国与埃及签订《暂行通商办法换文》，维持临时通商条约关系

近代埃及为英国保护国，1920 年才脱离保护。1930 年以前，中国与埃及没有条约关系。1929 年，双方磋商互派领事，建立领事关系。[①] 至于通商，两国一直有贸易往来，但按照无约国待遇处理。外交方面，埃及常因司法互助及关税问题与中国外交部有直接联系。[②]到 1930 年代，中埃交往增多，双方有缔约接触。

中埃订约之呼声，早在 1926 年就存在。当时，埃及政府颁布命令，调整关税。例如，关于烟叶进口税就区分有约国和无约国货物之别。命令颁布前，无约国烟叶与有约国烟叶征收关税差别很小。按照新规，自当年 7 月起，无约国烟叶需增加 25% 的关税。这势必影响华烟的销售。因此，埃及万国烟公司等多次致函上海总商会，呼吁"催请中政府与埃及开始谈判，早定商约，以免中国烟叶徒受重税之压迫，致感莫大之不利"。[③] 上海总商会当即电呈北京政府外交部，但没有得到回应。

1930 年初，埃及实行关税自主，颁布关税新税则，对有约国与无约国采取差别待遇，新税则分为最高税率和最低税率两项，"凡与埃及订约承认新税者，适用最低率。否则按照最高率抽税。"法令规定，各国必须在 3 月 17 日以前与埃及订约承认新则，否则实施倍征税额。中国与埃及没有签订条约，一旦埃及实施新税则，势必按照最高税率对中国货物征收关税，严重影响中国货物输入。征收如此高的税额，实际等于阻止中国货物输入。当时中国输往埃及的货物以烟叶、丝绸等为大宗，因此，埃及烟商建议华商向中国政府呼吁，"请中国承认埃及新税则，以期减轻税率。"[④] 中国烟商于二三月间多次向南京国民政府外交部报告，希望与埃及政府交涉。财政部获悉后也致函外交部，请设法办理。[⑤] 4 月 6 日，上海市烟业同业公会通过上海市商

[①] 《中埃互派领事》，天津《大公报》1929 年 4 月 26 日，第 1 张第 3 版。

[②] 嵇镜：《中国与埃及有无订约之需要试行谈判订约将我方条约草案内应有之原则》（时间模糊），台北"中研院"近代史研究所档案馆藏外交部档案，馆藏号：11—10—01—06—003。

[③] 《烟商催订中埃通商条约，因埃增加无约国烟税》，《民国日报》1926 年 4 月 30 日，第 2 张第 1 版。

[④] 《中埃关税商议记实》，《申报》1930 年 7 月 16 日，第 4 张第 13 版。

[⑤] 《中埃烟税换文案：呈行政院》，1930 年 6 月 7 日，《外交部公报》第 3 卷第 1 期，1930 年 5 月，文书，第 48—49 页。

会转呈外交部，要求"迅与埃及国订立通商条约，减少烟叶进口税"。外交部遂指令驻英公使施肇基与埃及驻英使馆接洽，声明承认新税则，并酌照埃及政府所请订约。4 月 23 日，施肇基与埃及驻英代办马默在伦敦签订中埃《暂行通商办法换文》。换文主要内容是：埃及对于中国各项出产品及工业品输入埃及作消费再输出或通过之用者，允为适用最惠国待遇，若与埃及未缔约之国输入埃及货物，"以相互条件准暂适用此项待遇"，惟苏丹或邻国不适用最惠国待遇。[①] 该办法于 6 月 10 日由外交部呈请行政院备案。[②] 6 月 18日，行政院准予备案。[③]

但是，上述临时办法订立后遭到商界的反对。广东烟叶行同业堂致函广州总商会，要求转呈外交部修正条款。烟商反对的主要是条文明确规定1931 年 2 月 16 日失效。这个有效期很短，华烟享受优惠有限，甚至反而给自己造成束缚。广东烟商就指出，烟叶由莳种到付运，需要六七个月。按照协定办法，广东所产烟叶势必不能如期赶运，损失巨大。广东烟商还指出，埃及与美国、瑞士、丹麦、比利时等国协定均无此条文，独对中国如此，有损国体。因此，协定应该修正，"或将特别订立执行时期先行延长。"[④] 除烟商外，绸缎商人也向政府提出了请求。1930 年 6 月 14 日，上海绸缎业同业公会就根据山东、河南丝绸业事务所信函，致函上海市商会，要求呈请外交部迅速订约。[⑤]

在国内商人的呼吁下，南京国民政府决定修正办法。外交部研究后认为，确实存在限期太短、与他国约文措词不同的弊端，因此决定交涉修改。[⑥] 1930 年 9 月 10 日，外交部指示施肇基与埃及驻英公使交涉修改，或另订声明书。[⑦] 9 月 18 日，施肇基致函埃及驻英使馆，"中国政府现请埃及政府赞

① 王铁崖编：《中外旧约章汇编》第 3 册，第 797 页。

② 《中埃进出口货，彼此俱照最惠国待遇》，天津《益世报》1930 年 6 月 11 日，第 1 张第 3 版。

③ 《训令第二三四六号，为转呈与埃及政府订立暂行通商办法案奉准备案由》，1930 年 6 月 18 日，《行政院公报》第 162 期，1930 年 6 月 25 日，训令，第 6 页。

④ 《广州烟叶行请修改中埃协约，因特别加入条文影响国货外销》，《申报》1930 年 9 月 5 日，第 3 张第 9 版。

⑤ 《市商会请订中埃正式商约》，《申报》1931 年 1 月 22 日，第 3 张第 9 版。

⑥ 嵇镜：《中国与埃及有无订约之需要试行谈判订约将我方条约草案内应有之原则》（时间模糊），台北"中研院"近代史研究所档案馆藏外交部档案，馆藏号：11—10—01—06—003。

⑦ 《中埃通商换文延长时效，取消应于三个月内预期通知》，《申报》1931 年 1 月 1 日，第 5 张第 17 版。

同在通商行船平等相互条约未曾订立以前，将本年四月二十三日换文内末句删除，以便得将该文内末段殿以左列字句'本约如经缔约国任何一方于三个月前通知，得废除之'。"9 月 22 日，埃及驻英使馆回函，答应将转达本国外交部。11 月 24 日，埃及驻英公使阿菲菲（H. Afifi）奉到外交部训令后照会施肇基，同意以换文形式修正暂行通商办法。11 月 26 日，施肇基复照埃及公使，同意《暂行通商办法修正案》。

因不清楚上述交涉情形，到 1930 年底，国内商人还不知道结果，颇为着急。12 月，上海烟业同业公会致函市商会，要求转呈外交部，再次训令驻英公使与埃及驻英使馆交涉，延长临时办法期限至订立正式通商条约止。该公会指出，输往埃及的华烟以广丰、桐乡等地所产红烟为大宗，其自产地运往埃及已在岁尾，销售旺季在二三月间，正好是协定失效之期，希望外交部在期满前速筹补救办法。① 上海市绸缎业同业公会也于 1931 年 1 月 15 日召集全体会员开会讨论，决定由同业公会向外交部请愿。19 日，该同业公会致函市商会，要求转电外交部，迅速续订商约。② 当天，上海市商会致电外交部。2 月 4 日，外交部答复上海市商会，表示暂行通商办法已经修改，有效期改为"未经三个月预期之取消通知，应长期有效"；至于中埃商约，也在进行调查，"一俟计划就绪，自当着手进行。"③

但是，此后很长时间中埃通商条约并没有进入磋商阶段。因为有了修正后的暂时通商办法，数年内相安无事，双方对缔结通商条约都没有紧迫性。外交部条约委员会对正式订立中埃通商条约所确定的方针是先研究埃及与各国订约情形，再定应付办法。④ 1937 年全面抗战爆发后，国民政府对中埃缔约之事停顿。到 1941 年中埃双方才磋商互派使节。1942 年中国派林东海为驻埃及首任公使，正式与埃及建立平等邦交关系。⑤ 埃及方面直到 1947 年才派使来华。因此，中埃通商条约谈判直到 1947 年才真正启动。这个谈判主

---

① 《市商会请延长中埃换文有效期》，《申报》1930 年 12 月 25 日，第 4 张第 13 版。
② 《市商会请订中埃正式商约》，《申报》1931 年 1 月 22 日，第 3 张第 9 版。
③ 《商订中埃商约，正在调查》，《申报》1931 年 2 月 8 日，第 4 张第 13 版。
④ 嵇镜：《中国与埃及有无订约之需要试行谈判订约将我方条约草案内应有之原则》（时间模糊），台北"中研院"近代史研究所档案馆藏外交部档案，馆藏号：11—10—01—06—003。
⑤ 《邵司长谈话，对中埃建立邦交表欣慰》，重庆《大公报》1942 年 5 月 20 日，第 1 张第 3 版。

要由中国驻埃及使馆与埃及财政部、外交部进行磋商。"商约中之主要条款为：中国以烟草、花生及丝货交换埃及之棉花、洋葱、香烟、柏油及熟石膏。"① 但是，终至国民政府垮台，中埃商约也没有最终缔结。

二、 与无约国缔结平等友好条约

国民政府与无约国谈判时虽然主张友好条约与通商条约一起缔结，但对手国多系与华商务关系不太密切的小国，对缔结通商条约的兴趣并不大，有的国家虽愿意缔结通商条约，但对中国要求的工人入境便利等条款有所顾虑，或者基于自身特定关税利益等考虑而提出中国不能接受的条款，这样通商条约谈判往往搁置。于是，中国与这些国家的订约就采取先缔结友好条约的办法。1938 年以前，国民政府与希腊、土耳其、拉脱维亚、利比亚、爱沙尼亚五个无约国签订友好条约，正式建立平等外交关系。

（一）中希签订《通好条约》，成为第一个批准生效的平等通好条约

为发展与华商业关系，希腊多次尝试与中国缔结通商条约。1928 年 5 月 26 日，民国北京政府代表陈箓与希腊政府代表在巴黎签订《通好条约》，并附加声明文件，因民国北京政府倾覆，未及互换生效。对于陈箓签订的中希《通好条约》，南京国民政府外交部一开始并没有准备予以否定。外交部部长王正廷还将其提交给 1928 年 7 月 13 日召开的国民政府第七十九次会议批准，希望一月内明令公布。当日国民政府会议并未批准。② 7 月 17 日，第八十次国民政府会议召开，讨论了中希《通好条约》，决议要求外交部针对条约第四条、但书及附声明文件查明各国先例再议。③ 外交部审查后，认为条约内容大体尚可，不过删去声明文件则应重行签字，以免日后发生误会。④ 这得到国民政府第八十一次会议同意，决议由外交部负责交涉。⑤

---

① 《中埃商约即获协议，我烟叶等交换埃棉柏油》，《经济通讯》第 481 期，1947 年 11 月 15 日，第 2 次第 2 版。

② 《中希通好条约，王正廷呈送国府会议》，《申报》1928 年 7 月 14 日，第 1 张第 4 版。

③ 《第八十次国府会议记，公布违警罚法和陆军礼节，中希通好条约交外部审查》，《中央日报》1928 年 7 月 18 日，第 1 张第 3 版。

④ 《中希通好条约重行签字》，《新闻报》1929 年 7 月 11 日，第 2 张第 7 版。

⑤ 《外交部 1929 年 6 月份工作报告》，1929 年 6 月，王建朗主编：《中华民国时期外交文献汇编（1911—1949）》第 5 卷上，第 69 页。

1928 年 11 月 30 日，高鲁被任命为驻法公使，于 1929 年 3 月 2 日抵达法国巴黎。[①] 随后，外交部指令高鲁设法与希腊驻法公使交涉。但是，希腊方面提出异议，不愿意删除声明文件。4 月 18 日，高鲁致电外交部，"谓希腊驻法公使对订立中希商约，提出两种办法，与我国取消声明文件之旨不符"，请示办法。外交部正拟具办法，将致电高鲁，以便一个月内签约。[②] 限于资料，希腊提出的办法和外交部的具体办法不详，"几经磋商，希方始允删去声明文件。"[③] 随后，双方磋商重签条约。按照王正廷的说法，就是要将原条约"不妥当之点去掉"。[④] 新约第三条中关于法权的措辞有所改动，将原约"应在所在国地方审判厅管辖之下"[⑤] 改为"应在所在国法院管辖之下"。其余条款没有任何变动。因此，此次交涉主要问题是删除声明文件。原声明文件系单方面规定："在中国领土内，希腊人民诉讼案，应由新设之法庭审理，并有上诉之权，得用正式之诉讼法办理，希籍律师及翻译，经法庭正式许可时，得于诉讼期间，充为顾问。"[⑥] 这个声明文件确实不妥，与南京国民政府坚持的不承认外籍律师出庭原则相冲突，而"新设之法庭"字样也容易引起误会。因此，删除这个声明文件是必要的。几经磋商，双方最终达成一致。7 月 12 日《申报》报道，中希条约草案讨论结束，并经国民政府复核。[⑦] 9 月 30 日，高鲁代表中国政府在巴黎与希腊代表普利狄斯（M. Politis）正式签订中希《通好条约》。[⑧]

高鲁将该约寄送外交部后，外交部将此呈送行政院，转呈国民政府批准。国民政府第五十八次国务会议决议，交立法院审查。[⑨] 1930 年 1 月 18 日，立法院第七十二次会议讨论中希《通好条约》，决议交外交委员会审查。

[①]《高鲁呈报在法呈递国书情形》，《申报》1929 年 5 月 1 日，第 3 张第 10 版。

[②]《高鲁电告中希商约谈判情形》，《申报》1929 年 4 月 19 日，第 2 张第 7 版。

[③]《外交部 1929 年 6 月份工作报告》，1929 年 6 月，王建朗主编：《中华民国时期外交文献汇编（1911—1949）》第 5 卷上，第 69 页。

[④]《王正廷昨报告外交，中希条约已签订，郭同即来京报告》，《中央日报》1929 年 10 月 19 日，第 1 张第 4 版。

[⑤]《中希通好条约全文》，《申报》1928 年 7 月 15 日，第 1 张第 4 版。

[⑥]《中希通好条约全文》，《申报》1928 年 7 月 15 日，第 3 张第 9 版。

[⑦]《中希商约草案核准，外部令高鲁代表签订》，《申报》1929 年 7 月 12 日，第 1 张第 4 版。

[⑧]《中希条约已签字》，《时报》1929 年 10 月 3 日，第 1 张第 2 版。

[⑨]《国民政府文官处函检送中希通好条约批准文件函请查照由》，1930 年 1 月 13 日，《立法院公报》第 14 期，1930 年 2 月，公牍，第 22 页。

是日下午，外交委员会第四次常会讨论，认为"该约以平等及互尊主权为原则，关于法权、关税之条文，悉以此原则为依归，内容尚属妥善，应即以批准"。[①] 1 月 25 日，立法院第七十三次会议通过审查报告，决议呈报国民政府批准。[②] 1 月 31 日，国民政府第六十一次会议决议批准中希《通好条约》。[③] 2 月 1 日，国民政府正式批准条约。3 月 3 日，高鲁电告外交部，希腊国会批准条约。[④] 6 月 14 日，中希《通好条约》在巴黎中国使馆互换。[⑤] 至此，中希建立平等友好条约关系。

中希《通好条约》共八条，明确表示"彼此认明履行平等及互相尊敬主权之主义为两国国民和好之独一方策"，换言之，确认两国关系建立在平等及互尊主权基础上的原则。条约贯彻了平等原则，确认相互派使、领事权利；两国国民服从所在国法权；关税自主。关于派使和领事的规定，大体上与中波通商条约规定相同。关于法权问题，条约第三条规定："两国人民应服从所在国法律、章程，得买卖、游历、经商及正当营业，惟在他国人民所能游历、经商、营业之处为限。人民及其财产应在所在国法院管辖之下，应服从所在国之法律，所纳税则、税赋不得超过于所在国之本国人民所纳之额。"关于关税，肯定关税税则由所在国内部法令规定，但也规定了最惠国原则，进出口税"不得超过所在国本国人民所纳之税额"。此外，对于未列入条约规定者，第五条规定以平等及互相尊重主权的原则处理。除了正文外，还附有彼此照会各一则，确认在最短期内按照互惠及平等原则签订中希通商条约。[⑥]

中希《通好条约》是一个基于平等原则缔结的建交条约，确立了中希两国平等、互尊主权的条约关系。虽然这个条约没有中波《友好通商航海条约》那样一并订立通商条款，没有明确规定航行权归所在国人民完全享

---

① 《外交委员会审查报告：中希通好条约案审查报告》，《立法院公报》第 14 期，1930 年 2 月，立法院各委员会审查报告，第 41—42 页。
② 《中希通好条约》，1930 年 1 月 25 日立法院第七十三次会议通过，《立法专刊》第 3 期，1930 年 8 月，条约案，第 198—199 页。
③ 《国务会议批准中希通好条约》，《新闻报》1930 年 2 月 2 日，第 2 张第 8 版。
④ 《中希通好条约希政府正式批准》，《中央日报》130 年 3 月 4 日，第 1 张第 3 版。
⑤ 《外部报告最近外交情势》，《申报》1930 年 6 月 22 日，第 3 张第 9 版。
⑥ 王铁崖编：《中外旧约章汇编》第 3 册，第 726—727 页。

有，没有规定军舰进入所在国沿海必须预先准许，但它规定了以平等及互尊主权的原则处理这些问题，也是可以接受的。总体看来，这是一个简单的平等通好条约。当然，也有人指出，这个条约并不是一个理想条约，只能称作一个平等条约。"当局谓此约真正的平等条约，然观第四条之规定，仍是最惠条款，以中国之经济现状，当然非理想的好条约。至谓'平等'，可无间言矣。"①

（二）中国与土耳其缔结《友好条约》

土耳其为欧洲国家，与中国早有接触。但中土订约可谓一波三折，经清政府、民国北京政府、南京国民政府，直至1934年才缔结《友好条约》。

南京国民政府实现全国形式上的统一后，与土耳其政府代表进行过接触。胡汉民、伍朝枢、孙科在土耳其游历时，曾向土政府提议发展友好关系，得到回应。胡汉民等遂致电南京国民政府，称土耳其政府愿与国民政府建立友好关系，并派驻外交代表。南京国民政府当即表示欢迎。② 1929年1月，南京国民政府外交部部长王正廷对外宣布，土耳其政府已经派定驻华代表。③ 4月初，福特培（又译福德培、福脱培）作为土耳其代办到达上海，④其此行主要为建立使馆和正式建交作准备，于6月下旬返回土耳其。

1929年2月，伍朝枢被派任商订中土友好条约全权代表。⑤ 当时，南京国民政府外交部的订约方针以友好通商同时商订为原则。但是，土耳其大使只有签订友好条约的全权。土耳其政府只愿意先缔结友好条约，以后再磋商通商条约，所以谈判无法进行。伍朝枢向外交部请示办法。外交部担心他国效尤，坚持主张同时商订友好通商，要求伍朝枢与对方接洽，希望土耳其政府授权同时商订商约。⑥ 但是接洽不顺利，华盛顿磋商未取得进展。

---

① 《中希通好条约》，《国闻周报》第7卷第5期，1930年2月10日，三周间国内外大事述评，第11页。
② 《土耳其行将派使驻南京》，台北"中研院"近代史研究所档案馆藏北洋政府外交部档案，馆藏号：03—23—053—05—001。
③ 《义使将呈递国书，土耳其派定驻华公使》，《民国日报》1929年1月30日，第2张第6版。
④ 《外交形势之报告，日兵已着手撤退，古巴使馆即南迁，中土将进行订约，中日交涉注意修约，中法约一月后再议》，《新闻报》1929年4月5日，第2张第6版。
⑤ 《中土将订商约》，天津《大公报》1929年2月6日，第1张第3版。
⑥ 《外交部1929年5月份工作报告》，1929年5月，王建朗主编：《中华民国时期外交文献汇编（1911—1949）》第5卷上，第49页。

1930 年 3 月，土耳其驻华代办福特培与南京国民政府外交部接洽，表示愿进一步与中国订立中土友好通商条约。① 南京国民政府外交部遂拟订全约草案，并决定先由外交部次长李锦纶负责谈判。5 月 6 日，福特培抵达南京。随后双方举行第一次会议，由中方提出条约草案。5 月 8 日上午，双方举行第二次会议，由土方提出对案，阐述土耳其政府对商订该约的意见，土方"希望此次中土订约，完全根据平等互惠原则，或即以中土两国已与各国订立之平等条约为蓝本，免多费周折"。双方决定以中捷《友好通商条约》为蓝本进行磋商。当天下午，双方举行第三次会议。随后，福特培将会谈情形电告政府，等待训令。②

5 月 20 日，双方举行第四次会议。中方出席代表为李锦纶、亚洲司长胡世泽、条约委员会委员刘师舜、谭绍华等。此次会议土方提出对案，双方交换意见。21 日，双方举行第五次会议，对前次讨论数点交换意见后，将中方初次提出草案"重行互阅"，"草案大部均已通过，仅余五六条尚未完全同意。"22 日，双方举行第六次会议，通过两条内容，但侨民杂居问题、通商事项仍待讨论。24 日，第七次会议讨论了领事待遇、关税等问题，未达成一致。土方要求土耳其驻华领事与其他各国在华领事待遇一致，实际上等于获得领事裁判权，这遭到中方拒绝。此次会议后，土耳其代表将未决各点电致本国政府请示。③ 6 月 23 日，福特培获得训令后，与李锦纶等举行第八次会议，继续磋商未同意各点，通过两条条款。关于使领待遇，双方完全同意。关于关税，仅小部分尚待磋商。侨民等小问题拟第二天继续会议。④ 24 日，第九次会议将条约草案全部通过。⑤ 后因两国政府审核手续未完，一直没有签字。

1931 年 3 月中旬，土耳其政府完成审核手续，训令福特培与南京国民政

---

① 《张我华昨报告外交，中苏会议四月十五日举行，中土愿改订友好通商条约》，《中央日报》1930 年 3 月 22 日，第 1 张第 3 版。

② 《中土订约二次会议，以中捷条约为蓝本》，《新闻报》1930 年 5 月 9 日，第 2 张第 7 版。

③ 《一月来之外交：（五）中土》，《时事月报》第 3 卷第 1 期，1930 年 7 月，国内时事，第 3—4 页。

④ 《中土续开订约会议》，《新闻报》1930 年 6 月 24 日，第 2 张第 7 版。

⑤ 《中土商约全部议妥》，《时报》1930 年 6 月 25 日，第 1 张第 2 版。

府外交部接洽正式签订日期。① 土方表示对草案无大问题，但一些细节需再磋商才可签字。② 南京国民政府外交部也在研究土耳其的对案。4 月 8 日，福特培到南京，与李锦纶等磋商。中方对土耳其政府对案中不能同意的各点，如侨民待遇、海关征税等，提出修改意见。③ 4 月 9 日，中土双方第二次会商中土商约，"结果甚为圆满，双方相距之点，完全集中，并成一新提案。"胡世泽整理成草案后呈请外交部部长审核，福特培也电告其政府，等待训令。④ 此后多次传出即将签字，但实际上土耳其政府一再拖延，加上中国国内时局影响，此事无形搁置。

1933 年夏，土耳其政府提议改在瑞士磋商。于是国民政府改派驻瑞士公使胡世泽与土耳其驻瑞士公使继续磋商。1934 年，中国驻瑞士公使胡世泽赴埃及出席国际邮政会议，外交部训令其乘便前往土耳其首都安哥拉，与土耳其外交部部长罗世铎（Tevfik Rustu Bey，又译拉斯托）直接商谈。当时土耳其只愿意缔结友好约。4 月 4 日，胡世泽与土耳其外交部部长在土耳其首都安哥拉签订中土《友好条约》。该约比较简单，只有四条，核心内容是第二条，双方"同意按照国际公法原则建立两国间外交关系"。同时，双方同意日后缔结条约解决设领、商务、居留、住处问题。⑤ 随后，外交部将此约呈报行政院，转呈国民政府批准。国民政府第 160 次会议决议，送立法院审议。随后经立法院外交委员会第 408 次会议审查，决议由外交部修改一些措辞，再送立法院公决。⑥ 随后，经立法院通过该约。5 月 30 日，国民政府正式批准。8 月 17 日，中国政府派驻荷公使金问泗与土耳其驻瑞士代办在日内瓦互换条约，9 月 1 日正式生效。这样，中土双方正式建立平等友好条约关系。

至于通商条约，胡世泽在缔结友好条约时就向土方提议继续磋议友好通

① 《土耳其代办福特培访问王正廷记》，《大晶报》1931 年 3 月 15 日，第 1 张第 2 版。
② 《中土商约，签字尚有待》，《时报》1931 年 3 月 17 日，第 1 张第 2 版。
③ 《土代办到京，商中土商约》，《新闻报》1931 年 4 月 9 日，第 1 张第 4 版。
④ 《中土商约，二次会商结果圆满》，天津《益世报》1931 年 4 月 10 日，第 1 张第 3 版。
⑤ 王铁崖编：《中外旧约章汇编》第 3 册，第 958—959 页。
⑥ 《外交委员会审查报告：中土友好条约案审查报告》，《立法院公报》第 60 期，1934 年 5 月，立法院各委员会审查报告，第 11—13 页。

商条约。4 月 10 日，行政院第 155 次会议正式派定胡世泽为修订中土友好通商条约全权代表。① 随后，外交部也将所拟定的通商条约草案寄给胡世泽，供谈判之用。金问泗在互换批准书时又向土方表达希望早订商约的意思。② 但是，土耳其政府对商约缔结并不感兴趣，希望将侨民居留条约与通商条约分开缔结。主要原因是土耳其的对外贸易以输入不超过输出为原则，与他国所订商约的适用期限至多不过一年，而居留条约的性质较为固定，已与数国订定。在这种情况下，外交部决定等派使驻土调查后再定。③ 11 月 13 日，行政院派贺耀祖为首任驻土耳其公使。④ 贺耀祖到土后，与土耳其政府交换意见，俾作订立商约之参考。⑤

但是，中土商约谈判进展并不顺利，原因是土耳其政府并不积极。在 1935 年 10 月胡世泽致外交部的密函中，贺耀祖向胡世泽提及"土国与外国订立商约，系采取进出口相抵原则，而我对于进出口货物，海关无法限制，故中土商约难望成功"。中国驻西班牙公使钱泰也向外交部报告："三年前土国不知中国关税制度，故曾派代表与我国商订友好通商条约。现悉我国税率实行单一制度，各国货物一律待遇，无约国与有约国之享受最惠待遇者，并无差别，故认为无与我国订立商约之必要。"因此，如果中国税率制度不改变，土耳其政府就觉得无缔结商约的必要。加之中土两国商务关系不多，且有减少趋势，土耳其政府对缔结商约兴趣不大。⑥ 直至国民政府垮台，中土友好通商条约都未能缔结。

（三）中国与拉脱维亚缔结《友好条约》

拉脱维亚（当时又称拉特维亚、腊德维亚、腊特维亚），系波罗的海

---

① 《昨政院会决派胡世泽为修订中土商约代表》，《中央日报》1934 年 4 月 11 日，第 1 张第 3 版。

② 《民国二十三年外交大事记：(拾贰) 中土订立友好条约之经过及友好条约全文》，《外交部公报》第 8 期，1934 年 8 月，专载，第 145—147 页。

③ 徐鼎：《中土订约案》，1936 年 2 月 8 日，台北"中研院"近代史研究所档案馆藏外交部档案，馆藏号：11—10—01—06—003。

④ 《新任驻土公使贺耀祖昨自京来沪，订立中土商约在进行中》，《新闻报》1934 年 12 月 3 日，第 3 张第 10 版。

⑤ 《贺耀祖到京谒张，对记者详谈土耳其近况，中土商约仍在继续商谈》，《中央日报》1936 年 8 月 28 日，第 1 张第 4 版。

⑥ 徐鼎：《中土订约案》，1936 年 2 月 8 日，台北"中研院"近代史研究所档案馆藏外交部档案，馆藏号：11—10—01—06—003。

沿岸国家，介于立陶宛与爱沙尼亚之间。在第一次世界大战前，拉脱维亚受俄国统治。1918 年 11 月 18 日，拉脱维亚宣布独立，建立共和国。1922年 3 月 14 日，该国驻英公使俾圣尼克（G. W. Biseneek）与中国驻英使馆接洽，希望中国承认其独立地位。[①] 1923 年 8 月，民国北京政府决定正式承认拉脱维亚共和国，并声明"愿与依据公正平等相互各主义从事商订友好通商条约"。[②]

拉脱维亚国家较小，面积仅 2.5 万平方英里，1936 年时人口只有 190万人。该国与中国贸易额不大，人员往来也不多，在华侨民数量也不多。作为战后独立的新兴国家，拉脱维亚愿意发展对外友好关系。若无条约关系，拉脱维亚侨民在华只能按照一般无约国人民公平待遇，不能享受免税等权利。[③] 因此，拉脱维亚愿意与中国订立友好条约，但对于签订通商条约并不积极。

1928 年 5 月，拉脱维亚驻英公使与中国驻英使馆接洽，提议订立友好条约。南京国民政府外交部研究后同意磋商。1929 年 2 月 28 日，外交部官员张维城在记者招待会上透露，外交部已电令驻英代办陈维城与拉脱维亚驻英公使订约。[④] 拉脱维亚驻英公使赞同以相互平等原则协商订约，并提出以中德或中芬条约为蓝本。[⑤] 4 月 1 日，陈维城电告国内，已与拉脱维亚驻英公使举行三次会议，商讨新约，进展顺利。[⑥] 但后来的事实证明，磋商并不顺利。

1929 年春，南京国民政府外交部条约委员会拟订中拉《友好通商航海条约草案》，并送交亚洲司参考。亚洲司建议根据中国与爱沙尼亚条约草案加

---

① 《拉特维亚民国请我国正式承认应否援案办理请公决议案》，1923 年 5 月 7 日提出国务会议，《外交公报》第 27 期，1923 年 9 月，条约，第 9—10 页。

② 《承认拉特维亚民国业经阁议决照复电》，1923 年 8 月 16 日致驻英朱代办，《外交公报》第 27 期，1923 年 9 月，条约，第 11 页。

③ 《腊特维亚国旅居中国之人民应照一般无约国人民待遇，希转复该国公使函》，1923 年 12 月 26 日复驻英朱代办，《外交公报》第 32 期，1924 年 2 月，政务，第 1—2 页。

④ 《外交部报告外交》，《申报》1929 年 3 月 1 日，第 2 张第 8 版。

⑤ 《外交部 1929 年 4 月份工作报告》，1929 年 4 月，王建朗主编：《中华民国时期外交文献汇编（1911—1949）》第 5 卷上，第 38 页。

⑥ 《商议中腊新约》，《中央日报》1929 年 4 月 2 日，第 1 张第 3 版。

以整理。1930 年 12 月 12 日，条约委员会根据亚洲司意见进行修改，① 随后将条约草案寄送驻英公使施肇基，向拉脱维亚驻英公使提出。此时，拉脱维亚驻德公使向中国驻德公使蒋作宾提出，希望将订约地点改在柏林，但外交部以订约地点不宜变更答复。1931 年 2 月，拉脱维亚驻英公使提出，先议友好条约，待将来由拉脱维亚政府派员直接与中国商议通商条约。但南京国民政府外交部要求直接订立友好通商条约。②

由于中方坚持友好通商条约一起议定，拉脱维亚政府随后提交了条约草案对案。但是，当时正值中日关系紧张之际，南京国民政府外交部决定暂时搁置中拉条约谈判。一年后，拉脱维亚政府提出，两国商约如一时难达成，建议就"两国互认护照、确定两国侨民地位及适用最惠国待遇之关税原则数事"先订换文。关于互认护照，建议参照中国与波兰所订条约第四条；关于侨民地位，拟参照中捷条约第五、第六及第十一条；关于最惠国关税事，拟参照中捷条约第十二条，"但须受与英腊所订通商航海条约第七条之同样限制。"1932 年 10 月，亚洲司致函条约委员会征求意见。10 月 25 日，条约委员会回函，表示换文没有必要，且内容有弊，主张仍继续磋商全约，"以贯彻本部数年来主张关于订约事宜均以订立友好通商全约为原则之宗旨。"③

条约委员会明确反对拉脱维亚所提换文办法，尤其对关税条款表示强烈反对，认为"果如腊方所拟，则彼可享受我方无限制之最惠待遇，而我方却不能同样享受。此实为片面不平等之条文"。条约委员会担心一旦接受这种片面规定，将来容易引起各国群起效尤，难以应付。条约委员会指出，拉脱维亚所提三条办法只考虑了拉方利益，根本不顾及中方利益。而且，这种换文不能实现外交部订约目的，有违订约政策。条约委员会主张继续按照外交部订约方针，磋商通商全约。条约委员会研究了拉脱维亚商约草案对案，提

---

① 《商订中腊条约经过》，台北"中研院"近代史研究所档案馆藏外交部档案，馆藏号：11—10—01—02—106。

② 《外交部 1931 年 2 月份工作报告》，1931 年 2 月，王建朗主编：《中华民国时期外交文献汇编（1911—1949）》第 5 卷上，第 328 页。

③ 《商订中腊条约经过》，台北"中研院"近代史研究所档案馆藏外交部档案，馆藏号：11—10—01—02—106。

出五点意见，希望亚洲司在交涉中注意：第一，关于设领地点，建议维持我方草案，以双方同意为主。条约委员会担心俄国或他国利用拉脱维亚所提出的"以第三国有领馆之处为限"主张任意设领。第二，关于工人入境待遇，拉方对案予以删除，条约委员会建议坚持。第三，关于最惠国条款限制，建议删除拉方对案。若不能，则应规定"将来中国与其他国家订立相互特别最惠待遇时，腊国亦不得要求同样享受"。第四，关于对方国船只驶入领海扰乱秩序的规定，拉方对案予以删除，条约委员会建议保留。第五，关于货物自由通过对方国家条款，建议保留。①

1933 年 3 月 11 日，亚洲司参考条约委员会意见，拟具准备提交给拉脱维亚的答复案，送交条约委员会审核。4 月 20 日，条约委员会将意见送达亚洲司，其中大部分是文字修改，有的则对内容有所修改。例如，第三条关于领事派驻，建议维持原案，"惟名誉领事应否加入尚须考虑。"第四条关于护照颁布规定，文字拟加修改。第五条，文字略微修改，将"并与国际法公认的原则"改为"国际法一般原则"。第六条关于法权，第七条关于税收，不能互易，第七条应予维持。第八条关于豁免兵役、税捐等，第九条关于工人入境自由，文字略为修改。第十条关于财产事务和继承，修改明晰。第十二条关税自主问题（拉方第十一条），尽量以简单文字厘定为"缔约双方同意，关税和所有与附件有关的事务，应由他们有关国内法规定"。拉方第十二、十三、二十条合并处理。② 条约委员会认为，拉脱维亚对案中最重要的是第十二条和第二十条。例如，第二十条，拉方对案规定："本约之规定不适用于左列各节：（一）缔约国之任何一方现在或将来给予在各本国关税边界以内十五基罗密达范围内边境通商之待遇；（二）腊特维亚限制或将来给予爱斯多尼亚、芬兰、立陶宛或苏联之关税任何优越待遇之利益，或其他任何性质之便利，或其他各国因与腊特维亚订立关税或经济同盟而享受之特别权

---

① 《关于中腊订约案之意见书》，台北"中研院"近代史研究所档案馆藏外交部档案，馆藏号：11—10—01—02—106。

② 《拟复亚洲司函稿，附件一》，台北"中研院"近代史研究所档案馆藏外交部档案，馆藏号：11—10—01—02—106。

利，但以是项优越待遇便利及特别利益未经腊特维亚给予其他任何外国者为限。"① 这实际上是要求中国承认片面最惠待遇规定。亚洲司提出的对案是："本约第十二条之规定不影响下开之利益，但以是项利益未经缔约国之任何一方给予任何其他外国者为限：（一）缔约国之任何一方为纯粹便利边境通商起见，给予邻国在缔约国任何一方之边境上十五基罗密达范围内之关税利益。（二）缔约国任何一方因现在或将来订立关税或经济专约而给予第三国之关税利益。（三）腊特维亚现在或将来给予爱斯托尼亚、芬兰、立陶宛或苏俄之关税利益。"② 条约委员会对这条拟具了详细意见。

外交部将修正案寄送给驻英使馆，要求继续与拉脱维亚驻英公使磋商。③ 1933 年 9 月，中方将修正案提交给拉方。"惟以所谓波罗的条约（*Boetie Clause*）一端（即凡关税优惠及其他便利特别给予波罗的海邻近数国及苏联或与腊政府订有关税或经济同盟者，不得施之其他外国），我方未予同意，随告停顿。"④

1934 年 12 月，拉脱维亚政府请先商友好条约，并通过其驻苏联公使向中方表示希望早日建交。南京国民政府外交部为顾全睦谊，电告驻英公使郭泰祺，"令即与驻英腊使将该项约稿议妥，电部候核。"⑤ 1935 年 1 月，拉脱维亚提出条约草案。3 月，中方提出对案。⑥ 由于友好条约内容比较简单，磋商并不困难。到 1936 年 3 月，友好条约大体议妥。⑦ 5 月 12 日，行政院第 262 次会议决定通过外交部呈请转呈国民政府特派郭泰祺为中拉修订《友好

---

① 《第二十条（腊方对案）》，台北"中研院"近代史研究所档案馆藏外交部档案，馆藏号：11—10—01—02—106。

② 《第二十条（亚洲司拟对案）》，台北"中研院"近代史研究所档案馆藏外交部档案，馆藏号：11—10—01—02—106。

③ 《条约之修订：中腊订约之进行》，《中国国民党指导下之政治成绩统计》第 9 期，1933 年 9 月，行政—外交，第 60 页。

④ 《条约之修订：中腊友好条约之议订》，《中国国民党指导下之政治成绩统计》第 7 期，1936 年 7 月，行政—外交，第 27 页。

⑤ 《条约之修订：一、中腊订约之进行》，《中国国民党指导下之政治成绩统计》第 4 期，1935 年 4 月，行政—外交，第 37 页。

⑥ 《条约之修订：中腊友好条约之议订》，《中国国民党指导下之政治成绩统计》第 7 期，1936 年 7 月，行政—外交，第 27 页。

⑦ 《中腊条约签字》，《申报》1936 年 6 月 27 日，第 1 张第 3 版。

条约》全权代表案。[①] 6 月 25 日，郭泰祺与拉脱维亚驻英公使萨霖（Charles Zarine，又译柴林、撒伦）在伦敦签订中拉《友好条约》。8 月中旬，拉脱维亚政府正式批准。[②] 9 月，外交部将条约呈请行政院，转呈国民政府批准。行政院第 278 次会议决议通过。9 月 16 日，中政会第二十一次会议决议将中拉《友好条约》送立法院审议。9 月 26 日，国民政府将该约转送立法院审议。[③] 10 月 2 日，立法院要求外交委员会先行审查。10 月 16 日，外交委员会夏晋麟、周纬、王曾善三委员开初步审查会，认为该约"系本相互平等原则而订立，内容尚属妥善"，可予批准。10 月 3 日，外交委员会同意审查意见。11 月 6 日，立法院第四届第七十九次会议决议批准。[④] 11 月下旬，国民政府正式批准该约。[⑤] 12 月 30 日，双方在伦敦互换批准书。[⑥]

中拉《友好条约》全文共八条，主要内容是同意双方互派使领，规定按照国际公法原则给予对方相应使领待遇；允许两国人民自由出入彼此国境，规定护照签注手续；依本国法律、章程及国际法保护彼此领土内人民身体、财产，并对于游历、居住、作工及经营工商业之权，"但以允许第三国人民游历、居住、作工及经营工商业之处为限。"同时，条约还同意"于最短期内另订通商航海条约"。[⑦] 从条约内容看，这是一个平等的建交条约。

此约签订后，中拉建立了正式外交关系。此后，双方又开始接触磋商通商条约，[⑧] 但没有能够缔结。

---

① 《行政院通过实部渔业银团办法，转呈国府褒扬丁文江，派郭泰祺为中腊订约代表，任命王景岐为驻瑞挪公使》，《申报》1936 年 5 月 13 日，第 2 张第 6 版。
② 《中腊友好条约腊政府已正式批准》，《时报》1936 年 8 月 19 日，第 1 张第 3 版。
③ 《国民政府第七一一号训令：抄发中腊友好条约仰遵照审议由》，1936 年 9 月 26 日，《立法院公报》第 86 期，1936 年 11 月，命令，第 1 页。
④ 《呈国民政府为本院会议决议中腊友好条约应予批准呈请鉴核由》，1936 年 11 月 11 日，《立法院公报》第 86 期，1936 年 11 月，公牍，第 1 页。
⑤ 《中腊友好条约，国府批准书签署盖玺》，《新闻报》1936 年 11 月 25 日，第 2 张第 7 版。
⑥ 《中腊友好条约互换批准书》，《外部周刊》148 期，1937 年 11 月 11 日，本部消息（一）新闻，第 6 页。
⑦ 王铁崖编：《中外旧约章汇编》第 3 册，第 1065—1066 页。
⑧ 《中腊商约刻在进行中》，天津《益世报》1936 年 8 月 7 日，第 1 张第 3 版。

（四）中国与爱沙尼亚缔结《友好条约》

爱沙尼亚（当时又称爱司托尼亚、爱梭尼亚、爱斯顿尼、爱斯尼亚、爱苏尼亚、埃苏尼亚等）也是波罗的海沿岸国家，第一次世界大战前受控于俄国。1918 年 2 月 24 日，爱沙尼亚宣布独立。1920 年，苏俄承认爱沙尼亚独立。帝俄时代，爱沙尼亚人与中国有通商往来。该国独立后，获得了中国政府的承认。随后，爱沙尼亚政府希望与中国建立条约关系，但民国北京政府时期中爱条约未能缔结。

南京国民政府成立后，爱沙尼亚政府又积极接触。1929 年 2 月，该国驻法公使多次向中国驻法使馆代办齐致谈及缔结条约事，拟按照中国与各国所订互惠商约缔约，齐致因此电请外交部指示办法。外交部决定进行谈判。2 月 20 日，外交部呈请行政院，转呈国民政府，简派驻法公使高鲁为全权代表，与爱沙尼亚驻法公使进行磋商。[①] 3 月 8 日，国民政府第二十三次国务会议决议，简派驻法公使高鲁为商订中爱通商条约全权代表。[②] 3 月 20 日，外交部奉行政院令，将简派状、条约草案一并寄给高鲁，令其在巴黎与爱方磋商。[③] 但是，当时爱沙尼亚政府希望先订通好条约，以后再仿照法爱商约订立通商条约。爱沙尼亚政府对于派驻领事、工人入境及待遇等提出自己主张。关于领事，爱方以财政为由，希望能特别规定或换文规定"就近以驻华商家或有名望之华人充任"。关于工人入境便利问题，爱方以国小民稀为由，要求严格限制。这与南京国民政府外交部所订原则不符，中方要求缔结友好通商条约，而不仅仅是友好条约。[④]

随后，南京国民政府外交部内部就中爱友好通商条约草案进行了讨论。1930 年 12 月，外交部条约委员会拟就中爱友好通商航海条约草案，并拟具意见书。条约委员会主张中爱条约缓订，理由是爱沙尼亚等与苏俄关系密

---

① 刘光谦：《中国与爱司托尼亚订约案》，1936 年 2 月 19 日，台北"中研院"近代史研究所档案馆藏外交部档案，馆藏号：11—10—01—06—003。

② 《商订中爱商约》，《世界周报》1929 年 3 月 11 日，第 1 卷第 11 期，第 8 页。

③ 《外交部 1929 年 3 月份工作报告》，1929 年 3 月，王建朗主编：《中华民国时期外交文献汇编（1911—1949）》第 5 卷上，第 10 页。

④ 陶树模：《中国爱司托尼亚约案撮要》，1935 年 3 月 25 日，台北"中研院"近代史研究所档案馆藏外交部档案，馆藏号：11—10—01—06—003。

切，并建议对于使馆馆员名额加以限制。但是，外交部亚洲司认为，中爱条约磋商意见分歧较大，从磋商到签字、审核、批准，手续繁多，不可能短时间内完成，不妨继续进行谈判。"将来议约时如果发现有缓订之必要，尽可设法延宕。俟中苏会议结束后，再行办理，庶不致因噎废食也。"[①] 外交部采纳了亚洲司的意见，决定还是继续磋商。

在国民政府外交部内部研究对策的同时，爱沙尼亚政府也在研究中国提出的条约草案，随后向中方提交了对案。爱沙尼亚政府对通商条约的主张与中方意见分歧较大，主要是工人入境便利与待遇问题，爱方要求严格限制。其他"关于处置财产问题、关税问题、内地河流及沿海航行权问题、商船入港问题以及诉讼保证金与司法协助问题"，均与国民政府宗旨相背。[②] 1931年5月，高鲁将爱方所提对案呈送外交部审核。[③] 高鲁已在年初就被免去驻法公使之职。7月，高鲁启程返国。[④] 驻法使馆馆务由秘书谢维麟代理，负责继续接洽谈判事宜。1932年1月，谢维麟向外交部报告，爱沙尼亚驻法公使奉令向中方表示，爱沙尼亚政府希望在最短期内完成商约，在审查了中方提议后，决定做出必要让步，但希望草案第五条应于"遵照所在国法律"句后，加"与所有其他各国人民待遇相同"字样；第八条关于财产输出及写立遗嘱移转问题，希望中方解释为何不愿用最惠国办法。5月，该使再次催促答复，谢维麟请求指示，但南京国民政府外交部没有答复。[⑤] 1935年3月，条约委员会还在讨论是否继续商订问题。[⑥]

中爱条约谈判取得明显进展是在1937年，不过此次谈判的是友好条约。7月22日，国民政府派郭泰祺为议订中爱友好条约全权代表。爱沙尼

---

① 刘光谦：《中国与爱司托尼亚订约案》，1936年2月19日，台北"中研院"近代史研究所档案馆藏外交部档案，馆藏号：11—10—01—06—003。

② 刘光谦：《中国与爱司托尼亚订约案》，1936年2月19日，台北"中研院"近代史研究所档案馆藏外交部档案，馆藏号：11—10—01—06—003。

③ 《外交部1931年5月份工作报告》，1931年5月，王建朗主编：《中华民国时期外交文献汇编（1911—1949）》第5卷上，第384页。

④ 《高鲁回国，月底可抵京》，《中央日报》1931年7月21日，第1张第3版。

⑤ 陶树模：《中国爱司托尼亚约案撮要》，1935年3月25日，台北"中研院"近代史研究所档案馆藏外交部档案，馆藏号：11—10—01—06—003。

⑥ 陶树模：《中国爱司托尼亚约案撮要》，1935年3月25日，台北"中研院"近代史研究所档案馆藏外交部档案，馆藏号：11—10—01—06—003。

亚谈判代表是驻英国公使史密德（Schmidt）。由于友好条约比较简单，磋商比较顺利。12 月 21 日，中爱《友好条约》在伦敦签字。该约共八条，仿照中拉《友好条约》缔结。1938 年 4 月 27 日，立法院委员楼桐孙、朱和中、卢仲琳负责审查中爱《友好条约》。审查意见认为，该约"为建立两国亲睦邦交，并以平等及互尊主权之原则为基础而议订，查核内容，亦相符合，似可予以批准"。① 5 月 2 日，立法院通过审查报告，同意批准中爱《友好条约》。② 5 月 10 日，国民政府批准中爱《友好条约》，并派郭泰祺为互换批准文件全权证书。1939 年 1 月 10 日，中爱双方代表在伦敦互换批准书，条约同日生效。③

（五）中国与利比里亚缔结《友好条约》

利比里亚（当时又称赖比里亚）位于非洲西部，原系美国殖民地，1847年独立。与南京国民政府谈判时，利比里亚是近代非洲唯一一个独立国家。④

利比里亚共和国愿意发展与中国的关系。1937 年，该国驻法公使卜日德奉令与中国驻法公使顾维钧接洽，表示愿意与中国订约通好，并提出条约草案。顾维钧遂向外交部呈报。外交部经过审核拟定对案，要求顾维钧与之磋商。顾维钧接到指示后，将外交部拟具对案交给利比里亚驻法公使。8 月 12日，顾维钧电告外交部，该国对条约草案完全同意，并且该使已获签字全权，希望 9 月初能够签字。9 月 6 日，国民政府正式简派顾维钧为议约全权代表。⑤ 12 月 11 日，双方在巴黎签订条约。

1938 年 1 月 4 日，驻法大使馆将条约文本呈报。外交部随即呈请行政院，转呈国民政府批准。行政院第 357 次会议决议通过。国民政府将此提交国防最高会议讨论。4 月 14 日，国防最高会议致函国民政府，经常务委员第六十四次会议议决通过，同意送交立法院。国民政府随后于 21 日训令立法

---

① 《本院委员楼桐孙、朱和中、卢仲琳审查中国爱司托尼亚国友好条约案报告》，《立法院公报》第 96 期，1938 年，立法院各委员会审查报告，第 28 页。

② 《中利、中爱友好条约，立法院昨均通过》，《立报》1938 年 5 月 3 日，第 1 张第 2 版。

③ 《中爱友好条约，前日在英伦互换正式生效》，重庆《大公报》1939 年 1 月 12 日，第 1 张第 3 版。

④ 买道明译述：《非洲的惟一独立国家——利比里亚》，《晨熹》第 3 卷 6 月号，1937 年 6 月 15 日，第26 页。

⑤ 《国民政府令》，《外交部公报》第 10 卷第 7—12 号，1938 年 1 月，命令，第 4 页。

院审议。① 27 日，立法院令委员楼桐孙、朱和中、卢仲琳审查中利条约，认为"中利两国间关于通商航行及两国人民在彼此领土内居留及暂住之条件等问题，虽尚有待于另订条约，但本约系为两国创立友好之邦交，查核内容，亦尚妥善，似可予以批准"。② 5 月 13 日，国民政府训令，批准中国与利比里亚国《友好条约》。按照该约第六条，批准文件应在巴黎互换。但是，由于时局关系，该约直到 1941 年 10 月 16 日才互换批准书。③

中利《友好条约》共六条，核心内容是派驻使领，规定按照国际公法原则办理。同时，条约第四条规定："两缔约国约定关于通商航行事宜，以及两国人民在彼此领土内居留及暂住之条件，以专约规定之。"④ 显然，该条约是一个基于相互平等原则缔结的建交条约。

第四节 积极与其他无约国磋商试图建立平等条约关系

全面抗战爆发前，南京国民政府还与亚洲、欧洲、中南美洲等地区诸多无约国进行订约交涉，包括暹罗、阿富汗、罗马尼亚、立陶宛、匈牙利及中南美洲诸国，希望缔结平等条约关系。

一、 与亚欧无约国订约谈判

南京国民政府与这些国家订约磋商情况不一，有的是中国主动要求缔约，但对方顾虑重重，拖延订约，如中暹订约；有的是对方主动要求缔约，但中国有一定顾虑而未积极接洽，如中阿订约；有的双方都愿意订约，但由于国内政局原因，或者因为条款未臻妥协，最终未能达成一致，如中匈、中罗、中立订约。

---

① 《国民政府渝字第一四三号训令：检发中国爱司托尼亚国友好条约令仰迅予审议具复由》，1938 年 4 月 21 日，《立法院公报》第 96 期，1938 年，命令，第 170 页。

② 《本院委员楼桐孙、朱和中、卢仲琳审查中国利比里亚国友好条约案报告》，《立法院公报》第 96 期，1938 年，立法院各委员会审查报告，第 26 页。

③ 《中利友好条约在葡京互换批准书》，重庆《中央日报》1941 年 10 月 19 日，第 2 版。

④ 王铁崖编：《中外旧约章汇编》第 3 册，第 1110—1111 页。

（一）中暹《友好通商条约》谈判

暹罗（1932 年改名为泰国）是中国的近邻，境内华侨众多，约占总人口的三分之一，与中国商务交流密切。清末时期，清政府通过驻法公使刘式训与暹罗驻法使馆接触，提议订约事宜，但暹罗政府认为时机未至，遂搁置。[①]民国北京政府时期，中暹两国围绕订约事宜多次接洽，但是效果不佳。终至民国北京政府垮台，中暹订约事宜都没有进展。

南京国民政府成立后，应华侨的请求，外交部重提中暹订约事。1929年初，外交部特派程演生前往暹罗考察华侨问题，并接洽订约事宜。1 月14 日，暹罗外交部部长特来路使（Traidos）接见了程演生。双方交换了对订约的意见。暹罗外长称，1921 年与中国磋商条约草案，当时暹罗政府认为时机不成熟，是因为中国不统一，且暹罗和各国修改条约事宜未完成。程演生指出，这些问题都已经解决，希望中暹早日订约。暹罗外长含糊表示："如国民政府欲与暹罗缔订时，应根据国际订约通例，遣使再开会议，暹政府自乐以诚意相周旋。"[②] 外交部遂电令驻法公使高鲁与暹罗驻法公使接洽，在法国正式商订。[③] 7 月 8 日，高鲁电复，暹罗政府要求由驻日暹使负责。外交部遂电驻日公使汪荣宝与驻日暹使接洽，暹使答复只得政府通知此事，但没有授权。[④]

此时，中暹两国民众都有要求订约的呼声。暹罗舆论认为，中暹订约，"在中暹间虽为创举，然在世界则非属创举；且有条约之保障，足以使中暹间人民，彼此有国交及人民两层情谊，又何乐而不为耶？"[⑤] 华侨要求订约的呼声不断。1929 年 5 月 8 日，上海华侨联谊会受暹罗华侨之请，致电外交部，请求速订中暹商约。[⑥] 1930 年 8 月中旬，上海中华侨务协进会呈请中央

---

① 《致驻日本施代办：中暹订约事》，1923 年 10 月 4 日发，台北"中研院"近代史研究所档案馆藏北洋政府外交部档案，馆藏号：03—23—007—01—009。

② 丘斌存：《中暹订约的事件》，《南洋研究》第 2 卷第 6 期（暹罗专号），1929 年，第 47—48 页。

③ 《外交部 1929 年 3 月份工作报告》，1929 年 3 月，王建朗主编：《中华民国时期外交文献汇编（1911—1949）》第 5 卷上，第 11 页。

④ 《外交部 1929 年 7 月份工作报告》，1929 年 7 月，王建朗主编：《中华民国时期外交文献汇编（1911—1949）》第 5 卷上，第 81 页。

⑤ 《中暹订约消息：暹报之舆论》，《南洋研究》第 2 卷第 5 期（移民问题专号），1929 年，华侨消息，第220 页。

⑥ 《华侨联谊会请订中暹商约》，《新闻报》1929 年 5 月 9 日，第 4 张第 13 版。

侨务委员会，催促外交部订约。① 随后，中央侨务委员会致函国民政府，要求令饬外交部办理。② 同时，国民党上海特别市执行委员会也致函国民党中央执行委员会，请设立驻暹领事馆，并妥订中暹条约。③ 在各方催促下，外交部也在寻求各种机会交涉。1930 年底，国联开会，外交部电令中国代表伍朝枢向暹罗代表提出中暹缔约事，暹罗代表应允回国后向政府汇报。④ 但此后又没有消息。

1931 年初，岭东华侨互助社举行执行委员会第一次代表大会，其所属暹罗分社代表提出《请中央侨务委员会转请国民政府迅与暹罗政府妥订平等互惠通商条约，以便派遣使领保护侨胞案》。该社遂致函中央侨务委员会，请求支持。2 月 17 日，中央侨务委员会致函外交部，再次催促订约。⑤ 但暹罗方面顾虑重重，迟迟不愿启动交涉。1932 年 6 月，暹罗政局变动，成立君主立宪新政府。南京国民政府外交部决定乘机"复申前议"。⑥ 外交部派朱鹤翔赴暹罗，与其外长接洽。暹罗外长借口暹罗正与各国修约，期间不准备与他国订约。⑦ 10 月，外交部又要求驻日公使与暹罗驻日公使商洽有关通商条约事宜，⑧ 但进展不大。

1933 年，南京国民政府开始实施对暹罗大米征收进口税政策。9 月 16 日，广东首先实施征税，引起暹罗方面的震动。因为暹罗主要经济是米业，输入中国的暹米占暹罗出口大米的一半。半官方的《曼谷每日邮报》呼吁，从商业利益立场看，中暹订约很有必要，主张暹罗应与中国订立条约，至少须先订商约。⑨ 这样，中暹商约磋商又开始接洽。12 月 22 日，外交部发言人称，中暹商约正在商洽中，商约草案内容大致与中法越南商约相似，主要

① 《侨务协进会催订中暹条约，并请设领护侨》，《民国日报》1930 年 8 月 15 日，第 3 张第 1 版。
② 《侨委会转请速订中暹条约，并请设置驻暹领事》，《民国日报》1930 年 8 月 31 日，第 3 张第 1 版。
③ 《训令，为奉交上海市执委会请设驻暹领事馆并妥订中暹条约案，仰妥办具报由》（第三四七号），1930年 9 月 26 日，《行政院公报》第 190 期，1930 年 10 月 1 日，训令，第 11 页。
④ 《中暹》，《建国月刊》第 4 卷第 1 期，1930 年 11 月，时事，第 2 页。
⑤ 《中央侨务委员会公函：请迅订中暹中法越南商约并派遣使领驻各该地保护侨胞》，1931 年 2 月 19 日到，台北"中研院"近代史研究所档案馆藏外交部档案，馆藏号：04—01—005—03—033。
⑥ 《中暹条约将进行谈判》，《民报》1932 年 7 月 21 日，第 1 张第 2 版。
⑦ 《外交界某要员谈中暹订约事》，《中央周报》第 364 期，1935 年 5 月 27 日，一周大事汇述，第 12 页。
⑧ 《派员进行中暹商约》，《新闻报》1932 年 10 月 25 日，第 2 张第 7 版。
⑨ 华阳：《中暹订约之良机》，《中南情报》第 3 期，1934 年 5 月 15 日，专论，第 13—14 页。

争执点在进口洋米税。①

1934 年初，要求订约的呼声更高。1933 年 10 月 28 日，暹罗勿洞地区发生警察枪杀华侨惨案。由于暹罗新闻封锁等原因，该事件直到 1934 年 2 月才反馈回中国。侨务委员会呈请中央向暹罗政府抗议。② 其常委张永福向侨委会提案，呼吁外交部速与暹方商订条约，设立外交官。侨委会因此致函外交部，请求办理。③ 在这种背景下，外交部加紧准备磋商。4 月 14 日《民报》报道："外部决于最短期内，研究中暹条约草案，俾与暹政府进行洽商，以副双方国民之希望。"④ 但事实上仍无进展。

1935 年 5 月，暹罗政府排华加剧，颁布各种排华苛例。中国国内人士极为愤慨，民众团体自动禁止运销暹米，主张经济绝交。在这种背景下，暹罗政府派出多批商务考察团来华，在了解中国的情况后，态度有所软化。5 月 21 日，暹罗政府派税务司华斯蒂（英籍）抵达上海，与中国外交当局接洽。⑤ 8 月 22 日《时代日报》报道，暹罗政府拟派国务院秘书长銮天隆沙越赴华，交换互订条约事宜。⑥ 是年底，暹罗派内政部次长桑杜来华，"其使命拟与我外交当局缔结正式中暹通商条约，以谋两国对外贸易之发展，顺便并在华各地考察工商经济情形。"⑦ 中方也于 1936 年夏派凌冰、林康侯等率领考察团赴暹罗，并与暹罗当局交换意见，其中包括中暹缔约问题。⑧ 1937 年又有暹罗外交部秘书访华商订中暹通商条约之事。⑨ 但中暹订约进展缓慢，直到 1946 年 1 月 23 日中暹才签订《友好条约》。

从中暹订约过程可以看出，中国政府持积极态度，千方百计寻求订约机

---

① 《中暹商约接洽无进展》，天津《大公报》1933 年 12 月 23 日，第 1 张第 3 版。

② 《侨委会呈请中央抗议暹罗华侨被伤害事件》，《中南情报》第 1 期，1934 年 4 月 15 日，侨务及侨况，第 76 页。

③ 《侨委会请订中暹约章》，《中南情报》第 1 期，1934 年 4 月 15 日，侨务及侨况，第 76 页。

④ 《中暹条约进行商订，外部在最短期内研究草案》，《民报》1934 年 4 月 14 日，第 1 张第 2 版。

⑤ 《暹罗代表今到沪，将入京商谈中暹关系》，天津《大公报》1935 年 5 月 21 日，第 1 张第 3 版。

⑥ 《暹罗缓和我国民空气，将派员来我国考察，与我当局交换中暹互订商约》，《时代日报》1935 年 8 月 22 日，第 1 版。

⑦ 《暹罗内政次长来华，缔订中暹通商条约》，《贸易》第 63 期，1935 年 12 月 2 日，第 16 页。

⑧ 《凌冰谈赴暹考察经过，暹当局对我侨胞均采亲善态度，中暹缔约及经济合作在研究中》，《民报》1936 年 7 月 30 日，第 1 张第 3 版。

⑨ 《中暹商约短期内有签订希望》，天津《益世报》1937 年 6 月 23 日，第 1 张第 2 版。

会。但是，暹罗政府采取"不即不离之态度"。为何出现这个局面呢？当时有学者分析指出："此中症结，一则由于吾国缺乏力量，再则由于中暹民族与经济关系之错综密接，俾暹政府顾忌太多，而于事前不得不有充分考虑耳。"[①] 暹罗政府最顾忌的还是华侨国籍问题。[②] 因为 1913 年暹罗政府颁布国籍法，采用属地主义，规定出生在暹罗境内的人均属于暹罗籍。这就使在暹罗的华侨子女成为暹罗籍。而中国的国籍法采取属人主义，规定出生时父为中国人者，属于中国籍。这就造成华侨国籍冲突问题。暹罗政府担心订约势必使境内近三百万华侨归属发生问题，[③] 所以一再推脱订约。

（二）与阿富汗缔约谈判

阿富汗是亚洲中西部的内陆国家，与中国接壤，很早就与中国有联系。但近代阿富汗遭受英国的侵略，成为其附属国，外交受英国控制，故与中国没有条约关系。1919 年，阿富汗宣布独立。此后，阿富汗寻求与中国订约通商。[④] 但自 1928 年冬开始，阿富汗陷入内乱，两国订约实际上搁置。

南京国民政府成立后，中阿两国订约没有进展。直到 1935 年才有材料表明，南京国民政府外交部在研究中阿议约问题。是年 3 月 5 日，《审查中南美订约案小组委员会第二次报告书》提及，"亚洲各国如波斯、阿富汗曾议约而未成。"[⑤] 实际上，直到 20 世纪 40 年代，中阿议约才有进展。"与阿富汗订立友好条约事，历年磋商，因新疆设领问题不易解决，迄无成议。欧战发生后，阿国会又决在战争期间不订新约，致更感困难。现正相机进行中，以图增强外交关系。"[⑥] 1944 年 3 月 2 日，中阿两国正式订立《友好条约》，建立条约关系。

（三）与其他欧洲无约国家交涉缔约

南京国民政府前期还与罗马尼亚、匈牙利、立陶宛等欧洲国家磋商过缔

---

① 余受之：《中暹订约交涉之回顾与前瞻》，《国闻周报》第 14 卷第 26 期，1937 年 7 月 5 日，第 22 页。

② 余捷琼：《中暹商约问题》，《国货月刊》第 2 卷第 4 期，1935 年 6 月 1 日，第 17 页。

③ 《外界某要员谈中暹订约事》，《中央周报》第 364 期，1935 年 5 月 27 日，一周大事汇述，第 12 页。

④ 《杨增新请缓与阿富汗订约》，《新闻报》1927 年 11 月 3 日，第 2 张第 6 版。

⑤ 《审查中南美订约案小组委员会第二次报告书》，1935 年 3 月 5 日，台北"中研院"近代史研究所档案馆藏外交部档案，馆藏号：11—10—01—06—003。

⑥ 《民国卅年十月起至卅一年四月底止之工作报告》，台北"国史馆"藏外交部档案，馆藏号：0200000013397A。

约建交问题，但均未能正式建立条约关系。

罗马尼亚是欧洲巴尔干半岛的一个国家。近代罗马尼亚与中国联系较少。南京国民政府成立后，罗马尼亚政府尝试与中国接触。1930 年 2 月 24 日，驻德公使蒋作宾电告外交部，称罗马尼亚政府愿意与我订立友好条约。① 2 月 27 日，外交部复电表示同意，并饬其接洽进行。② 外交部拟定了中罗友好通商航海条约草案。但是，双方未能就条约达成一致。直至 1938 年，中罗两国才再度磋商友好条约。重庆国民政府外交部令驻捷克使馆与罗马尼亚方面接洽，并于 1939 年签订友好条约，正式建立外交关系。③ 但由于罗马尼亚政府于 1941 年承认汪伪政权，重庆国民政府宣布断绝两国外交关系。战后，国民政府也没有恢复与罗马尼亚外交关系。

匈牙利地处中欧，历史悠久。在近代，匈牙利与奥地利合为奥匈帝国。第一次世界大战使奥匈帝国瓦解，1918 年匈牙利独立出来。此后，匈牙利与中国政府接洽，进行过缔约磋商，但终至民国北京政府垮台，也未能缔结条约。

南京国民政府成立后，中匈之间又继续接洽商约问题。1929 年 2 月 15 日，国民政府第二十次国务会议决定派驻德公使蒋作宾为商订中匈友好通商条约全权代表。④ 5 月 16 日，蒋作宾抵达维也纳，随后前往匈牙利，商订中匈商约。⑤ 此后，中匈双方正式磋商商约草案。据外交部 1929 年 6 月工作报告，"匈代表对第十条、第十三条，稍持己见，谓限制外国工人入境，乃欧战后欧洲各国普通办法，匈牙利恐难独异。关税一项，则欲申明与第三国货物纳税同等，其余以书面答复。"对于匈牙利的主张，中国方面决定让步。外交部致电蒋作宾："中匈约第十条，似可迁就，惟应坚持匈对于华工入境，应适用最惠国待遇。第十三条，关税最惠国待遇，如限于两国输入输出已制

① 《中罗将订约，蒋作宾电告》，《中央日报》1930 年 2 月 25 日，第 2 张第 5 版。
② 《接洽中罗缔约》，《时报》1930 年 2 月 28 日，第 1 张第 1 版。
③ 《行政院秘书处令驻捷克公使馆检发签订友好条约代表梁龙简派状》，台北"中研院"近代史研究所档案馆藏外交部档案，馆藏号：11—32—25—01—001。
④ 《第二十次国务会议，派蒋作宾全权商订中匈条约，公布度量衡法、度量衡局条例，公布海陆空军抚恤委会大纲》，《民国日报》1929 年 2 月 16 日，第 2 张第 1 版。
⑤ 《蒋作宾已抵维也纳，将往匈京商订中匈商约》，《民国日报》1929 年 5 月 18 日，第 1 张第 4 版。

或未制之货物，亦可同意，惟应声明中国给予他国之特殊利益，其附有条件者，匈国亦须满足同样条件，方可取得此项利益。第十三条修正文，已邮寄，希本此意旨，与匈方接洽，随时电核云。"① 到 7 月初，双方谈判基本结束。据 7 月 3 日《中央日报》，蒋作宾将条约草案电达外交部，经王正廷转呈国民政府审批。② 但是，该案未获得通过。直到 1934 年才有中匈订约消息。中匈协会以商务日趋繁盛、关系重大为由，呈请实业部转请外交部速订中匈商约。③ 匈牙利政府也与中国驻捷克使馆接洽，希望建立邦交。南京国民政府外交部也认为与匈牙利建交有必要，电令驻捷克公使张歆海与匈牙利政府接触。此后，中匈双方通过驻捷克使馆进行磋商。④ 1936 年，中国驻捷使馆向国内转递了匈牙利驻捷公使提出的商约草案 21 条，外交部逐条审核，拟定修正案，发给驻捷使馆。⑤ 但是，中匈之间磋商条约并没有成功签定，终至国民政府垮台，两国也没有建立条约关系。

立陶宛（又译利苏尼亚）系波罗的海沿岸国家。立陶宛在一战前受俄国统治，1917 年宣布独立。1923 年 3 月，中国政府正式承认立陶宛独立，并声明愿在公正平等相互原则上与之商订友好通商条约。⑥ 5 月 18 日，外交部将拟定的条约草案寄送驻英使馆，要求转送立陶宛驻英公使，但直到 1925 年 2 月也没有消息。2 月 18 日，驻英代办朱兆莘致函外交部，称立陶宛政府拟派使驻华。外交部要求先订条约再派使，表示在两国未订约前一切交涉无所依据，事实上有诸多不便。⑦ 此后几年，两国订约交涉未见消息。南京国民政府成立后，启动了与立陶宛缔约谈判。1929 年 7 月，立陶宛驻苏联公使及驻德公使先后与中国驻当地公使会晤，表示愿意订约通好，得到中国政府

① 《外交部 1929 年 6 月份工作报告》，1929 年 6 月，王建朗主编：《中华民国时期外交文献汇编（1911—1949）》第 5 卷上，第 68—69 页。

② 《中匈友好条约，外部呈国府批示》，《中央日报》1929 年 7 月 3 日，第 1 张第 1 版。

③ 《中匈协会请订中匈商约》，《申报》1934 年 2 月 8 日，第 3 张第 9 版。

④ 《中匈将订国交》，《新闻报》1934 年 8 月 4 日，第 2 张第 7 版。

⑤ 《通商之交涉：中匈订立商约之进行》，《中国国民党指导下之政治成绩统计》第 8 期，1936 年 8 月，行政—外交，第 26 页。

⑥ 《承认利苏尼亚民国业经阁议决照办，希照复电》，1923 年 3 月 12 日致驻英朱代办，《外交公报》第 27 期，1923 年 9 月，条约，第 6 页。

⑦ 《致驻英朱代办：利苏尼亚派遣代表事》，1925 年 3 月 14 日发，台北"中研院"近代史研究所档案馆藏北洋政府外交部档案，馆藏号：03—23—096—04—008。

响应。外交部先指示驻苏联使馆与立陶宛驻苏联公使接洽。但因为中苏关系恶化，中国撤回驻苏公使，中立订约交涉事宜未能进行。1931 年 2 月，立陶宛驻德公使向中国驻德公使蒋作宾建议，将订约磋商地点改在柏林。南京国民政府外交部接电后表示同意，但要求应与订友好通商航海条约。这得到立陶宛政府同意。外交部随后拟定条约草案，寄交蒋作宾与对方磋商。[①] 但此次交涉因事中止。1934 年 9 月，外交部电令驻德公使刘崇杰继续提起交涉。此时立陶宛方面只愿意磋商友好条约，不愿意订立通商航海条约，理由是两国商务关系尚浅，侨民也少。[②] 至国民政府垮台，中立两国也没有建立正式条约关系。

二、 与中南美洲无约国家订约交涉

从地理学上划分，美洲可划分为北美洲和南美洲。但从政治地理概念出发，北美不包括北美洲的中美（即墨西哥、中美洲和加勒比地区），这些地区与南美洲归属于拉丁美洲，故本书遵循当时文献说法，仍以中南美洲统称之。

中南美洲是华侨居住、经商、营业的重要地区，但近代中国与中南美洲诸国建立条约关系者甚少。南京国民政府成立前，中国只与秘鲁、巴西、墨西哥、智利、玻利维亚等五个中南美洲国家订有条约，其他都是无约国状态。由于缺少条约的保护，华侨在中南美洲境遇甚惨，各国对待华侨苛例频出，排华风潮不断。在这种情况下，华侨团体呼吁速订条约。南京国民政府因此积极与中南美洲诸国进行接触，希望议订条约。除五个有约国外，南京国民政府还与阿根廷、古巴、多米尼加（当时又称多明尼加、多明尼亚）、厄瓜多尔（当时又称艾瓜多）、瓜地马拉、尼加拉瓜、巴拿马、巴拉圭、乌拉圭（当时又称乌鲁乖）、委内瑞拉（当时又称韦尼瑞拉）等无约国有过接触，尝试订约，但谈判多不顺利，全面抗战爆发前没有建立条约关系。究其

---

① 《外交部 1931 年 2 月份工作报告》，1931 年 2 月，王建朗主编：《中华民国时期外交文献汇编（1911—1949）》第 5 卷上，第 328 页。

② 《条约之修订：中国立陶宛订约之进行》，《中国国民党指导下之政治成绩统计》第 12 期，1935 年 12 月，行政—外交，第 34—35 页。

原因，是这些国家都拒绝工人入境，有的甚至连商人都拒绝，而中方订约的目的就是要求华人自由入境，谈判遂成僵局。①

（一）　与阿根廷订约磋商

阿根廷是南美大国，但与中国长期没有条约关系。华侨在此地因中国没有派驻使领，"难得平等法律之待遇，商务辄受阻挠，生理亦感困难"，② 因此希望中国政府与阿根廷议约派使。民国北京政府时期，中阿官方为订约之事有过接触，但到 1927 年时因时局关系而搁置。③

南京国民政府成立后，阿根廷华侨呼吁订约之声增多。1929 年 8 月 10 日，阿根廷华侨协进会会长黄伯信代表侨民呈请外交部简派公使及领事驻扎阿根廷首都布宜诺斯艾利斯，"以辑睦邦交而保惠侨商。"④ 10 月 5 日，黄伯信又致函国民党中央执行委员会中央侨务委员会，呼吁在阿根廷设立公使馆、领事馆及侨务机关，并希望侨务委员会转请国民政府早日订约通商，并派外交官。⑤ 国民政府要求外交部研究。外交部答复，这些都在计划之中。同时，外交部决定先派驻巴西公使戴恩赛非正式接洽。⑥ 外交部欧美司决定先从订约入手，并为此做准备。10 月 15 日，欧美司致函条约委员会，恳请将中阿友好通商条约草案拟定。⑦ 这说明南京国民政府外交部已经开始着手考虑中阿订约问题。

1930 年 1 月，中国驻智利使馆秘书、代办李时霖奉令与阿根廷接洽。27 日，李时霖照会阿根廷驻智利大使昆塔纳（Quintana），请其转达政府，征

---

① 《中南美订约案意见书》，台北"中研院"近代史研究所档案馆藏外交部档案，馆藏号：11—10—01—06—001。

② 《照录旅阿根廷侨民黄伯信暨全体侨民呈》，1929 年 8 月 10 日，台北"中研院"近代史研究所档案馆藏外交部档案，馆藏号：11—10—01—02—093。

③ 张蘅：《中国与阿根廷订约案之检讨》，1936 年 2 月 19 日，台北"中研院"近代史研究所档案馆藏外交部档案，馆藏号：11—10—01—06—003。

④ 《照录旅阿根廷侨民黄伯信暨全体侨民呈》，1929 年 8 月 10 日，台北"中研院"近代史研究所档案馆藏外交部档案，馆藏号：11—10—01—02—093。

⑤ 《（中国国民党中央执行委员会）中央侨务委员会公函》，1929 年 10 月 5 日，台北"中研院"近代史研究所档案馆藏外交部档案，馆藏号：11—09—19—04—04—001。

⑥ 《函复关于旅阿根廷侨民黄伯信等请简派使领一案本部正在计画接洽之中希转呈由》，1929 年 10 月 9 日拟，台北"中研院"近代史研究所档案馆藏外交部档案，馆藏号：11—09—19—04—04—001。

⑦ 《欧美司信函》，1929 年 10 月 15 日，台北"中研院"近代史研究所档案馆藏外交部档案，馆藏号：11—10—01—02—093。

求意见，但阿根廷政府毫无消息。4 月 29 日，该大使建议李时霖前往阿根廷亲自接洽。5 月 30 日，李时霖抵达阿根廷。随后，他分别与阿根廷外交部交际司长阿马雅（Amaya）、外交部部长奥哈纳特（Oyhanarte）、总统伊里各阳（Yrigoyen）举行会谈，表达国民政府愿通好订约意愿。6 月 13 日，阿根廷总统接见时表示赞同。21 日，李时霖向阿根廷总统辞行，表示希望先订约，再派使，得到阿根廷总统赞同。同时，李时霖还拜会了阿根廷参众两院议长，希望得到支持。参议院议长、副总统马丁内斯（Martinez）表示愿意尽力协助中阿订约。① 受李时霖访阿鼓舞，阿根廷华侨黄伯信等再次致函外交部，呼吁"政府从速进行，订定商约，专设使领馆"。②

接获上述消息后，外交部决定开始与阿磋商。据 12 月 25 日戴恩赛致驻智利大使张履鳌的信函，戴恩赛在刚到巴西时就与阿根廷驻巴西大使进行初次会晤，提议中阿订约。当时，阿根廷驻巴西大使极表同情，不过双方都没有得到授权，故搁置。1930 年 6 月 24 日，外交部电令戴恩赛与阿政府非正式商议，如其同意磋商，则寄送约稿。阿根廷大使当即向其政府请示。因遭遇阿根廷革命，原政府被推翻，新政府刚成立，无暇顾及订约事。③ 因此，戴恩赛与阿交涉实际上没有正式进行。

10 月 28 日，中国驻智利代办张履鳌致电外交部，建议由其与阿根廷驻智利大使继续磋商。12 月 25 日，外交部回电指示，"中阿订约如戴公使尚未进行，应准由该代办续商，并兼管侨务。"张履鳌先后两次电询戴恩赛。1931 年 1 月 10 日，张履鳌接到戴恩赛信函，获悉中阿通商条约并未进行磋商，当即电呈外交部，请示是否先由其致函阿根廷驻智利大使，请其请示政府，商订条约。24 日，外交部指示，由张履鳌与驻智利阿根廷公使商订新约。26 日，张履鳌照会阿根廷大使，请其请示政府。28 日，该公使回函，表示已经转达，一俟接到训令，即与接洽。3 月，升任公使的张履鳌致电外

① 李时霖：《交涉中阿订约之经过》，《外交评论》第 4 期，1930 年 11 月 20 日，第 29—31 页。

② 《旅阿根廷华侨协进会长黄伯信等致外交部呈》（原题缺，题目为笔者所拟），1930 年 6 月 19 日，台北"中研院"近代史研究所档案馆藏外交部档案，馆藏号：11—09—19—04—04—001。

③ 《驻智利代表张履鳌致外交部电》（原题缺，题目为笔者所拟），台北"中研院"近代史研究所档案馆藏外交部档案，馆藏号：11—09—19—04—04—001。

交部，称阿根廷公使已经回复，阿根廷政府极愿订立中阿商约。张履鳌希望外交部就议约内容作出指示。外交部条约委员会遂拟定中阿通商航海条约草案，并由外交部于 5 月寄送。随后，张履鳌将条约草案送达阿根廷驻智利大使，请其转达政府。8 月，张履鳌要求外交部给予议约凭证。1932 年，张履鳌离任，李时霖再次代理馆务。据李时霖电报称，订约一事没有得到阿根廷政府正式表态。实际上，此后双方没有磋商条约。直到 1934 年 6 月，中国驻西班牙公使钱泰致电外交部称，阿根廷驻法公使提议与中国通好。外交部条约委员会专门开会是否继续由驻智利使馆接洽中阿订约事，大会决定暂行保留。1935 年 1 月，中国驻法使馆代办萧继荣电告外交部，阿根廷驻法大使非正式表示，希望在巴黎议约。当时外交部仍主张由驻智利使馆办理。5 月，条约委员会再次开会讨论中阿订约事。[①] 此后，外交部似改变了主张，同意由驻法使馆磋商。10 月初，根据外交部消息，外交部已电令萧继荣与驻法阿公使接洽订约事宜，"双方意见极接近，现第一步拟先订立友好条约，第二步再订商约。"[②]

1936 年 7 月 10 日，中国驻法大使顾维钧与阿根廷驻法大使勒白东会晤，讨论订约问题。[③] 但是，此次会议也没有结果。此后两国订约停顿，直至 1947 年 2 月 10 日双方才正式订立《友好条约》。

（二）与古巴订约磋商

古巴，位于加勒比海西北部墨西哥湾入口。16 世纪开始，古巴为西班牙殖民地。1898 年美国通过对西班牙战争占领了古巴。1902 年，古巴宣布独立。但此后美国又一度控制古巴。1906 年，美国派总督统治古巴，直至1909 年。此后，美国扶持古巴亲美势力，间接统治古巴，直至 20 世纪 50 年代古巴革命胜利才改变这种局面。

中国与古巴关系若追溯到西班牙统治古巴时期，则始于 1864 年中西《和好贸易条约》。而直接关系古巴者，则为 1873 年中西《古巴华工条款》

---

　① 张蔷：《中国与阿根廷订约案之检讨》，1936 年 2 月 19 日，台北"中研院"近代史研究所档案馆藏外交部档案，馆藏号：11—10—01—06—003。
　② 《中阿缔交，现商订友好条约》，天津《大公报》1935 年 10 月 6 日，第 1 张第 3 版。
　③ 《顾大使晤驻法阿使，讨论中阿订约问题》，《中央日报》1936 年 7 月 11 日，第 1 张第 4 版。

和 1877 年中西《会订古巴华工条款》。但这两个条款不能视作中古外交关系的开始，因为当时古巴是西班牙的殖民地。古巴独立后，中古两国进行过多次订约交涉，但未能就条约磋商达成一致。

南京国民政府成立后，古巴迅速予以承认，并对中国废约持积极态度。1928 年 7 月 17 日，中国驻古巴公使照会古巴外长，转述国民政府废止不平等条约、订立新约的宣言。8 月 21 日，古巴外交部回复，古巴政府决定对于该宣言"毋庸与列强交换意见，决即先表赞同"。古巴认为，宣言所指不平等条约与古巴无关。古巴政府决定派河些哥米斯柯理格为驻华代办，并在最短时间内派全权公使赴南京常驻。① 同时，古巴政府欲对华输出食糖，决定与中国开议缔结商约。② 此时，中方也有磋商的愿望。10 月 30 日，古巴湾城中华总会馆致电中国外交部，呼吁交涉取消古巴政府颁布的禁华人入口苛例，与古巴订立良善商约。③ 外交部遂进行研究。12 月 27 日，古巴公使加希加抵达南京，向国民政府递交国书。④ 中古双方交换了对订约的看法。

1929 年 7 月 5 日，行政院指令外交部，派驻古巴公使为全权代表，修订中古友好通商条约。⑤ 11 月 15 日，凌冰被任命为驻古巴公使。⑥ 1930 年 2 月，凌冰到达古巴。⑦ 2 月 19 日，外交部训令凌冰与古巴政府商订中古条约。⑧ 9 月 30 日，凌冰报告外交部，自抵达后即以缔结中古商约为急务，与古巴外交部负责人员多次交涉，但谈判并不顺利。中古商约谈判争议的焦点在于约稿第四、七两条，即关于移民问题。古巴政府多次颁布取缔华人入境法律、命令，其中 1902 年 5 月 15 日古巴军政府颁布的第 155 号命令和 1926 年 4 月 27 日古巴总统马乍懦颁布的第 570 号命令"最称苛刻"。根据这些法

---

① 《古巴承认国府照会，赞同废除不平等条约》，《新闻报》1928 年 9 月 28 日，第 1 张第 4 版。
② 《承认国府后古巴准备开议商约》，《中央日报》1928 年 8 月 19 日，第 1 张第 3 版。
③ 《本会函外部请取销古巴禁止华人令及改订中古商约》，《侨务汇刊》第 2 期，1928 年 12 月 25 日，文电，第 27 页。
④ 《古巴公使今日递国书》，《新闻报》1928 年 12 月 27 日，第 2 张第 6 版。
⑤ 《指令第一三一六号：呈拟派驻古巴公使为全权代表，修订中古友好通商条约，拟具全权证书，乞鉴核示遵由》，7 月 5 日，《公安周刊》第 1 卷第 10 期，1929 年 8 月 4 日，第 10 页。
⑥ 《训令第四〇三四号：为任免驻古巴特命全权公使凌冰等由》，1929 年 11 月 15 日，《行政院公报》第 101 期，1929 年 11 月 20 日，训令，第 51 页。
⑦ 《凌冰已抵古巴》，《民国日报》1930 年 2 月 4 日，第 2 张第 7 版。
⑧ 《外部令古巴公使商订中古条约》，《中央周刊》第 90 期，1930 年 2 月 24 日，一周大事述评，第 12 页。

律、命令，华工不能入境，正当华商也几乎无入境可能。根据古巴宪法，军政府命令必须经议会同意才能更改，总统命令可以由总统更改。中古商约谈判，中方要求按照最惠国待遇解决工人入境问题，古巴方面担心在条约中承认此点，使第 155 号命令"无形消灭"，"即不啻自陷于违法地位"，招致反对党攻击，且议会不能批准这种条约。古巴方面希望等现政府向议会提出"外国工人入古人数限制案"通过，使第 155 号命令自动失效后，再订条约。这样，中古条约谈判停顿。[①]

　　其实，除了移民问题外，古巴不愿意迅速订约还与中国政局有关。1930 年中原大战期间，中国政局动荡，古巴政府采取观望态度。此后加之古巴政局动荡等原因，中古订约磋商很长时间都没有恢复。1935 年 2 月 26 日《审查中南美订约案小组委员会报告书》提到，"古巴约案，自凌使与古外部谈判停顿后，至今无复文。"外交部虽要求驻古巴使馆代办朱世全相机进行，[②] 但此后仍无进展。1936 年 2 月 19 日，廖恩涛拟定的《中国与古巴商约案》提到，自 1900 年伍廷芳提议订约，"历时三十余年，迄未达到签约目的"，主要症结在于古巴禁止华工入境，中方要求自由入境。[③] 直到 1942 年 11 月 12 日，中古双方才缔结《友好条约》。条约特别规定："两缔约国人民得在与其他国人民同样条件之下自由出入彼此领土。"这被誉为一个蓝本，"实开我国与拉丁美洲诸国间关系之新纪元。"[④]

（三）与多米尼加订约谈判

　　多米尼加位于加勒比海北部。南京国民政府成立初期，该国有一定数量华侨居住、经营，但受苛待。因此，保护华侨成为中多交涉的重要目的。

　　1929 年，南京国民政府外交部在筹设中南美洲领事馆时，决定由古巴使馆兼管多米尼加华侨保护。1930 年 2 月，凌冰抵达古巴，担任驻古巴公使，

---

① 《照抄驻古巴特命全权公使凌冰呈》，1930 年 9 月 30 日，台北"中研院"近代史研究所档案馆藏外交部档案，馆藏号：11—09—11—03—03—001。

② 《审查中南美订约案小组委员会报告书》，台北"中研院"近代史研究所档案馆藏外交部档案，馆藏号：11—10—01—06—003。

③ 廖恩涛：《中国与古巴商约案》，1936 年 2 月 19 日，台北"中研院"近代史研究所档案馆藏外交部档案，馆藏号：11—10—01—06—003。

④ 《中古友好条约在古京换文》，《中华法学杂志》新编第 3 卷第 2 期，1944 年，第 99 页。

随即与多米尼加驻古巴公使接洽取消苛例事宜。该国公使受政府指令，"应先谈商约，商约如有办法，侨务自能迎刃而解。"① 1930 年 11 月初，多米尼加驻古巴公使西门利（Enrique Jimenez）向凌冰表示，愿意进行商约谈判。② 15 日，凌冰电告外交部，该国公使已向政府请示商订商约。外交部遂令凌冰查明多米尼加华侨人数及商务情形，再订办法。19 日，凌冰将情况告之。外交部欧美司研究后认为，订约不妨试谈，但要在平等基础上进行，且要比中古、中巴等条约草案更进步，以树立与南美各国订约榜样。21 日，欧美司致函条约委员会，要求草拟中多条约草案。③ 24 日，外交部同意了欧美司的意见，指示凌冰根据欧美司意见进行磋商，"否则，宁不签订。"④ 12 月 1 日，条约委员会拟就中多友好通商航海条约草案，并特别说明第八条关于工人入境与所在国工人享受同等待遇及保护，如对方不同意，则需要提出享受最惠国待遇作为最低要求。⑤ 12 月 17 日，凌冰致电外交部，报告多米尼加政府极愿与中国订立商约，希望外交部将条约草案迅寄古巴。⑥

1931 年上半年，多米尼加驻古巴公使多次到中国使馆拜访，"非正式交换商约意见，颇甚融洽，并提议双方先拟非正式的约文草稿，以为各向本国政府请示之资料。"当时凌冰因有事不在古巴，使馆事务由三等秘书王文山负责。王文山未向外交部请示，就起草了通商条约草案二十条，并与多米尼加公使达成一致，于 5 月 2 日共同译成西班牙文，"相约彼此照会声明中多友好通商条约草稿系非正式性质，于最短时间内各向本国政府请示，以便将来正式谈判。"随后，王文山将磋商情况、条约草案和照会寄交国内。⑦

---

① 嵇镜：《中国与多明尼加订约案》，1936 年 2 月 7 日，台北"中研院"近代史研究所档案馆藏外交部档案，馆藏号：11—10—01—06—001。
② 《呈报非正式的中多友好通商条约草稿》，1931 年 6 月 5 日到，台北"中研院"近代史研究所档案馆藏外交部档案，馆藏号：11—09—15—04—05—001。
③ 《请草拟中多商约》，1930 年 11 月 21 日送达条约委员会，台北"中研院"近代史研究所档案馆藏外交部档案，馆藏号：11—09—15—04—05—001。
④ 《多明尼加订约事》，1930 年 11 月 21 日拟，24 日发，台北"中研院"近代史研究所档案馆藏外交部档案，馆藏号：11—09—15—04—05—001。
⑤ 《条约委员会致欧美司函》，1930 年 12 月 1 日，台北"中研院"近代史研究所档案馆藏外交部档案，馆藏号：11—09—15—04—05—001。
⑥ 《中多订约，凌冰电部索草案》，《中央日报》1930 年 12 月 19 日，第 1 张第 3 版。
⑦ 《呈报非正式的中多友好通商条约草稿》，1931 年 6 月 5 日到，台北"中研院"近代史研究所档案馆藏外交部档案，馆藏号：11—09—15—04—05—001。

6 月，外交部经研究后，决定将拟定约稿寄送古巴使馆，令其磋商。① 同时，多米尼加驻古巴公使也拟有非正式约稿，提交中方考虑。

1932 年 2 月 3 日，多米尼加政府颁布排华苛例，规定：“凡旅居该国华侨每年须纳居留税美金壹百元，否则监禁、罚金，并罚等于无限期之苦力。”华侨无力缴纳这种无理税款，遂呼吁交涉取消。2 月 12 日，凌冰亲自前往多米尼加磋商，虽有所缓解，但多方不愿意让步，加上凌冰没有得到正式授权，无法根本解决问题。② 4 月 1 日，凌冰将情况向外交部汇报。5 月 21 日，外交部电令凌冰再交涉，并指示继续磋商中多订约事，以达保侨目的。5 月 25 日，凌冰向外交部报告交涉情形，其中提及中多商约磋商情况，称“该政府对我方原案大致均予赞同，但提出要求我国每年向该国购买糖、烟叶若干吨，以为交换条件，冰拒绝接纳，故告停顿”。③

为了解决代表名义问题，经外交部呈请，8 月 5 日，行政院奉国民政府令，同意派凌冰为全权代表。④ 但是，中多商约磋商的困难不在全权证书，而是多米尼加要求以中国同意每年购买白糖若干吨、烟叶若干包为订约前提。9 月 13 日，凌冰报告，“多国政府之要求绝难办到，故商约之成功为期尚远也。”⑤ 这样，中多商约交涉事实上陷入停顿。

1934 年 7 月，多米尼加总统都喜由连任。多米尼加驻古巴公使在私人密函中提出，希望中国能派人出席典礼。凌冰决定派使馆秘书廖颂扬以政府专员身份前往。7 月 24 日，外交部指示：廖颂扬在致贺时乘机声明，以先行废除排华苛例与从速开议平等互惠商约为条件。此时凌冰认为，交涉自由入境与平等居留待遇难易不同，若二者同时提出，问题解决将遥遥无期。侨民处境困难，很难早日解脱。平等居留待遇可以力争早日实现，但自由入境问

---

① 《三条约商订中》，《申报》1931 年 6 月 26 日，第 1 张第 4 版。
② 《照抄驻古巴公使馆呈》，1932 年 5 月 11 日收，台北“中研院”近代史研究所档案馆藏外交部档案，馆藏号：11—09—15—04—05—001。
③ 《照录驻古巴公使呈一件》，1932 年 5 月 25 日，台北“中研院”近代史研究所档案馆藏外交部档案，馆藏号：11—09—15—04—05—001。
④ 《据呈请给予驻古巴公使以议订中多商约全权代表证书已呈奉颁给令仰转发具领由》，1932 年 8 月 6 日到，台北“中研院”近代史研究所档案馆藏外交部档案，馆藏号：11—09—15—04—05—001。
⑤ 《照抄驻古巴使馆来呈》，1932 年 10 月 21 日，台北“中研院”近代史研究所档案馆藏外交部档案，馆藏号：11—09—15—04—05—001。

题，除非条约规定，否则很难一劳永逸地解决。而外交部所拟中多友好通商航海条约中关于商航各款"似非目前切要"。因此，他建议先磋商中多友好条约。[①] 8 月 8 日，凌冰将自己拟订的友好条约草案电达外交部，内容包括："第一款遵照部颁中多约稿中文第一条。第二款照约稿第二条，惟于代表下加领事官字样。第三款照约稿第四条，惟删去但书，并加入第五条全文，最后加入待遇应与其他外侨一律，不得有所歧异等字样。"[②] 外交部收到后立即进行研究。欧美司将条约草案改为五条，第一、二、三条相同，"惟第三条关于集会、结社句应修改如下：并享有集会、结社、出版、信仰及祀典、埋葬、营墓之自由。第四条关于前条所列各项，两缔约国法令章程不得有歧视之规定。第五条，两缔约国其他一切关系，应依照国际公法。"[③] 11 日，欧美司将意见送达条约委员会审议。条约委员会赞同凌冰先订友好条约建议，对欧美司草案也表示原则上同意，惟文字作了修改，并改为四条。第一条表明两国友好。第二条规定，两国有互相派遣正式外交代表和领事官的权利，并享受国际公法普通承认的一切权利、优例及豁免。第三条规定，两国人民可以持护照自由出入彼此领土，其身体及财产应受所在国法律章程保护，且有游历、居住、作工及经营工商业的权利，但以第三国人民所能游历、居住、作工及经营工商业之处为限；同时得设立学校，教育子弟，并享有集会、结社、信仰、出版及祀典、埋葬、营墓的自由。对于上列各项，法律章程不得歧视。第四条规定，两国其他一切关系以国际公法原则为基础。[④] 随后，外交部将上述草案发给驻古巴使馆。

8 月 10 日，廖颂扬到达多米尼加。18 日典礼结束后，廖颂扬同多米尼加外交部部长举行第一次谈判。当时多米尼加总统在场，表示愿尽可能接受中方备忘录。廖颂扬表示，两国进行合作，及实现经济互惠，必须相互设置

---

① 《照抄驻古巴公使凌冰来呈》，1934 年 12 月 13 日到，台北"中研院"近代史研究所档案馆藏外交部档案，馆藏号：11—09—15—04—05—001。

② 《照抄二十三年八月九日凌公使呈部电》，台北"中研院"近代史研究所档案馆藏外交部档案，馆藏号：11—10—01—02—088。

③ 《照抄廿三年八月十一日欧美司送来中多友好条约草案意见》，台北"中研院"近代史研究所档案馆藏外交部档案，馆藏号：11—10—01—02—088。

④ 嵇镜：《中国与多明尼加订约案：附抄中多友好条约草案》，1936 年 2 月 7 日，台北"中研院"近代史研究所档案馆藏外交部档案，馆藏号：11—10—01—06—001。

使领，详细研究，才能获得双方均最有利的方式。中方认为，从现状来看，多米尼加并无歧视中国移民的必要，且从多米尼加经济状况看，中国移民也不可能源源而来。所以，入境限制的存在，有无故歧视中华民族的嫌疑，中国政府感到难堪。若歧视待遇一日不全部取消，则两国邦交一日不能达到应有的亲睦程度，颇为惋惜。中方希望多米尼加总统能力助友好条约的成立，为两国邦交开一新纪元。多米尼加总统表示首肯，指示外长谈判条约，尽量接受中方请求。21 日，廖颂扬与多外长举行第二次谈判，正式提出第一号备忘录。多外长对于中方所提四款条约内容除自由入境一节外，全部接受。关于自由入境，多米尼加外长非正式建议由双方发表声明书，作为条约附件，声明两缔约国自动限制其人民进入他缔约国领土。这遭到中方拒绝。由于双方无法达成共识，交涉陷入僵局。为了打破僵局，廖颂扬向多方作了两点声明：第一，中方认为，自由入境一事为国际公道问题，实际利益尚在其次。第二，中国政府尊重友邦经济利益。取消禁例，华侨不会增多。订约之后，即使有移民问题发生，也会有使领与多政府合作。中国政府"必不使移民事项发生不可逾越之困难"。多米尼加外长深感中方诚意，希望以三年、最长五年为条约期限，观察取消禁例后华侨入境情况，再订以后办法。廖颂扬表示赞同。此次会谈后，多米尼加政府进行了研究。多米尼加总统和外长都对中方备忘录批注了意见，并提交给外交讨论委员会研究。25 日，廖颂扬与该外长举行第三次会谈，廖颂扬将中多友好条约英文稿送交多米尼加外交部，请其早日允诺，确立两国外交关系。总的来说，此次廖扬赴多米尼加取得了一定成功，解决了华侨居留待遇问题，使多米尼加取消了一些相关苛例。友好条约磋商，也在一定程度上取得进展。①

　　但是，此后中国驻古巴公使发生更替。1934 年底凌冰调回国内，使馆事务由一等秘书朱世全代办。② 1935 年 9 月，张惠长抵达古巴，正式接替公使之职。③ 这种职务更替，影响了中多条约磋商。"盖论商约，则因多国有允销

---

① 《照抄驻古巴公使凌冰来呈》，1934 年 12 月 13 日到，台北"中研院"近代史研究所档案馆藏外交部档案，馆藏号：11—09—15—04—05—001。

② 《古巴公使凌冰调部，朱世全兼理》，天津《大公报》1934 年 12 月 31 日，第 1 张第 3 版。

③ 《驻古巴张公使呈递国书》，《民报》1935 年 9 月 19 日，第 1 张第 2 版。

糖烟各货之要求。论通好，则因我国有华侨自由入境之条款，遂致延搁。"[①]
中多磋商一度停顿，直至 1940 年 5 月 11 日才订立《友好条约》。

（四）与瓜地马拉订约谈判

瓜地马拉，或称瓜地玛拉，今称危地马拉，位于中美洲。当时该地有数
千华侨居住、营业，但因无条约保障，受到不公正待遇。该国移民律对华人
有歧视性规定，既严禁华人入境，复对华侨居留、移民实施苛例。[②] 当地华
侨多次向国民政府呼吁交涉取消苛例。而瓜地马拉政府希望将货物输入中
国，遂乘机提出订立通商条约之议。1931 年 10 月，中国驻巴拿马代办李世
中前往瓜地马拉，与该国政府交涉改善华侨待遇。但该国政府坚持以订立友
好通商条约为前提。[③] 11 月 7 日，李世中致电外交部，称瓜地马拉政府愿意
与中国订立平等互惠商约，请求指示。欧美司认为，瓜地马拉虽有歧视华人
法律，但排华程度较轻，"我国与彼倘能成立平等商约，足资中国与南美洲
各国订约之楷模。"且通过订立平等商约，互给对方国人民以最惠国侨民同
等待遇，可以"不着痕迹"地取消歧视法规，比特别提出交涉取消要容易
些。所以，关于中瓜订约，不妨与其试谈。[④] 11 月 14 日，欧美司致函条约
委员会，要求拟具中瓜友好通商航海条约草案，以备磋商。[⑤] 同日，外交部
致电李世中，表示愿意与瓜政府发展友好关系。"彼如能解除苛例，瓜货自
当协助畅销，订约通好，可先交换意见，约本即寄。"但外交部指出，条约
缔结需时，希望先磋商改善侨民待遇条件。[⑥] 但瓜地马拉政府坚持先订约。
由于约稿未到，无从开议，李世中于 12 月底返回巴拿马。[⑦]

---

① 稽镜：《中国与多明尼加订约案》，1936 年 2 月 7 日，台北"中研院"近代史研究所档案馆藏外交部档案，馆藏号：11—10—01—06—001。

② 1937 年以前瓜地马拉政府颁布的有关苛例，见《瓜地马拉国对华人移民例之检讨》，《国外情报选编》第 174 期，1937 年，第 31—55 页。

③ 《瓜地玛拉共和国排斥吾国侨胞，新颁苛例三十八条》，《申报》1932 年 11 月 2 日，第 2 张第 8 版。

④ 《关于中瓜订约之意见》，1931 年 11 月 11 日，台北"中研院"近代史研究所档案馆藏外交部档案，馆藏号：11—09—13—06—05—003。

⑤ 《商请拟具中瓜友好通商航海条约草案》，1931 年 11 月 14 日发，台北"中研院"近代史研究所档案馆藏外交部档案，馆藏号：11—09—13—06—05—003。

⑥ 《致瓜地马拉李代办电》，台北"中研院"近代史研究所档案馆藏外交部档案，馆藏号：11—09—13—06—05—003。

⑦ 《瓜地玛拉共和国排斥吾国侨胞，新颁苛例三十八条》，《申报》1932 年 11 月 2 日，第 2 张第 8 版。

1932 年 2 月 25 日，国民政府正式任命李世中为中瓜订约全权代表。[①]
但是，李世中并没有能马上议约。8 月 12 日，瓜地马拉政府颁布《取缔黄种
人及蒙古种人居留条例》三十八条，对华侨注册、营业等施以种种限制。[②]
当地华侨致电南京国民政府，呼吁解救，同时致电李世中请求速至瓜地马拉
交涉订约，以保华侨。外交部遂指示李世中前往交涉。[③] 但是，李世中与瓜
地马拉政府磋商通商条约进展不大。1934 年 2 月 27 日，国民政府派王麟阁
接替李世中为议订中瓜友好通商航海条约全权代表。[④] 王麟阁建议仿照与土
耳其订约办法，先签友好条约，再议通商条约。外交部批准了这一建议。随
后，王麟阁与瓜地马拉政府外交部部长签订了中瓜《友好条约》。

但是，这个条约并未依照中土订约办法，也未按照外交部原寄约稿，且
多欠妥之处。[⑤] 欧美司认为，这个条约有四点需要注意，除两点形式需要改
正外，内容方面主要是第四条和第六条有问题。第四条关于侨民待遇一节，
条约规定"身体及财产得享受现行法律章程所允许之保护"。欧美司认为，
这等于承认该国现在各项苛例。第六条规定条约解释，以西班牙文为准。欧
美司认为，这难获得立法院通过。[⑥] 欧美司将约文和意见一并转送条约委员
会，要求审查。2 月 2 日，条约委员会审查意见认为，欧美司看法正确。审
查意见书指出，第四条至关重要，按照该条内容，瓜地马拉政府现在以及将
来所有颁行歧视华侨的苛例，中方均不得异议。这显然与保护华侨政策背道
而驰。订约对中国不但毫无利益，且有作茧自缚之虞，将来中南美各国与中
国议约，若援例要求，中方颇难应付。中国在瓜地马拉侨胞不多，这种规定
弊害有限，但影响中南美地区整个保侨政策，流弊很大。因此，条约委员会
建议修改第四条，或者至少加一但书，即"但此项法律章程以适用于一般外
国人民为限"。至于第六条，条约委员会建议改为以英文为准，或以中西两

① 《中瓜订约派李世中为全权代表》，天津《大公报》1932 年 2 月 26 日，第 1 张第 4 版。
② 《瓜地马拉国对华人移民例之检讨》，《国外情报选编》第 174 期，1937 年，第 37—48 页。
③ 《瓜地玛拉共和国排斥吾国侨胞，新颁苛例三十八条》，《申报》1932 年 11 月 2 日，第 2 张第 8 版。
④ 《命令》，《申报》1934 年 2 月 28 日，第 3 张第 11 版。
⑤ 《审查中瓜友好条约意见书》，1935 年 2 月 2 日，台北"中研院"近代史研究所档案馆藏外交部档案，馆藏号：11—09—13—06—05—003。
⑥ 《本司对于中瓜友好条约意见》，台北"中研院"近代史研究所档案馆藏外交部档案，馆藏号：11—09—13—06—05—003。

种文字为准。[1] 外交部次长徐谟肯定了上述意见，指出：如该约不能修正，那就不批准。王麟阁未经请示订立与外交部原寄约稿不同的条款，应进行申诫。[2] 2月11日，外交部训令王麟阁，批评其"既非仿照土约办理，又未呈经本部核准，遽行签字，殊属不合"，要求他按照指示与瓜地马拉政府交涉修改。其中，关于第四条，外交部训令指出，除了约文中、西、英文不一致需要认真校对外，应着重交涉修改内容，"亟应依照本部原提商约草案第五条，设法改正"。或者至少在已签订条约第四条后增加"双方了解，此项法律章程应同样适用于一般外国人民"。关于第六条，训令要求改为"以英文为准"。此外，中方留存本中约首及约内所用国名应依照惯例将中国名字列前；条约文本不应缮写在瓜外交部公事笺上。[3] 王麟阁接到指示后，与瓜地马拉外交部进行交涉，但似无进展。限于资料，具体交涉情况不详。1935年5月15日，条约委员会在《中南美订约案意见书》中提及，谈判停顿。[4] 1936年7月21日，王麟阁被免去驻瓜地马拉总领事之职，代以驻朝鲜总领事卢春芳。[5] 此后，该案搁置，终至国民政府垮台，两国也没有正式建立条约关系。

（五）与尼加拉瓜移民协定

尼加拉瓜为中美洲小国，也有华侨居住。1896年10月，尼加拉瓜政府颁布禁止华人入口令。1930年春，尼加拉瓜又颁布命令，绝对禁止华人入境。当地国民党分部呼吁中国政府交涉解除，并派领事保护。外交部遂训令驻巴拿马总领事李世中进行交涉。李世中赴尼加拉瓜，与该国外交部部长进行磋商。尼加拉瓜政府答应给予华侨平等待遇，但要求中国自行限制华人赴

---

[1] 《审查中瓜友好条约意见书》，1935年2月2日，台北"中研院"近代史研究所档案馆藏外交部档案，馆藏号：11—09—13—06—05—003。

[2] 《本司对于中瓜友好条约意见》，台北"中研院"近代史研究所档案馆藏外交部档案，馆藏号：11—09—13—06—05—003。

[3] 《训令（外交部致驻瓜地马拉总领事王麟阁）》，1935年2月11日发，台北"中研院"近代史研究所档案馆藏外交部档案，馆藏号：11—09—13—06—05—003。

[4] 《中南美订约案意见书》，台北"中研院"近代史研究所档案馆藏外交部档案，馆藏号：11—10—01—06—001。

[5] 《行政院决议，派宋子文兼粤财政厅长，两航空协会决合并议定办法五项，核定国民大会经费百六十四万元》，《申报》1936年7月22日，第3张第9版。

尼数目，每年以十五人为限。双方决定采取换文形式确认。国民政府行政院认为人数过少，要求再交涉增加。而尼加拉瓜政府坚持不肯增加，并要求改换文为条约形式，于是双方于 1931 年缔结《华人赴尼待遇协定》。外交部对此协定表示认可，但要求声明将来正式订约不受约束。① 当协定交中政会审议时遭到否定。委员邵元冲指出："待遇协定明认限制华人入境，开此先例，各国效尤，何以应对，应否交涉修正。"② 外交部专门进行解释，但送立法院审议时，不予通过。此后，该案一直搁置。至于两国条约，则一直没有正式提议订约。③

（六）与其他中南美洲国家订约接触

南京国民政府与中南美洲的各国订约交涉不限于以上几个国家，与巴拿马、委内瑞拉、巴拉圭、乌拉圭、厄瓜多尔等国均有过接触或已经考虑订约，有的则已经进行磋商。1935 年 5 月 15 日条约委员会拟具的《中南美订约案意见书》中提及："近年以来，本部鉴于吾国在中南美各国之华侨，因无条约保护，备受所在国政府各种苛例之虐待，屡冒排华风潮之危险，曾饬我驻外使领向驻在国政府或向各该国驻外公使谈判商约，计曾经谈判者有古巴、秘鲁、墨西哥、尼加拉瓜、智利、艾瓜多、韦尼瑞拉、巴拿马、多明尼加、瓜地马拉、阿根廷等国。截至现在止，所有订约谈判均在停顿之中。"④

南京国民政府与厄瓜多尔订约接触，可以追溯到 1929 年。当时厄瓜多尔中华总商会"以艾国苛待华侨，请速订立友好通商条约，以资保护"，致函全国商联会。3 月 15 日，全国商联会将此转达外交部。外交部当即电令驻美使馆"就近向艾国驻美公使探询意旨，并邮寄中艾友好通商航海条约中英法文约稿"。中国驻美使馆与厄瓜多尔驻美使馆接洽。厄瓜多尔驻美使馆当即向政府转达，但此后没有消息。1934 年 8 月 31 日，外交部电询驻美使馆

---

① 《无题》，台北"中研院"近代史研究所档案馆藏外交部档案，馆藏号：11—10—01—06—003。
② 《小组委员会审查中南美订约案第三次报告》，1935 年 3 月 5 日，台北"中研院"近代史研究所档案馆藏外交部档案，馆藏号：11—10—01—06—003。
③ 《审查中南美订约案小组委员会第二次报告书》，1935 年 3 月 5 日，台北"中研院"近代史研究所档案馆藏外交部档案，馆藏号：11—10—01—06—003。
④ 《中南美订约案意见书》，台北"中研院"近代史研究所档案馆藏外交部档案，馆藏号：11—10—01—06—001。

有关订约情况，约稿可否改为中英西文，"经覆照允。"但此后中厄订约谈判就没有下落了。①

南京国民政府与委内瑞拉订约接洽具体时间不详，应该是 20 世纪 30 年代。1935 年 3 月 5 日《审查中南美订约案小组委员会第二次报告书》提到："关于中韦订约一节，前经本部分电驻美公使伍朝枢暨驻巴拿马代办李世中就近接洽并寄稿于驻美使馆，令其与韦国驻美公使就近磋商，但无结果。"②随后外交部又令中国驻古巴公使凌冰调查委内瑞拉禁止华工入境问题。凌冰建议，乘委内瑞拉内政部部长与华侨"情感尚洽"之时，解决订约问题。条约委员会就此进行讨论，"查中韦友好通商航海条约草案早经定稿，既据应委员调查所得如上述情形，应否商同欧美司相机进行，或先行电令驻南美与韦国邻近之我国使馆切实探询，得覆再行办理。"③会议决定，俟凌冰回国报告后再研究。④但此后没有进一步的消息。

南京国民政府与巴拉圭、乌拉圭的订约提议起自驻智利代表张履鳌，时间应是 1931 年。张履鳌建议巴拉圭、乌拉圭、玻利维亚三国侨务均由驻智利使馆兼管。他同时建议与巴拉圭、乌拉圭订约。两国均有驻智利公使，与张履鳌关系甚好，因此他建议外交部考虑派其与两国驻智利公使试探订约。⑤但此后是否交涉，情况不详。此后条约委员会对中巴订约一事进行过研究。条约委员会认为，中国与巴拉圭订约必须特别注意该国入境法。巴拉圭入境法规定禁止黄种人入境，日本要求将日本人排除在外，得到允许。因此，实际上该法就只针对中国人。条约委员会认为，需要与巴拉圭订约保障华人入境自由，"从速设法搜集巴拉圭关于外人一切法令，以为订约之准备。"⑥不过，此后关于巴拉圭订约事没有下文。

---

① 《无题》，台北"中研院"近代史研究所档案馆藏外交部档案，馆藏号：11—10—01—06—003。
② 《审查中南美订约案小组委员会第二次报告书》，1935 年 3 月 5 日，台北"中研院"近代史研究所档案馆藏外交部档案，馆藏号：11—10—01—06—003。
③ 《无题》，台北"中研院"近代史研究所档案馆藏外交部档案，馆藏号：11—10—01—06—003。
④ 《审查中南美订约案小组委员会第二次报告书》，1935 年 3 月 5 日，台北"中研院"近代史研究所档案馆藏外交部档案，馆藏号：11—10—01—06—003。
⑤ 《驻智利代表张履鳌致外交部电》（原题缺，题目为笔者所拟），台北"中研院"近代史研究所档案馆藏外交部档案，馆藏号：11—09—19—04—04—001。
⑥ 《审查中南美订约案小组委员会第二次报告书》，1935 年 3 月 5 日，台北"中研院"近代史研究所档案馆藏外交部档案，馆藏号：11—10—01—06—003。

乌拉圭订约则在 1934 年 9 月 17 日中国驻日公使蒋作宾的报告中有提及，"谓乌拉圭极愿与我国订约。"但当时中国外交部调查后认为华人在该国人数有限，商务也无，"现时殊无订立商约必要，但彼方对华人入境如能允我不加限制，亦可商办"，要求蒋作宾试探。11 月 28 日，蒋作宾复电，与乌拉圭驻日代办阿特亚加（M. Eduando de Arteaga）会谈，获悉乌拉圭对外人入境并不限制，允诺中乌商约可以按照日乌商约办理，以互惠原则订立。但当时乌拉圭驻日代办回国，订约之事未能进行。该代办计划 1935 年四五月间回任，蒋作宾建议届时再与之谈判。1935 年 3 月，条约委员会继续讨论，认为应加注意，以便有必要时拟定约稿。① 5 月 20 日，条约委员会讨论是否设法提与乌拉圭订立商约事，决议："应查案训令蒋使继续向该驻使取得切实答复，以便进行。"② 1936 年 2 月 19 日，条约委员会委员于心澄拟具的《中国与乌拉圭订约案》提到："中乌订约，迄未赓续谈判，乌代办是否已经回任，亦未据报，本案似应本既定方针，训令驻日使署斟酌进行。"③ 但此后没有进一步消息。

总体而言，南京国民政府与中南美洲订约并不顺利，大部分中南美洲国家对订约存在顾虑，主要原因在于华侨入境问题。中国要求自由入境，而对方往往顾虑华工入境引起国内反对而采取拒绝态度，双方交涉因此陷入僵局。为了顺利订约，条约委员会委员于焌吉建议在约中规定中国自行限制人数，以便与对方订约。但这种办法本身不利华工，而且在条约上限制人数有损国体，立法院不可能通过。委员廖恩涛建议，条约中不必加入工人自由入境一条，而依据平等互惠普通原则，约内条文本有"两缔约国人民自由来往居住于彼此国境内"一条，商工人等均包含在内。订约之后，如遇苛例，则按"自由来往居住"力争。至于限制人数，可以由协定

---

① 《审查中南美订约案小组委员会第二次报告书》，1935 年 3 月 5 日，台北"中研院"近代史研究所档案馆藏外交部档案，馆藏号：11—10—01—06—003。

② 《小组委员会审查中南美订约案第三次报告》，1935 年 3 月 5 日，台北"中研院"近代史研究所档案馆藏外交部档案，馆藏号：11—10—01—06—003。

③ 于心澄：《中国与乌拉圭订约案》，1936 年 2 月 19 日，台北"中研院"近代史研究所档案馆藏外交部档案，馆藏号：11—10—01—06—003。

或章程规定。廖恩涛希望于此转圜。[①] 但这个建议也未获得采纳。中南美洲缔约谈判搁置，直至抗战后期才恢复。从 1940 年至 1949 年，国民政府最终与多米尼加、古巴、哥斯达黎加、厄瓜多尔、阿根廷等中南美洲无约国家建立条约关系。

---

① 廖恩涛：《中南美各国订约案之管见》，1935 年 4 月 3 日，台北"中研院"近代史研究所档案馆藏外交部档案，馆藏号：11—10—01—06—003。

第六章　低潮中的废约努力

　　1931 年，"九一八"事变爆发，中国面临严重的民族危机，南京国民政府的对外关系重点不得不转向应对日本帝国主义的侵略，与其他有约国家的修约交涉停顿。但是，南京国民政府并没有完全放弃改善不平等条约关系的努力。一俟机会出现，南京国民政府就乘机提起修约交涉。这种努力直至全面抗战爆发前夕都没有停止。尽管废约运动低潮时期（当时人称"国难时期"）的修约外交没有多大成效，但仍体现了南京国民政府改善条约关系的努力。且这一时期政府的修约交涉，激发了人们对改变不平等条约关系的理论探讨热情，从理论上思考了改善条约关系的种种问题。

第一节　向英美提出修约要求

　　在废约运动低潮时期，南京国民政府内部较早提出要继续对外修约的是驻法公使顾维钧。1933 年 10 月 19 日，他致电外交部，转呈行政院，并转全国经济委员会、财政部、实业部，建议修改对外商约。他指出，中外通商，中国长期处于入超，尤其近三年入超严重，"如不从速补救，全国将有破产之虞。"欧战以后，各国尽力提倡国货，限制外货进口。中国出口受到打击，而洋货倾销严重。因此，他建议由主管部门召集全国专门人员认真研究，确定经济关税及对外贸易政策，以培植国力，"一面设法与各国修订商约，以为国货推销之保障，而减少外货之充斥。"他认为，在各国都"力图经济自立，群采限制之政策"时，中国提出办法"不致有独异之嫌"。而且，中国与各国商约均陆续到期，必须订立。尤其是英美商约已到期或即将到期，"如不及时提出修改，又将延长十年。"因此，政府应该准备对外修约。[①]

南京国民政府接到顾维钧电报后，颇为重视。10 月 27 日，行政院召集"顾代表电请修改各国商约案审查会"。会议由李圣五担任主席，外交部刘师舜、实业部梁上栋出席会议。财政部本来也被邀请出席，但其代表缺席会议。会议审查结果包括三点：第一，关于确定经济关税及对外贸易政策问题，似与修约问题无关；第二，关于与英美及关系各国修约问题，拟仍照以前办法，即约满时由外交部与各有关部门共同研究，分别提请修改；第三，关于集合全国专门人员会同详细研究，讨论经济、关税及对外贸易政策问题，财政部、实业部均有相关组织，似无另行成立研究讨论会之必要。[②]

11 月 3 日，外交部将审查结果电告顾维钧。11 月 10 日，顾维钧再电外交部，并转行政院，阐明条约与贸易的关系。他指出，中国关税条约虽取得自主，但自主权运用值得研究。不管是与有约国还是无约国贸易，中国均吃亏。例如，与法国贸易，华货运法除 11 种可享受最低税率外，其余均须缴纳最高税率，而法货运华则一律享受最惠国待遇。与无约国贸易，其货物只要交有约国人运华就享受最惠国待遇，即使无约国人自行运华，也无最高、最低税率之分。因此无约国因订约无利都处于观望状态。中国货物运至对

---

① 《顾维钧致外交部电》，1933 年 10 月 19 日，中国第二历史档案馆编：《中华民国史档案资料汇编》第 5 辑第 1 编《外交》（一），第 70 页。

② 《外交、实业、财政三部会审顾维钧建议的审查报告》，1933 年 10 月 28 日，中国第二历史档案馆编：《中华民国史档案资料汇编》第 5 辑第 1 编《外交》（一），第 71—72 页。

方，即使对方给予最惠国待遇，也因对方施行种种国内法令限制，实际上根本无法享受最惠国待遇。至于无约国，"彼货在华享最惠国待遇，而华货运彼则备受限制。"因此，需要认真研究如何应对他国的限制、如何推销自己货物、改良税约与税则、维持国产。顾维钧强调，这是其前电的本意。[①]

在顾维钧的提议下，南京国民政府决定先就到期或即将到期的中英、中美条约提起修约交涉。1933 年是中英《续议通商行船条约》(《马凯商约》)第三个十年届满之年，1934 年是中美《通商行船续订条约》第三个十年届满之年。按照上述条约规定，如果任意一方需要修改条约，则要在期满之前通知对方，否则条约继续有效十年。由于上述条约对英美有利，它们不会主动提出修改。中国若错失修约机会，上述条约又将继续有效十年。这不符合南京国民政府取消不平等条约的方针。因此，南京国民政府决定提起中英、中美商约修订交涉。

中英《续议通商行船条约》于 1902 年 9 月 5 日（光绪二十八年八月初四日）签订，1903 年 7 月 28 日互换批准生效。此约经 1913、1923 年两次满期继续有效，计至 1933 年 7 月 28 日，已满第三个十年期。南京国民政府早就希望废止中英旧约。1928 年 8 月 9 日，外交部部长王正廷就在解决宁案问题照会中向英方提出"修订现行条约"的要求。[②] 只不过，当时英国只愿意磋商关税部分，而中英条约并未满期，故南京国民政府退而求其次，与英方谈判了关税条约，修订了"现行条约"中的关税部分。至于"现行条约"其他部分，仍继续有效。此次中英《续议通商行船条约》到期，南京国民政府决定提起全面修改。1933 年 12 月 23 日，南京国民政府外交部照会英国驻华代办，指出，中英《天津条约》及中英《续议通商行船条约》"包含各种重要条款，已不适用，如求适合于现在之实际情形起见，应以相互原则为基础，另订新约"。[③] 收到照会后，英方态度并不积极。1934 年 1 月 18 日，英

---

① 《顾维钧再致外交部电》，1933 年 11 月 10 日，中国第二历史档案馆编：《中华民国史档案资料汇编》第 5 辑第 1 编《外交》(一)，第 72 页。

② 《王部长致英蓝使照会》，1928 年 8 月 9 日，国民政府行政院秘书处印：《国民政府行政文件集》第 2 辑《外交》，第 40 页。

③ 《中英中美商约满期》，《海外月刊》第 18 期，1934 年 3 月，国际要闻，第 49 页。

国驻华代办答复已经将照会转呈其政府，但此后很长时间都无消息。① 事实上，英国政府直至 3 月才开始考虑这一问题。3 月 19 日，保守党议员伦恩在下议院就中国照会修约一事质询政府，英国外交大臣西蒙（John Simon）进行了书面答复。② 但西蒙只阐述了中国照会的内容，并未明确表态，只表示："中英修约问题颇为复杂，其关系事项现经该管部署分别研究，须妥为考虑，始克厘订方针。"③ 新任驻华英使贾德干（Alexander George Montagu Cadogan）于 3 月 4 日到南京，5 日拜访南京国民政府行政院院长兼外交部部长汪精卫，6 日呈递国书。南京国民政府希望乘机与之磋商中英修约问题，但贾德干一再声称未奉训令，不能进行修约交涉。④ 3 月 7 日，贾德干拜访中国外交当局，谈及中英修约，但因未奉训令，仅交换意见。⑤ 19 日，贾德干从汉口返回南京，再与中国外交当局商洽中英外交问题。23 日，他对记者谈及中英修约问题，称中国照会已转达伦敦，英国政府正在研究，至于交涉尚未开始。他与徐谟会谈仅为交换意见。⑥ 事实上，英国政府采取的仍是观望政策，指示贾德干先与南京国民政府接洽，看看中方愿望是什么，再考虑答复。⑦ 这样一直拖到 5 月 19 日，英国政府才正式答复中国政府，声明英国政府随时准备讨论这种修约计划。随后，中国政府又照会英使贾德干，催促修约。⑧ 但此后英国又无进一步反应，实际上是不了了之。

中美《通商行船续订条约》于 1903 年 10 月 8 日（光绪二十九年八月十八日）签订，1904 年 1 月 13 日互换批准书。此约经 1914、1924 年两次期满，中国政府都没有提出修改，故延续至 1934 年 1 月 13 日为第三次期满。

---

① 《谭绍华拟我国向英美两国提出修约之经过与约中重要问题之探讨》，1934 年 5 月 15 日，中国第二历史档案馆编：《中华民国史档案资料汇编》第 5 辑第 1 编《外交》（一），第 74 页。

② 《中英中美商约满期》，《海外月刊》第 18 期，1934 年 3 月，国际要闻，第 48—49 页。

③ 《谭绍华拟我国向英美两国提出修约之经过与约中重要问题之探讨》，1934 年 5 月 15 日，中国第二历史档案馆编：《中华民国史档案资料汇编》第 5 辑第 1 编《外交》（一），第 74 页。

④ 《英使贾德干游览首都名胜，今日访汪明日谒林，尚须赴汉视察侨况》，《申报》1934 年 3 月 5 日，第 3 张第 9 版。

⑤ 《贾德干谒我外交当局，作就任后第一次谈话，中英文化协会设宴欢迎》，《申报》1934 年 3 月 8 日，第 1 张第 3 版。

⑥ 《修订中英商约交涉尚未开始，英使下周赴平》，《申报》1934 年 3 月 24 日，第 2 张第 8 版。

⑦ 《中英修约，英暂不答覆照会，先探询我国愿望》，天津《益世报》1934 年 4 月 6 日，第 1 张第 2 版。

⑧ 《英国准备修正天津条约，西门外相在下院宣布》，《申报》1934 年 6 月 8 日，第 1 张第 3 版。

南京国民政府主张取消不平等条约，因此决定乘此次期满提出修改。1933 年 12 月 23 日，外交部照会美国驻华公使詹森，提出另订新约要求，要求派人谈判。1934 年 1 月 13 日，詹森根据美国国务院训令，正式答复中方，表示愿意在可能范围内商议修约。至于商订新约，美国希望中方将商议的主旨、时间、地点、形式和中方想法、提议等先行告之，由美方研究后再决定。1 月 18 日，中方再次照会美使，指出，根据情势变迁原则，该约不适用各款，除关税条款已经改订外，"其余各项规定多系片面性质，与平等互惠之原则不相符合，而领事裁判权、内河及沿海航行等项，于中国主权损失极大，应予撤废。"美使收到照会后，直至 4 月 14 日才答复已电政府请训。①

根据 1903 年条约规定，对于中国的修约请求，美国政府没有理由拒绝，但实际上美国政府不主张根本改订条约。美国国务院官员称："中国所要求者，乃系修改，并非代替现行条约。"② 1 月 29 日，美使詹森发表谈话，否认自己"因修改中美商约下月赴京之说"。他称，中国照会并未提及领事裁判权问题。实际上就是排除法权讨论。他指出，中国发出照会，"不过为十年期满时所需有之正式通告，而非开始修约之立即谈判也。"他认为，要谈判必须先由南京国民政府提出所拟修改之详则，再通知开始谈判，得到关系国同意后，谈判才能成立。③ 3 月 22 日消息，美国使馆驻南京代表称："中美修约事，近无进展，美政府虽按条约规定，允华方之请，但对修改全部商约，决非简易可决。美对华商务，近因华抵日货，结果已超越各国。美因欲保此商务优势，故对商约不能不慎重考虑。至商约上之法权部分，将来恐须另案解决。"④ 从美国方面表态可以看出，美国政府只愿意应付中国的修约要求，对于条约中的关键问题如领事裁判权，并不愿意讨论。正因为如此，美国方面对修约一事采取拖延政策。在中国方面的一再催促下，美方仍毫无动作。

1934 年 3 月 23 日中央社消息，美国驻南京领事馆称，中美修改商约，

---

① 《谭绍华拟我国向英美两国提出修约之经过与约中重要问题之探讨》，1934 年 5 月 15 日，中国第二历史档案馆编：《中华民国史档案资料汇编》第 5 辑第 1 编《外交》（一），第 73—74 页。

② 《修改中美商约，外部提议美准备谈判，胡尔与美使詹森商讨中》，天津《益世报》1934 年 1 月 27 日，第 1 张第 3 版。

③ 《美使詹森称修约谈判有待》，《申报》1934 年 1 月 30 日，第 1 张第 3 版。

④ 拙民：《关于对外修订商约问题》，《外交周报》第 1 卷第 16 期，1934 年 4 月 16 日，第 2 页。

"须双方派定代表，方可开始交涉，地点究在南京，抑在华盛顿，亦犹未定。"① 26 日，美国驻南京总领事裴克（Willys Ruggles Peck）拜访外交部次长徐谟，"申述美政府对修改中美商约意见，尚未谈本案。"② 5 月 3 日，美使詹森对记者称，对于中美商约，"因尚未奉到政府训令，故此次不准备作何商谈。"③ 6 月，詹森请假回国休假，临行时对记者言，将请示政府后进行中美修约。南京国民政府希望法律顾问林伯克（Paul Myron Wentworth Linebarger）促进修约之事。10 月，林伯克赴北美旅行，拟促进中美商约交涉。④ 但事实上美国政府不愿意谈判。当詹森返回中国后，仍表示无权修约。1935 年 2 月 18 日，詹森到南京，回答记者提问时表示，其未接到关于修约的任何训令。⑤ 5 月中旬，詹森返回北平前，仍未谈及中美商约等问题。⑥ 此后，中美修约的消息甚少。

对于此次中英、中美修约，南京国民政府还是做了一定准备。外交部除了发出照会、提起修约交涉外，还准备了修约计划和方案。1934 年 2 月 11 日，有消息称，"修改中美中英商约，外交当局已拟定计划，修约地点决在南京。惟开始谈判，尚需时日。"⑦ 2 月 22 日消息称，外交部接到美使复照后，拟订了交涉原则。⑧ 至于条约草案，也有一定考虑。3 月底，外交部次长唐有壬表示，在王正廷任外长期间已经拟有中英商约草案，此次交涉将以此草案作参考。⑨

值得注意的是，外交部秘书谭绍华在 1934 年 5 月 15 日拟定了《我国向英美两国提出修约之经过与约中重要问题之探讨》的文件，为修约提供了参考。他在呈文中系统探讨了此次修约交涉的过程、修约方案及应注意的种种

① 《修订中英商约交涉尚未开始，英使下周赴平》，《申报》1934 年 3 月 24 日，第 2 张第 8 版。
② 《驻京美领访外次申述修约意见》，《申报》1934 年 3 月 27 日，第 1 张第 3 版。
③ 《美使在京谈话，对修订中美商约事，尚未准备作何谈商》，《申报》1934 年 5 月 4 日，第 1 张第 3 版。
④ 《国民政府法律顾问林伯克返抵美京，谈各国希望增进对华贸易，拟促进中美商约谈判》，天津《益世报》1934 年 10 月 9 日，第 1 张第 2 版。
⑤ 《美使对京记者谈话，白银问题美正研究解决办法，中美修订商约尚未奉到训令》，《申报》1935 年 2 月 19 日，第 1 张第 4 版。
⑥ 《美使詹森即将返平》，《申报》1935 年 5 月 11 日，第 1 张第 3 版。
⑦ 《修改中英中美商约，外交当局拟定计划》，《申报》1934 年 2 月 12 日，号外，第 1 张第 1 版。
⑧ 《中英中美修改商约问题，美方覆照接受提议》，《申报》1934 年 2 月 23 日，第 1 张第 3 版。
⑨ 《中英商约待商》，《时报》1934 年 3 月 26 日，第 1 张第 2 版。

问题。呈文分为四部分，除修约交涉经过外，还叙述了"两约订立之略史及其与日本之关系""约中重要问题之检讨"及结论。其中，最有价值的部分是"约中重要问题之检讨"。他指出，政府筹议修约，就必须研究需要修改的问题，以便列入新约草案。他认为，这些问题能独立提出者不下十余种，而最主要的是五种，即撤销领事裁判权问题、收回航权问题、税捐待遇问题、内地杂居问题、设厂制造问题。

关于撤销领事裁判权问题，谭绍华追述了 1929—1931 年南京国民政府与英美交涉撤废领事裁判权的经过，指出，美国当时态度比英国较好，"然一至切实磋商时，即参考英国立场，采取同样方案"，也就是说两国方针其实是一致的。此次修约，撤销领事裁判权必然要提出，政府应该"细检以前案卷，酌夺进行"。

关于收回航权问题，谭绍华认为，航权关系国家主权，内河航权与国防、经济尤其重要，此次修约"亟应决定收回方策，按步施行"。他分析了收回航权的困难，其一是各国不肯立即放弃，即使原则上同意放弃，也必然提出各项附加条件，处置其在华船舶及公司产业，而中国私人资本很难立即自置船只，扩充航业，也无能力备价收回外国在华船舶及公司产业；其二是"事关航政，备价收买外国轮船公司在华之船舶及产业，筹备国营航业，补助商船等问题"。除第二项困难由主管机关妥为商榷外，第一项与修约有关，应由外交部与主管交通机关共同拟具与实际情形相符的方案，其关键在于既要根据收回航权原则，又要各国接受，而且还要在接受之后实行不感到困难。他建议采取过渡办法，先设置过渡期，对外船进行适当管辖，等时机成熟就完全收回。

关于税捐待遇，即最惠国待遇、第三国待遇、互惠待遇及内国待遇各问题，谭绍华认为，采用何种待遇，"全以缔约国各方之经济政策及彼此所协议之条件为准。"中国被迫通商以来，受约定关税束缚，而各国援引最惠国待遇条款，造成诸多流弊。近年来欧西各国多缔结关税同盟及订立互惠税率办法，缩小普通最惠国待遇适用范围。南京国民政府应根据形势，重新确定关税待遇。关于最惠国待遇，他建议，首先要区分最惠国待遇与任何第三国待遇，不能随意互用。其次，要限制最惠国待遇适用范围。以往成案，弊端有二，一是列强滥用最惠国条款名义，扩充优越权利；二是不属于最惠国条约范围而在条约中明文规定为最惠国待遇。这些弊端，在修约时应纠正。再次，应对最惠国条文予以限制，防止作无条件解释；订立关税互惠时，不能给予最惠国条款。与英国修约时，应注意其宗主权下之任何地方，都适应互惠待遇，以相互为条件。比如，加拿大等系英属领土，其货物运华享有最惠待遇，则华货运入其境亦应享有最惠待遇。关于互惠待遇，他指出，近来互惠条款加入商约，或于约中声明互惠条款不能适用于普遍最惠国待遇，日渐增多。他认为，关税互惠条文只适宜于经济发展大致相等的国家，中国这种国家，采用关税互惠条文，危害颇大。关于国民待遇，谭绍华指出，世界各国不会轻易给予别国人民，尤其是经济危机时莫不千方百计阻止。但南京国民政府签订的新约，一律给各缔约国人民以内国待遇。他认为，这只是求关税自主的一种权宜办法，以后应该补救。

关于内地杂居问题，本来按照国际通例，外人入境，就听外人居住，没有限制。但中国受片面条约束缚，故未开放内地。外人要求开放内地，历有交涉。中国要求取消领事裁判权，外人就以取得内地杂居等权利作要挟。而政府也在考虑以放宽内地居住为条件交换撤销领事裁判权。谭绍华认为，应乘此次修约之机，将该问题通盘筹议。

关于外人设厂制造问题，中英、中美条约允许英美人民在通商口岸或地方办理工商各业制造等事，有违保持基本工业政策。因此，谭绍华认为应在条约草案中考虑如何改善，重点考虑两点：一是"如何能采取适当方式，俾于保持国民经济与基本工业原则之下，外人得以来华投资"；二是向美国提议修约，如在条约中规定限制美国人民在华经营制造工业，是否妨碍中美睦谊。这都需要从长计议。

谭绍华最后指出，此次修约应注意几点：其一，应抓住此次条约满期之机，积极筹议修改，不能轻易错过机会，但又要注意实际困难。在目前中国所处国际地位情况下，操之过急，会影响与英美睦谊，不利于争取英美在对日关系上声援我国。其二，英美在华主要片面权利，大都另有根据。中英、中美续约都规定，现定条约未明确废止或修改者，继续有效。英约修约条款也只限于税则，其余条款未涉及。法权问题亦载有条件。因此，如果英美不同意废止或修改一些条款，不难找到理由。其三，此次修约，要注意日本因素。日本或从中离间，"或自行牵入局中，肆意阻挠。"日本主张关税互惠，取得特惠政策为日货倾销开方便之门。因此，政府应妥筹对策。其四，此次修约开议之期遥遥无期，结果也难把握，甚至拖成悬案都有可能，但不管怎样，都应该认真准备。他指出，政府应该研究条约片面之处到底何在；除关税、法权、航权外还有哪些；关税自主，除了普通税率自订外，还有何种问题；其与最惠、互惠及内国待遇的关系如何；筹议收回法权、航权的技术问题如何；近年签订的中外新约也需要检讨如何臻于妥善。①

从以上内容可以看出，谭绍华对中英、中美修约存在的主要问题还是看得很清楚的。他不仅分析了此次修约的内容，也分析修约的困难，甚至预计了此次修约的结局。他所提出的一些建议也比较符合当时实际。

除外交部外，其他各部也在行动。在提起修约同时，外交部与其他有关各部密切配合，制定应对方案。例如，交通部计划乘修订中英、中美商约之机，交涉收回内河航权，办法是先从修改商约入手。为此，交通部致咨外交部，要求力争。外交部因此派专员予以研究。② 实业部也做了认真准备，专门成立了商约研究会，并于 5 月 4 日举行全体会议，通过《修订中美商约意见书》，呈请代理部长刘维炽转咨外交部参考。同时，会议还决定继续研究中英、中法商约意见书。③

由上可见，南京国民政府在外部环境不利的情况下，以中英、中美商约期满为契机，对英美提出了修约要求，并为此做了一定准备，其努力值得肯定。但是，正如谭绍华所料，此次修约困难重重，加上南京国民政府态度不坚决，在日本侵略加剧的背景下，此次修约不了了之。

---

① 以上讨论内容，见《谭绍华拟我国向英美两国提出修约之经过与约中重要问题之探讨》，1934 年 5 月 15 日，中国第二历史档案馆编：《中华民国史档案资料汇编》第 5 辑第 1 编《外交》（一），第 73—86 页。

② 《交部拟定收回航权步骤》，《申报》1934 年 3 月 24 日，第 3 张第 10 版；《交部拟收回内河航权，拟定进行办法五项，先从修改商约入手》，天津《益世报》1934 年 3 月 29 日，第 1 张第 2 版。

③ 《实业部组商约研究会，推郭春涛为主任》，《申报》1934 年 3 月 6 日，第 1 张第 3 版；《实部商约研究会通过修订中美商约意见书，咨送外交部作为参考》，《申报》1934 年 5 月 5 日，第 2 张第 6 版。

第二节　中法越南商约改订完成

中法越南商约成功改订是"国难时期"南京国民政府完成的一大外交成果。它正式开始于 1929 年，完成于 1935 年，过程曲折，是唯一一个跨越"九一八"事变而成功进行的修订商约活动。

一、 中法《规定越南及中国边省关系专约》 的议定

旧的中法越南商约实际上包括三部分，正约为中法《越南边界通商章程》，又称中法《陆路通商章程》《滇粤陆路通商章程》《天津协定》，订立于 1886 年 4 月 25 日（光绪十二年三月二十二日）。该约本来规定一年内批准互换，但未能按期批准。1887 年 6 月 26 日（光绪十三年五月初六日），中法双方又签订《续议商务专条》，作为上述章程的补充。1895 年 6 月 20 日（光绪二十一年五月二十八日），中法双方再订《续议商务专条附章》，新添数节。上述三部分约文作为整体，在 1896 年 8 月 7 日一起互换批准书。中法《越南边界通商章程》规定"以上各款，将来如有续修，即照新约第八款所载换约后十年之期，再行商订"。[1] 因此，该约按照十年期满，到 1926 年 8 月 7 日已第三次满期。民国北京政府外交部于是年 2 月 4 日照会驻华法使玛德，请其转达法国政府，宣布中法越南商约三部分约文期满之日均失效力，应另订新约，在本年 8 月 7 日以后如新约未订定之前，暂依中法间现存他约或按照国际法办理。同时，外交部电令驻法公使陈篆将同样内容的照会送达法国政府。[2] 因此，从法理上看，此后中法越南商约已经废止。

至于中法越南通商新约磋商，在民国北京政府时期也已开始进行，但未有结果。南京国民政府成立后，又向法国提起重订新约的交涉。1927 年 10 月 9 日，外交部部长王正廷照会法国驻华代办，要求"以平等及互相尊

---

[1]　王铁崖编：《中外旧约章汇编》第 1 册，第 482 页。
[2]　《中法越南商约问题，外部通令取消优待》，《申报》1926 年 8 月 10 日，第 2 张第 6 版。

重领土主权为原则，修订现行条约，并解决其他悬案"。① 同日，法国驻华代办复照表示同意修改。② 不过，这里并不是专门针对中法越南通商条约，而是对中法之间所有条约而言。专门修订中法越南通商条约的要求是在1928 年 7 月 10 日提出。当时，王正廷指示外交部驻沪办事处处长陈世光将订约照会送达法国驻沪总领事梅礼霭，要求其转达法国驻华代办。③ 7 月13 日，法国驻华代办照复王正廷，表示愿意修改。7 月 30 日，王正廷再次照会该代办，约定 10 月份在南京举行中法越南订约会议，请法国政府迅派全权代表与会。④

随后，法国政府派驻华法使玛德为会议全权代表。玛德此次议约主要是磋商中法《关税条约》。10 月 19 日至 12 月 22 日，玛德与王正廷经过多次谈判，最终达成中法《关税条约》。与此同时，中法越南通商条约修订问题也在磋商中。11 月 30 日，玛德与王正廷在南京举行修约会议，外交部第三司司长徐谟列席会议。此次会议除讨论中法《关税条约》问题外，还讨论了越南陆路通商条约废止后越南华侨待遇问题、广西云南路矿问题。关于越南陆路通商条约废止后办法，双方达成两点共识：法国同意中国在越南设领，法国政府允诺尽力保护越南华侨。至于与商约修订有关的矿权问题，法使答应向法国政府请训后再行谈判。⑤ 不过，在中法《关税条约》议定前，中法越南通商条约修订并没有正式谈判。12 月 22 日，中法《关税条约》签订。作为该约附件之一，中法越南通商条约修订问题以照会形式加以保证。23 日，法使玛德照会王正廷，声明法国政府准备马上开议，以便签订新约以替代旧约，但要求中方保证在会议进行时不变更越南现状，惟中国沿海税则同时适应于越南边境。同日，王正廷照复，同意"在越南边境行将施行中国新税则及截至签订新条约止维持越南现状"。同时，王正廷在另一照会中明确提及，

① 《王部长致法代办照会》，1927 年 10 月 9 日，国民政府行政院秘书处编印：《国民政府行政文件集》第 2辑《外交》，第 69 页。

② 《法代办覆王部长照会》，1927 年 10 月 9 日，国民政府行政院秘书处编印：《国民政府行政文件集》第 2辑《外交》，第 69 页。

③ 《改订中法越南商约照会》，《外交部公报》第 1 卷第 3 期，1928 年 7 月，特载，第 134 页。

④ 《外交部致法代办照会》，1927 年 7 月 30 日，国民政府行政院秘书处编印：《国民政府行政文件集》第 2辑《外交》，第 70—71 页。

⑤ 《中法修约会议》，《申报》1928 年 12 月 1 日，第 1 张第 4 版。

国民政府希望在 1929 年 3 月 31 日前签订新约。此日之后，即使新约未签订，在越南边境对于进出口货物减税办法也应废止。这得到法方的同意。① 这样，就确立了中法越南商约谈判的日期。

1929 年 1 月下旬，法国越南政府派外交局长卜鲁思来沪，准备协助玛德进行中法越南商约谈判。② 随后，玛德由北平启程南下。1 月 24 日，中法双方代表在上海举行第一次越南商约谈判会议。中方出席人员为外交部部长王正廷、外交部秘书胡世泽、欧美司司长徐谟、云南省交涉员张维翰，法方出席人员为玛德、卜鲁思等。此次交涉，中方基本立场是取消越南政府对华侨的不平等待遇，废除通过税，修改滇越铁路章程等。但是，法方开始并不愿意做出重大让步。比如，关于在越华侨待遇问题，前七次会议，"我方颇坚持在越南华侨须与欧美日本侨民一律待遇。在法方则以华侨在越南有四五十万，较之各国，增至数十百倍，对新约，颇多坚持旧有范围，因迭次会议，均引起剧烈争持。"至于法方增加新要求，也有争议。例如，关于法方在云南设领问题，中方"最多仅允其原有设立之交涉员"，法方"因尊重地方政府之意见"，双方争持颇多。③ 25 日，双方又举行第二次会议，仍多争持。2 月 2 日起，双方连续会谈四次。④ 至 2 月中旬，经七次会谈后，双方立场已渐接近。⑤ 自 2 月 14 日起，双方密集会谈。3 月 4 日，双方在外交部驻沪办事处会商两次，约定 3 月 7 日在南京开第十七次会议。⑥ 3 月 7 日，在第十七次会议上，双方立场接近，大体通过约文草案、换文三件，均以平等互惠为原则。⑦ 3 月 9 日，中法在南京开第十八次会议，拟定草约。随后，双方报告各自政府，等待指示。至此，中法越南商约交涉第一阶段结束。⑧

本来按照中法《关税条约》附件约定，双方应在 3 月底完成谈判签约。

①　中法《关税条约》，1928 年 12 月 22 日，王铁崖编：《中外旧约章汇编》第 3 册，第 673—674 页。

②　《法越南代表卜鲁思定期晋京》，《申报》1929 年 1 月 20 日，第 4 张第 13 版。

③　《中法商约今日续开会议讯》，《申报》1929 年 2 月 14 日，第 4 张第 13 版。

④　具体情况参见《中法越南商约谈判》，《国闻周报》第 6 卷第 7 期，1929 年 2 月 24 日，三周间国内外大事述评，第 6 页。

⑤　《中法商约今日续开会议讯》，《申报》1929 年 2 月 14 日，第 4 张第 13 版。

⑥　《法公使等昨午赴京》，《申报》1929 年 3 月 7 日，第 4 张第 13 版。

⑦　《中法商约继续开议，通过换文三件，今日继续讨论》，《申报》1929 年 3 月 8 日，第 1 张第 4 版。

⑧　《院部会商越南商约，王正廷对越南代表之谈话》，《申报》1929 年 3 月 18 日，第 1 张第 4 版。

但是，随后法国内阁多次更换，中法交涉基本停止。[①] 直至 6 月中旬，法国政府才训令玛德继续交涉中法越南商约。[②] 6 月 29 日，中法双方代表在南京举行第十九次会议。法使根据政府训令，推翻 3 月 9 日所拟草约，提出新的要求。王正廷将其交张维翰、徐谟研究。7 月 5 日，双方举行第二十次会议。王正廷对法方新提案加以驳斥，尤其是通过税免除、华侨待遇、修改滇越路章程三个方面，指出华侨在越南有历史的固有权利，不能与他国相提并论；滇越路章程已不适合现状，必须修改。双方辩论颇长时间，最后中方提交对案，法使将此电呈本国政府请示。[③] 因法国政府召集各部协商解决需要三个月，因此玛德与王正廷决定先将同意各点"签具声明书，以资守信"。[④] 7 月 25 日，双方在上海举行第二十二次会议，"对一切问题，都已圆满解决。惟通过税一点，法方仍主存在。我方则以货物虽经过云南，但不应纳税。"[⑤] 法方所持理由是：（一）财政关系，不能打破预算。（二）历年修筑滇越路所费不赀，如通过税废止，则此项费用，无从取偿。（三）与他国条约上有最惠国条款，恐他国起而援例。中方一一驳斥。针对越南财政问题，中方同意谋一妥当办法；针对滇越筑路费需要补偿问题，中方指出，中国所费 300 万元以上，将向何处取偿？关于他国援例问题，中方指出，这与各国情形不同，不能援例。双方争持不下，法方坚持不同意废止，中方则不达目的不签字。[⑥] 玛德表示，俟法国政府对通过税有相当办法，再南下商议。[⑦] 7 月 26 日，玛德返回北平。[⑧] 至此，中法越南商约交涉告一段落，大体除了通过税外，其他达成初步一致意见。

9 月中旬，玛德奉法国政府训令再度南下，进行中法越南商约交涉。但

---

① 《王正廷报告外交近况，负责否认承认西原借款说》，《申报》1930 年 3 月 29 日，第 2 张第 8 版。

② 《将续议中法越南商约，法使玛德定期由平启程来沪》，《申报》1929 年 6 月 15 日，第 4 张第 13 版。

③ 《昨日展开中法商约会议，对法方新提案加以驳覆，法使允即电法政府请示，下次会议日期尚未确定》，《申报》1929 年 7 月 6 日，第 4 张第 13 版。

④ 《外使往来消息》，《申报》1929 年 9 月 3 日，第 4 张第 14 版。

⑤ 《王外长昨报告外交，中俄问题仍无变化，九江英侨依律纳税》，《申报》1929 年 7 月 27 日，第 3 张第 9 版。

⑥ 《中法越南商约中之通过税，法方允废止，我国据理力争》，《申报》1929 年 7 月 27 日，第 4 张第 13 版。

⑦ 《昨日会议中法商约告一段落》，《申报》1929 年 7 月 26 日，第 4 张第 13 版。

⑧ 《法使昨乘法舰返平，在青岛登陆，略事游览》，《申报》1929 年 7 月 27 日，第 4 张第 13 版。

磋商进展不大，谈判一度停顿。11月，法国政府决定在通过税问题上做出让步。法国驻华使馆参赞欧脱乐携带法国政府让步新方案先赴沪磋商，中国亦提交对案，作为让步。① 此时法国新任命韦尔顿为驻华公使，故玛德希望尽快在自己任内结束中法越南商约谈判。② 1930年1月14日，欧脱乐与中方委员磋商中法越南商约中未谈妥的数条。③ 经过双方磋商，通过税问题得到解决。随后，玛德南下签约。经过正式会议二十四次、谈话十余次，中法《规定越南及中国边省关系专约》终于在1930年5月16日签字。④

中法《规定越南及中国边省关系专约》共十一条，附件四条，往来换文六件。此次签订条约主要内容包括：（一）废止中法越南通商旧约。（二）派驻领事，条约规定中国可在越南内地及海防、西贡派驻领事，法国可以继续在中国广西龙州、云南茅河口、蒙自派驻领事。（三）居住经营及捐税，彼此人民享受"不得较逊于任何人民所享受之待遇"。但换文又允许法国向华民征收与特殊权利有关的税项。（四）通过税问题。新约规定，滇粤桂三省及其他通商口岸出口的中国货物在取道东京时，所纳通过税由原来从价2%改为1%，并规定各种矿产锡块生皮以及商约甲种附表内货物免税，越南货物入华免税则在乙表中体现。（五）铁路电报问题，规定新约实行后十个月内双方派代表会商修改。（六）特权税问题，规定法方仍有权向中国人民征收。⑤

二、《专约》生效过程的交涉

中法《规定越南及中国边省关系专约》签字后，中方很快将其批准，但是法方一再延宕。其拒绝批准商约的最主要原因是对条约附件所载互惠货单不满意。此时恰好发生了云南省政府征收附加税及龙州事件，引起法方不

① 《越南商约重新商洽》，《国闻周报》第7卷第3期，1930年1月13日，一周间国内外大事述评，第11页。

② 《中法修约交涉》，《申报》1929年12月4日，第2张第6版。

③ 《再议中法越南商约，大体已妥，惟通过税仍须磋商，法参赞欧脱乐与张维翰均先后抵京》，天津《益世报》1930年1月15日，第1张第3版。

④ 《签订中法越南商约》，《革命外交周刊》第15期，1930年5月，第2页。

⑤ 曾毅夫：《久悬未签之中法越南商约》，《华侨半月刊》第36期，1933年12月1日，第15—20页。中法《规定越南及中国边省关系专约》，1930年5月16日，王铁崖编：《中外旧约章汇编》第3册，第806—816页。

满，遂拖延批准条约。这样，旧约失效，新约无法实施，中国在越南处于无约国地位，旅越华侨所营进口各货均被法国课以重税。

1932 年 11 月初，旅越侨商南圻中华总商会代表黄安、许亦鲜向南京国民政府请愿，呼吁速与法方交涉，催促批准。① 同时，该会积极寻求各有关团体支持，希望联合向外交部施压。11 月 1 日，全国商会联合会主席林康侯就接到两代表所携带的南圻商会公函，"恳请代为请外交部，敦促中法政府，实行民国十九年五月间所签订之越南商约。"林康侯遂具呈外交部。② 随后，上海市电机丝织厂业同业公会、绸缎业公会联名具呈外交部，及致函驻法公使顾维钧，呼吁迅向法国政府交涉，于最短期间订立中法越南商约，并希望能将丝绸一项按照旧约列入最惠税则。③ 对于华商的请愿，外交部表示关切，"已允负责向法交涉，使在最短期内履行。"④

此时法国政府态度也开始缓和，因为"云南关税之误会已完全解除，龙州事件亦经朱兆莘与法参赞赖歌德在广订有备忘录，亦可算完全解决"。⑤ 这样，条约批准的障碍就只剩下互惠货品的分歧了。11 月 8 日，法使韦礼敦抵达南京。10 日，外交部部长罗文干接见法使韦礼敦，向其提起磋商《规定越南及中国边省关系专约》批准问题。⑥ 12 日，外交部次长徐谟与韦礼敦会谈，"略及越边商约，徐将越南华侨代表来京请愿之事，告知法使表示同情。"韦礼敦答应向法国政府请示。⑦ 在与中方会晤中，双方认为，"中法交谊素笃，正约既签字，不必因附件而阻碍，尽可先批准正约，再从长商洽附件。"⑧ 但是，法国政府要求议妥附件乙表内的互惠品税率问题后一起批准条约。

随后，在法国政府的指示下，韦礼敦与中国政府进行了批准条约问题交

① 《法使在京行动，越约将重行提出修改》，《申报》1932 年 11 月 10 日，第 2 张第 7 版。
② 《二年前签订中法条约法国迄未履行》，《申报》1932 年 11 月 2 日，第 4 张第 13 版。
③ 《丝织绸缎两业公会吁请政府签订中法越南商约，华侨处无约国地位，丝织停顿国外销场》，《申报》1932 年 12 月 3 日，第 3 张第 11 版。
④ 《法使访徐外次商谈越边商约，越南商会代表离京》，《申报》1932 年 11 月 13 日，第 1 张第 4 版。
⑤ 《法使自平抵京，罗宴越南华侨代表》，《申报》1932 年 11 月 9 日，第 2 张第 5 版。
⑥ 《法使在京行动，越约将重行提出修改》，《申报》1932 年 11 月 10 日，第 2 张第 7 版。
⑦ 《法使访徐外次商谈越边商约，越南商会代表离京》，《申报》1932 年 11 月 13 日，第 1 张第 4 版。
⑧ 《越南商约拟先批准正约，附件从长商洽》，《申报》1932 年 11 月 15 日，第 1 张第 4 版。

涉。到 11 月 21 日，双方接触了两次，交涉的焦点在于新约第八章所附货单之乙表互惠品税率问题。中方所提互惠品中，"丝茶轻税"，法方早已同意，只是条约未实施；法方提议为煤、米低价，中国财政部担心东北抚顺外煤倾销，不利国产煤炭，因此不愿意再降低越南煤炭税率。法方则以煤米轻税与丝茶轻税为互惠，不再做其他让步。至于米的轻税，中方尚能接受。[1] 但是，法方坚持越南所产白煤应照以前税率纳税，并声称该问题如不能解决，谈判将无从进行。[2] 此后，外交部与法使多次磋商煤税问题，至 12 月下旬，中方做出让步，"对越南输入两广云南之硬煤，缓定税率。"[3] 但具体税则并未完全确定。22 日，韦礼敦离开南京北上，约定次年春再度磋商。[4]

1933 年初，韦礼敦赴南京，拜会南京国民政府行政院院长兼外交部部长汪精卫，谈及中法越南商约事。"附件中有关专门问题各点，亦经外部与财部商妥。"[5] 但是，双方实际上仍有分歧。韦礼敦多次往返京沪等地，磋商互惠货品问题。8 月 2 日，法使韦礼敦由沪入京，与外交部部长罗文干会谈有关商约问题。[6] 此次会谈讨论商约附件中有关税则之专门问题，[7] 因涉及财政部职权，须待宋子文回国后才能签字。[8] 双方磋商至 9 月底告一段落，韦礼敦离京返沪，等待法国政府训令。[9] 但法国政府仍不满意，10 月 24 日，韦礼敦再度抵达南京，与中国外交当局继续磋商，大体已定。[10] 但又因中国对越南输入之洋米加税，越南米商呼吁法国政府减低税率，中方不允。[11] 为此，法使多次入京磋商洋米进口税问题。[12] 但是，双方意见无法接近。12 月 11 日，韦礼敦返国，商约谈判就此搁置。

---

① 《越南商约中互惠品问题，关于货单乙表，双方颇有争持》，《申报》1932 年 11 月 22 日，第 2 张第 7 版。
② 曾衍明：《中法新订越南商约之检讨》，《新中华》第 3 卷第 18 期，1935 年 9 月 25 日，第 15 页。
③ 《中法商约谈判，我方已稍让步》，《申报》1932 年 12 月 23 日，第 2 张第 8 版。
④ 《中法越约大体决定，法使昨晨晋京北上，明春南下继续商谈》，《申报》1932 年 12 月 23 日，第 3 张第 12 版。
⑤ 《越南商约即可签字》，《海外月刊》第 14 期，1933 年 10 月，国内要闻，第 60 页。
⑥ 《越南商约法使入京与我谈判》，《新蜀报》1933 年 8 月 4 日，第 2 版。
⑦ 《越南商约谈判将解决》，《华北日报》1933 年 8 月 8 日，第 3 版。
⑧ 《越南商约俟宋回国即可签字》，《新蜀报》1933 年 8 月 14 日，第 3 版。
⑨ 《中法越南商约，法使候训令签订》，《北平晚报》1933 年 9 月 29 日，第 2 版。
⑩ 《中法越南商约日内即正式签字，韦立敦将赴法覆命》，《西北日报》1933 年 10 月 25 日，第 2 版。
⑪ 《中法越南商约签字将延期，因法提米粮出口问题》，《南宁民国日报》1933 年 11 月 4 日，第 1 张第 2 版。
⑫ 《越南商约因我征米税已无形搁浅》，《新蜀报》1933 年 12 月 15 日，第 2 版。

1934 年 11 月，韦礼敦返任。[①] 12 月 13 日，他拜会了南京国民政府外交部官员，并商谈签订中法越南商约问题。[②] 此后，双方多次磋商，意见逐步接近。至 1935 年 5 月 4 日，汪精卫与韦礼敦将《关于订立甲乙两种附表之议定书》正式签字，并将其他附件一并换文。至此，历时五载的中法越南商约交涉案得以解决。[③]

《关于订立甲乙两种附表之议定书》最主要的是解决双方互惠品税征收问题。甲表规定："凡来自云南、广西及广东之下列中国货物输入法属越南时，如直接运入，或持有直接提货单者，应享受最低税率。"这些货物包括绵羊、火腿等 26 类货品。此外，胡椒、辣椒等 7 类中国货物输入越南，也享受最低税率。乙表规定产自法国或越南，由越南直接运入云南、广西、广东三省，或持有提单运入上述三省的 6 类货物享受最低税率，包括豆蔻、砂仁；肉桂；末硝皮货（山羊皮、绵羊皮、狼皮除外）；木制家具；空玻璃瓶；炭质成分与挥发物成分之比例（燃率）在五或以上之无烟白煤。其中，前 5 类货物适用"中国现行国定税则，并不根据一九二九年中国国定税则办理"。同时，声明书规定，两年内，中国不采取任何办法禁止或限制越南产米输入三省数量，中国征收入口税为每百公斤 1.5 金单位。对于越南所产米、洋灰、干鱼、咸鱼所征进口税，不高于产自他国同样物品应纳进口税。关于越南产白煤，声明书规定，以 1932 年税则税率纳税，即每吨 0.89 金单位。[④]

7 月 20 日，中国驻法代办萧继荣与法国外交部代表在巴黎将所签订条约及附件互换批准。22 日，条约公布实行。

三、 中法越南商约的意义与局限

中法越南商约是南京国民政府废止旧约、改订新约运动的继续，也是废

---

① 《法使韦礼德昨晨抵平，谈中法越南商约无显著进步，馆务亟待料理，何时赴京未定》，《京报》1934 年 11 月 18 日，第 2 版。

② 《韦礼敦昨晚到京，访谒我外交当局，商中法越南商约，丹公使即北返》，《南京日报》1934 年 12 月 13 日，第 1 张第 2 版。

③ 《中法越南商约及中国边省关系专约，昨日在京正式签字，两附表五载始行商定，其他附件亦同时换文》，北平《益世报》1935 年 5 月 5 日，第 1 张第 3 版。

④ 中法《关于订立甲乙两种附表之议定书》，1935 年 5 月 4 日，王铁崖编：《中外旧约章汇编》第 3 册，第 1012—1019 页。

约运动低潮时期唯一一个成功批准生效的商约。对南京国民政府而言，该约是一个重要的修约成果。参与交涉的张维翰认为，在"九一八"事变发生后，中国国际地位一落千丈，在一切外交陷于停顿状态，废约呼声"早已归于岑寂"的情况下，"悬搁五年之中法越约，竟能在此国难严重期中，经两国政府之同意，批准互换"，可谓"国难严重时期外交上差强人意之事"。①

客观地看，新约大体上是基于平等互惠的原则订立的，中法双方均获得了各自想要的利益。法国政府对条约是满意的，正如法国殖民部部长罗兰在众议院发表演说时指出，法国通过条约获得了利益。② 对中方而言，条约当然也有好处。根据该约，中方所得权利包括：（一）附件甲表所列三十余种货物运入越南时按照最低税率纳税；（二）中国得在河内或海防及西贡派驻领事；（三）华侨出入越南国境及内地通行时，享受最惠国待遇，纳税、民刑诉讼亦同；（四）华侨在越南享受的历史权利包括航行权、渔业权等，继续享受；（五）华货经过越境，减轻通过税。③ 但应当看到，1935 年签字批准的条约较之 1930 年签字时，中方做出了相当让步，尤其是米、煤两项大幅度减税。④ 按照时人的说法，这个条约有不尽如人意的地方，甚至有的地方牺牲了中方利益。⑤

---

① 张维翰：《中法越南商约之利益》，《华侨半月刊》第 73、74 期，1935 年 9 月 1 日，第 18 页。
② 《中法越南商约法国颇有利益》，《太平洋月刊》第 2 卷第 7 期，1935 年 7 月 15 日，第 62—63 页。
③ 《中法越南商约交涉之经过》，《新蜀报》1935 年 7 月 23 日，第 3 版。
④ 春：《中法越南商约成立》，《华侨半月刊》第 73、74 期合刊，1935 年 9 月 1 日，第 31 页。
⑤ 曾衍明：《中法新订越南商约之检讨》，《新中华》第 3 卷第 18 期，1935 年 9 月 25 日，第 18 页。

第七章 "准条约" 关系的变动与扩展

"准条约"关系涉及的是国家与非国家（自然人或法人）之间的法律关系。在近代中国，"准条约"大多属于不平等性质，附属于中外不平等条约特权体系之下。南京国民政府前期，将调整"准条约"关系纳入了改善不平等条约关系的范围，"准条约"关系发生了明显变化。具体来说，主要是电信类"准条约"关系和外债类"准条约"关系得到较为明显的改善，尤其是收回电信主权方面取得了较明显的成就。

第一节 改善电信类不平等契约关系的努力与挫折

晚清时期，中国与外国公司签署了诸多电报合同，建立电信类"准条约"关系。这些契约多属不平等性质，损害了中国的电信主权。民国北京政府曾试图收回电信主权，但未能实现目标，反而与各国缔结了多种电信契约，使不平等契约关系继续发展。南京国民政府经过多次谈判，在收回电信主权交涉上取得了重大进展。可以说，南京国民政府时期是电信类"准条约"关系发生根本性改变的关键时期。

一、 收回电信主权政策的确立

1927 年 5 月，外交部部长伍朝枢宣布要取消不平等条约。此后多次发表宣言，强调以正当手续废约。这些条约既包括政府之间签订的不平等条约，也包括政府（含官吏）与外国公司及个人签订的契约，即"准条约"。对于后者，伍朝枢在 11 月 23 日的对外宣言中进行了清晰表述："（一）中国前政府与外国公司及个人所订立之不平等条约及协定，既无存在之理由，国民政府于最短期间内废除之。（二）业经满期之条约及合同当然无效。（三）任何中国官吏，拟与任何外国政府公司或个人订立任何条约或协定，凡未经国民政府参与或许可者完全无效。（四）关系中国之条约或协定，未经国民政府参加为缔约之一造者，不得视为对于中国有约束力。"① 这一对外政策宣言为交通部致力于取消电信类不平等契约指明了方向。

明确要求取消电信类不平等契约是在全国交通会议上确定的。1928 年 7 月初，南京国民政府宣布北伐完成，全国进入建设时期。在此背景下，交通部决定召开全国交通会议，商讨交通建设事宜。8 月 10 日下午，全国交通会议在南京金陵大学召开，由交通部部长王伯群主持会议。会议前，大会收到提案四百余件，分交通法规契约组、交通教育组、交通财务组、国际交通组、交通职工事务组、材料组、路政组、电政组、邮政组、航政组等十个组讨论。各组先行审查，然后分别拟具审查报告，提交大会讨论，多数无讨论即通过。②

此次会议所提议案较多，负责讨论审查有关外国电信公司不平等合同的有法规契约组、电政组、国际交通组。有的提案还由相关组一起开联合审查会。涉及不平等水线合同的提案主要有北平电政管理局局长徐庭翼提出的《国际电报改订合同案》、无线电管理处西北分处郑方珩等提出的《废除电政

① 《国府外长伍朝枢本日发表对外宣言，声明未经国民政府同意之条约式协定一律无效》，1927 年 12 月 14 日，陈志奇辑编：《中华民国外交史料汇编》第 5 册，第 2283 页。
② 《全国交通会议审查报告志（上）》，《银行周报》第 12 卷第 34 期，1928 年 9 月 4 日，第 27 页。

上外国公司专利特权以谋国际通信独立案》、福建省电政管理局局长饶秉珪提出的《取消或改订中国电报局与大东、大北及其他外国水线公司所订各项合同案》等。它们指向同一个目标——取消不平等电信契约，实现电信自主。由于各种合同内容复杂，包括沪福厦接线合同、沪烟沽水线借款合同、预付报费借款合同、京津沽恰借线合同、联合摊分报费合同等多种，提案建议由交通部组织委员会研究办理，"必须达到取消或改订之目的，其应改订者，当以平等互惠为原则，其非互惠而无债务之缪辕者，应一律取消之。"①

8月13日上午，全国交通会议举行第二次大会，审查各项提案，此后三日连续举行审查会。其中，法规契约组分别于13日、15日审查了《由交通部呈请国府将一九三〇年十二月三十一日到期之中丹大北公司、中英大东公司、中美太平洋商务水线公司及中日沪崎各水线合同，设法一律废除，另订平等合同案》（会员李范一等临时提出）等提案，决议请交通部从速设法废除，并另订平等合同。②国际交通组于14日审查了《国际电报改订合同案》《废除电政上外国公司专利特权以谋国际通信独立案》《取消或改订中国电报局与大东、大北及其他外国水线公司所订各项合同案》等提案，决议由电政组合并审查，并建议组织一个废止或修改电政合同研究会，研究妥善办法，呈请政府施行。③电政组分无线电、电报、电话三个小组进行审查。电报小组主要审查涉及整顿报务等方面的提案，电话小组主要审查涉及电话增设、扩充、整顿、革新等方面的提案。涉及外国电信特权的主要是无线电小组。④

16日至18日，全国交通会议连续举行审查报告大会。国际交通组就涉及电信主权的四个提案与电政组联组审查后提出报告，指出：第一至三案中，英商大东及丹商大北两水线公司擅自在中国领海安设水线，攫取登陆权，所订合同均非互惠性质，垄断中国国际通信，而日商三井洋行趁水线合同未满期前订立双桥无线电合同，攫取继承水线公司国际通信的专利权，严重束缚了中国电政事业自由发展，政府应趁水线合同期满之机准备改订或撤

① 《电政组各提案》，《会报》第41期，1928年10月，第38、41—42页。
② 《审查记录》，《全国交通会议日刊》第7期，1928年8月16日，第4版。
③ 《审查记录》，《全国交通会议日刊》第7期，1928年8月16日，第3、4版。
④ 《审查记录》，《全国交通会议日刊》第6期，1928年8月15日，第1、2版。

销，同时研究废除三井无线电合同的方法。审查会议公决，向大会建议组织
废止或修订电政合同委员会，负责研究。第四案，因电政组审查的《取缔外
人在中国境内私设电台案》已经包括在内，故不再单独审查。① 电政组单独
审查的议案涉及外国电信的主要是无线电。法规契约组向大会提出的审查报
告中关于取消外国电信公司合同的提案有两个，其中一个涉及水线公司，即
《由交通部呈请国府将一九三〇年十二月三十一日到期之中丹大北公司、中
英大东公司、中美太平洋商务水线公司及中日沪崎各水线合同，设法一律废
除，另订平等新合同案》，审查结果为要求交通部从速设法废除旧合同，另
订平等合同。② 18 日，全国交通会议第四次大会上，大部分提案照原审查报
告通过，但其中有关组织电政国际会议一条，由于"国际二字，恐引起误
会"，且"电政交涉应由主管机关对外处置，不宜另设特种会议"，因此作了
一定文字修改，改为"组织电政交涉讨论委员会"。③

　　从上述情况来看，全国交通会议对于电信类"准条约"确立了一个基本
政策：废除旧有契约，订立平等合同，并要交通部负责组织电政交涉讨论机
构，专门研究解决办法。

二、 解决收回水线主权办法的确立

　　8 月 18 日，全国交通会议闭幕后，交通部立即根据会议决议行动，组织
电政国际交涉讨论会。9 月 24 日，交通部将该会章程呈请国民政府批准。④
随后，交通部陆续聘请或委派周纬、聂传儒、周国璋、俞掞、石磊、刘骋
业、陆桂祥、郭世鎏等为委员，⑤ 李仲公为委员长，庄智焕、嵇镜为副委员

---

　　① 《审查报告》，《全国交通会议日刊》第 9 期，1928 年 8 月 18 日，第 4 版。
　　② 《全国交通会议审查报告志（上）》，《银行周报》第 12 卷第 34 期，1928 年 9 月 4 日，第 38 页。
　　③ 《大会昨日闭幕，昨开第四次大会，行闭幕式，发表宣言》，《申报》（全国交通会议特刊，第 10 号）1928
年 8 月 19 日，第 4 张第 15 版。
　　④ 《电政国际交涉讨论会章程》，《电友》第 4 卷第 11、12 期合刊，1928 年 11 月、12 月出版，纪载，第
18 页。
　　⑤ 《国民政府交通部公函第六一九号：函周纬等，为聘请该员等为电政国际交涉讨论会委员由》，《交通公
报》，1928 年 10 月 1 日，第 1 卷第 31 期，公牍，第 16 页；《国民政府交通部委任令第二〇九号：令石磊等，为派
该员等为本部电政国际交涉讨论会委员由》，《交通公报》第 1 卷第 31 期，1928 年 10 月 1 日，命令，第 3 页。

长。这些人或为电政专家，或为国际法学家，或为相关机关代表。① 10 月 31
日，电政国际交涉讨论会正式成立。该会讨论的主要问题是电政借款的解决
以及各种电政合同的废除，如大东、大北、中日、中美等不平等合同。②

经过近半年的研究，至 1929 年 4 月 3 日，该会将中外电政合同逐一讨
论完毕，拟定办法。4 月 15 日，电政国际交涉讨论会结束。③

在外人损害中国电政主权方面，外国电信公司侵犯中国水线权是最严重
的。大东、大北公司及太平洋商务水线公司通过不平等契约，获得了一系列
特权，严重损害了中国电信发展主权。而其中尤以大东公司、大北公司为
最，太平洋商务水线公司则由大东、大北控股。因此，电政国际交涉讨论会
将收回水线权的突破口放在大东、大北公司身上。

电政国际交涉讨论会在详细研究上述合同基础上，于结束时向交通部提
交了《审查大东、大北两水线公司合同总报告书》等文件。报告书首次指
出，中国电政落后的主要原因是各种不平等合同，其中最重要三点是：接线
权垄断，报价限制，自由营业。报告书明确指出："今后欲图电信事业之进
展，首须解除前项契约之桎梏。"④ 报告书分六类对所有二十余件合同进行了
逐一分析，并提出解决办法：

第一类，关于水线登陆权及借线办法合同解决办法。这些合同涉及中英
《上海至香港电报办法合同》（《大东公司沪港水线登陆借用电局之上海至洋
子角陆线合同》，1883 年 3 月 31 日）、中英《福州电线合同》（《大东公司水
线在川石山登陆并设立电局合同》，1884 年 10 月 17 日）、中英《川石山至南
台借线合同》（《大东公司川石山水线登陆并借用川石山南台陆线合同》，
1902 年 10 月 23 日）、中丹《收售上海吴淞旱线合同》（《大北公司水线在吴
淞登岸及借用淞沪陆线合同》，1883 年 5 月 19 日）、中丹《厦门鼓浪屿水线

① 《电政国际交涉讨论会十月三十一日开成立会记录》，《交通公报》第 1 卷第 33 期，1928 年 10 月 21 日，
记录，第 14 页。

② 《电政国际交涉讨论会十月三十一日开成立会记录》，《交通公报》第 1 卷第 33 期，1928 年 10 月 21 日，
记录，第 13 页。

③ 《呈国民政府、行政院文：为呈报电政国际交涉讨论会定期结束由》，1929 年 4 月 27 日，《交通公报》第
38 期，1929 年 5 月 15 日，公牍，第 13 页。

④ 《交通部拟具解决大东北全案办法请鉴核呈稿》，1929 年 4 月 30 日，中国第二历史档案馆编：《中华民国
史档案资料汇编》第 5 辑第 1 编《财政经济》（九），第 665 页。

合同》(《大北公司安设厦门鼓浪屿水线及借用陆线合同》，1911 年 9 月 30
日)、中丹英《淞沪宝地缆合同》(1914 年 8 月) 等。报告书指出，必须废除
旧约，并给出两种处理办法：第一种办法，采取断然处置，援照取消客邮办
法，自 1931 年起，彻底取消公司在我国境内设线及营业权，将有关水线收
归交通部管辖。第二种办法，采取有条件特许继续经营。[1] 此外，中丹英
《淞沪宝地缆合同》并未规定期限，1930 年底直接收回。

第二类，关于大东、大北两公司水线登陆及传递电报专利权合同解决
办法。这些合同涉及中英丹《电报合同续约》(《专利合同》，1899 年 3 月
6 日)、中英丹《水线续款》(《专利条款》，1913 年 12 月 22 日)。报告书
指出，这种合同使中国处处受束缚，且引起他国不满，所以必须通知公司
立即废止。[2]

第三类，关于大东、大北两公司沪烟沽代办水线合同解决办法。这些合
同涉及大东、大北两公司的中英丹《沪沽水线合同》(1900 年 8 月 4 日)、
《沪沽新水线合同》(1900 年 10 月 26 日)、《会订烟沽副水线合同》(1901 年
2 月 9 日)。根据这些合同，代办水线名义上属于中国产业，但实际上因为由
公司垫款建设，所以管理权实归公司，公司以此控制华北电信营业权利。该
类合同牵涉国内其他各处报价的增减，不经公司同意，中国不能增减。所
以，报告书建议从速设法收回自办。该两水线收回的困难在于借款偿还。签
订合同时，沪烟沽水线计价 21 万英镑，5 厘利息，分 60 期还清，合计本息
40.764 万英镑；烟沽水线计价 4.8 万英镑，5 厘利息，分 58 期，本息计
9.1408 万英镑。这些款项自 1918 年后因为经费紧张未能按期照付，导致欠
款 16.07 万英镑，合国币 160 余万元。因此，要收回这两条水线，先要筹措
这笔经费，本息付清后收回自办。[3]

第四类，关于大东公司京沽借线及大北公司沽津买卖城借线合同解决办

---

[1]　《交通部拟具解决大东北全案办法请鉴核呈稿》，1929 年 4 月 30 日，中国第二历史档案馆编：《中华民国
史档案资料汇编》第 5 辑第 1 编《财政经济》(九)，第 667—668 页。

[2]　《交通部拟具解决大东北全案办法请鉴核呈稿》，1929 年 4 月 30 日，中国第二历史档案馆编：《中华民国
史档案资料汇编》第 5 辑第 1 编《财政经济》(九)，第 668—669 页。

[3]　《交通部拟具解决大东北全案办法请鉴核呈稿》，1929 年 4 月 30 日，中国第二历史档案馆编：《中华民国
史档案资料汇编》第 5 辑第 1 编《财政经济》(九)，第 670—671 页。

法。这些合同涉及大北公司的中丹《会订沽津恰借线合同》(《沽津京买卖城合同》,1900 年 10 月 26 日)、《修订沽津京恰借线合同》(《修订沽津京买卖城合同》,1902 年 10 月 22 日)、大东公司的中英《北京大沽借线合同》(1902 年 10 月 22 日)。这三个合同使中国与俄国及欧美各处间电讯营业利权被操控。按照合同规定,它们都于 1925 年底期满,不过由于当时北京政府交通部就 1925 年后继续办法与公司等进行交涉时,公司故意延宕,会议没有结果,变成悬案。报告书认为,可由外交部照会丹英两国公使,否认合同继续有效至 1930 年底的说法,并将借线收回。①

第五类,关于大东、大北两公司预付报费合同解决办法。中英丹于 1911 年 4 月 10 日签订《大东大北公司预付报费合同》,规定将公司每年应付中国报费先垫付,共计 50 万英镑,分两批拨付给中国。年息 5 厘,每年匀还本息,至 1930 年底还清。该借款以中国应摊得报费作为担保,如中国不能如期还款,则扣报费,并加给 5 厘周息。公司之所以愿意借款,目的在延长其专利权。这笔借款主要用于铁路,故当时邮传部申明不由电政收入拨还。此后该借款由交通部拨款偿还,但从第 20 期起,交通部无款可还,两公司于是按照合同从中国应得报费中扣抵,这样就变成了电政债务,合计约 38.2 万英镑。报告书认为,这笔债务不应由电政担负,而应呈请国民政府另案整理,切实筹还,同时通告公司废止该借款合同,另订合理条件的新约。电政负担的债务只能是 160 万余元的沪烟沽水线借款。如果两笔债务都能得到解决,"公司即无所抵赖,一切问题不难迎刃而解。"②

第六类,关于大东、大北两公司报费合同解决办法。该类合同涉及大北公司会订报费合同、大东公司会订报费合同、大东大北两公司续订联合齐价摊分合同、大东大北两公司会订过线摊分合同。这些合同限制了中国的定价自由权。由于这些合同都有明确规定,到 1930 年底期满,可以修改或停止,

---

① 《交通部拟具解决大东北全案办法请鉴核呈稿》,1929 年 4 月 30 日,中国第二历史档案馆编:《中华民国史档案资料汇编》第 5 辑第 1 编《财政经济》(九),第 671—672 页。

② 《交通部拟具解决大东北全案办法请鉴核呈稿》,1929 年 4 月 30 日,中国第二历史档案馆编:《中华民国史档案资料汇编》第 5 辑第 1 编《财政经济》(九),第 673 页。

因此，报告书建议提前依合同规定手续向公司提议撤废。①

根据上述报告书，交通部拟具了解决大东、大北全案办法，于 4 月 30 日呈请行政院，转呈国民政府。交通部在呈文中指出，全案有迅予解决的必要。与大东、大北公司所订各种水线合同，使中国各种利权相继丧失，不仅破坏电政，而且侵占主权，影响政治、经济、外交颇大。此外，大东、大北公司揽取水线特权，引起日本、美国的觊觎。因此，该案与中日、中美各悬案也有连带关系。如不速筹办法，将贻累全局。②

交通部认为，此时解决大东、大北全案既有必要，也有可能。其可能性在于：第一，国民政府已经宣布废约或改约，这种不合理的合同没有继续存在的余地；第二，民国北京政府交通部已经与两公司进行磋商，并由外交部与英丹驻华公使交涉，英使也已同意对水线登陆一案作出让步，两公司声明不延长专利特权，故交涉已有端倪；第三，大东、大北全案症结在债款，如果将此解决，对方就没有借口；第四，无线电技术发展，已有取代水线的趋势，中国已在发展无线电台，对方就失去要挟的工具。③

至于解决办法，交通部依据合同性质，分别拟具解决方针和步骤。第一，预付报费合同应立即通告废止，至于债款，在剔除电政担保后，另以合理条件商订新约。第二，代办水线合同应于 1929 年将沪烟沽正副水线收归自办，所欠债款由国民政府整理筹还。第三，所有借用陆线由交通部通告两公司立即收回，迟至 1929 年底与代办水线一律实行接管。第四，专利特权合同及条款应由交通部通告两公司一律即予废止，"并宣言国民政府对于国际通讯完全独立自主，不能允许任何国家或私人之包揽与专利。"第五，水线登陆及接线合同由交通部通告公司，按原约继续有效至 1930 年底，但公司须预先承认自 1931 年起，在中国领海内安设的水线归中国所有，由交通部接管。中方可在数年内酌提营业纯利若干作为酬报，原公司技术人员酌予

---

① 《交通部拟具解决大东北全案办法请鉴核呈稿》，1929 年 4 月 30 日，中国第二历史档案馆编：《中华民国史档案资料汇编》第 5 辑第 1 编《财政经济》（九），第 674—675 页。

② 《交通部拟具解决大东北全案办法请鉴核呈稿》，1929 年 4 月 30 日，中国第二历史档案馆编：《中华民国史档案资料汇编》第 5 辑第 1 编《财政经济》（九），第 657—658 页。

③ 《交通部拟具解决大东北全案办法请鉴核呈稿》，1929 年 4 月 30 日，中国第二历史档案馆编：《中华民国史档案资料汇编》第 5 辑第 1 编《财政经济》（九），第 658—659 页。

继续雇佣。若磋商同意 1930 年后仍须公司管理,允许继续登陆接线,则需遵照特许条件。第六,报费合同及有关规定应由交通部通告公司,限至 1929 年底废止,并参考各国办法,从速另订新约。[①]

交通部同时确定基本交涉方针。交通部认为,这些合同都不是国际条约,因此不牵涉外交为好,只由交通部与公司代表进行磋商。具体办法是先采用通告形式,宣告合同"立予废弃,或限期撤销,或以某条件承认合同原定之时效","俾原则确定,我方先立于有利之地位。"同时规定磋商不能超过三个月。若公司不肯就范,议而无成,则采取断然手段。为了确保问题顺利解决,交通部建议从五个方面加紧筹备,即从速整顿边境接线,并与俄、法等国改订递电办法;从速与太平洋及德荷水线公司商订中美及中欧递电办法;在国内重要口岸迅速设立大规模无线电台,传递国际通讯;选派干练电务人员往水线公司实习水线技术;清理预付报费债款。交通部特别指出,债款是解决全案的关键,而此项债款已全部移作路政之用,此时应由铁道部负责筹还,如无力担负,则建议由关税增收项下筹还。[②]

至于中日、中美电政合同,交通部认为情形相同,应援照上述办法办理。[③]

交通部所拟《关于电信水线交涉大纲》经 1929 年 5 月 14 日行政院第二十四次会议原则通过,随后于 25 日举行的国民政府第三十次国务会议上通过备案。[④] 此后,交通部就以此为基础,开始筹备与大东、大北、太平洋等公司及日本政府进行交涉,收回水线主权。

三、 改订中英丹水线合同交涉

在确立解决方案后,交通部决定筹组具体办理收回电信主权的交涉机构——国际电信交涉委员会。该机构实际上是电政国际交涉讨论会的继续,

---

① 《交通部拟具解决大东北全案办法请鉴核呈稿》,1929 年 4 月 30 日,中国第二历史档案馆编:《中华民国史档案资料汇编》第 5 辑第 1 编《财政经济》(九),第 659—663 页。

② 《交通部拟具解决大东北全案办法请鉴核呈稿》,1929 年 4 月 30 日,中国第二历史档案馆编:《中华民国史档案资料汇编》第 5 辑第 1 编《财政经济》(九),第 663—664 页。

③ 《交通部拟具解决大东北全案办法请鉴核呈稿》,1929 年 4 月 30 日,中国第二历史档案馆编:《中华民国史档案资料汇编》第 5 辑第 1 编《财政经济》(九),第 664 页。

④ 《行政院缕陈水线电信交涉经过致国民政府密呈》,1931 年 3 月 21 日,中国第二历史档案馆编:《中华民国史档案资料汇编》第 5 辑第 1 编《财政经济》(九),第 682 页。

但任务不同。按照交通部部长王伯群的说法，是"一则研究法理，一则筹划实施"。[①] 1929 年 10 月 19 日，交通部公布《交通部国际电信交涉委员会章程》。[②] 随后，交通部派电政司司长庄智焕为委员长，财政部、外交部分别派郑莱、吴南如担任副委员长，再由委员长遴选王辅宜、聂传儒、郭世鎏、陈永溱、沙曙云、余则照等人为委员，正式组建委员会。[③]

1929 年 12 月 16 日，国际电信交涉委员会在交通部召开成立会，[④] 交通部次长韦以黻、参事蔡培以及委员会成员等出席。成立会上，韦以黻表达了交通部废除电政上不平等合同的决心；外交部代表吴南如则阐述了条约与合同在损害国家利权上的差别；蔡培在演讲中指出："中国主权之损害，在条约上是赅括的，而实际上之主权之损失，则大半在各种合同之内。我们自当遵照总理遗嘱，废除不平等条约的原则，努力进行，俾此次电信交涉，达到主权收回的目的。"[⑤] 从这些发言可以看出，该会的主要职责是交涉取消不平等合同，收回电政主权。而其中主要工作则是与大东、大北公司交涉。庄智焕在致辞中明确指出："本会成立，主要工作，即准备修改大东、大北两公司水线合同，挽回主权利益。"[⑥] 因此，12 月 18 日，国际电信交涉委员会第一次会议重点讨论了致大东、大北两公司公函。[⑦] 此外，与美国太平洋商务水线公司及日本政府交涉收回水线权也是该会的重要职责。25 日，该会第二次会议就讨论了美国太平洋商务水线公司合同问题，决定同时送出废止通知书。该通知书除由交通部送达三公司外，同时由外交部照会英、丹驻华公使及美国驻华代办。在外交部致美国驻华代办的照会中，明确宣布中国电报局与美国太平洋商务水线公司签订的合同自 1931 年 1 月 1 日起一律废止。[⑧]

1930 年 3 月底，大东、大北公司分别派代表来华与议，大东公司代表为

---

① 王伯群：《国际电信交涉与无线电台之建设》，《自求》第 21 期，1930 年 12 月 1 日，第 2 页。

② 《交通部国际电信交涉委员会章程》，1929 年 10 月 19 日部令公布，《交通公报》第 87 期，1929 年 11 月 2 日，法规，第 17 页。

③ 《国际电政交涉会成立，积极筹备修改水线合同》，天津《益世报》1929 年 12 月 27 日，第 2 张第 6 版。

④ 《国际电政交涉会成立》，《申报》1929 年 12 月 17 日，第 2 张第 7 版。

⑤ 《交通部国际电信交涉委员会成立会纪录》，《交通公报》第 103 期，1929 年 12 月 28 日，纪录，第 32 页。

⑥ 《国际电政交涉会成立，积极筹备修改水线合同》，天津《益世报》1929 年 12 月 27 日，第 2 张第 6 版。

⑦ 《国际电信交涉会开会》，《申报》1929 年 12 月 19 日，第 2 张第 6 版。

⑧ 《王正廷赴沪，中美电报合同定期废止》，天津《大公报》1930 年 1 月 17 日，第 1 张第 3 版。

柏乐德（又译的乐德）、霍博德，大北公司代表为彭生、史温生（Suenson，又译师温生）、泰立夫生。随后，太平洋商务水线公司也派丁甘（Deegan）、陶特（Dodd）来华与议。中国方面也派定代表，包括韦以黻、庄智焕、吴南如、聂传儒、郭世鎏、沙曙云等人。

3月27日，国际电信交涉委员会与大北公司代表举行会议，庄智焕担任主席。他在致词中表示，合同将期满废止，现在是磋商结束事宜，希望公司尊重中国主权，协助中国发展电信交通。[①] 4月4日，国际电信交涉委员会又与大东公司举行会议，交换意见。[②] 4月7日，国际电信交涉委员与太平洋商务水线公司也举行了初次会议。初次会谈，双方交换意见。由于公司毫无诚意，坚持水线登陆权为永久性质，拒绝取消，[③] 而中方要求取消旧有合同，双方分歧太大，没有进展。本来双方约定每周开会一次，但公司代表故意延宕，直至6月24日，太平洋商务水线公司代表才赴交通部参加第二次会议。此次会议主要讨论了登陆期限问题。庄智焕同意给水线公司登陆期限五年，但公司不满足。庄智焕决定妥协，答应可以延长，并问希望多长时间。陶特要求三十年登陆权。[④] 双方条件差距太大，根本无法谈拢。

8月26日，国际电信交涉委员会召集三公司举行联席会议，仍无进展。10月，交通部向行政院密呈《关于取消大东北等水线公司所订合同经过及将来应付办法》，提出交涉至年底合同期满时仍无结果，则先撤除公司登陆水线，再与磋商。这一办法得到赞同。10月21日，行政院第九十一次会议通过该办法，并于24日将办法送国民政府备案同意。[⑤] 11月5日，国际电信交涉委员会与三公司举行联合会议。大东公司代表达卜森（Dabuson）同意登陆期限和报务合同期限均为十五年，庄智焕并未拒绝。散会时，庄智焕提议将出席者分为普通会议、专家会议两种。第二天开会，公司代表不出席

①《国际电信交涉委员会开会词》，《交通公报》第131期，1930年4月5日，纪录，第73页。

②《收回外电谈判》，《申报》1930年4月5日，第2张第8版。

③《交通部关于与大东、大北、太平洋三水线公司电信交涉经过情形致行政会议提案稿》，1933年4月18日，中国第二历史档案馆编：《中华民国史档案资料汇编》第5辑第1编《财政经济》（九），第687页。

④《庄智焕更订大东大北太平洋等公司水线合同丧权辱国案：委员刘莪青、田炯锦、高一涵质问书》，1931年4月22日，《监察院公报》第2期，1931年6月，弹劾案，第100页。

⑤《行政院缓陈水线电信交涉经过致国民政府密呈》，1931年3月21日，中国第二历史档案馆编：《中华民国史档案资料汇编》第5辑第1编《财政经济》（九），第682页。

专家会议，故未能召开。普通会议则只有庄智焕与吴南如两人参加。普通会议上，公司代表多次表示很吃惊庄智焕仍坚持十年期限，因为他早前已经答应十五年。

12 月上旬，国际电信交涉委员会与太平洋、大东、大北三公司代表交涉多次，"除沪烟沽水线决于本月二十二日交回我国接管外，至其他问题均未得圆满解决。"[①] 交涉难有进展，原因有三点：一是中国的国际大电台还处于初创时期，效用不明显，故水线仍有专利居奇的价值；对方互存观望，暗中勾结，都不肯轻易放弃在华取得的权利；中方所欠债额 25 万余英镑未偿还。[②]

沪烟沽水线主要在于债务问题，因此比较简单。交通部将该水线借款欠费及利息 300 余万元全部交还两公司，对方也就交还该水线。12 月 22 日，交通部沪、烟、沽三处电报局分别将大东、大北三处代办所接收。[③] 这也是交涉至此的唯一成果。

从 1930 年 3 月底开始至此，由于公司方面在水线登陆权、电报收发权等方面坚决不让步，磋商无法进行下去。在这种情况下，交通部一方面积极扩充国际无线大电台，使水线的利用价值减少，另一方面加紧发行电政公债，筹集资金偿还各线积欠，使公司失去借口。[④] 同时，交通部决定对解决方案做出一定妥协，以谋求谈判取得进展。12 月 9 日，交通部部长王伯群在国务会议上主张让步，由此水线登陆期限改为十年或十余年。[⑤]

1930 年 12 月 26 日，国际电信交涉委员会分别与三公司会谈。上午，国际电信交涉委员会与太平洋水线公司开会。公司代表除了同意宝山上海间的地缆于 1931 年 1 月 1 日起交还中国管理外，其余收发报价等问题没有任何让步，讨论没有结果。下午，国际电信交涉委员会又与大东、大北公司举行

① 《电信交涉进行》，《中央周报》第 134 期，1930 年 12 月 29 日，一周大事汇述，第 25 页。
② 《国际电信交涉，三公司部分今日续议，中日部分尚无续议期》，《申报》1930 年 12 月 4 日，第 2 张第 5 版。
③ 《电信交涉进行》，《中央周报》第 134 期，1930 年 12 月 29 日，一周大事述评，第 25 页。
④ 《国际电信交涉，三公司部分今日续议，中日部分尚无续议期》，《申报》1930 年 12 月 4 日，第 2 张第 5 版。
⑤ 《庄智焕更订大东大北太平洋等公司水线合同丧权辱国案：委员刘莪青、田炯锦、高一涵质问书》，1931 年 4 月 22 日，《监察院公报》第 2 期，1931 年 6 月，弹劾案，第 99 页。

会谈。由于公司方面拒绝让步，甚至要求十八年登陆权限，致使会议毫无结果。① 12 月 27 日，继续举行会谈，但仍无进展。

庄智焕在此前交涉中曾口头允许公司十五年水线登陆权，成为公司方面坚持不让步的原因之一，使中方交涉陷于被动。12 月 30 日，交通部向行政院第六次国务会议提出讨论太平洋商务水线公司交涉大纲一案，建议登陆权执照特许年限定为十四年，蒋介石提出减为十年，交通部指出在交涉中已经提出十年、十二年两种方案均被公司拒绝。国务会议遂同意十四年登陆特许权。

1930 年 12 月底，交通部与三公司签订解决办法。1931 年 1 月起，开始磋商详细条文。4 月，双方议定合同草案。12 月底，经国民政府批准，交通部通知公司请领执照，并派人正式签订合同，但随即因外交形势严峻，此事拖延一年。朱家骅担任交通部部长后，催促订约。公司提出四点修改要求：合同应以英文为主文；报价减低不必取得中方同意；路由标识及分送发报纸，应订入合同内；维持公司收发权。交通部坚决不同意。公司又采取拖延战术。交通部遂于 1933 年 1 月 18 日给公司下最后通牒，要求 2 月 15 日以前领照、订约。2 月 14 日，公司派人至交通部接洽。15 日，朱家骅接见公司代表，对方仍提四点要求。② 同时，各公司请其本国驻华公使或领事出面，与中国外交部交涉，企图施压。为了避免形成外交事件，中方决定让步，答应签订合同时，"由电政司声明收发处收回后，仍维持现有之业务效率，以示无故意损害公司营业之作用。"这使对方满意。于是，各公司于 4 月 5 日赴交通部领取登陆执照，并正式签订合同。③ 随后，交通部电政司派温毓庆、郭世鎏、沙曙云接收大东、大北、太平洋水线电报收发处和分处，改组为交通部国际电信局大东、大北、太平洋水线电报收发处及收发分处，派孙锡

---

① 《电信交涉进行》，《中央周报》第 134 期，1930 年 12 月 29 日，一周大事述评，第 25 页。

② 《交通部关于与大东、大北、太平洋三水线公司电信交涉经过情形致行政会议提案稿》，1933 年 4 月 18 日，中国第二历史档案馆编：《中华民国史档案资料汇编》第 5 辑第 1 编《财政经济》（九），第 688—689 页。

③ 《电信交涉之进行》，《中国国民党指导下之政治成绩统计》第 4 期，1933 年 4 月，行政—交通，第 117 页。

臣、潘家峒、李季清分别担任主任。①

从上述交涉过程看，本来不太复杂的事件，由于公司方面不愿意放弃特权，致使交涉持续了三年。双方主要争持点在于水线登陆权、电报收发权、报费问题。

水线登陆权，分为普通登陆权和登陆专利权。所谓普通登陆权，就是一国政府允许别国水线头在境内登陆。所谓登陆专利权，是指甲国允许乙国或其公司水线在境内登陆，如不得该乙国或其水线公司同意，不能再允许他国或其他公司水线登陆。②

普通登陆权起源于 1883 年中国电报局与大东、大北公司订立合同，允许公司水线在中国境内登陆，以二十年为期。后来又因签订代办沪烟沽水线合同时，允许所有与该两公司合同一律展期至 1930 年底。

此次交涉，国民政府交通部当然希望能取消外国公司在华水线登陆权，公司方面则希望拥有所谓永久登陆权。由于公司举不出永久登陆证据，且中方坚决反对，因此公司最后让步，表示如果中方能允许继续登陆若干年，则放弃所谓永久登陆权。③ 中方因限于自身通信发展条件，同意有条件允许普通登陆权继续存在若干年。随后，双方围绕允许继续登陆年限进行磋商。1930 年 6 月 24 日，国际电信交涉委员会与太平洋商务水线公司举行第二次会议时，庄智焕同意给五年登陆权，并说期满可以延长。但公司提出希望获得三十年的登陆权，双方差距甚大。8 月 26 日，国际电信交涉委员会召集三公司联席会议，庄智焕同意给予十年登陆权，此时公司同意让步至二十年，但交通部认为二十年仍太长。经交涉，到 11 月 5 日，公司同意让步至十五年。④ 12 月 9 日，交通部向国务会议提出允许给予十年或十余年的方案，经国务会议决议通过。在随后谈判中，中国代表提出十年方案，公司不同意。

---

① 《一月来之电政：（一）水线合同正式签字，并派员接收收发处》，《交通职工月报》第 4 期，1933 年 6 月，报告，第 65 页。

② 《大东大北两公司要求延长水线合同》，《工商半月刊》第 2 卷第 7 期，1930 年 4 月 1 日，工商消息，第 14 页。

③ 吴南如：《电信交涉》，《时事年刊》第 1 期，1931 年，第 230 页。

④ 《庄智焕更订大东大北太平洋等公司水线合同丧权辱国案：委员刘莪青、田炯锦、高一涵质问书》，1931 年 4 月 22 日，《监察院公报》第 2 期，1931 年 6 月，弹劾案，第 100—101 页。

随后，中方又提出十二年的建议，仍被拒绝。12 月 30 日，交通部只得再次让步，向国务会议提出允许十四年的方案。在获得国务会议批准后，中方代表与公司进行磋商，最后达成一致，决定允许公司十四年登陆权，但需要按照中国交通部颁布的《水线登陆取缔规则》请领执照。

登陆专利权，起源于 1899 年中国电报局与大北公司签订的专利合同，给予公司专利权。1913 年，大东、大北公司与民国北京政府交通部签订合同，获得专利条款。这样，大东、大北垄断了中国海岸水线登陆权，其他公司欲与中国通报，必须先获得该两公司的同意。这限制了中国的对外通信权，也排斥了其他国家、公司与中国的通报权。其他公司要接线至中国，必须获得两公司同意。如 1905 年，美国太平洋商务水线公司获得了在中国境内的水线登陆权，是因为大东、大北获得对太平洋商务水线公司投资 75% 的利益。这种专利权对中国极为不利，也引起其他国家或公司的不满。例如，中日磋商鲁案时，日本提出 1930 年底交还一半青佐水线的条件是必须取消大东、大北登陆专利权。因此，国民政府交通部在确定收回方案时明确提出必须废止这种专利权。在交通部拟具大东、大北公司全案解决办法中，明确提及所有专利特权合同及其他合同中关于专利特权条款一律取消。1930 年 1 月 1 日，行政院呈报国民政府时指出："嗣后无论何国政府或公司及私人，在中国境内不再许以海底电线登陆之专利权。"[1] 在谈判中，中方对此态度坚决。公司方面鉴于形势，也知道不可能维持。因此，公司在谈判中并不坚持这一点。这样，登陆专利权被取消。

登陆权问题基本解决之后，双方围绕报费和电报收发进行了交涉。关于电费分配的数目及电报的收发，成为交涉的中心。[2]

报费问题是争论最激烈的问题之一。由于与大东、大北、太平洋、德荷等公司签订电报齐价摊分合同，中国对国际电报不能自由定价，包括自中国发往外国的本线费和别国发往第三国而经过中国境内电线的过线费。除此之

---

① 《庄智焕更订大东大北太平洋等公司水线合同丧权辱国案：委员田炯锦、高一涵、刘莪青弹劾文》，1931 年 3 月 5 日，《监察院公报》第 1 期，1931 年 5 月，弹劾案，第 157 页。

② 《行政院缕陈水线电信交涉经过致国民政府密呈》，1931 年 3 月 21 日，中国第二历史档案馆编：《中华民国史档案资料汇编》第 5 辑第 1 编《财政经济》（九），第 682 页。

外，合同还束缚中国对烟沪福厦等处往来的国内电报价目增减。因此，国民政府希望取消协定摊分办法，获得自由定价权。在谈判中，公司对取消协定摊分报费办法争持不多，实际关心的是取消协定摊分办法后中国如何对国际电报定价。双方在此点发生争持。中国希望不管是从上海还是内地发出的国际电报价目一样，且都增加。公司则主张差别对待，内地发出者可增加，上海发出者应减少。[①] 最终双方达成一致，上海发出者稍微减少，内地发出者则增加。

电报收发权也是重要争持点。各公司水线在中国登岸后，设置报房，自由收发电报。中方主张收发权在政府。交通部在制定方案时决定予以限制，只允许公司转递外洋电报，不允许直接收发报务。所有接收及投送电报之权，由交通部收回，自由行使。公司方面主张拥有收发权，因为关系到电报投递之迟速。公司担心收发权在中国政府方面，则无法与中国主办的无线电事业竞争，只同意中国政府检查电报、视察经营。经交涉，双方决定各自让步。[②] 交通部向行政院提出修改方案。行政院决议交财政、外交、交通三部部长审查。审查意见决定，"收发电报应由交通部设国际电信局分设水线课，课内人员准由公司推荐。"1930 年 12 月 9 日，国务会议决议批准备案。[③] 据此，国际电信交涉委员会与公司达成一致，取消公司在上海等处的电报收发处，由中国交通部办理，成为国际电信局一部分，主任由中国任命，报务人员可由公司就现有人员中推荐。

此外，磋商中还涉及借线问题、债务问题等。借线问题比较好处理，因为陆线只是借给水线公司使用，本来属于中国，不存在收回问题，只有借用条件而已。债务问题颇为棘手，因为中国一时之间拿不出那么多经费偿还。沪烟沽正副水线借款（25.8 万英镑）和大东、大北预付报费合同借款（50万英镑），截至南京国民政府解决大东、大北全案时尚欠总债务 53.5 万英

---

① 吴南如：《电信交涉》，《时事年刊》第 1 期，1931 年，第 232 页。

② 吴南如：《电信交涉》，《时事年刊》第 1 期，1931 年，第 231 页。

③ 《交通部前电政司司长庄智焕更订大东、大北、太平洋等公司水线合同丧权辱国案：国民政府文官处致本院公函》（第 9568 号），1931 年 12 月 7 日，《监察院公报》第 7 期至第 12 期合刊本，1931 年 11 月至 1932 年 4 月，惩戒案，第 476 页。

镑，合国币 535 万元。当年大东、大北公司之所以愿意借款，是为了无条件延长在华专利特权。如果债款还清，大东、大北公司就没有理由在 1930 年底以后继续要求合同有效了。因此，交通部认为，这是解决大东、大北全案的症结。① 但是，南京国民政府财政困难，要清偿这两笔债务有困难，这也是公司在谈判中不断留难的原因。②

经过努力，到 1933 年 4 月 5 日，南京国民政府交通部最终与大东、大北、太平洋三公司签订了新的水线合同。新合同比旧合同有明显改进，是电信类"准条约"关系的重大变动。关于新旧合同的区别，交通部在给行政院的呈文中说得很清楚：取消水线登陆专利权，规定海线登陆期限及取缔规则，收回公司在华对外直接收发电报权，改订中方应得本线费，收回地缆及架空线，收回平津沽恰借线，取消福州大东公司及厦门大北公司。③

南京国民政府最终还是改订了大东、大北、太平洋商务水线公司水线合同，取消了这些公司的一些特权，改变了旧有的不平等契约关系，收回了一些权利。从这一意义上说，这次交涉是比较成功的。当然，这次交涉仍有一些不足：一是未实现期满彻底废止的目标，拖延了三年之久才签订新合同，实际上等于延长了公司享受特权的时间；二是新合同未彻底将水线收归中国管辖，允许各公司继续享有登陆权十四年之久；三是收发电报权仍受公司牵制，因为新合同允许公司推荐旧有职员担任收发处职员；四是本线费虽有变更，但仍受合同束缚，且区分上海和中国其他地方，价目不一。因此，从契约关系看，这次改订的合同仍属不平等性质，不过程度有较大改善。

四、 改订中日水线合同交涉

与大东、大北、太平洋三公司水线问题不同，中日之间的电线合同属于政府与政府之间的合同。这种性质也增加了交涉的难度。中日之间的电线合

---

① 《交通部拟具解决大东北全案办法请鉴核呈稿》，1929 年 4 月 30 日，中国第二历史档案馆编：《中华民国史档案资料汇编》第 5 辑第 1 编《财政经济》（九），第 659—660 页。

② 《交通部关于与大东大北太平洋三水线公司电信交涉经过情形致行政会议提案稿》，1933 年 4 月 18 日，中国第二历史档案馆编：《中华民国史档案资料汇编》第 5 辑第 1 编《财政经济》（九），第 687—688 页。

③ 《交通部关于与大东、大北、太平洋三水线公司电信交涉经过情形致行政会议提案稿》，1933 年 4 月 18 日，中国第二历史档案馆编：《中华民国史档案资料汇编》第 5 辑第 1 编《财政经济》（九），第 689—690 页。

同交涉属于外交问题。中日电信问题比较复杂，既有有线问题，也有无线问题；既有合同规定的电信问题，也有合同之外的非法设立问题；合同规定的电信问题既涉及水线，也涉及陆线。这里主要考察的是有线问题，尤其是水线问题。

日本在华攫取电信权始于日俄战争。战争期间，日军占领中国东北电报局及线路，并设军用电话电报等。日俄战争后，日本拟安设大连至烟台水线。1908 年 10 月 12 日，中日正式签订《中日电约》，日方将此前非法占用的中国电报局及线路返还中国，并订明中日两国于辽东半岛某处安设水线一条至烟台，规定烟台一端归中国管理，大连一端归日本管理，水线每日必须接至烟台日本邮局若干时。合同同时规定，南满铁路境外电线由中国给价收回，东北商埠安东、牛庄、辽阳、奉天、铁岭、长春六处由中国接线至南满铁路境内，借给日本使用十五年。此为日本攫取电信权的开始。随后，又于 1908 年 11 月 7 日，签订中日《满洲陆线办法合同》和《烟台关东水线办法合同》（烟大水线），规定传递手续和报价。除获得电信合同特权外，日本还在南满铁路境外非法扩充电信事业，设立电话、电报局及无线电台，自行收发电报。①

第一次世界大战期间，日军占领青岛，将德国铺设的青岛至烟台、上海至青岛水线拆毁，以之铺设青岛至佐世保水线。1922 年，中日《解决山东悬案条约》（2 月 4 日签订）和中日鲁案善后会议议定，将此线变成中日各得一半。1924 年底，中日签订了青佐水线合同，将该线变成中日合办，各得一半，青岛一端属于中国，但在 1930 年底以前由中国委托给日本代办运用。此为青佐线的来历。

沪崎水线与大北水线性质相同。此线本来由大北公司于 1870 年安设，按照合同，至 1912 年期满。日本政府与大北公司磋商新约，中方声明有关中国权利者，概不承认。随即中日展开磋商，于 1913 年 10 月 4 日订立《日本水线登岸合同》，允许日本水线在上海登陆，接至上海租界，由日本自行设局管理，合同有效期至 1930 年 12 月 31 日，是为中日沪崎水线。

---

① 交通部年鉴编纂委员会编：《交通年鉴》，交通部总务司编印，1935 年，第 407—408 页。

除以上电线外，还有一条水线比较特殊，即川淡水线。福建川石山至台湾淡水之间水线，本为中国所设。因台湾割让，中国于 1898 年 12 月 7 日签订《订购淡水海线合同》，将该水线卖给日本政府，并允许水线头在川石山登岸。该水线登岸条件按照大东公司水线在川石山登岸合同办法，川石山这端水线由日本委托大东公司代办。因此，该水线与大东公司水线相同，也应于 1930 年底期满。

中日合同涉及四水线和一陆线，"此五线中以上海长崎线及南满陆地电线公司最大，于我国主权之损失亦最巨。"沪崎等水线情况与大东、大北合同相似，且有的早已到期，或者即将于 1930 年底到期，因此，南京国民政府交通部在拟定大东、大北全案解决办法时也拟一并解决。①

1930 年 5 月 3 日，交通部咨请外交部照会日本驻华公使，要求派代表来华磋商。但日方一直拖延。8 月初，交通部要求再电促日方派代表来华会议解决。9 月 1 日，日本驻华代理公使重光葵照会中国政府，日本政府派重光葵为中日电信交涉日方会议主席，递信省贮金局局长吉野圭三为专门委员。9 月 8 日，国民政府交通部拟定中日电信交涉程序，准备按照沪崎、川淡、青佐、烟大各水线及满铁陆线顺序与日方磋商。10 日，国民政府派庄智焕、吴南如为中方委员。11 日，吉野圭三等抵达上海，与重光葵会商谈判手续等，随后两人带随员到南京。日方方案是，先了解中方意见，充分研究后再定谈判方针。② 17 日，中日电信会议在南京正式开幕，重光葵、吉野圭三均出席会议。18 日，中日双方电信交涉会议举行第二次会议，双方交换了方案，并讨论了程序问题，中方提出第一步讨论沪崎水线。③ 沪崎水线是中日电信交涉的重中之重，谈判颇为不易，中日双方意见不同。日本坚持磋商应以旧合同为基础，要求允许沪崎水线继续登岸二十年，其在上海收发电报处由日本人经营，当然中国不同意的话，可以将上海方面的公共营业权移交中国。此外，日本还要求享有电报事业最惠国待遇。中方则希望彻底取消日本在上海的电信局，收回管理权，沪崎水线在上海一端，由中国自办，在中国

---

① 《外部报告最近外交情况》，《申报》1930 年 9 月 21 日，第 3 张第 10 版。
② 《日电信交涉委员晋京，访晤外交两长交换意见》，《申报》1930 年 9 月 12 日，第 4 张第 13 版。
③ 王芸生编著：《六十年来中国与日本》第 8 卷，第 213 页。

领海内的水线由中国出资购买，作为中国产业。但日方不同意，日方代表甚至声称对沪崎线享有永久登陆权。[①] 此次谈判只是交换双方意见，日本代表答应将中方意见报告给日本政府。19 日，吉野返回上海等待日本政府训令。20 日，重光葵也离开南京到上海。此后，日方采取拖延战术，原本准备 10 月 1 日举行的第三次会议延期。中方一直催促开会，但日方代表称在未接到政府训令前，不能举行会谈。其实，日本政府对沪崎水线极为重视，不愿轻易牺牲其利益。[②] 这样，中日电信交涉会议实际停顿。[③]

此时，日本政府仍想继续享有特权，但也知道形势不允许。因此，日方的计划是在保留沪崎水线二十年登陆权的前提下，同意将上海一端的水线交还给中国，不过希望中国能允许日本继续经营，理由是沪崎水线的主要业务是服务上海众多日侨。在交还后，水线可改由中国在上海设电局，局长由中方委任，而职员由日人充任，营业事务由日本人代管，电报用日文。实际上，日方的方案就是名义上交还，实质上继续控制。这与中方收回水线主权原则相距过远。[④]

此后，日方由驻南京领事上村与中方保持沟通。中方多次表达开会意愿，但日方与大东、大北、太平洋三公司取同一观望态度，故意拖延。[⑤] 在中方多次催促下，直至 12 月初，日方代表才同意继续磋商。

12 月 2 日，吉野圭三到南京与庄智焕、吴南如接洽，交换意见。日方主张不立即举行正式会议，希望先开谈话会议，集中双方意见，讨论成熟再开会。中方表示，不管是正式会议还是谈话会议，都希望日方负责人在南京，以便研究。3 日，中日双方就沪崎水线进行磋商，交换意见。[⑥] 4 日，双方继续举行非正式会谈，决定先就较易解决的青佐水线进行磋商。青佐水线青岛一端至 1930 年底应由中国收回，本已载在合同，惟需要解决积欠报费 22 万元。此款已由山东电政收入中偿还 19 万元，尚欠 3 万元在第二年 1 月底还

① 郑慧娴：《南京国民政府收回海底电线问题研究》，湖南师范大学硕士学位论文，2018 年，第 42—43 页。
② 《中日电信交涉，尚无续议确期》，《申报》1930 年 10 月 3 日，第 3 张第 10 版。
③ 《日方延宕电信交涉》，《申报》1930 年 10 月 19 日，第 2 张第 6 版。
④ 《中日电信交涉，沪崎线问题难解决》，《申报》1930 年 10 月 26 日，第 1 张第 4 版。
⑤ 《中日电信交涉停顿》，《申报》1930 年 10 月 23 日，第 1 张第 4 版。
⑥ 《国际电信交涉，日方意图延宕，美使昨访交王》，《申报》1930 年 12 月 3 日，第 2 张第 7 版。

清，欠款清偿后即可收回。① 也就是说，日方此时已同意交还青佐水线青岛一端。实际上，到此时，日方态度已经有所松动，对于各线特权也已经准备承认放弃特权，对于收发、报费等问题也准备做出一定让步。②

12 月 20 日，中日双方举行谈话会，就沪崎水线、接收青佐水线及签订新合同手续等进行讨论，但没有具体结果。③ 12 月 22 日，双方继续交涉。双方对青佐水线收回后报务合同内容提出各自主张，讨论的焦点问题是：拍发日文报费问题，双方所提价目相隔悬殊；新合同年限，日本主张十年，中方主张五年，期满后重新修订。由于双方无法达成共识，会议没有结果，但双方约定会后考虑让步办法。④ 会后，日方代表就此向日本政府请示。23日，中日双方继续磋商。此次会议决定，1931 年 1 月 1 日起，日方将青佐水线收发局移交中国。⑤ 会议对新合同文字进行了修正，但未就青佐水线报价和合同时间问题进行深入磋商，因日方代表没有接到日本政府训示。关于沪崎水线收回问题，中方提出方案，日方代表开始拒绝接受，但在中方要求下，日方答应将中方主张转达日本政府。⑥ 此次会议后，日方代表离开南京，到上海等待日本政府覆训。

12 月 29 日，双方对青佐水线合同草案进行讨论，解决此前争持的报价、合同时期等问题，达成一致，决定 30 日草签，再呈政府批准后，定期正式签字。⑦ 30 日，双方就青佐水线合同条文讨论完毕，但因重光葵未出席，故未签字。同时，双方详细讨论了沪崎水线交涉大纲。关于沪崎水线交涉，此次会谈双方意见有所接近。⑧ 31 日，双方继续磋商，最终就沪崎水线交涉大纲达成协议。⑨ 至于具体登陆及运用细目，则需要继续磋商草合同。

双方从 1931 年 1 月开始，就沪崎水线登陆及运用草合同进行磋商。21

---

① 《中日电信交涉》，《申报》1930 年 12 月 12 日，第 2 张第 6 版。
② 《中日电信交涉》，《申报》1930 年 12 月 8 日，第 1 张第 4 版。
③ 《中日电信会议，尚无具体结果》，《申报》1930 年 12 月 21 日，第 2 张第 8 版。
④ 《电信交涉进行》，《中央周报》第 134 期，1930 年 12 月 29 日，一周大事汇述，第 25 页。
⑤ 《中日电信会议，青佐水线元旦移交》，《申报》1930 年 12 月 24 日，第 1 张第 4 版。
⑥ 《电信交涉进行》，《中央周报》第 134 期，1930 年 12 月 29 日，一周大事汇述，第 25 页。
⑦ 《中日电信交涉，青佐水线合同议定》，《申报》1930 年 12 月 30 日，第 1 张第 4 版。
⑧ 《中日电信交涉，讨论沪崎线交涉大纲》，《申报》1930 年 12 月 31 日，第 1 张第 4 版。
⑨ 《中日电信交涉，沪崎水线合同签字》，《申报》1931 年 1 月 1 日，第 3 张第 11 版。

日，重光葵到南京，与中方交换沪崎水线新合同草案，商定双方考虑后再行会议。① 28 日，双方就沪崎水线草合同进行讨论，同时修改青佐水线草合同文字。② 2 月 3 日，双方签订沪崎合同草案。双方原定 7 日继续商量。但 6 日晚，重光葵突然电召吉野圭三，要求邀请庄智焕一起到上海磋商，将已经签字的青佐水线合同草案及待签字的沪崎水线合同修改，主要是登陆、收发、报务三点，这遭到中方拒绝。③ 16 日，双方讨论沪崎报务合同草案，逐条修正。④ 19 日，继续磋商，"对该合同草约中，有数点须请示该国政府，俟得覆电，作最后一次研究，即签字。"⑤ 21 日，重光葵召开记者会，称："中日电信交涉，经此次在京商洽结果，已达最终结束时期。青岛佐世保线合同，已由日本枢密院通过，故余下周赴京，即可正式签定。至沪崎线之业务协定细目，现正为字句之整理，大体已告终了。"⑥

至此，中日电信交涉已经取得了阶段性成果：青佐水线的青岛代办所交归中国自办；沪崎水线收发处归中国管理，成为国际电信局的一部分；沪崎水线机房由中国逐渐派员加入，至全归中国管理为止；报费每年可增 40 余万金法郎；沪崎水线登陆限为十四年，期满得由中国政府备价收回。⑦

但实际上，这个结果并没有变成正式合同。沪崎水线的报务条款，日本方面需要修改一些字句，中方则民众舆论对于允许沪崎水线继续登陆十四年表示不满，此后日本政府也借机拖延。7 月初，万宝山惨案发生。7 月 21 日，因吉野奉令回国，日方电信交涉由重光葵负责。⑧ 但随后"九一八"事变发生，中日双方电信交涉中断。"九一八"事变后，中国政府希望重启交涉，但日本政府不予理睬，青佐水线合同、沪崎水线合同最终未能签订，收

---

① 《中日电信交涉，沪崎合同重行校阅》，《申报》1931 年 1 月 22 日，第 1 张第 4 版。

② 《中日电信交涉，沪崎合同重行讨论，青崎合同修改数字》，《申报》1931 年 1 月 29 日，第 1 张第 3 版。

③ 《中日电讯交涉，日方请修改草案合同》，《申报》1931 年 2 月 8 日，第 1 张第 4 版。

④ 《沪崎合同在续议中》，《申报》1931 年 2 月 17 日，第 1 张第 4 版。

⑤ 《重光会晤外王》，《申报》1931 年 2 月 20 日，第 1 张第 4 版。

⑥ 《重光葵昨晨返沪，中日电信交涉将结束，汉宁两案亦即可解决》，《申报》1931 年 2 月 22 日，第 4 张第 13 版。

⑦ 吴南如：《电信交涉》，《时事年刊》第 1 期，1931 年，第 234 页。

⑧ 王芸生编著：《六十年来中国与日本》第 8 卷，第 231—232 页。

回这两条水线主权的希望破灭。[①]

本来按照中日电信交涉会议的约定,是依一定顺序逐一解决各线合同问题。青佐水线合同和沪崎水线合同没有解决,其他电线问题也就无法达成协议。在青佐水线合同草案和沪崎水线合同草案基本达成一致后,中方一方面进行草案审查工作,一方面希望启动其他电信问题交涉。1931年4月1日,国际电信交涉委员会开会讨论烟大、川淡、南满等线问题,决定催日方来南京继续谈判。[②] 但日方采取拖延战术。4月30日,川淡水线合同期满。中国政府照会日本方面,要求尽快磋商,否则将断开川石山的水线头。5月12日,福州电报局奉令断线。日方赶紧派人磋商临时救济办法。[③] 至于川淡水线电报合同草案,也因为"九一八"事变的影响,没有正式交涉。而其他电信问题,均无会议结果。因此,与日本政府进行的水线合同问题交涉最终夭折,中日不平等电信类"准条约"关系没有得到改善。

五、 中外无线电"准条约"关系的改善

无线电技术起步于1895年无线电机发明。1905年,这一新技术开始引入中国。此后,除了外侨私设无线电收发报机外,外国公司与中国政府有关部门签署合同,攫取无线电通信特权。详细内容可参看第五卷相关章节。此外,列强还在中国境内私自设置电台。据1925年统计,外人在华私设电台不下六七十处。[④] 这些不平等无线电合同和私设电台,对中国主权构成了严重损害,束缚了中国自身发展无线电事业。

南京国民政府成立后,决心清除这种不平等契约关系,表示不承认无线电旧合同,不受其拘束。南京国民政府同时积极建立自己的大电台,发展无线电事业,交涉制止外人私设无线电台。[⑤] 1928年8月,全国交通会议就发

---

① 郑慧娴:《南京国民政府收回海底电线问题研究》,第44—45页。

② 《国际电讯交涉会开会》,《申报》1931年4月2日,第2张第6版。

③ 王芸生编著:《六十年来中国与日本》第8卷,第225页。

④ 全国政协文史资料委员会编:《文史资料存稿选编》第22册《经济》下,中国文史出版社,2002年,第929页。

⑤ 《国民政府秘书处为军委会在吴淞建筑短波无线电台与交通部来往公函》,1928年3月,中国第二历史档案馆编:《中华民国史档案资料汇编》第5辑第1编《财政经济》(九),第635页。

展无线电事业进行了深入讨论，提交有关提案 23 件，涉及国际通信及对外合同、禁止外国政府及私人在中国境内私设电台、在国内设立短波无线电台、统一全国交通事权收回部外机关设立电台、颁布无线电信条例五个方面。① 南京国民政府就从这几个方面着手，清除外人在华无线电特权，建立新的无线电事业。

首先，废止旧有无线电合同。

南京国民政府一直不承认旧有无线电合同的效力。1928 年 8 月，全国交通会议讨论了废止旧有无线电合同问题。在全国交通会议第四次会议上，电政组向大会提出的审查报告中涉及国际通信及对外合同的议案有五个：收回北通县双桥无线电大电台以保持国际通信权建议案（海军总司令杨树庄提出），取消中日、中美无线电旧约以解纠纷而维主权案（专门委员陈体荣提出），废除中日、中美两无线电合同案（无线电管理处陆桂祥、郑方珩提出），废除电政上外国公司专利特权以谋国际通信独立案（无线电管理处陆桂祥、郑方珩提出），改订电报合同案（北平电政管理局局长徐庭翼提出）。以上五案"均以谋独立国际通信为目的，要求解除已往之束缚及合同之纠纷"。审查结果认为，这些合同必须废除改订，但考虑到情况复杂，决定请交通部邀集外交部及各合同有关机关合组电政国际交涉会议，从速审慎办理。② 随后，南京国民政府交通部就按照这个决议处理涉外无线电合同案，最主要的是中日北京双桥无线电台案和中美无线电合同案。

北京双桥无线电台由日本三井洋行承建，1923 年大体竣工，1925 年试验。但由于三井洋行未按照合同要求建设，"不能担负国际通信之用。"海军部曾声明不接受该项机器，加以此时日本抗议中美无线电案，纠纷不断，故中国对于该电台始终未接收。③ 因民国北京政府政局变动，无暇顾及，三井洋行垫款没有偿还，因此电台由三井洋行保管。1928 年 7 月，国民党北平接收委员会委员长何成浚报告接收情况时指出，北京双桥无线电台不能接收，需要另案解决。军事委员会据此要求早日办理接收，指出：

---

① 《交通会议通过之审查报告书》，《申报》1928 年 8 月 22 日，第 3 张第 10 版。
② 《全国交通会议审查报告志（下）》，《银行周报》第 12 卷第 36 期，1928 年 9 月 18 日，第 30 页。
③ 《中日双桥电台问题》，《申报》1930 年 10 月 9 日，第 2 张第 5 版。

"查此项合同，亦系不平等条约之一，攘夺我国无线电主权，遂彼经济侵略之野心。现国内统一，无线电事业稍有生气，且已由建设委员会筹划大规模之国际通讯电台，此项合同与其他关于无线电之协定，似应早日宣布废除，以利进行。"① 1929 年 11 月，交通部商请外交部，照会日本驻华公使，与之协商办法。② 此时，南京国民政府在上海真茹建立国际大电台，双桥无线电台作用实际不大，日方也认识到不可能再利用该电台合同把持中国对外通信权，遂改为希望中国偿还借款。1930 年 6 月 7 日，日本驻华使馆代办重光葵照会中国外交部，提及该电台垫付款项未偿还，"日本有发电、取电施用之全权。"③ 但国民政府坚持认为双桥无线电合同系不平等契约，理应废止，且三井洋行未按要求建设电台，中方一直没有接收，故不能偿还借款。双桥无线电台案一直拖延不决。"九一八"事变后，日本撤走该电台内技术人员，能移动的物件予以拍卖或撤卸运往日本使馆。④ 该台虽未经我国接收，但由中国派军警驻守保护。⑤ 国民政府交通部一直希望与日方交涉解决善后问题。1932 年 9 月，日本驻华使馆致函中国外交部，要求月底前接收。⑥ 9 月 30 日，行政院指令海军部、外交部、交通部三部磋商善后办法，海军部随即邀请外交部、交通部举行会议。⑦ 三部会议的结果就是向日本交涉废止无线电合同。1933 年 10 月，日本外务省针对该案制定了应对方案，拟就国民政府计划废止该合同进行抗议，声称中方单方面废止合同，"日本于法理上当然不能承认"，该行为"完全无效"。如果中方废止合同，日本要求赔偿借款 500 万元。⑧ 由于涉及巨额款项，双方立场不一，无法谈拢，以

---

① 《军事委员会请早日办理接收由日商三井洋行保管之北京双桥大无线电台呈》，1928 年 7 月 26 日，中国第二历史档案馆编：《中华民国史档案资料汇编》第 5 辑第 1 编《财政经济》（九），第 641—642 页。

② 《无线电旧合同难承认》，《申报》1929 年 11 月 29 日，第 2 张第 6 版。

③ 《中日无线电合同，我国积欠三井洋行建筑费，重光照会外部请偿付》，天津《益世报》1930 年 6 月 9 日，第 1 张第 3 版。

④ 《记双桥无线电台》，《海事》第 10 卷第 12 期，1937 年 6 月 1 日，第 55—56 页。

⑤ 《海军部公函第一八五七号：函事委员会北平分会，请酌派军队继续驻守双桥电台由》，1933 年 3 月 25 日，《海军公报》第 46 期，1933 年 4 月，公牍，第 284—285 页。

⑥ 《海军部呈：准外交部咨日本公使馆函催接收双桥电台应如何办理乞示遵由》，1932 年 9 月 23 日，《海军公报》第 40 期，1932 年 10 月，公牍，第 279—280 页。

⑦ 《海军部咨第六四二八号：关于双桥电台会议事请仍照本部派员商洽办法由贵部召集由》，1932 年 10 月 15 日，《海军公报》第 41 期，1932 年 11 月，公牍，第 212 页。

⑧ 《我政府取销无线电合同，日将索建设费五百万》，《申报》1933 年 10 月 20 日，第 1 张第 3 版。

致成为悬案。1937 年"七七"事变后，日本占领北平，将双桥电台改为广播电台，直至抗战结束。

中美无线电合同订立后，因与日本三井洋行"独占计划"发生冲突，美日双方互不相让，一直处于争持状态，未能解决。[①] 南京国民政府成立后，明确不承认该合同。1929 年 11 月 28 日，交通部咨外交部，明确表示该合同规定的各种特权"碍难承认"，要求照会美国驻华公使，废除该合同。[②] 由于该合同经十余年纠纷事实上"无形取消"，加之合众无线电公司所设电台为长波电台，此时已有被短波电台淘汰的趋势，[③] 另外美国已与南京国民政府接洽中美直通无线电通讯合作事宜，美方对旧合同特权也就并不坚持。1930 年 6 月 10 日，美国驻华公使詹森拜访南京国民政府交通部部长王伯群，表示美国无线电台愿意与中国合作，以便利国际通讯。[④] 在这种背景下，中美双方协商处理了旧合同问题。1933 年 9 月 9 日，中国驻美使馆与美国财政部商议，借用其废券销毁处，将旧合同规定由中国政府发行但实际面市的债券 650 万元全部销毁。[⑤]

其次，交涉制止外人私设无线电台。

在南京国民政府成立前，外人私设电台屡禁不止，严重侵害了中国电信主权。南京国民政府刚成立时就面临法侨顾家宅电台侵夺我国通信权利的案件。1928 年 3 月，菲律宾无线电台公司经理与该法人电台接洽，准备通讯。此事立即引起南京国民政府外交部的注意，要求驻沪交涉员立即与美、法领事交涉制止。法国领事虽允停止，但事实上仍在继续，双方采用口头契约，收发商电。[⑥] 这侵害了中国的国际通讯权。南京国民政府意识到私设电台的危害性，因此着手解决外人私设电台问题。1928 年 8 月，全国交通大会第四次会议审查了关于外国政府及外人在中国境内私设电台案，涉及五个提案：

---

① 《电台合同债券全部在美销毁》，《无线电杂志》第 5 卷第 2 期，1933 年 11 月，第 33 页。
② 《交通部昨咨外交部，否认中美无线电合同，与秘鲁所订商约已签字》，天津《益世报》1929 年 11 月 29 日，第 1 张第 3 版。
③ 《电台合同债券全部在美销毁》，《无线电杂志》第 5 卷第 2 期，1933 年 11 月，第 33 页。
④ 《中美无线电詹森表示甚愿合作，昨与王伯群晤谈》，天津《大公报》1930 年 6 月 11 日，第 1 张第 3 版。
⑤ 《电台合同债券全部在美销毁》，《无线电杂志》第 5 卷第 2 期，1933 年 11 月，第 33 页。
⑥ 《法美无线电台收发电，宁外部令沪交涉员制止》，《会报》第 36 期，1928 年 5 月，第 42—43 页。

严行取缔各国在我国境内私设无线电台及其方法案（第四集团军总司令李宗仁提出）；取缔外舰无线电台，不得私自收发官商各报，即各领署以及外人在中国领土内所设立之无线电台，亦应交涉，一律裁撤案（汉口电报局长白时申提出）；限制外舰在我国海港自由通报案（第四集团军总司令李宗仁提出）；撤除并禁止外人在中国境内设立无线台案（无线电管理处陆桂祥、郑方珩提出）；请交涉撤除上海租界电台案（建设委员会代表李范一提出）。这些议案都认为，外人私设电台具有危害：妨碍主权、侵害电政、泄露秘密、扰乱本国电台通信。因此，"外国政府或人民在境内私设之电台，未经我国政府允许，亦未有条约等根据者，应撤除或收买自用，其依附条约尚待根本废除，一时未能解决者，应交涉令其仅收发官报为限，且须商定波长及通报时间，以免干扰。"审查结果决定，由交通部会同外交部速办，达到撤除及废止之目的。为此，决定请交通部、外交部及有关系机关组织电政国际交涉会议负责办理。① 此后，交通部、建设委员会、外交部等就制止外人私设无线电台进行沟通，提出解决办法。但是，取缔外人私设电台并不容易，有的最终不了了之，例如顾家宅电台案。

为了解决法侨顾家宅电台与菲律宾无线电公司通报一案，南京国民政府建立了国际无线电台，直接与菲律宾无线电公司签订合同，"彼此收发商报，不再与沪上其他电台通报。"1929 年 1 月 14 日，中菲正式通报。② 但该法侨私设电台仍然存在。4 月，该电台竟还添设械式电机，架设天线，公然违反国际公约，交通部要求外交部交涉取缔。③ 9 月 23 日，外交部根据交通部咨文，照会法国驻华公使，要求撤除上海法租界无线电台，同时训令江苏交涉员，向法国驻沪领事严重交涉。但法方置之不理。11 月 21 日，外交部再次根据交通部咨照会法国公使，要求迅速拆除，并保证嗣后不得再建有此类电台。同时，照会声明："本国政府对于在上海法租界无线电台收发商电期间，

① 《交通会议通过之审查报告书》，《申报》1928 年 8 月 22 日，第 3 张第 10 版。
② 《国际无线电报定期通报，本月十四日起沪菲间直接通报》，《申报》1929 年 1 月 12 日，第 4 张第 13 版。
③ 《顾家宅电台装机之交涉》，《申报》1929 年 4 月 10 日，第 2 张第 8 版。

我国国际电报费等所受之一切损失，保留将来有提出赔偿要求之权。"[①] 但是，法方仍未理睬。电政同人公益会及苏浙等省电信职工会、津沪等电局纷纷呼吁予以解决。国民党上海特别市第四区党部请求市执行委员会向中央执行委员会提出建议，呼吁政府迅速解决。国民党中央执行委员会遂要求国民政府解决，国民政府批交行政院转饬外交部、交通部照办。[②] 1930 年 4 月 8 日，交通部致函外交部，要求迅速与法使"严重交涉，限令撤销，并要求负责赔偿我国国际电报损失"。[③] 但效果不佳。8 月 14 日，交通部再次致函外交部，要求"严重抗议，交涉制止"，并令撤除。[④] 但法国不同意撤除。不过，此时中法已经磋商两国直通无线电报，达成合同。1931 年中法正式通报，双方议定，"6 月 15 日起，除法国官电、每日定时气象报告和上海标准时间外，顾家宅电台不得收发其他商报。"这算是顾家宅无线电台案的解决。但法方借口淞沪战争中吴淞电台与美商大来轮船公司专用电台发生联系，指责中方违反协议，重新收发船舶电报直至 1943 年 8 月。[⑤] 是年，伪国民政府接收了该电台。抗战胜利后，南京国民政府派人接收敌产，将该电台予以接收，顾家宅电台案才算结束。由此可见，南京国民政府初期确定的取缔外人私设电台政策实施得并不顺利。

再次，积极建立自己的无线电事业。

南京国民政府成立时，无线电事业比较薄弱。虽然接收了民国北京政府所设吴淞、武昌、福州、广州、张家口、北京六处无线台，但这些设施已经作为中日实业公司借款的抵押品。[⑥] 由于经费紧张，国内无线电台建设缓慢，国际无线电台更为缺少。1928 年 3 月，国民政府军事委员会交通处驻沪无线

---

① 《外交部 1929 年 11 月份工作报告》，1929 年 11 月，王建朗主编：《中华民国时期外交文献汇编（1911—1949）》第 5 卷上，第 145 页。
② 《训令第一五七一号：为奉交上海特市执委会请严重交涉法界擅设无线电台任意收发国际电信案仰遵办具报由》，1930 年 4 月 22 日，《行政院公报》第 145 期，1930 年 4 月 26 日，训令，第 13 页。
③ 《交通部咨第二七九号：为上海法国无线电台收发国际电报侵占主权，损害电政，相应咨请严重交涉，限令撤销由》，1930 年 4 月 8 日，《交通公报》第 136 期，1930 年 4 月 23 日，公牍，第 11 页。
④ 《交通部咨第六一九号：为法商在上海顾家宅地方私设无线电台收发商电，咨请再予严重交涉，仍令撤除，以固主权由》，1930 年 8 月 14 日，《交通公报》第 172 期，1930 年 8 月 27 日，公牍，第 18 页。
⑤ 胡瑞荣主编：《卢湾区志》，上海社会科学院出版社，1998 年，第 394 页。
⑥ 《交通部关于该部无线电台可以移交致国民政府呈》，1928 年 7 月 9 日，中国第二历史档案馆编：《中华民国史档案资料汇编》第 5 辑第 1 编《财政经济》（九），第 640 页。

电机制造厂厂长李范一提出筹建国际通信大电台。交通部表示早有规划，因缺少经费未能筹办。大东、大北等公司合同将于 1930 年底期满，"正宜及时筹设国际通信电台，以为他日通信自主之准备"，因此将加紧筹划，提前建设。① 由于军政、交通等部门无法统一，国民党决定将无线电管理权交给新成立的建设委员会。1928 年 6 月 25 日，中政会决议，由建设委员会负责筹办全国所有电台，同时规定："五年之后，全国设备完成之际，届时仍可交还主管机关管理。"②

　　建设自己的无线电事业，减少帝国主义对中国电信的控制，是南京国民政府成立初期的电信政策。建设委员会为此专设无线电管理处。无线电管理处除接收全国军政机关的各种电台外，还广设国内新式电台，筹设国际电台。从 1928 年 6 月开始，经过八个月时间，在南京、上海、汉口、北平、天津、福州、厦门、青岛、济南、宜昌、宁波、安庆、杭州、吴淞、芜湖、蚌埠、屯溪、汕头、广州等地建立了 27 个短波无线电台。③ 国际电台方面，建设委员会于 1928 年 11 月与美国无线电合组公司订约，购置短波电台，准备在真茹建立国际大电台。在真茹国际大电台建成之前，建设委员会于 1929 年 1 月先建立国际转报台，与菲律宾通报。1929 年 6 月，国民党三届二中全会决定将无线电管理权交给交通部。交通部在建设委员会筹建基础上，加速建设国际大电台。1930 年 11 月，上海国际电台竣工，12 月与美国通报。随后，陆续增开与各国的直达电路。上海国际电台的开办，对于打破列强控制中国国际电信事业起了积极作用。"不到半年，在爱国民众的支持下，国际电台收入大幅度增加，三个水线公司的业务一落千丈。"④ 建立起自己的无线电事业，尤其是国际无线电台，是南京国民政府能够废止旧有水线合同的底气所在。

---

　　① 《国民政府秘书处为军委会在吴淞建筑短波无线电台与交通部来往公函》，1928 年 3 月，中国第二历史档案馆编：《中华民国史档案资料汇编》第 5 辑第 1 编《财政经济》（九），第 637—638 页。

　　② 《国民党中央政治会议关于全国电台及已设电台统由建设委员会筹办管理由》，1928 年 6 月 25 日，中国第二历史档案馆编：《中华民国史档案资料汇编》第 5 辑第 1 编《财政经济》（九），第 638 页。

　　③ 邮电史编辑室编：《中国近代邮电史》，人民邮电出版社，1984 年，第 176 页。

　　④ 邮电史编辑室编：《中国近代邮电史》，第 178 页。

第二节 清理外债与"准条约"关系的变化

在近代中国，大部分外债合同体现了"准条约"关系性质。当然，外债与"准条约"不能完全划等号，但在可以见到的借款合同中，重大的款项多为"准条约"所规定。因此，外债与"准条约"存在密切联系。[1] 近代中国所借外债大部分为"准条约"所规定，附属于不平等条约体系，成为束缚中国发展的桎梏。清理外债是南京国民政府初期的一个重要政策，体现了"准条约"关系的新变化。

一、 整理外债政策的确立

南京国民政府成立时面临的外债主要是晚清政府和民国北京政府时期遗留下的。这些外债不仅涉及财政负担问题，还连带一些"准条约"特权的问题。要取消合同特权，就必须清偿外债。所以，外债清理对南京国民政府而言既是一个财政问题，也是一个政治问题。

南京国民政府成立时面临的外债数额巨大，性质不一，情况复杂。[2] 这些债务分为有确实担保外债和无确实担保外债两类。有确实担保外债以关税和盐税收入等作担保，包括 1895 年俄法借款、1896 年英德借款、1898 年英德续借款、1912 年克利斯浦借款、1913 年五国银行团善后借款等。根据财政部统计，截至 1928 年 6 月 30 日止，这类外债积欠本息总计折合国币 7.4444759398 亿元（按 1 英镑折合国币 10 元计算）。[3] 后者则无确实担保，有的毫无抵押，只凭信用借款，有的虽有抵押，但价值不足。截至 1925 年

---

① 侯中军：《企业、外交与近代化：近代中国的准条约》，中国社会科学出版社，2016 年，第 283 页。

② 《财政部公债司拟〈整理无确实担保外债意见书〉》，1934 年 2 月 27 日，财政科学研究所、中国第二历史档案馆编：《民国外债档案史料》第 2 卷，档案出版社，1991 年，第 123 页。

③ 《各项借款总明细表（截至民国十七年六月三十日止）》，财政整理会编印：《财政部经管有确实担保外债说明书》上编，1928 年，第 1—4 页。

底，财政整理会预估中国所欠无确实担保外债数为 3.5 亿元。[①] 除了外债外，还有不少内债。据 1928 年 7 月 1 日第一次全国财政会议上公债股拟定的《整理内外债案》统计，截至 1925 年，财政部经营无确实担保外债 3.54 亿元，无确实担保内债 1.84 亿元，有确实担保内外债 10.77 亿元，合计 16.1 亿元。此外，交通部经管内外债 5.97 亿元，其中绝大部分为外债。因此，南京国民政府成立时，除了各省地方内外债外，中央经管内外债合计达 22.1 亿元。[②]

对于如此巨额的债务如何处理，是南京国民政府面临的一个颇为棘手的问题。南京国民政府既想恢复债务信用，又希望能减少债务负担，同时还必须考虑国民党一大确立的外债处理方针。

国民党的外债政策有一个变化过程。1924 年 1 月 23 日，中国国民党第一次全国代表大会发表宣言，确立国民党的内外政策。按照这一政策，国民党对外债采取的是分类处理原则，将外债区分为承认偿还和否认偿还两类。从国民党一大宣言看，国民党对于清政府所欠外债没有明确不偿还，而对北京政府为维持军阀地位而借的外债，则明确表示不予承认。

但是，随着国民党形式上完成对全国的统一，其对外债政策不得不予以调整，因为外债政策关系到列强对南京国民政府的承认及新债的发行问题。拒绝承认民国北京政府所欠外债，会影响列强对南京国民政府的看法。正如全国经济会议决议案指出，由于民国北京政府借债过多，无法偿还，国家信用尽失，导致财政经济千疮百孔。在财政经济如此困难的基础上，南京国民政府势必要发行新债。但发行新债，需要树立新债信用，"则非从整顿旧债入手，难期实效。"也就是说，对于外债政策，南京国民政府的选项不多，

---

① 《财政部经管无确实担保外债一览表》，《银行周报》第 9 卷第 43 期，1925 年 11 月 10 日，第 6—8 页。如果按照该年 6 月 1 日行市计算（1 英镑折合 8.8 元，1 日元折合 0.76 元，1 美元折合 1.8 元，10 法郎折合 1 元），则无确实担保外债总数为 3.1258183286 亿元。考虑到行市变化，财政整理会适当提高了汇率（按 1 英镑折合 10 元，1 日元合 1 元，1 美元合 2 元，7 法郎合 1 元计算），计算总额为 3.8819857414 亿元。两者存在一定差距，财政整理会将两者折中计算。

② 《第一次全国财政会议关于整理内外债案》，1928 年 7 月 1 日，财政部财政科学研究所、中国第二历史档案馆编：《国民政府财政金融税收档案史料（1927—1937）》，第 178 页。

只有整理旧债，才能发行新债。①

此外，列强的外交压力也是南京国民政府同意整理内外债的一个重要因素。南京国民政府成立之初，一方面因为财政困难，急需与列强谈判获得关税自主地位，以期实现关税收入增加；另一方面因为新政权需要得到列强承认，因此对旧政权遗留债务必须承认。在南京国民政府之前，民国北京政府已就外债问题与列强进行过沟通，举行过整理债务会议。当时列强一直要求中国偿还债务。1925 年，民国北京政府不得不与列强商量整理债务问题，当时计划于新增关税项下拨款用于整理内外债。此次整理会议上，北京政府承认偿还全部有确实担保外债和庚子赔款，而大部分无确实担保外债需经过整理后偿还。但直至北京政府垮台，此项工作也未能取得实质性进展。

在南京国民政府与列强进行的关税自主谈判中，外债整理成为其中一个议题，特别是日本坚持要将整理无担保外债作为关税自主谈判的条件之一。例如，在中英磋商关税自主问题时，日本政府多次与英国政府沟通，希望日英密切合作，向中国政府施加压力，要求中方保证切实整理无担保外债。英国政府也指示其驻华公使蓝普森，要其采取适当方式，在与南京政府处理无担保债务问题上，给日本更多支持。同时，英国政府要求蓝普森向中国政府提出，如果南京政府承认日本的无担保债务，也应该承认英国的无担保债务。② 只不过，中国欠英国的无担保债务远没有欠日本的无担保债务那么巨大，且英国政府主要的关注点在于商务利益，因此英国政府并没有坚持将债务清偿作为给予中国关税自主的条件，对日本的要求倾向于给予"道义支持"。③ 日本政府则不同，中国所欠无担保债务中日本占了绝大部分。日本一直坚持要求中国切实整理无担保外债，尤其是承认所谓西原借款。因为"西原借款已经由日本纳税人承担，如果日本政府不能把它们从中国手中得到，

① 全国财政会议秘书处编：《全国财政会议汇编（2）》，沈云龙主编：《近代中国史料丛刊三编》第 29 辑，台北文海出版社，1987 年，第 25 页。

② Memorandum by V. Wellesley, Oct. 20, 1928, FO371/13159.

③ M. Lampson (Peking) to Foreign Office, Oct. 29, 1928, FO371/13160.

日本政府将不得不面对强烈的抗议"。[1] 正因为如此，日本政府在关税自主谈判中坚持要中国承诺偿还包括西原借款在内的无担保债务。1928 年 11 月 21日，中日磋商关税问题时，日本代表矢田就明确提出整理日本部分之无担保外债。[2] 为了尽快获得列强对关税自主的承认，在列强尤其是日本的压力下，南京国民政府不得不在关税自主谈判中承诺将进行外债整理。关税自主时承诺不损害各国债务，故组织内外债整理委员会，计划在关税自主后二十年内还清外债。[3]

1928 年 6 月 20 日至 30 日，南京国民政府在上海召开全国经济会议，确定经济建设各项政策。此次会议讨论了包括内外债、金融、税收、贸易等在内的重大经济问题，希望能复兴经济。关于内外债问题，该会第三次会议于28 日通过公债股所提《整理内外债案》，具体包括："有确实担保之各项内外国债应悉照原案维持案""无确实担保之各项内外债应先审查发行低利长期公债以资整理案""整理各省债案""筹划新债案""组织公同保管公债基金委员会案""国民政府在粤汉所发债券整理案""交通事业内外债整理案"等。[4] 全国经济会议通过了这些议案，随后提交全国财政会议讨论。

1928 年 7 月 1 日，南京国民政府财政部召开第一次全国财政会议，对全国经济会议公债股通过的决议进行了讨论。经审查，会议认为提案均正当，应由财政部按照全国经济会议公债股决议案办理，但无确实担保内外债则由将来整理旧债委员会负责审查，剔除旧政府为维持军阀地位所借外债。[5]

根据上述原则，南京国民政府开始着手准备整理内外债。1929 年初，外交委员会向国民政府主席提交了整理内外债提案。提案指出，中国内外公债数额巨大，仅无担保公债就达八亿元。外交委员会建议在新增关税项下每年拨款五百万元作为整理内外债基金，并设立整理内外债委员会专司其职。

---

[1] M. Lampson（Peking）to Foreign Office, Oct. 18, 1928, FO371/13159.

[2] 王芸生编著：《六十年来中国与日本》第 8 卷，第 177 页。

[3] 《政府决组内外债整理会》，《工商半月刊》第 1 卷第 6 期，1929 年 3 月 15 日，第 8 页。

[4] 《第一次全国财政会议关于整理内外债案》，1928 年 7 月 1 日，财政部财政科学研究所、中国第二历史档案馆：《国民政府财政金融税收档案史料（1927—1937）》，第 178—180 页。

[5] 全国财政会议秘书处编：《全国财政会议汇编（2）》，沈云龙主编：《近代中国史料丛刊三编》第 29 辑，第 24—25 页。

1 月 4 日，国民政府第十四次国务会议通过了这一提案。① 这表明南京国民政府正式将整理内外债确定为国家政策。此次整理的内外债主要是无担保内外债，因为有确实担保的内外债绝大部分一直按照既有条件偿还，没有形成债务信用问题。

根据国务会议决议，财政部迅速拟定了整理内外债委员会章程。1929 年 1 月 24 日，财政部将此呈报行政院，要求转呈国民政府组织委员会。根据财政部的设计，由相关各院长、各部长担任委员。② 这个章程草案得到国民政府批准。2 月 6 日，国民政府正式公布《整理内外债委员会章程》。根据这一章程，决定设立整理内外债委员会，专门负责"审核关于无确实担保之内外债，并研究清算及整理办法"。③

除了确立负责机构外，南京国民政府还讨论了具体整理标准。1929 年 7 月 17 日，胡汉民在第 187 次政治会议上提出整理公债标准草案。会议决议，密交外交、财政两部，要求提出意见。④

从草案来看，胡汉民希望既能整理内外债，提升政府财政信用，又能在一定程度上贯彻国民党的"革命外交"方针。该草案对于国民党革命时期所产生的债务完全承认，而对于旧政府所借外债则采取区别政策，虽并不一概拒绝承认，但其精神颇具"革命性"。其所提草案第一、二两条完全基于国民党第一次全国代表大会宣言确立的政策，提出的理由就是该宣言对外政策第四、六项规定。草案第三、四条涉及有确实担保内外债处理，其处理方针是有条件承认，比如要求审查、修改原有合同，对于干涉财务、行政的条款予以取消，不受苛刻条件约束。这与国民党废约方针是一致的，是废除不平等条约方针在"准条约"关系上的具体反映。第五、六两条涉及的无确实担保或担保不确实的内外债处理，基本原则是根据借

---

① 《国民政府文官处为国务会议通过设立整理内外债委员会致行政院等公函》，1929 年 1 月 7 日，财政科学研究所、中国第二历史档案馆编：《民国外债档案史料》第 2 卷，第 32—33 页。

② 《财政部为设立整理内外债委员会并拟具章程致行政院呈稿》，1929 年 1 月 24 日，财政科学研究所、中国第二历史档案馆编：《民国外债档案史料》第 2 卷，第 34 页。

③ 《整理内外债委员会章程》，《交通公报》第 16 期，1929 年 2 月 27 日，法规，第 15 页。

④ 《国民党中执委、外交部关于整理外债标准来往件：中央执行委员会政治会议致外交部函》，1929 年 7 月 17 日，财政科学研究所、中国第二历史档案馆编：《民国外债档案史料》第 2 卷，第 74—76 页。

款用途的正当性来确定是否偿还，不正当的直接拒绝承认。从这些条款可以看出，胡汉民代表了国民党内部对外债类不平等"准条约"关系持较为强硬立场的一派主张。

外交部基于现实政治考虑，倾向于承认北京政府所借内外债，对胡汉民所提草案提出了不同意见。外交部指出，除了第一、三、七、十等条外，胡汉民所提草案可以归纳为三大标准，均值得讨论。第一大标准是"内外借款用途不当者概不承认"。所谓用途不当者，包括北京政府所借外债用以维持军阀地位者、以实业借款为名而滥作他用者、含有非善意之政治作用者三种情形。外交部认为，从法律方面看，政府不能免除这些债务，因为借债时所用名义都是正当的，事后变更用途，非债权人所可预料。债款用途是内部行政问题，债权人不能干预。所以，外交部认为，"与其从用途方面研究认否，不如从手续方面断定去留。"第二大标准是"内外借款无债券在外流通者概不承认"。外交部认为，债券流通与否，与借款偿还没有必然关系。例如，材料借款、银行垫款等都不流通。若以此为偿还标准，"似将引起举世之抨击。"至于内债偿还标准，胡汉民草案主张与外债区别。外交部认为，内外债不必区分。第三大标准是"内国公债库券本息无着落者概不追认"。外交部认为，既然无着落，自可不必提及，免增金融界恐慌情绪。[①]

外交部在上述意见基础上，提出整理债务原则五条：（一）凡有确实担保而向来还本付息有着之内外债，应予照常继续办理。（二）内外债整理应取同一标准。（三）无确实担保之内外债，除手续不完备或迹近私相授受者外，应予分别整理偿还。（四）凡应予整理之无确实担保内外债，应一律平等整理，不得歧异。（五）凡应予整理之无确实担保内外债，应并一案办理。不可就各个担保品加以整理，使得继续担任其债务。[②]

经过此次讨论，南京国民政府按照外交部意见确立了债务整理原则。

---

① 《国民党中执委、外交部关于整理外债标准来往件：外交部对于胡委员汉民所拟整理公债标准之意见》，财政科学研究所、中国第二历史档案馆编：《民国外债档案史料》第2卷，第76—78页。

② 《国民党中执委、外交部关于整理外债标准来往件：外交部对于胡委员汉民所拟整理公债标准之意见》，财政科学研究所、中国第二历史档案馆编：《民国外债档案史料》第2卷，第78—79页。

二、 整理外债政策的实施及效果

在决定整理内外债后，南京国民政府向列强发出了明确的整理债务信号。1929 年 1 月 18 日，外交部告知英、美、法、比、意、荷、丹、瑞（典）等国公使，为整理内外债，中国决定每年于关税新增收入项下拨款 500 万元，并设立整理内外债委员会。① 23 日，外交部又将同样内容照会日本驻华公使。②

随后，南京国民政府正式组建了整理内外债委员会，由行政院院长谭延闿兼任委员长，蔡元培、王正廷、宋子文、孙科、王伯群、孔祥熙等担任委员。③ 10 月，委员长又选聘财政部关务署署长张福运、财政部次长邹琳、财政部公债司司长叶景莘、财政部国库司司长余梅荪等 16 人为专门委员，派曾镕浦为秘书长。同时，聘请国内银行界名人陈光甫、张公权、李馥孙、卢涧泉、吴达铨、周作民、胡笔江等 37 人为顾问。④ 这个阵营豪华的整理团队向外界宣示了南京国民政府整理债务的决心。但由于谭延闿身体原因，刚成立不久，整理内外债委员会就进行了微调。此后，因为任职关系，该委员会成员又经过多次调整。1930 年 12 月 4 日，南京国民政府修正了《整理内外债委员会章程》第二条，规定该委员会由国民政府特派，删除了具体人员组成，只规定人数，且由原来的七人调整为七至九人。⑤ 根据新章程，国民政府明令特派司法院院长王宠惠担任委员长。

整理内外债委员会自 1929 年 7 月 26 日至 1937 年 2 月 3 日，先后召开七次会议。第一次会议由宋子文担任主席，围绕宋子文拟定的整理外债计划进行讨论，确定整理方针。⑥ 会议确定了委员会负责整理债务的范围，决议：

① 《外交部关于设立整理内外债委员会致各国驻华使节照会抄稿》，1929 年 1 月 18 日，财政科学研究所、中国第二历史档案馆编：《民国外债档案史料》第 2 卷，第 33 页。

② 王芸生编著：《六十年来中国与日本》第 8 卷，第 187 页。

③ 《国府设立内外债整理委员会》，《银行周报》第 13 卷第 27 期，1929 年 7 月 16 日，杂纂，第 4 页。

④ 《国民政府整理内外债委员会聘总经理为评议委员》，《海光》第 1 卷第 10 期，1929 年 10 月，同人消息，第 1 页。

⑤ 《修正整理内外债委员会章程第二条条文》，1930 年 12 月 4 日公布，《行政院公报》第 210 期，1930 年 12 月 10 日，法规，第 1 页。

⑥ 《内外债整理委员会开会，宋子文说明整理计划》，《东三省官银号经济月刊》第 1 卷第 4 期，1929 年，第 4 页。

"中央各部、院债务，由本委员会计划整理，各省区债务及非债务之数目，如损失赔偿等项，另案办理。"① 此次会议标志着南京国民政府整理内外债政策开始实施。

此后，财政部将全盘整理计划起草工作交财政顾问团负责。② 至于具体整理办法，经内外债整理委员会专门委员开会讨论决定，各项铁路债款由铁道部负责整理，地方各种兴业借款归地方整理，电政借款由交通部负责整理；财政部负责整理的债务主要是政府发行的有担保和无担保内外债、政府对外的各种借款、积欠洋员的薪水等。③

1930 年 6 月，财政部按照要求开列无确实担保内外债清单，随后又于 8 月 11 日按照国民政府要求补送借款原因和用途。④ 7 月 26 日，交通部也将属于铁路债以外的交通债开列送交国民政府文官处。⑤ 铁路债则由铁道部开列清单。8 月 22 日，行政院密令三部各派专员与整理内外债委员会共同研究。⑥ 经过准备，南京国民政府基本摸清了内外债务情况。

1930 年 11 月 13 日，整理内外债委员会召开第二次会议。在此次会议上，整理委员会确定召开债权代表会议，并由王宠惠、宋子文代表委员会出席。委员会通过修正中国政府提出债权代表会议节略，并拟定债权代表会议后发表新闻的文字。

1930 年 11 月 15 日，整理内外债委员会召开各国债权人会议。此次会议采用圆桌会议形式，邀请比、法、英、意、日、荷、美七国代表参加。此次会议没有讨论具体办法，仅由中国代表发表整理意见及预备入手整理大纲。中方代表将中国内外债债务一览表及国民政府整理案发给各代表。⑦ 同时，

① 《国民政府整理内外债委员会第一次至第七次会议纪录》，1929—1937 年，财政部财政科学研究所、中国第二历史档案馆编：《国民政府财政金融税收档案史料（1927—1937）》，第 201 页。

② 《内外债整理计画》，《申报》1929 年 9 月 17 日，第 2 张第 6 版。

③ 《内外债整委会拟议划分各债款整理办限》，《中央银行旬报》第 2 卷第 3 期，1930 年 1 月下旬，第 23 页。

④ 《国民政府文官处与财政部为开列无确实担保外债清单的来往函》，1930 年 6 月、8 月，财政科学研究所、中国第二历史档案馆编：《民国外债档案史料》第 2 卷，第 84 页。

⑤ 《交通部制就整理旧债意见书复文官处公函》，1930 年 7 月 26 日，财政科学研究所、中国第二历史档案馆编：《民国外债档案史料》第 2 卷，第 92 页。

⑥ 《行政院为并案研究无担保及担保不足内外债密令》，1930 年 8 月 22 日，财政科学研究所、中国第二历史档案馆编：《民国外债档案史料》第 2 卷，第 95 页。

⑦ 《内外债整理会》，《湖北周报》第 17 期，1930 年 11 月 24 日，一周大事述评，第 25—26 页。

中方提议由各国代表将中国政府欠付债务清单开送，以便核对。据《国闻周报》报道，会议确认中国借债总额为 20 亿元，其中外债 12 亿元，内债 8 亿元，一并整理。[①] 至于还款期限，计划 30 年还清；本金部分，拟发行新整理公债，利率 3 至 4 厘；利息部分，拟发行无利息整理债券。[②] 对于中方的整理计划，各国代表表示谅解和满意。[③] 同时，此次会议确定债务整理分别向各国交涉，原因是日本要求列入中国所反对的西原借款，中方决定单独向日方交涉废除。[④]

此后，整理内外债委员会又于 1931 年 2 月 13 日、3 月 6 日和 18 日先后举行了第三、四、五次会议。第三次会议讨论了与各国接洽债务整理情况。第四次会议决定邀请德国参与各国债权代表会议。第五次会议讨论了与各债权国或债权人磋商问题，因日本债务关系复杂，会议决定先将此搁置，而与英、美、意、法等国进行讨论。此次会议还决定了整理铁路债务原则、交通部旧债整理原则。[⑤]

但是，整理外债受各种因素影响，并没有取得明显进展。尤其是“九一八”事变爆发，中断了南京国民政府的内外债整理进程，此后整理内外债委员会工作一度停顿。

“九一八”事变后，日本四处活动，争取各国协助。中国在国际舞台上时常遇到袒日份子的阻力。而日本又特意指示东北伪组织整理东北外债。鉴于这种情况，当时参加国际联合会的中国代表颜惠庆、顾维钧、郭泰祺等电告外交部，要求整理外债与各国债权人商讨。颜惠庆等希望通过整理外债，“以转移一般袒日空气，而作釜底抽薪之计。”外交部部长罗文干认为颇有见地，遂呈请行政院，请求办理。[⑥] 在这种背景下，南京国民政府决定重新启动内外债整理工作，并进行了诸多准备，分有确实担保债务和无确实担保债

---

① 《内外债整理委会》，《国闻周报》第 7 卷第 46 期，1930 年 11 月 24 日，一周间国内外大事述评，第 4 页。

② 《内外债整理会》，《湖北周报》第 17 期，1930 年 11 月 24 日，一周大事述评，第 26 页。

③ 《内外债整理会新讯，筹备下届会议，各国表示满意》，《申报》1930 年 11 月 21 日，第 4 张第 13 版。

④ 《内外债整理会，昨日未举行会议，李思浩尚未就职》，《申报》1930 年 11 月 26 日，第 4 张第 13 版。

⑤ 《国民政府整理内外债委员会第一次至第七次会议纪录》，1929—1937 年，财政部财政科学研究所、中国第二历史档案馆编：《国民政府财政金融税收档案史料（1927—1937）》，第 201—202 页。

⑥ 《行政院秘书长奉交外交部呈请决定整理外债方案致铁道部函》，1932 年 11 月 10 日，财政科学研究所、中国第二历史档案馆编：《民国外债档案史料》第 2 卷，第 107—108 页。

务两大类进行整理。

有确实担保债务,又分内债和外债。有确实担保内债整理主要有两次:一次是 1932 年 2 月,涉及公债 15 种,库券 13 种,共 28 种。此次整理以延长期限、减轻利息为原则,确定每月由关税项下拨 860 万元作为整理基金。第二次是 1936 年 2 月,整理内债 30 余种,发行统一公债 14.6 亿元,换发旧债。[①] 有确实担保外债可分为关税担保部分、盐税担保部分等。因关税担保部分仍能如期进行,故不需要整理,而盐税担保部分因盐税进款受影响,不能如期归还。对于盐税担保部分外债整理,分为两次。一次是 1929 年 9 月,南京国民政府核定了 1905 年英法借款、1912 年克利斯浦借款、1922 年湖广铁路借款三项盐税担保部分债务整理办法,但之后未能实施。1934 年 10 月,再次整理,实际上是 1929 年 9 月整理英法借款、克利斯浦借款的方案延续。[②]

南京国民政府重点整理的是无确实担保内外债。内债又分为公债(6 种,其中 2 种为广州国民政府发行)、国库证券(特种库券 8 种,普通库券 67 种)、银行号债款(盐余借款 35 家 77 款,内国银行借款 42 家 64 款,内国银行续借款 31 家 75 款、内国银行垫款 21 家)、各机关欠款(财政部、教育部等欠 40 款)等。[③]

无确实担保外债包括美国 7 款(大部分为烟酒借款,其余为赔款损失和物料价款)、比利时 5 款(大部分为北京大学建筑宿舍借款,其余为留学垫款及库券款)、丹麦 1 款(巩县兵工厂欠文德公司机件价 17.154388 万美元)、法国 3 款(大部分为实业借款,其余为库券款)、英国 13 款(大部分为飞机、无线电、铁路借款,其余为留学垫款、赔偿损失、物料价款及期票等)、日本 37 款(主要为铁道、电信、林矿、参战借款,其次为公债库券,其余为物料价款及其他借款)、意大利 1 款(奥国借款债票)、荷兰 1 款(荷

---

① 《1927—1936 年国民政府内外债整理概况》,1936 年 9 月 14 日,中国第二历史档案馆编:《中华民国史档案资料汇编》第 5 辑第 1 编《财政经济》(三),第 413—415 页。

② 《1927—1936 年国民政府内外债整理概况》,1936 年 9 月 14 日,中国第二历史档案馆编:《中华民国史档案资料汇编》第 5 辑第 1 编《财政经济》(三),第 417 页。

③ 《1927—1936 年国民政府内外债整理概况》,1936 年 9 月 14 日,中国第二历史档案馆编:《中华民国史档案资料汇编》第 5 辑第 1 编《财政经济》(三),第 419—420 页。

兰银行保商银行转期期票）、瑞典 1 款（唯昌洋行汉口造纸厂货价），共计 69 款，其中日本占一半以上。[①]

至于无确实担保外债总额，财政部公债司根据北京政府财政、交通二部 1926 年 12 月 31 日公布的无担保外债数目计算，涉及美、英、法、意、日、荷、比、丹、瑞（典）、国际联合会等，共有财政部负担外债 4.0715630863 亿元，交通部负担外债 2.65242 亿元。考虑到金价、本息等因素，合计 7 亿元作为整理标准。[②]

1934 年春，日、美债权人要求迅速整理债务。国民政府也开始加紧整理工作。财政部公债司于 2 月份拟具《整理无确实担保外债意见书》，对无确实担保外债提出了具体整理方案，包括整理原则和具体办法。关于整理原则，意见书列出了四条：整理计划应包括中华民国中央政府所实欠的全部无确实担保外债；外债应一律平等整理，不得歧异；整理债券必须有确实担保；整理方法必须确能实行。基于这些原则，公债司研究了外债的债额、基金、利率、期限等问题，以提出具体办法。根据公债司统计，外债总额为 7 亿元；计划以关税等收入拨付整理基金，1930—1932 年每年 2500 万元，1933—1940 年每年 3000 万元，1941—1947 年每年 5000 万元，1948—1957 年每年 6000 万元；偿还利率拟减低划一，1930—1932 年为 3 厘，1933—1940 年为 3 厘半，1941—1947 年为 4 厘，1948—1957 年为 5 厘。偿还期限为 28 年，自第一年开始还本。[③]

4 月 20 日，国防设计委员会通过决议，决定整理外债两项原则：（一）整理外债取分别整理办法，不取整个交涉方针，凡数额小且无问题的，即时偿还；数额大且而无问题的，立即承认，商议偿还方法；有问题的则另行交涉。（二）对美国债务，请美国政府列表送核，无疑义的部分，协商偿还方法；有疑义的部分，如美方坚持公断，也可赞同。行政院据此决定由院

---

① 《1927—1936 年国民政府内外债整理概况》，1936 年 9 月 14 日，中国第二历史档案馆编：《中华民国史档案资料汇编》第 5 辑第 1 编《财政经济》（三），第 420—421 页。

② 《财政部公债司拟〈整理无确实担保外债意见书〉》，1934 年 2 月 27 日，财政科学研究所、中国第二历史档案馆编：《民国外债档案史料》第 2 卷，第 124 页。

③ 《财政部公债司拟〈整理无确实担保外债意见书〉》，1934 年 2 月 27 日，财政科学研究所、中国第二历史档案馆编：《民国外债档案史料》第 2 卷，第 122—126 页。

长汪精卫兼任整理内外债委员会委员长，调整委员会名单，着手整理工作。行政院同时根据铁道部等请示，明确债务整理范围：全部承认继续整理民国北京政府财政部在关税会议时承认整理的债务；地方债务及各机关债务、欠薪、赔偿损失等仍由各省及各机关自行清理；铁道、交通两部债务原有确定偿还办法的，继续按照原定办法办理；该两部门的债务中有未能按照合同还本付息但还有担保的，由两部会同财政部商议整理办法。同时，确定内债一并整理。① 8月，国防设计委员会在牯岭召集会议，讨论巩固对外信用与利用外资案。该提案指出，政府若能恢复对外信用，有助于外资输入，且所赊借国外材料也可延长期限，条件减轻。因此，会议建议尽快整理外债，主张优先整理铁路外债，其次为名义上用于建设的债务，至于完全政治借款则置于最后。会议要求政府就财力所及尽快整理外债。② 10月26日，国防会议讨论了整理债务问题一案，决定督促财政部迅速分类拟订整理办法，但属于交通事业中影响国防的债务再开会决定办法。③ 经过此次会议的督促，财政部、交通部、铁道部加快了整理进程。1934年11月5日，国民政府特派行政院院长汪精卫为整理内外债委员会委员长，孔祥熙、叶楚伧、宋子文、朱家骅、顾孟余、陈公博、王世杰、唐有壬为委员。④ 此次调整同时改聘了专门委员。11月6日，整理内外债委员会举行第六次会议，正式启动工作。会议决议：各关系机关重编债务表册，各机关应切实整理债务，每月将整理计划及正在整理中各债务情形报告委员会；凡外债欠额在一万元以内者，各机关应在六个月内予以清理。同时，会议要求整理债务应以内外债兼顾为原则。⑤

1936年2月28日，南京国民政府再次调整了整理内外债委员会，由孔

---

① 《行政院关于整理债务范围密令》，1934年5月25日，财政部财政部财政科学研究所、中国第二历史档案馆编：《国民政府财政金融税收档案史料（1927—1937）》，第198页。

② 《蒋介石关于巩固对外信用利用外资案致国民政府文官处密函》，1934年9月18日，财政科学研究所、中国第二历史档案馆编：《民国外债档案史料》第2卷，第131—132页。

③ 《行政院为国防会议讨论整理债务事密令》，1934年10月27日，财政科学研究所、中国第二历史档案馆编：《民国外债档案史料》第2卷，第132页。

④ 《国民政府文官处奉令改为特派整理内外债委员会委员及委员长致孔祥熙公函》，1934年11月7日，财政部财政科学研究所、中国第二历史档案馆编：《民国外债档案史料》第2卷，第42页。

⑤ 《国民政府整理内外债委员会第一次至第七次会议纪录》，1929—1937年，财政部财政部财政科学研究所、中国第二历史档案馆编：《国民政府财政金融税收档案史料（1927—1937）》，第203页。

祥熙任委员长，叶楚伧、宋子文、张群、顾孟余、张嘉璈、吴鼎昌、王世杰、蒋廷黻任委员。[①] 孔祥熙兼委员长后，整理内外债工作积极进行。[②]

经过努力，南京国民政府整理外债取得了较为明显的成效。按照孔祥熙所作的报告，此次整理外债工作确实减轻不少负担，还债期限延长，利息减轻。例如，津浦铁路英德借款减轻利息 330 万镑，陇海铁路借款免息 1.5 亿元，陇海铁路比荷公司垫款减少利息 900 万元，津浦铁路德华银行垫款减轻 2000 余万元。其他各债也有程度不同的利息削减。[③] 而据铁道部统计，截至 1937 年 6 月，仅铁路外债整理，与整理前相较，估计减轻 3.038 亿元，另整理料债（购买材料，也多系外商借款）估计减轻 0.45 亿元，加上内债整理减轻 0.2 亿元，总计削减债额 3.68 亿元。[④]

据学者研究，南京国民政府前期外债整理和偿还情况如下："据统计，截至 1934 年 6 月底，财政部经管的无确实担保外债已承认整理者，折合本息共计 10.96 亿元；铁道、交通两部经管的外债已承认偿还者，折合本息共约 6 亿元；有确实担保外债，截至 1936 年 6 月底，折合本息约 5.8 亿元。另外还有战争赔款还积欠约 5 亿元。在 1937 年 7 月前，南京政府已偿还外债约 2.75 亿美元，约合国币 8.25 亿元，平均每年偿还外债 1 亿元左右。"当时整理和偿还的外债主要是西方国家债务。因日本侵华，对日债务偿还停止。[⑤]

南京国民政府没有采取"革命外交"方式摆脱外债束缚，而是承认晚清政府和北京政府遗留下来的外债，以获得列强的承认。这主要是出于外交考虑。事实上，这一政策也使南京国民政府外交获得了"短期效果"。[⑥] 对于外债，南京国民政府采取区别政策，有确实担保外债仍按照合约偿还，原有

① 《行政院关于特派整理内外债委员会委员长及委员训令》，1936 年 3 月 6 日，财政科学研究所、中国第二历史档案馆编：《民国外债档案史料》第 2 卷，第 46 页。

② 《国民政府整理内外债委员会整理外债报告书》，1937 年 2 月 10 日，财政部财政部财政科学研究所、中国第二历史档案馆编：《国民政府财政金融税收档案史料（1927—1937）》，第 205 页。

③ 《国民政府整理内外债委员会整理外债报告书》，1937 年 2 月 10 日，财政部财政部财政科学研究所、中国第二历史档案馆编：《国民政府财政金融税收档案史料（1927—1937）》，第 205—207 页。

④ 《铁道部债务科拟整理铁路债务稿》，1937 年 6 月，财政部财政部财政科学研究所、中国第二历史档案馆编：《国民政府财政金融税收档案史料（1927—1937）》，第 217 页。

⑤ 朱汉国、杨群主编，陈争平册主编：《中华民国史》第 3 册志 2，四川人民出版社，2006 年，第 278 页。

⑥ 侯中军：《企业、外交与近代化：近代中国的准条约》，第 289 页。

"准条约"关系继续维持;对于无确实担保外债,则成立整理委员会,进行分类整理,有的改变了偿还条件等。这在某种程度上改变了这些外债的条款,对旧的"准条约"关系有所改变。不过,总体而言,南京国民政府在外债"准条约"关系上改善并不明显,大体维持了原有的不平等性质。

第三节 新的"准条约"签订与平等关系的建立

值得注意的是,除了旧有"准条约"关系调整外,南京国民政府前期还签订了诸多新的"准条约"。这些新的"准条约",大体具备了平等性质,大体包括以下几类:

一、 平等电信类"准条约"

这类"准条约"包括无线电报合同、有线电报合同、无线电话合同。这些合同基本是平等的,规定电台购机、报务接线、报费、通话等具体问题,大体遵循国际电信公约精神,体现平等的特点。

南京国民政府最先订立的平等电信合同是与美德两国电信公司订立的无线电报合同。南京国民政府成立初期,建设委员会筹办国际通讯电台首先选择的是与欧美地区通报,其余各处由欧美转递。[①] 建立国际无线电台,首先需要购买机件。为此,1928 年 11 月 3 日,中国建设委员会与美国无线电合组公司签订了《国际无线电台购机合同》,合同金额 17 万美元。合同规定,中国建设委员会代表南京国民政府向美方购置无线电台机件,包括高周率晶体控制短波发报机两具、短波收报机三台及中央控制处机件。同时,规定卖方为中方装置电台及提供工程师聘用。[②] 这个合同内容本身是纯商业性质,没有附带政治性条款,应该说是基于平等精神达成的。合同所规定采购

---

① 《建设委员会为新订中美中德国际无线电报务合同与国民政府来往呈、指令》,1928 年 11—12 月,中国第二历史档案馆编:《中华民国史档案资料汇编》第 5 辑第 1 编《财政经济》(九),第 642—643 页。

② 中美《国际无线电台购机合同》,1928 年 11 月 3 日,王铁崖编:《中外旧约章汇编》第 3 册,第 631—633 页。

的机器是当时先进的无线电台机件，合同的达成有利于中国无线电台技术水平的提升。

除购机外，中国建设委员会与美国无线电合组公司还于 1928 年 11 月 10 日签订了《无线电报务合同》。合同就上海无线电台与美国无线电合组公司所辖美国太平洋岸无线电台联成直接通达的无线电路，"以人工及高速率自动双工之方法收发商用无线电讯"事宜达成一致。合同主要就收发电报具体事宜进行详细规定，包括电台及所需具备条件、电报范围、报费、危险处理、争端处理等。合同有效期十年，期满继续有效，以五年为限，如需废止，期满前一年书面通知对方。合同对双方权利和义务的规定是平等的，并没有限制双方与他方订立无线电报务合同。① 同日，中德《无线电报务合同》签订。这个合同的签订缘于中国建设委员会希望在上海能实现与德国柏林海陆无线电交通公司所辖无线电台的互通，收发商用无线电讯。该合同与中美《无线电报务合同》内容基本相同。② 对于这两个合同，建设委员会比较满意。③

除中美、中德无线电合同外，建设委员会还与菲律宾订立了《无线电报务合同》。为了从根本上制止外人私设电台，收发商报，建设委员会决定在上海筹设国家大电台。但这种大电台建设需要时间，建设委员会决定先筹设新式短波电台作为国际转报电台。1929 年 1 月 14 日，新式短波电台与菲律宾无线电公司通报。2 月 15 日，建设委员会与菲律宾无线电公司签订《无线电报务合同》，同时取消上海法人电台与菲律宾私定通报合同。④ "此举实能尊我主权，宏我设备，于无线电通讯前途大有裨益。"⑤

此后，中国建设委员会将无线电管理权移交给交通部。该部（无线电管理处或电政司）遂代表南京国民政府与法国、英国、苏联、意大利等电信公

① 中美《无线电报务合同》，1928 年 11 月 10 日，王铁崖编：《中外旧约章汇编》第 3 册，第 633—637 页。
② 中德《无线电报务合同》，1928 年 11 月 10 日，王铁崖编：《中外旧约章汇编》第 3 册，第 637—640 页。
③ 《建设委员会为新订中美中德国际无线电报务合同与国民政府来往呈、指令》，1928 年 11—12 月，中国第二历史档案馆编：《中华民国史档案资料汇编》第 5 辑第 1 编《财政经济》（九），第 643 页。
④ 《呈行政院为呈送中菲报务合同请鉴核由》，1929 年 2 月 19 日，《建设》第 3 期，1929 年 4 月，公牍，第 11—12 页。
⑤ 《中菲无线电报务合同成立》，《商业月报》第 9 卷第 2 期，1929 年 2 月，国内外工商消息，第 8 页。

司签订平等互惠报务合同。1929 年 3 月，交通部无线电话管理处与法国无线电公司驻华代理人法商长途电话公司开始磋商。6 月，双方签订中法《无线电报务合同》，合同有效期六年。1930 年 12 月，中法双方正式通报。1936 年 5 月，中方向法方提议重订报务合同，得到同意，12 月 5 日新合同成立（中法《报务合同》）。[①] 中英无线电通报系中方主动发起。交通部鉴于伦敦是主要通报地点，遂向英国伦敦帝国国际交通公司提议互相通报。1932 年 6 月，中英签订《无线电报务合同》，以平等互惠为原则，实现中国与伦敦直接无线电通报，有效期十年。[②] 中俄试办互通电报始于 1933 年。至 1936 年，南京国民政府交通部与苏联人民邮电交通委员会磋商无线电通报合同，决定除继续维持原有上海至莫斯科之间的电路外，添开上海至伯力电路。[③] 1934 年 5 月 8 日，中国与日本递信省电务局签订中日《无线电报务合同》。中意无线电通报始于 1935 年 1 月，交通部上海国际电台与意大利无线电公司罗马电台通报，试办九个月。6 月 5 日，双方签订无线电合同。10 月 21 日，试办期满，意大利无线电公司提议订立正式报务合同，交通部电信司予以同意。11 月 22 日，该公司提交合同草案，经电政司审查修正，与该公司磋商，[④] 1936 年 6 月 5 日双方正式签订《无线电报务合同》。

此外，中国与葡萄牙也签订有无线电报务合同，只不过限于联通澳门与上海、广州、厦门之间公共无线电业务。中葡《报务合同》签订时间为 1930 年 7 月 21 日，由交通部无线电管理局与澳门殖民地邮电部签订。[⑤] 另外，中德在 1937 年 5 月 25 日又签订了《报务合同》，也是就两国无线电电路直接联通进行规定。

除了无线电报外，有线电报也有所发展。1933 年 4 月 5 日，南京国民政府交通部电政司与美国太平洋商务水线公司在南京订立《报务合同》。合同

---

① 《交通政闻：（七）重订中法无线电报务合同》，《交通杂志》第 5 卷第 2 期，1937 年 2 月，交通政闻，第 10 页。

② 《中英无线电报务合同签订，以平等互惠为原则，期限 4 年，交部已订购电机，明年可通报，通国际电报，且可通国际电话》，《剪报》第 12 期，1932 年 6 月，第 158—159 页。

③ 《签订中俄无线电报务合同》，《电友》第 12 卷第 6 期，1936 年，电政要闻，第 29 页。

④ 《电信业务之增进》，《中国国民党指导下之政治成绩统计》第 6 期，1936 年 6 月，第 95 页。

⑤ 中葡《报务合同》，1930 年 7 月 21 日，王铁崖编：《中外旧约章汇编》第 3 册，第 828—830 页。

规定太平洋商务水线公司设立由马尼剌至宝山水线一条，与该公司之马尼剌至爪姆密特威、檀香山及旧金山水线衔接，由南京国民政府交通部发给第五号海线登陆执照，准其在宝山登陆，以十四年为期。电政司允许该公司在上海设立水线运用室，并允许借用自宝山登陆处至水线运用室间所需要的地线。此线维持、修理由公司负责，但受交通部国际电信局监督。该线电报收费，电政司有较大主权。合同规定，"凡中国各地间及中国与其他各国间往来之电报，经由该水线传递者，电政司应得之本线费，由电政司规定之。"但该公司也有相应的权利。合同对电政司、发报人等权利都有明确规定。[①]同日，交通部电政司还与丹麦大北电报公司订立了类似的报务合同。此合同允许大北公司所设自长崎至吴淞水线两条与公司之长崎、海参崴间水线两条衔接者，及香港、吴淞间水线一条，由交通部发给第一号、第二号及第三号海线登陆执照，允许在规定地点登陆，有效期十四年。[②]

此外，交通部还修订了中法越南边境电报接线条款。中法越南边界电信接线条款订于 1888 年。1935 年 7 月 22 日，中法公布实行中法越南专约，其中附属文件规定三个月内会商修订中法边境电信章程等合同。从 10 月开始，双方进行磋商。1936 年 2 月 1 日，《中国沿边三省与法国越南有无线电通信制度协定草案》签订，同年 10 月 2 日经批准生效。协定对云南、广西、广东与越南之间的有线、无线电报通信事宜进行规定。[③] 协定是遵循 1932 年马德里《国际电信公约》附属电报规则及后修改者进行订立，废止了 1888 年 12 月 1 日所订中法《滇越边界联接电线章程》条款内有关电费、报价以及结付账款等办法。协定基本精神是平等互利的。[④]

除电报合同外，此时还订立有电话合同。首先签订的是《上海电话临时合约》。1931 年 10 月 23 日，上海市公用局、交通部上海电话局与美商上海电话公司就电话局与公司双方用户通话及在公共租界与法租界界线以外规定

① 中美《报务合同》，1933 年 4 月 5 日，王铁崖编：《中外旧约章汇编》第 3 册，第 925—927 页。

② 中丹《报务合同》，1933 年 4 月 5 日，王铁崖编：《中外旧约章汇编》第 3 册，第 929—930 页。

③ 《最近电政大事记：一、修订中法电报接线条款》，《电信效率》第 2 卷第 2 期，1936 年 12 月 1 日，调查，第 51 页。

④ 中法《中国沿边三省与法国越南有无线电通信制度协定草案》，1936 年 2 月 1 日，王铁崖编：《中外旧约章汇编》第 3 册，第 1025—1033 页。

地段装设及修养电话缔结临时合约。此合约签字后，由于美商上海电话公司拖延，正约直至 1933 年 4 月 19 日才修正签字。[①] 1935 年 2 月 7 日，交通部上海电话局与美国上海电话公司订立有《上海电话联接合同》，就电话局经营上海市市内电话并与交通部所属国内外有线、无线长途电话及公司经营上海公共租界、法租界区域内之市内电话联接，交换长途电话。

无线电话是新引进的技术。1935 年 10 月 22 日，交通部电政司与日本递信省电务局签订《无线电话务合同》，规定双方于 1936 年 2 月 15 日起办理及运行中国与日本间直达无线电话通信电路，指定上海台与东京台连接。合同基本精神与 1934 年 5 月 8 日中日《无线电报务合同》一致。[②] 1937 年 2 月 1 日，交通部电政司与美国电话电报公司订立中美《无线电通话合同》，规定联通中美间无线电话业务。[③] 是年 8 月 14 日，交通部电政司又与美国无线电交通公司签订中菲《无线电通话合同》，规定同意开办中国与菲律宾间无线电话业务。[④]

总的来说，上述新电信合同都遵循平等互惠原则，旨在有利双方互通报务。缔约双方权利义务是对等的，中国没有给予外国电信公司特殊权利。它们的签订，标志着中外无线电信平等契约关系的建立。

二、 平等铁路类"准条约"

这类"准条约"以购车、购料垫款为主，也涉及铁路管理、通车等事宜。

购车、购料垫款合同比较多，主要涉及沪宁、京沪、沪杭甬、胶济、津浦、粤汉等路，都是向英国公司借款，如《沪宁铁路购车垫款合同》（英国，1929 年 6 月 21 日）、《改订京沪铁路购料酬劳金办法来往函》（英国，1930 年 1 月 27 日）、《铁道部直辖胶济铁路购料垫款契约》（英国，1932 年 3 月 8

[①] 中美《上海电话临时合约（草案）》，1931 年 10 月 23 日；《上海电话临时合约》，1933 年 4 月 19 日，王铁崖编：《中外旧约章汇编》第 3 册，第 857—861、933—939 页。

[②] 中日《无线电话务合同》，1935 年 10 月 22 日，王铁崖编：《中外旧约章汇编》第 3 册，第 1022—1023 页。

[③] 中美《无线电通话合同》，1937 年 2 月 1 日，王铁崖编：《中外旧约章汇编》第 3 册，第 1079—1086 页。

[④] 中菲《无线电通话合同》，1937 年 8 月 14 日，王铁崖编：《中外旧约章汇编》第 3 册，第 1100—1104 页。

日)、《铁道部直辖津浦铁路购料垫款契约》（英国，1932 年 10 月 20 日)、
《铁道部直辖粤汉铁路湘鄂段购料垫款契约》（英国，1932 年 10 月 20 日)、
《铁道部直辖粤汉铁路株韶段购料垫款契约》（英国，1932 年 10 月 20 日)、
《铁道部直辖粤汉铁路广韶段购车垫款契约》（英国，1932 年 10 月 20 日)、
《铁道部直辖粤汉铁路广韶段购料垫款草约》（英国，1933 年 6 月 29 日)、
《铁道部直辖沪杭甬铁路购车垫款契约》（英国，1934 年 2 月 28 日)。这些合
同由铁道部与外国公司签订，委托外国公司用垫款购料办法购办并供给车
辆、料件等。合同为商业往来行为，但一般会给外国公司特殊优惠。例如，
《沪宁铁路购车垫款合同》规定，由铁道部委托中英银公司垫付 15.6 万镑购
置太平洋式机车 9 辆、40 吨钢棚货车 100 辆、客车底架 24 辆及车上电灯设
备。这些设备必须在英国招标；免纳关税进口；在沪宁铁路还清垫款之前，
这些设备为银公司财产；运行中，设备必须由沪宁铁路维持完好状况。①

铁路工程借款合同是铁道部与中英庚款董事会（中英人员混合，负责退
回庚子赔款部分使用）订立，就铁道部应得中英庚款下借用中国到期庚款部
分，包括《铁道部直辖粤汉铁路株韶段测量费用借用英庚款契约》（英国，
1932 年 7 月 30 日)、《铁道部直辖粤汉铁路韶乐分段工程借款契约》（英国，
1932 年 8 月 30 日)《铁道部借用中英庚款完成粤汉铁路契约》（英国，1933
年 7 月 28 日）等等。这些借款并没有明显的政治性附加条款。

铁路管理、通车等合同有三个，分别是《协议京沪铁路管理权限问题来
往函》（英国，1930 年 1 月 27 日)、《玉山南昌铁路合同》（德国，1934 年 3
月 14 日)、《关于奉天北平间通车方案》（日本，1934 年 6 月 28 日)。具体来
说，《协议京沪铁路管理权限问题来往函》是铁道部与中英公司代表之间的
往来信函，实际上是基于京沪铁路借款合同而来，规定管理该路机构设置及
权限。函件声明，铁路设立董事会，由铁道部派代表一人（并经公司同意）
担任董事会主席，全权管理本路，并委派员工。从这些规定看，有利于铁道
部对京沪路的管理。该函件也声明，每年年终，应召开董事会会议，接受、

---

① 中英《沪宁铁路购车垫款合同》，1929 年 6 月 21 日，王铁崖编：《中外旧约章汇编》第 3 册，第
705—708 页。

讨论及通过本年度报告及各项账目，董事会得随时请求铁道部代表用书面报告本路状况。尤其规定，工务处长及会计处长由公司推荐，有关工程及财务事项，铁道部代表必须与该两处长商量。这等于中英公司控制了铁路的建设和财务大权。①《关于奉天北平间通车方案》是关于中日合办东方旅行社，办理北平、奉天间通车事务。合同内容没有多大问题，但该合同是在日本占领东北三省的背景下签订的，中国政府被迫与日本协商自己领土上的通车事宜，有损主权和尊严。《玉山南昌铁路合同》实际上包括借款合同和购料合同，借款合同由铁道部、江西省政府与中国银行订立，购料合同由中国银行与德国奥脱华尔夫公司订立，目的是建筑江西玉山至南昌铁道。借款合同是中国内部机构之间的契约，但连带建筑合同，规定建筑合同必须俟借款合同成立才有效，而建筑合同是中外"准条约"。建筑合同规定，由奥脱华尔夫公司借给价值 800 万元的铁路材料，并享受展筑路线时供给材料优先权。同时规定，该路及展线各项工程，如需外国公司竞标时，柏林 Julius Berger Tiefbau Aktien - Gesellschaft 公司在同等条件之下享有优先得标权。② 这使德方享有一定特权。

三、 其他平等"准条约"签订

这类"准条约"包括工程建筑借款、工程建设、技术合作、邮政、航空等合同。

工程建筑借款不多，主要是《铁道部借用中英庚款建设首都轮渡契约》及增借附约（英国，1931 年 12 月 23 日、1933 年 2 月 10 日）、《实业部借用中英庚款为中央机器制造厂开办经费契约》（英国，1932 年 7 月 29 日），与前述铁路借款合同差不多。

工程建设合同有《建筑葫芦岛海港合同》（荷兰，1930 年 1 月 24 日）、《福建海澄县与美孚行签订建设油池契约》（美国，1934 年 6 月 6 日）。这类合同也是纯商业性质。如《建筑葫芦岛海港合同》是北宁铁路管理局与荷兰

---

① 中英《协议京沪铁路管理权限问题来往函》，1930 年 1 月 27 日，王铁崖编：《中外旧约章汇编》第 3 册，第 762—763 页。

② 中德《玉山南昌铁路合同》，1934 年 3 月 14 日，王铁崖编：《中外旧约章汇编》第 3 册，第 954—958 页。

治港公司签订，以 640 万美元建设葫芦岛海港工程。合同规定付款、特别担保、保证、存款、承办期限、保修、损失、合同取消、法规、意义、计划负责、公断等，多是对承办人的建设情况约束条款。[①] 又如《福建海澄县与美孚行签订建设油池契约》只是允许美商美孚行在租地内建设油池一座，规定有效期二十年，期满可由海澄县任意处置。合同同时规定，油池建造后，因其导致事故，由美孚行赔偿，并预交 3 万元存汇丰银行作担保。油池泄露，殃及周边，除赔偿、抚恤外，无论期满与否，均可责令美孚行将油池拆除，不得再建。如实出意外，非人力所不及而导致这类事故，则由中央政府核议，决定是否准予重建。[②] 可见，这类合同并无损害中国主权之处。

技术合作等合同包括《开滦产业信托及共同利益契约》（英国，1936 年 5 月 18 日）、《电缆厂矿技术协助合同》（英国，1937 年 7 月 1 日）、《电话厂技术协助合同》（德国，1937 年 8 月 1 日）等。

邮政与航空类"准条约"包括《航空邮务合同》（美国，1929 年 4 月 17 日）、《邮政互换包裹协定及施行详细规则》（锡兰，1932 年 4 月 28 日）、《关内外通邮协定》（日本，1934 年 12 月 14 日）、《创办经营航空学校、工厂及运输合同》（美国，1929 年 4 月 17 日）、《合办中国航空公司合同》（美国，1930 年 7 月 8 日）等。

此外，还有少量其他合同，如《整理陕西三边天主教产协定》（法国，1935 年 1 月 9 日）、《节目传递业务合同》（美国，1937 年 9 月 25 日）等。

综上所述，南京国民政府前期，清理了部分旧有不平等"准条约"，使不平等"准条约"关系得到了较为明显的改善，尤其是电信类"准条约"关系明显朝着平等方向调整，原有"准条约"的不平等内涵减弱，新订"准条约"大多基于平等原则，电信主权得到初步恢复。此外，旧有债务类"准条约"关系也有所调整，在某种程度上改善了不平等的债务合同关系，也事实上减轻了中国的债务负担。除了这两类"准条约"关系外，路矿类"准条

---

① 中荷《建筑葫芦岛海港合同》，1930 年 1 月 24 日，王铁崖编：《中外旧约章汇编》第 3 册，第 739—760 页。

② 中美《福建海澄县与美孚行签订建设油池契约》，1934 年 6 月 6 日，王铁崖编：《中外旧约章汇编》第 3 册，第 970—972 页。

约"关系也有一定调整。例如，1936 年 2 月 20 日中法达成《云南铁路草约》，修正了 1903 年中法《滇越铁路章程》及此后的几个相关巡警章程，废止了原合同有损中国主权的部分内容。[①] 不过，这类"准条约"数量并不多。总的趋势是，旧有不平等"准条约"关系向平等关系发展。

当然，这个过程并未完成，仍有不平等契约的存在，例如中日电信类"准条约"关系改善未果。外债"准条约"关系总体上仍维持不平等性质。南京国民政府承认了晚清政府及北京政府遗留下来的外债，本身就说明外债类"准条约"关系的不平等性得以继续。有确实担保外债继续按照原有条件偿还，无确实担保外债虽经整理，但仍是旧债继承。这一时期的新订"准条约"仍有部分合同给予外国公司优先权或控制权，说明"准条约"关系调整也受原有关系影响。可以说，这一时期"准条约"关系体现了过渡的特点，既体现趋向平等关系发展的一面，又仍受不平等关系影响。

---

① 中法《云南铁路草约》，1936 年 2 月 20 日，王铁崖编：《中外旧约章汇编》第 3 册，第 1042—1049 页。

第八章　国际公约关系的发展

条约关系不限于国与国之间的双边条约关系，还包括多边条约关系。国际公约关系是多边条约关系的主要体现。如果说近代中国关税自主运动、法权交涉运动都是基于取消旧有不平等条约而进行的交涉，是对既有不平等条约关系的改善，希望建立新的平等条约关系，那么，积极参与国际组织，加入国际公约，则是国际多边条约关系的发展，大体上是一种平等条约关系。南京国民政府成立后，在继承前政府在国际组织和国际公约的权利和地位基础上，继续发展国际公约关系，表现出比以往政府更积极的姿态，在国际组织和国际公约中发挥更主动的作用，努力维护中国自身的权利。南京国民政府积极参与国际组织，加入国际公约，拓展了国际舞台空间，扩大了平等条约关系的内涵。

第一节　南京国民政府加入国际公约的状况与特点

南京国民政府成立时，没有被列强正式承认，因此参与国际事务受到限制。直到 1928 年 11 月 27 日，南京国民政府通过请求美国政府邀请，加入了《非战公约》，正式发展国际公约关系。《非战公约》是南京国民政府加入的第一个国际公约。随后，南京国民政府又受邀参加了国际联盟组织，正式步入国际舞台。1929 年以后，南京国民政府参加国际公约和国际会议越来越多，在国际舞台时常发声。

一、 加入国际公约的总体状况

1927—1937 年期间，南京国民政府最终批准生效的国际公约数量有 45 个（不含 2 个批准情况不详的公约）。这些经中国政府批准生效的公约如从中国政府签字时段（如无签字时间则以批准日期为准）来统计，1928 年为 1 个，1929 年为 4 个，1930 年为 5 个，1931 年为 4 个，1932 年为 4 个，1933 年 4 个，1934 年为 14 个，1935 年为 3 个，1936 年为 6 个；1937 年因特殊的国际国内形势，南京国民政府未考虑批准国际公约。

从长时段看，南京国民政府统治前十年是旧中国参加国际公约最多的时期。据《近代中国外交与国际法》一书列表情况看，从 1894 年清政府加入《国际海关税则出版联盟公约》开始，至 1948 年南京国民政府加入《关于修改国际民用航空公约第九十三条的议定书》为止，旧中国加入的国际公约数量共达 117 个（实际上其中有少部分公约只签字而未批准）。其中，从加入批准时间分布看，晚清时期中国参与的国际公约有 21 个，民国北京政府时期中国参与的国际公约有 39 个，南京国民政府统治前十年中国参加的国际公约达 45 个（不含批准情况不明的 2 个和只签字的 3 个），1937 年至南京国民政府垮台中国参与的国际公约有 7 个。南京国民政府统治前十年中国参与的国际公约数量，约占旧中国参加国际公约总数的 38%。[①] 若算上 2 个批准情况不明的和 3 个签字未最终批准的公约，则这十年有 50 个国际公约，占总数的 42.7%。由此可见，南京国民政府前期对于参加国际公约是颇为积极的。

---

① 具体公约签字和批准情况，参见《旧中国参加的国际公约一览表》，程道德：《近代中国外交与国际法》，现代出版社，1993 年，第 349—352 页。

从国际公约内容看，南京国民政府前期参与的国际公约涉及政治、经济、交通、社会等各方面。政治类国际公约主要有《非战公约》《国籍法公约》以及《修正国际裁判常设法庭规约议定书》《美国加入国际裁判常设法庭规约议定书》等。经济类国际公约主要有《防止伪造货币国际公约》、伦敦《白银协定》等。交通类国际公约主要有《国际海上人命安全公约》《航海信号协定》等各种海上航行公约，《国际航空公约 1929 年修正条文》等空中航行公约，以及《国际邮政公约》《国际电信公约》等各种邮电公约。社会类国际公约主要包括《国际救济协会公约》《改善战地伤者病者命运公约》《战时俘虏待遇公约》等慈善公约，《限制制造及调节分配麻醉药品公约》《禁止非法买卖麻醉药品公约》等禁毒公约，《工业企业中实行每周休息公约》《制订最低工资确定办法公约》《各种矿场井下劳动使用妇女公约》等劳工保护公约。

除了批准这些国际公约外，南京国民政府前十年还参与了不少国际公约的制订，有的还由政府代表签字，只不过由于一些特殊考虑，未能完成国内立法过程，也就没有最终批准。如果算上这些已经签字但明确不批准或暂缓批准的国际公约，南京国民政府前十年参与国际公约的数量还要多一些。此外，南京国民政府还积极参与一些国际会议、国际组织活动。总的来说，南京国民政府前十年对参与国际事务还是颇为积极的。

二、 积极参与国际公约的原因

南京国民政府积极参与国际公约、国际会议和国际组织有多种考虑。

第一，通过加入国际公约，以获得国际承认。南京国民政府在建立之初，没有获得列强的承认。而参与国际公约和国际组织，事实上可以得到平等参与国际事务的机会。例如，南京国民政府加入的第一个国际公约是《非战公约》。时人指出，参加《非战公约》很有必要，理由之一便是南京国民政府没有得到正式承认，需要在一个具有世界性质的国际机构里与各国平等参与。此外，国际联盟还没有正式承认南京国民政府，可以在国联范围以外，参加或努力于其他国际活动，《非战公约》提供了这样一个机会，可以对国联形成一种无形的抗议。① 因此，南京国民政府对加入这个国际公约颇为积极，主动向美国政府探询加入的可能性，请求美国政府邀请中国加入。

第二，以参加国际公约（组织）为契机，向国际社会表达取消不平等条约的呼声。如果有可能，南京国民政府代表往往会利用国际公约（组织）表达对不平等条约的不满，甚至呼吁修改不平等条约。例如，南京国民政府利用国联舞台阐述中国政府的立场。中国于 1919 年 9 月 10 日正式参加《国联盟约》。但南京国民政府成立初期没有得到列强的承认，一直没有参加国际联盟会议。直至 1928 年初冬，国际联盟秘书长特罗蒙德爵士（Eric Drumand）才派人与南京国民政府接触加入国际联盟的事宜。1929 年，南京国民政府代表首次参加国际联盟大会。据中国代表团秘书长兼第一副代表吴凯声回忆："1929 年 9 月召开大会时，中国代表团提出的主要议案，是根据《国联盟约》第十九条的规定，要求国际联盟大会讨论并修改有关各国早年强加于中国的各项不平等条约。盟约第十九条的主要内容是：'凡国际联盟会员国，国与国之间签订的不平等条约，通过大会期间讨论，并经过三分之二会员国的同意，可以修改。'中国政府代表团向大会要求修改有关国家强迫中国签订的各项不平等条约，应予修订的议程。最后上项议程得到国际联盟大会三分之二以上会员国的多数通过。从此，南京国民政府外交部部长王正廷根据上述决议案，与有关国家进行接触与谈判，废除各国对中国海关关税自主的干涉，收回各国在华租界的会审公堂，取消领事裁判权，并为此进行了频繁的交涉。"② 由此可见，南京国民政府初期参加国际公约（组织）是服务于其"废约外交"方针的。又比如，加入《防止伪造货币国际公约》时，中国代表提出声明保留："中国因有领事裁判权存在之特殊情形，恐于执行引渡外犯时，有所窒碍。若仅对于无领事裁判国人民执行引渡，则颇不公平。故惟有出于一般的保留之一途。当时英日法三国代表，恐大会因此负赞成废除领事裁判权之责任，联合反对极烈。经再三解释，且表示不通过即不签约，始得胜利。有此保留，则吾国非候各国之领事裁判权一律取消后，

① 沈谛雷：《非战公约与中国》，《知难》第 76 期，1928 年 9 月 10 日，第 8—9 页。

② 吴凯声：《我在国际联盟的外交生涯》，全国政协文史资料委员会编：《文史资料选辑》第 143 辑，中国文史出版社，2000 年，第 18 页。

对于任何外人犯伪造货币罪，皆不负引渡于第三国之义务。"① 可以看出，虽然中国代表并没有明说要取消领事裁判权，但显然是提醒列强，领事裁判权不取消，中国就不负引渡义务。这也是列强的担忧所在。

第三，通过加入国际公约改变中国在国际上的形象，提高中国国际地位。如 1930 年中国代表团参加国际裁军大会时，提出自己的主张，呼吁尽量裁军。"当年国际舆论都认为，我代表中国政府的发言，'主张组织与制度，权力与公理，均须根本改进。而归结于禁止战争及实行消灭战争之方法，须得其平'，'深为各国代表所赞许'，从而'提高了中国国际地位'。"② 又如，1933 年 10 月，南京国民政府实业部部长陈公博向行政院提议加入《女子生产前后雇用之公约》《雇用女子夜间工作之公约》《工业工人每周应有一日休息之公约》《农业工人集会结社权之公约》《外国工人与本国工人关于灾害赔偿应受同等待遇之公约》等五个劳工公约时就指出，希望通过加入这些公约改变中国形象。因为国际劳工大会所通过的国际公约已有 39 种，历年各国批准向国联登记者已达 500 件，而中国仅批准《最低工资》和《标明航运包件重量》两公约，有思想落后、漠视劳工之嫌，③ 积极加入国际劳工公约有利于改变这种国际形象。

第四，参加国际公约（组织），可以获取相应利益，维护权益。例如，南京国民政府参加伦敦《白银协定》的目的，就是希望通过这个协定稳定银价，获得经济利益。因为中国是银本位国家，银价的涨落对中国经济影响很大，中国希望银价稳定。《白银协定》宣扬的宗旨就是稳定银价。中国代表颜惠庆在签字后表示："中国甚乐此约之成立，吾人认其为对于世界进步一极重要行动，中国当然亟愿银价之安定，而此项协定即为趋向安定银价之重要步骤。"④ 不仅如此，中国代表认为，加入《白银协定》还会给中国带来好

① 梁龙：《参加议订国际防止伪造货币公约大会报告（节录）》，《中华法学杂志》第 1 卷第 1 期，1930 年 9 月 1 日，国外要闻，第 156—157 页。

② 吴凯声：《我在国际联盟的外交生涯》，全国政协文史资料委员会编：《文史资料选辑》第 143 辑，第 22 页。

③ 章进主编：《中国外交年鉴（民国二十三年一月至十二月）》，世界书局，1935 年，一年来之外交，第 47 页。

④ 《世界经济会议近讯》，《国际周报》第 4 卷第 12、13 期合刊，1933 年 8 月 9 日，第 84 页。

处。"此项协定，且可附带的提高物价，恢复寻常状态，中国之购买力，自然大增，在今日经济恐慌时期中，实有裨补。颜氏不信银价将从此狂涨，以致扰乱中国之国民经济。"[①] 又比如，南京国民政府参加国际联盟行政会议时，提出一些对中国有利的要求。例如，中国邀请国联派卫生股股长拉茜曼来华协助改善卫生；1931 年 5 月中国提出请各理事会员国对华实行经济援助；1931 年提出要求会员国对日本制裁。[②]

第五，履行国际义务。加入国际公约，参加国际会议和国际组织，在某种程度上也是一个国家参与国际事务、履行国际义务的必要方式，参加战地救济公约、难民公约和一些国际航行公约等均是如此。例如，1930 年召开国际海洋灯塔公约会议，"就是要通过国际性的会议制订公约，要求各国政府对各自领海区域内，设置必要的灯塔，并加强负责管理，保障世界国际海洋船只的航运安全。"这是一种国际义务。因此，南京国民政府派吴凯声作为代表出席了这个会议，并签订《国际海洋灯塔公约》。吴凯声说："我曾代表国家签订了《国际海洋灯塔公约》，主要是中国的海岸线，长达一万余公里；同时在世界各国行驶在海洋中的船只上，华籍的海员人数众多。签订海洋灯塔公约不仅是中国政府应尽的义务，也有利于保障海上华籍船员的人身安全。"[③]

第六，期望以国际公约（组织）抵制侵略，维护和平。这主要体现在政治类国际公约方面。如参加《非战公约》和参加国际裁军大会等均带有这种目的。中国政府在照会美方时指出，《非战公约》主张和平，中方对这种行动表示赞同，愿意加入，以期促进世界和平。[④] 关于国际裁军大会，中方也表示希望促进世界和平。1933 年 5 月 16 日，美国总统罗斯福提议世界各国利用军缩会议成果，缔结不侵犯公约，呼吁各国限制及减少军备，履行义

---

① 《白银协定于我有益》，《军队党部政治通讯》第 14 期，1933 年 7 月 15 日—31 日，国内：时事纪要，第 15 页。

② 吴凯声：《我在国际联盟的外交生涯》，全国政协文史资料委员会编：《文史资料选辑》第 143 辑，第 16—17 页。

③ 吴凯声：《我在国际联盟的外交生涯》，全国政协文史资料委员会编：《文史资料选辑》第 143 辑，第 23 页。

④ 《加入非战公约案：照会美代办》，《外交部公报》第 1 卷第 6 期，1928 年 10 月，特载，第 116 页。

务，"各自承允不派遣任何性质之武装军队，越出本国国境。"这种提议，正合中国之意，因中国正面临被侵略局面。5 月 19 日，南京国民政府主席林森致电罗斯福，"表示对日内瓦军缩会议今后与各关系国继续协同努力，而在行将开会之伦敦经济会议，当竭诚参加其工作，并述明中国现受外国侵略，已使其国家政治及经济摇动，是以对世界各国参加不侵犯公约及减少军备，不派武装军队越过国境之约言，更为切望，准备与其他各国政府，联合使之实现，俾世界之和平，系乎政治及经济者，得告厥成功。"5 月 19 日，罗斯福与宋子文发布共同宣言，希望采取实际可行办法，减缩军备。①

三、　参与国际公约的特点

1927—1937 年间中国参与国际公约的特点，大致有以下几点：

第一，选择性加入。南京国民政府参与的国际公约超过了以往历届中国政府参与的国际公约数，但其最终批准的数量还是有限的。南京国民政府对国际公约的参与明显具有选择性，也就是说会根据"国情"进行选择。这从其参与国际劳工公约的情况就可以看出来。自 1919 年第一届国际劳工大会开始，至 1937 年第二十三届国际劳工大会止，该组织共制定国际劳工公约62 个，但截至 1937 年底经中国政府批准的国际劳工公约只有 12 个。② 南京国民政府明确不批准或暂缓批准这些国际公约的理由，多是不符合中国实际。换言之，南京国民政府加入国际公约是基于自身特殊情况进行考虑，予以选择，而不是盲目加入。例如，1934 年 1 月 19 日，立法院讨论《女子生产前后雇用之公约》《雇用女子夜间工作之公约》《工业工人每周应有一日休息之公约》《农业工人集会结社权之公约》及《外国工人与本国工人关于灾害赔偿应受同等待遇之公约》等五公约时，对前两个公约决议暂从缓议，对后三个公约决议批准，但其中对于《工业工人每周应有一日休息之公约》要

① 《国际公约与会议之参加：伦敦经济会议之参加》，《中国国民党指导下之政治成绩统计》第 5 期，1933 年 5 月，行政—外交，第 49 页。

② 《中国与国际劳工公约：附录·国际劳工公约批准统计表》，《国际劳工通讯》第 5 卷第 1 期，1938 年 1 月，特载，第 1—2 页。

求附带保留条件。①

第二，有限参与。南京国民政府参与国际公约、国际会议程度仍有限。虽然纵向比较而言，南京国民政府参与国际会议和国际公约要多一些，但横向比较则存在不足。当时世界举行的国际会议和制订的国际公约颇多，主要国家多积极参与，而南京国民政府显得有点力不从心。由于交通不便、经费困难等原因，南京国民政府很少会派专门代表团出席各种专门会议，多是就近指派公使充当代表。如中国驻瑞士公使吴凯声驻在日内瓦，因而充当中国驻国联常驻代表，出席各种国际会议成为其主要工作，每年几乎有七八个月的时间要泡在各种会议上。从国际联盟行政院会议、国际联盟大会、国际联盟禁烟大会、世界国际法会议、海牙灯塔会议、世界红十字会议，到国际劳工大会、国际保护妇女儿童会议、保护少数民族会议、种族会议、世界邮政会议等，吴凯声都需要出席。② 这种疲于应付的参会，当然不可能有专门精深研究，只可能是参与而已。

第三，加入公约时颇为注意保护自身利益，规避不利条款。南京国民政府在加入国际公约时，会权衡这些公约可能对自身造成的被动，因此会要求附带一些保留条件。例如，南京国民政府批准加入《国籍法公约》时对第四条关于兵役议定书提出保留；批准伦敦《白银协定》时，为免银价提高给中国造成消极影响，特提出保留条款；加入《国际限制制造麻醉药品公约》提出应行保留之点；参加《禁止伪造货币国际公约》时对引渡外犯提出保留；批准《工业工人每周应有一日休息之公约》时声明适应范围以 1932 年 12 月 30 日公布的修正《工厂法》第一条所规定的工厂为限；批准《国际电信公约》时附带声明书。这些保留条款为中国执行国际公约时赢得主动。

第四，主动性增强。南京国民政府会积极主动要求参加对自身发展有利的国际公约，或者在国际组织、国际会议中主动提出一些建设性方案。比如，当获悉《非战公约》在巴黎已经美、法等国签字时，南京国民政府外交

---

① 章进主编：《中国外交年鉴（民国二十三年一月至十二月）》，第 47—48 页。
② 吴凯声：《我在国际联盟的外交生涯》，全国政协文史资料委员会编：《文史资料选辑》第 143 辑，第 15 页。

部当即致电中国驻美公使施肇基、驻法代办齐致远，要求就近探询接洽，并要求施肇基"示意"美国政府，"由彼发动邀我加入。"只不过当时公约只限于美国和《洛加诺公约》（Locarno Pact，当时又译《逻迦洛公约》《洛迦诺公约》等）各国初次签字，中国无缘参加。美国政府答应，等上述各国签字后，再邀请其他国家加入，届时邀请中国参加。① 不久，美国政府邀请世界各国参加，并通过驻华美使邀请中国加入，南京国民政府颇为欣喜，表示极愿参加。② 这可见南京国民政府对《非战公约》的态度。南京国民政府对一些公约和国际会议也会主动提出主张或建议。例如，国联大会期间，中国政府代表提出修改盟约章程，主张增加常任理事国名额。第十届国际劳工大会期间，中国代表提出外人在华设立工厂应接受华人的检查和监督，及中国籍海员在国际海轮上工作时间改为八小时制等。1930 年国际裁军大会上，中国代表提出军事大会应首先尽量裁军。1930 年海牙国籍法会议上，中国代表提出关于双重国籍法的提案。③ 这些说明南京国民政府试图通过加入国际公约或组织，表达自己的主张，维护中方的利益。

南京国民政府从 1928 年起参加国际会议日益增多，尤其是 1929 年参加国际会议达到 37 次，1933 年也有 35 次。这些会议涉及政治、经济、军事、交通、社会、文化各方面，说明此时南京国民政府已经获得了国际承认，能够全面参与国际事务。这些会议有的是基于原有国际公约，有的则直接缔结新的国际公约，反映出此时中国参与国际公约的活跃一面。

第二节　参与政治类国际公约

就国际公约数量来说，政治类公约数量远不如经济、交通、社会等类别之多。因此，南京国民政府前期加入的政治类国际公约数量并不多，只有

---

① 《加入非战公约案：说帖致国府会议》，《外交部公报》第 1 卷第 6 期，1928 年 10 月，特载，第 111 页。
② 《加入非战公约案：照会美代办》，《外交部公报》第 1 卷第 6 期，1928 年 10 月，特载，第 116 页。
③ 吴凯声：《我在国际联盟的外交生涯》，全国政协文史资料委员会编：《文史资料选辑》第 143 辑，第 18—23 页。

《非战公约》、《国籍法公约》、《修正国际裁判常设法庭规约议定书七款附国际裁判常设法庭规约修正文》、《美国加入国际裁判常设法庭规约议定书》及其附件。《非战公约》是南京国民政府加入的第一个新国际公约。《国籍法公约》也是一个新诞生的国际公约，南京国民政府积极提出建设性方案。加入这些公约能够体现南京国民政府参与国际公约的态度和特点。《修正国际裁判常设法庭规约议定书七款附国际裁判常设法庭规约修正文》《美国加入国际裁判常设法庭规约议定书》只是《国际裁判常设法庭规约》的修正、补充。

一、 加入《非战公约》

《非战公约》是美、法两国政府发起，由美国、法国、德国、比利时、英国、加拿大、澳大利亚、新西兰、南非、爱尔兰、印度、意大利、日本、波兰、捷克等国订立的国际公约，旨在废止战争。该约缘于 1927 年 6 月 20 日法国外长白里安（Aristide Briand）致函美国国务卿凯洛格，希望缔结法美永久友好同盟条约。但美国政府担心缔结法美同盟会引起英日同盟复活或者英德结合，对美国不利，因此不希望缔结这种两国同盟条约，转而提出邀请英日等世界上所有重要国家一起联合，共同发表宣言，承诺不以战争为国家政策工具。1928 年正月，法国答复美国，赞同美国提议，但提出以美法为主体，并指出废止战争只以攻击战争为限，防御战争应排除在外。随后，美国政府提出三项条件：签字国有一违犯条约者，其他签约国即自动解除条约之拘束；保留各国正当自卫权；不应违背《国联会章》《洛加诺公约》及其他保障中立之条约。[①] 在与法国沟通之后，美国政府将有关文件送达英、日等有关国家政府，征求意见。这些国家大多赞同缔结，惟英国政府提出一些保留条件。5 月 19 日，英国政府在答复文中指出，任何新约若挫弱或毁破欧洲和平所赖之国际联盟会章或《洛加诺公约》，英政府将不能接受。[②] 同时，英国外交大臣张伯伦又声明："世界中有若干区域，其幸福与完整，与英国

---

① 孙思湘：《谈谈非战公约》，《津逮》第 2 期，1932 年 6 月，第 249 页。
② 《非战条约已成废物，因英日保留自由行动，但美国仍拟定期签字》，《申报》1928 年 7 月 21 日，第 2 张第 8 版。

和平与安全有特殊利害关系，英政府已揭明不许他人在此区域内有所干涉。英国之保护此区域，以防攻击，乃自卫办法，故须明白了解英政府确知此新约不妨害其关于此点之行动自由，始接受此新约云。"① 这实际上就把英国殖民地、半殖民地排除在外，防止因《非战公约》而危害英国利益。

在经过协调后，1928 年 8 月 27 日，《非战公约》在巴黎签字。该公约内容很简单，除了序言外，只有三条。序言阐明该公约缔结的缘起与宗旨，发起公约各国希望世界各国加入公约，"使世界文明各国联合为一共同排斥以战争为施行国家政策"，以和平方式解决国际争端。为此，公约第一条明确宣布"用各该国人民之名，郑重宣告彼等罪责，依赖战争，以解决国际纠纷并排斥于各国间相互关系，以战争为施行国家政策之工具"。第二条规定国际争端必须用和平方法解决。第三条是加入、批准手续。②

获悉这一公约将缔结后，南京国民政府表现出浓厚兴趣，并试图加入，前已述及。公约签字后，美国驻华代办照会中国外交部，邀请中国加入。③ 美国政府在照会中详细阐述了公约形成的情况，并表示公约先期由少数国家签字成立，是为早日结束谈判，早日实行。美国政府认为，世界上主要国家承认了这个公约，其他各国势必也会接受。美国政府希望世界各国均能加入这个新公约，因此，美国提出的方案中就特别规定，凡任何国家欲加入此约者，均可参加。公约第三条也规定，公约签字后由美国政府邀请各国加入。④

对此，南京国民政府颇感高兴。外交部将该案提交国民政府国务会议讨论，随后送交中政会讨论。9 月 5 日，中政会第 153 次会议决议，加入《非战公约》。⑤ 9 月 8 日，国民政府秘书处转达国民党中央执行委员会决议，经中政会议决，同意加入《非战公约》，交国民政府照办。⑥ 9 月 13 日，外交

---

① 《请各国签字非战约，法国已正式向各国发请件，英国正式通告国际联盟会》，《申报》1928 年 8 月 11 日，第 3 张第 9 版。

② 《非战公约》，《立法专刊》第 1 期，1929 年 9 月，条约案，第 95 页。

③ 《加入非战公约案：附美博代使照会》，《外交部公报》第 1 卷第 6 期，1928 年 10 月，特载，第 115 页。

④ 《美国政府敦请国民政府加入弥战公约照会》，国民政府行政院秘书处编印：《国民政府行政文件集》第 2 辑《外交》，第 7—8 页。

⑤ 《中央政治会议，非战公约加入签字，加任福建省委四人，崔廷献继任津市长》，《申报》1928 年 9 月 6 日，第 1 张第 4 版。

⑥ 《加入非战公约案：附国府秘书处公函》，《外交部公报》第 1 卷第 6 期，1928 年 10 月，特载，第 117—118 页。

部正式照会美国驻华代办，声明加入该公约，同时致电施肇基"就近查明加入手续"。[①] 照会称，该公约与中国民族性相合，中国人民对美国等提倡非战运动，求世界永久和平，自始即深表赞同。中国政府非常愿意加入这个公约。照会指出，《非战公约》顺应世界潮流，废止战争与保持邦交友谊"为防止摧残文化之唯一途径"。第一次世界大战的教训，使国际社会认识到互助合作的重要性。这也是《非战公约》得到各国赞同的原因。照会还表达了中国政府的特殊愿望，即希望各国废除在华不平等条约。照会指出，要永弥战祸，必须消除一切容易引起国际纷争的根源，各国真正平等、相互尊重。中国政府希望各国依据《非战公约》精神，于最短期间废除中外不平等条约，消除包括驻军在内的其他侵犯中国主权的事实。[②] 9 月 25 日，国民政府正式授权施肇基签字。1929 年 2 月 23 日，立法院第十四次会议审议加入《非战公约》案，决议批准。[③]

尽管存在不同的意见，中国还是加入了《非战公约》。对南京国民政府而言，加入《非战公约》是一个有利无弊的行动。该公约使南京国民政府扩大了国际生存空间，事实上得到了美国等承认，获得了与其他国家"平等"的地位。此外，加入《非战公约》对于中国这样的弱小国家而言，可以借助国际道德力量批判强权凌虐。但从加入后的事实来看，《非战公约》并没有给中国带来实际的作用，尤其是中国期望利用《非战公约》制止强敌侵略的愿望落空，集中体现在中俄、中日冲突事件的解决方面。《非战公约》虽然成为中国揭露日本侵略行径的重要武器，但也带给中国人民极大的失望，使中国人民认识到此约只是一"废纸"而已。

二、 加入《国籍法公约》

《国籍法公约》是海牙编纂国际法会议的结果。1930 年 3 月 13 日，第一次国际法典编纂会议在荷兰海牙正式召开。会议分三个委员会进行讨论，其中第一委员会负责国籍问题。3 月 17 日至 4 月 8 日，第一委员会开会二十二

---

① 《加入非战公约案：呈国民政府》，《外交部公报》第 1 卷第 6 期，1928 年 10 月，特载，第 119 页。
② 《加入非战公约案：照会美代办》，《外交部公报》第 1 卷第 6 期，1928 年 10 月，特载，第 116—117 页。
③ 《非战公约》，《立法专刊》第 1 期，1929 年 9 月，条约案，第 95 页。

次，达成解决国籍冲突之公约一件、议定书三件、建议案八件。于 4 月 12 日闭会，自此至 12 月 31 日为公约签字期。

此次国籍法会议主要确认了一些普遍承认的国际习惯和国际法原则。根据公约规定，每个国家都有权制定本国国籍法，只要不与国际公约、国际习惯及普遍承认的国籍法律相冲突；公约承认双重国籍和多重国籍的合法性，但规定"国家关于本国人民之兼有他国国籍者，对于该第二国，不得施外交上之保护"；一人拥有多种国籍时，第三国对国籍之法律适用，以该人通常或主要居所所在国之国籍或与该人实际上关系最密切之国家国籍为定；出籍许可证仅对另有一国国籍者为之；对已嫁女子国籍独立之原则予以承认；未成年子女大体依据父母而归化，若不依父母归化而取得国籍则保留原有国籍等等。① 这些规定，主要指向消除无国籍问题或解决多重国籍冲突问题。当然，公约亦意识到，在当时社会经济状况下，普遍解决该问题不可能，故协定的目的是在为解决"作初步之企图"。公约分为六章，共三十一条。②

此次国籍法公约会议对中国而言颇为重要。因为中国国籍法以血统主义为原则，而世界上多数国家以属地主义为原则。如果只承认一个国籍原则，势必会产生冲突。以属地主义为原则，中国的海外华侨就会归入当地国籍。这是中国政府不愿意看到的，"不仅上千万的华侨在国外要受到居留国的排斥与歧视；同时也会给祖国的权益带来巨大损失，因为旧中国国家收入中的 10% 以上是来自国外侨胞的大宗汇款。"③

因此，中国政府颇为重视此次国籍法公约的制定，派驻美公使伍朝枢为全权代表、驻国联代表吴凯声为专家参加了会议。在《国籍法公约草案》讨论时，中国代表积极参与讨论，提出了自己的主张。公约承认双重国籍或多重国籍的存在，但公约草案第四条规定，拥有双重国籍的人，如果身在乙国，则甲国不能施以外交保护。如果承认此条，势必影响中国政府对海外华侨的外交保护，进而等于否认了中国采取的血统主义原则。对此，伍朝枢在

---

① 《国籍法公约》，《外交部公报》第 3 卷第 10 期，1931 年 2 月，专件，第 133—136 页。
② 《国籍法公约》，《外交部公报》第 3 卷第 10 期，1931 年 2 月，专件，第 133、144、145、147、150 页。
③ 吴凯声：《我在国际联盟的外交生涯》，全国政协文史资料委员会编：《文史资料选辑》第 143 辑，第 22 页。

会上极力反对第四条。他说:"华侨在外国往往自成团体,人数众多,言语文化与母国同,向自认为中国人,中国人对之,亦认为中国人,与以保护,即所在国亦往往默认其为中国人,观于对华侨适用特别法律可知,故中国政府对于华侨不能放弃,必与以外交上之保护。"伍朝枢以国际条约有保护少数民族的规定为例,指出施行外交保护不会侵犯别国主权,主张将条款完全取消,但遭到一些国家代表的反对,条款因此保留在公约中。条款通过时,中方当即声明中国将来保留签字。除此之外,中方还提出了一些其他建议。例如,某些国家因种族、宗教等关系而对中国人民施加限制或束缚,中方主张取消这些歧视性规定;有些国家对于归化程序设计颇为容易,我国"不肖人民"藉此获得领事裁判权保护,中方加以限制;对于双重国籍人在第三国的法律适应问题,中方主张按照该人自由意志和选择为断;关于船上生子的国籍问题,中国主张按照其父母所属国籍为准;关于已嫁妇女的国籍,中方主张给予其自选机会,而不是必以夫之国籍为转移。这些主张的提出,多是基于中国自身利益,希望藉此维护中国权利。但是,因与多数国家主张不同,这些主张最终多未被采纳。[①] 例如,第四条关于外交保护的讨论,中国代表提议删除,但未获多数支持。当然,也有一些主张被考虑,如关于船上生子的国籍问题,已决议删除该条。[②] 此外,会议也考虑了中国政府代表的双重国籍承认问题,通过了提案。[③]

　由于《国籍法公约》涉及中国人的重大利益,尤其是海外华侨的利益,中国政府代表颇为慎重。4月12日闭会时,中国政府代表仅在会议告终文件上签字,其他各件均送交外交部,转呈国民政府审核。公约第二十二条规定,国联会员国及被邀请出席此次会议的非会员国均可在1930年12月31日以前派代表签字于公约上。是年12月20日,吴凯声代表中国政府在《国籍法公约》及《关于无国籍议定书》上签字,同时声明对公约第四条进行保

---

① 《我国代表出席国际法会议情形,力争国籍问题,为华侨谋保障,票决结果卒维持原案》,《申报》1930年8月9日,第2张第8版。

② 《国籍委员议决公约》,《申报》1930年4月13日,第2张第8版。

③ 吴凯声:《我在国际联盟的外交生涯》,全国政协文史资料委员会编:《文史资料选辑》第143辑,第22页。

留。①《国籍法公约》第四条即"国家关于本国人民之兼有他国国籍者，对于该第二国，不得施外交上之保护"。②

根据外交部的呈文，行政院对所签公约进行了讨论，决定转呈国民政府核定，国民政府决议交立法院审议。1930 年 12 月 23 日，立法院第 122 次会议议决交立法院外交委员会审查。外交委员会第十四次会议审查认为，"该公约第四条关于不得施行外交保护之规定，系以属地主义为依归，与我国所采之血统主义正相背驰，而与保护华侨政策尤相抵触，自应加以保留。又关于重复国籍人兵役议定书，亦与我国所采血统主义不符，碍难批准。至公约其余各条及关于无国籍之二议定书，内容大致妥善，拟照原文予以批准。"12 月 27 日，立法院第 123 次会议议决照审查报告通过。③ 但是，此后国民政府并未立即批准。

1932 年 3 月 7 日，国联秘书长函请中国政府批准。外交部主张批准。1934 年 8 月，外交部呈请行政院批准《国籍法公约》及《无国籍议定书》《无国籍特别议定书》，行政院要求外交部和内政部审查，审查结果建议除第四条予以保留外，其余可以批准。此案经行政院会议通过，决议送中政会审核。④ 8 月 22 日，中政会第 422 次会议通过决议，"国籍法公约及无国籍议定书、无国籍特别议定书，交立法院审议"。⑤ 国民政府随后训令立法院遵照。经立法院外交委员会第三届第三次会议讨论，认为该公约及议定书在1930 年 12 月 27 日已经立法院审查，无须再进行审议，可由国民政府查照办理。⑥ 1934 年 12 月 18 日，国民政府批准该约。1935 年 2 月 14 日，中国驻国联代表办事处将中国政府批准文件交国联秘书处备案，正式完成批

---

① 《国籍法公约已签字》，《申报》1930 年 12 月 24 日，第 2 张第 6 版。
② 《国籍法公约》，《外交部公报》第 3 卷第 10 期，1931 年 2 月，专件，第 134 页。
③ 《呈国民政府关于审议国籍法公约及议定书各节录案呈请鉴核由》，1930 年 12 月 27 日，《立法院公报》第 25 期，1931 年 1 月，公牍，第 5 页。
④ 《国籍法公约交立法院审议》，《申报》1934 年 9 月 6 日，第 1 张第 3 版。
⑤ 《中政会通过浙省公债二千万元，主要用途为救灾，因立法院休会准先发行》，《申报》1934 年 8 月 23 日，第 1 张第 3 版。
⑥ 《立法院外交委员会第三届第三次会议事录》，《立法院公报》第 63 期，1934 年 10 月，立法院各委员会议事录，第 4—5 页。

准手续。[①]

加入《国籍法公约》对当时中国而言是一柄双刃剑。中国加入《国籍法公约》有利于中国融入国际社会，提升国际形象，同时享受相应权利。《国籍法公约》也可成为中国对外交涉的武器，解决与其他国家的相关冲突，维护国家主权。

在一些华侨交涉案中，《国籍法公约》也被用来作为解决问题的理由。例如，暹罗排华案中，南洋问题研究专家梁鸿专门分析了运用《国籍法公约》来解决中暹纠纷的可行性。由于中国采取血统主义，暹罗采取血统兼出生主义，在籍生长之华侨，遂成为双重国籍。《国籍法公约》中国签字且立法院通过，但暹罗没有签字，是否可以运用《国籍法公约》来解决中暹问题呢？梁鸿指出："暹罗虽未参加，但两国既已发生纠纷，至无法解决时，自不妨采取多数国家公认之国籍法公约，以试求解决。"[②]

三、 加入其他政治类国际公约

除了《非战公约》和《国籍法公约》外，南京国民政府前期参与的重要政治类国际公约当属《国际裁判常设法庭规约》。国际裁判常设法院（常设法庭）是国际联盟的重要机构之一，诞生于 1921 年 9 月，其产生依据主要是《国联盟约》第十四条和 1920 年 12 月 16 日订立的《国际裁判常设法庭规约》（含议定书）。依据该规约产生的国际裁判常设法庭是设在海牙的一个国际司法机构，有固定的法庭、法官，其裁决具有法律效力，是一个真正的常设法院。

《国际裁判常设法庭规约》共六十四条，主要规定法庭的产生依据、设置、职权、诉讼手续等。[③]

上述规约制定时，民国北京政府派代表参与其事，并在规约上签字，1921 年 9 月 29 日批准该规约。南京国民政府作为继承者，自然继续享有该

---

① 章进主编：《中国外交年鉴（民国二十四年一月至十二月）》，正中书局，1936 年，第 55 页。
② 《暹罗排华声中专家梁鸿发表意见，华侨联合会发表》，《申报》1935 年 5 月 25 日，第 3 张第 12 版。
③ 刘达人、袁国钦：《国际法发达史》，商务印书馆，1937 年，第 351—364 页。

规约的权利，履行其义务。当 1928 年 12 月国际联合会决定修正上述该规约时，南京国民政府积极参与。1929 年 9 月 13 日，修正案经专门委员会提交国联第十一届大会讨论，14 日通过签字，并规定 1931 年元旦生效。

此次修改第 3、4、8、13、14、15、16、17、23、25、26、27、29、31、32、35、38、39、40、45 等条，新增第四章，即第 65 至 68 条，原规约其余条文继续有效。主要修改内容为，明确规定法庭由十五人组成，无正法官和候补法官之分。规约增加承认法庭规约但非国联会员者其被选举法官条件由国联大会经行政院提议规定，实际上就是承认这类非会员国也有权推举法官。大会与行政院选举法官应各自进行。对于法官的代替作了新的规定，取消了法官辞职须由国联行政院核准，提交国联大会通过的规定，增加"如欲辞职，其辞职书应送交法庭庭长，转送国际联合会秘书长。经此最后通知，即为缺出"的规定，简化了辞职手续。修正规约对法官"不得行使任何政治或行政职权"的规定作了补充，增加"并不得经营他种职业"字样，取消原规定候补官不适用的规定。修正规约明确，法官不得为代理人、辅佐人、律师。修正规约改变原规定法庭每年集会一次，规定法庭除司法假期外，应经常开庭。至于新增第四章，主要为"咨询意见"，规定向法庭咨询意见应备具请求书，由书记官经联合会秘书长通知有关方，法庭宣布其咨询意见应于公开法庭宣布，并通知秘书长及各方，法庭执行咨询职务时应符合规约有关规定。①

这些修改实际上是为适应美国加入国际裁判法庭而设，如第四条规定非会员国可以推举法官。美国不是国际联合会成员国，但在 1923 年美国国务卿许士（Charles Evans Hughes）建议美国加入国际法庭，美国参议院在 1926 年 1 月 27 日批准这个建议，惟提出五项保留条件，议定书的核心内容为四点：签字各国应承认美国五项保留条件；关于法庭一切事项，美国代表得以平等地位参加；咨询意见应于公开法庭宣布；任何事项，如美国认为与其利益有关系者，须先得其同意，方能提出请求咨询意见。② 1929 年 9 月 14

---

① 刘达人、袁国钦：《国际法发达史》，第 364—372 页。
② 谭绍华：《国际公约参加之经过》，《时事年刊》第 1 期，1931 年，第 244—245 页。

日，《美国加入国际法庭规约议定书》订立。该议定书共八条，承认美国保留五项特别条件加入议定书；允许美国派代表平等参加法官选举；规定法庭规约如无缔约各国同意不得修改；咨询意见宣布于公开之庭；非经美国允许，法庭不得将有关美国利益或美国认为有利益之问题或争端于请求咨询意见有所表示；要与美国交换意见；如美国反对，则效力与会员国反对相同；美国可随时撤销加入等等。①

《修正国际裁判常设法庭规约议定书七款附国际裁判常设法庭规约修正文》《美国加入国际裁判常设法庭规约议定书》均于 1929 年 9 月 14 日签字，纳入《国际裁判常设法庭规约》内容。中国政府对这两个文件也签字。1930 年 8 月 23 日，国民政府立法院第 106 次会议通过上述文件，29 日中国政府正式批准。

《国际裁判常设法庭规约》的修正与补充对中国而言并无不利，中国政府自会同意。当然，此次规约修正和补充也给中国带来某种困惑，如法官的选任。"论者谓我国法界人材缺乏，而在国际间负有声誉者尤不可多觏，未易获选。即幸而获选，亦须照新庭规辞去国内政治职务，专任裁判官，以故当国际法庭新规约议定书分交各会员国核定时，我国有关于上述数项主张保存旧规之刍议。今王宠惠氏已中法庭判官之选，且本年四月须赴海牙履新，将来或辞或就，颇费斟酌也。"② 当然，这并不是一个特别大的问题。1931 年 4 月，王宠惠前往海牙担任国际裁判法院法官，③ 直至 1936 年 1 月辞职，④ 其任职对提升中国国际形象具有重要意义。

除了《国际裁判常设法庭规约》外，南京国民政府还参与了其他一些重要政治公约的制订、修改等，提出了自己的主张，如参与《国联盟约》的修改。《国联盟约》订于 1919 年。这个公约与《非战公约》都有保持和平的内容，但两者存在一定冲突。1929 年，英国外交大臣汉德森提出要修改盟约，以适应刚签字的《非战公约》。"盖公约规定，凡会员国间有争端，

① 《美国加入国际法庭规约议定书》，《立法专刊》第 4 期，1931 年 1 月，条约案，第 404—405 页。
② 谭绍华：《国际公约参加之经过》，《时事年刊》第 1 期，1931 年，第 243 页。
③ 《王宠惠之国际任务》，《申报》1933 年 12 月 20 日，第 2 张第 8 版。
④ 《王宠惠请辞国际法庭法官，国联已予以批准》，《申报》1936 年 1 月 27 日，第 3 张第 10 版。

应由公判解决之，但苦于三个月内公判不成，则公约承认当事国有诉诸战争之权，而凯洛格非战公约则在任何场合不承认战争，故汉氏主张修改联盟公约，俾与非战公约一致云。"① 是年 9 月 24 日，国联大会通过决议，组织修改盟约适合非战公约委员会，讨论英国的建议。1930 年 1 月，国联行政院推选包括中国籍委员吴凯声在内的十一名委员组成委员会。2 月 25 日至 3 月 5日，该委员会开会并通过了修改建议，送交国联大会讨论。此次修改会议，吴凯声发挥了重要作用，提出了自己的主张。他指出，《非战公约》与《国联盟约》各有异同，前者仅设定原则，后者为具体制度。在这种情况下，将《非战公约》的原则纳入盟约"恐欠妥善"。所以，吴凯声提出要增加盟约的力量，加大制裁力度。他提出，修改盟约要注意两点平衡："第一点禁止战争。第二点实行消灭战争之方法，如强制公断及裁制之规定。"② 除了上述主张外，中国政府代表还就常任理事国和非常任理事国名额提出自己的建议。中国政府代表认为，国联行政院只有五个常任理事会员国，名额太少，应予增加，理由是五强把持会议，小国提出的争议议程常常不能获得通过。中国还主张，非常任理事会员国只有九个，名额也少了。中国政府代表的这个主张对于小国、弱国来说显然有利，但对五大国地位提出了挑战，因此遭到了五大国的反对，最终没有效果。③

南京国民政府对政治类国际公约还是颇为重视的，渴望通过参加政治类国际公约获得平等的国际地位，从而维护自身利益，并努力避免公约给自己带来过多的不利影响，在公约的制订和修改中积极发挥自己的作用。这些都说明南京国民政府在参与国际公约活动中有值得肯定的表现。

当然，也应看到，南京国民政府前期参与政治类国际公约活动也有不足。首先，参与公约程度有限。南京国民政府加入政治类国际公约数量不多，且对公约缺乏精深研究。其次，面对侵略时，自己被公约束缚手脚，过

① 《联盟公约修改动机，因其与非战公约不符，币原赞助汉德森主张》，《中华实事周刊》第 1 卷第 25 期，1929 年 10 月 5 日，时事要闻，第 8 页。
② 《修改盟约适合非战公约委员会会议报告书》，1930 年 3 月，《外交部公报》第 2 卷第 12 期，1930 年，专载，第 138 页。
③ 吴凯声：《我在国际联盟的外交生涯》，全国政协文史资料委员会编：《文史资料选辑》第 143 辑，第18 页。

分相信公约的力量，造成自身被动。当日本发动"九一八"事变时，南京国民政府当局放弃抵抗，美其名曰尊重《非战公约》，尊重《国联盟约》，尊重《九国公约》，顾全世界和平，"忍痛退让，而待各签约国之发挥正义，主持公理。"① 结果日本公然违背国际公约原则，直接以武力占领中国东三省。南京国民政府以为必然引起国联和其他《非战公约》签字国的干涉，从而制约日本，遂采取软弱的求助政策，希望将问题交国联处置，并请《非战公约》签字国出面制止侵略，自己则声称一定遵守《非战公约》等，不做武装抵抗。结果国联除了派一个调查团，得出一个调查报告外，没有任何其他有力的措施。因为国联行政院被英法等操纵，偏袒日本，而《非战公约》签字国除了美国发表声明要求日本和中国尊重《非战公约》和《九国公约》精神、不承认日本侵略权利外，也无进一步措施。② 对于这些公约能否制止野心国家的侵略行径，时人早就提出怀疑。"根据非战公约的信条，哭诉于国际联盟，但是列强肯不肯拯救我们这当头大难呢？"③ 事实证明，《非战公约》因本身存在的弱点（无制裁制度），根本不可能有所作为。

第三节 积极加入经济类国际公约

与政治类国际公约不同，经济类国际公约没有那么敏感，多是对具体事务的管理，因此，加入这些国际公约主要考虑对中国经济事务的利弊即可，不需做深远的政治考量。南京国民政府加入的经济类国际公约数量不多，主要是《防止伪造货币国际公约》和伦敦《白银协定》。前者是国际防止伪造货币公约大会的结果，后者是伦敦经济会议的结果。

① 卢宾：《日本破坏国际公约罪状》，《航声月刊》第 20 期，1932 年 1 月 31 日，言论，第 11 页。
② 沈觐鼎：《国联盟约及非战公约的效力与我国亟应采之措置》，《国民周刊》第 1 卷第 33 期，1931 年 11 月 8 日，第 8 页。
③ 孙思湘：《谈谈非战公约》，《津逮》第 2 期，1932 年 6 月，第 247 页。

一、 加入《防止伪造货币国际公约》

1929 年 4 月 9 日，防止伪造货币国际公约会议在日内瓦召开，美、苏、英、法、德、奥、比、意、匈等 35 个国家政府派代表出席，国际刑警委员会派代表作为顾问出席会议。会议自 9 日至 20 日举行，分小组讨论和大会决议，最终通过《防止伪造货币国际公约》。这是第一部国际反伪币公约。当日有 23 个国家在公约上签字，会后又有中国等补签。①

《防止伪造货币国际公约》共两章二十八条，第一章十八条，为实体法条款，第二章为手续法条款。② 除公约本身外，还有议定书和藏事文件。议定书包括特种解释四条、保留文件和宣言，保留则有中国、印度、瑞士、苏联的声明文件。藏事文件则简单叙述公约会议基本情况及十四条建议。

中国政府参与了此次公约大会。在当时，中国虽以流通金属币为主，伪造之风不如欧洲盛行，但通商口岸及都市大城镇也因为钞票流通而逐渐出现伪造货币现象，尤其是上海、天津、汉口、广州等贸易中心城市发生外人伪造货币现象增多，给中国政府带来困扰。③ 南京国民政府对伪造货币问题颇为关注。在防止伪造货币国际公约大会召开前，南京国民政府就针对伪造货币问题进行了立法。1928 年 3 月 10 日公布《中华民国刑法》，第十二章第 211 至 217 条规定伪造货币罪。不过，这个立法主要是针对国内民众，而伪造外国货币和外人伪造货币则很难管辖。因此，伪造货币问题同样需要国际合作。

1928 年 1 月 10 日，国联行政院将禁止伪造货币混合委员会所拟报告书及公约草案函送达中国政府外交部，征求意见。南京国民政府给予积极回应，对该公约草案等原则上赞同。11 月 3 日，国联行政院秘书长致函中国政府驻国联办事处，要求转达中国外交部，邀请中国政府派代表参加 1929 年 4

---

① 《梁代表龙呈：附参加议订国际防止伪造货币公约大会报告》，《外交部公报》第 2 卷第 3 期，1929 年 7 月，文书：参预禁止伪币公约会议案，第 87、89—90 页。

② 有关公约条款见：《梁代表龙呈：附防止伪造货币国际公约》，《外交部公报》第 2 卷第 3 期，1929 年 7 月，文书：参预禁止伪币公约会议案，第 100—108 页。

③ 《梁代表龙呈：附参加议订国际防止伪造货币公约大会报告》，《外交部公报》第 2 卷第 3 期，1929 年 7 月，文书：参预禁止伪币公约会议案，第 83 页。

月 9 日举行的防止伪造货币国际公约大会，希望中国政府于 1929 年 3 月 1 日以前通知国联行政院秘书处，并表示如果中国政府派代表参会，应该拥有签字全权。[①] 外交部遂与财政部商量，决定在驻欧各使馆内选派熟悉币制的人员参会。[②] 11 月 5 日，外交部致电中国政府驻国联办事处，告知中国政府拟派梁龙（驻德使馆一等秘书）出席大会。[③]

梁龙于 4 月 8 日赴日内瓦参会，积极参与了会议讨论，并对公约中的某些条款提出自己的主张。该公约对中国影响颇大的是第十条。该条规定："各缔约国已订或将来所订之引渡条约中应将本约第三条之罪列入引渡罪之内，各缔约国其引渡犯罪人不以缔结条约或相互引渡为条件者，此后承认（于此等国家间）本约第三条所列各罪为引渡罪。引渡之准许应按照各被请求国法律办理。"[④] 中国政府担心这会造成引渡外人执行存在困难。因为列强在华领事裁判权没有取消，中国政府对外人犯有伪造货币罪执行引渡会有窒碍，"若仅对于无领事裁判权人民执行引渡则颇不公平。"因此，梁龙在会议上提出中国政府对此有保留。这个保留案提出时遭到英、日、法代表的反对，因为他们"恐大会因此负赞成废除领事裁判权之责任"。梁龙向大会解释并无此意，"且表示不通过，即不签约，始得胜利。"[⑤] 这样，中国保留条款得以附入这个公约议定书中。根据这个保留案，在领事裁判权未取消以前，中国政府不负引渡责任。在允许保留案的情况下，中国政府代表在公约上签字，加入了共同打击伪造货币犯罪的国际体系中。

加入这个公约对南京国民政府来说，当然有其必要，不过也有自身调整来适应公约的一面。第一，国内法律的调整。对于这些应该调整的内容，梁

---

　　① 《国际联合会代表办事处来函：为准国际联合会秘书长函关于禁止伪造货币公约国际会议将在明年四月九日开会，请中国派代表出席，转函查照办理由》，《外交部公报》第 2 卷第 3 期，1929 年 7 月，文书：参预禁止伪币公约会议案，第 81 页。

　　② 《外交部 1929 年 3 月份工作报告》，1929 年 3 月，王建朗主编：《中华民国时期外交文献汇编（1911—1949）》第 5 卷上，第 4 页。

　　③ 《电国际联合会代表办事处，为派梁龙为出席禁止伪造货币公约会议出席代表由》，《外交部公报》第 2 卷第 3 期，1929 年 7 月，文书：参预禁止伪币公约会议案，第 82 页。

　　④ 《梁代表龙呈：附防止伪造货币国际公约》，《外交部公报》第 2 卷第 3 期，1929 年 7 月，文书：参预禁止伪币公约会议案，第 102 页。

　　⑤ 《梁代表龙呈：附参加议订国际防止伪造货币公约大会报告》，《外交部公报》第 2 卷第 3 期，1929 年 7 月，文书：参预禁止伪币公约会议案，第 93 页。

龙在报告中详细予以列举。① 南京国民政府也进行了思考。1930 年 5 月 9
日，司法行政部收到财政部函请后，提出了审查意见，认为该约有些与我国
刑法（1928 年 3 月 10 日公布的《中华民国刑法》第十二章规定了伪造货币
罪）并不抵触，如公约第二条关于货币解释，第三条第一、二、四、五款，
第七、十一条等都与我国刑法相当。当然，也有不尽符合或显有抵触的，如
公约第三条第三款，将"输入""收买""购取"所伪造的货币等行为予以列
举，与我国刑法条文仅规定"收集"一项有所不同，即使"收买""购取"
可以解释为"收集"方法，但"输入"是不可能包括在内的。第四、五、
八、九条等均与中国刑法抵触。如公约第九条规定外国人在外国伪造货币
者，与刑法规定不符。刑法第 211 条规定要件为"伪造变造通用之货币、纸
币、银行券"，"外国货币似难解释为包含在内"。鉴于公约规定各缔约国如
批准或加入公约，"即默认该国法制及行政组织业已与本约所规定之规则相
合"，如有不合或有缺乏者，应该修正或增补。因此，签署该公约后，南京
国民政府必须审查本国法律是否与公约冲突或存在缺漏。所以，中国批准前
必须调整法律规定。调整方法有两种，一是修正刑法，二是另定单行法。司
法行政部认为，修正刑法有不便之处。该约有些规定不适宜在中国实行。如
不在中国境内通用的外国货币，中国就不必在刑法总则中规定担负禁止伪造
之义务。连续犯罪等原则，公约与中国刑法总则有抵触，"均须设特别规定，
牵涉刑法全体"，显然不便。另外，这种公约相类的事情还会出现，"国际间
有一禁止规约我国因加入关系，即须修改刑法一次，亦嫌烦琐。"因此，司
法行政部审查意见认为，采用单行法比较适宜。② 最终，南京国民政府两种
方法都同时采用。1934 年 10 月 23 日，立法院审议刑法修正案时，针对第十
二章伪造货币罪进行了修改。③ 这个新刑法于第二年颁布实施，就伪造货币
及收集、使用伪造货币行为的惩罚作了详细规定。此后还颁布了专门针对伪

---

① 《梁代表龙呈：附参加议订国际防止伪造货币公约大会报告》，《外交部公报》第 2 卷第 3 期，1929 年 7
月，文书：参预禁止伪币公约会议案，第 95—97 页。

② 《财政部公函：为抄送禁止伪造货币国际公约请审查见复以凭核办由》，1930 年 5 月 6 日到，台北"国史
馆"藏司法行政部档案，馆藏号：154—15—0020。

③ 《立法院续议刑法分则，上下午共通过六章》，《申报》1934 年 10 月 24 日，第 1 张第 3 版。

造货币罪的惩治条例。第二，成立国内反伪造货币机构。公约规定各国应该成立中央事务所。梁龙建议南京国民政府尽快设立这种机构，由中央警察局、发钞银行、最高法院各派代表一人组成防止伪币中央委员会，地方则相应成立分委员会。[①]

这个公约有一定缺陷。梁龙认为大会没有达到混合委员会所预期的效果，由于大多数国家代表担心国际联合会过度干预本国司法权或公约损害本国利益，导致公约中重要问题不能得圆满解决办法，公约效力大打折扣。[②]但是，这毕竟是第一个国际共同打击伪造货币犯罪的公约，使伪造货币者成为国际共同打击的对象。该公约规定"或引渡或起诉"的原则，使伪造货币罪犯无处藏身，对于国际合作共同打击伪造货币犯罪具有重要意义。此公约至今仍发挥作用，成为国际上惩治货币犯罪的主要法律依据。

二、 加入《白银协定》

南京国民政府初期参与的第二个经济类国际公约是伦敦《白银协定》。该协定是伦敦世界经济会议的附属产品。为商讨解决世界经济危机带来的严重问题，缓和因为危机带来的各国关系紧张，英、美、法等大国决定召开一次国际会议。1933 年 6 月 12 日，世界经济会议在伦敦召开，包括中国在内的 64 个国家政府派代表出席会议。南京国民政府派宋子文、郭泰祺、颜惠庆（后加派顾维钧）作为代表出席了此次会议。[③]

此次会议讨论了小麦协定、稳定币价、放弃关税政策、取消汇兑限制、提高物价等问题，但因各国主张不一，立场无法协调，至 7 月 27 日会议落幕时，除小麦协定达成外，多无结果。[④] 至于白银问题，倒是在会外达成了协定，包括 7 月 22 日签订的九国《白银协定》和 26 日签订的五国《购银协定》。前者由三个主要用银国和存银国即中国、印度、西班牙，和六个主要

---

① 《梁代表龙呈：附参加议订国际防止伪造货币公约大会报告》，《外交部公报》第 2 卷第 3 期，1929 年 7 月，文书：参预禁止伪币公约会议案，第 97 页。
② 《梁代表龙呈：附参加议订国际防止伪造货币公约大会报告》，《外交部公报》第 2 卷第 3 期，1929 年 7 月，文书：参预禁止伪币公约会议案，第 99 页。
③ 章进主编：《中国外交年鉴（民国二十二年一月至十二月）》，上海生活书店，1934 年，第 162 页。
④ 缪孝威：《白银协定与中国》，《钱业月报》第 13 卷第 9 期，1933 年 9 月 15 日，丛载，第 19 页。

产银国即墨西哥、美国、加拿大、秘鲁、玻利维亚、澳大利亚达成，后者在除玻利维亚外五大产银国之间达成。伦敦世界经济会议本身对于白银问题不感兴趣，因为大部分国家都不用银币。真正关注银价问题的只有上述九个国家。银价的剧烈波动，不仅对用银国、存银国不利，对产银国也并非好事。因此，九国决定采取措施稳定银价。

九国《白银协定》是美国代表、美国参议院外交委员会主席毕德门（Key Pittman）提议的。此时的美国政府是民主党执政，与美国西南银矿商有密切关系，为照顾银矿商的利益，希望提高银价。美国政府代表原本希望通过世界经济会议促使各国同意提升白银价格，具体的措施就是要求各国提高白银辅币成色至 80%，各国中央银行现金准备金必须有 25% 的白银。① 美国政府的目的是刺激白银用量，从而提升银价。这有助于提高美国的产银价格，有利于银矿资本家，同时以白银分担一部分金的功能，减少用金量，促使金价下降，从而降低美国物价，增加出口，以与金集团竞争。但是，由于大部分国家不是银本位国，也不是产银国，甚至不用银币，因此对白银问题并不感兴趣，且提高银价、压低金价，对以法国为首的用金集团不利，因此毕德门的计划遇到阻力。于是，美国政府代表决定在会外召集主要存银国、用银国和产银国，希望达成一个稳定银价的方案。毕德门认为，世界银价不稳是由于印度存银过多，因此要限制印度存银出售。由于银价与用银国有密切关系，因此会议也征询中国的意见。②

1933 年 7 月 22 日，主要存银国和用银国、产银国达成了九国《白银协定》。其宗旨是"一面减少供给，一面增加需要，借以提高银价"。协定内容为：限制主要存银国和用银国出售存银；规定主要产银国不得出售白银，且需购买其银矿所产生银或设法收回市面白银，总计 0.35 亿盎司，用于铸币或存储于国库。该协议须于 1934 年 4 月 1 日前批准，有效期四年。随后，主要产银国（除玻利维亚外）之间又达成购银协议，规定在九国《白银协定》规定购买的 0.35 亿盎司白银之外，五国政府每年再购买 0.35 亿盎司，

① 黄元彬：《白银国有论》第 1 册，商务印书馆，1936 年第 2 版，第 14 页。
② 刘平：《民国银行家论社会责任》，上海远东出版社，2017 年，第 5 页。

这样，每年有 0.7 亿盎司矿银不用于市场流通。①

《白银协定》的理论基础是，银价的跌落是白银供应量过剩，因此要限制供给，印度出售的存银量要与主要产银国政府吸收的银量相符。其实，这个协定根本不能解决问题。协定对印度、西班牙基本上没有多大束缚，因为印度出售存银很少有年份达到协定规定的数量（如印度出售白银，1930 年只有 0.295 亿盎司，1931 年最多也就 0.35 亿盎司，低的时候只有 0.24 亿盎司；西班牙也没有达到协定最高数），协定反而给了印度、西班牙"归并出售"的权利，即一年没有达到协定规定的数量，第二年可以归并出售，可能导致第二年出售白银总数猛增。对于主要产银国也没有明确限制其生产，只规定其收买矿银数，这实际上刺激了产量。协定规定主要产银国每年购买矿银 0.7 亿盎司，这实际上是鼓励银矿生产。以 1932 年为例，主要产银国产量达到 1.606 亿盎司。② 加上协定规定的印度、西班牙出售存银，市场供应量在 2 亿盎司左右。而消费白银数，除产银国购入 0.35 亿盎司外，中国以外各国用银生产辅币 0.45 亿盎司，用于工艺美术电影之生银 0.3 亿，印度购入生银 0.3 亿盎司，合计 1.4 亿盎司。市场供应量减世界各国消费量，就是中国能够购入生银数量，为 0.6 亿盎司。中国在 1930 年购入数为 1.3 亿盎司，1931 年购入数为 0.6 亿盎司。③ 换言之，中国可能打破这种平衡，购入数多于 0.6 亿盎司就会刺激白银价格上升，鼓励生产。

这个协定签订时各方目的不同，产银国希望存银国限制出售存银，存银国希望产银国减少产银，它们都只希望阻止银价跌落，并不反对银价上涨；用银国希望银价稳定，既反对银价跌落，也不赞同强制提高银价。这些协议对于印度、西班牙等存银国并没有多大束缚，因为他们出售白银的数量很少达到规定的数值。协议事实上主要有利于美国等主要产银国，因为它阻止了白银价格下跌。《白银协定》虽是为稳定银价，但"所谓安定，不过一空洞之名词"，美国可以自由解释，或将银价提高。这势必导致美货价低，倾销

---

① 马寅初：《中国经济改造》，《马寅初全集》第 8 卷，浙江人民出版社，1999 年，第 466—467 页。

② 张一凡：《白银协定与中国》，《中华月报》第 1 卷第 7 期，1933 年 9 月 1 日，第 A11 页。

③ 黄元彬：《白银国有论》第 1 册，第 12—13 页。

到中国市场，超过英日等国，且中国工业也因此受到打击。[①] 对中国而言，这个白银协定只规定中国不得出售熔化的银币，束缚不大，因为中国不太可能出售这种银子。但是，从中国政府稳定银价的初衷来看，协定没有达到中国想要的目标。因为协定只阻止白银价格下跌，并不阻止白银价格提高，后一点对世界主要用银国中国不利。正因为如此，在南京国民政府讨论批准《白银协定》问题时一度出现激烈讨论。

当时，美国政府采取了购银政策。1933 年 12 月 21 日，美国总统罗斯福（Franklin Delano Roosevelt）发布公告，声称美国政府将在四年内每年购银 0.244214 亿盎司，每盎司价格为一元二十九先令（美金 0.64 元）。[②] 这项白银购买价格高出市价三分之一，显然会导致世界银价被动提高。[③] 美国的政策是提高银价，这导致中国必须付出更多的货物去换取白银。银价提升，农产品价格跌落，农民承受痛苦。因为洋货价格低，国货更难竞争。所以，在对外贸易上中国势处不利。而且，世界银价提升，可能导致中国国内存银流出套利，进一步推高国内银价，影响国内生产、消费及国家财政。因此，不少人担心，批准《白银协定》将使中国承受危害。上海银行公会即于 1934 年 2 月 20 日分别致电罗斯福和南京国民政府财政部。在给财政部的电报中，上海银行公会请求暂缓批准《白银协定》。南京国民政府对此也颇为重视，遂令经济委员会、财政、实业、铁道、内政等部聘请国内经济专家进行讨论。[④] 当时经济学者也有不同意见。有人持反对态度，如李玉藻指出："中国现正埋头努力建设，需要白银流入农村之数量固多；然现正进展之工业，需要海外市场，自然甚大，也是须要利用银价低落，增加输出。而伦敦白银协定之目的，在减少银之出售，稳定银之价格"，与中国之希望背道而驰，极大地影响了处于起步阶段的中国工业。[⑤] 赞同者也有，如王祺等。马寅初

① 马寅初：《〈白银协定〉批准问题》，《马寅初全集》第 7 卷，第 45 页。

② E. W. Kemmerer 著，郑允恭译：《美国购银案与白银协定》，《东方杂志》第 31 卷第 8 期，1934 年 4 月 16 日，第 89 页。

③ 恢：《批准白银协定案》，《政治月刊》创刊号，1934 年，时事述评，第 2 页。

④ 受：《我国通过白银协定》，《外交评论》第 3 卷第 4 期，1934 年 4 月 20 日，一月来之外交与国际政治，第 151、152 页。

⑤ 李玉藻：《伦敦白银协定的〈检〉讨》，《自觉》第 18 期，1933 年 8 月 16 日，第 10 页。

则指出，可不必批准这个协定，如要批准，则建议附带保留条件："倘银价高涨于中国金融及产业有不良影响时，中国政府为保护产业与改革币制之必要，得自由采取相当之行动。"[①]

南京国民政府内部赞同批准者也有，如宋子文等。行政院副院长兼财政部部长孔祥熙则并不反对《白银协定》，但也对银价提高担心。他曾照会美国政府，提请美国政府注意购银政策将影响中国的币值及汇市。他指出，若银价高至脱离世界物价水准，则我国国内通货势将收缩，出口贸易及对外购买力亦将更形低落，同时并提及若银价过高，将使大量银货外溢，而与我国国际收付影响益巨。[②]

经过讨论，南京国民政府最终决定批准这个协定。根据协定，各签字国应于 1934 年 4 月 1 日以前批准，交美国政府保存批准书。1933 年 12 月 21日，美国正式批准了《白银协定》。1934 年 2 月，美国政府催促中国政府批准。2 月 13 日，南京国民政府外交部、财政部会呈行政院，希望批准协定。行政院第 148 次会议决议通过，送中政会审查。[③] 2 月 27 日，中政会审查《白银协定》，第二天决议原则通过，送交立法院审议。立法院交外交、财政、经济三委员会审查。3 月 7 日，立法院三委会开联席会议，马寅初、陈长蘅、卫挺生、傅秉常、史维焕等与会，审议结果认为协定应该批准，但须附带保留声明，"即如与中国产业有危险时，中国得采必要之行动，俾不致受协定之限制与束缚。" 9 日，立法院开会。马寅初、陈长蘅等主张附带保留条件予以批准，王祺等主张无条件批准，两方激烈辩论，最终以主张附带条件通过。[④] 最终，立法院附带保留批准该协定。附带条件为："中国政府批准此约时，声明因银币现为中国本位币，倘遇金银比价或物价发生变动，至中国政府认为足以妨害中国国民经济而与本协定安定银价之精神不合时，得自由采取适当之行动，不受本协定之限制。"随后，国民第 399 次会议将

① 马寅初：《〈白银协定〉批准问题》，《马寅初全集》第 7 卷，第 51 页。
② 《孔祥熙谈伦敦白银协定对我国的影响》，1935 年 2 月，财政部财政科学研究所、中国第二历史档案馆编：《国民政府财政金融税收档案史料（1927—1937）》，第 401 页。
③ 陆俊：《民国二十三年外交大事记：（五）我国批准白银协定事及批准书全文》，《外交部公报》第 7 卷第 4期，1934 年 4 月，专载，第 49—50 页。
④ 《银价问题与白银协定》，《大道半月刊》第 7 期，1934 年 3 月 16 日，国内外大事述评，第 11—12 页。

"或物价"及"不受本协定之限制"字样删除。3 月 21 日，南京国民政府批准了《白银协定》。同日，外交部电知中国驻美使馆，先行口头通告美国，随后再转送正式批准书。[①] 至此，中国完成加入《白银协定》的手续。

随后，南京国民政府为履行《白银协定》规定的义务，制订了专门的国内法。据《申报》报道，立法院于 4 月份起草了《妨害银本位币处罚暂行条例》。条例规定："中央批准白银协定，政府深恐有人利用银价高涨，将银本位币任意销毁，影响国家金融，特订妨害银本位币处罚暂行条例。内容凡以营利为目的，因而销毁银本位币，及现行厂条，或旧有银元者，均须予以相当处罚，分一年以上七年以下有期徒刑，并科千元以下罚金。其改造或减损现行货币分量者，并依刑法伪造货币罪从重科罚，他如仿制旧时宝银或银锭，藉图行使者，除处以徒刑或并科罚金外，并悉数没收之。"[②] 可见，南京国民政府对《白银协定》的执行是认真的。

对于白银协定，南京国民政府官方是持肯定态度的。中国政府代表颜惠庆在签字后对记者表示，《白银协定》有利于中国，达到了中国代表团的目的，认为"参加世界经济大会中国代表团之主要目的，在稳定银价。今此协定可助成银价之稳定，且可使银价恢复常态，如是则中国购买力大增，而目前经济恐慌亦可稍减"。[③]

但是，南京国民政府肯定《白银协定》是基于"稳定银价"的预期，但这个协定并不能真正稳定银价，只是在四年内防止银价下跌，并不阻止银价提高。美国随后采取的购银政策，打破了中国希望藉《白银协定》稳定银价的美梦，引起了 1934 年下半年至 1935 年的中国白银危机。1934 年 10 月 3 日，上海市银行业公会等致函财政部部长孔祥熙，指出海外银价高涨，引起中国白银外流，出口之数与日俱增，以致内地金融枯寂，百业凋敝。同时，银价高涨，引起国内物价低落，工厂无法维持，影响国计民生。[④] 10 月 15

---

① 陆俊:《民国二十三年外交大事记:(五)我国批准白银协定事及批准书全文》,《外交部公报》第 7 卷第 4 期, 1934 年 4 月, 专载, 第 50 页。
② 《妨害银本位币处罚暂行条例》,《申报》1934 年 4 月 24 日, 第 2 张第 6 版。
③ 《世界经济会议近讯》,《国际周报》第 4 卷第 12、13 期合刊, 1933 年 8 月 9 日, 第 84、86 页。
④ 洪葭管主编:《中央银行史料》上卷, 中国金融出版社, 2005 年, 第 316 页。

日，财政部向行政院提交了处置防止白银外流及制定白银出口税情形提案。财政部在报告中指出，此次银价高涨与美国购银法案实施有关。财政部与美国政府多次商洽，但毫无具体办法。为了应对危机，财政部决定征收银出口税及平衡税，并设立外汇平市委员会，其任务为核定每日应征平衡税之标准，阻止外汇极度涨落。① 这得到行政院会议同意，并送中政会备案。②

伦敦《白银协定》还引发了中国币制改革。《白银协定》签订后，国内讨论币制改革者意见纷歧。③ 最终，南京国民政府决定放弃银本位制，采用纸币制度，改行外汇本位制。在英国金融资本的扶持下，南京国民政府财政部进行了币制改革。1935 年 11 月 3 日，财政部发布通告，决定将中央、中国、交通三大银行发行钞票定为法币，规定"所有完粮纳税及一切公私款项之收付，概以法币为限，不得行使现金"。通告要求各种银类货币均需兑换法币。为了稳定汇价，规定由三大银行无限制买卖外汇。④ 同时将法币与英镑挂钩，规定 1 法币等于 1 先令 2.5 便士。英国金融资本家怂恿中国在伦敦出售白银，购入黄金，作为备用金。美国见此有利于英国，于是停止在伦敦购银，导致伦敦白银价格暴跌，进而导致中国法币的汇价跌落到法定汇价下。法定汇价不能维持，法币的信用就会动摇，将引起经济恐慌。于是，中国政府只得派人去美国磋商白银问题。1935 年底，陈光甫带着中国银行团与美国财长进行谈判。1936 年 5 月 14 日，双方达成中美《白银协定》。该协定规定："美国财部应向中国购买白银五千万盎司，每盎司以美金五角作价，俾以卖价所得，而在汇兑市场上维持中国货币现行价格。"这样，中国货币的汇价就由美国掌握了。⑤

① 《孔祥熙谈伦敦白银协定对我国的影响》，1935 年 2 月，财政部财政科学研究所、中国第二历史档案馆编：《国民政府财政金融税收档案史料（1927—1937）》，第 401—402 页。

② 洪葭管主编：《中央银行史料》上卷，第 316—317 页。

③ 陈长蘅：《白银协定之由来及其与中国之关系》，《四川经济月刊》第 1 卷第 5 期，1934 年 5 月，经济时事问题，第 4 页。

④ 《财政部关于施行法币布告》，1935 年 11 月 3 日，中国第二历史档案馆编：《中华民国史档案资料汇编》第 5 辑第 1 编《财政经济》（五），第 314—315 页。

⑤ 厉吾：《中美白银协定的解剖》，《学行月刊》第 1 卷第 3 期，1936 年 8 月 1 日，第 8 页。

第四节　积极加入交通类国际公约

相比政治、经济类国际公约，南京国民政府前期加入交通类国际公约数量较多，这主要是因为当时国际社会对交通事务管理达成共识较多。南京国民政府加入的交通类国际公约主要涉及邮政、电信、航海三类。邮政类国际公约以《国际邮政公约》为代表，电信类国际公约以《国际电信公约》为代表，航海类国际公约以《国际海上人命安全公约》为代表。这些国际公约没有特别政治含义，多属于专项事务规定。加入这些公约有利于进行国际合作，且在相应事项上有利于中国本身事业发展。南京国民政府对于这些公约多持积极态度，通过代表在相关会议上发声，提出自己的主张，维护自身权利与利益。

一、　加入邮政类国际公约

邮政类国际公约，主要是国际邮政公约，包括《国际邮政公约》及其最后议定书、施行细则，《航空运寄信函邮件规定》及最后议定书，《国际邮政保险信函及箱匣协定》及其最后议定书、施行细则，《国际邮政包裹协定》及其最后议定书、施行细则，《航空运寄包裹之规定》及其最后议定书，《国际邮政汇兑协定》及其施行细则，《国际邮政旅行支票之附录》等。

世界各国共同商讨国际邮政规则，始于 1874 年伯尔尼（Berne，又译盘恩）会议。当时，德、俄、法、英、美等 22 国代表举行会议，10 月 9 日签订《关于创设邮政总联盟条约》（称为《伯尔尼公约》）。这是世界上第一个国际邮政公约，全文二十条，"奠定各国邮政间合作收递之基础，为联邮史上最重要之文献。"① 1878 年，邮政总联盟在巴黎举行第二次会议，修订了公约，定名为"万国邮政公约"，并将邮政总联盟改名为万国邮政联盟（公会）。

万国邮政联盟 1914 年 9 月在马德里举行大会，在受邀后，民国北京政

---

① 联邮处：《一八七四年伯尔尼邮政公约》，《现代邮政》第 4 卷第 5 期，1949 年 5 月 20 日，第 8 页。

府选派戴陈霖为全权代表参会，并派邮政总局总办帛黎会同办理。此后中国政府积极参与万国邮政联盟的活动，维护中国的权利。

南京国民政府继承了前政府在万国邮政联盟的地位，积极参与该组织活动。1929 年 5 月 10 日，万国邮政联盟第九届大会在伦敦举行，共八十余国代表二百余人参加会议。① 这是南京国民政府首次出席万国邮政大会，因此颇为重视。南京国民政府行政院派驻英公使施肇基、交通部邮政司司长刘书蕃为全权代表。② 随后，交通部又派郑义琛、梅鼎等人为全权代表随员，并按照惯例选派希乐思、麦伦达、钱春祺、濮兰、李文辉等为参赞，组成中国代表团。③ 后由于施肇基回国，无法赶上会议，因此中国全权代表实际上只有刘书蕃。④ 中国代表团虽然人数不多，但仍能积极活动。⑤

6 月 28 日，会议闭幕，各国代表在各项协约上签字。此次达成一公约六协定，包括：《国际邮政公约》；《信函及保险箱匣事务施行细则》（《国际邮政保险信函及箱匣协定》）；《包裹事务施行细则》（《国际邮政包裹协定》）；《汇兑事务施行细则》（《国际邮政汇兑协定》）；《邮局拨账办法》；《邮局代收及代付款项办法》；《邮局代定报纸办法》。中国政府代表在前四种文件上签字，后三种文件因当下无加入必要而没有签字。⑥

中国政府代表签字的《国际邮政公约》《国际邮政保险信函及箱匣协定》《国际邮政包裹协定》《国际邮政汇兑协定》四种文件随后被英国政府送达中国政府，南京国民政府交通部将其翻译后，于 1930 年 6 月 5 日会同外交部

---

① 《特派出席伦敦万国邮政联合会全权代表刘书蕃呈第三号：为呈报邮政联合会开会情形由》，《交通公报》第 47 期，1929 年 6 月 15 日，公牍，第 31 页。

② 《国民政府令：特派施肇基、刘书蕃为万国邮政联合会中华民国全权代表》，1929 年 2 月 27 日，《行政院公报》第 27 期，1929 年 3 月 6 日，府令，第 6 页。

③ 《交通部咨第一四〇号：为抄送出席万国邮政会议代表暨随员名单及考察邮政经过地点，请转知驻在各该国公使予以协助由》，1929 年 3 月 1 日，《交通公报》第 26 期，1929 年 4 月 3 日，公牍，第 19 页。

④ 《交通部咨第三一一号：为万国邮政联合会于五月十日在伦敦开会，施代表业经回国，势难赶及，请即饬知英使，以资洽治由》，1929 年 5 月 8 日，《交通公报》第 40 期，1929 年 5 月 22 日，公牍，第 29 页。

⑤ 《特派出席伦敦万国邮政联合会全权代表刘书蕃来呈：为呈报出席邮政联合会情形由》，《交通公报》第 57 期，1929 年 7 月 20 日，公牍，第 11 页。

⑥ 《交通部指令第三四〇三号，为呈报万国邮政联合会闭会日期及签定各项协约由》，1929 年 8 月 31 日，《交通公报》第 73 期，1929 年 9 月 14 日，命令，第 21 页。

向行政院呈请批准。① 行政院会议通过决议，呈送国民政府。国民政府决定将此交立法院。6 月 11 日，国民政府文官处致函立法院，要求审议。② 1930 年 6 月 21 日，立法院第九十七次会议决议，交该院外交委员会审查。6 月 30 日，该会第七次常务会议审查结果认为，该公约及各协定内容"大致妥善"，决定照原文批准。8 月 9 日，立法院第 104 次会议讨论，决定照审查报告通过。随后，该案经国民政府第八十九次国务会议通过，决议照案批准。③ 8 月 15 日，国民政府批准公约及协定，并随后由外交部照会英国外交部，通知缔约各国政府，完成缔约手续。④

二、 加入电信类国际公约

在北京政府时期，中国先后加入《国际无线电报公约》《万国电报公约》。南京国民政府成立后，试图立即参与国际电报公会和国际无线电报公会的活动。但是，由于刚建立时没有获得列强承认，南京国民政府未能派代表参与相关会议。1927 年 10 月，华盛顿国际无线电报会议只邀请了民国北京政府所派代表。

不过，华盛顿公约的最终批准手续是南京国民政府完成的。按照华盛顿《国际无线电报公约》条文，该约应于 1929 年 1 月 1 日实行。此时民国北京政府已经垮台，南京国民政府继承了中国在上述公会中的地位。南京国民政府建设委员会咨请外交部，希望呈请行政院，转呈国民政府批准公约。⑤ 南京国民政府外交部部长王正廷认为该公约实有批准之必要，呈送行政院。行政院决议，转呈国民政府审核。国民政府第二十六次国务会议决议，交立法院讨论。1929 年 5 月 4 日，立法院第二十二次会议决议，先由该院外交委员

---

① 《交通、外交部呈：为译呈伦敦邮政公约请批准由》，1930 年 6 月 5 日，《交通公报》第 153 期，1930 年 6 月 21 日，公牍，第 23 页。

② 《国民政府文官处函关于国际邮政公约协定一案，奉批交立法院，函达查照由》，1930 年 6 月 11 日，《立法院公报》第 19 期，1930 年 7 月，公牍，第 22 页。

③ 《训令第三○七九号，为奉发伦敦国际邮政公约案批准书等件仰遵照办理由》，1930 年 8 月 22 日，《行政院公报》第 180 期，1930 年 8 月 27 日，训令，第 18 页。

④ 《国际公约参加之经过》，《时事年刊》第 1 期，1931 年，第 242 页。

⑤ 《咨外交部请呈明国民政府批准国际无线电公约及附属规则由》，1929 年 2 月 22 日，《建设》第 3 期，1929 年 4 月，公牍，第 16 页。

会审查。① 5 月 10 日，立法院外交委员会开会审查。傅秉常、卢仲琳、张凤九、楼桐孙、郭泰祺出席，由委员长傅秉常主持会议，会议结果认为应批准公约，但须附带声明。② 5 月 25 日，立法院第二十六次会议讨论外交委员会审查报告，决议："（一）照审查报告，依国民政府组织法第二十五条规定通过无线电公约。（二）照审查报告通过批准华盛顿无线电公约附带声明书。"③ 附带声明书内容为："中华民国国民政府于批准本公约及规则时正式声明，中华民国国民政府不承认，亦不让与任何外国或其人民在租借地、居留地、租界、使馆界、铁路地界及其他同样界内未经国民政府许可而有安设或使用无线电台之权。凡本公约及附件所记载有涉及各该租借地者，无论明指或暗示，对于中国主权不生任何影响。"④ 随即，此案经国民政府批准，外交部通过驻美使馆完成批准手续，正式接受华盛顿《国际无线电报公约》。

南京国民政府还积极利用公约赋予的权利，维护中国主权，利用公约查禁外人私设电台案就是如此。南京国民政府颁布《电信条例》明确禁止外人私设电台，并将《电信条例》送达伯尔尼电报公会。当发现外人私设电台事实后，南京国民政府即依据《电信条例》和公约规定予以查禁。例如，英国侨民莫尔克姆在烟台私设无线电机，被中方查获。山东特派交涉员致英国驻烟台领事，要求制止，信函明确提及《国际无线电报公约》《电信条例》。英国领事将此转呈英国驻华公使，英使诿为不知，并称："凡欲将中国章程及条例实施于英国侨民，而使其遵照时，应由中央政府先行与本公使接洽商办，方为相当办法。此项电信条例，向未准中国外交部通知，且事关国际重要问题，显系应由中央政府与本公使直接商酌。"对此，外交部向交通部查询相关条例和公约。交通部明确指出："私人非经政府正式核准，不得装置无线电机，系为世界各国之通例。按照《国际无线电报公约》附属规则第一

---

① 《立法院呈报关于议决国际无线电公约文》，1929 年 6 月 3 日，《立法专刊》第 1 期，1929 年 9 月，第 160 页。

② 《立法院外交委员会第一次常会会议事录》，1929 年 5 月 10 日，《立法院公报》第 6 期，1929 年 6 月，第 29—30 页。

③ 《立法院呈报关于议决国际无线电公约文》，1929 年 6 月 3 日，《立法专刊》第 1 期，1929 年 9 月，第 160 页。

④ 《国际无线电报公约及附属规则：附呈·批准华盛顿无线电报公约附带声明书》，1929 年 6 月 3 日，《立法专刊》第 1 期，1929 年 9 月，第 161 页。

条，关于私家试验电台之规定第二项，业余电台得由私人设置，但须经正式核准，为完全私人兴趣而设，并无营业性质者。该项条文具在，可以覆按。"交通部且指出，中国政府早在 1921 年华盛顿会议时就外人私设电台一案发表声明，《电信条例》也有规定，《电信条例》也在伯尔尼国际电报公会会刊公布，这些说明中国查禁完全有理。1930 年 1 月 23 日，交通部致函外交部，要求向英方严重交涉，务令转饬撤销。[①] 这一案件说明南京国民政府懂得利用公约维护自身权利。

南京国民政府正式完整参与整个订约过程的电信公约是 1932 年马德里《国际电信公约》。1932 年 9 月，国际电报公会拟在西班牙首都马德里召开第十三届国际电报大会。此次会议拟讨论的问题包括修改公约，及讨论合并有线电与无线电两公约之重要议案，因此要求各国代表具有全权。南京国民政府派中国驻西班牙代办王麟阁作为全权代表。

对于此次会议，南京国民政府交通部做了准备，训令各局行政技术人员根据约章规则，悉心研究。彭遵路、沈子彝、瞿子良、郁秉坚等人提出了修改意见：（一）对于有线电报和无线电报公约合并一案，应予以赞成。因为中国均已参加有线电报公约和无线电报公约，而随着形势的发展，无线电报与有线电报联络日益增多，业务手续、传递方法大同小异，两公约合并，规程统一，可互相促进。但是，对有些条款拟提出修改意见。如第七条，关于检查电报办法，拟在"违反国家法制、社会公安及驯良风化"之下加入"经济事业之状况"。这主要是防止各国以各种手段攫夺土货销路或囤积居奇。第十条，关于分区订价，原文是电报在同一路线中往来者价格一律，惟一国在欧洲区内得分两大部分。由于中国幅员辽阔，维持费用高，建议可分为二三区进行订价。另外，公约签字国有不少是欧洲之外的国家，建议修改条文，改为不能限于欧区。第十四条，关于公会理事所之经费，建议按照业务规则第八十四条第三节的等级及分配法进行明确。此外，为防止野心国利用公约超越国家法律，建议增加一条，"凡本约及其附章各条所未显明规定者，

---

① 《交通部咨第五一号：为英人莫尔克姆在烟台私设电台一案，有违电信条例及国际无线电公约，咨请严重交涉，务令撤销，以儆效尤，并希见复由》，《交通公报》第 115 期，1930 年 2 月 8 日，公牍，第 35—36 页。

均无有侵越任何国法律裁制之意思。"（二）关于业务规则，针对第九条、第二十一条、第二十二条、第三十一条、第七十条等涉及密语电文计字法、计字程式、误计报费处理、迟缓电报处理的条文，提出了一些具体修改意见。[①]这些意见被南京国民政府代表带到了西班牙会议上。

9 月 3 日，国际无线及有线电报会议正式开幕。[②] 据王麟阁向交通部提出的会议情况报告，此次会议主要通过以下议案：（一）关于有线、无线电报公约合并案，决议通过，改名为国际电信公约。（二）关于五字母密语收费问题。大多同意按明语价目收取 60%，每次发电至少付五个字报费，此规定于 1934 年 1 月 1 日起实施。（三）关于无线电业务分配周率问题，多数同意仍旧。欧洲各国定于 1933 年 6 月 1 日前另开会议磋商。（四）苏、日、中声明保留问题。（五）关于广播电台电力问题，暂仍其旧。（六）关于文字问题，会议时英法文并用，但印刷文件只用法文。（七）关于法郎折合率问题，主要是用银国家对现行电报规则所载办法保留。中国声明，他国如变更办法，则中国亦保留变更办法之权。（八）关于票权问题，一国一票，有殖民地者加一票。[③] 12 月 9 日，会议闭幕。各国代表在新公约上签字。新公约包括：《国际电信公约》《公约附属电报规则及其最后议定书》《附属无线电信普通规则及其最后议定书》《附属无线电信附加规则》《国际无线电报会议附加议定书》《国际电信公约附属电话规则》。由于后两项与我国无关，中国代表只在前四项协议上签字。[④]

根据《国际电信公约》第六条，各签字国应尽速按照规定批准。外交部会同交通部呈请行政院，请求批准公约。行政院于 1934 年 8 月 28 日第 175 次会议讨论通过，决议咨送立法院审议。[⑤] 立法院即令该院外交委员会审查。1935 年 1 月 21 日，外交委员会第四届第一次会议讨论决议，先由委员陶履

① 《关于修改国际电报公约及业务规则之意见》，《电信》第 2 卷第 2 期，1931 年 12 月，第 27—33 页。
② 《国际电报会议开幕》，《申报》1932 年 9 月 5 日，第 3 张第 9 版。
③ 《西京马特里国际电报会议消息》，《电友》第 8 卷第 10 期，1932 年，第 44 页。
④ 《行政院咨请审议国际电信公约草案由》，1934 年 8 月 30 日，《立法院公报》第 67 期，1935 年 2 月，公牍，第 9 页。
⑤ 《行政院咨请审议国际电信公约草案由》，1934 年 8 月 30 日，《立法院公报》第 67 期，1935 年 2 月，公牍，第 10 页。

谦、夏晋麟初步审查。25 日，两委员召开初步审查会议，认为该公约"内容大致妥善"，但是，该公约涉及关东（旅大）租借地，与华盛顿无线电报公约情形相同，因此此次批准公约亦应仿照批准华盛顿公约办理，即附带声明书。30 日，外交委员会举行第四届第二次会议，决定照初步审查意见通过，批准公约，但附带声明书。2 月 8 日，立法院第四届第四次会议讨论，决定照审查报告通过。15 日，立法院呈请国民政府批准。① 国民政府于 23 日指令"准如所议办理"。② 4 月 13 日，国民政府颁发批准书。③ 随即，外交部将批准公约书转送西班牙政府存档，交通部将批准书并承认三种附属规则文件函达国际电信公会事务所，完成批准手续。④

中国政府完成批准手续后，西班牙政府将批准书通知各会员国。由于中国政府对外人在租借地等设置电台附加声明书，遭到日本的"异议"，认为系中国的片面声明。交通部认为，日本此种解释，有不承认我国附带声明书之意，且恐他国援以为例，遂咨请外交部交涉，向西班牙政府声明。⑤

可以看出，南京国民政府对于参加《国际电信公约》态度积极，且能够维护自身主权。对于可能有损主权之处，均采取附带声明形式予以防范。

三、 加入航海类国际公约

航海类国际公约包括《国际海上人命安全公约》及附件、最后议定书，《航海信号协定》及其章程，《有人看守之灯船离开所驻地协定》，《国际船舶载重线公约》及其最后议定书、附件，及《关于标明航运重包裹公约》等。

《国际海上人命安全公约》属于国际海上交通公约，订立目的是保障船舶海上航行安全。国际航海安全公约可以追溯到《航海避碰章程》。1889 年，

---

① 《国际电信公约草案审查报告》，《立法院公报》第 67 期，1935 年 2 月，立法院各委员会审查报告，第 5—10 页。

② 《国民政府第十一号指令：令立法院，国际电信公约可予批准一案，准如所议办理，仰候令行政院转饬遵照》，1935 年 2 月 23 日，《立法院公报》第 68 期，1935 年 3 月，命令，第 2 页。

③ 《国际电信公约附属电报规则》，《立法专刊》第 12 期，1936 年 1 月，第 357 页。

④ 《国际电信事业之参加：批准国际电信公约之通知》，《中国国民党指导下之政治成绩统计》第 7 期，1935 年 7 月，第 101 页。

⑤ 《一月来之电政：（七）交涉关于批准国际电信公约附带声明书事》，《交通职工月报》第 3 卷第 11 期，1936 年 1 月，报告，第 65 页。

美国在华盛顿召集世界航海公会，订立《航海避碰章程》。[1] 但是，这种章程主要是规范船舶行驶，避免碰撞，没有就船舶构造、救生设施等作统一规定。1912 年 4 月 14 日，"泰坦尼克号"海难事件发生，引起国际社会对海上人命安全的关注。1913 年 11 月 12 日，英国、西班牙、挪威、瑞士等 13 个海运国家政府代表在伦敦召开第一次国际海上人命安全条约会议，商讨新的安全规则，就船舶材料、船舱结构、救生设施等作统一规定。第二年 1 月 20 日，会议各国订立了《国际海上人命安全公约》。这个公约只适用于 12 人以上的船舶，且因世界大战爆发，未能按照原定的 1915 年生效。不过，一战后，各国采用了其中的一些规定。

为保障海上人命安全，协调各国航海关系，统一航海规则，英国政府决定召集第二次国际海上人命安全条约会议，会商修订公约。中国政府派代表参加了这次会议。1929 年 4 月 16 日，第二次国际海上人命安全条约会议在伦敦正式召开，于 5 月 31 日闭幕，英、美、德、法、日、意等 18 国代表签订《国际海上人命安全公约》。该国际公约主要适应于国际航海客船和 1600 吨以上的货船。条约规定，1931 年 7 月 1 日以后建造的船舶，其构造和各项设备必须符合公约规定。至于旧有船舶，则按照公约修改增加设备。[2] 这个公约比 1914 年公约更加详细，内容分三部分，第一部分为正约，计分序言、船舶构造、救护设备、无线电设备、航海安全、证书、总则、终则等八章，共 66 条；第二部分为附则，包括第一附件章程 47 条，第二附件为《修正国际航海避碰章程》，共 31 条；第三部分为最后议定书，内附美国、苏俄等宣言。条约规定，如能有五个国家政府于 1931 年 7 月 1 日批准，并将批准书送达英国政府存档，则条约于是日生效，同时规定未参加签约各国可以在公约施行后，随时加入。[3]

《国际海上人命安全公约》签订后一年，即 1930 年 4 月，英国外交部通

---

[1] 《一八八九年议定之航海避碰章程现法政府提议修改，我国可否赞同，应将原议案送请核复容》（十二年十一月一日致海军部交通部税务处），《外交公报》第 33 期，1924 年 3 月，条约，第 4—5 页。

[2] 《一年来之航政：（六）国际海上人命安全公约之加入》，《交通职工月报》第 10、11 期合刊，1934 年 1 月，报告，第 19—21 页。

[3] 《国际海上人命安全公约纪要》，《中华法学杂志》第 1 卷第 3 期，1930 年 11 月，国外要闻，第 159—160 页。

过驻华公使蓝普森询问中国政府是否愿意加入此约全部或一部。① 南京国民政府外交部于 1930 年 5 月 3 日转咨海军部、交通部，征求意见。海军部认为，公约与海军、交通两部"互有连带关系"，需要考虑的细节较多，需要两部先行会议讨论。② 1930 年 6 月 3 日，海军部致函交通部，要求派员先期磋商，讨论加入《国际海上人命安全公约》问题。③ 两部约定 6 月13 日在海军部召开各方会议，商讨加入与否。同时，交通部训令上海航业公会，要求派员出席。④ 上海航业公会决定推举肇兴公司陈干青、招商局孙德全出席会议。⑤

经过多次充分讨论，交通部与海军部综合各方意见，最终于 1930 年 12 月 29 日作出决定，同意加入公约，并将此告之外交部。在给外交部的咨文中指出，"关于海船之构造，载重之限制，救生之设备等项规定，固属严厉，但为航海安全计，实可大减海上之危险。"对于该约所涉及的一些具体问题，咨文也作了详细说明，大体认同公约规定。对于航术部分，"拟照该公约全部加入，期与万国合辙。"该约规定在大西洋冰区进行巡逻，需要各国出资。中国虽没有商船到达该处，但军舰可能行驶，因此两部决定出资百分之一。⑥

外交部将此上报行政院转呈国民政府。国民政府决议，转送立法院审查，完成立法程序。1932 年 3 月 28 日，立法院举行第 137 次会议，讨论海上人命安全公约及附属规则案，决议交外交、军事两委员会审查。⑦ 4 月 8日，立法院外交、军事两委员会举行联席会议，讨论国际海上人命安全公约案，决议提交院会批准。⑧ 10 月 29 日，立法院举行第 208 次会议，由该院外交委员会报告《会同委员朱和中、卫挺生、史维焕重行审查海上人命安全

① 《一年来之航政：（六）国际海上人命安全公约之加入》，《交通职工月报》第 10、11 期合刊，1934 年 1月，报告，第 20 页。

② 《本部六月份工作概况：会议海上人命安全公约》，《海军公报》第 13 期，1930 年 7 月，附录，第 220 页。

③ 《海军部公函第三一〇号：函知海上人命安全国际公约一案定本月五日开会请派员莅会讨论由》，1930 年6 月 3 日，《海军公报》第 13 期，1930 年 7 月，公牍，第 132 页。

④ 《海上人命安全国际公约》，《航业月刊》第 1 卷第 1 期，1930 年 7 月 1 日，汇闻：内国航讯，第 13 页。

⑤ 《国际海上人命公约会议延期》，《申报》1930 年 6 月 11 日，第 4 张第 13 版。

⑥ 《交通、海军部会咨第九五六、二九〇号：咨复会商加入海上人命安全国际公约意见请酌核办理由》，《海军公报》第 19 期，1931 年 1 月，公牍，第 239—241 页。

⑦ 《立法院一三七次会议，通过公务员惩戒法》，《申报》1931 年 3 月 29 日，第 3 张第 9 版。

⑧ 《立法院之联席会议》，《申报》1932 年 4 月 9 日，第 3 张第 9 版。

公约及附属规则案》，决议通过。① 至此，加入《国际海上人命安全公约》完成了国内立法程序。1933 年 1 月 19 日，由外交部电令驻英使馆办理加入手续。2 月 13 日，中国驻英使馆照会英国外交部，声明加入公约。2 月 28 日，英国政府照覆中国驻英使馆，表示收到中方照会，并按照条约规定，于 5 月 14 日生效。但是，由于《修正国际航海避碰章程》批准国没有达到相应数量，该修正章程暂时未能生效。

中国加入该公约后，交通部与海军部即会商实施办法。1933 年 2 月 14 日，交通部函请海军部派员会议实施办法，包括船舶施行范围、船舶构造、无线电设备、海上保安以及证书核发等。会议决议，先由交通部将该公约刊印颁发给航业公会、驾驶及轮机员联合会、各造船厂等有关系各团体先行研究，再由交通部召集上列各机关会议，决定实施办法。② 4 月 19 日，交通部将公约印发给各航政局、交通部直辖厦门航政办事处、各航业同业公会、各驾驶员联合会、轮机员联合会等，并要求按照公约规定，就客轮改良设备进行准备。因为按照规定，5 月 14 日为中国加入生效时间，客轮改良设备不容再缓，需从速研究。③

1933 年 5 月 12 日，南京国民政府公布了《国际海上人命安全公约》、第一附件及最后议定书，同时公布将该公约第四十一条"舵机令"改为"直接意义"，用"right，left"字样。④ 交通部按照行政院训令，要求各航政局转饬各轮船公司遵照执行。⑤ 同时，行政院要求交通部召集有关系各部，会商订立"关于该约所有应订各种法规及证明书"。7 月 1 日，交通部召集海军、财政、外交三部会议，"议决由交通部制定国际航海安全证书，国际航海无线电信安全证书，特许免除证书等式样，并起草造船厂监督办法，及商船稳

---

① 《立法院通过海上安全公约》，《申报》1932 年 10 月 30 日，第 1 张第 3 版。
② 《讨论加入海上人命安全国际公约后实施办法会议》，《交通职工月报》第 2 期，1933 年 4 月 15 日，第 10—11 页。
③ 《交通部训令第二〇七〇号：为国际海上人命安全公约，我国已经加入，关于客轮如何改良设备一项，仰即转饬遵照前令，从速研究，签注呈核由》，1933 年 4 月 19 日，《交通公报》第 449 期，1933 年 4 月 29 日，命令，第 6 页。
④ 章进主编：《中国外交年鉴（民国二十二年一月至十二月）》，第 51 页。
⑤ 《一月来之航政：（八）加入国际海上人命安全公约》，《交通职工月报》第 5 期，1933 年 7 月，报告，第 9 页。

度试验办法,送由外交部分送各国政府知照。"[1] 这些证件和办法随后都进入实施阶段。例如,国际航海安全证书由交通部颁发给新轮船。1935 年 7 月 18 日《申报》就报道了招商局四艘新轮船领取国际航海安全证书的情况。该证书内列有《国际海上人命安全公约》所规定的各项设施。[2] 这种证书的领取成为常态。交通部还专门制订了领取国际航海安全证书临时办法。[3] 可见,南京国民政府对《国际海上人命安全公约》还是颇为重视的。

第五节 选择性加入社会类国际公约

社会类国际公约涉及范围较广,包括灾害救济、战争伤病人员与战俘待遇、禁毒、妇女儿童保护、劳工权益保护等各种事项。南京国民政府对这类国际公约的加入主要基于人道、国情及中国本身权益的考量,采取选择性加入政策。加入这些国际公约,对于促进中国的国际交往与合作,拓展中国国际空间,融入国际社会具有重要意义;同时,这些国际公约也有利于中国社会事业的发展,有利于下层社会的权益保护。

一、 加入慈善类国际公约

慈善类国际公约,是基于人道主义而进行慈善救济的多边条约。南京国民政府加入的慈善类国际公约既有关于灾害救济的一般公约,也有关于战争伤病人员与战俘待遇的特殊公约。前者的典型是《国际救济协会公约》,后者的典型是《改善战地伤者病者命运公约》和《战时俘虏待遇公约》。

《国际救济协会公约》是依据《国联盟约》第二十三条、第二十五条等相关规定而成立。1927 年 7 月 12 日,英、法、德、意等 28 个国家在日内瓦签订

---

① 《海难之预防与救护:海上人命安全公约之实施》,《中国国民党指导下之政治成绩统计》第 7 期,1933 年 7 月,行政—交通,第 137 页。

② 《招商局四新轮国际航海安全证领到,转示香港政府,即可领取客牌》,《申报》1935 年 7 月 18 日,第 3 张第 10 版。

③ 《请领航海安全证书,交部制定办法,航政局已通饬遵照》,《申报》1936 年 4 月 26 日,第 3 张第 11 版。

《国际救济协会公约》二十一条及附属章程十九条。公约第十五条规定，1928年4月30日以前，"凡国际联合会会员国，或参加日内瓦会议之非会员国，或经国际联合会行政院送达本公约副本以备签字之各国，均得签字于本公约。"第十七条规定，自该年5月1日起各国均可加入公约。第十八条规定，当获得12个国家批准或加入，并拟认股款达到600股时，公约生效。[①]

《国际救济协会公约》的目的是"防止国际间灾害事件之发生及增进国际间救济工作之效率"。[②] 第二条规定该会宗旨：遇有不可抗力导致的严重灾祸，当所需救济超过受难人民能力与资力时，给予灾民紧急援助，并代为募集赈款、赈品及征求各种救济。遇有公共灾祸发生时，随时调节各公益机关的活动，并研究防灾办法，鼓励、劝导人民实行国际互助。[③] 显然，这种救济组织对于国际间互助救灾有积极意义，对于中国这种灾害较多且欠发达的国家十分有利。

1933年7月间，国际救济协会正式成立。7月27日，该会致函南京国民政府外交部，邀请中国加入该会。外交部于9月27日转致内政部征询意见。[④] 内政部与赈务委员会认为，中国连年灾患频仍，希望加入《国际救济协会公约》。行政院遂向国民政府提出呈请。国民政府决议，送中政会审查。中政会第408次会议决定加入。1934年5月26日，国民政府训令立法院审议。[⑤] 立法院第三届第六十一次会议议决，交外交委员会审查。随后，审查委员会第三届第三次、第四次会议讨论，认为中国可以加入。[⑥] 10月26日，立法院第三届第七十七次会议决议，照审查报告通过，加入《国际救济协会公约》。[⑦] 1935年3月16日，国民政府指令，"准如所议办理"，并令行政院转饬遵办。4月15日，国民政府颁发加入书。外交部奉令后，训令中国驻国

① 《国际救济协会公约》，《立法专刊》第12期，1936年1月，条约案，第317、319—320页。
② 章进主编：《中国外交年鉴（民国二十四年一月至十二月）》，第67页。
③ 《国际救济协会公约》，《立法专刊》第12期，1936年1月，条约案，第317—318页。
④ 章进主编：《中国外交年鉴（民国二十四年一月至十二月）》，第67页。
⑤ 《国民政府第三四七号训令：检发国际救济协会公约国际救济协会章程令仰查照审议由》，1934年5月26日，《立法公报》第61期，1934年6月，命令，第1页。
⑥ 《外交委员会审查报告：加入国际救济协会公约案审查报告》，《立法院公报》第63期，1934年10月，立法院各委员会审查报告，第1—2页。
⑦ 《呈国民政府为本院会议决议我国可以加入国际救济协会公约缮具修正译文，呈请鉴核由》，1935年3月9日，《立法院公报》第68期，1935年3月，公牍，第3—4页。

联办事处，于 5 月 27 日将批准书送达国联秘书处，29 日完成登记。

除了《国际救济协会公约》外，《改善战地伤者病者命运公约》和《战时俘虏待遇公约》也是中国当时加入的重要慈善类公约。

1929 年 7 月，瑞士政府邀请国际红十字会各国在日内瓦召开大会，商议修订日内瓦《救护战时受伤患病兵士公约》（《日内瓦红十字会公约》），并商订《战时俘虏待遇公约》。7 月 27 日，会议各国签订《改善战地伤者病者命运公约》《战时俘虏待遇公约》。前者共八章三十九条，规定军队内军人及其他随军服务人员受伤生病所应受到的尊重及保护，交战国对于这些伤病员应给予人道主义待遇及救护。[1] 后者共十章九十七条，规定战俘所受人道主义待遇及如何管理战俘等问题。[2]

会议前，瑞士政府也邀请中国参加会议。当时，南京国民政府派驻瑞士代办萧继荣作为代表出席会议，并在公约上签字。会议后，萧继荣将公约文本送回国内。按照规定，公约于 1931 年 6 月 19 日开始施行。因此，外交部在是年初征求军事部门意见，是否应予批准。外交部指出，《改善战地伤者病者命运公约》系根据 1864 年成立、1906 年修改的《日内瓦红十字会公约》再加修改，"较诸原约更为美备"。而《战时俘虏待遇公约》比 1899 年、1907 年两次《海牙陆地战例条约》更好，"其自成一约，首尾完善，实始于此次之约。"外交部对该两公约均予肯定。但由于涉及军事、内政等部门，外交部致函海军、军政、内政等机关，征求意见。[3] 不知何故，军事部门直到 1934 年才讨论这个问题。1934 年 1 月 19 日，军政部致函海军部，指出上述两公约"均甚妥善"，应予以批准，并就此征求海军部意见。1 月 22 日，海军部回函表示赞同。[4] 3 月 10 日，外交部将两公约提交给行政院，请求完成批准手续。4 月 17 日，行政院第 156 次会议讨论该案，决定请中政会议秘

---

[1] 胡永龄：《战时国际公法》，中华书局，1948 年，第 790—797 页。

[2] 《外交委员会会同军事委员会审查报告：战时俘虏待遇公约草案之审查报告，附战时俘虏待遇公约》，《立法院公报》第 72 期，1935 年 7 月，立法院各委员会审查报告，第 52—72 页。

[3] 《海军部训令第四二号，令本部直辖各舰队各机关各舰艇长，抄发外交部函送改善战地伤病员及战时俘虏待遇两公约仰照办由》，1931 年 1 月 23 日，《海军公报》第 20 期，1931 年 2 月，命令，第 123 页。

[4] 《海军部公函第四二七号，关于改良战地伤病人员及战时俘虏待遇等公约，本部自可赞同，复请查照由》，1934 年 1 月 22 日，《海军公报》第 56 期，1934 年 2 月，公牍，第 190 页。

书处转呈核定。① 4 月 25 日，中政会第 405 次会议召开，讨论行政院请批准
《改善战地伤者病者命运公约》及《战时俘虏待遇公约》案，同意批准，交
立法院审议。② 5 月 2 日，经国民政府交立法院审议。5 月 11 日，立法院第
三届第五十八次会议议决，由外交委员会与军事委员会审查。5 月 25 日，两
委员会举行联席会议，决议交委员周纬、朱和中共同初步审查。他们的意见
是，公约内容大致妥善，似可予以批准。同时，两委员将两公约译文加以修
正。1935 年 7 月 5 日，立法院外交、军事两委员会第四届第一次联席会议决
议，照初步审查报告批准两公约，并通过修正译文。③ 7 月 12 日，立法院第
四届第二十五次会议通过决议，同意按照审查报告通过。8 月 7 日，国民政
府正式批准。④

南京国民政府批准上述公约后，认真履行条约义务，遵照公约规定处理
相关问题。例如，1937 年 10 月 16 日，南京国民政府军政部训令各地军政部
门，要求遵照公约对待俘虏。训令指出："查国际公约，对于俘虏，均应优
遇保护，我军所获俘虏，应即解送后方收容所，不得虐待加害，藉表我民族
宽厚和平之意志，与宣扬仁爱之精神。"军政部为此将《战时俘虏待遇公约》
摘录印发部队，要求遵照。⑤ 由此可见，南京国民政府对于这种公约是认真
施行的。

二、 加入禁毒类国际公约

在南京国民政府成立之前，禁烟公约主要有《海牙禁止鸦片公约》和
《日内瓦禁烟公约》。前者由清政府派代表参与制订，后者由民国北京政府派
代表参与制订（虽履行公约义务，但未批准）。南京国民政府在此基础上，

---

① 《行政院决议案，叶溯中继任浙教厅长，蒙政会经费先拨二万》，《申报》1934 年 4 月 18 日，第 1 张第
3 版。

② 《中央政治会议》，《申报》1934 年 4 月 26 日，第 2 张第 7 版。

③ 外交委员会会同军事委员会审查报告：改善战地伤病人员公约草案案审查报告》，《立法院公报》第 72
期，1935 年 7 月，立法院各委员会审查报告，第 39 页。

④ 《国民政府第一九七〇号指令：呈为本院第四届第二十五次会议议决改善战地伤病人员公约及战时俘虏待
遇公约可予批准呈请鉴核施行由》，1935 年 8 月 7 日，《立法院公报》第 73 期，1935 年 9 月，命令，第 10 页。

⑤ 《全省保安司令部训令保二字第一四〇五三号：奉军政部令发战时俘虏待遇公约摘要饬即转行遵照等由仰饬
属遵照由》，1937 年 11 月 4 日，《安徽省政府公报》第 958 期，1937 年 11 月 12 日，全省保安司令部训令，第 6 页。

进一步与国际社会合作，开展禁毒工作。南京国民政府前期除继续履行上述国际禁毒公约义务外，还积极参与了其他国际禁毒公约的制定，包括《限制制造及调节分配麻醉药品公约》《禁止非法买卖麻醉药品公约》等。

禁毒类国际公约订立起源于 1909 年中、日、英、法、德、俄、美等 13 个国家在上海举行的第一次国际禁烟会议。第一次国际禁毒会议之后，美国、德国、法国、英国、意大利、日本、荷兰、波斯、葡萄牙、俄国、暹罗与中国等 12 个国家政府派代表于 1911 年 12 月 1 日在海牙开会，并于 1912 年 1 月 23 日订立《各国禁烟公约》（《海牙禁止鸦片公约》）。① 这是第一个国际禁毒公约。此后各国又多次召开国际禁烟会议，并先后订立有关公约，进一步完善禁毒法律。但是，上述公约并不直接限制制造鸦片等，且一些主要鸦片制造国家及大多数非制造国家未批准该公约，② 故迄 1930 年以前该公约未能彻底施行，禁毒效果受限。1925—1930 年，麻醉药品非法贸易数量惊人。③ 据国联秘书厅报告，当时世界制造麻醉药品量每年为 7 万余公斤，超出海牙会议时八九倍，而世界上合法需要麻醉药品数量最多 3 万公斤，可见非法使用的麻醉药品数量惊人。④ 为此，国际社会呼吁直接限制麻醉药品制造。

在南京国民政府成立之初，国际社会多主张对麻醉药品采取进一步管制措施。如 1927 年意大利代表在禁烟顾问委员会（Advisory Committee on Traffic Opium and other Dangerous Drugs，1920 年 12 月 15 日设立，又译鸦片及毒药贸易顾问委员会）中提出直接限制制造主张。1929 年，美国政府提出各国应预先报告其国内每年合法需要麻醉药品数量，并声明愿从何国购买。同年 5 月，法国代表在禁烟顾问委员会中提出应直接限制麻醉药品之制

① 《各国禁烟公约》（补录，1912 年 4 月 12 日公布），商务印书馆编译所编：《国际条约大全》上编，商务印书馆，1925 年增订，第 277—283 页。

② "至一九二五年日内瓦禁烟公约，我国虽因其未能加入限期禁绝熟雅片及取缔公卖制度办法之条文而拒绝加入，但以其对于取缔麻醉药品之组织与办法较海牙禁烟公约为具体化，故为表示国际合作之精神起见，仍履行该约一切义务。"——《呈国民政府关于重行核议国际限制制造及调节分配麻醉药品公约附约及议定书案经决议通过录案呈请鉴核由》，1933 年 6 月 8 日，《立法院公报》第 50 期，1933 年 6 月，公牍，第 5 页。

③ 于恩德：《国际限制制造及调节分配麻醉药品公约之签订及与中国之关系》，《国闻周报》第 10 卷第 43 期，1933 年 10 月 30 日，第 3 页。

④ 于恩德：《国际限制制造及调节分配麻醉药品公约之签订及与中国之关系》，《国闻周报》第 10 卷第 43 期，1933 年 10 月 30 日，第 8 页。

造，荷兰代表也赞同。英国代表遂提出议案，经各代表讨论通过，就限制麻醉药品制造及使用达成共识。6 月，国联行政院开会时，委内瑞拉代表主张严格限制制造。9 月 24 日，国联大会根据禁烟顾问委员会报告，决定由禁烟顾问委员会起草限制制造及使用麻醉药品计划书，以备公约制订。1930 年 2 月，禁烟顾问委员会第十三届常会草拟了一个计划书，并建议国联行政院召开制造国政府或制造人预备会议，协议各国制造麻醉药品比例。这得到国联行政院同意。10 月 27 日至 11 月 11 日，由英国政府召集各制造国政府代表于伦敦磋商。根据此次会议讨论意见及禁烟顾问委员会计划书，英国代表在第十四届禁烟顾问委员会常会中制成公约草案。1931 年 5 月 27 日，国际限制制造麻醉药品大会在日内瓦正式开幕，57 个国家政府代表参会。7 月 13 日，会议闭幕，达成《限制制造及调节分配麻醉药品公约》（包括议定书、葳事文件）。① 这是南京国民政府首个参与制订的国际禁毒公约。

《限制制造及调节分配麻醉药品公约》共七章三十四条，包括定义、估计书、制造之限制、禁止及限制、管理、行政规则、通则。② 公约主要涉及三个问题："（一）规定世界各国麻醉药品正当用途之数量。（二）制造国家分配一定数量之原料。（三）消费国家，按其正当需要之数，加以分配，而不得超过。"这样，公约将麻醉药品原料以至成品，予以层层规定。这个公约与此前禁毒公约相比有其优点："一、限制范围较前为广泛明确。二、全世界每年制造总额不由各制造国自由确定，而决于各消费国之预先估计。三、各缔约制造国，每年应编统计送日内瓦。四、组中央监委会，审查对于某种麻醉药品正当必需量之估计。五、关于禁止限制及受理条文，均较前严明切实。"③ 该公约定于 1933 年 7 月 9 日生效。

这个公约对中国是有利的。因为中国受麻醉毒品危害颇大，但麻醉毒品并非中国制造，而是来自欧美、日本等地。"苟国际间对于麻醉药品之制造，

---

① 于恩德：《国际限制制造及调节分配麻醉药品公约之签订及与中国之关系》，《国闻周报》第 10 卷第 43 期，1933 年 10 月 30 日，第 1—8 页。

② 陆俊：《中国加入一九三一年七月十三日限制制造及调节分配麻醉药品公约之经过及公约签约议定书暨葳事文件之全文》，《外交部公报》第 7 卷第 1 期，1934 年 1 月，专载，第 4—25 页。

③ 《国际限制制造麻醉药品公约，国联禁烟会主席发出通牒，定于七月九日起实行生效》，《拒毒月刊》第 65 期，1933 年，拒毒专载，第 7—8 页。

能予以限制，并能查禁非法私运，则中国所受麻醉药品之毒害，自可减少矣。"① 因此，南京国民政府对该公约的签订是欢迎的。

南京国民政府受邀参与了该公约的制订。1930 年 6 月 14 日、10 月 27 日，国联秘书长两次致函中国政府，邀请中国政府派代表出席公约会议，并希望中国政府能就计划书表达意见。中国驻国联代表办事处将国联秘书长函件转送外交部。1931 年 4 月 30 日，南京国民政府派伍连德、施肇基为代表参会。会期中，因伍连德出席其他会议，改由吴凯声担任代表。会议期间，中国代表积极发表意见。如伍连德主张将海洛因（白面、红丸、金丹等）从药典中取消，公约遂有绝对禁止海洛因一项。这是基于中国利益而提出的一项建议。因为海洛因大量输入中国，使中国遭受毒祸甚深。据国联秘书厅统计，1925—1929 年，世界输出海洛因 2.2545 万公斤，而合法需要数量为每年 700 公斤，因此绝大部分是非法贩卖使用。"今此公约既绝对禁止该项毒品之输入，则中国此后自可渐免除白面、红丸之祸矣。"②

由于未得到授权，会议结束时中国政府代表吴凯声没有在公约上签字，而是在会后将公约、议定书、蒇事文件寄送外交部。同时，国联秘书长亦将该公约文件函送中国外交部，请中国政府注意公约第二十七条及第二十八条关于签字及批准手续。此两条规定，"凡国联之会员国及参加本届会议之非会员国，务于一九三一年十二月三十一日以前签字于原约。"外交部将此转送禁烟委员会，询问是否可以签字。③ 禁烟委员会遂召集内政、外交、财政各部会议，共同审核，一致认为应当签字。禁烟委员会在呈报行政院时指出："查我国麻醉药品之销售数量日见增加，且有用为鸦片替代品。质言之，即受麻醉药品毒害之国家也。所有此项毒品大都悉由国外制成，私行运入，而其私运私售方法，层出不穷，实属防不胜防，非有扩大联合之严密方法及限制制造，不足以遏根源。"这个公约对麻醉药品的制造、运输都有严密规

---

① 于恩德：《国际限制制造及调节分配麻醉药品公约之签订及与中国之关系》，《国闻周报》第 10 卷第 43 期，1933 年 10 月 30 日，第 1 页。

② 于恩德：《国际限制制造及调节分配麻醉药品公约之签订及与中国之关系》，《国闻周报》第 10 卷第 43 期，1933 年 10 月 30 日，第 8 页。

③ 《限制制造麻醉药品公约国府训令立法院审议》，《中华法学杂志》第 3 卷第 1 期，1932 年 1 月，国内要闻，第 99 页。

定，于我国有益，应该签字。[①] 11 月 9 日，禁烟委员会呈请行政院予以签字。行政院第四十七次会议决议，转呈国民政府，由其令立法院审查。[②] 12 月 11 日，国民政府训令立法院审议。立法院第三届第七次会议进行审议，但由于该约"条文繁多，内容复杂，一时未能审查完毕"。[③] 立法院尤其对公约第二章存有疑虑，"按照该约第二章应履行填送每年科学上医药上需用之麻醉药品数量估计书之义务恐不能办到"，而中国对于麻醉药品用于科学上医药上的很少，大部分是吸食，"据实报告不免困难"，且立法院担心中国一旦加入公约，而公约所规定的 25 个国家批准才生效的条件可能难以达到，中国反而需要履行公约第二章所规定的填报估计书义务，决议此案缓议。[④] 此后，此案一直搁置。在此期间，国联秘书处多次致函中国外交部，询问中国政府的态度，希望中国早日批准。

1933 年 5 月，出席第十六届国联禁烟顾问委员会议的中国代表胡世泽电告外交部，各国对于该公约颇为重视，正式加入或批准该公约者已达 37 国。同时，国联禁烟会议主席萧日华声称，国际禁烟困难，私贩团体势力强大，要对付贩毒集团，公约实为一种新式武器。现加入公约国家数量已经超过公约规定所需要法定数，公约定于 7 月 9 日如期施行。外交部遂致函禁烟委员会，征询意见。禁烟委员会认为，有必要催请政府完成批准手续，于是呈请行政院再催立法院审议。为了打消立法院的疑虑，禁烟委员会在报告中提及已与各部讨论了填报估计书的问题。2 月 27 日，禁烟委员会召集内政、教育、实业、军政、海军等部及内政部卫生署开联席会议，一致认为填报估计书不存在困难，可以据实填报。禁烟委员会认为，立法院所担心的两个问题都"迎刃而解"，依据公约第二条，即使中国不加入公约，也需要履行公约所规定的义务。且公约只针对麻醉药品，麻醉药品危害远大于鸦片，又多系

---

① 《审核限制制造麻醉药品会议议定各项公约》，《禁烟委员会民国二十年十一月份工作报告》，1931 年 11 月，国际禁烟事项，第 5—6 页。

② 《限制制造麻醉药品公约国府训令立法院审议》，《中华法学杂志》第 3 卷第 1 期，1932 年 1 月，国内要闻，第 100 页。

③ 《国际禁烟之合作与宣传：国际限制制造麻醉药品公约之加入》，《中国国民党指导下之政治成绩统计》第 7 期，1933 年 7 月，行政—内政，第 47 页。

④ 《行政院咨请核议国际限制制造及调节分配麻醉药品公约附约及议定书案由》，1933 年 5 月 26 日，《立法院公报》第 50 期，1933 年 6 月，公牍，第 26 页。

舶来品，要限制其进口，必须得到各国帮助。为表示国际间之合作及贯彻向来之精神，尤应立即加入。禁烟委员会认为，如中国不加入公约，"我国对于国际禁烟前途将感受无限之困难。"国际禁烟顾问委员会对公约颇为重视，因此禁烟委员会希望中国能在本届国际禁烟顾问委员会召开期间完成加入手续。行政院第 104 次会议决议通过议案，转送立法院审议。5 月 26 日，行政院将此案咨送立法院。① 立法院遂令外交委员会与法制委员会联合审查。两委员会举行联席会议进行审查，同时邀请国际联合会秘书处秘书郑彦棻列席会议，说明情况。联席会议审查结果认为，公约即将生效，填报估计书的困难也不存在，原缓议的原因已经消除，且按照公约，即使不加入该公约中国也需履行编送估计书的义务，因此中国可以加入公约。② 6 月 2 日，立法院召开第三届第二十次会议，决议照审查报告通过。6 月 8 日，立法院将此决议呈报国民政府，请求批准公布。③ 禁烟委员会随后就麻醉药品范围及公约实施困难提出三点保留：（一）公约所列麻醉药品范围没有包括印度麻等，也就是有遗漏，"故关于此项原料及他种原料之新诱导体仍应提出保留。"（二）公约规定填报估计书应包括全部领土，但中国政府权力对东三省、各租借地无法施及，无法估计这些地方所需麻醉药品数量，因此应提出保留，"以为将来随时补充药品数量地步。"（三）公约规定每年填报估计数量应于上年 8 月 1 日之前完成，中国各种调查统计尚未完备，1935 年的估计书难以在 1934 年 8 月 1 日之前完成，因此应提出保留，"须俟两年后国内总调查告成时方能将次年之估计送达。"禁烟委员会将此呈报行政院备案，并咨请外交部，经国联代表办事处，将中国批准加入及保留三条通知国联备案。④ 11 月 29 日，外交部将国民政府主席签署的加入书寄送驻国联代表办事处，由其于 1934 年 1 月 10 日转交国联秘书处。同时，禁烟委员会将公约译本呈送

① 《呈国民政府关于重行核议国际限制制造及调节分配麻醉药品公约附约及议定书案经议决通过录案呈请鉴核由》，1933 年 6 月 8 日，《立法院公报》第 50 期，1933 年 6 月，公牍，第 5—6 页。

② 《外交委员会会同法制委员会审查报告：重行核议国际限制制造及调节分配麻醉药品公约附约及议定书案审查报告》，《立法院公报》第 50 期，1933 年 6 月，立法院各委员会审查报告，第 35—36 页。

③ 《呈国民政府关于重行核议国际限制制造及调节分配麻醉药品公约附约及议定书案经议决通过录案呈请鉴核由》，1933 年 6 月 8 日，《立法院公报》第 50 期，1933 年 6 月，公牍，第 7 页。

④ 《批准加入国际限制制造及调节分配麻醉药品公约案》，《禁烟委员会民国二十二年四五六月份工作报告》，1933 年，第 4—6 月，第 11 页。

行政院，由其转呈国民政府正式公布。1934 年 1 月 31 日，国民政府正式公布公约。①

除《限制制造及调节分配麻醉药品公约》外，当时国际社会还签订了《远东管制吸食鸦片协定》。1931 年 11 月 27 日，英国、法国、印度、日本、葡萄牙、暹罗在曼谷签订《远东管制吸食鸦片协定》，决定将 1912 年及 1925 年禁毒公约推广到远东属地及领土。该约共七条，主要就远东地区鸦片的售卖、吸食管制等作出规定。条约规定，鸦片的零售与分配由政府商店专任及监督；禁止 21 岁以下人员吸食鸦片或出入吸食鸦片场所；引诱 21 岁以下人员吸食鸦片或出入鸦片场所，或为其提供方便者，应定为犯罪；各国制定法律规定出售熟鸦片以现金为限等等。② 中国没有参与这个协定的制订。

抗日战争爆发前，南京国民政府参与制订的第二个禁毒公约是《禁止非法买卖麻醉药品公约》（《防止私贩麻醉药品公约》）。这是 1936 年 6 月 26 日由英、美、中、法、俄等 41 个国家政府代表在日内瓦签订的禁毒公约。该公约共二十五条，对打击私贩麻醉药品行为进行了明确规定。③ 该公约第一次将非法制造、买卖、运输、进出口麻醉药品等行为规定为国际犯罪，较之以往禁毒公约有明显进步，有利于切实打击贩毒行为。中国政府代表胡世泽指出，该约"对于国际取缔私贩更加一重公约之保障，于禁烟前途不为无益"。④

南京国民政府参与了这个公约的制定。在公约会议召开之前，国联秘书长就通过中国驻国联代表办事处致函南京国民政府外交部，告之将于 1936 年 6 月 8 日举行签订防止私贩麻醉药品公约会议，邀请中国政府派代表出席。⑤ 同时，国联秘书长还将该约草案送达，希望中国政府对此事表达意见。南京国民政府外交部致函禁烟委员会，征求意见。该会经多次讨论，并与外

---

① 陆俊：《中国加入一九三一年七月十三日限制制造及调节分配麻醉药品公约之经过及公约签约议定书暨藏事文件之全文》，《外交部公报》第 7 卷第 1 期，1934 年，专载，第 4 页。

② 《暹京曼谷鸦片协定》，《外交部公报》第 5 卷第 2 期（集刊第 2 期），1932 年 4—6 月，报告，第 128—130 页。

③ 《防止私贩麻醉药品公约》，《禁烟汇刊》第 1 期（六三禁烟纪念专刊），1937 年 6 月 3 日。

④ 《立法院最近修正通过之重要法规》，《中华法学杂志》新编第 1 卷第 8 期，1937 年 4 月，专载，第 25 页。

⑤ 《国际公约与会议之参加：签订防止私贩麻醉药品公约会议之参加》，《中国国民党指导下之政治成绩统计》第 6 期，1936 年 6 月，行政—内政，第 34 页。

交部、司法行政部代表共同研究，详加审核，咸表赞同。至于公约草案，除第三条各项义务的履行"须视本国将来如何制定法律情形以为断"外，其他并无异议。外交部遂将此意函复国联秘书长。① 随后，在征求禁烟总监的意见后，外交部提请行政院，呈请国民政府简派中国驻瑞士公使、兼驻国联代表办事处处长胡世泽作为代表出席会议，并授予签字全权。1936 年 5 月 12日，南京国民政府批准了这一请求。除胡世泽外，还有驻国联办事处一等秘书陈定、驻瑞士使馆三等秘书李润明随同出席。② 中国代表在此次会议中担任了公约会议办事处的委员。

　　1936 年 6 月 24 日，关于订立《防止私贩麻醉药品公约》国际会议以 13票赞成，1 票反对，通过公约草案。中国政府代表投了赞成票。26 日，除美国外，英、法、俄、日等二十余国在公约上签字，胡世泽代表中国政府签字。同日，胡世泽将此会议情况电告外交部。此次会议上，胡世泽提出了中国的主张，"如甲国在乙国享有领事裁判权，而其人民在乙国犯禁烟，法庭严重治罪，至少应如在其本国犯罪相等。"这个提案一度遭到日本的反对，但会议最终接受中国的主张，在公约第三条得以体现。③ 在中国代表提出这个主张前，埃及代表就提出这类犯罪应按照乙国法律惩办。当时，胡世泽极力赞成埃及代表提出的这个方案，但由于列强极力维护领事裁判权，故埃及方案未能通过。胡世泽遂提出修改方案，并在会中表示，如果不予采纳中国方案，"将来中国麻醉药情形因外人违法无权惩办，致酿成不可收拾之局，则中国不负责任"，这才使各国接受。④ 这说明南京国民政府在禁烟公约制定中能够积极主动参与，尽力为本国争取利益。胡世泽认为，这个公约采纳这种原则，对于中国拒毒运动便利实多。⑤ 胡世泽在将会议情形电告外交部时，对公约第二、三、七、九等条均附有自己的意见，供政府参考。第二条主要

① 《国际禁烟之合作与宣传：防止私贩麻醉药公约草案之审核》，《中国国民党指导下之政治成绩统计》第 3期，1934 年 3 月，行政—内政，第 38 页。
② 《立法院最近批准之防止私贩麻醉药品公约：我国参预防止私贩麻醉药公约会议报告》，《中华法学杂志》新编第 1 卷第 8 期，1937 年 4 月，专载，第 24 页。
③ 《胡公使世泽来电》，《禁烟半月刊》第 1 卷第 3 期，1936 年 7 月 15 日，禁烟情报，第 40 页。
④ 《立法院最近修正通过之重要法规》，《中华法学杂志》新编第 1 卷第 8 期，1937 年 4 月，专载，第 25 页。
⑤ 《国联通过防止私贩麻醉药品公约，胡公使称便利实多，美政府却不愿签字》，《禁烟半月刊》第 1 卷第 3期，1936 年 7 月 15 日，禁烟情报，第 40 页。

是规定各种罪行，胡世泽提出，我国应注意的是公约所称未遂犯，因为中国刑法中没有这种规定，应加以补充。第三条是就享有领事裁判权的国家人民在别国犯罪惩办问题。胡世泽指出，以后中国可以利用这个条款惩办日本人私贩行为。第七条是规定国家不承认引渡本国人之原则者应对在外国犯罪而逃回本国时加以惩办。胡世泽建议比照 1935 年 5 月 29 日中政会决议，"凡不适用禁烟总监颁布法令之地方，仍适用刑法第二十章，关于烟毒治罪之规定。"第九条关于犯罪引渡条款。因为列强领事裁判权的存在，中国对于引渡义务无法履行，胡世泽在会议上早已声明保留："当列强在中国所享领事裁判权未取消以前，中国对于第九条规定签约国引渡犯该条所指各罪外人之义务不能履行。"这里的外人，实际包括了享有领事裁判权的外人和无领事裁判权的外人。胡世泽提出，在实际操作中，对于有领事裁判权的犯罪外人和无领事裁判权的犯罪外人可能会有不同待遇。他希望，对于无领事裁判权的外人应按照刑法第二十章规定判罪而不适用禁烟总监颁布的法令。①

胡世泽将公约及签署的意见书送交外交部后，外交部将此转交禁烟总会。禁烟总会对胡世泽所提出的四点意见进行了讨论，签注意见。关于公约第二条所规定之各种罪行，禁烟总会认为，1936 年 6 月 3 日国民政府颁布的《禁烟禁毒治罪暂行条例》已经包括公约所涉各种罪行，未遂犯也包括在条例内，所以不需要特别补充。关于公约第三条，禁烟总会没有意见。关于公约第七条，禁烟总会认为，该条所指之事与中政会所指之事并不相干，未便援引。《禁烟禁毒治罪暂行条例》适用于中华民国领域以内，并无适用地的限制。中国人在国外犯公约之罪，不管是逃回还是引渡，"应依刑法总则第三条至第九条各法例及禁烟禁毒治罪各条例分别处断。"关于公约第九条，禁烟总会认为，中国正在力争撤废领事裁判权，对无领事裁判权的外人不能给予差别对待，应与中国国民同等法律待遇。② 总而言之，禁烟总会对胡世泽提出的四条意见，除了第三条外，都不赞同。

---

① 《立法院最近修正通过之重要法规》，《中华法学杂志》新编第 1 卷第 8 期，1937 年 4 月，专载，第 25—26 页。

② 《立法院最近修正通过之重要法规》，《中华法学杂志》新编第 1 卷第 8 期，1937 年 4 月，专载，第 27—28 页。

禁烟总会将公约等送呈行政院审议。1936 年 10 月 15 日，行政院根据第 283 次会议决议，备文呈送国民政府鉴核，发交立法院审议。国民政府遂将此发交立法院，完成立法手续。① 10 月 27 日，立法院将此交付外交、法制两委员会会同审查。两委员会决定先由楼桐孙、周纬、祈志厚、罗鼎、董其政五委员初步审查。五委员举行初步审查会议，并由外交部、禁烟总会派代表列席会议。审查报告认为，该公约的目的"与我国禁绝烟毒政策相符"，公约内容"与我国现行法令亦无抵触"，因此，我国应批准公约，以示禁烟禁毒之决心。审查会议认为，该约有些中文译文不明晰，要求对该公约第八条、第十三条第八款、第十四条的译文进行修正。② 随后，两委员会第四届第四次联席会议提出讨论，决定按照初步审查意见送交立法院全体会议审议。4 月 9 日，立法院第九十八次全体会议对审查报告进行了审议，决议按照审查意见通过，同时函送外交部，要求对公约译文酌加修改。

从上述禁毒公约的参与情况可以看出，南京国民政府是积极且慎重的。一方面它积极主动参与禁毒公约的制订，希望参与国际禁毒合作，有利于中国自身的禁毒工作；另一方面又基于中国的特殊情形，希望中国的主张融入公约之中，并提出一些保留条件，以防公约对自身造成不利。南京国民政府参与国际禁毒公约，拓展了国际合作空间，推动了禁毒事业发展。

三、 加入保护妇孺和劳工国际公约

保护妇女儿童公约是专门打击侵害妇女儿童权益的犯罪行为的国际公约。劳工公约则是国际劳工组织制定以处理劳资关系、保护劳工权益的国际公约。当然，劳工公约中也有涉及专门针对保护妇女、儿童劳工权益的公约。南京国民政府对上述两类公约都积极参与。

南京国民政府成立之前，中国政府已加入一些保护妇女儿童公约，如《禁止贩卖妇孺公约》（《国际禁止贩卖妇女儿童公约》）。该公约于 1921 年 9

---

① 《立法院最近修正通过之重要法规》，《中华法学杂志》新编第 1 卷第 8 期，1937 年 4 月，专载，第 23 页。
② 《立法院最近修正通过之重要法规》，《中华法学杂志》新编第 1 卷第 8 期，1937 年 4 月，专载，第 23 页。

月 30 日订于日内瓦。① 南京国民政府统治前期，加入的保护妇女儿童公约主要是《国际禁贩成年妇女公约》。1933 年 9 月 29 日至 10 月 11 日，国联第十四届大会在日内瓦举行。其间，禁贩妇孺委员会举行特别会议，讨论禁贩成年妇女公约议定书草案。10 月 11 日，《国际禁贩成年妇女公约》签订，中、法、德、奥、比、荷、葡、西、波、瑞（典）、捷、希等国家代表在公约上签字。公约全文十条，对贩卖妇女罪作出详细规定，并要求各国立法予以惩处。② 该公约是对此前 1904、1910、1921 年公约的补充。

南京国民政府积极参与了该公约的制订。1933 年 6 月 29 日，国联秘书长致函中国外交部，请中国政府就禁贩妇孺委员会拟就的禁贩成年妇女公约议定书草案发表意见，并希望在国联第十四届大会举行时由各国代表就便签订协定。外交部收到函件后，于 8 月 10 日函送内政部。内政部对订立公约表示赞同，但对草案第十条提出不同意见。该草案第十条规定，各签约国得将殖民地、保护国、海外属地、附属地或委任统治国排除在外。内政部认为，"于正义人道，似有未合。"而且，这些地区是贩卖妇女"为多而且酷，似尤不应加以漠视。"9 月 9 日，外交部致电驻国联代表办事处，请其将内政部意见转达国联秘书长。③ 会议召开期间，中国政府代表顾维钧、郭泰祺对第十条不赞成，提出公约应适用这些地区，惜未能通过。④ 但中国政府代表仍在公约上签字。

外交部收到公约文件后，转送内政部征询意见。两部均认为应予批准。但该案直至 1936 年才审查。是年 6 月 30 日，外交部、内政部在行政院第 269 次会议上提出《请将国际禁止贩卖成年妇女公约予以批准案》，会议决议

---

① 《禁止贩卖妇孺公约》（1921 年 9 月 30 日订于日来弗），商务印书馆编译所编：《国际条约大全》上编，第 284—285 页。

② 《加入国际禁止贩卖成年妇女公约（附公约全文）》，章进主编：《中国外交年鉴（民国二十二年一月至十二月）》，第 157—158 页。

③ 《加入国际禁止贩卖成年妇女公约（附公约全文）》，章进主编：《中国外交年鉴（民国二十二年一月至十二月）》，第 157—158 页。

④ 《国际禁贩成年妇女公约，立院两委会已审竣》，《女铎》第 25 卷第 7 期，1936 年 12 月，女界新闻：国内之部，第 49 页。

通过，送中政会核转立法院审议。① 7 月 22 日，中政会第十八次会议决议，交立法院审议。② 7 月 29 日，国民政府据此训令立法院审议。③ 8 月 15 日，立法院令外交、刑法两委员会审查。两委员会决定先由周纬、王曾善、吴焕章、史尚宽、赵琛五委员初步审查。五委员进行初步审查，邀请外交、内政两部代表列席。审查结果认为，似可暂缓批准。10 月 7 日，外交、刑法两委员会第四届第一次联席会议就初步审查意见进行讨论。会议认为，由于该公约第十条第一项规定，缔约国可声明将殖民地、保护地、海外领土等排除在外，而这些地区贩卖妇女最多，因此即使批准公约，其效力也有限。况且英国、法国、德国、美国、日本、苏联、暹罗、土耳其等都没有批准，因此我国也应暂缓批准。④ 但该案提交到立法院全体大会讨论时，各委员意见不一。10 月 16 日，立法院举行第四届第七十六次会议，争持异常激烈。委员罗运炎等认为，该公约在维护正义人道，本应批准，但公约第十条第一项的特殊规定，确有详查之必要，主张在调查期间重新审查。委员赵懋华等主张立即批准，以期改善妇女待遇。委员吴尚尘等赞同两委员会审查结果。由于争持不下，最终进行表决，决议再付原审查委员会审查。⑤ 1936 年 12 月 4 日，外交、刑法两委员会第四届第二次联席会议讨论，决议待批准之国家加多后，再予批准。⑥ 1937 年 1 月 8 日，立法院第四届第八十六次会议决议暂缓批准。⑦

　　保护妇女、儿童的劳工条约与其他劳工条约一样，属于国际劳工大会制定的公约，唯一的区别只有保护的对象有所差异，性质则完全一致。国际劳

---

① 《行政院决议，国选法今日施行，请国府褒恤索诺木喇布坦，任斯烈为闽省委兼财厅长》，《申报》1936 年 7 月 1 日，第 3 张第 9 版。

② 《中央政治会议，全会交议各案交各专委会审议》，《申报》1936 年 7 月 23 日，第 3 张第 9 版。

③ 《国民政府第五九一号训令，令立法院，检发国际禁贩成年妇女公约令仰遵照审议由》，1936 年 7 月 29 日，《立法院公报》第 85 期，1936 年 10 月，命令，第 1 页。

④ 《外交委员会会同刑法委员会审查报告：国际禁贩成年妇女公约草案案审查报告》，《立法院公报》第 85 期，1936 年 10 月，立法院各委员会审查报告，第 71 页。

⑤ 《立法院通过中苏邮包互换协定，楼桐孙报告审查经过》，《申报》1936 年 10 月 17 日，第 1 张第 4 版。

⑥ 《立法院外交、刑法委员会第四届第二次联席会议议事录》，1936 年 12 月 4 日，《立法院公报》第 88 期，1937 年 1 月，立法院各委员会议事录，第 14 页。

⑦ 《国际禁贩成年妇女公约暂缓批准》，《外部周刊》第 149 期，1937 年 1 月 18 日，本部消息（一）新闻，第 3 页。

工大会是国际劳工组织的最高权力机关，负责制定国际劳工公约和建议书，处理劳资关系。国际劳工大会制定的公约大都是针对某一具体事项进行的单行法。这些国际劳工公约一旦通过，经各成员国批准，则具有法律效力，成员国必须实施。

南京国民政府与国际劳工组织发生直接联系始于 1928 年国际劳工局首任局长多玛（Albert Thomas）来华观光。当时，南京国民政府对此表示欢迎。多玛希望中国政府派遣完全代表团（此前中国政府仅派政府代表出席，劳资两方代表未派）出席国际劳工大会。所以，自 1929 年第十二届国际劳工大会开始，至 1937 年第二十三届国际劳工大会止，除 1932 年第十六届国际劳工大会受"一·二八"事变影响仅派政府代表参会外，中国政府均派遣了完全代表团出席国际劳工大会。[①] 南京国民政府前期与国际劳工组织关系较为密切，在国际劳工大会上积极建言，提出中国自己的主张，同时积极参与国际劳工公约的制定。

从 1919 年第一届国际劳工大会开始，至 1937 年第二十三届国际劳工大会止，除了第二届国际劳工大会外，中国政府参与历届国际劳工大会。[②] 在此期间，该组织制定的劳工公约为 62 个，其中截至 1937 年底经中国政府批准的劳工公约共有 12 个，包括：《关于工资低微之职业设立最低工资之规定办法公约》《海运中之重大包裹上应标明其重量之公约》《工业工人每周应有一日休息之公约》《农业工人应与工业工人有相等之自由结社集会权公约》《外国工人与本国工人关于灾害赔偿应受同等待遇之公约》《码头工人在装卸船舶时应受安全之防护公约》《雇用妇女工作于一切矿场地下公约》《十四岁以下之童工不得被雇在船舶上工作公约》《十八岁以下之海员每年应领受身体检验合格证书公约》《十八岁以下之幼年工人不得充任船舶上火夫舱守等职务公约》《解雇之海员应送回本国公约》《海员雇用契约之条件应受政府之监督公约》。这些公约实施没有多大困难，南京国民政府在批准这些公约时往往就是考虑实施难度。如果实施不困难，则予以批准。例如，立法院在审议《雇用妇女工作于一切矿场地下公约》时就是基于"本公约草案内容尚属妥善，实施亦无困难，似可予以批准"的初步审查结论而通过。① 因为实业部事先就征询过矿工团体，福建、山西、贵州、浙江、湖南、河南、甘肃及汉口、青岛、南京等地答复，均无女工。该公约与我国法令规定，"意趣既同，且与我国实际情形，亦相切合，依约批准实施，决无窒碍难行之处。"② 这样，南京国民政府最终批准了这个公约。其他公约批准情形大体相似。

至于其他尚未经中国政府批准或正在审查的公约甚多。③ 除 1936 年、1937 年制定的一些公约因为时间关系国民政府尚未收到报告外，有些公约因不适合中国情形而未能批准，有的则处于立法审查过程，有的虽经行政院通过但立法院认为有问题而暂缓批准。这包括以下几种情况：

其一，南京国民政府明确表示不能加入或不准备批准公约，包括《限制工业企业之工作时间每日为八小时每周为四十八小时之公约》《十四岁以下之幼童不准雇用于非工业之工作公约》和《雇用妇女夜间工作之公约》。不批准的原因多是不符合中国国情。例如，关于八小时工作公约，中国代表团驻国联办事处处长于 1933 年 4 月 7 日致函国际劳工局，声称"实非中国现行经济与劳工状况所许可"。中国政府虽赞同公约所包括的原则，且中国于 1932 年 12 月 30 日公布的《修正工厂法》也采用了每日工作八小时原则，但考虑到中国的具体情况，尚不能准备批准。《十四岁以下之幼童不准雇用于非工业之工作公约》和《雇用妇女夜间工作之公约》，均以不符合中国实际为由，被立法院分别于 1935 年 3 月 15 日和 6 月 28 日决议不予批准。④

其二，南京国民政府立法院审查后决议暂缓批准的公约比较多，有的是因为当时条件有待满足（如法律尚未制定），有的则是与中国现状不符。例

---

① 《呈国民政府为本院会议议决关于雇用妇女工作于一切矿场地下公约草案可予批准录案呈请鉴核由》，1936 年 10 月 8 日，《立法院公报》第 85 期，1936 年 10 月，公牍，第 1 页。
② 《函复实业部关于国劳大会通过雇用妇女工作于一切矿场地下公约草案意见》，《中央民众训练部公报》第 5 期，1936 年 6 月，纪事，第 85 页。
③ 《中国与国际劳工公约》，《国际劳工通讯》第 5 卷第 1 期，1938 年 1 月，第 10—21 页。
④ 《中国与国际劳工公约》，《国际劳工通讯》第 5 卷第 1 期，1938 年 1 月，第 2 页。

如，《工商业女工生产前六星期与后六星期不得工作而须给生育抚恤金之公约》，国民政府行政院于 1933 年 10 月 30 日通过决议，咨请立法院批准。但立法院于 1934 年 1 月 19 日开会审议时，决议暂缓批准。1934 年 5 月 23 日，国联中国代表团致函国际劳工局告知结果。《海员因航行遇险而失业应照旧发给工资公约》《应为海员设立免费之职业介绍所公约》《在船舶上检查移民应从简便公约》，于 1936 年 10 月 2 日立法院决议"在制定必要法律之前暂缓批准"。[①]《禁止油漆业使用白铅之公约》，于 1937 年 1 月 8 日立法院讨论决定暂缓批准。[②] 立法院外交委员会与劳工委员会审查此约时指出，该公约草案目的是在保护工人不受白铅毒害，但因为我国采用白铅作为颜料，其代替品在中国生产不多，"今若禁用白铅适足招致外货之输入，而增加漏卮"，所以建议暂缓批准。[③] 又如《禁止强迫劳动公约》，国民政府立法院于 1937 年 3 月 5 日决议暂缓批准，原因是该公约与中国现行状况不相合。《工人职业疾病赔偿公约》《自动玻璃工作时间公约》《失业工人之赔偿与津贴公约》，国民政府立法院于 1935 年 6 月 28 日决议暂缓批准。[④]《减少工作时间至每周四十小时之公约》《玻璃瓶制造业缩减工作时间公约》《煤矿工人工作时间公约》《制定保持残废老年及孤寡保险权利的国际计划之公约》等，由中国政府代表于 1937 年 2 月 13 日致函国际劳工局，声明中国政府决定暂缓批准。关于《减少工作时间至每周四十小时之公约》，立法院外交委员会、劳工法委员会审查认为，"我国工厂管理，工人技术皆未臻完善，工厂法所定每日八小时之工作时间事实上尚难严格推行"，因此此约应暂缓批准。玻璃业、煤矿业等工作时间在事实上超过公约规定时间，故不能推行。至于残废老年及孤寡保险问题，只有在社会保险制度之国家才能施行，而中国劳工保险法尚在审议中，故暂缓批准此公约。[⑤] 此外，立法院于 1937 年 4 月 16 日会议

① 《中国与国际劳工公约》，《国际劳工通讯》第 5 卷第 1 期，1938 年 1 月，第 2—3 页。
② 《中国与国际劳工公约》，《国际劳工通讯》第 5 卷第 1 期，1938 年 1 月，第 4 页。
③ 《外交委员会会同劳工法委员会审查报告：油漆业禁用白铅公约草案审查报告》，《立法院公报》第 88 期，1937 年 1 月，立法院各委员会审查报告，第 14 页。
④ 《中国与国际劳工公约》，《国际劳工通讯》第 5 卷第 1 期，1938 年 1 月，第 6 页。
⑤ 《减少工作时间至每周四十时公约草案、玻璃瓶制造业缩短工作时间公约草案、煤矿工人工作时间公约草案、制定保持残废老年及孤寡保险权利的国际计划之公约草案审查》，《立法院公报》第 88 期，1937 年 1 月，立法院各委员会审查报告，第 29 页。

决议，《公共工程减少工作时间之公约》暂缓批准，"因在目前之情形下，中国不能实施此公约也。"同日，立法院决议《每年假期给付工资之公约》暂缓批准，因为该约关于 16 岁以下人员满一年连续服务可以享受 12 个工作日带薪假期的规定，不适应于中国；中国《工厂法》并无相同规定，即使《工厂法》有工人每年享受 7 天带薪休假的规定也没有实行。[①]

其三，国际公约在 1937 年前处于行政审查阶段，尚未进入立法程序。例如，《公共职业介绍机关应一律免费及受政府之管辖公约》《十四岁以下之幼童不得被雇在工业企业工作之公约》《十八岁以下之幼年工人不得被雇用在工业企业夜间工作之公约》《十四岁以下之童工如对于学业有妨碍时不得被雇从事于农业工作公约》《农业工人应可享受工人灾害赔偿法所规定之利益公约》《工人遇有工业灾害时应有灾害赔偿之给付之公约》《工人遇有职业疾病时应有疾病赔偿之给付之公约》《禁止面包房夜间工作公约》《应为工商业工人及佣仆设立强制疾病保险公约》《店员之工作时间每日不得超过八小时每星期不得超过四十八小时之公约》《在地下矿场工作之工人每人每日之工作时间不得超过七小时四十五分之公约》《废止取费之职业介绍机关公约》《应为工商业自由职业及在家工作之工人及家中佣仆设立强制老年保险之制度公约》《应为农业工人设立强制老年保险之制度公约》《应为工商业自由职业及在家工作之工人及家中佣仆设立强制残废保险之制度公约》《应为农业工人设立强制残废保险之制度公约》《应为工商业自由职业及在家工作之工人及家中佣仆设立强制孀孤保险之制度公约》《应为农业工人设立强制孀孤保险之制度公约》。中国政府代表于 1937 年 2 月 13 日致函国际劳工局，声明中国政府对这些公约正在审查，尚未送立法院审议。[②]

其四，因公约本身停止接收会员批准，无须再讨论批准问题。例如，《码头工人在装卸船舶时应受安全之防护公约》自 1934 年 10 月 30 日《修正船舶起卸工人灾害防护公约》发生效力时起，前者即停止受会员国批准。[③]

①　《中国与国际劳工公约》，《国际劳工通讯》第 5 卷第 1 期，1938 年 1 月，第 9 页。
②　《中国与国际劳工公约》，《国际劳工通讯》第 5 卷第 1 期，1938 年 1 月，第 8—9 页。
③　《中国与国际劳工公约》，《国际劳工通讯》第 5 卷第 1 期，1938 年 1 月，第 6 页。

当然，这类情况较少。

南京国民政府对国际劳工组织的活动比较积极参与，但对其制定的劳工公约则根据自身国情采取选择性加入政策，批准加入者数量不多，反映出南京国民政府在加入这些国际公约时态度较为谨慎。

综上所述，南京国民政府前期积极谋求加入多种国际公约，参与各种国际会议，推动了国际公约关系的发展。国际公约关系实质是条约关系的一种类型，体现的是多边条约关系，而这种多边条约关系大部分是平等的关系，中国积极参与这种多边条约关系，既能获得相应的利益保障，也获得平等地位的事实认可，有利于拓展国际外交舞台，提升自身国际地位，从而在改善不平等条约关系进程中处于有利地位。当时中国政府还有意识地充分利用参与国际公约与国际会议的机会，谋求改善不平等条约关系。例如，在国际联盟行政院会议上，中国代表正式引用《国联盟约》第十九条提出废除中外不平等条约请求；在加入《非战公约》时，中国政府希望各国依公约精神尽早废除中外不平等条约，撤走在华驻军等；在加入《国际海上人命安全公约》时，中国政府希望乘机收回外人对航政管理的权利，设法限制外人权利；在加入《国际电信公约》时，中国政府希望利用公约条款查禁外人私设电台。这些都说明，南京国民政府积极加入国际公约和参加国际会议是希望能改善中外条约关系，表明当时中国人世界观念和国际合作意识的增强，体现了中外条约关系朝平等方向转折的一面，事实上也有利于促进中外条约关系的改善，有利于争取国际地位的平等，也有利于推动相应事业的进步。当然，这一时期中国加入国际公约仍有不足，例如，对文化类公约加入不多，对有些社会类公约不批准等等。这反映了这一时期南京国民政府对文化问题和有些社会问题重视程度不足。

第九章 条约关系变化过程中的体制与政策调整

　　废除不平等条约是一个系统工程，涉及政治、经济、外交、军事、文化等各方面。在废除不平等条约过程中，势必需要调整各方面的体制与政策来应对。这些方面的调整反过来又影响了条约关系的变化。在南京国民政府统治前十年，外交、司法、社会经济等领域的体制与政策调整是最明显的。在条约关系变化过程中，国民党政权为应对这种变化，需要如何调整外交、司法、社会经济等领域的体制与政策，以及这些调整如何影响条约关系的变化，是值得探讨的问题。

第一节　外交体制与政策调整

　　废除不平等条约，首先是一个政治问题，其次才是一个外交问题。因此，废约不仅仅是外交部的交涉所能解决的，需要更高层面的考虑。这场废约运动由谁来决策指挥，由谁来执行，怎样与列强进行交涉，采取什么方针、政策，是一个复杂的政治设计。这就涉及南京国民政府的外交权力模式，外交政策的制定与执行。为适应条约关系调整需要，南京国民政府在外交体制方面有相应改变，包括决策机构和具体办事部门。从决策机构来看，主要是党国权力体制所决定的。从具体办事部门看，主要是国民政府体制决定的。因此，研究条约关系变化，有必要研究国民党的权力体制与南京国民政府外交权力模式之间的关系。

一、 南京国民政府外交权力模式与废约关系

在南京国民政府统治前期，国民政府实际上由国民党控制，实施党国权力体制。因此，条约关系的变化都与国民党的方针、政策、体制密切相关。

国民党的权力体制源于孙中山的建国大纲。按照孙中山所定革命程序，革命分为军政、训政、宪政三个时期。实现对全国的形式统一后，国民党决定实施训政。南京国民政府废除不平等条约、改订新约时期正是国民党实施训政时期。这一时期的外交权力模式与训政体制相适应，国民党享有最高对外决策权，国民政府则负责外交政策执行。在对外关系问题上，党政各司其职。[①]

1928 年 10 月 3 日，国民党中央执行委员会第 172 次常务委员会通过《训政纲领》，确立国民党的最高权力。1929 年 3 月 19 日，中国国民党第三次全国代表大会通过《中央执行委员会第一七二次常会决议训政纲领请追认案》；3 月 21 日，又通过《确定训政时期党政府人民行使政权治权之分际及方略决议案》，公布《训政纲领》。[②] 这就确立了训政时期国民党、国民政府与民众之间的权力关系。这个权力结构在 1931 年 6 月 1 日颁布的《中华民国训政时期约法》中以根本大法形式确认。外交权力模式相应纳入党国体制。

根据训政纲领，全国的最高决策机关为中国国民党全国代表大会。因此，从外交的角度看，国民党全代会是外交权力模式的最高机构，以决议和

---

① 伍朝枢：《国民政府之外交》，《三五特刊》第 1 期，1926 年，外交，第 1 页。
② 《确定训政时期党政府人民行使政权治权之分际及方略决议案》，荣孟源主编：《中国国民党历次代表大会及中央全会资料》上册，第 657—658 页。

宣言形式，决定全国对外根本方针。它制定的外交方针国民政府必须贯彻执行。例如，1924 年第一次全国代表大会宣言就确定包括取消一切不平等条约、重订双方平等互尊主权之条约在内的七项对外政策，这为以后国民政府所遵行。[①] 1926 年国民党第二次全国代表大会宣言声明继续施行一大政纲，要求"以废除不平等条约，制帝国主义之死命"。[②] 国民党第三次全国代表大会于 1929 年 3 月 27 日通过《对外交报告之决议案》，重申了第一次大会的对外政策所确定的取消不平等条约、改订新约原则，呼吁全党全国人民"蕲求第一次全国代表大会所定对外政策之全部实现，使中国脱离其所处次殖民地之地位，而恢复其自由独立之主权也"。[③] 这些宣言、决议案构成南京国民政府"早日废除不平等条约"政策的来源。

在全代会闭会期间，则由国民党中央执行委员会（中执委）代行职权，成为平时实际的决策机构。中执委及其常务委员会，负责监督全代会的决议、方针的实施，负责国民政府组成，监督政府报告。因此，就平时对外政策的制订来看，中执委及其常务委员会居于最高地位。这可以从行政院的一则训令内容看出。"为令行事。案奉国民政府训令内开，案奉中央执行委员会函开，径启者：十八年六月十四日第三届中央执行委员二次全体会议讨论关于振刷政治案，决议于最短期间内加紧废除不平等条约之工作，如撤销领事裁判权、收回租界等在案。相应函请政府切实遵照此决议案，饬行政院外交部从速制定履行此案之方案，由政府审定切实执行等因。奉此，自应遵办。除饬处函复外，合行令仰该院遵照，并转饬外交部遵照，拟具履行方案，呈候核准等因。奉此，合行令仰该部即便遵照，拟具履行方案，呈候核转。此令。"[④] 这则训令清楚地说明了国民政府外交政策的制定、执行程序：中执委作出决定，函请国民政府切实遵照，令行政院转饬外交部办理。所

---

① 《中国国民党第一次全国代表大会宣言》，1924 年 1 月 23 日，广东省社会科学院历史研究室等编：《孙中山全集》第 9 卷，中华书局，2011 年，第 122—123 页。

② 《中国国民党第二次全国代表大会宣言》，1926 年 1 月，王建朗主编：《中华民国时期外交文献汇编（1911—1949）》第 4 卷下，第 630 页。

③ 《对外交报告之决议案》，1929 年 3 月 27 日第三次全国代表大会通过，浙江省中共党史学会编：《中国国民党历次会议宣言决议案汇编》第 1 册，浙江省中共党史学会，第 276 页。

④ 《训令第二一四三号：为饬拟废除不平等条约各方案由》，1929 年 7 月 1 日，《行政院公报》第 62 期，1929 年 7 月 6 日，训令，第 10—11 页。

以，废约工作进行是基于中执委的命令。国民党三届二中全会甚至对训政时期国民政府施政纲领作了具体规定，其中关于"取消不平等条约，并订平等条约"方面有三点指示：与不平等条约已满期各国另订平等条约；与不平等条约未满期各国，另订平等条约；与无约各国，缔结平等条约。宣言要求以切合实际的方法、正当坚决的手段，积极废除一切不平等条约。[①] 在具体案例上也是如此，这从 1931 年 5 月 6 日中日《关税协定》签订一案可以看出。当协定签字后，其内容遭到国内的强烈不满。王正廷心灰意冷，托病留沪，理由就是"以中日关税协定，系秉承中央意旨而签订，我方纵大吃亏，本人不应独任其过"。[②] 这里的"中央"实际上是中执委。

当然，在事实上，具体对外政策的制定主要是由中政会负责。由于 1928 年后的中执委委员、监察委员都是中政会委员，因此中政会议案不必送交中执会核准，可直接交国民政府执行。[③] 按照政权与治权分立的原则，国民党掌握政权，国民政府掌握治权，而其最高指导监督之责，仍属国民党。这个指导监督职能由中政会负责实施。在国民党权力体制中，这个机构颇为特殊，"为决定政治策略之最高权力机关，同时亦即党的政治领导机关"。它始于 1924 年 7 月孙中山设置的政治委员会。孙中山逝世后，国民党中央常务委员会重行规定中央政治委员会权限，"赋有决定政治方针之权力，其决定则咨送国民政府执行之"。[④] 这个原则沿袭了下来。1928 年 10 月，中执会将政治委员会改称为政治会议。[⑤] 由此，中政会成为实施训政的最高指导机关。它对中执委负责。[⑥] 由于中政会由中央执行委员、中央监察委员、特任高级官员组成，其地位很高，权力很大。按照《中央政会暂行条例》，"凡一切法律问题，经中央政治会议议决，由中央执行委员会交国民政府执行之"，"凡重要政务，须经中央政治会议议决，交国民政府执行。"[⑦] 可见，这是一个居

① 王世杰、胡庆育编著：《"蒋总统"对中国及世界之贡献：中国不平等条约之废除》，第 122—123 页。
② 《王正廷之消极态度》，《中华实事周刊》第 2 卷第 8 期，1930 年 6 月 7 日，时事要闻，第 6 页。
③ 《国府组织法付审查》，《申报》1928 年 9 月 27 日，第 1 张第 4 版。
④ 《中政会之由来》，《中外问题》第 18 卷第 1 期，1937 年 2 月 5 日，第 30—31 页。
⑤ 夏新华、胡旭晟整理：《近代中国宪政历程：史料荟萃》，中国政法大学出版社，2004 年，第 805 页。
⑥ 章进主编：《中国外交年鉴（民国二十二年一月至十二月）》，第 3 页。
⑦ 《中央政会暂行条例》，《申报》1928 年 3 月 2 日，第 2 张第 6 版。

于国民政府之上的机构，享有真正的决策权。

在外交权力模式上，中政会享有事实上的最高权力。蒋介石日记清楚地记载中政会讨论外交问题的情况，如 1929 年 1 月 9 日日记记载："上午朝会后，开政治会议，只议决中德、中英、中法等国关税条约。其如中西等约，以有土地所有权，及内地杂居，间论争论不决。"① 12 月 27 日日记记载："到政治会议，通过废除领事裁判权案，定明年元旦发表。"② 所以，南京国民政府废约事宜看似是外交部主导，实际上主导权在中政会。

当然，由于中政会负责全国重要政务，事务较多，不可能事事经全体会议详细讨论。为此，中政会采取先分组讨论，再经全体会议决定的议事方式。中政会内设政治、经济、法律、外交等组。外交事务由外交组掌控。外交组由九至十三名委员组成。按照规定，凡重大外交决策都需经过外交组讨论，送交中政会通过，再交国民政府执行。因此，中政会实际上是党国外交的最高指导机关，而其中的外交组（1931 年改为特种外交委员会）是其外交决策核心。可以说，南京国民政府前期有关条约修订事宜都是中政会外交组在掌控。③

在党国权力体制下，国民政府是全国总揽治权之最高机关，但受中政会的指导、监督。1928 年 3 月 10 日公布的《中华民国国民政府组织法》规定："国民政府受中国国民党中央执行委员会之指导及监督掌理全国政务。"④ 蒋介石担任国民政府主席时，国民政府委员会拥有实权。外交事宜先由外交部部长和其他若干政府委员组成的国民政府外交委员会（最初由蒋介石、胡汉民、吴敬恒、李石曾、伍朝枢五人组成）讨论，决议案送民政府委员会决定。国民政府外交委员会开始设置时具有实权。根据 1927 年 10 月 4 日颁布的《外交委员会组织条例》，外交委员会职权包括接受外交部报告、核定外交部请示案件、建议外交策略。⑤ 在条约问题上，可以批准或否决外交部签订

① 《蒋介石日记》，1929 年 1 月 9 日。
② 《蒋介石日记》，1929 年 12 月 27 日。
③ 《中政会外交组讨论中日问题》，《申报》1930 年 3 月 20 日，第 2 张第 7 版。
④ 《中华民国国民政府组织法》，1928 年 3 月 10 日公布，《司法公报》第 7 期，1928 年 3 月 15 日，法规，第 22 页。
⑤ 《外交委员会组织条例》，1927 年 10 月 4 日公布，《外交部公报》第 1 卷第 1 期，1928 年 5 月，法规，第 16 页。

条约。但因为外交委员会成员多为政治人物，有的委员多不在京，且外交事务日繁，外交部建议改组外交委员会，"期于最短期间内，改订条约，撤废领判权。"① 1929 年 7 月，外交部消息，外交委员会缩小范围，并隶属于中政会。② 这样，国民政府在外交处置方面权限明显缩小。1931 年 12 月林森继任主席后，《国民政府组织法》作了重大修改，主席变成虚位，权力分解到了五院，国民政府委员会甚至经常不开会。就外交而言，此时的外交事务处理权转移到国民政府行政院，由行政院会议决定。按照《国民政府组织法》规定，行政院系最高行政机关。外交部部长由行政院院长提请国民政府主席依法任免，因此外交部部长应对行政院院长负责，行政院监督和指挥外交部。重要外交行政事项须经行政院会议决定。

除行政院外，立法院、监察院也对外交有控制权。立法院对外交的控制权，在后文专门提及。监察院拥有监察权，如认为外交部违法或失职可以提出弹劾。-③ 这种体制对于南京国民政府废约运动也有影响。例如，正当取消领事裁判权交涉即将取得突破时，中日万宝山案、朝鲜排华案、"九一八"事变相继爆发。外交部部长王正廷因为处理中日关系不善被监察院委员高友唐、李梦庚等弹劾。高友唐指责王正廷"巧于趋奉"，不能领会革命外交精神而"始能贯彻取消不平等条约之目的"，"备极媚外取容"，"误国丧权"，对于日本挑衅，只知"亲善"，断言东三省领土"必断送于王正廷亲善两字之下"。因此，高友唐要求政府将王正廷停职惩戒。④ 1931 年 9 月 28 日，监察院呈文国民政府，弹劾王正廷贻误外交，依法提请交付惩戒。⑤ 在这种情况下，王正廷向行政院提出辞职。10 月 3 日，国民政府发布命令，准许王正廷辞职。王正廷主导的改订新约运动也就结束。从此案可以看出，监察院对外交能够发挥其影响。

---

① 《外交委员会将改组》，《申报》1929 年 7 月 4 日，第 2 张第 7 版。
② 《外交委员会将缩小范围》，《申报》1929 年 7 月 18 日，第 2 张第 8 版。
③ 章进主编：《中国外交年鉴（民国二十二年一月至十二月）》，第 1—2 页。
④ 《提劾外交部长王正廷巧于趋奉，误国丧权，串通日商垄断面粉案：本院呈国民政府文》，《监察院公报》第 7 至第 12 期合刊本，1931 年 11 月至 1932 年 4 月，弹劾案，第 183—184 页。
⑤ 《提劾外交部长王正廷贻误外交，丧失国土案：本院呈国民政府文》，1931 年 9 月 28 日，《监察院公报》第 7 至第 12 期合刊本，1931 年 11 月至 1932 年 4 月，弹劾案，第 185 页。

在外交权力模式上，外交部实际上只是一个外交政策执行机构。^① 当然，外交部部长是中政会外交组的核心成员，在外交决策过程中居于重要地位。从这意义上看，外交部在改订新约运动过程中还是能发挥重要决策作用的。此外，也应看到，在废约过程中，外交部是负责条约的交涉，这是行政权的一种，外交部能够发挥自己的主动性。

从上述可知，南京国民政府时期外交体制大体上是党国外交体制。就党的一方来说，国民党中央机构集中掌握外交大权。国民党全国代表大会名义上享有最高决策权，负责对外根本方针制定。国民党中央执行委员会及其常务委员会平时代行全代会职权，负责平时决策，制定外交方针。但实质上真正掌握外交决策权的是中央执行委员会政治会议（其中外交组负责先讨论，形成方案，供政治会议决策），而这个机构逐步变成围绕蒋介石决策服务，体现的其实是集权外交模式。这种外交体制有利于贯彻国民党最高领袖的外交意志，保证外交决策权掌握在领袖手中。对于条约关系而言，这种党国外交体制确保了国民党条约方针政策的贯彻。南京国民政府前期条约关系的调整，大体上是遵照国民党历次会议宣言、决议等确定的方针政策执行的。就国的一面而言，外交权力应由国民政府主席掌握，但事实上，1931 年后国民政府主席并没有实际外交大权。外交事务，由外交部呈行政院会议讨论，报国民政府国务会议通过，转呈国民党中央执行委员会政治会议决定。中政会决策之后，具体执行交国民政府训令行政院，转交外交部实施。同时，国民政府内部行政院、立法院、监察院等都有一定外交权，形成牵制。这是一种颇为特殊的外交决策机制。就改善不平等条约而言，这种机制虽能保证国民党中央对条约外交的把控，但过程繁琐，程序复杂，不利于应对条约关系的快速调整。因此，这是一种有局限的条约外交体制。

二、 外交执行机构调整与废约关系

为了应对条约关系的改善，南京国民政府在外交机构设置上也做了一定

---

① 望晶：《南京学生与外交》，《南开大学周刊》第 68 期，1928 年 12 月 20 日，第 4 页。

调整。这里主要讨论外交部内部机构的设置与调整。

南京国民政府外交部承继广州和武汉国民政府外交部。因为外交事务不多，广州国民政府外交部最初设置简单，部长以下设置秘书长、秘书，内设两个局，1926 年 8 月 14 日改设公法交涉科、私法交涉科、翻译科、调查科、总务科、宣传局、参事会，科长由秘书兼任。南京国民政府成立后，外交事务明显增加。为了适应新的形势，外交部进行了调整。1927 年 7 月 5 日，伍朝枢改组外交部，部长以下设次长两人，下辖秘书处、政务司、总务司，此外设条约委员会，负责条约事宜，以适应南京国民政府统治全国后从事废约外交的需要。此后条约委员会一直成为南京国民政府废约的重要机关。11 月，外交部改设一处（秘书处）三司、一厅（参事厅）。此时三司仍是按照事务分工进行设置，分管政务、总务、情报。随着外交事务增多，这种按照事务性质进行设置的办法不利于外交部开展工作。1928 年 2 月 22 日，外交部再次改组，将下设机构改为一处（总务处）三司，三司按地域进行分工，分管国际事务、亚洲和苏联事务、欧美事务。王正廷担任外交部部长后，由于改订新约活动明显增多，12 月 8 日再次改组外交部，内设五司，即总务司、国际司、亚洲司、欧美司、情报司。此次改组后，直到 1939 年 9 月才进行调整，主要是将亚洲司拆为亚东司、亚西司，欧美司拆为欧洲司、美洲司，另外将此前一直存在的条约委员会改为条约司。①

由按照事务性质划分内设机构，转变到按照事务性质与地域划分相结合的办法，有利于废约运动的开展。因为按照事务性质划分有利于分类办理，例如条约委员会负责条约起草、审定，情报司负责情报收集等；按照地域划分有利于对应到相应国家，外交部可以同时与各国展开条约谈判。王正廷往往指定相应的司长具体协助部长与各国进行条约谈判，分工明确。例如，中英法权谈判，由欧美司司长徐谟负责起草对案，并与英国驻华使馆参赞台克曼磋商条约的具体细节。中日关税谈判，由亚洲司司长周龙光与日本驻沪领事上村伸一磋商细节。中法越南陆路通商条约修订谈判，由欧美司司长徐谟、参事徐东藩负责筹备。中捷商约谈判，则由欧美司司长徐谟、条约委员

---

① 外交部机构设置变化，参见王立诚：《中国近代外交制度史》，甘肃人民出版社，1991 年，第 231—233 页。

会副会长徐东藩、委员刘师舜与捷克代表倪慈都进行磋商。中俄复交后，关于商约商订，由条约委员会会同亚洲司起草等等。

就条约关系调整而言，外交部机构调整最直接的产物是条约委员会。其设置"乃应一时环境之需要"，即准备改订中外条约，① 直接负责不平等条约研究、新约起草与审查等工作，其成员甚至直接参与条约谈判，有利于废除不平等条约运动的推进。

1927 年 3 月 9 日，国民政府外交部公布《条约委员会规则》，共六条。该规则第一条明确规定该会设置的目的及其职责："国民政府外交部为准备改订中外条约起见，特设条约委员会，担任关于条约改订之研究，及规划事宜。"根据规则，该会设委员长一人，由外交部部长担任，专任委员三至七人，由部长聘任对国际法、条约或国际经济关系具有专门学识的人担任。② 6 月 2 日，新任外交部部长伍朝枢以部令形式宣告条约委员会成立。③

1928 年 4 月 3 日，国民政府第五十二次会议通过《外交部条约委员会修正规则》，④ 对 1927 年规则进行了修正，共十二条。此次修正规则主要是对该会负责事项、组成等进行调整。关于负责事项，除担任关于改订条约的研究与规划外，增加了讨论国际法问题一项；关于组成，条约委员会改为会长制，设会长一人（部长兼任）、副会长一人、委员若干人。委员由外交部部长聘任或指派曾任、现任高级外交、法律、行政职务且具有条约经验者，和对国际法、条约或国际经济关系具有专门学识者，分专任和通常两种。专任委员为定额，三至五人，不得兼任他职；通常委员无定额，受会长委托随时办理相关事宜。规则还规定了秘书设置（专任委员兼）、日常事务处理（由外交部调派雇员负责）等。⑤

1928 年 6 月 14 日，王正廷就任外长，自然兼任条约委员会会长。同时，

① 章进主编：《中国外交年鉴（民国二十二年一月至十二月）》，第 16 页。
② 《国民政府公布条约委员会规则》，《申报》1927 年 3 月 16 日，第 2 张第 7 版。
③ 《外交部关于设立条约委员会令》，1927 年 6 月 2 日，中国第二历史档案馆编：《中华民国史档案资料汇编》第 5 辑第 1 编《外交》（一），第 7 页。
④ 《国府会议纪要》，《申报》1928 年 4 月 4 日，第 1 张第 4 版。
⑤ 《修正外交部条约委员会规则》，《外交部公报》第 1 卷第 1 期，1928 年 5 月，法规，第 16—17 页。

徐东藩担任副会长。① 王正廷就职后，为了应付日益繁重的改订新约任务，决定将条约委员会明确分工，于 8 月 22 日颁布《条约委员会办事细则》，规定该会下设各组职掌及办事程序。按照规定，条约委员会每周召开例会一次，设置法律、通商、关税、交通、编纂五组，各设主任一人，由专任委员担任。法律组掌管外交官领事馆待遇，外人保护、管辖、审判，外人传教，国籍，禁令和国际联合会等；通商组掌管外人居留地、租借地、贸易、采矿、国际劳工、通商债务、华侨及其他通商事务等；关税组掌管外人进口税、出口税、免税、违禁物品、海关管理和以关税为抵押的债务事项、其他关税事宜等；交通组掌管内河航行、沿海贸易、铁路、邮电、航空、交通债务及其他交通事项等；编纂组掌管撰拟条约草案、审查草约草案、编译各国条约、撰拟文稿、汇编文稿、保管图书文卷及其他编纂事项等。②

为了规范议事程序，外交部于 1930 年 1 月 28 日公布了《条约委员会议事规则》十三条，确定了会议具体规则，规定会长主持开会，会长不在则由副会长代理；会议须半数委员出席才举行，决议须出席委员的半数以上同意；细则规定议事范围为中外条约草案、改订条约的计划书、国际法问题、条约的解释、其他重要国际事项；会议每星期举行一次，由主席指定，但必要时得召集临时会议；此外还规定了议案提出、讨论、审查、复议等要求。③

1931 年 8 月 11 日，行政院第三十四次国务会议决议通过《外交部条约委员会暂行组织规程》，并经国民政府第九次常会决议准予备案。9 月 3 日，国民政府行政院以训令形式公布《外交部修正条约委员会暂行组织规程》。④规程共十一条，实际是对 1928 年规则的修订，主要变化是明确规定通常委员人数在十二至二十人之间，其余变化不大。⑤ 这次修订后，外交部聘请的委员数量有了明确规定。

1937 年 3 月 23 日，《外交部条约委员会处务规程》和《外交部条约委员

---

① 《外交部要讯》，《申报》1928 年 6 月 16 日，第 1 张第 4 版。
② 《外交部条约委员会办事细则》，《外交部公报》第 1 卷第 6 期，1928 年 10 月，法规，第 1—5 页。
③ 《外交部条约委员会议事规则》，《外交部公报》第 2 卷第 9 期，1930 年 1 月，法规，第 10—11 页。
④ 《训令第四七〇号：为转呈修正条约委员会暂行组织规程奉准备案由》，1931 年 9 月 3 日，《行政院公报》第 287 期，1931 年 9 月 12 日，训令，第 20 页。
⑤ 《外交部条约委员会暂行组织规程》，外交部参事厅编印：《外交部法规汇编》，1937 年，第 25—26 页。

会议事规则》颁布。其中，处务规程共八条，其中第四条对条约委员会具体职掌范围进行规定，包括拟具条约草案、规划改订条约方案、解释约章疑义、审议有关条约的法律案件及部长或次长特交案件、研究有关国际法问题、研究各国新订条约、研究国际公约和国际会议有关国联及其他事宜、编纂中外条约外交专案及各国涉外法令、其他有关条约事项。① 议事规则共十条，规定有关会议规则。

通过上述法规，条约委员会日趋完善，成为一个规范化运行的条约研究机构。条约委员会自 1927 年成立，至抗战爆发后停止活动。1939 年，外交部设置条约司，正式接掌条约委员会职责。因此，条约委员会真正活动的时间就是南京国民政府统治前十年。

条约委员会成立的目的非常明确，就是要废约。1928 年主要是围绕关税自主工作展开，1928 年后则主要围绕领事裁判权、租界等问题进行。条约委员会在废约问题上颇为努力，工作颇有成效。1928 年 12 月 31 日，王正廷在报告中特别提出表扬。②

条约委员会总的任务是研究条约问题。这可以从其会议议题看出。如 1927 年 7 月 11 日，条约委员会副委员长李锦纶通知开会，定 10 月 2 日开会，主要讨论关于租界问题及中荷领事条约问题，此外还讨论了其他 11 个议题：关税行政权、外侨纳税问题、不平等条约未取消前国民政府对于现行条约应采之态度、外人教堂学校医院、陇海路借款合同、中国境内之外国军舰及军队、领事批准问题、外人在华护照问题（初到中国及赴内地者）、华侨不平等待遇问题、上海租界增税问题、国民政府对北京政府所缔结条约问题。③

研究条约，是为废约服务的。为此，条约委员会成立后展开了多种活动：

第一，编辑有关外交文件，形成系统报告。编纂委员会于 1929 年 1 月由外交部指令成立，以唐悦良为委员长，张欣海为副委员长，凌冰、刘师舜、楼桐孙、朱敏章、彭贻贤、徐春秋为委员。④ 条约委员会编辑的各种文

---

① 《外交部条约委员会处务规程》，外交部参事厅编印：《外交部法规汇编》，第 27—28 页。
② 《王外长在纪念周之报告》，《申报》1929 年 1 月 4 日，第 3 张第 10 版。
③ 《条约研究会定期开会》，《总商会月报》第 7 卷第 7 期（七周纪念号），1927 年，工商消息，第 6 页。
④ 《外交部设编纂委员会，唐悦良、张欣海为正副委员长》，《申报》1929 年 1 月 11 日，第 3 张第 9 版。

件中，就包括条约集。1931 年 7 月 6 日，外交部专门令条约委员会将过去各种不平等条约汇集整理，以备参考。①

第二，与其他有关部门协同翻译各种法典。法典翻译也是废约中的重要工作。在与英国进行取消领事裁判权的谈判过程中，英方要求中国政府将法典的权威翻译本送交英国驻华使馆，才能批准新协议。因此，法典翻译是外交部必须进行的一项工作。1929 年底，外交部指令组成法规编译委员会，负责此项工作。具体由条约委员会与参事厅、情报司会同办理，谢冠生等六人担任法文翻译，胡世泽等八人担任英文翻译，各参事专任校阅。②

第三，承担条约起草、修订、审查等工作。这是条约委员会最主要的工作，成效值得肯定。舆论认为，"外交部条约委员会自成立以来，对与各国订约修约事宜，进行颇力。"③ 条约委员会参与修约、订约工作，具体包括：（一）起草、会商条约草案等。按照办事流程，与他国进行条约修订、订立，中方草案一般都由条约委员会起草。1928 年条约委员会细则就规定，条约委员会编纂组掌管撰拟条约草案、审查条约草案。事实上也是如此，如 1928年 7 月 27 日，条约委员会开会讨论拟定中国与古巴、捷克等国条约草案。1929 年 12 月上旬，条约委员会拟具中秘商约草案，送呈外交部部长。④1932 年中俄复交后准备商订商约，外交部指令条约委员会会同亚洲司起草。⑤（二）直接参与条约的谈判。如中捷条约的谈判，一直有条约委员会成员参与。1928 年 9 月中下旬，条约委员会副委员长徐东藩携带中方草案与捷克驻华代办倪慈都举行多次谈判。⑥ 1929 年 7 月 30 日，欧美司司长徐谟、条约委员会委员刘师舜（琴五）与捷克驻华代办倪慈都进行会商。⑦（三）审查条约。条约的签订一般需要经过条约委员会审查，然后交外交部部长签署

---

① 《首都纪闻》，《申报》1931 年 7 月 7 日，第 2 张第 8 版。
② 《外部翻译各种法典》，《申报》1929 年 12 月 7 日，第 2 张第 7 版。
③ 《最近中外修约订约之进行，与捷克先订通好条约，其他各国修约订约草案外部均拟就》，《申报》1928 年9 月 20 日，第 3 张第 9 版。
④ 《外部令驻秘公使签订商约》，《申报》1929 年 12 月 23 日，第 4 张第 13 版。
⑤ 《中俄商约草案，外部着手起草》，《申报》1932 年 12 月 27 日，第 2 张第 6 版。
⑥ 《最近中外修约订约之进行，与捷克先订通好条约，其他各国修约订约草案外部均拟就》，《申报》1928 年9 月 20 日，第 3 张第 9 版。
⑦ 《中捷商约昨开五次会议》，《申报》1929 年 7 月 31 日，第 4 张第 13 版。

意见，再送呈国民党中央执行委员会政治会议、国务会议和立法院批准。如1929 年 2 月 8 日，外交部接到驻美公使伍朝枢的电报，中土《友好条约》已在华盛顿签字，外交部遂将该条约原文交条约委员会审查。① 5 月 2 日，条约委员会开会讨论中土友好通商条约。②

　　第四，研究不平等条约，办理收回条约特权事宜。条约委员会受部长指派，从事收回特权的事项。如收回上海租界会审公廨。1929 年底，改组上海临时法院会议，中方代表包括司法院参事梁敬錞、吴昆吾、外交部条约委员会顾问钱泰、国际司长稽镜、欧美司长徐谟、条约委员会委员刘师舜。③ 可见，条约委员会在其中有一定发言权。收回租界主权也是条约委员会的重要职能之一。1929 年 3 月，外交部派条约委员会委员李广钊与欧美司帮办朱世全等会同内政部、河北省政府、天津特别市政府官员负责接收天津比租界。④5 月，条约委员会副会长凌冰受命调充接收天津比租界委员。⑤ 8 月 31 日，收回天津比租界协定签字。受此鼓励，外交部决定第二年着手收回租界主权及撤销外国驻军。但因租界性质复杂，不能不有详细研究，外交部遂令条约委员会与主管各司专门研究租界、租借地性质，进行准备工作。⑥ 为了收回各国在华租界，条约委员会积极筹备。⑦ 随后，以条约委员会成员为主体，外交部分别组成三个收回租界委员会。1930 年 5 月 15 日，外交部指派王家桢、刘师舜、胡世泽、方文政等为筹办收回日本租界委员会委员，指定王家桢为委员长；徐谟、刘师舜、周纬、吴南如、于能模为筹办收回英法意租界委员会委员，指定徐谟为委员长；李锦纶、刘师舜、稽镜、谭绍华、许沅为筹办收回公共租界委员会委员，指定李锦纶为委员长。⑧ 收回租界委员会研究讨论后，即由外交部进行交涉。⑨ 至于实际调查工作，条约委员会也有行动。

---

　　① 《中土条约在美签订》，《申报》1929 年 2 月 13 日，第 3 张第 11 版。
　　② 《外部讨论中土新约》，《申报》1930 年 5 月 3 日，第 3 张第 10 版。
　　③ 《改组临时法院会议各国派定代表》，《申报》1929 年 12 月 2 日，第 2 张第 7 版。
　　④ 《比使邀宴王外长，收回津比租界大致已谈妥》，《申报》1929 年 3 月 25 日，第 4 张第 13 版。
　　⑤ 《外部人员之更调》，《申报》1929 年 5 月 10 日，第 2 张第 5 版。
　　⑥ 《收回租界之第一声，王正廷在外部报告》，《申报》1929 年 9 月 3 日，第 2 张第 8 版。
　　⑦ 《外部报告重要外交》，《申报》1930 年 2 月 13 日，第 3 张第 10 版。
　　⑧ 《收回租界问题，外部指派筹办委员》，《申报》1930 年 5 月 16 日，第 2 张第 7 版。此文将"于能模"印成"于联模"。
　　⑨ 《外部进行收回鼓浪屿公廨》，《法律评论（北京）》第 8 卷第 46 期，1931 年 8 月 23 日，法界消息，第 31 页。

如 1931 年外交部派条约委员会副委员长张我华、次长李锦纶、王家桢及陈一麟、应尚德等会商办法，先从调查入手，为期四个月，分三区进行，即黄河流域（黄豫鼎负责，崔士杰协助）、长江流域（郭绍桢负责）、珠江流域（陶树模负责，陶履谦协助）。[①]

此外，条约委员会成员还办理或协助其他部门办理涉外事宜。如 1929年 8 月下旬，条约委员会委员郭同奉蒋介石命令前往辽宁组织办事处，并受外交部指令"调查中俄事件发生后我方所受损害情形"。[②] 同年 10 月，天津海河工程讨论会成立，外交部派条约委员会委员凌冰参与。[③] 1930 年，条约委员会委员周泽春派充湘鄂川赣四省视察专员，受部长指令调查中日长沙事件等。[④] 协助其他部门办理交涉的例子也有一些，如 1930 年中日电信交涉，外交部就委派条约委员会委员吴南如兼任电信交涉委员会委员，与交通部电政司长庄智焕一起办理交涉。又如为参加 1930 年比利时博览会，国民政府行政院指派褚民谊为代表，但他要求加派条约委员会顾问刘锡昌为副代表，理由是"关于参加赛会一切设施以及对外交际宣传等事，非有资望俱深经验素丰之士，不足以资匡助"。[⑤] 从这些事例可以看出，条约委员会实际上不限于办理条约事项。

从上述情况看，条约委员会在废约过程中起到了一定作用。但应注意的是，条约委员会是外交部的内设机构，听命于外交部长于前，而仍可由外交部长单独裁决于后。[⑥] 因此，条约委员会的作用发挥受制于外交部部长。时人批评它自身不独立、无权威、无固定性，不能离开外交当局而独立从事工作或提出主张，"而且委员会自身的地位，既受外交当局的支配，更不免随当局个人的更动而动摇。因为以上情形，这种委员会便不容易延致适当的专门人才，即已经参加的人，也无法可以完成其基本的工作。"[⑦] 事实也是如

① 《收回租界交涉，外部准备进行，先从调查入手》，《申报》1931 年 5 月 22 日，第 1 张第 3 版。

② 《郭同来哈调查之谈话，蔡运升对俄记者之表示》，《申报》1929 年 9 月 27 日，第 2 张第 8 版。

③ 《海河工程讨论会即将成立》，《申报》1929 年 10 月 23 日，第 2 张第 6 版。

④ 《周泽春昨谒外王，请示调查湘案机宜，昨晚返京驰往长沙》，《申报》1930 年 8 月 21 日，第 4 张第 13 版。

⑤ 《函请优待赴比赛会职员，褚民谊致行政院函，令部仍留原资原薪》，《申报》1929 年 11 月 26 日，第 4 张第 13 版。

⑥ 洪钧培编：《国民政府外交史》，第 385 页。

⑦ 周鲠生：《革命的外交》，第 35 页。

此，从条约委员会组成人员可以看出，外交部部长更替直接影响条约委员会的人员变化。如伍朝枢为外长时，聘请王世杰、周览、李锦纶等担任条约委员会委员，以法学、外交人才为主。[1] 黄郛担任外交部部长时，聘任张人杰、孙科、吴稚晖、蒋介石等为该会委员，以政治人物为主。[2] 王正廷担任外长期间，陆续聘任了楼桐孙、刘师舜、刁敏谦、于焌吉、吴南如、朱敏章、彭贻贤、徐春秋等一批法学、外交等领域专家为委员。1931 年 9 月 2 日，国民政府颁布命令，派徐春秋、谭绍华、于能模、许沅、方文政为条约委员会专任委员；黄豫鼎、郭泰祯、陶树模、吴宗濂、夏循坦、吴南如、薛卓东、彭昭贤、汪扬宝、周泽春为通常委员。[3] 至于副会长，经常发生变动。例如，王正廷任职期间最初聘任的副会长是徐东藩。1929 年 3 月，徐东藩调任外交部参事，不再兼任副会长，改由凌冰担任副会长，不久又改派张我华继任。条约委员会除委员外，还曾设置顾问之职。如 1929 年聘施绍常、刁敏谦、王景岐等为顾问。这些顾问多为名誉职，实际散处各地，不能到会办公，外交部于 1936 年将此项顾问予以裁撤。[4] 由条约委员会成员的变化可以看出，这不是一个稳定的机构，从而影响了作用的发挥。国际法专家周鲠生因此提出要改造条约委员会。[5] 当然，南京国民政府并没有听取这种意见。

此外，条约委员会受经费困扰，亦影响其工作开展和作用发挥。外交部就抱怨经费支绌。[6]

除了以上机构调整外，外交部还有一些机构设置与废除不平等条约有关联，如外交部驻沪办事处、国民通讯社、取消领事裁判权宣传委员会、外交讨论委员会等。

外交部驻沪办事处是外交部的派出机构。1928 年 7 月 10 日，外交部公布驻沪办事处组织简章，第二年正式设立办事处。南京国民政府成立之初列强尚

---

[1] 《外部设立条约委员会》，《申报》1927 年 6 月 3 日，第 4 张第 14 版。

[2] 《宁外交部组织条约委员会，黄郛兼任会长》，天津《益世报》1928 年 4 月 14 日，第 1 张第 4 版。

[3] 《训令第四三五二号：为简派该部条约委员会专任委员徐春秋等委员黄豫鼎等由》，1931 年 9 月 2 日，《行政院公报》第 286 期，1931 年 9 月 9 日，训令，第 12 页。

[4] 《本部条约委员会顾问业经一律裁撤》，《外部周刊》第 99 期，1936 年 2 月 3 日，本部消息（一）新闻，第 8 页。

[5] 周鲠生：《革命的外交》，第 36—37 页。

[6] 《本部及条约委员会经常费概况》，《外部周刊》第 26 期，1934 年 9 月 10 日，本部消息（一）新闻，第 7 页。

在观望，没有正式承认南京国民政府，列强与南京国民政府交往多通过驻沪领事馆进行。为了便于交际，南京国民政府外交部决定在上海设立办事处。"该办事处之职务在事实上不仅限于传达公文及消息，有时亦兼及交际事项。"①

就条约关系变化而言，该机构实际上也起了一定作用：（一）安排接待外国谈判代表赴京，起积极沟通作用。列强多数驻华代表前往南京，均由驻沪办事处接待安排。例如，1929 年 5 月，波兰代表维登克尔和波兰驻华使馆参赞克新斯戈前往南京与外交部部长王正廷谈判中波新约，就是驻沪办事处安排。② 英国驻华公使蓝普森前往南京与王正廷谈判法权问题，也是外交部指令驻沪办事处安排。③（二）直接作为条约谈判地点。如 1928 年 12 月 22日，中法《关税条约》在驻沪办事处签字。④ 1929 年 2 月 16 日，中法商约谈判即在驻沪办事处进行。⑤ 1931 年 3 月，中国与土耳其通商友好条约在驻沪办事处续谈。⑥（三）向列强传达国民政府外交部的要求。例如，1928 年，国民政府宣布关税自主照会及进口新税率表，由外交部驻沪办事处送达驻沪各国领事署。⑦ 又如，1930 年外交部裁撤交涉署后，要求华洋诉讼上诉案件由各省高等法院处理。其中，外交部照会挪威、巴西、荷兰等国公使，请转达各国政府查照。这些照会就由驻沪办事处送达。⑧（四）向外交部转达国内外废约要求。如 1929 年 1 月，云南旅外各界中法订约后援会推选请愿代表团十四人前往外交部驻沪办事处请愿，办事处处长陈世光接见，答应将后援会宣言、通电等转达给部长王正廷。⑨

驻沪办事处是特殊背景下的产物，作为南京国民政府与列强交往的桥梁而存在，地位颇为重要。正因为这样，南京国民政府在 1930 年下令裁撤

---

① 章进主编：《中国外交年鉴（民国二十二年一月至十二月）》，第 17—18 页。

② 《中波开议新约之先声，维登克尔及克新斯戈今晚晋京》，《申报》1929 年 5 月 14 日，第 4 张第 13 版。

③ 《英使今日可到，外部电令妥为照料》，《申报》1931 年 2 月 24 日，第 3 张第 9 版。

④ 上海通志编纂委员会编：《上海通志》第 1 册，上海人民出版社，2005 年，第 158 页。

⑤ 《中法商约今日续议，上午十时在驻沪办事处》，《申报》1929 年 2 月 16 日，第 4 张第 13 版。

⑥ 《中土条约进行，土代办昨访王外长》，《申报》1931 年 3 月 15 日，第 4 张第 13 版。

⑦ "中华民国"史事纪要编辑委员会编：《中华民国史事纪要》（1928 年 7—12 月），第 1149 页。

⑧ 《外部昨致三国照会，关于华洋诉讼之上诉问题，由外交部驻沪办事处送达》，《申报》1930 年 4 月 3 日，第 4 张第 13 版。

⑨ 《滇各界中法订约后援会昨日请愿，向外交部驻沪办事处》，《申报》1929 年 1 月 29 日，第 4 张第 13 版。

各部驻沪办事处时，外交部驻沪办事处作为特例继续存在。① 直至全面抗战爆发，外交部驻沪办事处才停止工作。

国民通讯社于伍朝枢担任外长时开始设置，1927 年 6 月 4 日正式成立，隶属于外交部，主要负责对外宣传，后改为国民新闻社，1934 年与海通社合并而组成国民海通社。该社成立时，聘李才为主任（李未到任前，由王雪艇暂代），委任张似旭、戴麟藻、冯良玉为社员。② 该社对于废除不平等条约也做了一定贡献。例如，上海全市民众拥护撤销领事裁判权大会，决议七要案，其中就包括警告各国的决议案，即《分电在华享有领判权各国，抗议延阻我国撤销领判权政策，倘因此而引起任何纠纷或误会，应由各该国负责案》。这份决议案由国民新闻社转英国、美国、法国、日本、意大利等在华享有领事裁判权的各国元首。③

取消领事裁判权宣传委员会设于 1929 年 5 月 28 日，由王正廷委任张维城、谢冠生、江本华、吴天放等五人组成，以张维城为主任委员，负责宣传取消领事裁判权工作。④

外交讨论委员会是外交部在上海成立的外交咨询和宣传机关。1928 年 8 月 12 日，外交部委派张维城筹备。9 月 9 日，该委员会正式成立。由外交部部长王正廷函请虞和德、赵晋卿、林康侯、史量才、汪伯奇、余惟一、陈德徵、吴宗濂等为委员，张维城为办事处处长兼委员。成立一年，召开常会 19 次，临时会 5 次，决议案 72 件，其中建议案 33 件，可见研究颇多。讨论事项中重要的内容包括外交宣传大纲的拟订、撤废领事裁判权的步骤、解释治外法权与领事裁判权的异同、对日交涉的方略、民众外交建议的收受、收回航权的准备、收回越界筑路的方法、收回法租界会审公廨的方法、保护华侨的方略、国外侨民侮辱国体的取缔、民众注意国耻的唤醒方法、华商擅悬外旗的取缔以及美记者团行动言论的调查、中东路事件的各项对策等等。讨论会对这些问题研究后形成建议，呈报部长。外交宣传方面，该会也发挥重要作

① 《财外两办事处缓撤》，《申报》1930 年 6 月 30 日，第 4 张第 14 版。
② 《外部在交署附设通讯社》，《申报》1927 年 6 月 5 日，第 4 张第 13 版。
③ 《全市民众一致拥护撤销领判权》，《申报》1930 年 1 月 22 日，第 4 张第 13 版。
④ 《组织取消领判权宣传委员》，《新闻报》1929 年 5 月 29 日，第 2 张第 7 版。

用。凡关于废约、撤废领事裁判权、各项对外交涉以及国防、侨务、外交事务的中文文件或消息多由该会宣达，外交部正式公布的中文版中外新约或来往照会均由该会公布，同时对于国际宣传也极为重视。①

总的来说，南京国民政府为了应对条约关系变化新形势，或者调整，或者增设一些内制机构，对于推动废除不平等条约运动开展有积极意义。

三、 统一外交事权与裁撤交涉署

近代外交的一个显著特点就是外交事权不统一，外交部不是唯一掌握对外交涉事权的机构，多头外交严重影响国际交往。国民党在建立政权过程中，这个问题也很突出。② 随着统治范围的日益扩大，成为全国性政权的可能性增大，国民党决定采取措施，解决外交事权不统一的问题。

1927 年 3 月 17 日，国民党二届三中全会通过《统一外交决议案》。③ 这对党政人员擅自进行外交进行了约束。

南京国民政府成立后，进一步明确外交事权属于外交部。1927 年 8 月 4 日，国民政府发布训令指出，"现在北伐胜利，民气激昂，所有对外国际交涉，以及收回海关废除不平等条约诸端，在在均须着手急进"，要求根据国民党第 116 次中政会决议慎重外交，规定此后军民财政各机关如有与外人发生关系的行动应先向外交主管机关商酌才办理，以保证外交统一。④ 这就保证了政府机关在外交方面的统一性。

除明确外交事权归属外，国民政府还决定收回地方外交权，集中体现在裁撤交涉署方面。当然，裁撤交涉署还与收回领事裁判权有密切关系。

交涉署制度源于地方办理外交的传统。按照惯例，各国外交事务均由中央政府统筹办理，地方机构不能直接对外。但由于特殊的背景，近代中国地方政府办理外交成为一种常态。"逊清政府因初与外邦互市通商，华洋交涉，

---

① 《外交讨论会周年纪念会，王部长发表重要演说，昨晚欢宴各委员来宾》，《申报》1929 年 9 月 10 日，第 4 张第 14 版。

② 《国民政府近三年来外交经过纪要》，《协进》第 1 卷第 2 期，1929 年 4 月 1 日，专载，第 6 页。

③ 荣孟源主编：《中国国民党历次代表大会及中央全会资料》上册，第 319—320 页。

④ 《国民政府近三年来外交经过纪要》，《协进》第 1 卷第 2 期，1929 年 4 月 1 日，专载，第 6 页。

至为棘手，地方官吏又无外交常识，尤以各国对华有领事裁判权，应付艰难。爰就沿海各省设立洋务局，以与各国驻领办理地方交涉事件，嗣又改为交涉司署。"① 辛亥革命爆发后，各省军政府设外交部，自办外交。南京临时政府建立后，各省外交部改为外交司，但仍各自为政。为了改变这种局面，北京政府建立后，决定将各省交涉机关统归中央指挥监督，裁撤各省外交司，统一设置直属于外交部的交涉署。1913 年 5 月 12 日，北京政府外交部制定《交涉员职务通则》，从形式上统一了各省外交。但是，由于该通则同时规定特派交涉员及各埠交涉员均兼受该省行政长官的监督，遇有与军事行政或地方行政相关事项必须经由都督或民政长官的，除呈报外交部外，需随时商请都督或民政长办理。② 这就意味着隶属于外交部的特派交涉员或交涉员受制于各省军政长官。民国北京政府时期地方军阀专横，各省地方长官在处理外交事务时仍具有相当权力，这些特派交涉员或交涉员往往受其干预和制约。③

国民党政权建立时，仍继续实施北京政府时期的交涉署制度，但已经意识到北京政府时期的交涉署制度存在缺陷，因此试图加以变革，如前述国民党二届三中全会规定，地方政府或军事官员不得任免交涉员。南京国民政府成立后，强化了外交部对交涉员的任免权。如伍朝枢就任外交部部长时的"重要公事"之一就是任命各地交涉员。④ 此外，外交部加强了对交涉员的管理，如恢复定期汇报制度和规定交涉员不得擅自发表意见等等。1928 年 4 月，黄郛担任外交部部长时要求各交涉署定期汇报。⑤ 关于交涉员对外交涉，外交部规定，"嗣后各地方遇有交涉事件发生，应由各该交涉员迅即呈部请示办法，不得擅自有所主张，更不得以个人名义对外发表意见，致淆观听。"⑥ 从这些措施可以看出，这时国民政府并没有裁撤交涉署的考虑，只是

---

① 《呈为呈请分期裁撤各省特派交涉署及各埠交涉署仰祈鉴核示遵》，1930 年 5 月 6 日，台北"国史馆"藏国民政府档案，馆藏号：001000005119A。

② 《外交部新订交涉员通则》，《申报》1913 年 5 月 27 日，第 3 版。

③ 《裁撤各省及各埠交涉署案：呈国民政府、行政院，为呈请分期裁撤各省及各埠交涉署由》，1929 年 5 月 4 日，《外交部公报》第 2 卷第 4 期，1929 年 8 月，文书，第 59 页。

④ 《外交部已在组织中》，《申报》1927 年 5 月 19 日，第 2 张第 5 版。

⑤ 《训令各交涉员令一件》，1928 年 4 月 14 日，《外交部公报》第 1 卷第 1 期，1928 年 5 月，命令，第 33—34 页。

⑥ 《外交部训令第六一四号》，1929 年 1 月 18 日，《外交部公报》第 1 卷第 9 期，1929 年 1 月，文书，第 52 页。

为了将外交权收归中央外交主管机关而改善交涉署制度。

王正廷担任外交部部长时，致力于取消不平等条约。在关税自主基本实现后，王正廷把取消领事裁判权作为交涉的重点，计划 1930 年 1 月 1 日前废除领事裁判权。为了配合这项工作，王正廷提出裁撤交涉署的建议。外交部明确指出，此次撤销各处交涉署是为表示撤销领事裁判权的决心，作为取消不平等条约的第一步。[①] 按照王正廷的想法，将各地交涉署裁撤，就使各地外国领事无对应交涉机关，领事裁判权制度也就无法如以前一样实施。[②]

1929 年 5 月 4 日，王正廷呈文给国民政府行政院，请分期裁撤各省及各埠交涉署。王正廷指出，交涉署存在流弊，已失设立交涉署之初意，裁撤交涉署可以促进领事裁判权撤废。王正廷提出分两期裁撤交涉署的建议：第一期先将各埠交涉分署一律裁撤，限于 8 月底完成；第二期将各省特派交涉员公署一律裁撤，限于年底完成。裁撤以后的有关地方交涉事务，分类处理。[③]这个建议被采纳，行政院第二十四次会议决议照办，并经国民政府第二十八次国务会议通过。[④] 5 月 15 日，国民政府行政院遵令转饬外交部遵照。[⑤]

裁撤交涉署后，外交部指令樊光、嵇镜、周龙光、徐谟、张旅章、凌冰等组织讨论裁撤各交涉署善后办法委员会，研究各项善后办法。[⑥] 该办法经 7 月 16 日国民政府行政院第二十九次会议通过，于 7 月 19 日令知外交部，并转呈国民政府批准。国民政府行政院于 8 月 15 日将《裁撤交涉署善后办法》通令遵行。[⑦] 善后办法共九条。[⑧] 第一条阐述了裁撤交涉署的"初意"；第二、三、八条说明交涉署裁撤后外人事件处理办法；第四、五、七条规

---

① 《交涉署裁撤后办理外人事件范围》，1929 年 12 月外交部咨各省通饬，立法院编译处编印：《中华民国法规汇编》第 5 编外交，1933 年，第 561 页。

② 《外交当局之裁撤交涉署理由谈》，《新纪元周报》第 1 卷第 39 期，1929 年 12 月 20 日，第 10 页。

③ 《呈为呈请分期裁撤各省特派交涉署及各埠交涉署仰祈鉴核示遵》，1930 年 5 月 6 日，台北"国史馆"藏国民政府档案，馆藏号：001000005119A。

④ 《中华民国国民政府行政院指令第一二四七号：呈请裁撤各省特派交涉署及各埠交涉署祈核示由》，1929 年 5 月 16 日，《行政院公报》第 49 期，1929 年 5 月 22 日，指令，第 44 页。

⑤ 《中华民国国民政府行政院训令第一六四一号：令知分期裁撤各交涉署案决议照办由》，1929 年 5 月 15 日，《行政院公报》第 48 期，1929 年 5 月 18 日，训令，第 28 页。

⑥ 李育民：《中国废约史》，第 767 页。

⑦ 《训令第二六八号：为饬知呈准裁撤交涉署善后办法由》，1929 年 8 月 15 日，《行政院公报》第 75 期，1929 年 8 月 21 日，训令，第 21 页。

⑧ 《裁撤交涉署善后办法》，台北"国史馆"藏国民政府档案，馆藏号：001000005119A。

定外交部与地方机关在处理外交事件和涉外例行工作上的分工协调；第六条是在裁撤交涉署与撤废领事裁判权过渡期设置的救济办法；第九条是关于交涉署人员处理。

从这个善后办法看，其基本精神，一是统一外交事权。外交部负责对外交涉，取消地方外交权。二是涉外事务分类处理，改变外人特权地位，断绝领事外交恶习。[①] 这个善后办法，保证了交涉署裁撤后对外交涉事务的顺利进行。

在外交部的统一部署下，各地交涉署基本如期裁撤。如江宁、镇江、苏州、宁波、温州、烟台、宜昌、厦门、汕头、重庆、钦廉雷等各埠交涉员署在当年 8 月底裁毕。江苏、安徽、浙江、江西、河南、山东、河北、陕西、湖北、湖南、福建、广东、广西、四川、云南、察哈尔、迪化（新疆）等省特派交涉员公署拟在年底裁毕。[②] 到 1929 年底，除个别地方稍有延期外，各省特派交涉员公署基本裁撤完毕。1930 年 8 月 27 日，王正廷向行政院报告，各交涉署都遵限裁撤。[③]

当然，在裁撤过程中，也有特殊情况发生。例如，1929 年 12 月 11 日，国民政府行政院收到张学良密电，称东北地方"地介两强，情势殊特，平时与外人接触事项极繁，迥非腹地各省所可同言"，请在裁撤交涉员署后，仿照上海设外交部办事处先例，在东北设外交部驻辽办事处，以便遇事秉承中央及地方长官就近处理。[④] 云南、新疆等地也有类似特殊情况。外交部不得不做变通，在辽宁、吉林、云南、新疆四省特派顾问四名常驻。当时，设置这种特派顾问本为临时性质，规定以一年或二年为限，等各项不平等条约完全废除就予以裁撤。[⑤] 但事实上，除辽、吉两省因"九一八"事变后被迫停

① 《据外交部呈送裁撤交涉署善后办法经决议转呈鉴核示遵由》，1930 年 7 月 10 日，台北"国史馆"藏国民政府档案，馆藏号：001000005119A。

② 《各交涉署分期撤废，月底撤撤普通交涉员十一人，特派交涉员年终再为裁撤》，《顺天时报》1929 年 8 月 25 日，第 3 版。

③ 《呈行政院，呈为继续汇缴裁缺交涉署印章祈赐转呈国民政府饬局销毁由》，1930 年 8 月 27 日，《外交部公报》第 3 卷第 5 期，1930 年 9 月，文书，第 25 页。

④ 《张学良电》，1930 年 12 月 11 日收到，台北"国史馆"藏国民政府档案，馆藏号：001000005119A。

⑤ 《呈，据外交部密呈，关于裁撤各地交涉署一案，以东三省、云南、新疆等处地处边陲，情形特殊，拟请由部派顾问四人，分往各该处常川驻扎，秉承部令，办理交涉，其撤销期间，以一年或二年为限等情，似应准予照办，请核示》，1929 年 12 月 12 日收，台北"国史馆"藏国民政府档案，馆藏号：001000005119A。

止外，其余两处变成常设。① 1934年还增设察哈尔、北平两处。

除上述特派顾问外，外交部还在裁撤交涉署后设置视察专员四名，分别视察皖赣湘鄂川、鲁豫陕甘、闽浙粤桂黔、冀晋热绥四区，作为裁撤交涉署的过渡办法。视察专员的作用是传达中央外交方针，辅助地方办理外人事务。为规范视察员职权，外交部特意制定了《视察专员办事章程》。该视察专员本来也是临时性质，当时规定设置期间为六个月。但届满之后，外交部又决定延期六个月。② 实际上，该视察专员此后成为常设。1935年4月，外交部规定在闽浙、皖赣、湘鄂、川康、粤桂、滇黔、鲁豫、陕甘宁青、察绥黑吉辽、新疆等地设置视察专员，其中闽浙、皖赣、湘鄂、川康、鲁豫、陕甘宁青六区实际设置。1936年5月，外交部规定除冀察、粤桂、川康、云南四处外，其余一律取消。③

特派顾问或视察专员都是裁撤交涉署后的变通办法。它们虽属于外交部派出机构，但仍有地方外交的色彩，受地方长官影响。当然，对于列强来说，这些机构与昔日的交涉署已不同，外国领事已经不能与这些机构直接对等交涉。尽管如此，南京国民政府外交部裁撤交涉署的行动仍有利于取消领事裁判权。裁撤交涉署虽未能直接促使领事裁判权制度根本废除，但通过这一行动，国民政府对外表示了废除领事裁判权制度的决心，对列强产生一定的心理影响。

第二节　司法体制与政策调整

列强拒绝废除不平等条约，尤其是立即撤废领事裁判权，借口是中国法律、司法状况没有达到一定程度，在华外人不能得到"公正审判"。美国驻

---

① 章进主编：《中国外交年鉴（民国二十二年一月至十二月）》，第18页。

② 《据外交部呈，为该视察专员已届期满，而关于是项专员职务仍属需要，请准延期六个月，经提出本院第八十一次会议决议，照准展期六个月，转呈政府备案由》，1930年8月7日，台北"国史馆"藏国民政府档案，馆藏号：001000005119A。

③ 王立诚：《中国近代外交制度史》，第244—245页。

华公使马克谟在 1929 年 5 月 9 日致电国务院时就强烈批评中国司法现状，声称自法权调查委员会发表报告后，中国法律或司法没有取得什么进步。英国政府也认为在条件不成熟时撤废领事裁判权是有害的。至于外国驻华领事，也多持这种看法。例如，当南京国民政府明确 1930 年 1 月 1 日前必须撤废领事裁判权时，在天津的外国领事就表示时机不成熟。① 外人报刊更是极力反对撤废领事裁判权。如《泰晤士报》指出，中国法律修订、法院或监狱之近代化极为迟缓，中国对于撤废领事裁判权准备不足，列强不能将司法权完全委诸中国。②

从外人观点看，中国撤废领事裁判权需要法律、司法体系各种调整，以达到列强"满意"的程度。换言之，列强就是主张以中国改良司法为取消领事裁判权的条件。③ 其实，这些都只是列强拖延取消领事裁判权的借口。南京国民政府对此认识比较清楚。④ 因此，南京国民政府声称："我们改良司法并不是对于外人，以此为取消领事裁判权的条件，我们改良司法是自动的，不是被动的，是主观的，不是客观的。"⑤

尽管反对将司法改良作为取消领事裁判权制度的条件，但南京国民政府并不拒绝进行司法改良。南京国民政府成立之初，王宠惠就任司法部部长。他对于司法事务以革新改进为第一入手方法。⑥ 其司法改进计划包括注重民权、统一司法、编订法典、重订法院制度、设置最高法院、裁撤检察厅、废除县知事兼理司法等。⑦ 这些司法改良计划得到逐步实施，使中国司法状况得到较大改善，民法、刑法、商法等逐步编订，法院及监狱设备逐步完成，近代化司法体系建立，能够适应撤废领事裁判权后的形势。

---

① 《华洋诉讼案件，近来均在法院起诉，各领对取消领权之意见，裁撤交涉署年内恐难实行》，天津《益世报》1929 年 12 月 30 日，第 3 张第 10 版。

② 《可代表英政府意向之英报评撤废治外法权，在主义上虽允中国要求，在事实上暂难允即实行》，《顺天时报》1929 年 5 月 22 日，第 3 版。

③ 《司法院施政报告：司法改良》，司法行政部秘书向哲濬于 1930 年 1 月 23 日在中央广播无线电台报告，《司法公报》第 57 期，1930 年 2 月 8 日，特载，第 33 页。

④ 外交部报告：《最近之外交》，1931 年 2 月 27 日在中央广播无线电台，《中央党务月刊》第 31 期，1931 年 2 月，选录，第 482 页。

⑤ 《司法院施政报告：司法改良》，司法行政部秘书向哲濬于 1930 年 1 月 23 日在中央广播无线电台报告，《司法公报》第 57 期，1930 年 2 月 8 日，特载，第 33 页。

⑥ 《王宠惠之司法改进谈》，《申报》1927 年 7 月 24 日，第 3 张第 9 版。

⑦ 《王宠惠就职后之司法前途》，《申报》1927 年 7 月 30 日，第 4 张第 13 版。

一、 建立健全法律体系

南京国民政府一边与列强交涉取消领事裁判权，一边制定各种法律，逐步建立健全自身法律体系，以塞列强之口。这个法律体系主要包括刑法、民法等各种法律的制定，具体来说，体现在以下几点：

（一）吸收西方资产阶级刑法原则和观念，制定了新的刑法典

南京国民政府成立前，中国适用的刑法典是民国北京政府制定的《中华民国暂行新刑律》及刑事特别法。该暂行刑律将《大清新刑律》中与"国体"抵触各条删除，吸收日本刑法精神，形成新刑律。该暂行律自1912年4月30日公布实施，经1915年、1919年两次修订，至1928年废止。南京国民政府成立后，暂行律不能适应统治的需要，因此南京国民政府决定制定适合自己需要的刑法典。① 1927年12月，司法部部长王宠惠奉命起草刑法草案。

这个刑法草案比暂行刑律有明显改进，如关于新旧法律适用，以新为原则，对于旧法之刑较轻者从轻；对于量刑和减轻刑等作了新的规定，减少法官自由裁量权；对于旧律中以适应封建社会的服制图为划定亲属范围的标准，新律予以删除，改为亲等计算法等等。

这个刑法草案经1928年3月3日国民党中央执行委员会第120次常务会议讨论，决议修正通过，并以3月10日为公布日期，7月1日为施行日期。② 按照此决议，国民政府正式公布《中华民国刑法》。该法典共两编48章387条，其中第一编总则分为14章，包括法例、文例、时例、刑事责任及刑之减免、未遂罪、共犯、刑名、累犯、并合论罪、刑之酌科、加减例、缓刑、假释、时效；第二编分则共34章，包括各种罪行。③ 6月5日，国民政府又公布《中华民国刑法施行条例》。但是，由于准备工作不充足，施行存在困难，司法部代理部长蔡元培提议刑法暂缓施行，经6月29日国民政

---

① 陈新宇等：《中国近代法律史讲义》，九州出版社，2016年，第132页。
② 《令直辖各机关，为准中央执行委员会决议，刑法以三月十日为公布期，七月一日为施行期，令仰遵照并饬属遵照由》（第二一八号），1928年5月17日，《司法公报》第12期，1928年6月1日，文书，第5页。
③ 《中华民国刑法》，1928年3月10日，《司法公报》第7期，1928年3月15日，法规，第24—27页。

府委员会议同意，推迟到 9 月 1 日施行。①

这个刑法典比《暂行新刑律》要进步完备，但也存在缺点：第一，由于立法时间匆促，仍有沿袭《暂行新刑律》的地方。第二，刑法实施中，发现许多缺点及障碍。② 此外，为了统治需要，在刑法典之外，政府还颁布了一些特别法，实则是刑法之外施加刑事处罚，且往往是加重处罚。这与"法治"精神存在冲突。为此，南京国民政府立法院在 1931 年 12 月 9 日派委员刘克儁、史尚宽、郗朝俊、蔡瑄、罗鼎等组织刑法起草委员会，决定对刑法进行修改，以便划一刑法。1933 年 1 月、3 月，又加派盛振为、赵琛、林彬、瞿曾泽、徐元诰会同起草。③ 这次刑法修正集中了法学专家的力量，广泛征询了各方面的意见。④ 经过三年间多次调研讨论，刑法起草委员会最终完成草案制定。1934 年 10 月 31 日，立法院第三届第七十八次会议三读通过全文。随后经中政会讨论，要求根据男女平等原则修正第 239 条。11 月 29 日，立法院第三届第八十四次会议议决通过，并拟呈请国民政府于 1935 年 1 月 1 日公布。⑤ 1935 年 1 月 1 日，国民政府公布新刑法，定于 7 月 1 日实施。

这次新刑法制定颇为慎重，"较现行法新增四十条，删去条文七十三条，修改条文二百六十九条，未改条文四十五条，稿凡四易，先后开会共计一百四十八次。"新刑法参考最新外国立法，结合中国当时法官程度、监狱设备、人民教育程度及社会环境等情形进行修改。⑥ 新刑法吸收了当时最新的资产阶级刑法原则和观念，如将报应主义改为社会防卫主义，认定刑法是防卫社会的一种手段，而不是单单为了惩罚罪恶；从客观主义转移于主观主义，不再以犯罪行为所发生伤害的大小来定刑，而以犯罪人的恶性为定刑的标准；刑法规定力求与民法规定相适合，解决民刑法律的冲突；刑法单一化，即将

① 《函各省政府为刑法展期施行业经国府议决请查照由》（公字第二六二号），1928 年 7 月 4 日，《司法公报》第 15 期，1928 年 7 月 15 日，公文，第 63 页。

② 萧自诚笔记：《修正中华民国刑法问题，阮毅成先生本月十日出席大学部总理纪念周讲演词》，《中央政治学校校刊》第 85 期，1934 年 12 月 15 日，演讲，第 3 页。

③ 《中华民国刑法，附录：立法院呈文》，《立法专刊》第 11 期，1935 年 2 月，第 56 页。

④ 萧自诚笔记：《修正中华民国刑法问题，阮毅成先生本月十日出席大学部总理纪念周讲演词》，《中央政治学校校刊》第 85 期，1934 年 12 月 15 日，演讲，第 3 页。

⑤ 《中华民国刑法，附录：立法院呈文》，《立法专刊》第 11 期，1935 年 2 月，第 56 页。

⑥ 《中华民国刑法，附录：立法院呈文》，《立法专刊》第 11 期，1935 年 2 月，第 57 页。

特别法内容吸收进刑法。这种修正，"是中国立法上近来最大的贡献，使得国家，渐渐地走上法治的轨道。"① 经过这次修订，南京国民政府建立了适合自己统治需要的刑法体系。这部刑法典被时人视为"中国自古以来最完备的刑法"，"实在是我国法制上一部伟大的成绩。"②

（二）制定中国历史上第一部系统的民法典

对南京国民政府来说，民法的制定，既有内在的要求，也有外部的压力。南京国民政府立法院院长胡汉民说："本院的立法的工作对内、对外都有一个很急很特殊的要求，一切重要的法典，如民法、商法之类都得尽今年一年之内统统弄好，而民法的需要尤其急切，尤其要先行完成。"③

从外部来看，列强不愿意取消领事裁判权，其借口之一就是中国无民法典。因此，尽快制定民法典有利于推进取消领事裁判权进程。王宠惠就任司法院院长时曾对记者说过，欲收回领事裁判权，免外人有所借口，民法商法比刑法还重要，"因外人在我国犯罪者不多，适用刑法处尚少，适用民法商法极多，急欲完成，以便收回法权。"④ 1928 年中意、中比条约签订后，孙科发表演讲，提及欲废除领事裁判权，在事实上需经过相当长的时间，因为多种法律还没有制定。⑤ 王正廷在 1929 年 1 月 7 日外交部纪念周演讲时也指出这一点。⑥ 1 月 14 日，他在上海暨南大学发表演讲时又提到这点。⑦ 可见，编订法律与取消领事裁判权运动有密切关系。

不仅外部压力要求中国制定符合西方法律原则的民法，从内部生活看，民法的制定也有必要。对于取消不平等条约与制定民法的关系，胡汉民有一段话阐述：取消不平等条约，"初看似乎只是单独关于民族主义的事情，然

---

① 萧自诚笔记：《修正中华民国刑法问题，阮毅成先生本月十日出席大学部总理纪念周讲演词》，《中央政治学校校刊》第 85 期，1934 年 12 月 15 日，演讲，第 3—5 页。

② 萧自诚笔记：《修正中华民国刑法问题，阮毅成先生本月十日出席大学部总理纪念周讲演词》，《中央政治学校校刊》第 85 期，1934 年 12 月 15 日，演讲，第 3 页。

③ 《胡汉民在立法院纪念周讲演对于民法应有的常识》，《湖北省政府公报》第 45 期，1929 年 5 月 1 日，丛录，第 74 页。

④ 《王司法院长之施政方针》，《法律评论（北京）》第 6 卷第 6 期，1928 年 11 月 18 日，法界消息，第 10 页。

⑤ 《孙委员科讲改订互惠条约中之危机》，《汉平新语》第 1 卷第 7 期，1929 年 1 月 1 日，党务，第 29 页。

⑥ 《团结内力与外交成败》，1929 年 1 月 7 日外交部纪念周演讲，吴天放编辑：《王正廷近言录》，第 35 页。

⑦ 《外交力量与废除不平等条约》，1929 年 1 月 14 日在上海暨南大学演讲，吴天放编辑：《王正廷近言录》，第 48 页。

而实际上要得到取消不平等条约的实利，同时必须制定完备的民法、商法、土地法种种法律。"① 民法是规定民众日常生活的法律，直接关系民生，因此非常重要。南京国民政府成立前，中国没有正式颁布民法典，只有宣统三年起草的大清民律草案总则和 1925 年的民律草案总则，但均未颁布施行。这种状况不利于维护统治。南京国民政府成立后，决心制定自己系统的民法典。

国民政府制订民法典开始于 1928 年夏间，当时由法制局着手起草亲属及继承两编。② 是年 10 月 13 日，国民党中央执行委员会制定训政纲领，确定训政体制，实行五院制，法制局裁撤。立法院成立后，民法编订工作转移到立法院。1929 年 1 月 29 日，立法院第十次会议决定由傅秉常、史尚宽、林彬、焦易堂、郑毓秀（后为王用宾）等组成民法起草委员会，编订民法典。不过，起草委员会只负责具体条文编订，立法原则则由国民党中央执行委员会政治会议决定。在各方的努力下，国民政府采取分编制定、逐步公布的方式，最终编订了《中华民国民法》。这部民法包括总则、债、物权、亲属、继承等五编，共 1225 条。

最先颁布的是第一编民法总则编。该编于 1929 年 4 月 20 日经立法院第二十次会议通过，国民政府于 5 月 23 日公布，10 月 10 日起施行。民法总则编颁布后，立法院又制定了民法总则施行法，于 9 月 24 日由国民政府公布。③ 民法总则编包括法例、人、物、法律行为、期日及期间、消灭时效、权利之行使等七章。④ 总则编在整个民法体系中占据灵魂的地位。胡汉民指出："民法总则，至为重要。盖民法各编，如债权编、物权编、亲属编、继承编及各种商法，皆以此为基础，故欲修订民法商法，非先定民法总则编不可。"⑤ 随后民法起草委员会又编订了民法第二编债编，于 1929 年 11 月 5 日至 8 日立法院第五十八次会议议决通过，送呈国民政府，于 11 月 23 日公布。⑥ 在债编制定的同时，物权编也在起草。是年 11 月 20 日，立法院通过

① 胡汉民：《国民政府立法院开会辞》，《立法专刊》第 1 期，1929 年 9 月，第 2 页。
② 杨幼炯：《近代中国立法史》，上海书店出版社，1989 年，第 374 页。
③ 胡汉民：《立法院之立法工作》，《中央周报》新年增刊，1930 年，专载，第 5 页。
④ 《民法总则》，《立法专刊》第 1 期，1929 年 9 月，第 48—60 页。
⑤ 胡汉民：《民法总则编立法原则》，《三民半月刊》第 1 卷第 10 期，1929 年 1 月 16 日，特载，第 1 页。
⑥ 胡汉民：《立法院之立法工作》，《中央周报》新年增刊，1930 年，专载，第 5 页。

第三编物权草案，提交国民政府，于 23 日会议决议即日公布。① 第四编亲属编和第五编继承编则至 1930 年 12 月底才完成。

《中华民国民法》是在中政会直接指导下制定的，因为按照训政大纲，中政会具有指导之权，立法也如此。② 立法院只是具体负责条文内容的编订。由于受中政会指导，立法必须按照其确立的原则进行，而其根本原则是三民主义。因此，民法也同样以三民主义为指导原则。③ 该法典也吸取了当时世界先进的立法思想，"充分显示一个古老民族如何在外来压力下，毅然决定抛弃固有传统法制，继受西洋法学思潮，以求生存的决心、挣扎及奋斗。"④

此次民法编订，贯彻了民商合一的原则，将商法内容纳入民法之中。立法院院长胡汉民会同副院长林森向中政会提议，请订定民商统一法典。提案指出，民商二法合并已成为现代立法的趋势。因此，他们建议此次订立法典应根据社会实际状况，结合现代立法的潮流，制订民商统一的法典，若不能并合的应分别订立单行法规。这得到批准。⑤ 1929 年 6 月 5 日，中政会颁发《民商法统一编纂方案》，"以民商法典之分别编订，只缘历史上之因袭，殊无法理之根据。关于商事之规定，应于民法法典中规定之，间有不能包括规定者则颁行单行法规，酌量情形，分别起草。"⑥ 因此，这次民法典就包含了商法的内容。至于未能包括在民法典内的内容，则制定公司法（1929 年 12 月 30 日公布）、票据法（1929 年 10 月 30 日公布）、海商法（1929 年 12 月 30 日公布）、保险法（1929 年 12 月 30 日公布）等特别民法。

至 1930 年底，南京国民政府基本构建了新的民法体系，而其中民法大部分内容在 1929 年完成。立法院积极推进民法编订，与南京国民政府宣布自 1930 年起废除各国在华领事裁判权的特令相一致。这个工作大体来说较好地配合了撤废领事裁判权运动。胡汉民在 1929 年 12 月 3 日中央纪念周演

---

① 《民法第三编物权已公布》，《法律评论（北京）》第 7 卷第 8 期，1929 年 12 月 1 日，法界法制消息，第 14 页。

② 胡汉民：《立法院之立法工作》，《中央周报》新年增刊，1930 年，专载，第 5 页。

③ 胡汉民：《国民政府立法院开会辞》，《立法专刊》第 1 期，1929 年 9 月，第 3 页。

④ 转引自陈华彬：《民法总论》，中国法制出版社，2011 年，第 151 页。

⑤ 《胡汉民林森提议订民商统一法典》，《银行周报》第 13 卷第 19 期，1929 年 5 月 21 日，杂纂，第 6 页。

⑥ 胡汉民：《立法院之立法工作》，《中央周报》新年增刊，1930 年，专载，第 5 页。

讲《国府明令撤废领判权的三大意义》时提到，帝国主义者阻挠中国撤废领事裁判权的借口无外乎两个，一是没有统一而强固的政府，一是法律还没有完备。胡汉民指出，列强无非是想借不平等条约来继续压迫中国。他以法律制定为例，证明这个借口是可笑的。他指出，中国已经公布了民法总则、民法债编、民法物权编、民事诉讼法、票据法、公司法、海商法、保险法、刑法、刑事诉讼法和其他种种法令，而监狱的改良、新式法院的推行也在积极进行，且有成效。中国在法律上努力获得的成绩，无疑地已超越了日本、土耳其要求废除领事裁判权的时期。"一切以正谊公道自命的国家，何以还借口于中国法律的不完备，以自掩饰其强横呢？"[1] 这大体反映了南京国民政府为取消领事裁判权所做的法律准备工作，也回击了列强拖延取消领事裁判权的借口。

二、 设置法律机构与条约关系的变化

废除不平等条约，建立新的平等条约关系，是一个系统工程。除了外交部直接负责条约交涉外，立法、司法、财政、教育、军事等部门也有相应的工作要完成。南京国民政府在废除不平等条约、建立平等条约关系过程中，调动了各种职能部门参与。就法律机构而言，立法院、司法院是主要的负责部门。它们在条约关系变化过程中扮演着重要的角色。

从立法机构与条约关系的变化来看，立法机构影响条约关系调整。

南京国民政府成立之初，没有设立专门的立法机构，由司法部起草部分法律法规，由国民政府颁布，但大部分沿用原有法律法规。[2] 立法院成立以前，司法部起草的法律法规包括《国民政府司法部组织法》《最高法院组织暂行条例》《惩治盗匪暂行条例》《各省高等法院院长办事权限暂行条例》《各省高等法院检察官办事权限暂行条例》《最高法院检察官办事权限暂行条例》《地方法院院长办事权限暂行条例》《地方法院检察官办事权限暂行条例》《暂行反革命治罪法》《中华民国刑法》《司法部司法行政委员会组织条例》《审理烟案简易程序》《中华民国刑法施行条例》《司法官任用考试暂行

① 胡汉民：《国府明令撤废领判权的三大意义》，《中央侨务月刊》第 5、6 期合刊，1930 年 2 月，论著，第 5 页。

② 《司法部之工作报告（一）》，《法律评论（北京）》第 6 卷第 28 期，1929 年 4 月 21 日，专载，第 38 页。

条例》《刑事诉讼法（附施行条例）》。① 从这些立法来看，司法部承担了后来立法院的部分职能，对南京国民政府法律体系的建立起到了一定促进作用，尤其是刑法的制定意义重大。

立法院成立后，立法权转到立法院之手。1928 年 8 月 21 日，国民党第二届中央执行委员会第五次会议决定推行训政，训政时期实施五院制，专门成立立法院负责制定法律。10 月 8 日，《国民政府组织法》颁布，规定立法院为国民政府最高立法机关，有议决法律案、预算案、大赦案、宣战媾和案、条约案及其他重要国际事项之职权。② 因此，立法院对条约关系变化的影响主要体现在两个方面，一是建立近代化的法律体系，一是审查批准条约。

就职能而言，立法院享有立法权，但凡一切法律制定，都需要经过立法院。立法院成立后，迅速启动了一系列法律的制定工作，配合了取消不平等条约工作的进行。王宠惠担任司法院院长时曾向记者谈过收回领事裁判权问题，阐述了立法工作与收回领事裁判权的关系问题。他说："此事步骤第一步拟先订期接收，或假定一年为期，届满即不再延长。第二步，拟由立法院尽短时期内制定商法、民法，颁布实行，俾收回法权时外人无可借口。其原因即外人对收回法权，以为中国现时尚无完美法律，如收回后，则外人之生命、财产无可保障，故要求吾国改良司法。"当然，司法改良与收回法权不能"并为一谈"。③ 换言之，制定法律可以为收回领事裁判权做保障。

根据立法院的职掌，立法院还拥有条约审查批准权。从这个规定看，立法院享有一定的外交控制权，尤其是新订条约需要经过立法院审查、批准。立法院对此颇为看重。1928 年，立法院通过若干立法委员的临时动议，主张中外条约须经立法院议决，方能正式签字，发生效力，并请国民政府将外交部所签订的各条约送交立法院。这得到国民政府批准。1931 年 12 月 26 日，国民党四届一中全会第三次会议通过《修正国民政府组织法》，删除了立法院的"条约案"议决权，但"'条约案'仍然可以包括在'其他国际重要事

---

① 《司法部之工作报告（一）》，《法律评论（北京）》第 6 卷第 28 期，1929 年 4 月 21 日，专载，第 38 页。
② 《中华民国国民政府组织法》，《法律评论（北京）》第 6 卷第 1 期，1928 年 10 月 14 日，新法令，第 19 页。
③ 《王司法院长谈治外法权》，《法律评论（北京）》第 6 卷第 7 期，1928 年 11 月 25 日，法界消息，第 16 页。

项'之内。换言之,国民政府组织法修正之后,立法院仍有议决条约案之权"。① 因此,废除不平等条约,改订平等新约,与立法院有密切关系。

立法院对新订条约的批准不仅仅是一种程序,而且在事实上具有否决权。1929 年、1930 年曾多次围绕条约权发生争持,立法院坚持条约应在批准前送交议决,而不应在批准后送交追认。② 例如,中日《关税协定》签字后,外交部部长王正廷将此呈报中政会及国民政府核准,并照例送立法院审议。③ 王正廷本以为就是走一过场,没想到引起了一场审议风波。④ 这场风波虽未影响中日《关税协定》的批准,但对外交部起了警告作用。王正廷因此一度消极,要请病假两星期,后在谭延闿、蒋介石、胡汉民等一再催促下才继续履职。⑤ 从这一审议风波可以看出,立法院对于条约问题具有实际权力,可以牵制外交部。

立法院工作范围很广,涉外立法只是其中一小部分工作,主要由内设的外交委员会负责。按照 1928 年立法院组织法,立法院设有法制、外交、财政、经济等委员会,后来增设有军事委员会等。按照工作流程,条约案一般先经外交委员会讨论,再送立法院全体会议讨论通过。换言之,外交委员会在条约案处理过程中具有很大的主导性。

1929 年 5 月 10 日,立法院外交委员会举行第一次常会,傅秉常、卢仲琳、张凤九、楼桐孙、郭泰祺出席,由委员长傅秉常主持会议。此次会议主要是审查外交部请批准国际无线电公约案,决议批准,但须附带声明:"国民政府不承认,亦不让与任何外国或其人民在租借地、居留地、租界、使馆界、铁路地界及其他同样界内未经国民政府许可而有安设或使用无线电台之权。凡该公约及附件所记载有涉及各该租借地者,无论明指或暗示,对于中国主权不生任何影响。"⑥ 此后,外交委员会对于外交部送交的条约问题均进

---

① 王铁崖:《论立法院与条约权》,《观察》第 3 卷第 2 期,1947 年 9 月 6 日,第 6 页。
② 王铁崖:《论立法院与条约权》,《观察》第 3 卷第 2 期,1947 年 9 月 6 日,第 7 页。
③ 《中日关税协定,王正廷呈报中政会,日本各报论调一斑》,《申报》1930 年 3 月 15 日,第 2 张第 8 版。
④ 参见李育民:《中国废约史》,第 755—756 页。
⑤ 《外王昨午返京》,《申报》1930 年 6 月 3 日,第 4 张第 14 版。
⑥ 《外交委员会第一次常会议事录》,1929 年 5 月 10 日,《立法院公报》第 6 期,1929 年 6 月,立法院各委员会议事录,第 30 页。

行讨论。如 1929 年至 1930 年底，外交委员会连续开了十四次常会审查条约问题。1929 年 10 月 1 日，举行第二次、第三次常会，分别审查《外国教会租用土地房屋应强制于契约内载明必要事项四项案》和《中波友好条约案》。1930 年 1 月 18 日，第四次常会审查《中希通好条约案》。4 月 16 日，第五次常会审查《中捷友好通商条约案》。5 月 15 日，第六次常会审查《收回威海卫租借地专约及协定案》。6 月 30 日，第七次会议审查《国际邮政公约、国际邮政互换保险信函及箱匣协定、国际邮政互换包裹协定、国际邮政汇兑协定案》。8 月 8 日，第八次常会审查《中波友好通商航海条约附加议定书及批准书案》。8 月 20 日，第九次常会《审查修正国际法庭规约暨美国加入国际法庭规约两议定书及批准书》。8 月 28 日，第十次常会审查《1930 年北宁铁路机车设备短期债券条例案》。9 月 16 日，第十一次常会第三次审查《收回威海卫租借地专约及协定案》。10 月 30 日、11 月 10 日，第十二次常会、十三次常会审查《中美公断条约和国际电报业务规则案》。12 月 25 日，第十四次常会第三次审查《国际电报业务规则案》《护照条例案》《国籍法公约及议定书并声明保留各条案》《修正国际联合会中国全权代表办事处组织条例案》等。对于这些议案，外交委员会会给出自己意见，如第十四次常会审查《国际电报业务规则案》时，决议无批准之必要。审查《护照条例案》，决议俟函侨务委员会征询意见后再议。审查《国籍法公约及议定书并声明保留各条案》，决议公约批准，第四条保留，关于重复国籍人兵役之议定书不批准，关于无国籍之二议定书批准。审查《修正国际联合会中国全权代表办事处组织条例案》，决议不成立。① 可见，外交委员会的审查讨论直接关系到条约的批准与否。

如果问题不限于外交，则由外交委员会与其他委员会开联席会议，通过决议后送立法院全体会议决议。如外交委员会曾与法制委员会开联席会议，讨论《限制制造及调节分配麻醉品公约附约暨议定书案》。外交委员会与军事委员会举行四次联席会议，审议制定《管理红十字法规案》和《海上人命

① 《立法院外交委员会第十四次会议议事录》，1930 年 12 月 25 日，《立法院公报》第 25 期，1931 年 1 月，立法院各委员会议事录，第 2—4 页。

安全公约暨附属规则案》《海上捕获条例案》《捕获审检厅条例案》《海军官署保管拿捕物件规则案》等。

从上述事例可以看出，立法院在废除不平等条约、建立平等条约关系（含国际公约）过程中，能够发挥实实在在的影响。

司法机构对于司法改良负有直接责任，而司法改良是列强允诺中国取消领事裁判权的先决条件。因此，司法机构与条约关系变化有直接关系。司法行政部秘书向哲濬就指出，司法院"对内负有促进法治国的责任，对外与行政院外交部共同负有撤销领事裁判权的责任"。[①] 所以，在取消不平等条约过程中，司法部、司法院也起着重要作用。为了撤销领事裁判权，司法机构做了许多工作：

第一，成立收回法权研究机构，筹备取消领事裁判权。

为取消领事裁判权，司法机构先后成立了收回法权筹备委员会和法权研究委员会。两者都是研究咨询机构，前者直接隶属于司法院，后者由司法行政部直接管理。

收回法权筹备委员会是司法院院长王宠惠提议设立的。它是在南京国民政府宣布要在 1930 年 1 月 1 日前取消领事裁判权的背景下，为了配合外交部进行法权交涉而成立的一个机构。

1929 年 8 月 1 日，司法院公布《收回法权筹备委员会章程》，拟成立收回法权筹备委员会，负责讨论筹备收回法权事宜。章程规定，由司法院院长、副院长、司法行政部部长、次长为委员会当然委员，其余委员由院长（兼会长）聘请或委派富有司法、外交学术经验的人员担任。收回法权筹备委员会主要讨论主席提出或委员提出而经主席认可的事件，讨论后出具报告书交司法院办理。[②] 按照章程，司法院于 9 月 14 日公布了首批委员名单，主要由两部分人员组成：一是司法界人才，由司法院委派，包括钱泰、胡祥麟、吴昆吾、潘恩培、张国辉、徐维震、王淮琛、刘远驹、许泽新、李景圻、胡宏

---

① 《司法院施政报告：司法改良》，司法行政部秘书向哲濬于 1930 年 1 月 23 日在中央广播无线电台报告，《司法公报》第 57 期，1930 年 2 月 8 日，特载，第 33 页。
② 《收回法权筹备委员会章程》，1929 年 8 月 1 日公布，《司法公报》第 32 期，1929 年 8 月 17 日，法规，第 3 页。

恩、梁敬錞、向哲濬等；① 另一部分是外交界人才，由司法院聘请，包括嵇镜、周龙光、徐谟、张我华、刘师舜、江本华、朱世全、许沅、于焌吉、宋沅等。② 后来，司法院又相继聘请了邓静安、董康、郑天锡等为委员。按照章程，司法院院长需指定若干人为常务委员。据此，司法院于 9 月 27 日指定嵇镜、徐谟、钱泰、徐维震等为常务委员。

9 月 26 日，收回法权筹备委员会在司法院召开成立大会，到会委员二十四人。会议由司法院代理院长、司法行政部部长魏道明主持。魏道明主要阐述了成立委员会的缘由，希望对领事裁判权问题共同详细讨论，集思广益。会议讨论了工作进行方法，决定一方面着手调查整理各国在华领事裁判权制的种种流弊，以为交涉资料，一方面研究种种筹备方法。此外，会议对于上海临时法院改组为普通法院问题也进行了讨论。③

收回法权筹备委员会的成立，对筹备收回领事裁判权有一定意义。例如，对于上海临时法院改组工作进行过认真研究，并提出具体的方案。但是，这个机构只是司法院的咨询机构，会议召开次数也有限，并没有发挥很大的作用。时人在谈论 1935 年司法行政部成立法权研究会时提到："司法院原有收回法权筹备委员会，今司法行政部又有法权研究委员会之组织，未免重复。但在理论上，吾国已明令撤废领事裁判权，在实际上，收回法权筹备委员会并未积极进行。号称独立国家，岂容法权由外人常此侵犯？则司法行政部此项机关之成立，原则上应予以同情。"④ 从这一段话可以看出，收回法权筹备委员会的实际作用有限。

由于法权交涉结果不理想，司法当局认为有必要加强研究。因此，司法行政部决心设立法权研究会，罗致专家，悉心研究。⑤ 为此，司法行政部部长王用宾向司法院提出《司法行政部法权研究委员会规程》，请求备案。

---

① 《司法院院令》，1929 年 9 月 14 日，《司法公报》第 38 期，1929 年 9 月 28 日，院令，第 4—5 页。

② 《司法院公函：函聘嵇镜等为收回法权筹备委员会委员由》（公字第三四八号至三五七号），1929 年 9 月 14 日，《司法公报》第 40 期，1929 年 10 月 12 日，公文，第 34—36 页。

③ 《收回法权筹备会，昨开成立会》，《申报》1929 年 9 月 27 日，第 1 张第 4 版。

④ 涛：《对于法权研究会之诤言》，《政治评论》第 155 期，1935 年 5 月 23 日，时事评论，第 861 页。

⑤ 《法权研究会之筹设》，中央统计处编：《中国国民党指导下之政治成绩统计》第 2 期，1935 年 2 月，司法，第 185 页。

司法行政部的提议得到批准。1935 年 4 月 2 日，司法院会议讨论《司法行政部法权研究委员会规程案》。4 月 6 日，司法行政部正式公布规程。该规程第一条规定："司法行政部为完成收回法权之准备置法权研究委员会。"该会设委员长、副委员长各一人，委员若干，由司法行政部部长分别派任或聘任。该会主要研讨司法行政部部长交议，或委员长、副委员长提出，或委员提议经委员长认为应该研究的问题。规程还特别规定，每月至少开会两次。①

根据规程，司法行政部于 5 月 17 日发表委员会名单，多为政府公务员。② 因此，名单一经公布，即受到质疑。③ 但不管怎样，法权研究委员会在司法行政部的推动下成立了。

法权研究委员会实际上属于"研究集会"。④ 因此，成立后即开始研究法权问题，首先讨论的问题有两种：其一，详细调查日本、土耳其等收回法权的经过，以备研究参考。有必要时，派遣特派员前往，或委托使馆办理。其二，详细考察各国对中国收回法权的意向与态度，试作直接交涉，以助研究。⑤ 例如，1930 年签订的《关于上海公共租界内中国法院之协定》规定有效期三年，至 1933 年 4 月 1 日期满，随后经双方同意得以延长三年，至 1936 年 4 月 1 日告满。期满后如何处理，需要研究。司法当局授权法权研究委员会研究办法，供外交部参考。⑥ 可见，该机构对于筹议收回法权还是有一定作用。

第二，努力排除军政干涉，保障司法独立，以杜外人口实。

司法建设，首要的是保障司法独立。这在理论上不成问题，但现实中确实存在问题，比如行政的干涉，军阀无理的蹂躏，领事裁判权的摧残。因此，司法独立必须对外取消领事裁判权，对内排除行政与军事机关的干涉。

---

① 《司法行政部法权研究会规程》，1935 年 4 月 6 日公布，《司法公报》第 35 期，1935 年 4 月 24 日，法规，第 2 页。

② 《司法部发表法权研委会全体委员》，《中华法学杂志》第 6 卷第 4、5 期合刊，1935 年，国内要闻，第 195 页。

③ 涛：《对于法权研究会之诤言》，《政治评论》第 155 期，1935 年 5 月 23 日，时事评论，第 861—862 页。

④ 《法权研究会筹备就绪》，《申报》1935 年 5 月 5 日，第 1 张第 3 版。

⑤ 《司法部法权会先将研究日土收回法权经过》（上海每日新闻），《外论通信稿》第 1089 期，1935 年 4 月 25 日，第 3 页。

⑥ 《特区法院协定明年四月满期》，《申报》1935 年 12 月 28 日，第 3 张第 9 版。

司法不独立的第一个表现就是行政权干涉司法。辛亥革命成功后，南京临时政府颁布临时约法，明确规定司法独立，专设法院负责审判。但是，袁世凯上台后，借口财政困难、司法人才缺乏，撤销初级审检厅，明令由县知事兼理司法。这导致民国北京政府时期行政官员兼理司法成为一种制度。南京国民政府成立之初，承继这种司法制度，行政官员兼理司法的现象非常普遍，尤其是县级司法更是如此。据统计，1928 年仅河北省 139 个县中县长兼理司法的达 131 个。①

行政官员兼理司法的制度具有明显弊端。其存在表明司法制度不健全，也往往导致审理不公平。外人不愿意撤销领事裁判权，即以此为借口。其实，兼理司法的县长们也有抱怨。无锡县县长孙祖基就提出："县长兼理司法本非良善之制度，其组织之简陋，与手续之欠缺，无可讳言。而县长每以行政事务殷繁，常有不遑兼顾之虞。况现在领事裁判权正值提议收回，尤不应留此不完备之司法制度，转贻外人之口实。"② 太仓县县长袁希洛也认为，县长兼理司法与世界潮流不符。③ 可见，改革县长兼理司法制度已经成为必要。

为了解决这个问题，南京国民政府成立后试图进行司法改革。最初，司法部试图推进法院改组，希望设立县法院，但实际执行效果有限。④ 1928 年 6 月北伐完成，国民党决定实行训政。8 月 8 日，国民党第二届中央执行委员会第五次全体会议正式举行，委员陈肇英提出《设立县法院废止县长兼理司法并严禁监狱虐待囚犯案》，得到通过。8 月 17 日，国民政府委员会第八十六次会议召开，根据上述会议决议，交司法部执行。⑤ 司法部拟定了具体计划，想在没有法院的县逐渐设立法院。司法部门计划分期进行，逐步推进

---

① 《呈司法部录送提议，增设法院，推进司法独立计划案，请鉴核由》（文字第一七号），1928 年 8 月 18 日，《河北高等法院公报》第 1 期，1929 年 1 月，公牍，第 32 页。

② 提议人无锡县县长孙祖基：《从速设立各县县法院案》，《江苏省民众厅庶政会议汇刊》，1929 年，审查报告：吏治组审查报告，第 10 页。

③ 提议人太仓县县长袁希洛：《县长兼理司法久成秕政，应如何促成县法院，以维司法独立精神案》，《江苏省民众厅庶政会议汇刊》，1929 年，审查报告：吏治组审查报告，第 10—11 页。

④ 《战地各县设立县法院条例》，《申报》1928 年 4 月 28 日，第 3 张第 9 版。

⑤ 《国府会议纪要》，《申报》1928 年 8 月 18 日，第 1 张第 3 版。

法院设置工作。① 这在一些经济发达省份成效较好。② 但是，全国有超过 1700 个县，全部要设立法院，困难非常大。根据 1929 年底的统计，全国设最高法院 1 所、高等法院 60 所（含分院 32 所）、地方法院 106 所、县法院及地方法院分院或分庭 207 所，各级法院总计 374 所，离计划筹设的法院数还有很大差距。③ 此后虽仍有县法院陆续设置，但进展并不大。1935 年，司法行政部发言人答记者问时提到全国有 1300 余县由县长兼理司法，承审员无独立审判之权。④ 可见，普遍设立县法院的计划并没有做到。

中央司法部门只得对计划进行调整。1935 年 9 月 19 日，全国司法会议第四次大会讨论整顿县长兼理司法案，决定三项办法：承审员改为审判官，并提高待遇；严定审判官资格，并慎重其人选；审判权应完全独立。⑤ 根据会议决议，司法行政部制定了《县长兼理司法事务暂行条例》。新条例十二条，其要点为：提高审判官的地位，独立行使审判职权，县长监督不影响审判权之行使；县长司法权减削，县长综理司法行政事务外，只能行使检察权，但不能有审判权；检察与审判分开。⑥ 这个新条例对于行政干涉司法权进行了限制，比此前有所进步，但并未从根本上解决问题。直至 1946 年底，县长兼理司法的制度才彻底被废除。⑦

司法不独立的第二个表现就是军人干涉司法。民国时期，军阀专权是一大特征。在国民党军政时期，军人权力很大，军事干涉司法为常有之事，甚至军事机关可以代行诉讼。进入训政时期，军人干涉司法现象仍然存在。湖北宜昌地方法院代理院长方仲颖、代理首席检察官梅昌瑞等就抱怨，"（法

---

① 《司法行政部施政报告：扩充全国法院及监狱之计划》，司法行政部秘书向哲濬于 1929 年 12 月 5 日在中央广播无线电台报告，《司法公报》第 50 期，1929 年 12 月 21 日，特载，第 41 页。

② 楼兴邦：《中国司法独立问题之我见（续）》，《新声半月刊》第 24 期，1930 年 2 月，第 26 页。

③ 《司法行政部施政报告：扩充全国法院及监狱之计划》，司法行政部秘书向哲濬于 1929 年 12 月 5 日在中央广播无线电台报告，《司法公报》第 50 期，1929 年 12 月 21 日，特载，第 41—42 页。

④ 《司法行政部整顿县长兼理司法》，《外部周刊》第 83 期，1935 年 10 月 14 日，第 25 页。

⑤ 《县长兼理司法，司法会议决定三办法，法律学会今日可成立，大会今日闭幕》，天津《益世报》1935 年 9 月 20 日，第 1 张第 2 版。

⑥ 黄汝鉴：《从苏省县长兼理司法的实况谈到司法行政部对于县长兼理司法的改革案》，《苏衡》第 1 卷第 2 期，1935 年 7 月 1 日，第 67 页。

⑦ 《废除县长兼理司法制度，各地改设法院或司法处》，《法声》第 61 期，1947 年 5 月 24 日，第 1 页。

官）恒为外界势力所左右，不能尽量行其职权。"① 东北地方长官张学良也提到军人干预司法的情况。② 司法机关无奈之下只能呈请司法主管部门，向军事机关交涉。前述方仲颖、梅昌瑞也向湖北高等法院院长汤葆光报告，要求保障司法独立。汤葆光因此恳请司法部转呈国民政府，要求训令军政、行政机关不得干涉司法。③

南京国民政府转入训政后，试图从制度上解决这个问题。司法院院长王宠惠于 1929 年初向国务会议提出司法权限划分案，④ 该案经讨论通过，由行政院、司法院呈请国民政府核办。⑤ 国民政府颁布命令，要求军事长官严饬所属，不得再有受理诉讼、干涉司法情事。⑥ 南京国民政府试图解决军人干涉司法现象的努力取得了一定成效，至少在法理上军人干涉司法已经失去依据，成为"非法"行为，司法机关遇到类似案件就可以据此阻止。

当然，军人干涉司法积弊已久，并非一次通令就可解决。1929 年国民政府颁布命令之后，仍有军人干涉司法情事出现，司法部门不得不多次要求军事机关申明禁令。⑦ 1932 年发生泗阳县林得山干涉司法一案。该案发生后，司法行政部部长罗文干请求军政部"通行各军，严切禁止，以维司法尊严"。⑧ 1932 年 9 月，军政部部长何应钦训令各军事机关、部队长官，要求遵照转饬所属"严切禁止，毋得再有此等事实发生"。⑨ 同年，罗文干答记者问时提到军人或行政官吏横加干涉是危害中国司法独立的主要因素之一。⑩ 可

① 《令各县县长、市公安局长，奉省政府令，转国民政府令，各地军政机关不得干涉司法权限，仰饬遵照由》，1928 年 7 月 5 日，《湖北民政月刊》第 1 期，1928 年 8 月，命令，第 30 页。
② 《辽宁禁止军人干涉司法之通饬》，《法律评论（北京）》第 6 卷第 22 期，1929 年 3 月 10 日，法界法制消息，第 17 页。
③ 《令各县县长、市公安局长，奉省政府令，转国民政府令，各地军政机关不得干涉司法权限，仰饬遵照由》，1928 年 7 月 5 日，《湖北民政月刊》第 1 期，1928 年 8 月，命令，第 30 页。
④ 《王宠惠主张划分司法权，以免军人干涉司法之弊》，天津《益世报》1929 年 1 月 17 日，第 1 张第 3 版。
⑤ 《国府禁军事机关干涉司法》，《法律评论（北京）》第 6 卷第 20 期，1929 年 2 月 24 日，法界法制消息，第 10 页。
⑥ 《国民政府训令，严饬所属军事机关禁止受理诉讼，干涉司法，以肃法纪由》（第八一号），1929 年 2 月 4 日，《司法公报》第 6 期，1929 年 2 月 16 日，府令，第 11 页。
⑦ 《军政部重申禁令严禁军人干涉司法》，《中华法学杂志》第 3 卷第 10 期，1932 年，国内要闻，第 122 页。
⑧ 《司法行政部咨》（咨字第一二四一号），1932 年 9 月，《军政公报》第 139 期，1932 年 9 月 15 日，命令，第 58 页。
⑨ 《军政部训令，令各部队、各军事机关：为重申禁命军队不准干涉司法强提人犯月案，仰饬属遵照由》（法字第三二四号），1932 年 9 月，《军政公报》第 139 期，1932 年 9 月 15 日，命令，第 59 页。
⑩ 《罗法长谈司法独立》，《法律评论（北京）》第 9 卷第 43 期，1932 年 7 月 31 日，法界消息，第 21 页。

见，军人干涉司法痼疾不易去除。

　　司法独立并非只有军政机关直接干涉一端，实际上还有司法经费、法官职位等不独立问题。为此，司法主管机关进行了一定努力，不过成效有限。比如，关于司法经费独立问题，司法当局一直呼吁由国库开支。自清末以降，司法经费均由省库负担。南京国民政府初期也是如此。这就导致司法机关由中央指挥，而经费由地方负责，影响了司法独立和司法改良。1928 年 6月，全国经济会议决定司法经费由国家经费内支出，随后确定由财政部解决。[①] 但是，由于中央经费紧张，这一原则实际无法落实。1929 年，在国民党第三次全国代表大会上，王宠惠在司法院工作报告中呼吁应确定司法经费。1934 年 5 月，第二次全国财政会议决定在中央财政未充裕以前，司法经费暂由地方负担。[②] 这本是原则上确定了司法经费由中央开支，但由于规定暂由地方负担，导致中央不拨款，而地方又借口司法机关属于中央机关，司法机关经费更无着落。[③] 关于法官独立，司法院也做了一定努力，在职务上保障法官办案以法律为准绳，独立行使职权，不受外界干涉；在地位上保障法官无故不被降调免职。[④] 司法主管机关为此制定了《司法官官俸暂行条例》《司法官任用考试暂行条例》《法官惩戒暂行条例》等法规，从法律上保障法官的独立。当然，在现实中法官地位仍受政治等因素的影响。

　　第三，统一司法权，健全司法组织，完善司法制度。

　　南京国民政府成立之初，地方分裂，司法组织系统紊乱，军政机关干涉司法，县长兼理司法。南京国民政府对此均有对应处置措施，试图统一司法权。除此之外，特别法典颁布和特别法庭设置也不利于司法统一。这些特别法典和特别法庭主要针对土豪劣绅、所谓反革命等，等于在普通法律体系和司法体系之外开一特例，割裂了司法审判权，损害了普通法典和普通

---

　　① 《全国司法经费应由国库支出并增加数额以便改进司法案》，《法学杂志》第 8 卷第 5 期（"司法制度专号下编"），1935 年 11 月 1 日，第 824 页。

　　② 《全国司法经费应由国库支出并增加数额以便改进司法案》，《法学杂志》第 8 卷第 5 期（"司法制度专号下编"），1935 年 11 月 1 日，第 824 页。

　　③ 王用宾：《司法会议后本部之责任》，《现代司法》第 1 卷第 2 期，1935 年 11 月 1 日，第 4 页。

　　④ 《司法院施政报告：司法改良》，司法行政部秘书向哲濬于 1930 年 1 月 23 日在中央广播无线电台报告，《司法公报》第 57 期，1930 年 2 月 8 日，特载，第 35 页。

法庭的效力。因此，要统一司法，就必须取消这种特殊法典和法庭。1928 年 8 月，中政会第 152 次会议根据中执委第 161 次常会决议，决定："所有各种特别法庭，均应取消。其特种刑事临时法庭取消办法，俟司法院成立，再行交议。"① 司法院成立后，院长王宠惠起草了《关于特种刑事临时法庭取消办法六条》，提交中政会第 164 次会议核议，经讨论通过。12 月 24 日，司法行政部正式将此通令各法院执行，规定在《暂行反革命治罪法》未废止以前，反革命案件按照刑法上内乱外患等罪管辖，由各高等法院审理；在《惩治土豪劣绅条例》未废止以前，土豪劣绅案件由各地方法院或其简易庭审理。②

统一司法权，还必须健全司法组织。就司法管理体制而言，南京国民政府成立时，规定由司法部管理全国司法行政事务。③ 1928 年 10 月，南京国民政府实行五院制，规定司法院为国民政府最高司法机关，掌理审判、司法行政、官吏惩戒及行政审判之职权。④ 司法院下设有司法行政部（1931 年 12 月 31 日至 1934 年 10 月 2 日、1943 年 1 月 1 日至南京国民政府垮台，曾两度隶属于行政院）、最高法院、行政法院及中央公务员惩戒委员会。按照《司法行政部组织法》规定，司法行政部负责管理全国司法行政事务。司法行政部下设总务、民事、刑事、监狱四司，直接管理各地司法行政事务。⑤ 这就从法理上确保了中央对地方司法行政事务的直接管辖。根据 1928 年 11 月颁布的《最高法院组织法》，最高法院为全国终审审判机关，内设民事庭、刑事庭，负责审判，另设检察署，负责检察事务。⑥ 这从法理上保障了中央对地方审判、检察事务的管辖。

就审级制而言，在南京国民政府司法改革之前，实行四级三审制。由于1914 年民国北京政府下令裁撤已有的初级审判厅，只在地方审判厅另设简易庭受理所有初级管辖的民刑案件，原未设初级审判厅的地方由县知事兼理初级民

---

① 《中央常务会议，惨案特别法庭应即结束》，《申报》1928 年 8 月 31 日，第 1 张第 4 版。
② 《会令各法院奉部令印发关于取消特种刑事临时法庭办法六条仰遵照由》（训字第一九七九号），1928 年 12 月 24 日，《河北高等法院公报》第 1 期，1929 年 1 月，公牍，第 120—122 页。
③ 《国民政府之司法部组织法》，《法律评论（北京）》第 5 卷第 10 期，1927 年 9 月 4 日，法界消息，第 8 页。
④ 《中华民国国民政府组织法》，《法律评论（北京）》第 6 卷第 1 期，1928 年 10 月 14 日，法界消息，第 8 页。
⑤ 《司法行政部组织法》，《司法杂志》第 1 期，1929 年 2 月 1 日，法令，第 2 页。
⑥ 《最高法院组织法》，《司法杂志》第 1 期，1929 年 2 月 1 日，法令，第 3—4 页。

刑诉讼，四级三审制实际上名存实亡。南京国民政府成立之初，沿用旧制。[①]

为了适应训政需要，提高司法效率，南京国民政府在 1927 年 8 月开始进行司法改革。王宠惠计划重订法院制度，设置最高法院，裁撤检察厅，废除县知事兼理司法。[②] 随即司法部向国民政府呈请裁撤检察机关及改定法院名称，10 月 20 日，国民政府发出指令，要求自 11 月 1 日起实行。[③] 这样，司法审判、检察机关就实行审检合署制，将各省审判厅、地方审判厅分别改为高等法院、地方法院，相应的分厅改为分院，法院设推事行使审判权，设检察官行使检察权。

审级制改革则始于《法院组织法》颁布。1930 年 6 月，立法院草拟《法院组织法》，并开列立法原则十六条，送请中政会讨论，经该会第 231 次会议审查修改，通过《法院组织法立法原则》。[④] 1932 年 7 月 6 日，中政会第 316 次会议对上述原则进行了修订。[⑤] 根据上述立法原则，立法院于 1932 年 10 月 8 日通过《法院组织法》，并由国民政府于 28 日颁布，定于 1935 年 7 月 1 日施行。该组织法正式确定设地方法院、高等法院、最高法院三级法院。[⑥]

改良司法机构，必须改法院、监所，培养司法人才。就法院而言，司法主管机关对筹设新式法院做出了一定努力，也取得了一定成就。南京国民政府成立以前，有新式法院的地方不多，主要在重要都会及商埠，其他各处仍由县知事兼理司法。[⑦] 按照中政会要求，司法行政部拟订了为期六年的训政时期工作计划表，其中将法院部分置于首位，计划筹设各级法院 1800 余所。[⑧] 此后南京国民政府即按照此计划扩充法院，尤其是《法院组织法》实

① 方仲颖：《改良司法意见书》，《司法汇刊》第 1 期（1928、1929 年合刊），1929 年 12 月，专件：条陈，第 19 页。

② 《王宠惠就职后之司法前途》，《申报》1927 年 7 月 30 日，第 4 张第 13 版。

③ 《令各省高等审判、检察厅裁撤检察机关及改定法院名称分令迅即遵办由》，1927 年 10 月 24 日，《司法公报》第 1 期（创刊号），1927 年 12 月 15 日，补录公文，第 12 页。

④ 《法院组织立法原则，附中央政治会议公函》（中央政治会议第二百三十一次会议议决），1930 年 6 月 18 日送立法院，《立法专刊》第 4 期，1931 年 1 月，第 1 页。

⑤ 《中央政治会议第 316 次会议修正通过〈法院组织立法原则〉》，1932 年 7 月 6 日，中国第二历史档案馆编：《国民党政府政治制度档案史料选编》上，第 289—293 页。

⑥ 《法院组织法》，《立法专刊》第 7 期，1933 年 2 月，法律案，第 81 页。

⑦ 《司法行政部施政报告：扩充全国法院及监狱之计划》，司法行政部秘书向哲濬于 1929 年 12 月 5 日在中央广播无线电台报告，《司法公报》第 50 期，1929 年 12 月 22 日，特载，第 41 页。

⑧ 《司法行政部训政时期工作分配年表说明书》，《司法公报》第 32 期，1929 年 8 月 17 日，特载，第 29 页。

施后，新法院增设明显。司法行政部部长王用宾在 1935 年提到，第二审法院，除高等法院外，不过 30 处高等分院，两个月内增设 29 处；第一审地方法院原有 61 处，两个月内增设 117 处，扩充速度不可谓不快。但是，遍设新式法院的计划仍有很大困难。县长兼理司法者仍在五分之四以上。地方新式法院虽已有 180 处，但因财力不济，人员不足，离计划数相差甚远。在这种背景下，司法行政部只得采取权宜办法，"一面严饬各省依法次第筹设，一面则改造兼理司法之制，将承审员改称审判官，而付以独立审判之权。"① 总的来看，南京国民政府前期，新式法院筹设情况虽未达预期，但成效还是可观的。②

　　监狱则是司法改良的另一个重点。南京国民政府成立前，新式监所有限。1926 年，全国新式监狱只有 65 所。③ 至于内地，多为旧式监狱。④ 南京国民政府成立后，司法部也对监所问题给予了重视。1928 年 7 月 14 日、10 月 4 日分别颁布了《看守所暂行规则》⑤《监狱规则》⑥。《监狱规则》规定设置普通监狱（分徒刑、拘役两种）、幼年监狱，各种监狱分男监、女监。但当时新式监所有限，⑦ 至 1929 年才 81 所，远不能满足需要。为此，司法行政部计划分期筹设各种新式监狱。根据《司法行政部训政时期工作分配年表说明书》，计划设立少年监、普通监、累犯监、外役监、肺病及精神病监五种。训政时期预计筹设新式监狱 260 余所。此外，司法行政部还计划整理全国各省原有法院监所。⑧

　　除监狱外，司法行政部还要求各省筹设看守所，规定每筹设一地方法院，应同时附设看守所一所，预计筹设看守所 1815 所。⑨

　　司法行政部的计划是庞大的，需要巨额经费和人才做支撑。就经费而

　　① 王用宾：《司法会议后本部之责任》，《现代司法》第 1 卷第 2 期，1935 年 11 月 1 日，第 6—7 页。
　　② 洪道铺：《旧事重提的收回法权问题》，《中外月刊》第 2 卷第 4 期，1937 年 3 月，中国动向，第 20 页。
　　③ 《司法行政部施政报告：扩充全国法院及监狱之计划》，司法行政部秘书向哲濬于 1929 年 12 月 5 日在中央广播无线电台报告，《司法公报》第 50 期，1929 年 12 月 21 日，特载，第 42 页。
　　④ 李子欣：《收回法权声中的监狱改进问题》，《是非公论》第 42 期，1937 年 6 月 1 日，第 6 页。
　　⑤ 《看守所暂行规则》，《监狱杂志》第 1 卷第 1 期，1929 年 11 月，监狱法令，第 6—9 页。
　　⑥ 《监狱规则》，《监狱杂志》第 1 卷第 1 期，1929 年 11 月，监狱法令，第 1—6 页。
　　⑦ 《司法行政部训政时期工作分配年表说明书》，《司法公报》第 32 期，1929 年 8 月 17 日，特载，第 26 页。
　　⑧ 《司法行政部训政时期工作分配年表说明书》，《司法公报》第 32 期，1929 年 8 月 17 日，特载，第 27 页。
　　⑨ 《司法行政部训政时期工作分配年表说明书》，《司法公报》第 32 期，1929 年 8 月 17 日，特载，第 26、32 页。

言，完成六年筹备计划需要 6.2 亿元左右。① 而这在当时根本不能落实。② 就人才来说，按照计划，全国筹设各级法院 1800 余所、新式监狱 260 余所、看守所 1815 余所，加上原有法院、监所，数量惊人。《司法行政部训政时期工作分配年表说明书》中对于司法官、书记官、法医、监所职员及承发吏、司法警察等均有规划。③ 司法行政部也确实开设了司法训练所等，培养不少司法人才。如 1929 年 5 月，司法行政部设立法官训练所，并由司法院呈请制定《司法院特许私立法政学校设立规程》《司法院监督国立大学法律科规程》，规范司法人才培养，④ 但远远不能满足需要。以法官为例，据 1937 年统计，全国十九省法官，有院长 160 人，庭长 156 人，首席检察官 155 人，推事 561 人，检察官 263 人，候补推事 424 人，候补检察官 225 人，学习推事 46 人，学习检察官 33 人，共 2023 人，其中江苏省最多，但也只有 279 人，贵州省最少，仅 11 人。⑤ 这与计划筹设新式法院所需人才数相差甚远。总之，在经费无着、人才缺乏的情况下，司法改良效果大打折扣。⑥

三、 收回法权交涉过程中积极调整管辖外人政策

在收回法权交涉过程中，法律机构不仅自身积极完成法典编纂、司法改良等准备工作，而且还直接配合外交部进行法权交涉，调整管辖外国人政策。

（一）调整华洋诉讼案件处理办法

在近代中国，列强在华享有领事裁判权。在这种特殊背景下，涉外诉讼变得很复杂，其司法管辖包括中外混合案件、外国人单纯案件和外国人混合案件三类。⑦ 中外混合案件是中国人与享有领事裁判权国人之间的案件，采取被告主义原则，由被告所在国官吏按照其本国法律审判。外国人单纯案件

---

① 《司法行政部训政时期工作分配年表说明书》，《司法公报》第 32 期，1929 年 8 月 17 日，特载，第 32 页。
② 楼章日：《确定司法经费及整顿司法收入》，《现代司法》第 1 卷第 5 期，1936 年 2 月 1 日，论著，第 1 页。
③ 《司法行政部训政时期工作分配年表说明书》，《司法公报》第 32 期，1929 年 8 月 17 日，特载，第 29 页。
④ 《司法院施政报告：司法改良》，司法行政部秘书向哲濬于 1930 年 1 月 23 日在中央广播无线电台报告，《司法公报》第 57 期，1930 年 2 月 8 日，特载，第 34 页。
⑤ 《司法院发表全国司法官人数统计》，《法律评论（北京）》第 14 卷第 28 期，1937 年 5 月 9 日，法界消息，第 25—26 页。
⑥ 《司法行政部二十四年份工作报告》，《现代司法》第 1 卷第 4 期，1936 年 1 月 1 日，报告，第 79 页。
⑦ 李育民：《近代中国的条约制度》，第 31 页。

的管辖比较简单，完全由其本国领事审理。外国人混合案件比较复杂，无约国或无领事裁判权国人之间的案件，由中国管辖；无约国或无领事裁判权国人与有领事裁判权国人之间的案件，若被告为无约国或无领事裁判权国人由中国官吏审判，若被告为有领事裁判权国人则由该国领事审判；有领事裁判权国人之间的案件，按照被告主义原则由被告所在国领事审理。可见，中国完全丧失了对外国人单独案件、有约国人混合案件的管辖，对中国人或无约国人与有领事裁判权国人之间的案件也只有不完全管辖权。中国的司法管辖被严重损害。在领事裁判权未能根本取消之前，中国只能管辖被告为华人或无约国人的案件。

华洋诉讼本来是指中外人民之间的诉讼。但在近代中国，它只指原告为洋人、被告为华民的中外混合案件，所以是狭义的华洋诉讼。这类案件根据被告主义原则由中国官吏按照中国法律审理，但必须知照原告所在国领事观审，有时外国领事还要求陪审，且有时买办华人也享有这种权利。[①]

最初，华洋诉讼案件归行政官吏审理，初审由县署进行。如洋人自愿向法院起诉也可，但不许领事观审。如观审，则必须归县署。此类案件的上诉机关为特派交涉员署，其审理为终审。由于行政官吏不一定熟悉法律，因此，民国北京政府司法部与外交部会商，决定由法官帮审。1913年，民国北京政府司法部制定华洋诉讼办法三条。[②] 这个办法一直沿用至南京国民政府改订办法。

1929年5月4日，外交部呈请分期裁撤各省及各埠交涉署，限8月底将各埠交涉署裁撤，年底将各省特派交涉署裁撤。交涉署裁撤，华洋诉讼案件处理势必就需要调整。7月，外交部制定《裁撤交涉署善后办法》。根据该办法，交涉署裁撤后，华洋诉讼上诉案件移交相应法院办理。12月，外交部又制定《交涉署裁撤后办理外人事件范围》，其中第三条就诉讼案件进行了具体规定："属于诉讼案件，既经规定，应归法院管辖，则应各就该管区域，依法受理各国侨民之为当事人或告诉人者，尤须依照法定程序起诉外，领团

---

① 张步瀛：《华洋诉讼之沿革及领事裁判权应撤废之理由》，《现代司法》第1卷第8期，1936年5月1日，论著，第4页。

② 《酌定华洋诉讼办法》，《上海法曹杂志》第15期，1913年3月，命令，第48页。

无观审之权，亦无参加意见余地。其各县兼理司法者，亦当按照法院规例依法审判，不得再援华洋诉讼旧例，致损司法威严。尤不能擅以行政处分处分司法案件，其他行政机关更不得滥行受理侵越权限。"[①] 这样，领事观审与会审之权因此终结。

由于《裁撤交涉署善后办法》和《交涉署裁撤后办理外人事件范围》对于上诉案件的归属没有明确具体由哪种法院管理，江苏交涉署奉令裁撤时，专门请示司法院司法行政部，华洋诉讼案件上诉归何处办理。司法院遂于 1929 年 12 月 11 日致函外交部，建议华洋诉讼案件上诉由各省高等法院管辖，此类一审案件改归地方法院审判，县公署不再受理。但是，考虑到中国地方法院的设置情况，1930 年 3 月 20 日，外交部致函司法院指出，领事裁判权现既明令开始撤废，将来即无所谓华洋诉讼，因此不如暂仍按原有办法，仅对上诉机关进行更改。3 月 22 日，司法院回信表示赞同。[②] 同一日，司法院训令司法行政部及最高法院，规定各省特派交涉署裁撤后，所有各地交涉署受理未结的华洋上诉案件，及以后新发生的华洋上诉案件，一律改由各省高等法院或其分院依普通诉讼法令受理。[③] 但是，司法院随后发现，这与普通法令程序不符合，遂于 7 月 15 日颁布训令，对各省交涉署裁撤后华洋诉讼案件一律改由各省高等法院或其分院依普通诉讼法令受理这条办法进行补充。[④] 这样，华洋诉讼初审、上诉均过渡到按照普通法律程序进行，与普通华民诉讼没有什么区别。

除县署审理的华洋诉讼案外，华洋诉讼还有一种变例，即会审公廨。会审公廨负责管理租界内洋原华（含无约国）被诉讼案件和华人（含无约国）之间的民刑诉讼案件。近代中国主要有上海公共租界会审公廨、上海法租界会审公廨、汉口租界洋务会审公所、厦门鼓浪屿公共租界会审公廨等机构。

---

① 《交涉署裁撤后办理外人事件范围》，1929 年 12 月外交部咨各省通饬，立法院编译处编印：《中华民国法规汇编》第 5 编外交，第 561 页。

② 《交涉署裁撤后华洋诉讼办法》，立法院编译处编：《中华民国法规汇编》第 5 编外交，第 563—564 页。

③ 《各省交涉署裁撤后其受理未结及新发生之华洋上诉案件应由高等法院及分院依普通诉讼法令受理令》（1930 年 3 月 22 日司法院训令司法行政部及最高法院第一七三号），立法院编译处编印：《中华民国法规汇编》第 5 编外交，第 566 页。

④ 《司法院训令：为改定华洋诉讼办法由》（训字第三四二号），《司法公报》第 81 期，1930 年 7 月 26 日，院令，第 24—25 页。

南京国民政府成立前，随着汉口租界的收回，该地洋务会审公所被取消，诉讼归夏口地方法院管辖。因此，南京国民政府时期需要交涉收回的公廨就是上海和厦门两个地方的会审公廨。

上海租界的会审公廨起源于 1864 年的洋泾浜北首理事衙门，但它缺乏条约依据。1867 年开始，上海道台提出会审公廨章程，与英国领事商量，于 1868 年底颁布《上海洋泾浜设官会审章程》，正式设立会审公廨，是为上海公共租界会审公廨。随后，上海道在法国租界也组织了会审公廨。此时的会审公廨为中国司法机构，由上海道选派同知担任委员，主持公廨事务。但是，到辛亥革命时期，上海道及会审官吏逃离，外国领事接管了会审公廨。此后不仅华洋诉讼由外人审理，即租界内华人之间的诉讼案件也由外人把持。直到 1926 年 8 月 31 日，该公廨才由江苏省政府交涉收回，与上海外国领事团签订《收回上海会审公廨暂行章程》。按照章程及同年 12 月 31 日换文规定，会审公廨被江苏省政府接收，并改组为临时法院，华洋诉讼案件由该临时法院按照中国法律法规审判，该院院长、推事和上诉庭推事都由江苏省政府任免。但是，该章程并不意味着法权的完全收回。根据此章程，外人仍享有较大权力，如某些刑事案件（包括买办为被告案件）由领衔领事派员观审、洋原华被民刑案件由领事派员会审、租界内监狱除民事拘留所和女监外均由工部局专管、工部局警务处派委司法警察、领事推荐书记官长，上诉案件必须由交涉员约同领事办理等等。① 会审公廨名义上收回了，但实质上仍是领事裁判权的保留，损害中国司法权完整。

《收回上海会审公廨暂行章程》有效期三年，到 1929 年 12 月 31 日满期。章程规定，条约期满六个月前可以由省政府提议修改。1929 年 4 月 19日，江苏省政府委员叶楚伧提出《处理上海公共租界临时法院案》，建议江苏省政府呈请行政院，饬令外交部尽快交涉，期满之日废止协定；并呈请司法院，声明省政府对上海临时法院的管辖权行使至 1929 年 12 月 31 日止，自 1930 年 1 月 1 日起的办理方法，应请司法院核办。江苏省政府第 195 次

---

① 《昨日公表之公廨协定大纲》，《申报》1926 年 9 月 28 日，第 3 张第 9 版。

会议通过该案，并于第二天呈请行政院等。①

实际上在接到江苏省政府呈文之前，南京国民政府就在酝酿收回上海临时法院。1928 年 4 月，司法院、外交部与江苏省政府、上海市政府、上海交涉员商议上海临时法院管辖问题，拟将法院收回中央直辖。② 1929 年 4 月 11 日，司法院召集了部院联席会议，商讨收回上海临时法院办法，外交部部长王正廷、司法行政部部长魏道明等出席。③ 而司法院院长王宠惠曾根据某方建议，已拟订办法十四条，其中最重要的是：协定期满，即失效力，组织上海特区法院；适用中国法律，出庭律师以华籍者为限；华洋民刑各案，领事概不得观审或陪审。其余还有监狱由华人管辖、工部局协助判决执行等。此项办法已由王宠惠与外交部部长王正廷商洽，均表满意。④ 但是，这十四条建议未脱协定意味，只可备参考。国民党中央对收回上海临时法院改组办法也进行了讨论，决定以完全依照中国法院编制法组织为原则，具体办法包括该院收回后即撤销，不再另设特区法院，所有租界民刑案件一律移归上海地方法院办理；将该院改组为上海地方法院第一分院，法租界会审公廨改称为第二分院，并设高等分院为上诉机关；设立地方分院，而将旧高等分院移设内地。⑤

接到江苏省政府呈文后，司法、外交两界更积极推进。司法院会同江苏省政府搜集资料，将各法院沿革、内部章程及领团决议案等编订成册，向社会公布，以求公评。同时，司法院于 5 月 16 日再次召集部院联席会议，详细讨论应对办法，出席会议代表包括司法院院长王宠惠、外交部部长王正廷、司法行政部部长魏道明、江苏省政府代表金体乾，司法院秘书长、外交部、司法行政部参事和司长等列席。会议重点讨论了司法警察、观审陪审制度、出庭律师资格之限制等。⑥ 经过多次讨论，司法院与外交部最终拟订了临时法院改组方案，规定按照中国法院组织系统，改为地方法院分庭。⑦ 司

---

① 《苏省府对临时法院问题之表示，叶委员提议处理办法二项照案通过，呈请行政院协定期满伤令交涉废止，明年起该院事宜请司法院主持核办》，《申报》1929 年 5 月 1 日，第 3 张第 10 版。

② 《临时法院收回计划，司法院规定之办法，修订章程已草过半》，《申报》1929 年 4 月 19 日，第 4 张第 14 版。

③ 《院部会商收回临时法院案》，《申报》1929 年 4 月 12 日，第 1 张第 4 版。

④ 《临时法院收回计划，司法院规定之办法，修订章程已草过半》，《申报》1929 年 4 月 19 日，第 4 张第 14 版。

⑤ 《收回沪临时法院照会已送出，分致英美法和那巴六国公使》，《申报》1929 年 5 月 10 日，第 3 张第 9 版。

⑥ 《收回临时法院办法，司法院今日开会讨论》，《申报》1929 年 5 月 16 日，第 2 张第 8 版。

⑦ 《上海临时法院改组方案拟定》，《申报》1929 年 11 月 11 日，第 2 张第 6 版。

法院拟订的改组大纲为十条。① 从这个大纲看，租界内法院与其他中国法院没有多大差别。

除内部商讨办法外，根据与司法院商议的结果，外交部于 5 月 8 日照会驻华英国、美国、法国、荷兰、挪威、巴西六国公使，指出上海临时法院与中国司法组织及程序不符，希望改善，提议各国派员讨论关于上海公共租界临时法院办法。② 6 月，江苏省政府电令上海特派交涉员向有关领事声明，该章程期满作废。③

同时，为了准备与各关系国进行谈判，司法院与外交部协商，决定各派三名委员充当改组上海临时法院会议中方谈判代表。外交部派徐谟、嵇镜、刘师舜，司法院派钱泰、吴昆吾、梁敬錞为委员。④

尽管中方作了充分准备，但由于各国多方延宕，直至 11 月 9 日，英、美、法、巴、荷、挪等代表才到南京磋商。最初，各国代表不肯让步，到年底还没有具体结果。南京国民政府担心列强拖延时日，于是由司法院与外交部研究了一个具体办法，由司法院表示坚决态度。12 月 29 日，司法院训令司法行政部，转饬上海临时法院于 1930 年元旦听候改组。⑤ 30 日，江苏省政府也电令上海交涉员，要求通告领事团，临时法院自 1930 年 1 月 1 日起由中央直接管辖。交涉署随即照会领团。⑥ 这使各国代表意识到中方的坚决态度，于是交涉才有进展。经过二十八次讨论，至 1930 年 1 月 21 日，中外各方达成协定草案。根据司法院院长王宠惠的报告，各关系国代表大体上接受了中方的意见，取消了外人会审观审权；法院书记官长改由中国政府任命中国人担任；司法警察由法院派委，并接受法院命令及指挥；女监和民事拘留所由法院管理，其他监狱适用中国监狱法，依照中国监狱条例办理，并允许中国政府随时派员视察监狱中情形，经判决之中外人犯，除违反警法外，

---

① 《司法院改组上海临时法院大纲》，《法律评论（北京）》第 6 卷第 24 期，1929 年 3 月 21 日，法界法制消息，第 20 页。

② 《收回沪临时法院照会已送出，分致英美法和那巴六国公使》，《申报》1929 年 5 月 10 日，第 3 张第 9 版。

③ 《上海临时法庭将改组为完全中国法兰》，《中华实事周刊》第 1 卷第 12 期，1929 年 5 月 30 日，时事要闻，第 8 页。

④ 《临时法院会议，司法院及外部派定出席代表》，《申报》1929 年 11 月 18 日，第 1 张第 4 版。

⑤ 王宠惠：《改组上海临时法院交涉经过》，《中央党务月刊》第 18 期，1930 年 1 月，选录，第 187 页。

⑥ 《临时法院移归中央直辖，交署昨通知领团》，《申报》1930 年 1 月 1 日，第 6 张第 21 版。

得移送内地监狱执行；法院判决确定后，司法警察必须马上执行，不得留难；法院按照中国法院编制法，在上海设置地方法院、高等法院分院，案件可上诉至最高法院；诉讼程序适用中国民事诉讼法。当然，王宠惠也承认有"不十分满意"的地方。比如，司法警察不能自由任免，须按照工部局提供的人选名单进行；除了女监和民事拘留所外，其他监狱仍由工部局管理，监狱官不能撤换；在中国未公布地方章程以前，继续适用洋泾浜章程附则等等。①

1930 年 2 月 17 日，国民政府代表与英国、美国、法国、荷兰、巴西和挪威六国代表正式签订《关于上海公共租界内中国法院之协定》。协定共十条。② 据此，上海公共租界临时法院于 4 月 1 日撤销，改设江苏高等法院第二分院、上海第一特区地方法院。

法租界会审公廨则根据 1931 年 7 月 28 日中法会商达成《关于上海法租界内设置中国法院之协定》，③ 于 8 月 1 日撤销，改设江苏高等法院第三分院、上海第二特区地方法院。

鼓浪屿会审公廨源于 1902 年厦门道与领事团签订的《厦门鼓浪屿公共地界章程》，是中国政府设在鼓浪屿租界的审判机构。④ 收回上海两公廨后，南京国民政府准备乘胜收回厦门鼓浪屿会审公廨。⑤ 当时外交部以为这个会审公廨应该容易收回，毕竟鼓浪屿属于自开商埠，且上海会审公廨都已成功交涉收回。在这种乐观思想指导下，外交部采取的交涉方式都很简单，仅以文电往返协商，不取会议形式。⑥ 与此同时，司法院也做好了改组该公廨的准备。⑦ 但是，这个公廨并没有如外交部所设想的在最短期内收回。1933 年 11 月，十九路军发动福建事变，建立人民政府。12 月 20 日，该政府中央委员会决定废止厦门鼓浪屿会审公廨，令思明地方法院对所有涉外诉讼行使独立审判

① 王宠惠：《改组上海临时法院交涉经过》，《中央党务月刊》第 18 期，1930 年 1 月，选录，第 188—189 页。

② 《上海公共租界法院新协定，定四月一日实施，有效期间为三年》，《申报》1930 年 2 月 19 日，第 3 张第 9 版。

③ 《收回沪法公廨协定，法租界设中国法院，二十八日在京签字》，《申报》1931 年 7 月 30 日，第 2 张第 8 版。

④ 孙晓楼、赵颐年编著：《领事裁判权问题》（现代问题丛书），第 236 页。

⑤ 《鼓屿公廨改组问题》，《申报》1930 年 9 月 5 日，第 2 张第 7 版。

⑥ 《外部进行收回鼓浪屿公廨》，《法律评论（北京）》第 8 卷第 46 期，1931 年 8 月 23 日，法界消息，第 31 页。

⑦ 《调查鼓浪屿会审公廨，为改组法院之准备》，《观海》第 3 期，1931 年 9 月，第 13 页。

权。但此事遭到领事团反对。新政府对此也无可奈何。不久，福建人民政府遭到蒋介石镇压而失败，这一命令也就未能实施，鼓浪屿会审公堂仍存在。^① 直至抗战胜利后，这个会审公堂才撤销，所有案件归属厦门地方法院管辖。

除诉讼受理机关变更外，华洋诉讼费用征收政策也有一定调整。关于华洋诉讼费用征收，1915 年 6 月北京政府规定，洋人为原告或上诉人时，缴纳一半诉讼费。因遭到外国领事反对，1920 年由外交部与司法部商准通融，领事署送理的民事案件免缴诉讼费。该办法一直延续到 1930 年。是年，河北高等法院院长邵修文向司法行政部报告，按照民事诉讼法则，"原应由诉讼当事人自为诉讼行为，纵或旅居之外国人经由领事送理而其诉讼上行为之程式要件及其效力种类，除条约别有规定外，自应由该当事人依中国法律之所定践履遵行。"而中外条约并没有不得征收诉讼费的规定，因此外国人也应遵照中国法律缴纳诉讼费。邵修文认为，现在领事裁判权亟待收回，交涉署也已裁撤，通融办法与现行法令抵触，应予取消。司法行政部据此呈报司法院。司法院认为有理，指令最高法院和司法行政部，要求华洋民事诉讼时外国人为原告或其他当事人的案件，无论是否经由领事送达，一律征收诉讼费，并需出具诉讼状。司法行政部遂于当年 5 月 13 日颁布训令，要求各级法院遵行。^② 这使外人诉讼不再享受特殊待遇。

（二）制定与实施《管辖在华外国人实施条例》

《管辖在华外国人实施条例》是南京国民政府在与列强进行法权交涉无法取得突破的情况下，决定单方面取消领事裁判权以施加压力的产物。

经过中国政府先后两次照会，英美等列强仍采取拖延态度，拒绝交涉立即取消在华领事裁判权，而中国国内废除领事裁判权的呼声又高。在此情况下，南京国民政府不得不做进一步的表示。在继续争取与英美等国交涉的同时，外交部表示，中国政府基于生存的必要，已定于 1930 年元旦实行撤销

---

① 中国社会科学院近代史研究所中华民国史研究室编：《中华民国史资料丛稿·大事记》第 19 辑，中华书局，1981 年，第 216 页。

② 《训令各庭，嗣后华洋民事诉讼，其外国人为原告或其他当事人之案件，无论是否经由领事送理，应依照现行法令一律征收诉讼费，并令出具法定诉状由》（第二二八二号），1930 年 5 月 17 日，《河北高等法院公报》第 5 期，1930 年 7 月，涉外诉讼，第 153—155 页。

领事裁判权，且此项方针期在必行。① 而到 1929 年底，与英美等国达成协议的希望渺茫。12 月 27 日，王正廷向中政会提交了《取消领事裁判权之提案》，提出两条办法：由国民政府公布自 1930 年 1 月 1 日起，凡享有领事裁判权的在华外人一律遵守中国法律规章；由国民政府从速颁布施行管辖外国人民诉讼的实施办法。该提案经中政会决议通过，咨请国民政府办理。②

据此，国民政府于是年 12 月 28 日发出特令，规定享有领事裁判权的外侨自 1930 年 1 月 1 日起一律遵守中国法令。③ 30 日，外交部发表宣言，进一步解释，撤废领事裁判权是重大内政问题，中国政府定 1930 年元旦起撤废领事裁判权，以解除中国主权所受领事裁判权之束缚。国民政府颁布的特令"实系一种步骤，用以去除每易发生之误会之原因，并增进中外人民之关系"。④

除外交部对外解释特令外，行政院与司法院也按照要求饬令主管机关会拟具体实施办法。12 月 30 日，国民政府文官处分别致函司法院、行政院，要求迅速拟具办法。行政院立即饬令外交部会商司法行政部，并咨行司法院院长。1930 年 1 月 4 日，司法院复函行政院，已经训令司法行政部遵令办理。⑤ 但是，这个条例的拟定花了近一年时间。

经外交部与司法行政部共同努力，管辖在华外国人实施条例到 1930 年 12 月中旬已经拟定，但该办法没有确定实行期限，有人主张定一期限，如各国届时未解决领事裁判权问题，则中国只有实行外侨诉讼实施办法。⑥ 1930 年 12 月 16 日，中政会外交组开会，胡汉民、戴季陶、孙科、王宠惠、王正廷、孔祥熙及特务秘书李锦纶等到会。会议讨论法权问题，对撤销领事裁判权后外侨

---

① 《撤销领判权外部训电施伍两使请英美派代表会议，政府称既定方针期在必行》，天津《大公报》1929 年 11 月 26 日，第 1 张第 3 版。

② 《取消领事裁判权案之提案》，1929 年 12 月 27 日，台北中国国民党党史馆藏政治档案，馆藏号：政 1/7.1。

③ 《国民政府特令》，1929 年 12 月 28 日，中国第二历史档案馆编：《中华民国史档案资料汇编》第 5 辑第 1 编《外交》（一），第 52 页。

④ 《外交部关于废约的宣言》，1929 年 12 月 30 日，中国第二历史档案馆编：《中华民国史档案资料汇编》第 5 辑第 1 编《外交》（一），第 52—53 页。

⑤ 《司法院为在华外人一律适用中国法律的咨文》，1930 年 1 月 4 日，中国第二历史档案馆编：《中华民国史档案资料汇编》第 5 辑第 1 编《外交》（一），第 54 页。

⑥ 《外侨诉讼实施办法，将提出下周中政会议讨论，法权问题决不任久延，重光回沪，日方传在京未谈债约及租界》，天津《大公报》1930 年 12 月 13 日，第 1 张第 3 版。

诉讼实施办法大体商定，提中政会决定。至于正式公布日期，则视交涉情况而定。① 在正式公布前，该办法条文翻译成英、法文，通报给了蓝普森等。②

国民政府拟定此办法本来是为法权交涉无法取得进展而做的预案，按照王宠惠的说法是"吾人总希望用和平方式，至不得已时，宣布外侨诉讼实施办法"。③ 因此，在1931年5月5日国民会议召开之前，国民政府仍希望交涉取得突破。但到5月初，法权交涉未达成协议，国民政府不得不按照此前宣布的办法有所表示，宣布法权谈判停顿，并颁布《管辖在华外国人实施条例》。④

1931年5月1日，行政院将外交部、司法行政部会拟的《管辖在华外国人实施条例》草案审核，认为尚属妥善，送请立法院审议。⑤ 5月2日，立法院第142次会议审议通过。5月4日，国民政府公布该条例，规定自1932年1月1日起实施。⑥ 该办法第一条规定管辖对象为1929年12月31日前在华享有领事裁判权的外人。第二条规定，所有外人受中国法院管辖。第三至六条规定了特别法庭设置，规定在东省特区、沈阳、天津、青岛、上海、汉口（夏口）、巴县、闽侯、广州、昆明十个地方法院，及其系属的各该高等法院内各设专庭，受理外人为被告的民刑诉讼案件。发生在上述法院管辖以外的案件，被告得以书面声请受该法院审理。专庭庭长由法院院长充当；专庭设置法律咨议，由司法行政部遴选中外法律专家担任；法律咨议可以书面向法庭陈述意见，但不得干预审判。第七条规定了外人拘提、羁押、住所搜查应依法行之，嫌疑犯逮捕应在24小时内移送法院讯问。第八条规定外人仲裁契约由法院认为有效并执行，但违背公序良俗及依照普通法律原则认为无效的契约除外。第九条规定外人可以聘请律师出庭。第十条规定违警案件

<hr />

① 《中政会外交组讨论法权问题》，《申报》1930年12月17日，第1张第4版。
② 《收回法权交涉，英法两使交换意见》，《申报》1931年4月20日，第1张第3版。
③ 《王宠惠口中之法权与约法，不已时宣布外侨诉讼办法，约法精神贯注于经济与教育》，天津《大公报》1931年4月17日，第1张第3版。
④ 《法权谈判停顿，外部发表宣言》，《申报》1931年5月5日，第1张第4版。
⑤ 《行政院司法院会同咨请审议管辖在华外国人实施条例草案由》，1931年5月1日，《立法院公报》第30期，1931年6月，公牍，第10页。
⑥ 《国府二十一次会议，决议提出国议之三要案，公布管辖在华外人条例》，《申报》1931年5月5日，第2张第8版。

处罚范围。第十一条规定监禁、羁押、拘留处所由司法行政部指定。[①]

条例颁布后，司法行政部进行了积极筹备。当年 6 月，司法行政部命令上述十省区高等法院在 12 月底前将本省区专庭设置完竣。[②] 司法行政部对于专庭设置作了专门规划。按照规定，专庭分附设于高等法院、地方法院两种。根据事务繁简，各专庭分别配备法官三人或两人，庭长由各该法院院长兼充。地方法院专庭受高等法院专庭管辖（巴县因特殊情形，属高等法院第一分院管辖），故其上诉机关对应相应高等法院专庭。沈阳、上海、青岛等十城地方法院均配置法医两名，办理刑事鉴定事宜。同时，司法行政部拟聘法律咨议九名，其中外国人八名，中国人一名。

除了人员配置外，司法行政部对于专庭硬件也作了规定，要求专庭有三名法官的法院，设法庭一座、推事办公室二间、民刑候审室各一间、证人候讯室一间、侦查庭一座、检察官办公室一间、检查部分候讯室一间、证人候讯室一间；专庭有两名法官的法院，设法庭一座、推事办公室一间、民刑候审室各一间、证人候讯室一间、侦查庭一座、检察官办公室一间、检察部分候讯室一间、证人候讯是一间。[③]

此外，按照实施条例要求，十省区必须配备相应的外人专用监所。为此，司法行政部要求各高等法院院长、首席检察官在设立专庭的各地方监狱内筹设 25 至 100 间符合要求的房屋，划分监禁、羁押两部分。具体要求河北第一监狱设置 40 间，东省特区监狱设置 50 间，云南第一监狱设置 25 间，广东第一监狱将正在兴建部分拨充等。至拘留所，即在羁押处所划出数间应用。对于外人监狱，要求浴室、病室修整。辽宁、东省特区、河北、山东等北方各省监狱均设置暖气管，以备冬季御寒之用。其他如囚粮及卫生等均有要求。[④]

但是，上述计划落实情况并不理想。[⑤] 其中一个重要原因就是经费无着

---

① 《管辖在华外国人实施条例》，1931 年 5 月 2 日立法院第 142 次会议通过，1931 年 5 月 4 日国民政府公布，《立法专刊》第 5 期，1931 年 10 月，法律案，第 157—158 页。

② 《司法行政部筹画改良法院设备》，《申报》1931 年 6 月 12 日，第 1 张第 4 版。

③ 《审理外侨专庭之组织与设备》，《法律评论（北京）》第 8 卷第 38 期，1931 年 6 月 28 日，法界消息，第 23 页。

④ 《司法行政部筹设管辖外人专庭及监狱》，《中华法学杂志》第 2 卷第 7 期，1931 年 7 月，国内要闻，第 115 页。

⑤ 《法部催设外人法庭》，《申报》1931 年 10 月 1 日，第 2 张第 8 版。

落。按照司法行政部的规划，仅专庭预备开办经费就需要 55.6 万元，经常经费 78.6 万元。② 而距条例实施日期只有一个月时，司法行政部抱怨临时开办经费尚未领得分文。② 各省则纷纷要求拨款。③ 司法行政部除了一再要求司法院催财政部拨款外，毫无办法。

实际上，最主要的原因还是国民政府并没有真正想要实施《管辖在华外国人实施条例》，从而导致这些专庭、监所设置计划无法落实。国民政府在 1931 年 12 月 29 日颁布了一道命令，要求暂缓实施条例。这个暂缓令其实只是为国民政府寻找台阶下，真正的原因是英、美政府的压力。与中国法权交涉陷入停顿时，英、美政府不愿意其侨民承受中国 5 月 4 日命令带来的风险，因此要求中国取消实施命令。④

第三节 社会经济领域的体制与政策调整

不平等条约制度对中国社会经济影响巨大，严重损害了中国经济利益，阻碍中国社会经济发展。为了促进不平等条约的取消，南京国民政府相应地进行了社会经济领域的体制与政策调整，包括财政税收、工商实业、交通等方面，首要的便是致力于实现关税自主。为此，南京国民政府进行了诸多努力，包括外交谈判、内政调整。在内政调整方面，设立了一些相应机构，采取了一些推进措施。

一、 国定税则委员会的设置与国定税则的编制及修订

南京国民政府成立不久，便开始谋求实施关税自主政策。关税自主就意味着实施国定税则。财政部驻沪货价调查局局长盛俊建议国民政府设立关税

---

① 《外人诉讼专庭全国共设十处》，《宣传周报（湖南）》第 32 期，1931 年 6 月 21 日，论著，第 10 页。
② 《法院专庭经费无着》，《申报》1931 年 11 月 25 日，第 3 张第 9 版。
③ 《各省积极筹设外人诉讼专庭》，《法律评论（北京）》第 9 卷第 5 期，1931 年 11 月 8 日，法界消息，第 19 页。
④ 《管辖外人诉讼条例暂缓施行》，《法律评论（北京）》第 9 卷第 15 期，1932 年 1 月 18 日，法界消息，第 21 页。

委员会，由专门名家来承担国定税则编制工作。他指出，世界重要各国多设有关税委员会。盛俊介绍了各国设置关税委员会的情况，并参考各国制度，结合中国国情，草拟了一份《国民政府关税委员会简章草案》，呈送财政部。① 财政部部长古应芬采纳了盛俊的建议，决定设立国定税则委员会，并在盛俊起草的章程基础上起草了《国定税则委员会简章》，提交中政会讨论。1927年7月18日，中政会第115次会议决定9月1日宣告关税自主，并一致通过《国定进口关税暂行条例》《国定税则委员会简章》等草案，决议交国民政府实施。② 这次会议正式决定成立国定税则委员会。

1927年7月23日，南京国民政府根据中政会决议，公布《国定税则委员会简章》。根据该简章，国定税则委员会隶属于财政部，负责拟定国定进口税则、修正现行出口税则、筹备互惠协定等事项。该委员会设正、副委员长各一名，委员五名，由财政部部长函聘或委派。另外设立专门委员若干，由委员长聘任国内外税则专家充任。③ 当时传出国定税则委员会拟以关税处处长程天固为委员长，上海货价调查员盛俊、粤海关监督邓绍荫、胡铁崖、周绍文、寿景伟（又名谷成或毅成）、曹树藩、卫挺生、贾士毅等为委员。④但不久古应芬辞职，国定税则委员会似未正式成立。

1927年10月，孙科接任财政部部长，改组财政部内部机构，将关务处改组为关务署，以傅秉常为署长。为了适应新形势，财政部修改了《国定税则委员会章程》，并于11月15日公布。新简章明确规定由关务署署长兼任国定税则委员会委员长，五名委员由其荐请，财政部部长函聘或委派。委员会分设税法、税则、税款三股，股长由委员兼任。新简章对国定税则委员会职掌进行了更详细的规定，涉及拟订国定进口税则、修正现行出口税则、拟订进出口违禁品目、拟订进出口免税品目、筹备互惠协定、研究商约及最惠国条款、筹备收回关税行政权、筹拟关税收入保管方法、筹拟内外债清理方

① 盛俊：《国民政府设立关税委员会之建议》，《建设周刊》第1卷第6期，1927年6月5日，第5—9页（总第113—117页）。
② 《中央会议纪要》，《申报》1927年7月20日，第1张第4版。
③ 《国民政府国定税则委员会简章》，1927年7月23日公布，《司法公报》第1期（创刊号），1927年12月15日，补录法规，第112—113页。
④ 《新都纪闻》，《申报》1927年8月4日，第1张第4版。

法、改正海关征税货币本位、筹拟国内主要工业之奖励方法、筹拟国际上吞并或不正当竞争之防止方法、编纂关税法规、译述关税辞典等 15 项。此外，简章规定设专门委员若干人，由委员长推荐请财政部部长函聘；设秘书一人，股员、录事若干。同时，简章规定委员会设在上海。① 财政部发布了国定税则委员会名单，由关务署署长傅秉常、关务署税则科科长卫挺生（字申父或琛甫）、财政部赋税司司长贾士毅（字果伯）、财政部上海货价调查局调查员盛俊（字灼三）及外交部秘书兼第一司司长金问泗、实业部佥事周典组成，由傅秉常担任委员长。②

1928 年 1 月，宋子文接任财政部部长，再次修订了《国定税则委员会简章》，并于 20 日颁布。此次修订简章明确国定税则委员会宗旨为拟订国定税则、修正现行税则。人员构成也有所调整，除委员长外，恢复设置副委员长一人、委员五人，均由财政部部长聘任；增设办事暨调查员若干人，分任研究调查事宜。③

1928 年 3 月 5 日，财政部决定裁撤驻沪调查货价调查局，归并国定税则委员会。④ 为此，国定税则委员会呈请财政部要求修改简章。⑤ 宋子文担任财政部部长期间，国定税则委员会委员长由关务署署长张福运兼任，直至 1932 年 10 月辞职。此后至全面抗战爆发前，委员长一职相继由关税署署长沈叔玉（1932—1935 年）、郑莱（1935 年后）兼任。全面抗战爆发后，国定税则委员会工作基本停滞，直至战后才恢复。

国定税则委员会是财政部附属机构中与条约关系变化较密切的一个机构。按照 1929 年简章，国定税则委员会的职掌归纳起来包括三类，即货价等调查、关税政策制定和税则问题的编制与修订、国际关税和最惠国待遇及互惠待遇问题，而其中关税政策制定和关税税则的编制与修订是最重要的职责，也是国定税则委员会成立的直接原因。在南京国民政府实现关税自主过

---

① 《国定税则委员会简章》，《财政日刊》第 3 期，1927 年 11 月 15 日，法规，第 9—11 页。
② 《首都政闻》，《申报》1927 年 11 月 20 日，第 1 张第 4 版。
③ 《国定税则委员会简章》，《财政日刊》第 58 期，1928 年 1 月 21 日，法规，第 6 页。
④ 《本局归并国定税则委员会呈报财政部文》，《上海货价季刊》第 4 期，1928 年，第 1 页。
⑤ 《国定税则委员会简章》，《财政日刊》第 443 期，1929 年 5 月 11 日，法规，第 1—2 页。

程中，国定税则委员会在编制与修订关税税则方面发挥了重要作用。在关税税则的制定过程中，国定税则委员会居于核心地位。国定税则编制的基本流程是：财政部命令起草—国定税则委员会分组编订草案—财政部审查—行政院会议讨论—国民政府核定—立法院审核通过—国民政府会议议决—国民党中政会审议通过—国民政府公布。而在这个流程中，实际还有一些细节，如国定税则委员会编订税则之前应做大量调查工作。① 此外，税则编制时一般会先组成专家委员会，分别进行各项工作。税则编制是一个专门技术工作，因此国定税则委员会是专家型官方机构，由财政官员与税则专家组成。

南京国民政府前期，国定税则委员会先后制定了四个进口税则和三个出口税则，即 1929 年进口税则、1931 年进口税则、1933 年进口税则、1934 年进口税则，以及 1931 年出口税则、1934 年出口税则、1935 年出口税则。这些税则体现了中国逐步由协定关税制过渡到自主关税制的过程，包含了国定税则委员会的智慧。

在国定税则委员会成立以前，南京国民政府财政部制定了《国定进口关税暂行条例》，因遭到英、日等国的反对而未实施。南京国民政府正式实施的第一个所谓"国定"税则是 1929 年 2 月 1 日实施的《中华民国海关进口税税则》。这是国定税则委员会制定的第一个税则。其制定之时，外交部正与各国开展关税条约谈判，并相继订立了一些关税新约。按照预想，南京国民政府认为，到 1929 年 1 月 1 日可以实现关税自主。因此，在加紧与其他相关国家进行外交谈判的同时，南京国民政府决定从速编制国定税则，以期届时实施国定税则。1928 年 7 月，全国财政会议第四次大会通过的《筹备关税自主裁撤厘金案》提到："筹备第一步，在编制国定税则，拟由本部令饬国定税则委员会，分组编订，计日程功，尽于八月三十一日以前，编制就绪，呈由本部，转请国民政府核定，至迟于本年十月一日公布。"② 这次会议同时确定了税则制定的原则：华洋税率，一体平等，在自主以前，凡本国货

---

① 《商会要求事先参加税则意见》，《申报》1928 年 5 月 27 日，第 4 张第 14 版。
② 《全国财政会议之议决案（一）筹备关税自主裁撤厘金案》，《申报》1928 年 7 月 12 日，第 3 张第 11 版。

课消费税者，外国货也同样征课；自主之后，应依一物一税制，不重复征收。① 根据这次会议决议，国定税则委员会加紧编订实则。由于种种原因，这个税则未能按期于 10 月 1 日公布。10 月初，税则草案才编制完成。11 月 13 日，行政院会议进行了讨论，本来准备 1929 年元旦实施，但提交国民政府会议讨论时，考虑到与日本关税条约谈判陷于僵持的情况，南京国民政府决定将实施日期推迟一个月。12 月 7 日，《中华民国海关进口税税则》公布，定 1929 年 2 月 1 日实施。这个税则是以关税会议认可的七种等差税率为基础（即在值百抽五基础上，增加附加税），定为过渡税率，有效期一年，是为临时税则。因此这个税则并不能体现真正的自主原则，只是关税自主前的过渡办法。②

由于第一个税则更多是考虑增加关税收入，为迁就英、日而采取列强原已同意的税率，失去保护本国工商发展的作用，因此工商界颇有微词。③ 而国民政府也清楚过渡税则的弊端，故声明一年之后施行真正自主税则。1929 年 11 月，中政会第 206 次会议上财政部部长孙科、外交部部长王正廷提议，为保护本国工商业起见，应重订关税税则，请限令财政部于 12 月 20 日以前会同工商部拟定新关税税则草案。该提议得到批准。国民政府据此于 11 月 30 日训令行政院，要求遵办。④ 12 月，行政院令财政部酝酿修改税则，限年内完成国定税则。⑤ 财政部遂令国定税则委员会从速修订。⑥ 1930 年 1 月 14 日，国定税则草案经国定税则委员会拟订，由宋子文携带到南京，于 15 日提交中政会讨论，由其决定税则适用及施行日期。⑦ 但这个草案并没有定稿。且此时中日关税谈判仍在继续，日本强硬反对中国在达成协议之前实施新税则，因此国民政府只得将过渡税则延期一年。直到 5 月 6 日，中日《关税协

---

① 社会局：《税权恢复运动之过去、现在与将来》，《申报》1929 年 1 月 31 日（上海特别市市政周刊第 65 期），第 1 张第 2 版。

② 卢化锦：《实行关税自主问题之研究》，《国闻周报》第 7 卷第 2 期，1930 年 1 月 6 日，第 1 页。

③ 《商整会陈述修改税则意见》，《申报》1930 年 3 月 2 日，第 4 张第 13 版。

④ 《国民政府关于中政会议准重订关税税则训令》，1929 年 11 月 30 日，财政部财政科学研究所、中国第二历史档案馆编：《国民政府财政金融税收档案史料（1927—1937）》，第 790 页。

⑤ 《施行国定税率手续尚待讨论，今日提出行政会议》，《申报》1930 年 1 月 7 日，第 2 张第 7 版。

⑥ 《国定新税率正在赶速整理》，《申报》1930 年 1 月 1 日，第 4 张第 15 版。

⑦ 《国定税则草案，今日提出中政会讨论》，《申报》1930 年 1 月 15 日，第 2 张第 7 版。

定》达成，推行新税则的障碍基本扫除。国定税则委员会受财政部命令，根据中日《关税协定》条件修改税则草案。至 9 月中旬，草案由财政部提呈国民政府，转交立法院审核。11 月 29 日，立法院大会通过法案。12 月 29 日，国民政府公布新税则。[①] 这个税则实施十二级税率，最高税率达到 50%，比第一个国定税则税率高一倍。但是，这个税则受制于中日《关税协定》，使日本部分货物享受为期三年的优惠税率。因此，这个税则也不是完全自主的国定税则。

1933 年 5 月，中日《关税协定》三年期满，国定税则委员会受命全部改订进口税则。该税则于 5 月 22 日颁布，6 月 1 日实施。该税则是南京国民政府真正实现关税自主的"国定税则"，取消了日本货物的优惠，大幅度提高税率。这遭到日本的强烈反对。迫于压力，国民政府决定进行修正。根据财政部的意见，国定税则委员会对税则作了有利于日货的修改，减低部分货物税率。这个税则于 1934 年 6 月 30 日颁布，7 月 1 日实施。

除了进口税则外，南京国民政府也制定了出口税则。第一个出口税则的制定过程颇长，自 1928 年 11 月即着手编订出口税率，直到 1931 年 5 月 7 日，南京国民政府才公布《海关出口税则》，定 6 月 1 日实施。这个出口税则仍受协定关税税率影响，且以征税为目的，出口税实际税率平均提高了 50% 左右。这与世界各国废除出口税制原则相违背，不利于鼓励本国货物出口。[②]

1931 年出口税则颁布后，世界经济危机蔓延，中国出口贸易受到影响。解决办法之一，就是修改出口税则，进一步降低出口税率。1934 年 6 月 21 日，新的《海关出口税则》公布实施。此次修订出口税则，以减低及免除国货出口税为原则，增加的部分极少。[③] 这是一个真正自主的出口税则。

为进一步减免出口货物税率，振兴国内实业，促进对外贸易，财政部部长孔祥熙于 1935 年 5 月 14 日再次提出修改出口税则。国民政府于 1935

---

① 周勉：《最近颁布关税税则之内容及其厘订经过》，天津《大公报》1931 年 1 月 19 日，第 2 张第 6 版。
② 胡纪常：《出口税制与我国新出口税则》，《东方杂志》第 30 卷第 4 期，1933 年 2 月 16 日，第 45 页。
③ 《财部通令实行修订出口新税率》，《申报》1934 年 6 月 21 日，第 3 张第 11 版。

年 6 月 25 日公布新修订的《海关出口税则》，免税 88 种，减税 50 种。[①]
但是，由于新税则实施势必大幅度减少关税收入，导致财政亏空，在无法找
到弥补办法时，这个出口税则实施存在困难。因此，1935 年出口税则事实上
没有真正实施。

综上所述，南京国民政府为实现关税自主，进行了一定努力。除由外交
部积极对外交涉、争取签订关税新税外，南京国民政府在内部积极准备，成
立国定税则委员会，专门从事税则编订，逐步实现从协定税则过渡到国定税
则。国定税则委员会成立后，做了大量工作，包括货价调查、税则编制以及
与关税有关的条约研究，听取了工商实业界的意见，多次编制与修订进出口
税则，有利于关税自主政策的实施。

二、 裁厘委员会的设置与裁厘加税政策的推行

除关税制度变更外，废除厘金制度也是条约关系在经济领域调整的重要
内容。这两者是联系在一起的。关税是海关征收的进出口税，厘金是国内贸
易税，本来是两个不同性质的税制，但在近代却有密切联系。中国希望实现
关税自主，独立制定税则，自由控制关税税率调节。但列强不愿意，千方百
计地阻挠。经过交涉，到 1902 年，列强终于同意允许中国增加关税了，但
提出必须先裁厘，于是有了"裁厘加税"一说。

厘金本来是清政府在镇压太平天国过程中实施的筹饷临时办法，后来演
变成为存在了近八十年的一种国内贸易税。最初这种制度损害的是中国商人
的利益，因为洋货通过缴纳子口半税后可以畅行内地，而华货须"逢关纳
税，遇卡抽厘"。后来，华商就通过挂洋旗的办法漏厘，于是中国税局就派
监察员查验。这影响了商品流通速度，商品损失甚大，外国人就要求裁厘。[②]
但要实现裁厘并不容易，直至南京国民政府成立，这个问题都没有解决。南
京国民政府成立后，把实现关税自主作为外交的重要任务，下决心实施裁厘

[①] 《国府公布修正海关出口税则，减免征税者百卅八种，总数共三百万元左右》，《申报》1935 年 6 月 26 日，
第 1 张第 3 版。

[②] 马寅初：《裁厘加税问题》，《马寅初全集》第 2 卷，第 73 页。

政策。为推进裁厘加税进程，南京国民政府专门设置了裁厘委员会，推出了相应政策。

南京国民政府前期先后存在多个与裁厘有关的机构。最初是 1927 年 7 月设置的裁厘加税委员会，这是由政府官员组成的临时会议机构，目的是统筹裁厘加税。当年 6 月 24 日，中政会第 108 次会议决定，自 8 月 1 日起，裁撤六省厘金，同时增加入口税税率。6 月 27 日，中央财政会议决定划分国家地方收支，各省厘金统由财政部管辖，限 7 月底造报预算，筹办新税及债务抵押，并定 8 月 1 日实施裁厘加税。① 财政部担心厘先裁而税未加，以后缺乏抵补之术，因此希望裁厘加税同时进行。为了统筹，财政部决定设立协调机构。财政部部长古应芬向中政会提议设置委员会，协调有关事宜。7 月 10 日，中政会第 113 次会议特任外交部部长伍朝枢、司法部部长王宠惠、财政部部长古应芬、财政部次长钱永铭、浙江省政府主席张人杰五人为委员。该委员会主要讨论的问题是：外交上商约问题，即对于《辛丑条约》及 1902 年和 1903 年签订的中英商约、中美商约、中日商约等处置问题；裁厘后抵补税问题，即出场、销场两税征收问题；改订百货税率，即增加进口税率，调整产销税率。产销税，分为特种、普通、特别三种。烟、酒、纸烟、煤油、纸箔等作为特税，设专局办理；麦、米、豆等粮食作为普通出产税；丝、茶等作为特别出产税，奢侈品尤应提高税率。这三个问题是裁厘加税委员会开会后必须解决的问题。② 在中政会第 114 次会议上，古应芬、伍朝枢临时提议，将裁厘加税委员会改名为关税委员会（或称关税自主委员会）。③ 这个委员会成立后的主要工作就是讨论关税自主及裁厘加税各项要案。④ 对外展现的主要成果就是 1927 年单方面宣告裁厘加税和关税自主。先是财政部拟具《国定进口关税暂行条例（附奢侈品目表）》《裁撤国内通过税条例》《出厂税条例》，连同《裁撤厘金暨关税自主布告》，提交关税自主委员会讨

① 《中央财政会议闭幕，裁厘加税定八月一日实行》，《申报》1927 年 6 月 28 日，第 1 张第 4 版。
② 《国府裁厘加税委员会成立》，《申报》1927 年 7 月 14 日，第 2 张第 6 版。
③ 《中央政治会议裁厘加税咨文》，《申报》1927 年 8 月 3 日，第 2 张第 5 版。
④ 《首都要讯》，《申报》1927 年 8 月 15 日，第 2 张第 7 版。

论，修正通过。随即上述文件由古应芬提交中政会通过，① 国民政府于 7 月 20 日公布。但是，这次单方面宣告行动因遭到各方反对而失败。

1928 年 6 月，南京国民政府北伐告成，全国即将统一，于是决定再度将裁厘加税问题提上日程。1928 年 7 月 1 日，全国财政会议在南京开会，为期十天。在会议期间，讨论了有关裁厘提案。如 7 月 3 日宋子文主持财政会议第二次会议讨论了赋税司提出的《裁撤国内通过税收办特种消费税意见案》、关务署提出的《筹备裁厘加税促成关税自主案》和《编订国家税则案》、金陵关监督提出的《筹备关税自主案》、山东财政厅厅长提出的《调查各种物价以为改定税则根据案》、江海关监督提出的《请预定日期宣示裁厘加税案》、山东省政府代表提出的《实行废除铁路货捐案》、浙江省财政厅提出的《提议浙省首先实行裁厘并开办营业税以资抵补案》等。② 7 月 6 日，全国财政会议税务、财政、行政国用三组开联席会议，讨论关税自主与裁厘加税案，确定 1929 年 1 月 1 日实行关税自主，裁厘作为关税自主的先声，于 1928 年 10 月 1 日之前裁去，为此决定组织裁厘委员会。③ 7 月 7 日，举行第三次大会，刘大钧提出了《议设裁厘委员会实行裁厘筹划抵补方法提案》，提出"为接收厘局，实行裁撤及筹划抵补之新税，应组织一裁厘委员会，以财部代表、各省代表及经济、财政专家若干人合组之。此项委员会俟厘金裁撤后即行取消"。④ 这个提案得到通过。7 月 9 日，全国财政会议正式发表裁厘通电，决心三个月内将全国厘金及类似厘金各税一律撤废，决定由财政部部长会同工商部部长于 7 月 15 日召集裁厘委员会，讨论切实裁厘及改办新税各方案。⑤

根据上述决议案，财政部部长宋子文迅速准备，电邀各省财政厅、沪汉平津粤总商会及各省商会联合会尽快派代表赴京参加裁厘会议，并电工商部

---

① 《中央政治会议裁厘加税咨文》，《申报》1927 年 8 月 3 日，第 2 张第 5 版。
② 《昨日第二次大会》，《申报》1928 年 7 月 4 日，第 5 张第 17 版。
③ 《税务财务国用联合审查，明年元旦实行关税自主，本年十月一日前裁厘，裁厘后不可多立新税》，《申报》1928 年 7 月 7 日，第 5 张第 20 版。
④ 刘大钧：《议设裁厘委员会实行裁厘筹画抵补方法提案》，《全国财政会议日刊》第 5 期，1928 年 7 月 5 日，议案二，第 73 页。
⑤ 《全国财政会议裁厘通电》，《商业月报》第 8 卷第 7 期，1928 年 7 月，国内外商工消息，第 5 页。

部长孔祥熙以及财政监督委员会、军事委员会等请派代表届期出席。同时，财政部决定聘请虞洽卿、李权时、刘大钧、魏颂唐、李承翼为专家会员。①

7 月 15 日下午，裁厘委员会成立大会在财政部如期举行。成立大会通过了《裁厘委员会组织大纲》和《裁厘委员会会议细则》。② 成立大会后，按照安排，裁厘委员会停会三天，请各省代表在此期间将各省情形提出书面意见，定 18 日开会讨论。③

7 月 18 日下午，裁厘委员会举行第一次正式会议，由张寿镛主持。④ 此次会议主要讨论三个议案：第一个议案是专家会员、复旦大学经济学教授李权时提出的《裁厘后各省经费抵补之途径案》。该案将抵补途径分为四项：第一项为整顿田赋；第二项为举办营业税；第三项为举办产销税；第四项为中央补助，包括关税自主后增收、举办所得税后新收入、举行遗产税后新收入、临时举行裁厘公债。会议决议，第一项、第四项暂行保留；第二项、第三项分别组织审查委员会进行审查。第二个议案是专家魏颂唐、浙江财政厅代表朱壮涛、工商部代表汪汉滔提出的《各省应设裁厘筹备处案》，建议成立各省裁厘筹备处。福建省财政厅厅长杨裕聪主张改为裁厘委员会各省分会，决议定 9 月 30 日以前成立，指定卫挺生、魏颂唐、邹琳、李权时审查，由邹琳召集。第三个议案是杨裕聪报告裁厘后抵补案理由。贾士毅主张归入特种消费税等并案处理，会议予以同意。⑤ 19 日，裁厘会继续审查各案，包括审查《举办营业税案》《裁厘抵补案》及《举办特种消费税案》《各省设置裁厘筹备处案》。关于各省设置裁厘筹备处，决议改为裁厘委员会某省分会，并由刘大钧负责起草组织大纲。

20 日，裁厘委员会第二次大会举行，通过《裁撤国内通过税改办特种消费税施行大纲之审查报告》《各省应设裁厘筹备处之审查报告》《各省征收营业税办法大纲之审查报告》，通过决议案《裁撤国内通过税改办特种消费税

---

① 《财部召集裁厘会议》，《申报》1928 年 7 月 14 日，第 2 张第 8 版。
② 《财政部裁厘委员会会议汇记：裁厘委员会组织大纲、裁厘委员会会议细则》，《银行月刊》第 8 卷第 7 期，1928 年 7 月，第 2 页。
③ 《财政部裁厘委员会会议汇记：张代主席开会词》，《银行月刊》第 8 卷第 7 期，1928 年 7 月，第 3 页。
④ 《裁厘会第二次大会》，《申报》1928 年 7 月 19 日，第 2 张第 7 版。
⑤ 《财政部裁厘委员会会议汇记：第一次会议》，《银行月刊》第 8 卷第 7 期，1928 年 7 月，第 4—6 页。

施行大纲》。同时，会议讨论了三个新提案，即内政部部长薛笃弼提出的《建议党政府提倡国货办法请核议案》、宋子文提出的《上海天章纸厂拟具提倡华纸办法请核议案》、王介安提出的《请明令公布裁厘日期并同时令饬海关增加进口税案》。①

23 日，裁厘委员会举行第三次会议，通过《各省征收营业税办法大纲案》修正案、《裁厘后举办抵补新税案》《党政府提倡国货办法案》《提倡华纸办法请核议案》等。

24 日，裁厘委员会开第四次会议，通过《各省应设裁厘筹备处审查报告案》《各省征收营业税办法大纲》《关于提倡国货办法各议案审查报告》。同时，会议讨论了新提案，包括冯少山等提《提倡国货应实行关税自主裁厘加税案》、石芝坤提《裁厘抵补方法案》、冯少山等提《裁厘和实行过渡税应使负担者共同办理案》、聂璐生等提《请废除油类麦粉类丝类棉类特税以裕民生案》，决议交常务委员会讨论。常务委员会由贾士毅、苏民生、汪汉滔、魏颂唐、王介安五人组成。此外，此次会议决定 8 月 15 日在上海召开全国裁厘大会。② 第四次会议后，裁厘委员会举行闭会仪式。③

裁厘委员会对裁厘事宜做了具体安排，设计比较理想，但执行情况并不理想。

其一，各省裁厘分会组织情况不一，大多数省份未能按期设立分会。

根据裁厘委员会会议决议，财政部决定在全国各省设立裁厘分会。分会的组织大纲经裁厘委员会第四次会议通过，规定各省设立裁厘委员会分会，承中央裁厘委员会的指导，筹议裁厘及抵补事宜。裁厘分会必须于 8 月 10 日前成立，至各该省裁厘实行时停止，至迟不得过 1928 年 12 月 30 日。④

接到财政部的通知后，各省着手组织裁厘分会，但进展不一，且几乎没有在规定日期以前成立的。浙江省是首倡裁厘的省份，组织裁厘分会最积

极，但也不是如期成立。财政厅本准备 9 月份正式成立裁厘加税委员会，[①]
但事实上至 1929 年 1 月 8 日才成立。该省裁厘委员会除由财政厅厅长委任
本厅职员及征收局局长等二十四人充任委员外，还聘任马寅初、程远忻、魏
颂唐等二十八名专家为委员。[②] 福建于 1928 年 8 月组织裁厘委员分会。[③] 广
东于 1928 年 11 月决定组设裁厘加税筹备委员会。[④]

但是，大部分省份在 1928 年根本没有考虑组织裁厘分会。如江苏省到
1930 年 7 月才拟成立裁厘分会。[⑤] 贵州省到 1930 年 9 月 10 日才设立裁厘委
员会。[⑥] 山东省在 1930 年 12 月才决定组织裁厘委员会。[⑦]

其二，裁厘令一再延期。

根据裁厘委员会会议决议，1928 年 12 月底前裁撤全国所有厘金及类似
厘金之各项通过税。但是，这个决议未能按期执行，各省大多并不积极。按
照裁厘委员会第四次会议决议，原计划是年 8 月 15 日召开全国裁厘大会，
但因各省受战事影响未能裁厘，财政部决定推迟举行。[⑧] 临近期限，裁厘仍
无法按照预期进行。财政部只得调整思路，召集苏、浙、皖、赣、闽五省财
政长官商讨五省裁厘。12 月 14 日至 19 日，财政部召集五省裁厘委员会议，
通过裁厘要点十项。[⑨] 财政部据此于 1929 年 1 月训令五省财政厅厅长等，要
求在 6 月 30 日前从速裁撤厘金，并筹办特种消费税。[⑩] 财政部认为，五省裁
厘顺利的话，可以带动全国裁厘。

但是，这次裁厘效果并不理想。共产党指责特种消费税完全是变相的厘

---

① 《浙省积极筹备裁厘加税》，《申报》1928 年 9 月 9 日，第 3 张第 11 版。
② 《浙省裁厘会定八日成立》，《申报》1929 年 1 月 7 日，第 3 张第 9 版。
③ 王孝泉编：《福建财政史纲》，世界书局，1936 年，第 47 页。
④ 《粤省组织裁厘加税委员会，由财厅委任五委员，裁厘加税会之内容》，《申报》1928 年 11 月 13 日，第 3
张第 10 版。
⑤ 《财厅组织裁厘分会》，《申报》1930 年 7 月 16 日，第 3 张第 10 版。
⑥ 贵阳市志编纂委员会编：《贵阳市税务志》，贵州人民出版社，1995 年，第 18—19 页。
⑦ 《山东裁厘之准备，财厅拟具抵补办法及进行程序》，《申报》1930 年 12 月 16 日，第 2 张第 8 版。
⑧ 《大会展期》，《国货评论刊》第 3 卷第 4 期，1930 年 7 月，国内要闻，第 6 页。
⑨ 《五省裁厘委员会议决通过之裁厘要点》，财政部财政科学研究所、中国第二历史档案馆编：《国民政府财
政金融税收档案史料（1927—1937）》，第 935—936 页。
⑩ 《财政部关于施行裁厘委员会议决裁厘要点等咨暨训令》，1929 年 1 月，财政部财政科学研究所、中国第
二历史档案馆编：《国民政府财政金融税收档案史料（1927—1937）》，第 939 页。

金。[①] 各地商会及全国商联会纷纷要求停止征收特税。如 1929 年 1 月 22 日，厦门总商会致电国民政府财政部、工商部，指责特种消费税是巧立名目，比厘金还要苛繁；并且裁厘只限于五省，令人不解。这可能导致厘金、特税重征，要求明令裁撤全国厘金及内地二五附税，并停止特种消费税。[②] 2 月，上海八十余商业团体发表宣言，指责财政部"阳称裁撤厘金，阴行改办特种消费税"，认为是"恶税"，"压迫民族，阻害民生，剥夺民权，莫此为甚"，要求停办。[③] 1929 年 3 月，蒋桂战争爆发，随后又相继发生张发奎、唐生智、冯玉祥、石友三倒蒋活动。这些内战影响了裁厘计划。1929 年 6 月 24 日，财政部通令裁厘各省财政特派员，要求具报有关情况时提到已届裁厘之期，但各省没有进行。[④]

1930 年 1 月，蒋介石取得了战争胜利，政局初步稳定。此时各地工商界要求裁厘的呼声日益高涨，南京国民政府决定再次提出裁厘问题。1 月 16 日，国民政府颁布明令，要求 10 月 10 日前全国一律裁厘。财政部奉令后，训令各省按期将所有全国厘金及类似厘金的税捐一律裁撤。为此，财政部参照前次裁厘委员会议决案制定了裁厘计划。3 月，财政部将此计划呈报国民政府。[⑤] 但是，1930 年 4 月 5 日，中原大战爆发，裁厘再度推迟。虽然 7 月 3 日裁厘委员会办事处发表了裁厘方案，要求 9 月底前，最迟 11 月底以前将各种局卡一律裁撤，但并未认真执行。裁厘委员会办事处负责人李基鸿召集各省裁厘分会负责人到上海商讨，并分发裁厘预测表，要求带回各省，调查各省厘金收入总数、拟办的特种消费税及特种物产。但是，到 8 月 31 日，分发二十二个省的裁厘预测表只收到鲁、苏、赣、闽、粤五省的，而且广东

① 立三：《目前政治形势的分析与我们的中心任务》，《布尔塞维克》第 2 卷第 5 期，1929 年 5 月 1 日，第 30 页。

② 《致国民政府财政部工商部电》，1 月 22 日，厦门总商会编：《厦门商会档案史料选编》，鹭江出版社，1993 年，第 220—221 页。

③ 《八十余商业团体反对消费税宣言》，《新闻报》1929 年 2 月 28 日，第 4 张第 13 版。

④ 《部令裁厘期限届满，望速具报，以凭核办》，《申报》1929 年 6 月 25 日，第 4 张第 13 版。

⑤ 《财政部为裁撤厘金事致国民政府文官处函》，1930 年 3 月，中国第二历史档案馆编：《中华民国史档案资料汇编》第 5 辑第 1 编《财政经济》（二），第 314 页。

厘金为包办制，只有总数。① 10 月 1 日，中政会举行，财政部部长宋子文提出裁厘计划展缓，得到赞同。② 10 月 6 日，国民政府明令准许裁厘展缓至 1931 年 1 月 1 日实行。③

中原大战结束后，南京国民政府稳定了形势，具有裁厘的有利条件。1930 年 11 月，国民党三届四中全会通过决议，明令 1931 年 1 月 1 日实行裁撤厘金及类似厘金的一切税捐，各省不得以任何理由请求展期，要求国民政府实行。国民政府遂令行政院转行财政部办理。④ 同时为了使各省不致掣肘，蒋介石于 11 月 26 日亲自通电各省政府主席、各市长，要求按照中央执行委员会会议决议，如期实行，不得阳奉阴违。⑤ 12 月 15 日，财政部部长宋子文发表通电，要求各省财政厅及相关机构一律永远废除厘金。⑥ 为了使各省配合裁厘，财政部允许各省开征营业税抵补厘金收入，并根据情况再由中央给予补助。⑦ 这样，裁厘令才得以广泛实施。1931 年 1 月底，全国基本实现裁厘。6 月，财政部又下令将五十里内常关税裁撤。至此，国民政府终于废除了厘金，同时建立了统税制度，即一物一税。

当然，此次裁厘仍有局限。由于裁厘后发生财政困难，各省纷纷要求中央补助，而财政部又无法满足，于是各省不久又继续开征变相厘金，只不过名称变化而已。如贵州裁厘就是如此。1931 年 3 月底，贵州宣布全省厘局卡一律裁撤，改为特货统税局（后改为省税局），但事实上仍征收变相厘金，至 1936 年 6 月 1 日才正式停征。⑧

三、 交通航运管理体制与政策调整

就社会经济领域而言，南京国民政府的废约要求除了实现关税自主外，

---

① 《全国裁厘未能顺利进行，各省未能遵令进行，以致无从统盘计划》，《申报》1930 年 8 月 31 日，第 5 张第 17 版。

② 《裁厘决定展缓，国府将宣布延期理由》，《申报》1930 年 10 月 2 日，第 2 张第 5 版。

③ 《国府下令裁厘展缓实行，财部将试办营业税》，《申报》1930 年 10 月 7 日，第 1 张第 4 版。

④ 《元旦实行裁厘，宋子文通电声明》，《申报》1930 年 12 月 16 日，第 2 张第 6 版。

⑤ 《蒋主席通告各省市实力奉行裁厘电》，《工商半月刊》第 3 卷第 2 期，1931 年 1 月 15 日，国内经济事情，第 1 页。

⑥ 《元旦实行裁厘，宋子文通电声明》，《申报》1930 年 12 月 16 日，第 2 张第 6 版。

⑦ 《财部订定各省征收营业税纲要》，《申报》1931 年 1 月 18 日，第 3 张第 12 版。

⑧ 贵阳市志编纂委员会编：《贵阳市志税务志》，第 18—19 页。

对收回铁路、航权也提出了明确要求。王正廷将废约计划分为五个阶段，分别为收回关税自主权，废除治外法权，收回租界，收回租借地，收回铁路、内河航运和沿海的航行权。① 最后一个阶段主要涉及的是交通经济问题。为了解决这个问题，南京国民政府在交通领域也做了一定调整。

（一）成立收回航权会议委员会，确立收回航权政策

王正廷将废约分为五个阶段，并非意味着要等关税、法权、租界、租借地问题全部解决后才开始筹备收回航权问题。事实上，南京国民政府早期即已开始筹备。1928 年 6 月 20 日，全国经济会议就开始讨论收回航权问题。会议上，有多项提案与收回航权有关。王孝宝的《奖励航业案》、卫挺生的《创办国外航业以利运输案》和《亟造航政人才从促沿海航权之收回以利运输兼固国防案》，② 均从不同角度提到了收回航权问题。会议决定由交通部实施，推广航业，为收回航权做准备。③

1928 年 8 月 10 日，全国交通会议在南京召开。④ 会议收到航政议案共53 件，其中直接要求收回航权的提案有李伟侯提出的《请政府修改条约时注重航权问题以期早日收回》、赵铁桥提出的《咨请外交部速与各国商约废止外国商船在内江领海营业权案》与《取消不平等条约以收回国内航业案》、程振钧提出的《收回航权案》及冯少山、苏民生、王晓籁联名提出的《收回航权发展国外内航业案》。这些议案均直指不平等条约，要求政府修约时收回航权。此外，还有一些相关议案，如李伟侯提出的《推广国外航业救济国内航业案》及《请以商战策略挽回航权案》、虞洽卿、李伟侯提出的《免征轮船用煤特税以符抽回海关向例之原旨俾维航业而保航权案》及《请交通部饬令江海关对于华商各海轮行驶长江各埠无须换给长江照案》等。

上述两次会议要求收回航权的主张得到了回应。1928 年 11 月 18 日，外交、财政、交通三部及海军司令部各派代表二人合组海政委员会，预备收回

---

① 《中国国民政府废除改定不平等条约设想方案》，王捷、杨玉文等主编：《第二次世界大战大词典》，华夏出版社，2003 年，第 129 页。

② 经济会议秘书处编：《全国经济会议专刊》，第 454—457 页。

③ 《财政经济政策：财部施政大纲电》，《国闻周报》第 5 卷第 28 期，1928 年 7 月 22 日，一周间国内外大事述评，第 5 页。

④ 《全国交通会议记（一）》，《银行周报》第 12 卷第 31 期，1928 年 8 月 14 日，第 27 页。

航权，讨论着手办法。① 1929 年 1 月，交通部航政司司长殷汝耕拟具收回航权办法。交通部遂要求外交部修约时先征询该部意见。而外交部亦在考虑收回航权，要求交通部先调查外轮营业情形，为收回航权做准备。②

1929 年 8 月 7 日，国民党二届中执委会政治会议第 190 次会议通过《航政根本方针案》，决定从速收回外轮航行权。③ 为此，交通部决定邀集外交、工商、财政三部派代表组成收回航权委员会，进行讨论。外交部派条约委员会委员吴南如、工商部派商业司司长张轶欧、财政部派关务署科长吴竞等为专员，与交通部航政司司长殷汝耕、法规委员会副委员长王辅宜、交通部航政司科长张葆彝等一起组成收回航权会议委员会，于 10 月 15 日、23 日、30 日、11 月 6 日、20 日在交通部举行会议，讨论收回航权范围和补充外轮办法。④ 会议通过《收回航权决议案》。⑤ 该决议案经行政院核准，于 1929 年 12 月 19 日备案，并交外交、交通、工商、财政四部施行。⑥ 这样，国民政府确立了收回航权的基本原则和办法。

随后，国民政府开始着手实施收回航权计划。外交部将收回航权确定为 1930 年的主要工作之一。4 月 23 日，外交部照会意、英、美、法、比五国公使，请派专员协商交还在华租界及内河航行权问题。⑦ 交通部则按照中政会的决议，准备扩充中国内地航运业，以备外轮取消后补充运输能力。⑧ 交通部还采取了一些有利于收回航权的政策，如 1930 年底发布《国人须乘国轮之部令》，号召同胞维持本国航业。⑨ 1931 年 2 月，交通部会同实业部向

---

① 《国府预备收回航权组织海政委员会讨论办法》，天津《益世报》1928 年 11 月 19 日，第 1 张第 3 版。

② 《（外交部密咨交通部）咨请密函各省区调查外商航业情形》，1929 年 3 月 23 日，台北"国史馆"藏外交部档案，馆藏号：020000039599A。

③ 《航政根本方针》，台北"国史馆"藏国民政府档案，馆藏号：0010000060980A。

④ 《照录交通部咨第九五四号》，1929 年 12 月 3 日，台北"国史馆"藏外交部档案，馆藏号：020000039598A。

⑤ 以下决议案内容均直接引自：《（交通部咨外交部）咨送收回航权会议总决议案请查照由：附收回航权会议决议案》，咨文 1929 年 12 月 3 日发，5 日到，台北"国史馆"藏外交部档案，馆藏号：020000039600A。

⑥ 《（行政院训令）准中执委函询办理收回航权一案究竟情形除录案函复外合令遵照各院决议案汇案进行由》，1930 年 2 月 25 日，台北"国史馆"藏外交部档案，馆藏号：020000039601A。

⑦ 《交还租界及内河航权》，季啸风、沈友益主编：《中华民国史料外编：前日本末次研究所情报资料（中文部分）》第 80 册，第 271 页。

⑧ 《宁中政会令外部交涉取消航权交部所拟办法已通过》，季啸风、沈友益主编：《中华民国史料外编：前日本末次研究所情报资料（中文部分）》第 80 册，第 272 页。

⑨ 《国人须乘国轮之部令，轮船公司应改良优待》，《申报》1930 年 12 月 16 日，第 4 张第 16 版。

行政院提交了《本国国货及公用物品应尽先由本国航业公司载运实施办法》，得到批准，随即由交通部和实业部分别通令各航业公司、各省工商团体遵照办理。① 这些措施在一定程度上有利于增强本国航业的力量，为收回航权奠定基础。

（二）举行促进航业讨论会与航政讨论会

为了推进收回航权进程，讨论发展国内航业和开辟国际航线的方案及航政改革事项，汉口航政局局长王洸于 1932 年 1 月建议召开航业及航政会议。交通部采纳其建议，但由于"一·二八"事变爆发，会议未能顺利举行。后随着形势稳定，交通部于 1934 年 3 月 20 日至 24 日召开了全国促进航业讨论会及航政会议。② 该会由交通部部长朱家骅主持，行政院院长汪精卫、参谋本部代表、交通部次长张道藩、各有关主管长官及各航政局局长、航政办事处主任及会议正式代表五十人、列席代表十余人出席。③ 此次会议聚集了全国航业界精英，包括三北公司虞洽卿、政记公司王伯芬、宁绍公司卢于阳、肇兴公司冯又新等航业大佬。此次会议的直接目的是促进中国航业发展，收回航权是此次会议的重要议题。行政院院长汪精卫在开幕式上要求为收回航权做认真准备。④

20 日、21 日，全国促进航业讨论会举行了三次会议，讨论提案 90 件，包括关于开辟远洋航线案 6 件，统制航业案 11 件，收回航权案 6 件，船员待遇案 5 件，船舶管理案 11 件，请减免捐税案 11 件，军队乘轮案 5 件，培养人才案 5 件，改善轮船乘客待遇案 3 件，航业金融案 3 件，其他提案如整理内河航班案、发展国内航业办法案、建筑烟台码头船坞案等 24 件。⑤ 其中，收回航权案直接呼吁政府努力收回航权，如上海市航业同业公会、重庆

---

① 《发展全国航运计划，交部咨实部会呈行政院，公用物品应由本国航船载运》，《中央日报》1931 年 2 月 12 日，第 1 张第 4 版。

② 王洸：《航业与航政会议》，《交通杂志》第 2 卷第 4 期，1934 年 2 月，交通论坛，第 1 页。

③ 施复昌：《一月来之航政》，《交通杂志》第 2 卷第 6 期，1934 年 4 月，交通记述，第 10 页。

④ 《交通部促进航业讨论举行开幕典礼》，"中华民国"史事纪要编辑委员会编：《中华民国史事纪要》(1934 年 1—3 月)，台北"中华民国"史料研究中心，1986 年，第 592 页。

⑤ 关于此次会议提案数，记载稍有不同。一说提案 90 件 (施复昌：《一月来之航政》，《交通杂志》第 2 卷第 6 期，交通记述，1934 年 4 月，第 10 页)；一说提案 100 件 (《说明：航政》，交通部总务司统计科编：《交通部统计半年报》第 1—6 期，1934 年，第 309 页；但合计该统计所列各项提案实际上是 90 件，与前述施复昌计算一致，主要不同的是统制航业案此处为 9 件，航业金融案 3 件，实际总数仍是 90 件)。

航政办事处及威海卫航政办事处提议彻底收回航权。经过讨论，会议决定收回航权一事应请交通部会同外交部继续进行。同时，会议就外轮在海关请领内地票驶行内地装运客货进行了讨论，决议应请交通、财政两部严行取缔。交通部决定采纳这些意见。[①] 除了直接提案外，其他提案也多是为了发展本国航业，与收回航权有密切关系。所以，这次会议对于促进中国航业发展，为收回航权奠定基础，产生了积极的影响。

除了促进航业讨论会外，交通部又于23日、24日召集主管长官、各航政局长、航政办事处主任及专家数人举行航政讨论会，讨论的问题包括改革航政机关组织、载重线法、法令编制及执行、人才训练及保障、水道整理、工作扩充等。[②] 这些对于促进航业发展也有积极意义。

（三）设立航政局，调整航政管理政策

航权包括航行权与航政管理权。在近代中国，航路标识、船舶管理、引水事务、水道工程管理等航政事务均由海关办理。而海关受洋人客卿控制，中国政府不能自由指挥与监督；且受条约束缚，海关有时亦不能自由管理。从海关手中收回航政管理权实质上带有恢复主权的意义。南京国民政府成立后，在航政管理方面做了一定努力，设置了航政管理局，试图摆脱海关对航政的管理。

南京国民政府交通部成立后就开始注意航政管理权的恢复。交通部对于航政积极整顿，一面编定航政法规，以为办理航政的根据，一面划分航政与海政范围，确立航政根本方针，以收回海关兼管的航政权，设立航政局，管理船舶，监督航业。[③]

国民政府划分海政、航政范围是交通部收回航政管理权的契机。1928年2月28日，海军总司令杨树庄提请增设海政筹备处，要求收回海关代办海政管理权。经中政会讨论，决定由交通、财政等部会商。在会商过程中，遇到了如何划分航政、海政范围问题。1929年6月17日，国民党三届二中全会

---

① 《（交通部咨）本部召开促进航业讨论会议决关于收回航权各案咨请查照办理见复由》（咨文第498号），1934年4月13日发，14日收，台北"国史馆"藏外交部档案，馆藏号：020000039601A。

② 交通部总务司统计科编：《交通统计半年报》第1—6期，1934年1—6月。

③ 交通部年鉴编纂委员会编：《交通年鉴》第4编《航政编》，第5页。

最终确定海政归海军部管理，航政归交通部管理，并由行政院划定范围，呈中政会核定。① 7 月 15 日，交通部拟具航政海政划分大纲，提交行政院第三十三次会议讨论，决议交财政、交通、内政、工商、铁道、海军六部审查。② 除提出航政海政划分大纲外，交通部部长王伯群于 17 日向中政会第 187 次会议提交了《航政根本方针案》，并拟具海关兼管航政移管大纲。③ 该案经讨论，最后形成《航政根本方针案》，并经中政会决议通过。至于航政范围与海政范围，则经 8 月 21 日举行的交通、海军、财政、工商、内政、铁道六部会议讨论划分明晰。④ 随后，经行政院第三十五次会议决议通过，并请立法院修正交通、海军、军政三部组织法。⑤ 1930 年 2 月 3 日，经立法院审议，国民政府公布了《交通部组织法》，规定航政司负责管理航政事务，并在必要时可在各地设置航政局。⑥

为了接管海关代管航政事务，交通部拟定了《海关兼管航政移管大纲》，包括：（一）请国民政府明令财政部，将海关兼管航政之航务部全部及工务部关于航政之部分划出，分别移归交通部接管。（二）交通部于各口遍设航政局，接管各口岸理船厅或税务司兼管的航政事务。（三）接管后，原用管理航政洋员，由交通部予以相当名义，仍令任职。（四）现在征收之船租船料，仍由海关征收，解交财政部照旧支配。⑦ 交通部基本按照这个大纲执行。

设置航政局是收回海关代办航政事务管理权的重要步骤。1930 年 2 月，交通部拟具了《航政局组织条例草案》。这个组织法经立法院审议，最终由国民政府于 1930 年 12 月 15 日公布。随后，交通部开始筹备设置航政局。1931 年 1 月 23 日，交通部请求行政院批准设立上海、广州、汉口、天津、哈尔滨五处航政局。该方案得到批准，随后航政局设置进入实施阶段。6 月，

---

① 《浙江省政府民政厅训令第一六一一五号二中全会决议关于确定行政事项之统属一案转行遵照》，《浙江民政月刊》第 23 期，1929 年 10 月 20 日，公牍，第 236 页。

② 交通部年鉴编纂委员会编：《交通年鉴》第 4 编《航政编》，第 5 页。

③ 《确立航政根本方针案：附原提案》，《立法专刊》第 2 期，1930 年 1 月，立法原则，第 15—17 页。

④ 《航政海政划分范围》，《申报》1929 年 8 月 25 日，第 3 张第 12 版。

⑤ 《行政院咨请审议交通部组织法修正案由》，1929 年 9 月 6 日，《立法院公报》第 10 期，1929 年 10 月，公牍，第 285—286 页。

⑥ 《交通部组织法》，1930 年 2 月 3 日国民政府修正公布，《交通公报》第 117 期，1930 年 2 月 15 日，法规，第 37—40 页。

⑦ 《海关兼管航政之移管》，《申报》1929 年 8 月 13 日，第 2 张第 7 版。

交通部派定上海、汉口、天津、哈尔滨四局局长，分别为奚定谟、徐濬镕、陶毅、曾广钦。同时，交通部要求财政部遵照国民党三届二中全会决议，饬令海关自 7 月 1 日起，将中外船舶检验、丈量及管理港埠各项事务移交各该航政局办理。[①] 7 月 1 日，上海航政局正式成立。汉口、哈尔滨、天津各航政局随后相继成立。航政局成立后，即着手与海关商量具体接管事务。如上海航政局于 7 月 22 日正式接管航政事务。天津航政局在 9 月 1 日成立后第二天即接管航政事务。汉口航政局、哈尔滨航政局的接收工作也比较顺利。但广州航政局的情况颇为特殊。1932 年 7 月间，交通部计划成立广州航政局，但因地方军阀控制，直到 1936 年蒋介石解决陈济棠广东势力后才得以设局。航政局的设立，改变了长期形成的海关代办航政事务的局面，部分收回了航政管理权。

对于南京国民政府前期在航政管理方面的努力，时人评价颇高，认为"实开我国航政之新纪元"。[②] 当然，航政局的设置只是交通部统一管理航政的开始，此后仍面临诸多问题。就海关代办航政权的收回而言，航政局的设置亦只是初步实现目标，一是海关理船厅并未裁撤，仍兼管航路标识、船舶指泊等部分航政事务，直至国民政府垮台，这种局面都未曾改变；二是航政局管理航政事务，外轮并不买账，比如外轮拒绝接受登记、检查、丈量。

海关代办航政期间，很少检查、丈量外轮。[③] 航政局成立后，决定调整管理政策，以改变这种局面。

1930 年 12 月 4 日，交通部公布《船舶法》。1932 年 6 月 5 日，交通部又颁布《船舶丈量章程》和《船舶检查章程》。这些法律法规明确规定外轮必须依法接受航政局或交通部指定机关登记、检查、丈量。交通部据此要求外轮遵照规定实施检丈。[④] 但是，外轮将这种管理视为侵犯其特权，外国政

---

① 《（交通部咨第 415 号）本部沪汉津哈航政局本月内均可次第成立专管航政事务各项法规亦经分别制定请依照前咨自本年七月一日起凡海关代管航政即行分别移归各该航政局继续办理》，1931 年 6 月 4 日，台北"国史馆"藏交通部档案，馆藏号：017000001363A。

② 《最近一年航政之检讨与今后应取之途径》，《交通杂志》第 1 卷第 5 期，1933 年 2 月，社评，第 2 页。

③ 高廷梓：《一年来之航政》，《交通杂志》第 2 卷第 5 期（一年来之交通专号），1934 年 3 月，第 2 页（总第 44 页）。

④ 《外籍船舶一律须受航局检丈》，《申报》1933 年 4 月 6 日，第 2 张第 8 版。

府亦以条约为言，拒绝中国政府对外轮施行丈量、检查。交通部遂要求外交部与各国交涉，同时要求各地航政局与当地领事交涉，但结果并不理想。英美等国只答应允许中国航政机关按照 1898 年内港行轮章程管理内河小轮，也就是说江海外轮不允许中国航政机关检查、丈量。交通部检查、丈量外轮实际上未能实现。[1] 这种情况持续到抗战胜利后。[2] 可见，南京国民政府前期虽设置了航政局，收回了部分海关代办航政管理权，但其航政管理政策仍受外人影响。

（四）召开收回长江航路标识会议，成立扬子江标志军事设计委员会

航路标识管理属于航政管理内容。在近代中国，航路标识由海关设置和管理。1929 年交通部筹划收回海关代办航政管辖权时，财政部要求航路标识仍由海关继续管理，得到批准。中政会第 190 次会议决议《航政根本方针案》时规定，"向由海关代管航政各部分，暂行仍旧，惟须同时受主管部之指挥监督。"[3] 因此，1931 年航政局成立时，海关移交了船舶丈量、检查、登记等一部分航政管理权，但航行标识、指泊船舶两项除外。这就造成航政由两个系统管辖，航政主管部门与海关也因此发生矛盾。由于中政会决议是"暂行仍旧"，交通部认为海关管理航路标识只是"暂行"安排，因此于 1932 年提出收回航行标识管理权的要求。

5 月 13 日，交通部向行政院提出收回航路标识建议，指出，根据《交通部组织法》，航路标识应由交通部管理，即使沿海标识可以暂时缓办，长江标识也必须收回。由此，提出了收回长江航路标识案。[4] 该案经行政院第二十九次会议讨论，决议由交通、财政、海军三部会商。随后，交通部以此事关系国防、商业，要求邀请参谋本部、实业部一起参会，得到批准。

5 月 24 日，收回长江航路标识会议在交通部举行，出席人员包括交通部部长陈铭枢、交通部次长俞飞鹏、财政部关务署科长吴竞、海军部海政司司

① 《船舶船员之管理与登记》，《中国国民党指导下之政治成绩统计》第 8 期，1934 年 8 月，行政—交通，第 118 页。

② 《交通部航政会议提案摘录》，《海事》第 2 期，1948 年 2 月 15 日，第 105 页。

③ 交通部年鉴编纂委员会编：《交通年鉴》第 4 编《航政编》，第 6 页。

④ 《行政院训令第一四一〇号：交通部拟议收回长江航路标识一案应由交财海三部会商具覆令行遵照由》，1932 年 5 月 13 日，《海军公报》第 36 期，1932 年 6 月，命令，第 10 页。

长许继祥、参谋本部参谋林自新、实业部科长蒋国珍，以及交通部航政司司长许龄筠、科长梁沛霖、何道濡，会议由陈铭枢主持。① 此次会议，除财政部代表坚持按照《航政根本方针案》办理外，其余各部对于交通部原案均极表赞同，并推交通部主稿，将讨论情形呈复行政院。

5月31日，各部代表再次开会，会议由交通部次长俞飞鹏主持，审查交通部起草的呈复稿。此次会议财政部没有派人参加。经过讨论，会议代表均赞同将第一次会议记录审查修正后由交通、海军两部呈复行政院。② 交通、海军两部会呈要求行政院迅饬财政部，转饬海关，速将长江航路标识移交给交通部办理，由交通部派员，会同海关，设立交收长江航路标识委员会，商洽办理。③ 此外，海军部、参谋本部也分别向中政会和国民政府呈文，从国防、军事角度强调收回航路标识的必要性。但是，这些意见没有得到最高层的支持。中政会开会讨论时，决定先征询行政院的意见。而行政院代理院长为财政部部长宋子文，他在听取海关总税务司梅乐和的意见后，表示反对移交航路标识。在这种情况下，行政院呈复中政会，建议维持原案照旧办理。10月26日，中政会第329次会议进行讨论，"议决航行标识之管辖仍依本会议第一九〇次会议议决之航政根本方针第二条之规定，暂仍其旧。其关于军事上应有之设计，由参谋本部、海军部与财政部商定，令海关遵办。"④ 这样，交通部收回长江航路标识的努力失败。

此后，中政会决定将长江航路标识军事设计问题提上日程。根据中政会决议，1933年3月1日，参谋本部、海军部、财政部代表召开会议，讨论《扬子江航路标志军事设计案》，决定成立扬子江标志设计委员会，由参谋本部处长朱伟、参谋林自新，海军部司长许继祥、科员翁筹，财政部科长吴竞、税务司丁贵堂组成。4月8日，扬子江标志设计委员会举行第一次会议，讨论了委员会组织大纲，决定将委员会改名为扬子江标志军事设计委员会。

---

① 《交通部收回长江航路标识会议录》，《航业月刊》第2卷第4期，1932年8月1日，专载，第1页。

② 《收回长江航路标识第二次会议记录》，《航业月刊》第2卷第4期，1932年8月1日，专载，第6—8页。

③ 《交部决收长江航路标识：海军、交通部会呈行政院》，《海事》第6卷第1期，1932年7月，海闻，第72页。

④ 《行政院训令第四五六〇号：中央政治会议议决航行标识之管辖暂仍其旧至军事上设计由参海财三部商定一案令行遵办由》，1932年11月17日，《海军公报》第42期，1932年12月，命令，第56页。

大纲规定"会议决定事项呈由参谋本部咨询财政部令总税务司执行"。[①] 这样就改变了以前海关设置航路标识不考虑军事国防的局面。

该委员会成立后，对于长江航路标识进行了一定的军事筹划。如 1936 年 2 月 11 日，该委员会在参谋本部开会，讨论平时防御准备，决议两项：（一）按照 1933 年 5 月 13 日议案第四条的规定，所有海关应事先预备战时航路标志的设施，由参、海两部派员与海关总税务司署海务科商量。（二）航路标志在军事时期如何管理，现时如何准备，由参、海两部派员与海关总税务司署海务科商量。根据该决议，委员会派参谋本部处长朱伟、参谋林自新、海道测量局代局长刘德浦、引水传习所所长方莹前往洽商。[②] 可见，该委员会对海关设置和管理航路标识有一定限制。

（五）成立引水管理委员会，努力收回引水管理权

旧的引水管理章程是 1867 年海关总税务司赫德主持制定的《各海口引水总章》。该总章的恶果之一就是，外籍引水排挤华人引水，垄断了沿海主要港口引水事务。要改变这种局面，必须废除这个引水总章。南京国民政府成立不久，就考虑修改引水章程。[③]

1928 年以后，国民政府交通部、海军部、财政部就在讨论修订引水章程的问题。经过多次讨论，1931 年 10 月 6 日，财政部、交通部向行政院联名提交《中华民国各口引水暂行章程》，但该章程未能实施。1932 年，受"一·二八"事变的刺激，国民政府试图加快收回引水权进程。1933 年 9 月 20 日，南京国民政府正式公布实施《引水管理暂行章程》。该章程明确废除引水旧章，从根本上铲除外人干预引水管理的所谓"合法"依据，排除了外国领事对各口引水管理的干预，将引水管理权从外国领事、外国商会、理船厅组成的委员会手中收回，改由国民政府各部派员组成的引水管理委员会负责。暂行章程试图统一全国引水管理，并且比引水总章更全面、详细地规定各项引水事务，有助于引水事业管理规范化。在国籍方面，该管理暂行章程虽未明

---

① 王轼刚主编：《长江航道史》，人民交通出版社，1993 年，第 228 页。

② 《海军部参谋本部会咨：为派员前往海关商洽军事时期标志设计及引水管理等事会衔咨请查照办理见复由》（第一一一一号），1936 年 2 月 24 日，《海军公报》第 81 期，1936 年 3 月，公牍，第 305 页。

③ 《请改正引水章程之部批》，《申报》1928 年 3 月 14 日，第 4 张第 15 版。

确规定引水人员应由中国人担任，也含有承认章程颁布以前各口取得引水资格的外籍引水继续存在的一面，但第八条、第十五条明显含有逐渐淘汰外籍引水的意思，"以为逐渐收回引水权之张本。"①

暂行章程颁布后，国民政府开始着手实施，但遭到外国领事、公使、外籍引水及外人商会等阻挠。海关洋员也不以为然，甚至配合外人的要求，明确主张与各国协商重新修订章程。不过，国民政府决意实施新章。新章实施，首要的是成立引水管理委员会。该章程规定各口成立引水管理委员会，负责管理引水事务。② 关务署、海军部决定按照新章规定，在上海先成立引水管理委员会。

1933 年 12 月 16 日，上海引水管理委员会终于成立。除外人商会未派代表外，海军部代表海政司司长许继祥、交通部代表航政司司长高廷梓、参谋本部代表少将参谋林自新、财政部代表总巡工司奚理满、上海港务长格林、上海市商会代表陈天骏等委员在江海关大楼召开了第一次会议。③ 会议决定正式宣告引水管理委员会成立。随后，委员会又制定了组织章程。该引水管理委员会成立后，立即着手接收该管区域内四个引水组织，即淞汉引水公会、上海领江公司、吴淞汉口领港公司、日本人扬子江引水协会。

长江下游引水分为两段，一是江口至上海，一是吴淞至汉口。前者主要是外人控制的上海引水公会负责，也是上海引水管理委员会收回引水权的主要障碍。该公会又称上海领江公司，主要以英美籍引水会员为主，背后有外国领事团的支持。1934 年 3 月 7 日，财政部指令上海引水管理委员会接管该公会，但遭到拒绝。4 月 11 日，关务署指令，由上海引水管理委员会考选接替年初两名退休的该公会引航员，也遭到抵制。按照新章，所有引水执照必须在每年 7 月 1 日由管理委员会更换，但该公会拒绝遵照。在其抵制下，管理委员会只得于 6 月 21 日同意延长公会成员执照的有效期。这样，接收上

---

① 《王洸检送收回引水权问题报告呈：附收回引水权问题》，1934 年 9 月 28 日，中国第二历史档案：《国防设计委员会筹备收回引水权档案史料选》，《民国档案》1996 年第 2 期，第 9、13—14 页。

② 《引水管理暂行章程》，《航业月刊》第 2 卷第 11 期，1934 年 3 月 1 日，法规，第 19 页。

③ 《引水管理委员会昨开会》，《申报》1933 年 12 月 17 日，第 4 张第 15 版。

海引水公会问题因此搁浅。①

　　吴淞至汉口段引水组织主要有三个，一个是华人引水组织，两个是外籍引水组织。华人引水组织是淞汉引水公会，属于海军部引水传习所监督，故接收最易。1934 年 4 月 4 日，上海引水管理委员会顺利接收淞汉引水公会，开始正规化管理。而其他两个外籍引水组织的接收工作遇到了阻力。淞汉引水公司，或称吴淞汉口领港公司，以欧美人为主。该公司未得中国政府承认，也无领事团支持。因此，上海引水管理委员会接洽之初表示愿意接受管理，但开出条件较高。后来，该公司见上海引水公会抵制接收，亦改变态度，因此上海引水管理委员会也未能接收该公司。日本扬子江引水协会，或称水先协会，是日本引水人单独组成的组织，因有日本政府的撑腰，态度最强硬，宣称无论如何不接受新章。国民政府对此亦无可奈何。② 因此，除了接收了华人引水组织外，上海引水管理委员会统一管理引水组织的努力失败。这样，华人引水组织由上海引水管理委员会管理，而外籍引水公会仍按旧章由外国领事、外国商会、港务长组成引水委员会管理。

　　除遭到外人引水组织的抵制外，《引水管理暂行章程》的实施也遭到了外国领事、公使的反对。在外人的反对下，国民政府不得不调整政策，于1934 年 5 月 11 日召开审查《引水管理暂行章程》会议。经过多次讨论，最终形成《修正引水管理暂行章程》，拟于当年 10 月 1 日实施。根据该修正章程，引水管理委员会被取消了，引水事务改归财政部，以海关总税务司署为执行总机关，由关务署督饬总税务司执行管理。这实际上是收回引水权运动的一次倒退。此次修改遭到了上海市商会、航业同业公会、中国引水公会筹备会、中国商船驾驶员总会等团体的反对。而这部极力迎合外人的新章程同样不受外人欢迎。列强坚持章程的修订必须经各关系国同意后才能施行，反对中国单方面修改引水章程。③ 在列强尤其是日本的强烈反对下，这部修正新章最终未能实施。

---

① 徐万民、李恭忠：《中国引航史》，人民交通出版社，2001 年，第 113 页。
② 徐万民、李恭忠：《中国引航史》，第 113—114 页。
③ 《（外交部公函国字第 5992 号）抄送关于修正引水章程一案之谈话纪录希查照由》，1934 年 6 月 23 日封发，送关务署，台北"国史馆"藏外交部档案，馆藏号：020000034229A。

除修订章程外，南京国民政府在引水人才培养方面也做了一定努力。外人阻扰中国收回引水权的借口就是人才缺乏。为此，南京国民政府决定培养一批引水人才，以为收回引水权做准备。1929 年 8 月 17 日，海军部提请行政院审查《改良海口引港及教练办法》，建议由海军部负责培养华人引水，①并派员分赴各国练习引水技能。② 随后，海军部开办了引水传习所。1930 年 4 月 1 日，该所正式授课。该所培训了大批长江内引水。此外，海军部还推动考试办法改革。1931 年 3 月 5 日，考试院公布了《引水人考试条例》。③这事实上就是要将原由外人把持的考选局选拔引水制度，改变为中央政府主导的引水人考试制度。根据该条例，1932 年海军部引水人员考试在上海、武汉、广州三地举行。④

在培养华籍引水的同时，南京国民政府亦在考虑逐步减少外籍引水的数量，办法就是在各港口引水员出现缺额时以华籍引水补充。在中国政府的压力下，上海引水公会被迫同意接纳更多华籍引水。1932 年后，沙惠嘉、吴金祥、朱哲、何瀚澜等相继加入。⑤

总的来说，南京国民政府前期在收回引水主权过程中有一定努力，但实效并不明显。1936 年底，南京国民政府基本放弃了收回引水权的交涉，外籍引水垄断沿海主要通商口岸引水事务的局面没有改变，外国领事、海关洋人控制沿海主要通商口岸引水事务管理的局面没有改变。

除了关税、厘金、交通航运等方面外，不平等条约关系变化在社会经济领域的反映还包括工商实业等政策和机构的调整。例如，工商部、实业部发展工商实业，提倡国货等等。

综上所述，为了适应废约形势变化，南京国民政府在外交、司法、经济等领域都做了相应调整。此外，在文化、教育等领域也有一些调整，例如教

---

① 《行政院训令：为海口引港法案核与划分航政海政范围案有关，应并案会同各部审查具复由》（第二七〇号），1929 年 8 月 17 日，《海军公报》第 3 期，1929 年 9 月，命令，第 18—19 页。

② 《行政院训令第三三一三号：为划分航政海政范围一案已奉国府指令照准，仰知照由》，1929 年 10 月 11 日，《海军公报》第 5 期，1929 年 11 月，命令，第 15 页。

③ 章勃：《收回引水权问题》，《国闻周报》第 8 卷第 27 期，1931 年 7 月 13 日，第 7 页。

④ 徐万民、李恭忠：《中国引航史》，第 109 页。

⑤ 徐万民、李恭忠：《中国引航史》，第 105 页。

育领域直接在相应课程体系中设置有关不平等条约问题课程，开展相应的废约宣传、研究与教育。这些体制与政策调整有的幅度较大，尤其是外交、司法、经济领域体现明显，一些体制与政策的调整就是直接服务于条约关系调整。总的来说，这一时期南京国民政府进行各种体制、政策的调整，适应了当时中外条约关系由不平等趋向平等的变化形势，在一定程度上推进了废约进程，促使条约关系出现重大变化。

第十章　民众运动与废约动员

五四运动后，在民族主义的影响下，广大民众积极参与外交，形成国民外交新趋势。各阶级、各阶层民众纷纷组织各种团体，以各种形式参与外交，推动了外交的新发展。作为国民外交的一种形式，民众运动一直扮演着重要的角色。在国民外交运动中，废约是当时最主要的旗帜之一。废除不平等条约、收回国权成为各界共识。这种情绪一直影响着南京国民政府时期民众运动，促使废约运动新高潮的出现。这一时期，党政组织有意识地引导民众为改善不平等条约关系而努力。国民外交团体凭借专业知识背景，成为反对不平等条约的专门组织，在动员民众从事废约反帝斗争中起着特殊作用。普通民众被广泛动员和组织起来，积极从事改善不平等条约关系的活动。这一时期废约民众运动的表现形式多种多样，如废约宣传周、民众废约运动大会、抵制外货运动、提倡国货运动等。民众运动对政府外交形成强大推动力，也向外展示了强大的民族力量，迫使列强调整不平等条约关系，加速了不平等条约体系的崩溃。

第一节　废约运动中的团体组织

南京国民政府时期的废约运动是一场集合政府与民众力量的大规模政治运动。政府与民众扮演不同的角色，关系复杂。民众对政府进行废约外交活动或者给予支持，或者给予鞭策。对政府而言，动力与压力并存。政府既试图利用民众力量对列强施加压力，同时又希望将民众力量纳入政府轨道，防止民众运动脱轨。

南京国民政府时期，参与废约运动的各种力量构成了一个废约反帝大同盟，包括政党组织、国民外交团体、商人团体、知识分子团体、华侨团体及市民、农民、工人等各种民众力量。他们在废约运动中均有自己的身影。这些力量或者单独行动，或者联合行动，就废除不平等条约发表宣言、通电、演说，成立各种废约组织，举行废约请愿、集会、游行、抵制外货、提倡国货等活动，散发废约传单、标语、宣传册、图画等宣传资料，创作特刊、画报、戏剧、歌曲等，汇成废除不平等条约的强大舆论洪流。

一、政党组织与废约运动的发动

在大革命时期，国民党就是一个比较注意组织民众运动的政党，以此进行革命活动，夺取政权。南京国民政府初期，作为执政党的国民党仍然重视民众运动，主动组织民众运动，为政府对外交涉提供后盾。国民党中央民众训练委员会指出："民众运动既为本党今后所必需，民众组织自应为本党今后所重视。"[1] 同时，国民党也一直试图掌握民众运动的主导权，将民众运动纳入自己的掌控范围，对民众运动脱轨比较担心。为此，国民党中央专门成立民众运动审查委员会，负责审查各地民众运动是否合于国民党党纲，是否适应环境需要，是否合乎要求而完全在国民党领导下发展起来。[2] 同时由其

---

[1]　《国民党中央民众训练部制定之民众团体组织原则及系统》，1928 年 10 月，中国第二历史档案馆编：《中华民国史档案资料汇编》第 5 辑第 1 编"政治"（三），第 1—2 页。

[2]　《中宣办事处第六次纪念周》，《申报》1927 年 8 月 9 日，第 4 张第 14 版。

制定民众运动的原则和方式。国民党明确提出，中国的民众团体还在幼稚时期，"不独要党来领导，并且要党来组织。党当然成了民众团体的核心。"① 由此可见，国民党既希望利用民众运动的力量，又试图控制民众运动的方向。

在废约运动中，国民党组织、发动民众运动时也抱有这种复杂心态。在南京国民政府之前，由于国民党所组织的政权没有得到列强的正式承认，因此其废约外交没有实现的途径，国民党只能通过发动群众运动，发表宣言、通电，进行废约宣传，对列强施加压力。在南京国民政府初期，国民党仍然利用这种形式为修废约外交提供力量。民国外交史研究专家洪钧培建议外交当局充分利用民众运动来服务于外交。② 在废约运动中，南京国民政府外交部确实这样做过。

国民党掌握政权后，国民党组织、发动废约运动具有先天优势。它既可以通过各级党务组织进行废约动员，又可以通过政治、军事机构组织废约运动。当然，国民党组织的废约民众运动主要是通过党务系统进行的，各级党部是国民党组织废约运动的主要力量。国民党中央执行委员会是全国废约运动的发动、领导机构，国民党地方党部则是废约运动的具体执行和活动组织的机构。值得一提的是，地方党部不仅仅是被动执行国民党中央执行委员会的决议，有时还会主动提出废约要求，创造性地开展废约宣传活动，有时甚至对国民政府施加压力。例如，国民会议召开之前，各地党部纷纷要求宣布废约。③ 又如 1929 年 7 月上海特别市第二区党部召开第二次全区代表大会，发表宣言，即提出要收回租界主张。④ 又如 1931 年 5 月 4 日，上海市党部向市各界庆祝国民会议开幕大会提交议案，主张国民政府自动宣布取消关于法权等一切不平等条约。⑤ 类似案例颇多。可见，各地党部对于废约是具有主动性的。

---

① 《国民党中央民众训练部制定之民众团体组织原则及系统》，1928 年 10 月，中国第二历史档案馆编：《中华民国史档案资料汇编》第 5 辑第 1 编"政治"（三），第 4 页。

② 洪钧培编：《国民政府外交史》，第 388 页。

③ 《各地纷请宣布废约》，《申报》1931 年 5 月 3 日，第 3 张第 9 版。

④ 《本市第二区第二次全区代表大会宣言，注全力于为废除不平等条约，并努力为收回租界之宣传》，《民国日报》1929 年 7 月 13 日，第 2 张第 4 版。

⑤ 《中英法权交涉谈判决裂后，外部昨日发表宣言，市党部主动撤废》，《申报》1931 年 5 月 5 日，第 4 张第 14 版。

国民党中央党部及地方党部是组织开展民众运动和宣传工作的指导机构。1928年8月11日，国民党中央执行委员会第五次全体会议通过《民众运动案》，明确规定，民众组织团体必须受党部指导与政府监督。[①] 就废除不平等条约而言，各级党务机构发挥领导作用。各种废约运动和废约宣传都是在各级党部组织和领导下进行的。各级党部设有组织部、宣传部、民众训练部等机构，具体负责党员组织、理论宣传和民众运动等。

国民党党员的组织由组织部负责，而民众团体的组织和运动则由民众训练机关负责办理。1930年3月6日，第三届中央执行委员会第三次全体会议通过的《对于中央组织宣传训练三部工作报告之决议案》指出，中央及省县民众团体组织及训练事宜均归并训练部办理，特别市则由民众训练委员会负责。[②] 国民党民众训练机关职责是领导民众运动。[③] 就中央层面而言，1928年5月国民党设中央民众训练委员会负责民众训练事宜；中央训练部负责党员训练事宜。1929年3月，中央民众训练委员会取消，职能归并到中央训练部。1931年12月，中央训练部改组为民众运动指导委员会。1935年11月，该委员会改组为民众训练部，直至1938年2月改组为社会部。就地方而言，各省市县党务机关都相应设置民众训练机关。例如，1928年4月23日，江苏省党务指导委员会开临时紧急会议，决定设立民众训练委员会，"领导民众团体，从国民外交正轨上，为扩大之宣传运动。"[④]

就废除不平等条约运动而言，民众训练机关具体负责废约团体的领导、废约运动集会的组织等工作。从废约促进会与民众训练机关的关系可以看出民众训练机关对废约团体的领导。1929年，国民党中央训练部向国民党中央执行委员会呈报，要求撤销国民救国会纲领，将救国会改名为废除不平等条约促进会。[⑤] 这说明废约促进会这样的团体属于民众训练机关领导。更明确

① 浙江省中共党史研究会编：《中国国民党历次会议宣言决议案汇编》第1册，第233页。

② 浙江省中共党史研究会编：《中国国民党历次会议宣言决议案汇编》第1册，第356页。

③ 《中国国民党上海特别市党务指导委员会民众训练委员会民众团体审查条例》，《新闻报》1928年9月13日，第1张第2版。

④ 《首都反日出兵大会，各委员向外部请愿，发书警告日本政府》，《申报》1928年4月24日，第2张第6版。

⑤ 《中央通令国民救国会改为废除不平等条约促进会》，《湖北省政府公报》第62期，1929年9月8日，命令，第1页。

的事例是废除不平等条约四川促成会请求保护一案。1930 年 7 月 20 日，成都各界十七个团体发起正式成立废除不平等条约四川促成会。该会成立后，呈请国民党四川党务指导委员会训练部备案，并请转饬省市政府、三军联合办事处等机关给予保护。由此，国民党四川党务指导委员会训练部致函各机关，要求给予保护。① 从这一事例可以看出，民众训练机关与废约促进会这样的民众团体之间存在直接隶属关系。

至于废除不平等条约活动的组织工作而言，民众训练机关也起了积极作用。例如，1929 年 6 月 15 日，国民党中央民众训练部党义课程编订委员会通过《废除不平等条约研究》教材大纲，付印颁发。② 又如，1930 年初，天津特别市民众训练委员会专门组织撤废领事裁判权讨论会。③ 又比如在国民会议召开期间，国民党中央民众训练部组织废除不平等条约讨论大会。1931 年 5 月 13 日，国民会议第五次大会通过《废除不平等条约宣言》。随后，国民党中央民众训练部制定废除不平等条约特种讨论问题大纲颁发各级党部限期讨论。④ 至于与废约有关的大型民众集会，民众训练机关也是主要组织者。例如，1928 年上海特别市党务指导委员会秘书处原本通知宣传部主持九七国耻纪念大会，但宣传部随即获悉，已由民训会、组织部分别召集。⑤ 从这些活动可以看出，民众训练机关在废除不平等条约活动中发挥了积极作用。

宣传部是国民党负责理论宣传的机构。在中央，宣传部隶属于国民党中央执行委员会。在地方，国民党各级党部相应设置宣传部门。所有政令宣传，均由各级党部宣传部负责。1926 年 1 月 16 日，国民党第二次全国代表大会通过《关于宣传决议案》，明确指出，宣传部是国民党进行政策宣传的负责机构。废约宣传工作自然也由宣传部负责。

---

① 《训令公安、社会局为转省指委会训练部函请保护废约促成会一案文》，1930 年 8 月 22 日，《成都市市政公报》第 23 期，1930 年 8 月，训令，第 14—15 页。

② 《党义课程编订会通过废约研究教材大纲，于十七次会议通过，大纲内容计分七项》，《中央日报》1929 年 6 月 16 日，第 2 张第 7 版。

③ 《津市民众团体举行撤废领判权讨论会》，《中央周报》第 88 期，1930 年 2 月 10 日，一周大事述评：党务报告，第 4 页。

④ 《中训部制发废除不平等条约特种问题讨论大纲》，《中央周报》第 156 期，1931 年 6 月 1 日，一周大事述评，第 4 页。

⑤ 《市宣传废约运动宣传周今日开始》，《申报》1928 年 9 月 7 日，第 4 张第 13 版。

南京国民政府初期，为配合政府废约外交活动，国民党党务系统组织了一系列宣传活动，而具体组织者则为宣传部。每当重大政令出台前后，国民党中央宣传部都会要求各级党部开展相应的宣传活动。例如，1927 年 7 月 20 日，南京国民政府发布《关税自主布告》，决定尽快裁厘，并宣告关税自主。国民党中央党部即训令各级宣传部门，以废除不平等条约、关税自主、裁厘加税为宣传重心。① 国民党中央宣传部于 8 月要求各级党部即日领导民众开展废除不平等条约及拥护裁厘加税政策两种运动。② 同时，国民党中央宣传部颁布标语十五项，要求各级党部一律遵用，甚至统一印刷数十万张分发各级党部。③ 1928 年 12 月，为配合国民政府宣布实行关税自主，国民党中央宣传部决定举行关税自主宣传周。④ 又比如 1929 年 12 月 28 日，南京国民政府颁布撤废领事裁判权特令，宣布 1930 年元旦开始取消外人在华领事裁判权。为了配合这一政令，国民党中央宣传部向中央执行委员会提议举行撤销领事裁判权运动。为此，中央执行委员会训令各级党部，要求各地届时举行大会。同时要求各级党部按照中央宣传部所颁发的宣传要点、宣传大纲切实宣传。⑤

各地方党部宣传部则按照中央宣传部的要求，开展形式多样的宣传活动，包括组织大规模民众集会，举行宣传周，张贴标语，散发传单和图画，发行特刊，进行演讲等等。而且，各级宣传部门不仅按照中央宣传部的要求开展工作，而且会发挥主动性和创造性，积极开展废约宣传，效果颇佳。地方宣传部门的工作使废约宣传落实到了城乡各角落，对民众了解不平等条约问题起了积极作用。

通过上述机构，国民党形成从上到下的组织、宣传机制，开展了一系列废约动员活动。由于国民党掌握了强大的国家机器，国民党领导的废约动员

---

① 《特别市党部消息》，《申报》1927 年 7 月 28 日，第 4 张第 13 版。
② 《中国国民党福建省党部筹备委员会训令第六五〇号》，1927 年 8 月 12 日，《福建党务半月刊》第 3 期，1927 年 9 月 16 日，命令，第 5 页。
③ 《特别市党部消息》，《申报》1927 年 8 月 26 日，第 4 张第 14 版。
④ 《中宣发起关税自主宣传周》，《申报》1928 年 12 月 17 日，第 3 张第 9 版。
⑤ 《立法院为遵行宣传撤废领事裁判权的训令》，1930 年 1 月 6 日，中国第二历史档案馆编：《中华民国史档案资料汇编》第 5 辑第 1 编《外交》（一），第 54—55 页。

表面上声势很大，范围广泛，形式多样。在一定程度上，国民党领导的废约动员有效地配合了国民政府废约外交斗争。

当然，也应该注意的是，国民党党务系统领导的民众运动并非都是支持、拥护南京国民政府的。有时，这种民众运动会对政府形成较大压力，甚至构成冲击。当外交政策偏离民众要求时，民众会向其发出警告，乃至威胁。例如，国民政府外交部将废约变成修约时，民众的情绪被点燃。"近来各党部民众团体对于废约的运动的宣传怒潮澎湃地激涨起来，这是一般民众深知非把不平等条约废除，无以拯救中国！可是政府的外交部，近日又在热谈修约，未曾见过半只废字。"① 国民党党务系统领导的民众运动希望废约，而外交部在实施修约，这构成了矛盾，导致两者关系紧张。中比、中意条约签订，及政府对日本妥协，引起民众不满，外交部部长王正廷官舍甚至一度被砸，就是例证。

另外，国民党领导的废约动员并非都是针对列强的，废约宣传往往会与反共联系。例如，1928 年 9 月 7 日，国民党上海特别市党务指导委员会宣传部发表告同志书，就提出"一致力谋团结自救""努力打倒帝国主义""废除不平等条约""扑灭中国共产党"。② 广州特别市党务指导委员会领导的废约运动大会口号之一就是"肃清共产党余孽"。③ 在南京国民政府统治前期，不少废约运动大会和废约宣传活动都会出现反共口号或标语。

最擅长发动民众，且最有成效的当属中国共产党。这一时期，共产党虽然处于被"追剿"的状态，但从未忽视反帝运动，利用各种机会进行反帝宣传，发动群众进行"公开或半公开"的反帝斗争，其中就包括废约斗争。共产党领导的废约动员包括两部分，一是在苏区进行的反帝群众运动，这是公开进行的；二是在白区进行的反帝群众运动，这是利用反帝组织以"公开或半公开的方式"进行的。显然，白区进行的废约动员要受到诸多限制。此外，此时的共产党面临严重的生存危机，废约动员不是工作的中心问题，因此其废约宣传和组织工作不可能声势浩大。有关共产党组织的废约民众运

---

① 化侠：《目前废约与修约》，《血花》第 4 期，1928 年 9 月 21 日，时事述要，第 2 页。
② 《我们要用革命的火焰烧毁不平等条约》，《民国日报》1928 年 9 月 7 日，第 1 张第 4 版。
③ 《广州市指委会举行废约运动大会》，《民国日报》1928 年 9 月 7 日，第 1 张第 4 版。

动，将在另卷进行阐述，此处从略。

二、　专业国民外交团体与废约运动

政党是废约运动的领导力量，而民众是废约运动的参与主体，民众团体则是两者之间的桥梁。民众团体带领民众参与废约运动实际上是国民外交的一种体现。国民外交是近代兴起的外交新形式，与宫廷外交、官僚外交相对。在民族主义影响下，国民主权意识形成，国民成为民族国家的主人，由此产生国民外交活动。在近代中国，国民外交与政府外交相互配合，对收回国权起了积极作用。"国民外交与政府外交是相助的，二者都是维持国权。当国权为外人所侵时，国民可直接参与外交运动，做政府的后盾。此外更要特别注意的是政府对于国民外交主张，尽应采纳，国民对于政府善良外交方策，也应拥护。"① 废除不平等条约是收回国权的重要内容，理所当然为国民外交所关注。

当时的国民外交团体是反对不平等条约的重要组织，是参与废约运动"比较专业"的民众团体。与一般民众组织不同，国民外交团体具有比较专业的外交知识背景，专门指向外交问题。这种团体多由政治人物或知识精英牵头，工商学等中上层人物积极参与，有的带有半官方性质。由于国民外交团体关注的主要是外交问题，而废除不平等条约是当时外交的重点问题，因此这种团体多会就废除不平等条约发声。它们组织力量研究废除不平等条约问题，为废除不平等条约进行宣传，呼吁民众充当政府废约后盾，要求政府采取革命外交手段，积极从事废约活动。

南京国民政府前期，这种国民外交团体主要有国民外交协会（上海）、辽宁国民外交协会（东三省国民外交协会）、国民外交研究会（北平）、国民外交协会（南京）等。它们程度不一地参与了废约运动。

国民外交协会（上海）成立于 1926 年 4 月 11 日，参加者达数百人，总干事为萧见宾，马相伯任会长。关于该会宗旨，其主要领导人童理璋、张四维曾明确指出，"本会以维护国家主权，废除不平等条约，发扬民治精神，

---

① 黄保荷：《国民外交与民众运动》，《冯庸大学月刊》第1期，1931年4月10日，评论，第1—2页。

实行国民外交为职志。"① 但该会成立后一年中开展国民外交活动并不多，因为内部成分复杂，意见纷歧，会务一度停顿。随着国民革命军节节胜利，该会宣传部长张四维、评议部长童理璋等二十余人筹备重新组织国民外交后援会。② 1927 年 6 月 7 日，国民外交后援会在法租界举行成立大会，由张四维担任会长。该会成立后，主要活动是领导反对英兵强奸华妇和日本出兵华北的斗争。在这些活动中，国民外交后援会提出了废除不平等条约问题。章杰在演讲中指出，对付英、日，应该实行经济绝交、收回租界、撤销领事裁判权。③ 在与日本驻沪总领事谈判过程中，该会明确提出废约问题。6 月 27 日，张四维、詹纪凤、吴凯声（张德庆代）、童理璋、李祖唐等人代表国民外交后援会，"以国民资格"与上海日本总领事进行谈判，对日本出兵山东表示不满，要求撤兵。在会谈过程中，詹纪凤、张德庆提出撤销领事裁判权、废除不平等条约等问题，要求明白答复。日本领事答复，中国如用和平手段，则表示赞同，如用激烈手段则不赞成。④ 国民外交后援会对于外人在华制造的各种惨剧表示强烈愤慨。例如，1929 年 7 月 21 日，日本邮船会社龙野丸将招商局新康轮撞沉，酿成数十人淹毙、船货损失百余万的惨剧。国民外交后援会发表宣言，称："彼日人既恃不平等条约为护符，以侵害我航权，复敢蔑视人道，横冲直撞，以摧残我航业。若不奋起抗争，则我国航业，必将陷入万劫不复。敝会天职所在，自当出其全力，与帝国主义作殊死战。"⑤ 可见，国民外交后援会对废约问题的关注主要集中在英日方面。

辽宁国民外交协会（沈阳）成立于 1929 年。是年 6 月 27 日，日本擅自拆毁北宁路北陵车站以北铁路，导致北陵支线中断，引起辽宁省各界不满。东北各团体领袖人物杜重远、高崇民、阎宝航等决定发起反日组织。7 月 3 日，辽宁商工学各界决定组织国民外交协会，援助政府，作外交后援。7 月 4 日，辽宁国民外交协会举行全体大会，讨论各项对日办法。⑥ 7 月 8 日，辽

---

① 《国民外交协会昨宴各界》，《申报》1927 年 2 月 20 日，第 4 张第 15 版。
② 《国民外交后援会将成立》，《申报》1927 年 6 月 5 日，第 4 张第 14 版。
③ 《国民外交后援会昨开成立会》，《申报》1927 年 6 月 8 日，第 4 张第 15 版。
④ 《外交后援会代表与日总领事谈判，日领事允电政府撤兵》，《申报》1927 年 6 月 28 日，第 4 张第 13 版。
⑤ 《各团体对新康被撞之表示》，《申报》1929 年 8 月 24 日，第 5 张第 20 版。
⑥ 《日兵拆毁路轨交涉，辽交署提第二次抗议》，《申报》1929 年 7 月 7 日，第 2 张第 8 版。

宁国民外交协会决定扩大组织，改名为东北国民外交协会。① 7 月 10 日，东北国民外交协会发表宣言，反对帝国主义压迫，高呼"收回旅顺大连，收回南满铁路，收回日本租界，打倒帝国主义"。② 辽宁国民外交协会以反日为主，开展国民外交活动。该协会一直存在到"九一八"事变。"九一八"事变后，日本军警搜捕协会领导人阎宝航等，使辽宁国民外交协会工作陷于停顿。在该协会存在期间，废约问题也是其关注的一个内容。例如，1930 年 4 月 3 日，辽宁国民外交协会成立中日交涉研究委员会，商议内容包括邮电、拆毁铁路、文化侵略、铁岭惨案、殖民、撤废领事裁判权等问题。③ 又如 1931 年 4 月 5 日至 8 日，辽宁国民外交协会举行协会、分会联席会议，讨论赎回中东路、移民实边、撤废领事裁判权、对俄通商复交、南满铁路等问题。其中关于撤废领事问题，该会决议：电请国民政府采取断然手段，无条件立即收回领事裁判权；扩大撤废领事裁判权宣传运动，督促政府迅速采取断然手段。关于中东铁路和南满铁路，该会要求交涉收回。④ 随即，辽宁国民外交协会致电南京国民党中央党部，表示愿为政府后盾，铲除国际障碍，断然宣告撤废领事裁判权。⑤ 辽宁国民外交协会关注废约问题，以要求废除日本在东北享有的条约特权为主。

国民外交研究会（北平）成立于 1929 年初，由北平学界发起组织，以研究外交问题、唤起民众、提高中国国际地位为宗旨。此会以学生为主，聘请鲍明钤、刘彦等著名外交研究专家为导师。⑥ 3 月 3 日，该会在交通大学开成立大会。该会对于废约问题颇为关注，除邀请名人演讲、出版刊物外，还进行民众宣传，推动政府在最短期间废除不平等条约。⑦

国民外交协会（南京）成立于 1932 年。"九一八"事变后，日本加紧侵略中国东北，引起中国人民的强烈愤慨。立法委员刘盥训、李梦庚等及监察

---

① 《辽省外交协会扩大组织》，《申报》1929 年 7 月 9 日，第 2 张第 8 版。

② 《东北外交协会发表宣言》，《申报》1929 年 7 月 13 日，第 3 张第 9 版。

③ 《辽宁国民外交会近讯》，《申报》1930 年 4 月 4 日，第 2 张第 6 版。

④ 《辽宁外交协会通过重要议案五项》，《蒙古旬刊》第 19 期，1931 年 4 月 20 日，第卯 6 页。

⑤ 《各省市党部各民众团体纷纷电请自动撤废领事裁判权：（三）辽宁国民外交协会电》，《中央周报》第 151 期，1931 年 4 月 27 日，一周大事汇述，第 2 页。

⑥ 《国民外交研究会，三月三日成立》，《京报》1929 年 2 月 26 日，第 6 版。

⑦ 《国民外交研究会》，天津《益世报》1929 年 6 月 10 日，第 1 张第 2 版。

委员郑螺生等决定牵头成立宣传抗日的组织。是年 3 月，国民外交协会在洛阳成立。不久，该会迁至南京，在洛阳设分会。9 月 4 日，该会在南京举行全体大会，修改简章，改选执监委员。① 该会征求会员标准比较简单，农工商学军各界人士"凡纯洁公正、有救国意志者"一律欢迎加入。② 到 11月，该会会员已超 400 人。③ 该会关注的核心问题是抗日救国，就条约问题发表意见不多。

除以上国民外交协会或国民外交后援会外，各地还成立了不少类似组织，如吉林国民外交后援会（1927 年 9 月 4 日）、福建全省国民外交后援会（1928 年 4 月 22 日）、福建国民外交讨论会（1928 年 5 月）、北平国民外交后援会（1928 年 5 月）、武汉民众外交后援会（1928 年 5 月，武汉民众收回汉口法租界后援会改称）、山东旅沪学生济案外交后援会（1929 年 1 月）、辽宁省国民常识促进会（1929 年夏）、哈尔滨国民外交协会（1929 年 9 月）、北平国民外交后援会（1930 年 1 月）。这些国民外交团体以反日为主，但也兼顾废约宣传。如北平学联会组织的国民外交后援会就是为了配合北平特别市党部撤废领事裁判权宣传而组织的。④

除了国民外交协会或国民外交后援会外，全国各地还涌现许多反日、反英、反荷等团体组织，尤其以反日团体为多。这些团体有的演变成为专门的废约组织，有的则兼作废约运动。例如，国民废除不平等条约促进会就是在反日团体基础上成立的。

南京国民政府统治前期，反日活动颇为激烈，各种反日团体如雨后春笋般出现。如济南惨案发生后，全国各地纷纷成立反日会。⑤ 如上海反对日本出兵来华运动委员会（1927 年 6 月 12 日）、上海对日经济绝交大同盟（1927年 6 月 26 日）、首都各民众团体反对日本出兵山东委员会（1928 年 4 月 23

---

① 《外交协会改选执监委》，《申报》1932 年 9 月 27 日，第 2 张第 6 版。
② 《国民外交协会征求会员启事》，《国民外交杂志（南京）》第 1 卷第 1 期，1932 年 10 月 24 日，扉页。
③ 《敬告本会同人书》，《国民外交杂志（南京）》第 1 卷第 2 期，1932 年 11 月 24 日，会务纪要，第 1 页。
④ 《平学联会，组织国民外交后援会，发宣言援助印韩独立》，天津《大公报》1930 年 1 月 20 日，第 2 张第 5 版。
⑤ 《国民政府为改设废除不平等条约促进会的训令》，1929 年 8 月 13 日，中国第二历史档案馆编：《中华民国史档案资料汇编》第 5 辑第 1 编《外交》（一），第 49 页。

日）等反日团体纷纷成立。1928 年 7 月，各地反日团体在上海总商会举行全国反日大会。上海各界反日暴行委员会、江苏东海各界对日外交后援会、首都反日救国运动大会、如皋各界反日救国运动委员会、浙江省上虞县民众反日委员会、浙江宁海民众反日委员会、浙江吴兴民众对日经济绝交委员会、浙江慈溪民众反日会、浙江定海民众反日会、浙江永嘉商界抵制仇货联合会、浙江各界对日经济绝交委员会、浙江宁波市民众反日委员会、浙江青田反日会、安徽芜湖各界对日经济绝交委员会、陕西各界反日运动大同盟、河南对日经济绝交委员会、天津特别市各学校济案外交后援会暑期联合会、江西九江反日委员会、湖南人民反日会、湖北汉口武昌市商民对日绝交会、山东济南惨案外交后援会、香港华侨对日经济外交后援会等参会。反日团体对于废约问题也有积极表示。在此次反日大会上，不少团体提出废约议案。如浙江吴兴民众对日经济绝交委员会提出《在中日间不平等条约未完全废除以前，反日会不得一日撤销案》；首都反日运动大会提出《呈请中央，速将中日间所订定之一切不平等条约，自动宣布废约案》；山东反日运动委员会提出《电请中央党部、国民政府，立即取消不平等条约案》；上海各界反日暴行委员会提出《自动取消不平等条约案》等等。①

反日会积极开展反日运动，对日实行经济绝交，给日本帝国主义以沉重的打击。但不久，中日关系稍缓，国民党中央以反日会名目不妥为辞，要求将反日会组织改为国民救国会，并由民众训练委员会制定救国会组织纲领。1929 年 3 月，南京国民政府与日本签署中日《济案协定》。济案解决后，日本要求南京国民政府取缔反日运动。② 此后，国民党中央执行委员会下令将救国会改名为废除不平等条约促进会。

1929 年 6 月 8 日，全国反日会临时代表大会第二次会议在南京召开，决定将反日会改名为全国国民废除不平等条约促进会（简称废约促进会），随后第三次会议通过《组织大纲》。③ 全国反日会临时代表大会发表宣言指出，

---

① 《全国反日会昨开各组审查会议》，《申报》1928 年 7 月 24 日，第 4 张第 13 版。
② 《国民政府为改设废除不平等条约促进会的训令》，1929 年 8 月 13 日，中国第二历史档案馆编：《中华民国史档案资料汇编》第 5 辑第 1 编《外交》（一），第 49—50 页。
③ 《全国反日临时代表大会》，《申报》1929 年 6 月 9 日，第 2 张第 8 版。

反日运动的目的，"消极方面，厉行对日经济绝交，是要从打倒日本帝国主义做起，进而打倒一切帝国主义，废除一切不平等条约，恢复中华民国国际地位。积极方面，提倡国货，是要发展国民生产，以经济的力量，抵制一切帝国主义的经济侵略，完成三民主义的经济建设。"换言之，反日运动只针对日本帝国主义，而改名为废约不平等条约促进会，更有利于工作，打倒一切帝国主义，废除一切不平等条约。①

6月9日，全国国民废约促进会召开第一次执行委员会会议。② 6月12日，全国国民废约促进会第一次常会，决议钱丹泉为秘书长，同时通过各省各特别市及各普通市县国民废除不平等条约促进会组织法。③该组织法共八章三十六条。第一章总则共八条，规定会名、宗旨、反日活动、各级废约促进会设置及隶属关系、最高权力机关等。关于其宗旨，组织法第二条规定："本会以在中国国民党指导之下团结全省（或全市）民众作有系统之组织，发扬三民主义的精神，以经济绝交的手段，促进废除不平等条约，打倒一切帝国主义，谋民族之自由平等、国家之自强独立为宗旨。"废约促进会仍继承反日会的传统。第三条规定："在中日间一切不平等条约未废除以前，厉行对日经济绝交。"④

随后，各地废约促进会纷纷筹组。1929年6月12日，全国国民废约促进会第一次常会决定委任张乐古、吴江东前往青岛特别市组织国民废约促进会。⑤ 6月19日，全国国民废约促进会第二次常会决定委任洪文斌、马树峦、武斌、谢显城、谢仁剑、陈荫南、余凌云为安徽省国民废约促进会委员。⑥ 6月28日，天津特别市废约促进会在市党部召开成立大会。成立大会上，演说者甚多，阐述促进会成立的目的，希望大家将反日工作扩大，以达到废除一切不平等条约的目的。⑦ 7月4日，"首都国民废除不平等条约促进

---

① 《全国反日会临时代表大会宣言》，《申报》1929年6月12日，第1张第2版。
② 《全国国民废约促进会第一次执委会，选定常务委员，议决要案多件》，《申报》1929年6月11日，第2张第8版。
③ 《全国废约促进会之决议》，《申报》1929年6月13日，第2张第6版。该报称系第七次常会，似误。
④ 《省及特别市国民废除不平等条约促进会组织大纲》，《申报》1929年6月27日，第1张第3版。
⑤ 《全国废约促进会之决议》，《申报》1929年6月13日，第2张第6版。
⑥ 《废约促进会之决议》，《申报》1929年6月20日，第2张第7版。
⑦ 《津废约促进会成立》，《申报》1929年6月29日，第2张第8版。

会"在南京举行第一次执监委员联席会议。① 8 月 1 日，全国国民废约促进会第七次常会决议委任张建勋等为湖北国民废约会筹备委员。② 8 月 28 日，上海商整会、上海国货工厂联合会、机制联会等三十余团体举行联席会议，决定先行组织上海特别市国民废除不平等条约促进会筹备委员会，推虞洽卿、褚慧僧、王晓籁、叶惠钧、吴迈、张子廉等二十一人担任筹备委员。③ 9 月 8 日，全国废约促进会第十二次常会决议委派方致厚、胡慎仪为鄂省国民废约促进会筹委，陈宏等为闽省筹委。④ 9 月 23 日，由重庆记者协会、国民党重庆市总工会、川东师范、四川民军联合办事处及四川民团联合会等团体发起组织重庆国民废约促进会。⑤ 北平、山东、山西等各省市废约促进会也纷纷成立。

国民废约促进会成立后，仍开展反日运动。1929 年 6 月 10 日，全国废约促进会第一次执委会举行，通过多项决议，其中就包括颁发日货出品调查统计册；增设研究部，聘请专门人才，搜集日人对我侵略之资料，按月发刊小册，以资宣传；通令各级国民废约促进会，增加宣传队，随时随地宣传日人侵略政策，以唤起民众之民族意识等多项反日运动提案。⑥ 1929 年夏，日人擅自侵入内地，拆毁北宁路支线，并在长沙、芜湖、青岛等处殴打中国人，加之日本宣布确定统一满蒙政策，蓄意侵略。为此，全国废约促进会决定发表宣言，通令各级废约促进会"厉行对日经济绝交，并严密其方法，一方扩大国际宣传，联合东方被压迫民族，共同奋斗"。⑦ 7 月 7 日，全国废约促进会召开临时会议，决定发表告日本民众书。⑧ 至于反日运动，仍以经济绝交为主。对输往日本的原料及自日本进口的货物，均征收废约准备金。⑨

---

① 《首都废约促进会执监会，议决要案多件》，《申报》1929 年 7 月 6 日，第 3 张第 10 版。
② 《废约促进会之常会》，《申报》1929 年 8 月 2 日，第 2 张第 8 版。
③ 《上海废约会筹备成立，各团体联席会议决定》，《申报》1929 年 8 月 29 日，第 4 张第 14 版。
④ 《全国废约会常会之决议》，《申报》1929 年 9 月 9 日，第 2 张第 6 版。
⑤ 重庆市地方志编纂委员会总编辑室编：《重庆市志》第一卷《总述·大事记·地理志·人口志》，四川大学出版社，1992 年，第 113 页。
⑥ 《全国国民废约促进会第一次执委会，选定常务委员，议决要案多件》，《申报》1929 年 6 月 11 日，第 2 张第 8 版。
⑦ 《全国废约促进会之进行》，《申报》1929 年 7 月 5 日，第 2 张第 8 版。
⑧ 《废约促进会告日本民众书》，《申报》1929 年 7 月 8 日，第 2 张第 7 版。
⑨ 《废约促进会之常会》，《申报》1929 年 8 月 2 日，第 2 张第 8 版。

面对日本压迫朝鲜人民、移殖东三省，全国废约促进会决议电请东三省地方当局严行制止。①

除继续反日外，积极组织和参加各种废约反帝活动，是废约促进会的新任务。如 1929 年 6 月，全国废约促进会发表沙基惨案四周年纪念宣言，通令各级国民废约促进会，厉行反英帝国主义运动；搜集印发不平等条约表册，唤起民众，从事废约运动。② 1929 年 9 月 7 日，全国废约促进会积极参加《辛丑条约》国耻纪念活动，并发表宣言，呼吁一致努力于废除不平等条约工作，以完成革命外交。南京首都国民废约促进会也发表宣言，呼吁共下决心，打倒帝国主义，废除不平等条约，实行关税自主，撤销领事裁判权。③ 同时，全国废约促进会通令各省废约会，厉行反帝运动。④

配合和促使政府收回领事裁判权是废约促进会的重要工作。为此，废约促进会进行多方努力。例如，1929 年 7 月 12 日，废约促进会致电荷兰阿姆斯特丹万国商会，批评上海四国商会的无理提案，指出领事裁判权损害中国主权，阻碍中国社会经济发展。⑤ 8 月 23 日，全国废约促进会举行第十次常会，专门讨论了《英美法等国拒绝我国取消领事裁判权本会应严重表示案》，决定：通令各级废约会，厉行反帝运动；发表宣言；函请外交当局，坚持取消领事裁判权，主张不达目的不止。⑥ 8 月 27 日，全国废约促进会发表宣言，对英美法等国拒绝取消领事裁判权予以反对，要求"一致作政府外交后盾，不达到完全废止目的不止"。⑦ 8 月 29 日，南京废约促进会开会，决议呈请国民政府自动废除领事裁判权，并呈请全国废约促进会通令各地开展废约宣传周。⑧ 9 月 8 日，全国废约促进会召开第十二次常会，决议呈请国民政府厉行革命外交，在年底以前自动取消各国领事裁判权，并收回各地租

---

① 《全国废约会临时会议》，《申报》1929 年 9 月 11 日，第 2 张第 9 版。
② 《全国废约会第二次会纪事》，天津《益世报》1929 年 6 月 24 日，第 1 张第 4 版。
③ 《今日辛丑和约纪念》，《申报》1929 年 9 月 7 日，第 2 张第 8 版。
④ 《全国废约会常会》，《申报》1929 年 9 月 2 日，第 2 张第 8 版。
⑤ 《废约促进会致电万国商会》，《申报》1929 年 7 月 13 日，第 2 张第 8 版。
⑥ 《全国废约促进会常会》，《申报》1929 年 8 月 24 日，第 3 张第 11 版。
⑦ 《废约促进会发表宣言》，《申报》1929 年 8 月 28 日，第 3 张第 10 版。
⑧ 《京废约会之决议案》，《申报》1929 年 8 月 30 日，第 3 张第 9 版。

界，以保国权。^① 废约促进会认为，列强不愿意放弃领事裁判权是由于各地租界未收回，因此决定发表收回租界宣言，以唤起民众而促废约进行。^② 为了促使列强同意取消领事裁判权，废约促进会曾准备采取经济措施。有消息称："全国国民废约促进会以撤销领事裁判权，为民众一致之要求，英美两国发生阻力，致废约运动受其影响，刻通令全国废约会，调查各该地商业情形，以便应付。"^③

此外，废约促进会还就提倡国货运动、^④ 收回中东路主权^⑤等事项积极开展活动。

从上述资料可以看出，废约促进会的存在，对于废除不平等条约宣传起了积极作用，推动了南京国民政府的废约进程。

作为专业性比较强的团体，反对不平等条约的组织在废约运动中颇为活跃，与一般民众组织相比，其废约宣传和实际活动更具有主动性、专业性、组织性。

三、 普通民众团体组织与废约运动

不管是国民党组织发动的废约动员，还是共产党领导的废约动员，基本参与力量都是农工商学等团体带领的普通民众。这可以从国民党废约宣传口号看出来。1928 年 9 月 9 日《申报》刊登上海特别市党务指导委员会宣传部所制的口号："农人要耕田，先要废除不平等条约。商人要经商，先要废除不平等条约。工人要做工，先要废除不平等条约。学生要读书，先要废除不平等条约。要彻底打倒帝国主义，就要努力废除不平等条约。"^⑥ 农商工学民众既是废约宣传的对象，又是参与废约运动的主体。在废约运动中，这些民

① 《全国废约会常会之决议》，《申报》1929 年 9 月 9 日，第 2 张第 8 版。
② 《全国废约会临时会议》，《申报》1929 年 9 月 11 日，第 3 张第 9 版。
③ 《全国废约会近讯》，《申报》1929 年 10 月 16 日，第 2 张第 7 版。
④ 如提议 1929 年 11 月 1 日于南京召开全国提倡国货运动大会，1930 年 5 月 3 日在南京开全国国货博览会等，见《全国国民废约促进会第一次执委会，选定常务委员，议决要案多件》，《申报》1929 年 6 月 11 日，第 2 张第 8 版。
⑤ 《湖南省废约促进会对俄交涉提出之意见，主张决不能放弃中东路主权，并责成俄方应负责赔偿损失》，天津《益世报》1929 年 12 月 30 日，第 1 张第 4 版。
⑥ 《广告》，《申报》1928 年 9 月 9 日，第 2 张第 6 版。

众所属团体或单独就废约问题发声，或联合其他团体进行废约活动。在大规模废约集会中，这些团体会带领本阶层群众积极参与，充当基本力量。当然，这些普通团体在废约运动中也有各自的特色。

（一）工农群众

工农群众属于社会底层。他们知识有限，开展废约理论宣传工作相对较少，发表废约通电、宣言、废约文章、图书等不多，自行举行废约专题演讲更少。但是，他们是反帝斗争的主力，往往通过罢工、游行示威、暴动等实际行动开展激烈的反帝废约斗争。五四运动后，工人通过一系列反帝废约斗争运动，沉重打击了帝国主义者，取得了显著成绩。例如，1927 年收回了汉口、九江租界，就与中国工人民众的积极努力很有关系。[①]

但是，随着大革命失败，工农群众的这种激烈反帝废约斗争被国民党当作"过火"运动而打压。[②] 1927 年，蒋介石刚到上海之后就发表演说，明确宣布：取消不平等条约及收回租界，决不用武力及暴动，而由中央政府采用外交正当手续办理；国民革命军的革命目的只求国际地位的平等。如各国能自动取消不平等条约，归还租界，则仍为友邦。为此，蒋介石决定采取措施，限制民众运动。[③]"四一二"反革命政变之后，国民党强制解散了各地工会、农会组织，屠杀革命工农群众，各地陷入"白色恐怖"之中，工人运动受到重创。然而，工人斗争之火是不可能被浇灭的。在南京国民政府统治时期，工人斗争仍在各地"继续不断地起来"。他们既有为自身利益而进行的经济斗争，也有为担忧国家命运而进行的反帝斗争。[④] 这部分工人运动是由共产党领导的赤色工会进行组织的。

与赤色工会不同的是，国民党控制的工会组织被称为白色工会、黄色工会。[⑤] 他们领导了国民党所允许的民众运动。南京国民政府成立后，国民党

---

① 《中国共产党反对反动的国民党政府对俄绝交宣言》，《布尔塞维克》第 1 卷第 11 期，1927 年 12 月 26 日，第 312 页。

② 《告小商人学生自由职业者及国民党中的革命份子》，《布尔塞维克》第 1 卷第 25 期，1928 年 8 月 10 日，第 853 页。

③ 《蒋总司令昨召外报记者谈话，报告南京事件之经过，声明革命军对外之主张，对上海租界作非正式之表示》，《申报》1927 年 4 月 1 日，第 4 张第 13 版。

④ 登贤：《最近城市工人运动之开展》，《布尔塞维克》第 1 卷第 25 期，1928 年 8 月 10 日，第 870 页。

⑤ 登贤：《最近城市工人运动之开展》，《布尔塞维克》第 1 卷第 25 期，1928 年 8 月 10 日，第 872 页。

虽逐步恢复民众运动，但明确将其纳入国民党领导之下，防止"脱轨"。国
民党二届四中全会"以其有妨本党代表国民利益，及易受共党之利用也"，
决议改组党部，取消此前存在的农民部、工人部、商民部、妇女部，而代以
民众训练委员会，统一领导民众运动。[①] 这样的民众运动实际上不能真正代
表工农群众的利益。国民党恢复的所谓工农"民众"团体变成了国民党的
"御用工具"，被共产党称之为"假民众团体"。[②] 它们在国民党的领导下，统
一开展活动。关于这个变化，可以从 1928 年南京市总工会纪念五一劳动节
大会看出来。当时，大会主席、国民党市党部代表丘河清提及，"自去岁清
党以后，工人运动已渐有秩序，同时中央政府对于工运竭力扶持，并将已往
之错误加以纠正。"张历生又说"去岁共产党操纵工人运动，引起阶级斗争，
诚属极大错误"。国民政府代表张耀德致辞，则希望"工友帮助本党完成国
民革命"。[③] 这些说明，国民党领导下的工人"民众"团体变成了国民党的附
属组织，与共产党领导的赤色工会完全不同。这种团体开展民众运动，没有
自主性。在对外反帝废约问题上，它们尤其受国民党严密控制。蒋介石在
1928 年国民党二届四中全会上提出议案，要求"民众对外运动之发动与停
止，应受党的指挥，并须为有计划、有组织、有步骤之大规模行动，不得纷
歧散漫"。[④] 在这种背景下，国民党控制的工农"民众"团体不可能有激烈
的废约斗争。1929 年 7 月，蒋介石在北平演讲时提到不能以对付军阀的方
法来对付帝国主义者。对付军阀的方法就是"用破坏的手段，如工人罢
工、商人罢市、学生罢课"。对付帝国主义者，"如用贴标语、喊口号、示
威、进行罢工、罢课等等消极破坏的方法，只有反使革命的工作不能进
行"，给帝国主义者以借口。蒋介石说，取消不平等条约，要用合理的方
法来进行，有一定的程序和计划。只有依靠建设的方法才能实现。[⑤] 从蒋
介石的这段话可以看出，国民党领导下的废约不可能是激进的方式，受其控

---

　　① 蒋中正：《三全大会中之中央党务报告（续）》，《申报》1929 年 3 月 12 日，第 3 张第 9 版。
　　② 《告小商人学生自由职业者及国民党中的革命份子》，《布尔塞维克》第 1 卷第 25 期，1928 年 8 月 10 日，第 854 页。
　　③ 《首都五一纪念会盛况，各要人有重要演说》，《申报》1928 年 5 月 3 日，第 3 张第 9 版。
　　④ 《蒋介石拟定之提案》，《申报》1928 年 1 月 18 日，第 1 张第 4 版。
　　⑤ 《蒋主席报告赴平经过（续）》，《申报》1929 年 7 月 17 日，第 2 张第 8 版。

制的"民众"不能跳出这个圈去从事废约运动，只能参与、附和国民党组织的各种"和平"废约运动。

在国民党组织的各种废约运动中，这些工农"民众"团体常有代表出席，成为主要参与者之一。例如，1927 年 8 月，上海市郊农民协会、工会组织统一委员会等团体参加了上海民众拥护关税自主大会筹备。[①] 大会举行当日，市农民协会还带领两百多个农民前往参会。南京市总工会、省农民协会等均参加南京各界拥护关税自主委员会。[②] 杭州、宁波、镇江、广州等地举行的拥护关税自主大会，工会、农协均有代表参加。同样，各种废约运动大会、取消领事裁判权大会和国耻纪念大会等活动，均有这些团体出席。例如，1928 年 8 月，广州各界拥护国民政府废约运动大会，就有总工会、工联会等代表。[③] 1930 年 1 月，佛山各界拥护国民政府撤销领事裁判权示威运动大会举行，广东总工会佛山支会及所属 63 个工会暨机工支会等团体代表参加。[④] 又如 1928 年 9 月 7 日，国民党上海特别市党部组织五九国耻纪念活动，工人"民众"团体也相应配合。除出席市党部组织的纪念大会外，工人"民众"团体还组织了各自单独活动。如上海南货业职工会举行九七国耻纪念代表大会，估衣业职工会代表、泰康公司职工会代表等参加。同日，上海棉织工会、上海红木小件工会等均举行类似纪念活动。它们均对外发表宣言，要求废除不平等条约。[⑤] 此外，上海邮务工会、上海商务发行所工会等七工会组织联合发表宣言，呼吁废除一切不平等条约。棉织工会第二分会、金银工会第一分会等多个团体联合发表宣言，呼吁"打倒帝国主义，自动的取消辛丑条约及一切不平等条约"，"立即撤退帝国主义驻华海陆军，收回租界，取消帝国主义在华一切特权，没收帝国主义在华一切财产"等。[⑥] 可以说，国民党组织的这类大规模群众集会，几乎都能看到工农"民众"团体代表的身影。

---

① 《各界拥护关税自主》，《申报》1927 年 8 月 12 日，第 4 张第 13 版。
② 《南京各界拥护关税自主》，《申报》1927 年 8 月 11 日，第 2 张第 7 版。
③ 《粤各界举行废约运动大会，各团体代表参加者二百余人，议决四要案并通电全国奋起》，《申报》1928 年 8 月 31 日，第 3 张第 12 版。
④ 《佛山各界举行撤销领判权运动大会：寒风砭骨，不忘国艰》，1930 年 1 月 19 日，《南海县政季报》第 3 期，1930 年 3 月，第 364—365 页。
⑤ 《废约运动宣传周之第一日》，《申报》1928 年 9 月 8 日，第 4 张第 13 版。
⑥ 《废约运动宣传周之第一日》，《申报》1928 年 9 月 8 日，第 4 张第 13 版。

除参与国民党组织的"民众运动"之外，工人"民众"团体还在国民党的指导下积极开展对外活动，呼吁宣传不平等条约，争取国际舆论支持。如1928 年，国际劳工局派遣局长汤麦（又译多玛）来华，商请国民政府、雇主、劳工团体派代表参加来年在日内瓦举行的第十二次国际劳工大会。12 月2 日，上海市各工会代表举行欢迎会，到会八十余团体，出席代表两百余人。大会主席致辞，阐述中国工人状况，指出中国工人生活困难，是由于工业不发达，而工业不发达的原因是受不平等条约的压迫，希望国际劳工局能援助中国废约，恳请汤麦在国际上尽量宣传中国所受不平等条约压迫的痛苦。[1]1929 年，中国政府派马超俊等人组成代表团，参加了这次国际大会。中国代表团向大会提出三大提案，包括废除不平等条约、各国在华工厂须受中国法律拘束、有色人种中的在外工人应受各该本国工人平等待遇。[2] 此外，中国代表利用各种机会宣传中国所受不平等待遇，在大会中营造正义公道的舆论，以便提案通过。这些宣传包括领事裁判权的弊端。提案审查委员会开会时，法国代表对于取消领事裁判权一案反对激烈，受到中国代表的反驳。由于国际劳工局局长汤麦的支持，提案得以提交大会讨论。大会讨论中，英、日、法等国代表反对讨论此案，中国代表"登台声辩"，得到爱尔兰等国代表支持。但由于英、日、法等消极抵制，提案表决搁浅。[3] 虽然大会未通过中国代表团的废约提案，但仍起到了很好的宣传效果。

当然，除了按照国民党意志参加废约运动外，这些"民众"团体也会因为自身利害关系而主动呼吁废约。如1930 年6 月13 日，上海特别市棉织业职工会、闸北工会、浦东区工会、启明厂工会、鸿裕厂工会联合发表告同胞书，指出：国际帝国主义通过不平等条约进行经济侵略，造成中国产业落后，民生凋敝，工人失业，中国棉织工业的衰落就是典型。要改变这种状况，必须废除不平等条约，提倡国货。宣言呼吁在国民党的领导下努力奋斗，废除不平等条约。[4] 1930 年底，国际电信交涉委员会与大东、大北、太

---

[1] 《昨日各工会代表欢迎汤麦记》，《申报》1928 年12 月3 日，第4 张第13 版。

[2] 《中央党部与国府纪念周》，《申报》1929 年8 月20 日，第3 张第10 版。

[3] 《中国代表团在国劳会中提案》，《申报》1929 年8 月12 日，第4 张第13 版。

[4] 《全市棉织业工友告同胞书》，《申报》1930 年6 月14 日，第4 张第14 版。

平洋各公司代表签订新的电信协定。苏、冀、闽等省电信职工会认为，损失权利太多，超出常情之外，是丧失主权的协定，与国民党政纲政策及国民革命目的背道而驰。电信职工会要求废除协定，得到上海邮务工会、上海报界工会、商务印书馆工会、商务发行所职工会、闸北水电工会等 46 个工会团体支持，它们联合发表宣言，对此表示谴责，要求撤销这种协定，希望全国同胞一致奋起，共挽国权。[①] 又比如，1931 年 4 月，为积极参与国民会议，上海市工界组织了提案研究会，提出"请求国民会议自动宣布废除一切不平等条约"以及有关劳工政策提案。[②] 类似这样的事例还有不少。

这些团体也会主动组织一些废约活动，如进行有关演讲宣传，举行反帝示威活动，组织或支持废约团体活动等。如 1927 年 8 月，工统会宣传委员会演讲股派人前往浦东电气工会第一分会等演讲，其中主题之一就是"不平等条约之由来"。[③] 又如 1928 年日本出兵山东，这些团体除参加上海各界反抗日军暴行委员会活动外，[④] 还单独组织反日组织。在上海商务工会举行上海各工会代表大会，到会团体百余个，参会人员三百余人，会议决定组织上海工界对日外交后援会，发表宣传大纲，宣称要组织上海八十万工人，团结起来，打倒日本帝国主义，实行对日经济绝交。除反日标语外，取消一切不平等条约赫然在列。[⑤] 至于支持废约团体活动，如 1929 年 8 月 10 日，上海国货工厂联合会举行第三届第十次执行委员会会议，其中讨论《郑州市国民废约会函请援助废除不平等条约案》，决议进行援助。[⑥]

此外，在一些涉及工友被外人伤害案件时，工人"民众"团体也会主动发声，要求废约。例如，1930 年 8 月 7 日，上海市商会职员陆莲峤被外侨驾车撞伤，随后死亡。经法院审理，判令外侨赔偿，但该外侨以法院无裁判权而拒绝接受。这引起上海商务印书馆工会的关注，发表宣言，指出该案根源

---

① 《本埠各工团发表纠正电信交涉宣言》，《申报》1931 年 1 月 26 日，第 4 张第 13 版。

② 《民会党员代表选出，吴开先得票最多当选，五代表行将联袂晋京》，《申报》1931 年 4 月 28 日，第 3 张第 9 版。

③ 《工统会会务昨讯》，《申报》1927 年 8 月 29 日，第 4 张第 14 版。

④ 《昨日各界反日情况：二十一团体反日暴行委员会，议决即日起各商店停进日货，倘一经查出即予严厉之处分》，《申报》1928 年 5 月 10 日，第 4 张第 14 版。

⑤ 《昨日各界反日情况：上海工界对日外交后援会》，《申报》1928 年 5 月 10 日，第 4 张第 14 版。

⑥ 《昨日各界反日情况：上海国货工厂联合会议记》，《申报》1929 年 8 月 11 日，第 4 张第 14 版。

在不平等条约。因此，该工会呼吁下最大决心，充当政府后盾，实行废除不平等条约运动。① 又如，上海法租界发生西捕枪伤华人忻海珊案，经上海市政府提出交涉而无果。1931 年 4 月 28 日，上海市商会、卷烟业工会等一百九十余团体代表在市商会大礼堂举行各界大会，援助忻海珊。大会决定发表宣言，并电请中央党部、国民政府自动宣布取消不平等条约及废除领事裁判权、即日收回全国租界等。②

总的来说，在南京国民政府时期，国民党领导的工农"民众"团体也参与了废约运动，但受国民党控制，其主动性有限，尽管也有一些主动废约请求，但以参与、附和国民党组织的废约活动为主。比较而言，同为国民党控制的商人团体则要主动得多。商人团体是国民党领导的众多"民众"团体中比较活跃的废约力量。

（二）商人团体

商人团体参加废约运动，既有对国家命运的关注，也是为了争取自身发展的有利环境。南京国民政府统治前期，中国商业组织比较发达（各业得组公会，各业公会得合组商会，商会得合组总商会。中小商人以商民协会为重心，商会以大商人为重心），且与政治关系密切。在民族主义的影响下，商人不仅关心经济利益，而且关心政治与外交，是国民外交的重要力量。在收回国权的过程中，商人团体积极发挥自己的作用。在废除不平等条约运动中，商人团体通过发表宣言、通电，积极参与废约集会、游行，向政府请愿等方式，呼吁政府尽快取消不平等条约特权，使中国脱离半殖民地地位，为民族工商业发展创造条件。1935 年，上海市商会代表大会上，市党部代表陶百川发言指出：1927、1928 年以前，商人只关心商业，不问外事。而后，商人思想发生变动，希望在政治上谋求出路，一致以废除不平等条约、打倒帝国主义为目标，对本身事业反而减少兴趣。③ 虽然不尽是事实，但大体反映

---

① 《商务工会为美侨撞死陆莲峤宣言》，《申报》1930 年 9 月 5 日，第 4 张第 14 版。

② 《各团体昨开会力争忻海珊案，电请中央废约、废领权，要求惩凶、道歉、赔偿等》，《申报》1931 年 4 月 29 日，第 4 张第 13 版。

③ 《市商会昨代表大会，议决复兴工商业，统制汇兑，并呈政府迅速贷款，实施救济，接办南洋高级商校，以宏造就》，《申报》1935 年 6 月 24 日，第 2 张第 8 版。

了这一时期商人对废约等政治问题的态度。

商人团体希望废除不平等条约，为民族工商业发展创造条件。在未废除不平等条约之前，商人团体期望通过提倡国货运动来发展民族经济。1927 年 3 月 26 日，上海总商会组织提倡国货会，发起国货运动，得到南京、苏州、杭州、宁波等处响应。[①] 1928 年，上海特别市农工商局决定领导工商业团体发起本市国货运动大会，希望总商会动员，总商会遂通知各会员，要求积极参加。[②] 1928 年 7 月 7 日，国货运动大会在上海总商会举行。除党政军各机关代表外，总商会代表冯少山、县商会代表叶惠钧、闸北商会代表徐齐荣、工整会代表刘云、各马路商界联合会代表邬志豪等出席大会，参加人数达千余人。[③] 此后，国货运动在全国范围内推行。

国货运动与废约运动关系密切。国货运动往往与废约主题结合。例如，1927 年 8 月，上海国货运动大会宣言就对裁厘加税、关税自主表示期待，认为"国货获此良机，不难一日千里"。大会的口号之一就是"拥护关税自主裁厘加税之大政"。[④] 有的国货运动就是由废约组织发动的。例如，1929 年 6 月 9 日，全国国民废除不平等条约促进会第一次执委会决定 11 月 1 日在南京开全国提倡国货运动大会，于 1930 年 5 月 3 日在南京开全国国货博览会。[⑤] 反过来，国货运动组织也会积极要求废除不平等条约。例如，1937 年 4 月 18 日，上海市中华国产厂商联合会、市民服用国货会、上海市劝用国货会、第一特区市民联合会、国货运动委员会等各团体呈请外交部，呼吁迅速宣告撤废各国在华领事裁判权。[⑥]

除了积极参与、组织国货运动外，商人团体还直接就废约问题发声，包括废除不平等条约、实现关税自主、取消领事裁判权、收回租界、收回内河航行权、收回引水权等。

---

① 《上海国货运动大会，七日在总商会开会，各机关皆有人到会，请注意大会宣言》，天津《益世报》1928 年 7 月 16 日，第 1 张第 4 版。

② 《总商会通知参加国货大会》，《民国日报》1928 年 7 月 5 日，第 3 张第 2 版。

③ 《上海国货运动大会，七日在总商会开会，各机关皆有人到会，请注意大会宣言》，天津《益世报》1928 年 7 月 16 日，第 1 张第 4 版。

④ 《国货运动大会昨日开幕》，《申报》1927 年 8 月 6 日，第 4 张第 13 版。

⑤ 《废除不平等条约促进会》，《申报》1929 年 6 月 10 日，第 2 张第 6 版。

⑥ 《各国货团体联合请撤废领判权呈王外长文》，《申报》1937 年 4 月 19 日，第 3 张第 10 版。

南京国民政府成立后不久，就开始谋求关税自主，为此决定组织裁厘会议，筹划裁撤；成立国定税则委员会，制定国定税则；与列强进行交涉，改订新约。关税自主与工商业发展有直接关系，商人团体自然对此非常关心。

由于切身利益关系，商人团体对关税自主政策非常拥护。还在南京国民政府成立前，商人团体就热切希望关税自主。例如，1927年3月19日，中华全国商会联合会开会讨论中日修约问题，要求上海总商会、中华国货维持会等21个团体调查输往英、日、比、法等工艺品，以备讨论。这些团体明确指出，这种调查没有意义，因为商民渴望的是关税主权的自由行使，此时与日本修约，应乘机毅然宣布作废，以便将关税等一切有碍主权的权利一律收回，完全自主。[①] 南京国民政府成立后，积极谋划关税自主。1927年7月20日，南京国民政府发布《关税自主布告》，宣布9月1日关税自主。这得到商人团体的热烈拥护。[②] 上海市商民协会为此专门致函各商业团体，发起庆祝关税自主大会。[③] 这得到各商业团体的积极支持。[④] 这些团体包括茶业会馆、航业公会、闸北商会、绪纶公所、裘业公会等。[⑤] 在商人团体的积极组织和参加下，上海、南京、杭州、宁波、镇江、厦门等地纷纷举行关税自主庆祝大会。拥护关税自主是商人团体一直持有的态度。如1928年9月10日，上海总商会致电国民政府，要求按照既定政策，将关税主权迅谋恢复，并升用华员担任总税务司及税司各职。[⑥] 10月24日，中华民国全国商会联合会第七次大会，讨论朝鲜京城中华总会提出的《侨鲜商界备受日本苛待，拟实行关税自主，以资补救案》，得到通过。11月20日，商联会呈文国民政府，请求早日宣布在1929年1月1日实行关税自主。[⑦] 12月，为实行关税自主新税率，南京国民政府向各国送出照会，日本领事将此退还。上海总商会

---

① 《廿一公团绝对主张关税自主》，《申报》1927年5月7日，第4张第14版。
② 《关税自主声中所闻》，《申报》1927年8月8日，第4张第13版。
③ 《商民协会发起庆祝关税自主，函请各商业团体参加》，《申报》1927年8月3日，第4张第13版。
④ 《关税自主声中所闻》，《申报》1927年8月8日，第4张第13版。
⑤ 《各团体加入庆祝关税自主大会》，《申报》1927年8月14日，第4张第13版。
⑥ 《总商会请进行关税自主，恢复国税一切主权，总税务司先用华员》，《民国日报》1928年9月11日，第3张第2版。
⑦ 《全国商会呈报大会议决案，请如期宣布关税自主，毅然废除不平等条约，分别整理粤省各公债》，《民国日报》1928年11月21日，第3张第1版。

获知后表示强烈愤慨，致电中政会、国民政府、行政院、外交部、财政部等，要求政府根据党纲努力坚持，决不退让。[①] 除了通电、举行会议主张或支持关税自主外，商人团体还采取实际行动，组织研究机构，为政府制定国定税则提供参考。上海各工商业团体专门组织了中华实业团体国定税则研究委员会。该委员会在审查各业团体提出的国定税则意见后，决定派代表进京请愿，希望政府尽量采纳。为此，该会联合商民协会、总商会、各省商会联合会，推举代表。1928 年 9 月 24 日，各该会推举的代表在总商会集合讨论进行方法。25 日，各代表乘火车进京请愿。[②] 从这些事实可以看出，商人团体对要求实现关税自主的态度是坚决的，并且积极参与关税自主研究。

在近代中国，关税自主与裁厘是有关联的。对于裁撤厘金，商人团体自然非常赞同，因为厘金病商问题商人感受最深。1927 年 7 月 20 日，南京国民政府宣布 9 月 1 日先裁撤江浙皖赣粤桂六省厘金。对此，商人团体开始时持赞赏态度。上海总商会、商业联合会、上海县商会、闸北商会对前往上海负责向商人团体解释这一政策的财政部关税处处长程天固表示，南京国民政府的这种精神"诚为国民所感佩"。上海总商会为此专门发表《为裁厘加税普告国民书》。[③] 各地商人也纷纷参与或组织拥护政府裁厘加税大会，如上海、杭州、广州、宁波等地纷纷召开拥护裁厘加税大会。但是，此次宣布裁撤厘金时，南京国民政府没有制定实行的细则；裁厘范围有限，税权不统一；同时颁布的出厂税条例也有斟酌之处；原料退税与奖励金办法也未公布；进口税货价应重新估价等问题的存在，使商人团体抱有疑虑。上海民众拥护国民政府实行关税自主大会因此致电国民政府，呼吁暂缓实行，提交经济会议讨论。[④] 上海总商会致电政府，建议裁厘展缓。[⑤] 各省区商民协会代表会议要求暂缓实施。[⑥] 在这种背景下，国民政府于 8 月 29 日发布公告，宣

① 《总商会请坚持对日关税问题》，《申报》1928 年 12 月 12 日，第 4 张第 13 版。
② 《国定税则研究会明日赴京请愿》，《申报》1928 年 9 月 24 日，第 4 张第 13 版。
③ 《裁厘加税声中之所闻》，《申报》1927 年 8 月 12 日，第 4 张第 13 版。
④ 《拥护关税自主会要讯》，《申报》1927 年 8 月 30 日，第 4 张第 13 版。
⑤ 《总商会请展期实行关税自主》，《申报》1927 年 8 月 26 日，第 4 张第 13 版。
⑥ 《各省区商协代表会议续纪，请政府展缓实行裁厘加税，请党部筹组全国商民协会》，《新闻报》1927 年 8 月 25 日，第 4 张第 13 版。

布暂缓裁厘加税。①

1928 年 6 月，南京国民政府即将实现全国统一，再度决定裁厘。是年 7 月，全国财政会议确定 1929 年 1 月 1 日实行关税自主，并于 1928 年 10 月 1 日前裁撤厘金。随后，财政部召集裁厘委员会会议，决定最迟于 12 月 30 日裁撤厘金。但由于内战等原因，全国裁厘无法按期实现。12 月中旬，财政部决定先召集五省裁厘会议，先从苏、浙、皖、赣、闽五省开始裁撤厘金。裁厘委员会会议和五省裁厘会议决定举办特种消费税，作为裁厘抵补。这遭到商业团体的抵制，认为是变相加重商人负担。上海总商会所推裁厘委员会代表石芝坤、聂潞生赴南京参加会议，代表总商会提出议案，主张在裁厘抵补方案未确定以前，一切货税应照旧办理，不得巧立名目，另设产销税等专局，加重商民负担。② 五省裁厘会议后，上海总商会对特种消费税明确表示反对。1928 年 12 月 27 日，上海总商会召开各工商业团体会议，对财政部召集的五省裁厘会议所确定的政策进行讨论，认为六个月后实行裁厘而改行特种消费税，应予以反对。会议决定发表宣言，反对五省裁厘会议决议，不承认 16 种新税，要求政府撤销新税。同时，会议决定组织税务委员会，选举王介安等七人为委员，负责本案。③ 上海总商会通电认为，此次裁厘加税存在弊端：一是特种消费税种类太多，重重剥削，无异变相厘金；二是裁厘范围有限，五省之外货物仍须节节抽厘。财政当局借口军政费用需要强制推行，已引起全市商业团体强烈反对。为了促使政府注意，总商会决定联合一致做坚决的表示。为此，上海总商会发表宣言，组织请愿团赴京请愿，并致电江苏、浙江、江西、安徽各省商会联合会，呼吁共同力争，并希望选派代表参加请愿活动。④ 南京总商会也对开征特种消费税表示反对，要求财政部暂缓施行。南京总商会专门召集执监联席会议讨论，认为裁厘应以是否应该裁撤为原则。如果应该裁撤，则无论损失多大，均须毅然裁撤，而决不能以有无抵补为裁撤与否的标准。举办特种消费税为抵补裁厘是不适当的；特种

---

① 《苏浙皖闽暂缓裁厘加税》，《申报》1927 年 9 月 8 日，第 2 张第 7 版。
② 《总商会对裁厘之意见，请勿巧立名目》，《申报》1928 年 7 月 20 日，第 4 张第 14 版。
③ 《反对五省特种消费税》，天津《大公报》1929 年 1 月 3 日，第 1 张第 3 版。
④ 《总商会通电反对特种消费税》，《申报》1929 年 2 月 26 日，第 4 张第 13 版。

消费税品目大多是平民日用品，而非奢侈品，违背征税原则；特种消费税只在五省范围开征，使五省人民独负担此种捐税，并不适当；特种消费税举办之初采取按类设局办法，同时又规定按地设局，与厘金局相类。基于以上理由，南京总商会认为，应该暂行停办特种消费税，由财政部召集全国财政会议，准各省区商会参会，再行审定实施。① 厦门总商会指责特种消费税是巧立名目，比厘金更苛繁；并且裁厘只限于五省，可能导致厘金、特税重征，要求明令裁撤全国厘金及内地二五附税，并停止征收特种消费税。② 全国商会联合会及上海、南京、安徽省城、哈尔滨、汕头、苏州、通崇海泰、宁波、镇江、海口、上海特别市沪南、吴江平望、吴江震泽等地商会或总商会以及上海特别市总商会各商业团体联合电呈行政院，要求停办特种消费税。③

显然，商人团体对于实现关税自主政策是支持的，对与之相连的裁撤厘金政策，也是赞成的。但是，他们有自己的主见，并非盲目支持或拥护国民政府的政策。他们对与自身利益密切相关的税捐（包括国定税则）都有深入研究。1928 年 8 月，上海总商会召开各业代表会议，讨论国定税则事宜，决议要求向工商部驻沪办事处索要各业税则草案进行研究，同时推举王介安等十一人组成国定税则审查委员会，专门办理此事。④ 这个国定税则审查委员会就关税税则问题进行了深入研究，对国民政府关税税则委员会制定的国定税则提出不少批评。除进出口税外，对于国内税费，他们尤其敏感。商业团体明确反对政府借裁厘之名，征收类似厘金性质的特种消费税。

除关注关税自主外，商人团体对于取消领事裁判权问题也很关心，或支持政府，或督促政府，彻底取消领事裁判权。在这个问题上，商人团体与政府的立场基本一致。但他们希望更快、更彻底地取消领事裁判权。

1928 年底，南京国民政府基本解决了关税自主问题，随后交涉的重点转向法权问题。1929 年 4 月 27 日，外交部照会英、美、法、荷、巴、挪六国

① 《宁总商会请免征特种消费税》，《申报》1929 年 2 月 5 日，第 3 张第 11 版。
② 《致国民政府财政部工商部电》，1929 年 1 月 22 日，厦门总商会编：《厦门商会档案史料选编》，第 220—221 页。
③ 《行政院秘书处送全国商联会等请求停办特种消费税呈函》，1929 年 3 月 26 日，财政部财政科学研究所、中国第二历史档案馆编：《国民政府财政金融税收档案史料（1927—1937）》，第 941—944 页。
④ 《总商会通告国定税则审委会》，《民国日报》1928 年 8 月 31 日，第 3 张第 2 版。

政府，要求取消领事裁判权。商人团体对此也给予积极关注。当王正廷照会各国公使时，各国在沪商会团体表示反对。这引起中国商人团体的批评。5月14日，上海租界纳税华人会致电王正廷，对各国在沪享有领事裁判权之商会"肆意反对"取消领事裁判权表示不满，请求政府再接再厉，取消领事裁判权。上海绸布染业职工会、上海绸绫染业工会、上海青蓝染业工会、上海洋色染业工会、上海印花染业工会也通电反对外国商会的"倒行逆施"，希望政府不让步。[①] 7月10日、11月28日，上海租界纳税华人会又连续致电王正廷，并于7月10日同时致函各团体，主张撤废领事裁判权。[②]

由于英、美、法等列强拒绝谈判取消领事裁判权问题，到1929年11月，南京国民政府宣称准备于1930年元旦自动宣言废除领事裁判权。[③] 这得到商人团体的积极拥护。12月4日，中华民国商会联合会致电外交部，请求宣告自1930年1月起，撤销领事裁判权，各外侨民刑诉讼均依中国法律，由中国法院依法审判，并宣布倘有不遵守中国法律的侨民，不予保护。[④]

1929年12月28日，南京国民政府发布特令，宣布取消外人在华领事裁判权。对此，商人团体表示赞赏。1930年1月6日，上海特别市商人团体整理委员会致电外交部，称赞"此举为本党对外政策第一步之实施"，表示愿统率全市商民，充当外交后盾。[⑤]

但是，南京国民政府并未准备真正单方面取消领事裁判权，仍采取与列强磋商的办法。由于列强不愿意立即取消领事裁判权，交涉进展缓慢。商人团体对此颇为着急，呼吁政府采取断然手段。1931年4月25日，上海市商会、上海租界纳税华人会分别电呈外交部，要求撤废领事裁判权。市商会在电文中指出，撤废领事裁判权交涉时间很久了，但列强多存观望，所提对案与真正撤销领事裁判权的要求相去尚远，违背世界潮流和中国国民心理。市

① 《拥护撤销领判权电》，《申报》1929年5月15日，第4张第13版。
② 《纳税会函复律师公会同情废领判权主张，摘录过去重要文件供参考》，《申报》1937年4月17日，第4张第13版。
③ 《外交部声明：各国如再延宕协商，中国政府定十九年元旦自动宣言废除领事裁判权》，1929年11月25日，陈志奇辑编：《中华民国外交史料汇编》第6册，第2513页。
④ 《全国商联会请断然撤销领判权》，《新闻报》1929年12月5日，第4张第13版。
⑤ 《商整会拥护撤废领判权》，《申报》1930年1月7日，第4张第13版。

商会请求外交部努力坚持，以期贯彻，如无结果，则仿照土耳其先例，断然宣布取消领事裁判权。纳税华人会则希望外交部在解决法权问题后，再进一步收回租界，实现孙中山召集国民会议及废除不平等条约的遗愿。① 5 月 16 日，全国商联会接河南、湖南两商会联合会电。湖南全省商会联合会筹备处电请自动撤废领事裁判权，称商界对领事裁判权弊害感受很深，希望中央毅然处置。河南开封商会电请中央政府，在国民会议开始之日即宣布废约。②

由于"九一八"事变，中外法权交涉中断。但取消领事裁判权仍是商人团体关注的对象，只要有机会，商人团体就会发声呼吁取消领事裁判权。例如，1937 年上海律师公会呼吁取消领事裁判权，得到上海商人团体为主的各公团支持。上海各公团筹组撤废领判权协会。③ 4 月，上海市商会、上海市国际问题研究会、太平洋联会等六十余公团宴请即将赴美担任公使的王正廷。上海市商会主席王晓籁致辞，对王正廷废约所取得的成就表示赞赏，期望他继续就废约发挥作用，劝说美国首先赞同迅速撤废领事裁判权。④

此外，商人团体对于收回内河航行权、引水权等问题也比较关心，因为这些特权与商业也有密切关系。商人团体中的航运组织对这些问题最为敏感，他们在商会的支持下积极向政府呼吁收回这些外人在华特权。如 1934 年 3 月 16 日，上海市内河轮船业同业公会致函上海市商会，要求转呈交通部、外交部，取消所有不平等条约，收回内河航权。上海市商会遂电呈外交部、交通部，请求于中英、中美续订商约之时，将内港行轮章程予以改订，收回内河航权。⑤

关税自主、领事裁判权、内河航行权、引水权等是不平等条约特权的重要内容。收回这些特权固然可以减轻不平等条约对中国的束缚，但并不能彻底解决中国的国际地位问题，因为不平等条约涉及的内容远不止这些特权。

---

① 《两团体电请贯彻撤废领判权》，《申报》1931 年 4 月 26 日，第 4 张第 13 版。
② 《全国商联会昨接两电，拥护自动废除不平等条约宣言》，《申报》1931 年 5 月 17 日，第 4 张第 14 版。
③ 《纳税会函复律师公会同情废领判权主张，摘录过去重要文件供参考》，《申报》1937 年 4 月 17 日，第 4 张第 13 版。
④ 《市商会等六十余公团昨茶会欢送王大使，王晓籁以废除不平等条约相勖，王大使诚意接受惟望人民合作，启节期展至下月四日》，《申报》1937 年 4 月 20 日，第 3 张第 9 版。
⑤ 《市商会电请收回内河航权，乘机取消中英中美行船条约》，《申报》1934 年 3 月 19 日，第 3 张第 12 版。

因此，彻底废除不平等条约才是解决问题的根本。商人团体对此也认识颇为清楚，呼吁政府全面废约。如，1928 年 7 月，上海特别市商民协会致电外交部，要求贯彻废约目的。① 是年 12 月 1 日，全国商会联合会发表《废除不平等条约宣言》，指出，世界和平来源于世界公平，而欲求世界公平，必先废除一切不平等条约，因为不平等条约是人类公敌。商会联合会呼吁，共同努力废约，务使国际间互订平等条约。② 1930 年 11 月 1 日，第一次全国工商会议开幕，讨论各种经济问题，其中就包括抵制经济侵略。大会宣言指出，废除不平等条约及厉行保护关税实为发展我国幼稚工业的基本条件，这也是工商会议所努力奋斗的目标。③ 当南京国民政府决定召开国民会议时，商人团体也积极活动，希望该会宣布废约。为积极参与国民会议，上海特别市商界实业界组织国民会议提案审查委员会，由郑澄清、蒋志刚、马少基、陈松源、陆凤竹、诸文绮、叶家兴、孙筹成、沈维挺等任委员。1931 年 4 月 11 日，审查委员会举行第一次会议，讨论各种议案，其中包括《限期完成取消不平等条约案》。④ 当时，上海特别市商会常务委员王延松被推举为参加国民会议的上海商界及实业界代表。上海特别市一百八十余个同业公会欢送王延松等参会，希望王延松将民意转达，向国民会议提出同业公会提案审查委员会通过的议案，其中包括废除不平等条约，希望国民会议立即宣布。同业公会表示，这是当务之急，希望竭力主张，以求贯彻，并表示愿为后盾。⑤ 5 月 1 日，汉口商会致电中央，请求在国民会议前宣布废约。⑥ 类似这样的呼吁，经常见诸报刊。当废约运动因国内政局影响而受阻时，商人团体也会表达自己的主张。例如，1931 年 6 月 8 日，上海市商会举行临时会员大会，讨论时局问题，由王晓籁主持。常委王延松对广东事变表示关切，称该事件发生影响了外交，"使不平等条约不能立刻废除，予外人以口实。"因此，他希

① 《市商协会请贯彻废约目的》，《申报》1928 年 7 月 29 日，第 4 张第 14 版。

② 《全国商会发表废除不平等条约，再有野心国不肯废约，本奋斗精神力抗强权》，《民国日报》1928 年 12 月 2 日，第 3 张第 1 版。

③ 《全国工商会议宣言》，《新闻报》1930 年 11 月 9 日，第 3 张第 11 版。

④ 《商界民会提审会昨开第一次会议，议决分三组审查各业工会提案》，《申报》1931 年 4 月 12 日，第 4 张第 16 版。

⑤ 《一百八十同业公会公宴商界民会代表》，《申报》1931 年 4 月 30 日，第 4 张第 13 版。

⑥ 《各地纷请宣布废约》，《申报》1931 年 5 月 3 日，第 3 张第 9 版。

望广东方面"勿因一二人问题使全局糜烂",并希望党内纠纷尽快解决。大会决议,电请中央以政治方式解决粤事,并电各方和平统一,希望各省市商会一致主张。① 除了宣传、呼吁之外,商人团体还以实际行动积极参与各地废除不平等条约大会和废约宣传周活动。可以说,商人团体都会参与当地的废约运动大会或宣传活动。例如,1928 年 11 月,北平废约宣传周期间,总商会组织商民千余人参加演讲会。② 广州、上海、厦门等地废约运动大会都有总商会的积极参与,有的甚至就是在总商会总部举行。总的来说,商人团体对于废约是积极拥护的。

　　除了在国内积极呼吁废约外,商人团体还积极借助国际舞台宣传废约。例如,1928 年参加国际商会第五次大会时中国商人团体积极开展废约外交活动。应国际商会(万国商会,1920 年创立,四十五国加入,1928 年中国加入)之邀,中华民国全国商会联合会积极参加该会第五次大会。1929 年 1 月 20 日,国际商会在巴黎召集有关中国问题的预备会,中华民国全国商会联合会委托驻德奥公使馆秘书梁龙、前国联秘书夏奇峰为代表参会。受工商部、外交部及商会联合会的嘱托,代表们在联络接洽之余,力谋废除不平等条约及领事裁判权早日实现。③ 据此,代表们在会中声明,中国商务受列强不平等条约束缚,不但本国商务不能发达,即外国商务也难尽量发达。④ 预备会后,应国际商会的要求,中国商会联合会加派张公权、陈光甫、朱吟江、郭秉文、寿景伟、张祥麟、王世鼎等七人为代表,赵铁章、张悦联两人为专门委员,与夏奇峰等一起组成中国代表团。6 月 1 日,该会在荷兰阿姆斯特丹先开中国经济问题研究会。7 月 10 日至 13 日,国际商会在阿姆斯特丹正式开大会。中国商会代表团除就整理报告事项提出意见外,于领事裁判权问题发表意见,称已届废除不平等条约与领事裁判权的时机。⑤ 除分别与各方代表交换意见外,中国代表团主张将不平等条约及领事裁判权各种弊害详载报

---

① 《昨日市商会临时会员大会,议决发表要电六件,主旨在一致努力剿匪,并共同维持和平统一》,《申报》1931 年 6 月 9 日,第 3 张第 9 版。

② 《前、昨日废约宣传,前日在总商会,昨日在各学校》,《京报》1928 年 12 月 1 日,第 6 版。

③ 《国际商会出席代表寿景伟昨日回沪》,《申报》1929 年 9 月 14 日,第 5 张第 17 版。

④ 《参加万国商会汇编报告书》,《申报》1929 年 3 月 6 日,第 4 张第 14 版。

⑤ 《万国商会讨论中国经济改造问题》,《申报》1929 年 7 月 12 日,第 3 张第 9 版。

告书，以国际商会名义印行，以形成国际间一种正论，但遭到一些国家代表反对。由于国际商会将英美法日四国驻沪商会反对取消领事裁判权决议书在会场散发，中国代表团遂与国际商会交涉，请将迅速撤废不平等条约及领事裁判权的决议书同时提出大会讨论。经过中国代表团一致主张，争持甚久，国际商会同意将四国旅沪商会原提决议书撤回，并将中国所提取消领事裁判权的各项理由详载报告书中。① 不过，该会仍拒绝对废除不平等条约及取消领事裁判权明确表达意见，中国商会联合会对此感到失望。② 此外，我们还可以找到商人团体积极开展国民外交，争取国际社会支持中国废约的事例。例如，1929 年 6 月 29 日，上海各路商界总联合会召开第十次常务会议，讨论了多项事宜，其中包括取消一切不平等条约，决议致电美国总统。当时上海公共租界工部局总裁费信惇回国，该会讨论了有关事宜，决定举行欢送会，并致函费信惇，希望其向美国朝野人士转达中国人民的愿望。③ 是年 10 月 21 日，上海商整会、银行公会、钱业公会、茶业会馆、纳税华人会五团体举行茶话会，欢迎美国旧金山商业旅行团。会上提到了废约问题，旧金山商会副会长林煦表示："以贵国近来进步之速，必能贯彻其取消领事裁判权及取消不平等条约等主张。"④ 从这些案例可以看出，商人团体希望能争取国际支持，积极废约。

除了整体废约外，商人团体对国别条约问题也很关注。其中，中日条约是他们关注的重点。1926 年 10 月 20 日，中日《通商行船条约》第三次期满。商人团体主张另订平等新约。全国商会联合会江苏省代表王介安致函中国驻日公使汪荣宝，将清廷于商约中误订关税、司法等各款进行说明，希望另订平等新约，将有碍关税自主的条款和领事裁判权等内容撤销。这得到汪荣宝的赞同。⑤ 1927 年 1 月 19 日，中华国货维持会、江浙丝绸机织联合会

---

① 《国际商会出席代表寿景伟昨日回沪》，《申报》1929 年 9 月 14 日，第 5 张第 17 版。

② 《万国商会大会闭幕，通过议案凡四十余起，推定比人为下届会长，对我国要求始终未表意见》，《申报》1929 年 7 月 15 日，第 2 张第 7 版。

③ 《商总联会常务会议纪》，《申报》1929 年 7 月 1 日，第 4 张第 14 版。

④ 《美商旅行团昨抵沪，五团体昨日开会欢迎，美团员今日离沪赴港》，《申报》1929 年 10 月 22 日，第 4 张第 13 版。

⑤ 《汪荣宝对修订中日商约表示》，《申报》1926 年 11 月 14 日，第 4 张第 13 版。

等二十余团体致函日本外务省，要求废除不平等条约，速订平等新约。^① 但日本政府拒绝承认旧约失效，认为《中日通商行船条约》继续有效。商人团体对此表示强烈反对。全国商联会致函上海总商会，称中日旧约期满，当然应宣告无效。对于当局允许展期三个月，商会表示强烈不满。为此，商联会开会决议，请外交当局按照中比先例办理。商联会呼吁上海总商会一致力争，以挽国权。^② 1928 年 8 月初，全国商会联合会致电南京国民政府外交部和工商部，再次反对中日旧约展期，呼吁迅速改订新约。^③ 随着济案等问题解决，中日关系缓和，两国开始修约交涉。商人团体开始研究中日修约问题。1929 年 6 月 15 日，中华国货维持会举行第十八届第九次执行委员会会议，常委王介安提议《请电贺南京全国国民废除不平等条约促进会案》，主席汪星一提议《请会电呈外交部长于修改中日条约时，应先邀集国货界、金融界、实业界、航海界及重要商会之领袖等，合组委员会，交换意见，慎重讨论之后，再行修订案》。^④ 中日关税协定谈判时，全国商联会积极发表意见。商人团体对中日修约所涉及的关税问题等最为关注。1930 年 3 月 13 日，全国商联会致电国民政府行政院、外交部、财政部、工商部，反对中日互惠关税。商会联合会指出，中国工商业不振，若与日本订立互惠税率，各国必相率效仿，中国又难拒绝，这样只有互惠其名，独惠其实，利在列国，不利独在中华。因此，希望政府拒绝互惠要求，宣布关税自主，废除不平等条约。如双方均有利益的，也需要由工商部召集全国工商团体代表大会研究范围、种类、税率，然后订约。^⑤

商人团体对南京国民政府发起的新约运动也很关注。1928 年 12 月 21 日，上海总商会对南京国民政府外交部签订一系列新约表示祝贺，^⑥ 但对中比、中意条约有一定看法。中比、中意新约签订后，上海总商会致电中政

① 《各界团体关怀日约》，《申报》1927 年 1 月 20 日，第 4 张第 13 版。

② 《全国商联会反对中日旧约展期》，《申报》1927 年 5 月 23 日，第 3 张第 9 版。

③ 《全国商民愿为废约后盾，请政府拒绝日本展期要求》，天津《益世报》1928 年 8 月 4 日，第 1 张第 4 版。

④ 《国货会八届执委会纪，推动参加国货运动代表注意假借华侨名义骗货》，《申报》1929 年 6 月 16 日，第 4 张第 14 版。

⑤ 《请拒绝与日关税互惠，全国商联会电请府等》，《申报》1930 年 3 月 14 日，第 4 张第 13 版。

⑥ 《总商会电劳外部》，《申报》1928 年 12 月 22 日，第 4 张第 14 版。

会、国民政府、外交部等,对其中内地开放一项表示关注。该会认为,内地开放必须在相互平等基础上进行。在中国经济落后的情况下,内地开放也应有限制,如只可允许开设行栈、居住营业,不得建置工厂,否则"必至吾国工商业无立足余地";外人建置房屋,只允许承租或有限制期间的地上权,不得赋予土地所有权。这些条件应该在条约内明确规定。[①]

此外,商人团体对越南、暹罗、荷属东印度、菲律宾、厄瓜多尔、埃及等海外华侨(尤其是华商)的遭遇颇为关心,积极向政府呼吁与所在国订约,以摆脱被打压的困境。

综上所述,商人团体在废约运动中表现积极,利用各种机会进行宣传,推动政府积极废约,订立平等互惠新约。商人团体参与废约有自身特点,一是关注的问题多是与工商业发展有关的内容,例如要求关税自主、反对互惠税率、支持裁撤厘金、反对特种消费税、收回内河航权、废除苛例、反对内地通商杂居等;二是商人团体主张通过和平手段进行废约。不管是对外开展国民外交活动,还是国内呼吁政府积极废约,商人团体都是通过通电、请愿、劝说等和平方式进行。1928 年 5 月 16 日,徐州商界发表反日宣言称:"我中国人本爱和平,我商界尤爱和平,每念及以前受条约之束缚,国际不能平等,恐终为和平之障碍,遂惕然有感于国民外交,自谋亲善,以期政府醒悟,本人类互助之精神,求通商互惠之利益,怀抱此愿,绝不肯以激烈手段,对付外人。"[②] 这个宣言体现了商人力主和平的特点。

(三)学生团体

学生团体有其特殊性。由于学生思想比较活跃,具有激情,他们往往成为废约运动的活跃分子。除按照国民党党务机构要求参加废约运动外,学生团体还经常就废约问题主动发表意见,要求政府厉行革命外交方针,尽快彻底废约,有时甚至还明显超出国民党的规定,采取比较激进的行动。学生参与废约运动的形式有以下几种:

其一,参加国民党党务系统组织的废约运动。如 1927 年 5 月 9 日,上

---

① 《总商会电陈中比中义两约中开放内地意见》,《新闻报》1928 年 12 月 13 日,第 4 张第 13 版。

② 《徐州学商界反日之激昂》,《申报》1928 年 5 月 20 日,第 3 张第 10 版。

海各团体五月革命纪念运动筹备委员会委托江湾区党部召集市民大会，除党政军警等机关代表外，沪江大会、沪江中学、复旦大学、复旦实中及各工会、各小学等一百余团体共三万余人出席会议。同一天，上海学生联合会积极派人前往南市、江湾、闸北等地参加国耻纪念活动，并发表演讲。在闸北、江湾两处，学联有十余人发表演说，语词激烈悲壮，主题之一是"打倒帝国主义，取消一切不平等条约"。此外，各学校还组织有纪念活动，如南洋大学、大夏大学、持志大学、澄衷中学、立公中学、南离公学等举行相应纪念大会，有的发表宣言，有的举行演讲，有的举行大规模集会，其活动主题都是毋忘国耻、要求取消不平等条约。[1]

其二，发表通电、宣言，呼吁废约。如 1927 年各地举行拥护关税自主政策大会，学生界就积极参与，有的学生团体还单独发表通电、宣言，如镇江学生联合会发表的宣言明确呼吁拥护国民政府收回关税自主，取消不平等条约，打破一切帝国主义施行的压迫手段。[2] 9 月 7 日，上海学生联合会发表为九七纪念告民众书，呼吁取消一切不平等条约。[3] 1928 年 8 月 5 日，上海市学联发表对时局宣言，提出七点主张，其中第一条为"确定革命的外交方针，以绝对不妥协的态度，宣布废除不平等条约，运用民众组织的力量，促成对外交涉的胜利"。[4] 9 月 2 日，全国第十届学生代表大会在南京中央大学举行，各省学联会代表参加。会议讨论了党务、政治、外交等各种问题，其中关于外交方面，涉及废除不平等条约。会议通过《反对修约并自动宣布废除一切不平等条约案》，具体办法包括：严重警告外交部部长王正廷、通电全国一致主张、呈请中央自动宣布废除一切不平等条约。[5] 这次大会宣言提出要加紧打倒帝国主义的工作，对于不平等条约要自动宣布废除。宣言对于修约政策表示不满，认为是"违背总理遗教的妥协政策"，是革命政府的莫大耻辱，是妥协外交，欺骗民众。宣言主张宣布废除不平等条约，

---

① 《昨日五九国耻纪念大会纪》，《申报》1927 年 5 月 10 日，第 4 张第 14 版。
② 《各地团体关税自主之拥护声》，《申报》1927 年 8 月 16 日，第 3 张第 10 版。
③ 《今日九七纪念》，《申报》1927 年 9 月 7 日，第 4 张第 13 版。
④ 《市学联对时局宣言》，《申报》1928 年 8 月 6 日，第 4 张第 13 版。
⑤ 《全国学总会代表会纪》，《申报》1928 年 9 月 7 日，第 3 张第 12 版。

坚决反对修约。① 类似这样的宣言常见诸报端，说明这一时期学生团体对废约政治颇为关注。

其三，组织宣传队，进行街头宣传。如 1928 年 5 月 30 日，为纪念"五卅"惨案，安徽省城各学校按照党务指导委员会宣传部要求，组织宣传队，分赴城厢内外宣讲。同时，当天全城各校放假，听指委会委员进行演讲。② 同年，上海废约运动大会召开期间，学生除参加大会外，还开展宣传活动。上海五中就选派六百多人参加活动，并派宣传员多人，沿街作热烈宣传。③ 太原各界废约运动大会举行期间，由各校学生组织讲演队三四十组，沿街化装讲演，极为热烈。④ 有的学校自行单独组织废约宣传。例如，北平税务专门学校学生定于 1929 年元旦举行大规模宣传活动，发行特刊及副刊，对关税问题做广泛宣传，同时在 1 月 1 日至 3 日举行公开讲演，在大街上对民众做通俗宣传，发散传单，张贴标语，并于晚间在外交大楼举行游艺大会三天，预祝关税自主。⑤ 类似这样的消息并不少见。

其四，举行学生大会，主张废约。如 1928 年 5 月 6 日，上海学生联合会召开紧急代表大会，讨论对日问题，提出诸多提案，其中包括《自动宣布取消中日间一切不平等条约》。⑥ 5 月 11 日，湖南各校学生在省教育会筹备处开会，组织湖南学生反日外交后援会，作出多项决议，其中一项是自动废除中日间一切不平等条约。⑦ 6 月 10 日，上海学生联合会军事训练委员会召集全沪学生军举行大检阅，到各校学生军 1.6 万余人。大会通过提案多项，其中包括《誓死抵抗帝国主义之压迫》《收回租界》等。大会提出十二个口号，其中包括"实行对日经济绝交""打倒日本帝国主义""打倒破坏东亚和

① 《全国学生会代表大会闭幕宣言》，《申报》1928 年 9 月 12 日，第 3 张第 11 版。

② 《皖各界纪念五卅惨案》，《申报》1928 年 6 月 3 日，第 3 张第 11 版。

③ 《本校参加废约运动大会》，《五中周刊》第 42 期，1928 年 9 月 24 日，第 15 页。

④ 《太原各界之废约运动，参加者四万余人，通过议案四项》，《申报》1928 年 9 月 16 日，第 3 张第 11 版。

⑤ 《废约呼声》，《检阅》第 7 期，1928 年 12 月 16 日，这一周的民众消息，第 35 页。

⑥ 《上海学界对五三惨案之意见，政界表示态度，商界经济绝交，学界出发演讲，工界组后援会》，《申报》1928 年 5 月 7 日，第 4 张第 13 版。

⑦ 《长沙各校学生为济案请愿，日兵在湘故意挑衅》，《申报》1928 年 5 月 18 日，第 3 张第 10 版。

平的田中义一""自动废除一切不平等条约"等。① 8 月 3 日，上海学生联合会举行第十一次执行委员会会议，提出了不少主张，其中包括"确定革命外交方针""宣布废除不平等条约""实行关税自主"等。② 1929 年 11 月 30 日，上海市学生代表大会举行，讨论提案 47 件，通过决议案 30 件（不含临时动议案），其中涉及废约问题者多项，如《呈市党部转呈中央厉行革命外交，于十九年一月一日，自动撤销领事裁判权》《呈市党部转请中央自动收回全国租界》《呈市党部转请中央自动取消一切不平等条约》，此外还有《打倒帝国主义请撤销王正廷外长之职》等。③ 12 月 7 日，北平学生联合会举行代表大会，呼吁中央于 1930 年元旦取消一切不平等条约及领事裁判权。④ 1931 年 11 月 5 日，南京全国学生抗日救国联合会举行第二次代表大会，讨论对日作战问题，提出多项议案，如《请求国府厉行革命外交》，该项议案共五项办法，其中有"请政府自动取消中日间一切不平等条约"。⑤ 诸如此类的学生团体聚会很多，反映出学生积极参与废约的热情。

其五，因废约问题而进行请愿、组织游行示威等活动。如 1927 年 3 月 30 日，法租界中法工业专门学校学生因校长问题发生风潮，向蒋介石请愿，提出三条要求：收回租界，取消不平等条约；中法工业专校收回自办；撤换校长。⑥ 1928 年 12 月 6 日，南京中央大学学生赴外交部、国民党中央党部请愿。学生们询问与各国修约情况，希望王正廷"以革命精神，实行国民外交"。⑦ 12 月 13 日，以学生为主体的南京全国反日会因中比、中意条约及对日交涉问题不满王正廷，遂召集民众团体开市民大会，举行游行示威。游行队伍至外交部，要求见王正廷。在此过程中，学生们捣毁了王正廷的私宅，

①《昨日学生军大检阅，共到一万六千余人，公共租界解除服装，军容整肃，步伐齐一，苏州学联代表参加》，《申报》1928 年 6 月 11 日，第 4 张第 13 版。

②《市学联昨开执行委员会，向五中全会有建议》，《申报》1928 年 8 月 4 日，第 4 张第 14 版。

③《全市学生代表会议决案，共计三十三件，请确定青年运动方针》，《申报》1929 年 12 月 2 日，第 3 张第 11 版。

④《平学联会代表大会》，《申报》1929 年 12 月 8 日，第 2 张第 6 版。

⑤《全学抗联会二次代表大会电，决议四案发出通电》，《申报》1931 年 11 月 6 日，第 2 张第 8 版。

⑥《蒋总司令对中法学生之表示》，《申报》1927 年 3 月 31 日，第 3 张第 9 版。

⑦《中大全体学生请愿，先赴外部，继赴中央党部，要求对日交涉勿让步》，《申报》1928 年 12 月 7 日，第 4 版。

与宪兵警察发生冲突。① 1931 年 12 月 5 日，北平抗日会代表及华北大学学生向政府请愿，提出对日各项要求，其中包括无条件取消一切不平等条约。② 类似的请愿还有不少。这样的请愿活动对外交当局形成较大压力，如 1928 年底南京学生捣毁王正廷私宅事件，导致王正廷一度请辞，经蒋介石亲自抚慰才没有最终辞职。因日本发动"九一八"事变，中央大学教职员及学生组织抗日救国会，积极从事反日运动。1931 年 9 月 28 日，中央大学学生们向中央党部、外交部、国民政府请愿，请愿过程中打伤王正廷，导致王正廷愤而辞职。③

其六，开展国民外交活动，积极争取国际舆论。学生团体利用各种机会，在国际上积极宣传废约。如 1928 年 5 月初，中央党务学校全体学生发表致日本全国青年书，希望督促日本政府撤退驻华各地军队，立即放弃不平等条约等。④ 同年 8 月 17 日至 26 日，世界和平青年代表大会在荷兰举行。大会筹备处邀请中国派人参加。全国学生总会认为，"此系本党对外宣传革命事业之绝好机会"，并指出："若于会议席上提出废除不平等条约之主张，必将得全体之同情，实与我国废约运动裨益非浅。"⑤ 全国学生总会因此决定派代表团参会，并向各界征求意见，其启事明确提到"主要目的在宣传国民革命之真相，并厉行废约运动"。⑥

总的来说，学生团体是比较积极的废约运动参与力量。尽管同样受国民党党务机构的"指导"，但是他们通过各种方式呼吁废除不平等条约，体现出激进的一面。他们曾明确提出："我们要解除一切不平等条约，唯有本出铁与血的精神，来向帝国主义者进攻。"⑦ 学生团体的这种激进特点显然不是国民党乐意看到的。

---

① 《外部官舍之大纷扰，群众拥入屋内，与军警略有冲突，事后蒋向群众训话》，《申报》1928 年 12 月 14 日，第 2 张第 7 版。

② 《于右任接见请愿学生》，《申报》1931 年 12 月 6 日，第 2 张第 8 版。

③ 《中大学生示威，在外部发生冲突，王正廷被殴受伤，朱家骅自请处分，日领馆调兵保护》，《申报》1931 年 9 月 29 日，第 2 张第 6 版。

④ 《中央党校学生致日本青年书》，《申报》1928 年 5 月 12 日，第 3 张第 9 版。

⑤ 《学总拟出席世界和平青年会》，《申报》1928 年 3 月 30 日，第 3 张第 11 版。

⑥ 《全国学生总会为出席世界青年和平大会征求各界意见》，《申报》1928 年 7 月 24 日，第 1 张第 2 版。

⑦ 《学联军训委会昨开执委会议》，《申报》1928 年 6 月 18 日，第 3 张第 14 版。

（四）其他团体

除农、工、商、学外，其他团体也参与了废约运动，如妇女界、律师界、新闻界、教育界、文化界等。以 1927 年的部分集会活动为例，可以看出这些团体的参与情况。如 7 月 12 日，上海市撤废英国领事裁判权委员会在国民党上海市党部开会，除党政、司法、警察等机构以及商会、工会统一会代表外，妇女运动委员会、妇女青年团、各界妇女联合会、中国妇女协会、女子参政会、上海妇女协会、学联会、律师公会、新闻记者会等均有代表参加。① 8 月 9 日，日本公使芳泽谦吉赴南京。南京各团体鉴于日本当局反对中国关税自主，遂致函芳泽，"表示吾国民众对于关税自主实行裁厘加税事咸具决心。"这些团体包括南京市总工会、总商会、商民协会、学生联合会、妇女协会、南京特别区农民协会等。② 8 月 14 日召开杭州市民拥护废除不平等条约、裁厘加税政策大会，到会五十余团体，其中省妇女协会、杭州中等以上学联会等均派代表参加，并发表演说。③ 8 月 21 日，上海市民开拥护关税自主市民大会，除党政军外，各界团体参加，其中妇女协会舒蕙贞等发表演说，对国民政府收回关税自主表示赞赏。④ 类似的例子还有很多。可以说，国民党党务机构组织的大型集会，这些"民众"团体都会按照规定派代表或组织群众参加。

除与工农商学等团体一起参加国民党党务系统组织的活动外，有的团体也单独组织废约活动，为废除不平等条约积极努力，如律师团体、妇女团体等。

律师团体是比较关注废约问题的。基于自身专业特色，律师团体特别注意取消领事裁判权问题。除参与国民党党务系统组织的集会外，律师团体还单独组织了一些废约活动。例如，上海律师公会举行会议，发表通电、宣言，组织请愿等活动，呼吁取消领事裁判权。以 1929 年为例，该公会多次就取消领事裁判权发声。是年 9 月 1 日，上海律师公会开第二十八次执监联席会议，委员李时蕊提出临时动议，要求公会函请外交部将各国关于领事裁

① 《撤废英国领判权会开会纪》，《申报》1927 年 7 月 13 日，第 4 张第 13 版。
② 《南京各团体致芳泽函为裁厘加税事》，《申报》1927 年 8 月 12 日，第 3 张第 9 版。
③ 《杭州市民拥护两大政策大会》，《申报》1927 年 8 月 16 日，第 2 张第 6 版。
④ 《昨日开拥护关税自主市民大会纪》，《申报》1927 年 8 月 22 日，第 3 张第 9 版。

判权问题的答复照会公开发表，得到会议支持。[①] 11 月 1 日，上海律师公会致函国民政府外交部、司法院，呼吁政府于 1930 年元旦前与意、比、葡、西、丹五国"订定各该国人民行使法权之详细办法"。如果对方拒绝，则由其负责，"届时我国自动宣布撤废各该国领判权，尚有理由可据。"[②] 11 月初，上海律师公会组织收回租界法权运动委员会。11 月 5 日，该委员会举行第一次会议，讨论收回整个领判权、废约国领事观审协定、意比葡西丹五国换文撤废领判权期间三案。[③] 11 月 19 日，上海律师公会开第三十三次执监委员联席会议，建议派员向政府请愿，即时撤废领事裁判权。[④] 11 月 24 日，上海律师公会举行会议，讨论了《关于撤废领事裁判权问题案》。[⑤] 12 月 1 日，上海律师公会再度开会，"提议无条件自动撤废领事裁判权建议政府速决案"。[⑥] 12 月，上海律师公会派李时蕊、谭毅公等晋京，向国民政府司法、外交两部请愿，要求收回上海临时法院及法租界会审公廨。[⑦] 上海律师公会积极主张取消领事裁判权并非一时之见，而是一直坚持呼吁。如 1937 年 3 月 24 日，上海律师公会举行第 242 次执监委员联席会议，陆鼎揆等提出《电请行政院，牒致现有领事裁判权各国，申述理由，定期废止领事裁判权，逾期不获同意，惟有自行宣告撤废，以保国命而维法权案》，得到会议通过。[⑧] 除了呈国民政府行政院外，该公会还致函各省律师公会及各法团，请一致力争。[⑨] 4 月 14 日，上海律师公会举行第 243 次执监委员联席会议。陆鼎揆提出《联合各团体作撤废领事裁判权运动案》，得到会议支持，决议联合各团体准备开撤废领事裁判权运动大会。[⑩] 4 月 22 日，上海律师公会召

---

①　《律师公会廿八次执监会纪》，《申报》1929 年 9 月 2 日，第 4 张第 13 版。

②　《上海律师公会建议撤废领判权，及早提商详细办法，由此自甘放弃法权》，《申报》1929 年 11 月 2 日，第 4 张第 13 版。

③　《收回租界法权运动委员会首次会议，议定方针一致进行》，《申报》1929 年 11 月 5 日，第 4 张第 13 版。

④　《律师公会昨开执监联席会议第三十三次》，《申报》1929 年 11 月 20 日，第 4 张第 14 版。

⑤　《律师公会昨开谈话会，下月一日开大会》，《申报》1929 年 11 月 25 日，第 4 张第 14 版。

⑥　《律师公会秋季续会纪，不足法定数，提早春季会》，《申报》1929 年 12 月 2 日，第 4 张第 14 版。

⑦　《上海律师公会请愿收回租界法权，拟撤废改组办法八则，促起司法、外交部注意》，《申报》1929 年 12 月 13 日，第 4 张第 13 版。

⑧　《律师公会执监联席会议》，《申报》1937 年 3 月 26 日，第 3 张第 10 版。

⑨　《力争收回领判权，征请一致进行，上海律师公会通函各省公会》，《申报》1937 年 4 月 6 日，第 3 张第 9 版。

⑩　《律师公会执监联席会议》，《申报》1937 年 4 月 16 日，第 4 张第 14 版。

开第一次撤废领事裁判权运动大会筹备委员会议，讨论大会的名称、召开时间、地点、组织简章、宣言起草等问题。① 可见，上海律师公会对取消领事裁判权问题是非常关注的。

除了上海律师公会外，全国律师协会也积极呼吁取消领事裁判权。1927年 6 月下旬，全国律师协会决定组织撤废领事裁判权运动委员会，由全国各大都市律师公会为委员。② 该律师公会宣传主任吴迈到各地进行撤废领事裁判权宣传，以唤起民意，充当外交后盾，推动不平等条约取消。③ 如 1929 年12 月 15 日，他由安庆前往芜湖进行演讲。④ 1930 年 2 月，他到沈阳、天津等地进行演讲。这些活动得到国民党中央宣传部、交通部等支持，交通部门为此决定免除吴迈等车费。全国律师协会在废约运动处于低谷时期，仍在为取消领事裁判权努力。如 1937 年 6 月，全国律师协会决定组织领事裁判权运动委员会。⑤

除了国内宣传外，全国律师协会还向国际社会积极宣传取消领事裁判权。1930 年 1 月，中华民国律师协会发表《为撤废领事裁判权告友邦书》，"冀其了解我国民政府出此断然撤废之措置，非仅谋我中华国家人民之利益，实遍谋各关系国家人民之利益。"⑥ 1931 年 6 月 4 日，全国律师协会第三届代表大会开会。杭县、洛阳、北平、上海等地律师协会提出召集国际律师协会案。由于各国对于领事裁判权不愿意放弃，托言中国法律未周备，司法未完善。"本会自应本诸国民外交之趣旨，迅即召集国际律师协会，发扬中国法系，同时宣传民意"，以达到最短时间内撤销不平等条约的目的。因此，律师协会执行委员会决定 1932 年 1 月 1 日在上海召集国际律师协会。⑦ 全国律师协会希望通过这次国际律师协会会议宣传取消领事裁判权。1936 年 9 月3 日至 6 日，国际律师协会在维也纳举行第七届年会。中国律师协会、南京

---

① 《律师公会撤废领判权会，讨议运动方法，推员准备一切》，《申报》1937 年 4 月 23 日，第 3 张第 10 版。
② 《律师协会筹设撤废领判权运动委会》，《申报》1927 年 6 月 22 日，第 1 张第 4 版。
③ 《吴迈收回法权运动，中央介绍赴辽宣传，铁部准其免费乘车》，《申报》1930 年 2 月 22 日，第 5 张第 17 版。
④ 《芜湖快信》，《申报》1929 年 12 月 16 日，第 2 张第 8 版。
⑤ 《律师协会筹设撤废领判权运动委会》，《申报》1937 年 6 月 22 日，第 1 张第 4 版。
⑥ 《律师协会寓书各友邦，撤废领裁权之利益》，《申报》1930 年 1 月 19 日，第 4 张第 14 版。
⑦ 《全国律师协会决定重要议案，根据国民外交召集国际律师协会》，《申报》1931 年 6 月 5 日，第 2 张第 8 版。

中央大学法学院教授陈耀东等参会。陈耀东就中国司法组织与领事裁判权发表演讲，宣传中国司法进步，呼吁支持撤废领事裁判权。陈耀东在会上指出，领事裁判权不仅妨害中国法权，而且破坏世界司法系统。① 从这些事例可以看出，全国律师协会希望通过国际宣传争取国际支持，以有利于取消领事裁判权。

妇女团体也积极参与废约运动。妇女团体是国民党废约运动的主要参与者之一。如 1928 年 8 月 24 日，广东各界拥护国民政府废约运动大会，女界联合会、女权运动大同盟与总工会、总商会、工联会、华侨协会等一起参加。② 这样的事例很多。除了参与国民党组织的集体活动外，妇女团体也单独就废约问题表明态度，向国民党中央提出自己的要求。1928 年 8 月，苏、宁、沪三地妇女协会向国民党二届五中全会提出议案，要求继续反帝运动，自动废除不平等条约。③ 同时，妇女团体也积极争取国际舆论支持。如 1928 年 9 月 22 日，国际妇女大会在日内瓦举行公开会议，讨论中国问题，中国代表在会议上呼吁各国取消对华不平等条约。④ 当然，相比于商人团体和学生团体而言，妇女团体单独进行废约运动少得多。

综上所述，各种民众团体都曾积极参与废除不平等条约运动。在改善不平等条约关系问题上，专业外交团体具有自身的专业知识优势，推动废约运动朝着纵深方向发展。普通民众团体虽然不具备专业外交知识，但是，在时代潮流推动下，在国民党宣传和组织下，同样积极投身于废约大潮中，尤其商人团体、学生团体、律师团体都是颇为活跃的组织。这些团体参与废约运动既基于自身利益的诉求，也有民族利益的考虑；既有党派组织的集体行动，也有自身单独的废约活动。当然，不管是专业外交团体，还是一般民众组织，都是废约运动的重要推动力量，对改善中外不平等条约关系起着至关重要的作用。

---

① 《国际律师协会钦佩我国司法完善，并表示领事裁判权应撤废》，《申报》1936 年 10 月 9 日，第 1 张第 4 版。
② 《粤各界举行废约运动大会，各团体代表参加者二百余人，议决四要案并通电全国奋起》，《申报》1928 年 8 月 31 日，第 3 张第 12 版。
③ 《苏宁沪三妇女协会对五中全会的请求》，《中央日报》1928 年 8 月 15 日，第 2 张第 6 版。
④ 《国际妇女大会，讨论新中国问题》，《申报》1928 年 9 月 23 日，第 2 张第 7 版。

第二节 各种废约大会的召开

在南京国民政府"厉行革命外交"的刺激下，民众废约热情不断高涨，要求政府废除不平等条约的呼声此起彼伏。为了推动或支持政府废约，民众团体纷纷召开各种废约大会。这些废约大会既有国民党党务组织发起、各种团体参与的，也有非政府团体组织自发组织的；既有笼统要求废除不平等条约的，也有要求具体取消某种条约特权的；既有废约专题大会，也有其他集会活动中附带提出废约主张的。此时期废约大会类型多、规模大、民众参与程度高，一时之间，全国废约集会呈遍地开花之势。

各种废约大会的涌现，与此时期国民党宣传政策密切相关。积极发动民众开展废约宣传，是 1927 年后国民党中央宣传部确定的工作重点。南京国民政府成立后，国民党中央党部即要求各级党部加强废约宣传，当以废除不平等条约、关税自主、裁厘加税为宣传重点。① 随着国民党改订新约运动的开展，撤废领事裁判权、收回租界与租借地、收回内河航行权等逐步纳入宣传的重点，相关大会也纷纷召开。

一、 召开拥护裁厘加税和关税自主大会

1927 年 7 月，南京国民政府发出布告，决定 9 月 1 日实行裁厘加税，并宣布关税自主。这一政策的公布，得到了广大民众尤其是商民的热情支持。② 他们纷纷举行大会，拥护政府的决策，同时对如何顺利实施裁厘加税等提出建议。为了动员民众支持政府实行裁厘加税、关税自主政策，按照国民党中央宣传部的统一部署，各级党务机构纷纷组织民众，开展废除不平等条约及拥护裁厘加税政策两种运动。③ 南京国民政府计划此次裁厘加税先期在纳入

①《特别市党部消息》，《申报》1927 年 7 月 28 日，第 4 张第 13 版。
②《关税自主声中所闻》，《申报》1927 年 8 月 8 日，第 4 张第 13 版。
③《中国国民党福建省党部筹备委员会训令第六五○号》，1927 年 8 月 12 日，《福建党务半月刊》第 3 期，1927 年 9 月 16 日，命令，第 5 页。

统治范围的江苏、安徽、浙江、福建、广东、广西六省实施。因此，拥护关税自主、裁厘加税大会也主要在这些省份举行。

江浙是南京国民政府最重要的财税来源区。南京国民政府实施裁厘加税政策，势必要取得这些地区工商业团体的支持。为了宣传政府的意旨，国民政府财政部特派税务处处长程天固赴上海，与该市商界接洽，目的就是解释政府政策，听取商业团体的意见。① 财政部专门致函上海总商会，要求将相关宣传文件分派，尽力宣传。信函指出，政府实施裁厘加税，"其目的完全为农工商各界筹生路，而非在增加国库之收入，诚恐各界对于此项政策，尚未彻底明瞭，非作普遍宣传，无以表政府与人民合作之决心，而收最短期间实现之明效。"② 可见，南京国民政府期望在该问题上得到民众团体的积极支持。

上海是近代经济发达地区。该地工商业团体成熟，在近代一直非常活跃。他们对经济政策的调整颇为敏感。南京国民政府刚宣布要实施裁厘加税、关税自主政策，上海工商业团体立即有所反应。例如，7月24日，上海丝茧总公所召集丝茧同业全体大会，讨论裁厘加税问题。③ 8月初，上海商业团体决定发起召集专门会议，集中商讨裁厘加税实施办法。上海商民协会以该政策直接关系商民利益，邀请粤、桂、皖、闽、苏、浙等各省商民协会代表在上海举行全国商民协会代表会议，讨论关税自主、裁厘加税实施办法。④ 在致各地商民协会的电报中，上海商民协会指出，国民政府宣布要实施裁厘加税，"凡我商民，均应一致奋起，表示拥护之热忱，为政府外交之后盾，一方面讨论实施办法，务期措置得当，裕商富国。"⑤ 该呼吁得到了各地商民协会的积极回应。8月23日，全国商民协会代表会议召开第一次会议。随后又于24日、25日连续举行第二、三次会议。福建、安徽、浙江、江苏、南京特别市、上海特别市等四省二特别市代表二十六人参会，由上海代表冯少山担任会议主席。会议通过七大议案，其中涉及关税自主、裁厘加

① 《四团体欢迎关税处长程天固》，《申报》1927年8月10日，第4张第13版。
② 《关税自主声中所闻》，《申报》1927年8月8日，第4张第13版。
③ 《丝茧公所昨讨论裁厘加税问题》，《申报》1927年7月25日，第3张第9版。
④ 《召集各省商协会议之决议，定期八月二十日》，《申报》1927年8月6日，第4张第13版。
⑤ 《商民协会召集各省代表会议，拥护关税自主政策》，《申报》1927年8月8日，第4张第13版。

税议案五个，包括：《通电全国一致主张关税自主、裁厘加税》《发表对外宣言，为政府后盾》《电请政府切实实行关税自主，但裁厘加税展期六个月实施》《请政府仿效德国经济立法制度，于最短期内召开经济会议，容纳关于经济团体代表为委员，讨论关税税则及关税管理等重要问题》《呈请政府在裁厘加税以前，修正出厂税税则，颁布奖励金条例，并征收洋货销场税》等。① 从该会议的决议案可以看出，商业团体对南京国民政府实施裁厘加税、关税自主政策并不是被动接受。他们欢迎政策的实施，但对政策的实施条件提出了改进意见，要求政府先期满足。

总的来说，除了要求延缓裁厘加税外，上海商业团体对南京国民政府实施裁厘加税、关税自主政策是欢迎的。当程天固赴上海与商界接洽时，上海总商会、县商会、闸北商会及商业联合会等四团体专门开会表示欢迎。② 8月初，上海商民协会决定发起上海商业团体庆祝关税自主大会，致函各商业团体，邀请派代表参加。③ 这迅速得到积极响应，各商业团体纷纷请求加入，④ 如茶业会馆、航业公会、闸板商会、绪纶公所、裘业公会等。⑤

除了商业团体，上海其他民众团体对裁厘加税、关税自主也表示拥护。上海市党部临时执行委员会决定筹备拥护国民政府实行关税自主大会。为此，各团体于 8 月 11 日下午在市党部召开筹备会。到会人员包括上海特别市党部、上海县党部、市郊农民协会、工会组织统一委员会、上海特别市商民协会、各路商界联合会、中央宣传委员会驻沪办事处、海关华员联合会、上海县商会、上海航业公会、第二路总指挥部政治训练部、二十六军政治训练处、海军政治训练部、上海学生联合会、女子青年团、各界妇女联合会、女教职员联合会、妇女运动委员会、公安局政治训练处、中国妇女协会等三十余团体代表。⑥ 会议讨论了筹备大会的具体分工等工作。经过积极筹备，8月 21 日，上海民众拥护关税自主大会召开。大会分设南市公共体育场、北

---

① 《各省区商协代表会纪》，《申报》1927 年 8 月 24 日，第 4 张第 13 版。
② 《四团体欢迎关税处长程天固》，《申报》1927 年 8 月 10 日，第 4 张第 13 版。
③ 《商民协会发起庆祝关税自主，函请各商业团体参加》，《申报》1927 年 8 月 3 日，第 4 张第 13 版。
④ 《关税自主声中所闻》，《申报》1927 年 8 月 8 日，第 4 张第 13 版。
⑤ 《各团体加入庆祝关税自主大会》，《申报》1927 年 8 月 14 日，第 4 张第 13 版。
⑥ 《各界拥护关税自主》，《申报》1927 年 8 月 12 日，第 4 张第 13 版。

市天后宫桥两处会场。南市会场到会团体有海军政训部、特别市党部、上海县党部、上海市妇女协会、二路训政部、学联会及各业工会等，北市会场有海关华员联合会、上海各界妇女联合会等。① 上海市农民协会本来也函请农民参加大会，结果二百余农民出发较迟，等到达时，公共体育场已经闭会，遂由协会职员带领游行，沿途高呼口号。② 从这个细节可以看出，上海民众拥护国民政府实行关税自主大会的参与阶层还是很广泛的。这次大会除邀请名人演讲外，还举行了游行活动，民众高呼废约口号。大会当场通过提案，决定通告全国民众一致起来拥护关税自主，电请国民政务于 9 月 1 日实行关税自主等。③

上海民众拥护国民政府实行关税自主大会并非举行一次集会活动就结束。该大会具有大型团体组织性质，开展了一系列活动。在 8 月 21 日民众集会之后，该大会仍继续存在。8 月 25 日，该大会举行第六次执行委员会，决定电请政府组织经济委员会主持税则，同时决定开各团体联席大会。该会自 28 日开始，在上海总商会公开演讲两天，并在南市继续举行两天。④ 演讲者包括郭泰祺、李权时、刘湛恩、谢福生、冯少山、赵晋卿、王延松、严谔声、陶乐勤、周贯虹、黄惠平、冷欣、陈德徵、梁绍文、马寅初、潘公展、彭学沛、郝鲲、郑毓秀等各界名人，纷纷讲演关税问题。⑤ 如复旦大学教授李权时演讲关税自主问题，指出不仅要自主制定关税税则，还要收回关税行政权、关税保管权等。为了增加吸引力，在演讲的同时，还有歌舞和影片助兴。⑥ 演讲会听众不少，一般每场千余人，多的超过两千人。如在南市举行的第四次公开演讲，听众达到 2600 人。⑦

南京是国民政府的政治中心。在国民党各级党部的领导下，这里的民众团体活动颇为积极，也有一定特色。为唤起民众拥护国民政府实行关税自

---

① 《昨日开拥护关税自主市民大会纪》，《申报》1927 年 8 月 22 日，第 3 张第 9 版。

② 《市农民协会消息》，《申报》1927 年 8 月 23 日，第 4 张第 14 版。

③ 《昨日开拥护关税自主市民大会纪》，《申报》1927 年 8 月 22 日，第 3 张第 9 版。

④ 《拥护关税自主会开会纪》，《申报》1927 年 8 月 26 日，第 4 张第 13 版。

⑤ 《拥护关税自主会公开演讲》，《申报》1927 年 8 月 29 日，第 4 张第 14 版。

⑥ 《拥护关税自主会要讯》，《申报》1927 年 8 月 30 日，第 3 张第 9 版。

⑦ 《拥护关税自主会昨晚仍公开演讲》，《申报》1927 年 9 月 2 日，第 4 张第 14 版。

主，8 月 8 日下午，南京各界召开各团体联席会议，总工会、省农民协会、总商会、省妇女协会、市妇女协会及各级党部、各军政训处等均派代表参加。会议决定组织南京各界拥护关税自主委员会。① 该委员会特别注意唤起民众，决定召开民众大会，通电各省呼吁共同拥护关税自主，充当外交后盾，并发表告全国民众书和对外宣言。同时，该会起草有十余万字的《宣传大纲》，寄送全国各地，"为一般智识阶级及演讲队用"；编写有《拥护关税自主问答》，以"最浅白话"宣传拥护关税自主的意义，"遍贴于各茶馆，及散布于各乡村、各工厂，专为一般农工阶级粗识字义者看"；拟就十多条标语，合计印刷十万份，张贴市内，同时分寄各地；准备各种讽刺画数十种，张贴各街衢道。② 可见，南京的民众团体不仅自己组织起来拥护关税自主，还力图影响全国，动员全国民众一致拥护国民政府裁厘加税、关税自主政策。

镇江的民众团体活动也很活跃。8 月 18 日，镇江民众拥护南京国民政府实行关税自主大会举行，各工会、各团体、机关代表暨第一军步兵第五十八团全团军士三千余人参加。大会通过提案四项：《致电国民政府，拥护关税自主》《致电国民政府，废除其余一切不平等条约》《通知各界于 9 月 1 日悬旗庆祝关税自主》《致电国民政府，促使改进关税制度，并规定其用途》。③ 8 月 29 日，镇江丹阳民众召开了拥护关税自主大会，到会万余人。会后发表通电，表示"誓愿拥护关税自主，苟有阻挠，生死以之"。④

浙江的民众团体在国民党当地各级党部组织下参加了拥护裁厘加税、关税自主政策大会，杭县、杭州市、宁波等地均有盛大的运动。7 月 29 日，杭县县党部发起拥护废约裁厘加税大会筹备会，邀请杭县各党政机关、县工会、县商民协会及大关乡、斗江乡两农民协会代表商讨大会筹备工作。会议由省党部代表陈克成担任临时主席。他指出，会议目的是为了举行了一个"盛大的民众运动"，使民众了解裁厘加税及废除不平等条约两大政策的内容和意义，让他们自动起来拥护。会议定 8 月 7 日上午在公共运动场举行杭县

---

① 《南京各界拥护关税自主》，《申报》1927 年 8 月 11 日，第 2 张第 7 版。
② 《南京各界拥护关税自主会消息》，《申报》1927 年 8 月 15 日，第 3 张第 9 版。
③ 《关税自主大会开会纪》，《申报》1927 年 8 月 21 日，第 3 张第 10 版。
④ 《丹阳拥护关税自主大会电》，《申报》1927 年 8 月 31 日，第 2 张第 5 版。

拥护废约裁厘加税大会。① 8月14日，杭州市各团体在公众运动场举行杭州市民拥护废除不平等条约及裁厘加税政策大会。到会团体包括省党部、杭县党部及所辖各级党部、省妇女协会、杭州中等以上学联会、杭州总商会、杭县商民协会、市总工会、杭县总工会、浙江警备师、公安局、三十一军九十一师、九十三师、省防军、盐运使署、政治分会、内河水警厅、市公用局等五十余团体，民众五万多人。② 省党部代表沈尔乔担任大会主席。他在致辞中从积极、消极两方面分析了裁厘加税的意义。随后，三十一军政训处代表严尔艾、省妇女协会代表毛彦文、总工会代表邵力更、省党部代表张励生、三十一军九十一师代表全菊圃、训练处代表曹主瀛等纷纷演说，纷纷表示拥护国民政府的两大政策。大会决议发表通电，表示代表杭州市二百万市民"全力拥护"两大政策，同时呼吁全国同胞一致拥护。③ 再看宁波。8月21日，宁波裁厘加税关税自主运动大会与廖党代表纪念大会同时举行，到会民众约三万人。④ 除城市外，宁波乡村也有类似的大会。有消息称，宁波青年会服务团化装演讲队应奉化萧王庙十一公团所聘，前往该镇参加庆祝大会。⑤ 可见，浙江拥护裁厘加税、关税自主不限于城市的民众团体，乡村也行动起来了。

广东是国民党的发源地，这里的群众基础好，民众对于南京国民政府的裁厘加税、关税自主政策也很支持。首先起来响应的是广州商人。8月9日，广州商人召开拥护裁厘加税会议。⑥ 随后，广州各界在市党部指导下组织了各界废除不平等条约及拥护裁厘加税运动大会。8月28日，大会在广州东校场正式举行，参加民众十余万人，现场热烈。⑦ 当天各界休业一天，各店悬挂拥护关税自主大旗。⑧ 可见，广州民众团体对此还是颇为重视的。

此外，福建、安徽等省也举行了拥护国民政府实行裁厘加税、关税自主大会，不过规模、影响明显不如江浙地区。如8月27日，厦门各界拥护关

---

① 《杭拥护废约裁厘大会筹备纪》，《申报》1927年8月1日，第3张第10版。
② 《杭垣市民大会之热烈拥护裁厘加税，废除不平等条约》，《新闻报》1927年8月15日，第2张第7版。
③ 《杭州市民拥护两大政策大会》，《申报》1927年8月16日，第2张第6版。
④ 《廖仲恺殉国一周纪念》，《申报》1927年8月25日，第1张第4版。
⑤ 《宁波》，《申报》1927年8月15日，第3张第10版。
⑥ 《广州商人拥护裁厘加税》，《申报》1927年8月11日，第1张第4版。
⑦ 《广州拥护裁厘加税大会》，《申报》1927年8月30日，第1张第4版。
⑧ 《闽粤人士拥护关税自主》，《申报》1927年8月28日，第1张第4版。

税自主大会举行，到总商会、商民协会、学联会、妇女协会、总工会等团体代表百余人，成立大会组织委员会。① 9 月 1 日，福州各团体举行拥护关税自主大会，因采取自愿参会形式，且时值酷暑，参加者只千余人。② 安徽的规模大一些，8 月 20 日，芜湖各界召开关税自主大会，到会万余人。③

从上述情况可以看出，拥护国民政府实行裁厘加税、关税自主大会兴起的原因是 1927 年 7 月南京国民政府宣布要实行裁厘加税政策，同时实现关税自主。此时南京国民政府还没有完全控制全国，故拥护国民政府实行裁厘加税、关税自主大会主要限于苏、皖、浙、闽、粤、桂南方六省。大会举行时间集中于七八月份。随着 8 月 29 日南京国民政府宣布暂缓实行裁厘加税政策，这种拥护大会也就销声匿迹了。

1928 年下半年南京国民政府与美国等签订关税自主条约，实行关税自主政策逐渐具备条件。南京国民政府准备 1929 年 2 月 1 日实行关税自主。这时，关税自主才再度成为宣传工作的重点。1929 年初，庆祝关税自主大会纷纷举行。

1929 年 2 月 1 日下午，上海特别市党务指导委员会召集各界代表举行上海各界庆祝关税自主大会，到会代表六百多人，警备政训部代表童行白、中华国货维持会代表王介安、海关华员联合会代表严仲达、市商民协会代表骆清华、各马路商界联合会代表邬志豪等发表演说。除市党部举行大会外，市宣传部还组织了举行庆祝关税自主宣传。闸北方面，由六区党部负责组织汽车大游行，有五辆汽车参加，内有童子军军乐队奏军乐，宣传委员六十余人高呼口号，散发传单。沪南方面，由一区党部宣传部组织，派出汽车四辆，宣传委员三十余人，沿途高呼口号，并放高升鞭炮。此外，各区党部也纷纷举行相应活动。如三区党部前往租界分发关税自主标语及宣传品，所有公共租界各通道上都有该项标语及宣传品。五区党部通知浦东各民众团体悬旗庆祝，组织宣传队宣传，散发传单，进行演讲等。六区党部进行汽车游行。七区党部散发传单两千份，张贴标语一千份，同时油印散发通电一则。

---

① 《闽粤人士拥护关税自主》，《申报》1927 年 8 月 28 日，第 1 张第 4 版。
② 《福州拥护关税自主大会》，《申报》1927 年 9 月 3 日，第 2 张第 7 版。
③ 《芜湖关税自主大会》，《申报》1927 年 8 月 22 日，第 2 张第 5 版。

"该区宣传人员，更进一步继续主张收回领事裁判权、内河航行权、租界等，务必根据废除一切不平等条约的最大革命原则，达到国际地位的平等。"此外，上海特别市商民协会、沪宁与沪杭甬铁路党部筹备委员会等均有关税自主庆祝活动。①

二、 召开撤废领事裁判权运动大会

在与各国进行法权交涉过程中，由于英、法、美等列强态度消极，取消领事裁判权迟迟得不到结果，南京国民政府决定采取单方面撤废办法。1929年12月27日，国民党中央执行委员会决议自1930年元旦开始所有外人受中国法权管辖。28日，南京国民政府发布特令，宣布1930年1月1日起废除领事裁判权。同日，国民党中央执行委员会决定举行撤废领事裁判权运动大会，动员民众拥护这一决定。国民党中央执行委员会要求于1930年元旦由各地高级党部召集当地党政军各机关、各民众团体、各学校举行撤废领事裁判权运动大会，并组织宣传队，分队向民众讲演。② 一场有组织的大规模撤废领事裁判权运动在各地陆续举行。③ 南京、广州、汉口、天津、青岛等特别市及江西、广东、安徽、江苏、湖北、山东、山西、察哈尔、浙江、湖南等省先后举行拥护撤废领事裁判权运动大会。国民党海外各地党部也纷纷举行宣传活动，或发表通电，表示支持。

1929年12月28日，"首都各界撤销领判权运动大会"在南京特别市党部召开，国民政府高级官员胡汉民、王宠惠、王正廷、张西曼等均出席。除政府各机关代表外，各团体、学校亦派代表参加，共五百余人。会议由胡汉民担任主席，王正廷、王宠惠相继演说。④

1930年1月1日，江西省各界举行庆祝元旦大会，同时一并举行撤废领事裁判权运动大会。大会在南昌豫章公园举行，江西省党务指导委员会、省

---

① 《昨日庆祝关税自主，各界在市党部庆祝》，《申报》1929年2月2日，第4张第13版。
② 《元旦举行撤废领判权运动国府通令各机关遵照》，天津《大公报》1929年12月31日，第1张第4版。
③ 《汉口撤废领判权运动，举行全市市民大会，到六万人，当场通过三提案，并游行示威》，《申报》1930年1月17日，第1张第4版。
④ 《首都撤销领判权运动大会》，《法律评论（北京）》第7卷第13期，1930年1月5日，法界法制消息，第16页。

政府各机关、十八师及各团体、各机关、各学校代表千余人参加，由省指委王廷瑞担任主席，省宣传部长俞百庆、省政府主席鲁涤平、高等法院院长梁仁杰、十八师师长张辉瓒、江西总商会会长曾章桂等相继发表演说，表示要"拥护中央撤废领事裁判权"。因当天下雨，大会计划的跳舞、国技、京戏等游艺活动及市政府等机关的提灯游行，均被取消。①

国民党广东省执行委员会通电各县市党部，转发国民党中央执行委员会电令，要求"发起热烈之运动，一致响应中央，促使各国注意"。② 1 月 11 日，广东各界拥护国民政府撤废领事裁判权示威运动大会在广州举行，参加团体三百余个，到会人数超过十五万。大会通过六项决议案：《通电全国一致举行拥护国府撤废领判权示威运动》《电请中央，如遇反对撤废领判权国家，即与绝交，全粤民众誓为后盾》《电请中央，以革命外交精神，于短期内废除一切不平等条约》《电请中央，迅即收回澳门》《速电旅外侨胞，一致拥护中央撤废领判权主张》《全粤举行撤废领判权宣传周，以扩大宣传》。会议散发宣传品达二十万份，会后举行了游行示威，沿途高呼口号，观者动容。③ 除广州外，广东其他地区也举行了规模不等的活动。如 1 月 13 日，汕头市市长许锡清训令下属各机关，要求根据汕头各界拥护国民政府撤废领事裁判权示威运动大会筹备委员会函，迅速组织宣传队，按照表列指定地点前往宣传。④ 1 月 15 日，汕头各界举行撤领权示威运动，全市机关团体休业参加游行，参加人数逾万。⑤ 1 月 19 日，佛山各界拥护国民政府撤销领事裁判权示威运动大会在南海运动场举行。南海县党部、县政府及下属各机关、南海日报、广东总工会佛山支会及所属六十个工会、机工支会、佛山商会、商民协会、教育研究会、南师学校、十三所佛山女校、四十六所男校、公园筹备处、精武体育会、南海青年整委会、中医公会等团体代表参加，共三万余

① 《赣各界庆祝元旦，并开撤废领判权运动会》，《申报》1930 年 1 月 9 日，第 3 张第 10 版。

② 《通电（二）：电各县市党部，为转奉中央电令宣传撤废领事裁判权由》，《广东省党务》第 33 期，1930 年 1 月 6 日，第 2 页。

③ 《热烈之拥护撤废领判权运动》，《中央周报》第 85 期，1930 年 1 月 20 日，一周大事述评：党务报告，第 1 页。

④ 《训令各中校参加撤废领事裁判权示威运动担任宣传工作由》，1930 年 1 月 13 日，《汕头市市政公报》第 53 期，1930 年 2 月 1 日，第 164 页。

⑤ 《汕各界撤废领权运动大会》，《申报》1930 年 1 月 16 日，第 2 张第 7 版。

人。大会决定通电全国，呼吁各地民众一致为政府后盾，以达撤销领事裁判权的目的；发表告民众书，促全国民众奋起；自 20 日起组织宣传周。① 1 月 23 日至 25 日，国民党广州市党部在中山大学举行撤废领判权讲演大会，请戴季陶、罗文庄、高廷梓等演讲。②

1 月 22 日下午，安徽安庆撤废领事裁判权市民大会在黄家操场举行，并游行示威。③ 2 月 12 日，芜湖举行撤废领事裁判权运动大会。④

1 月 12 日上午，江苏省会各团体在镇江公共体育场举行撤废领事裁判权大会，到会数十团体，人数达数万。⑤ 大会由省党部宣传部长张道藩担任会议主席。他在致辞中阐述了领事裁判权的概念、需要废除的原因。随后何玉书、陈斯白、郭坚忍、史良、黄用中等发表演说，均甚激烈。大会决议通电全国。⑥ 集会后举行游行示威，途中高呼打倒帝国主义、撤废领事裁判权等口号，观者人山人海，盛极一时。下午，省会各界撤废领事裁判权演讲大会在镇江中学举行，到场民众及镇江中学学生数千人。镇江中学校长薛德育、省农矿厅厅长何玉书、省党部委员祁锡勇、镇江县党部委员柳建、镇江县党部委员吴炼青、镇江县党部委员戴敬念等均发表演说，激昂慷慨，听众动容。撤废领事裁判权运动大会之后，省宣传部组织省党部、省妇整会、省商整会、省工整会、省青整会、镇江中学、崇实女中、职业女中、民众教育馆、警官学校、县党部、区长训练所等团体派出三十一个演讲队进行演讲。⑦ 除省会举行大规模运动外，江苏各市县也陆续举行类似活动。如镇江县党部专门组织演讲队，至省府路、新西门、南马路、银山门、大江边、小江边等地演讲，各区党部及分部也加紧宣传，同时要求本城各报刊登宣传要点、标语、口号，并编印《撤废领事裁判权告民众书》和《领事裁判权的弊端》

---

① 《佛山各界举行撤销领判权运动大会：寒风砭骨，不忘国艰》，1930 年 1 月 19 日，《南海县政季报》第 3 期，1930 年 6 月，第 365 页。

② 《风起云涌之撤废领判权运动》，《中央周报》第 86 期，1930 年 1 月 27 日，一周大事述评：党务报告，第 1 页。

③ 《各地拥护法权运动》，《申报》1930 年 1 月 23 日，第 2 张第 7 版。

④ 《芜湖撤废领判权运动》，《申报》1930 年 2 月 11 日，第 3 张第 10 版。

⑤ 《江苏省会各界撤废领事裁判权运动盛况》，《江苏党务周刊》第 2 期，1930 年 1 月 19 日，附录，第 4 页。

⑥ 《苏省会撤废领判权大会》，《申报》1930 年 1 月 13 日，第 3 张第 9 版。

⑦ 《江苏省会各界撤废领事裁判权运动盛况》，《江苏党务周刊》第 2 期，1930 年 1 月 19 日，附录，第 5—6 页。

等。高邮县于 1 月 6 日举行撤废领事裁判权大会，聘请专员演讲。句容县于 1 月 8 日举行大会，参加代表千余人，并组织游行。17 日昆山县举行大会，到场二十余团体，一致决议通电拥护中央撤废领事裁判权。19 日，嘉定县各界民众撤废领事裁判权运动大会举行，十多个团体共千余人到场，除通电全国外，举行了游行示威和化装演讲，"一般民众，莫不动容。"同日，丹阳县也举行大会，民众达数千人，会后游行示威，"革命空气，弥布全城。"20 日，扬中县、南通、铜山均举行此种群众大会。此外，太仓、青浦、六合、昆山、丹阳等县均发表全国通电，表示拥护政府，彻底废除领事裁判权。① 2 月 2 日下午，无锡县党部执委会召集各界举行撤废领事裁判权运动大会，三千余人参加。会议邀请各机关团体领袖发表演讲，并举行游行，沿途散发宣传品。②

1 月 13 日，湖北举行党政联合扩大纪念周，决议筹组鄂省各界废除不平等条约运动大会，决定由省党部、省政府、省公安局、武汉军校、中山日报等团体负责筹备。③ 同日，汉口特别市党务整理委员会发起撤废领事裁判权运动市民大会，六万余人参加。市整委会宣传部长曾集熙担任主席，报告中国受领事裁判权的影响及应废除的理由。随后，市整委会委员王芸圃、总商会主席黄文植、律师公会代表罗之霭等相继演讲。大会通过三项决议：通电全国，一致拥护撤废领事裁判权主张；呈请中央，从速收回租界；呈请中央，于最短期间，彻底废除不平等条约。会后举行游行示威，队伍由民众俱乐部出发，至中山路，经歆生路，转华商街，至市党部散会。④ 是日，汉口市"革命空气极紧张"。⑤ 15 日，湖北省党部宣传部举行记者会，就撤废领事裁判权、关税自主和收回租界等运动进行宣传。⑥ 23 日，汉口民众后援会举行撤废领判权运动大会，到会十余万人。会议通过十大提案：《请求国民政府，自 1930 年 1 月起，废除一切不平等条约》《拥护中央实行撤废领事裁

---

① 《轰轰烈烈之江苏各县撤废领事裁判权运动》，《江苏党务周刊》第 4 期，1930 年 1 月 19 日，第 63—64 页。
② 《撤销领判权宣传运动》，《时报》1930 年 2 月 3 日，第 4 版。
③ 《撤废领判权运动，武汉民气甚激昂》，天津《益世报》1930 年 1 月 15 日，第 1 张第 2 版。
④ 《汉口撤废领判权运动，举行全市市民大会，到六万人，当场通过三提案，并游行示威》，《申报》1930 年 1 月 17 日，第 3 张第 11 版。
⑤ 《撤废领判权运动，武汉民气激昂》，天津《益世报》1930 年 1 月 15 日，第 1 张第 2 版。
⑥ 《废领判权运动，济南昨开宣传大会，鄂宣传部招待记者》，天津《大公报》1930 年 1 月 15 日，第 1 张第 3 版。

判权》《请国民政府无条件收回一切租界》《民众自动立即收回汉口法日等租界，驱逐法日领事》《请中央实行关税保护政策》《请国民政府立即驱逐各帝国主义者在华军队》《请国民政府收回关税管理权》《请国民政府立即制止外轮在内地航行》《通电全国自本日起对日经济绝交，并组织检查仇货委员会》《通电全国，一致武装，誓为国民政府革命外交后盾》。① 这十大提案就废约提出了具体的要求。

1930 年 1 月 14 日，山东省党务整理委员会召集各界代表开扩大取消领事裁判权运动大会，六百多人参加。大会通过决议，决定呈请中央党部，要求彻底取消领事裁判权。② 1 月 21 日，济南市民撤废领事裁判权运动大会举行，百余团体共五千余人参加。大会决定通电全国，要求彻底废除领事裁判权。③ 1 月 1 日，青岛各界在齐燕会馆举行元旦庆祝大会，通过两电，一为致电国民政府，拥护自动宣布撤废领事裁判权；二为通电全国，请一致拥护政府撤废领事裁判权后更谋取消不平等条约。④ 1 月 22 日，青岛全市举行拥护中央撤废领事裁判权游行大会，各机关团体参加者十余万人。游行过程中，沿途高呼口号，民气激昂。⑤

1 月 15 日，山西太原各界举行撤废领事裁判权运动，宣传四日。⑥

1 月 16 日，察哈尔撤废领事裁判权讲演大会举行，到会千余人。19 日，张家口举行各界撤废领事裁判权运动大会。为了配合宣传，自元旦开始，察哈尔省党务特派员办事处专门派员四处讲演，散发传单，"以冀唤起民众，增加政府革命外交之力量。"⑦

1 月 18 日，天津特别市党部召集各民众团体在蔡家花园举行撤废领事裁判权市民示威大会，到会五万余人。大会通过提案三项，其中包括《电请中

---

① 《风起云涌之撤废领判权运动》，《中央周报》第 86 期，1930 年 1 月 27 日，一周大事述评：党务报告，第 1 页。

② 《鲁人拥护废除领判权》，《申报》1930 年 1 月 15 日，第 3 张第 9 版。

③ 《济人拥护法权运动》，《申报》1930 年 1 月 22 日，第 2 张第 6 版。

④ 《各地人士庆祝元旦》，《申报》1930 年 1 月 4 日，第 3 张第 10 版。

⑤ 《各地拥护法权运动》，《申报》1930 年 1 月 23 日，第 2 张第 7 版。

⑥ 《并市撤废领权运动》，《申报》1930 年 1 月 16 日，第 2 张第 7 版。

⑦ 《风起云涌之撤废领判权运动》，《中央周报》第 86 期，1930 年 1 月 27 日，一周大事述评：党务报告，第 2 页。

央坚持撤销领事裁判权主张》。^① 在大会举行前，天津特别市党部召开废除领事裁判权扩大运动大会筹备会，计划招待记者、举行市民大会、进行汽车游行、分队演讲、化装演说、放映革命电影，及印发大会宣言，并译成外文分送驻津各国领事及其政府。^②

1 月 20 日下午，上海特别市党部宣传部在河南路商整会（总商会旧址）举行"上海全市民众拥护中央撤废领判权宣传大会"。此前，上海特别市党部要求本市各机关、团体、学校、商厂、各级党部等各派代表四人参加，全市党员和民众等一律参加。^③ 上海各级党政军警机关代表，及市学联会、市总工会、市妇女协会、轮船木业工会等民众团体代表三千余人参加大会。市宣传部原拟邀请司法院院长王宠惠演讲，但王参加改组上海临时法院会议而未能出席，改由司法行政部次长谢瀛洲代替。上海市市长张群也发表演说，阐明"领事裁判权之由来及其撤销之重要"。大会通过七项提案：《呈请中央，饬国府令行政、司法各主管机关，限期拟具实施撤销领事裁判权办法，即日公布施行案》《通电全国，一致拥护中央，实行革命外交，自动撤销领事裁判权，并扩大运动相机示威案》《呈请中央，立即自动取消上海临时法院案》《分电在华享有领判权各国抗议，延阻我国撤销领判权政策，倘因此而引起任何此项纠纷或误会，应由各该国负责案》《通电全国，请一致主张公道案》《警告在沪享有领判权之外侨，从速主持正义，督促本国政府，即日自动声明，废用领事裁判权，否则全沪市民，将予严厉对付案》《呈请中央，从速收回全国租界案》。^④

1 月 25 日上午，北平市民撤废领事裁判权示威大会在天安门举行。会前，大会筹备组在各电车上张贴紧急通告，以唤起市民注意。各种大字布标语遍悬街市。大会当天，市宣传部用汽车散发关于撤废领事裁判权的各种宣

① 《天津市民大会》，《申报》1930 年 1 月 19 日，第 3 张第 9 版。
② 《撤废领判权运动大会，拟下星期六举行》，天津《益世报》1930 年 1 月 10 日，第 3 张第 11 版。
③ 《沪市民众今日举行拥护法权大会》，《申报》1930 年 1 月 20 日，第 3 张第 9 版。
④ 《全市民众昨开拥护法权大会》，《申报》1930 年 1 月 21 日，第 4 张第 13 版。

传品。① 大会通过三项提案：《通电全世界，主张撤废领判权，平市百万民众，誓为革命外交后盾》《通电全国，扩大撤废领判权示威运动》《电呈中央、国府，积极撤废领判权》。②

浙江各县亦在 1930 年 1 月纷纷举行撤废领事裁判权运动大会，包括鄞县、金华、松阳、平湖、东阳、吴兴、余杭、兰溪、余姚、永嘉等县。③ 如鄞县党部及县政府召集各界在小校场举行元旦庆祝大会，同时举行撤废领事裁判权运动大会。④

2 月 10 日，湖南民众拥护撤销领事裁判权运动大会在长沙举行，各界民众到逾十万人。⑤ 湖南党政要员何键、谭常恺、王祺、鄷悌等相继演说，希望民众一致拥护中央撤销领事裁判权。同时，还举行化装演讲，组织宣传队二百队，满城宣传。⑥

除上述各地撤废领事裁判权运动大会外，朝鲜、暹罗、南洋各地党部也纷纷组织宣传活动，或发表通电。如中国驻朝鲜总领事张维城就发起庆祝撤废领事裁判权大会，邀请各团体代表五百余人参加，且"自总领馆提倡后，各团体次第举行，颇为热烈"。⑦

总的来说，这场由国民党中央发起的全国性宣传运动，得到了全国各地党部及民众团体的积极支持。在各级党部的领导下，撤销领事裁判权运动大会纷纷举行。参加这种大会的民众动辄几千人，数万人，乃至十余万人，规模颇大，气氛热烈，影响较大。不仅省会城市举行这种大会，有的县城乡村也召集了规模不等的集会，起到了唤醒城乡民众的作用。通过大规模集会游

---

① 《北平撤销领判权运动，今晨在天安门举行示威大会》，天津《大公报》1930 年 1 月 25 日，第 1 张第 3 版。文中提及"定今日（二十四日）午前十时在天安门举行"，而在后文中又提及"昨已发出通电"，通电的时间标注为"二十四日"，且"通告"中又提及"于一月二十五日（星期六）上午十时在天安门举行北平市民撤废领事裁判权示威运动大会"，综合判断，"今日（二十四日）"应误，应是"今日（二十五日）"。

② 《海内外拥护撤废领判权运动再接再厉》，《中央周报》第 87 期，1930 年 2 月 3 日，一周大事述评：党务报告，第 3 页。

③ 《各县宣传撤废领事裁判权工作统计表》，《浙江党务》第 84 期，1930 年 4 月 5 日，第 48—54 页。

④ 《宁波：元旦举行撤废领权运动》，《申报》1930 年 1 月 1 日，第 5 张第 17 版。

⑤ 《长沙民众大会，拥护撤废领判权》，天津《益世报》1930 年 2 月 12 日，第 1 张第 3 版。

⑥ 《湘民拥护撤销领事裁判权》，《申报》1930 年 2 月 11 日，第 3 张第 10 版。

⑦ 《风起云涌之撤废领判权运动》，《中央周报》第 86 期，1930 年 1 月 27 日，一周大事述评：党务报告，第 2 页。

行示威，使民众了解了领事裁判权的含义、危害及撤废的必要性等问题，统一了民众思想，对动员民众支持政府取消领事裁判权具有积极意义。这种大规模集会游行示威，在一定程度上向列强表明了中国民众的意志，对列强形成一定压力，有助于取消领事裁判权。

三、 举行其他各种大规模集会活动宣传废约

除了专题的废约大会之外，国民党还利用各种纪念活动、欢迎活动、庆祝活动乃至运动会来进行废约宣传，形成了多种集会活动配合废约宣传的局面。

首先，国民党充分利用各种纪念节点来进行废约宣传。

利用革命纪念日是国民党宣传废约的重要途径。1929年以前，国民党在重要革命人物活动或事件发生相关节点都会举行纪念活动。在1929年7月1日国民党中央执行委员会第二十次常务会议上通过的《革命纪念日纪念式》议案中，明确列出了二十八种革命纪念节日，并对有关纪念仪式和宣传要点作了统一规定。这些纪念节日大多会与废约宣传联系起来。这些纪念日可分为四类：一是国耻纪念日；二是与革命人物有关的纪念日；三是与国民政府成立、国民革命有关的纪念日；四是妇女节、劳动节、学生节等其他纪念日。虽然这些节日纪念只有国耻纪念日与不平等条约有直接关系，但多数会成为废约宣传的节点。

近代中国国耻形成与不平等条约有密切关系。因此，在进行国耻纪念时，必然要宣传毋忘国耻、废除不平等条约。在南京国民政府统治前十年，国耻纪念日一直成为废约宣传的重要节点，如"三一八""五三""五九""五卅""六二三""八二九""九七"等国耻日。这些国耻纪念日具体来说又可分为两种，一是不平等条约国耻纪念日，二是与不平等条约有关的惨案纪念日。

不平等条约国耻纪念日，是主要不平等条约的签订或接受日期，成为国耻纪念的重要节点。这些条约主要是《南京条约》《辛丑条约》"二十一条"。

《南京条约》是近代中国第一个不平等条约。南京国民政府统治前期对《南京条约》的纪念颇为重视。1929年8月29日，各地按照国民党中央党部

要求纷纷举行纪念活动，同时按照国民党中央党部制定的宣传要点进行宣传，包括阐述"英帝国主义侵略压迫中国的事略""鸦片战后的经过情形""南京和约对中国的影响""废除不平等条约"四个方面。① 按照这个规定，上海、南京、北平、天津、青岛、徐州、杭州、济南等地举行纪念大会。② 如当年上海举行《南京条约》国耻纪念大会，同时举行拒毒运动宣传大会，发表告民众书，呼吁废除不平等条约，严禁鸦片。③ 与《南京条约》有关的另一个节日是"六三"禁烟纪念。国民党中央没有将此节日定为国家纪念日，但国民党仍会举行纪念大会，并与取消不平等条约宣传联系起来。如 1930 年 6 月 3 日，中央禁烟委员会举行"六三"禁烟纪念大会，国民政府及各部院、各民众团体代表数百人参加。会议呼吁努力实现总理遗嘱，"于最短期内废除不平等条约"，以禁烟为"废约之初步"。④ 又如，1935 年广州举行禁烟纪念大会，各界代表两千余人参加，会议提出要开展废除不平等条约运动。⑤

1901 年 9 月 7 日，列强通过八国联军侵华战争逼迫清政府签订了不平等条约《辛丑条约》，使中国彻底沦入半殖民地半封建社会。这是近代中国最重大的国耻之一。在正式定为国家纪念日之前，每逢"九七"，中国社会都会举行纪念活动，提醒毋忘国耻，废除不平等条约。如 1927 年上海县党部举行"九七"纪念，主席俞鹏飞阐述纪念"九七"的意义："九七纪念，是纪念辛丑条约。该约是一切不平等条约中之最重要者。本党对外政纲，首在废除不平等条约。所以值此订约纪念日，当领导民众，作深切之纪念，永纪勿忘，务求达到废除之目的而后止，责任全在我们同志努力。"⑥ 是年 9 月 7 日，上海特别市党务指导委员会召集上海民众及各级党部、各团体代表五千余人举行"九五""九七"国耻纪念，大会口号之一就是"废除一切不平等

① 《革命纪念日纪念式（续）》，《中央周报》第 58 期，1929 年 7 月 15 日，专载，第 22 页。
② 《南京和约国耻纪念》，《申报》1929 年 8 月 30 日，第 3 张第 9 版。
③ 上海特别市党部民众训练委员会：《为南京条约八十七周年纪念日告民众书》，《拒毒月刊》第 32 期，1929 年 8 月 30 日，第 32—33 页。
④ 《首都举行禁烟纪念》，《申报》1930 年 6 月 4 日，第 3 张第 10 版。
⑤ 《粤省举行禁烟纪念大会，民教馆并派宣传队演讲》，《申报》1935 年 6 月 8 日，第 2 张第 8 版。
⑥ 《县宣传部昨开各区宣联会》，《申报》1927 年 9 月 6 日，第 3 张第 10 版。

条约"。① 又如 1928 年 9 月 7 日，北平市党务部召集各界举行"九七"国耻纪念大会，到会五百余人，通过决议，决定通电全国，一致拥护国民政府废除不平等条约。同一天，太原、徐州、南京、开封等地纷纷举行类似纪念活动，并与废除不平等条约结合。如太原在此国耻纪念日举行废除不平等条约大会，到会团体四十余个。② 1929 年，国民党中央委员会将"九七"定为国家纪念日，并特别制定《辛丑条约》国耻纪念宣传大纲，指出纪念《辛丑条约》国民应努力"完成国民革命""努力训政""废除不平等条约"等。③ 该国耻纪念日的宣传要点包括讲解"帝国主义协调侵略压迫中国的事略""辛丑条约的经过及内容""辛丑条约的贻害""废除一切不平等的条约"。④ 按照此要求，各地纷纷举行九七国耻纪念活动，宣传毋忘国耻，呼吁废除不平等条约。⑤

"二十一条"是日本帝国主义者在 1915 年 5 月 7 日向袁世凯政府提出的旨在灭亡中国的计划。在日本的最后通牒威胁下，袁世凯政府于 5 月 9 日正式大部分接受这一要求（25 日中日正式签订《关于南满洲及东部内蒙古之条约》及附件、《关于山东省之条约》及附件，又总称为中日"民四条约"。这被中国人民视为奇耻大辱，每年"五七"或"五九"就会举行国耻纪念。在纪念这一国耻时，废除不平等条约，反对日本帝国主义，必然成为宣传的重要内容。在国民党正式将 5 月 9 日定为"廿一条国耻纪念日"之前，民间有"五七"国耻、"五九"国耻两个节点。如 1928 年 5 月 7 日，广州各界在"五七"国耻纪念日举行反对日本出兵山东大会，省市党部、总工会、总商会等十余万人参加，通过多项决议，其中包括"电请政府宣布取消日帝国主义一切不平等条约"以及组织反日大同盟和抵制日货委员会等。⑥ 1927 年 5 月 9 日，上海市各界市民分别在南市公共体育场、闸北青云路举行国耻纪念大会。上海医业职工会等两百余团体参加南市纪念大会，发表大会宣言，高

① 《昨日国耻纪念大会，"九五""九七"合并举行，参加代表五千余人》，《申报》1927 年 9 月 8 日，第 3 张第 9 版。

② 《举国纪念辛丑国耻》，《申报》1928 年 9 月 8 日，第 2 张第 8 版。

③ 《明日九七纪念》，《申报》1929 年 9 月 6 日，第 4 张第 13 版。

④ 《革命纪念日纪念式（续）》，《中央周报》第 58 期，1929 年 7 月 15 日，专载，第 22 页。

⑤ 《辛丑条约》，《兴华》第 25 卷第 35 期，1928 年 9 月 12 日，第 48 页。

⑥ 《广州五七反日大会之激昂，议决反对日兵暴行八案，广州行商准备抵制日货》，《申报》1928 年 5 月 14 日，第 3 张第 10 版。

喊"打倒一切帝国主义,取消一切不平等条约"等口号。当时,国民革命军总司令部航空处特派飞机飞行租界各区,第一次向租界散发大量传单。海军政治部组织宣传队,携带四种传单两万份、标语五百份,分别贴发市面。闸北方面,沪宁铁路政治部等八十六个团体参加大会。① 1929 年以后,"五九"国耻成为国家纪念。当时,国民党中央执行委员会要求各地高级党部召集各机关、学校、团体举行纪念会,同时规定宣传要点四点,即"讲解废除不平等条约的意义""二十一条全文之讲述""袁世凯卖国真相""讲解本党对外政纲,并阐明其真义"。② 按照国民党中央的规定,各地举行各种纪念。1929年 5 月 9 日,上海特别市党务执行委员会召集"五九"国耻十四周年纪念大会,到会三百余人。大会通过《请求中央历行革命的外交,废除一切不平等条约案》,高呼"纪念国耻,要废除不平等条约"等口号。③ 1930 年 5 月 9日,上海市党部就纪念"五九"国耻提出要切实废除不平等条约,并在标语中指出只有厉行革命建设,才能废除不平等条约。④ 1931 年天津举行"五九"国耻纪念市民大会,到会五万余人。市长张学铭担任大会主席。会议一致通过张学铭提案《电请国民政府及国民会议,积极撤销领事裁判权,及自动废除不平等条约》。⑤ 此外,南京、北平、徐州、杭州、安庆、青岛、汉口、济南等地也纷纷举行"五九"国耻纪念活动,大多提及废除不平等条约、撤废领事裁判权等主张。如北平纪念大会提出,"今纪念五九,望努力废除领判权,取消不平等条约,收回租界,驱逐外兵。"⑥ 此后,仍不时举行"五九"国耻纪念,进行废约宣传。如 1935 年"五九"国耻纪念时,上海市党部召集各界举行纪念大会,大会口号之一就是"废除不平等条约"。⑦ 江苏淮阴各机关、团体、学校在县党部举行国耻纪念时,"兼作废除不平等条约运

---

① 《昨日五九国耻纪念大会纪》,《申报》1927 年 5 月 10 日,第 4 张第 13 版。
② 《革命纪念日纪念式》,《中央周报》第 57 期,1929 年 7 月 8 日,专载,第 21—22 页。
③ 《昨日之五九国耻纪念,市党部中之大会》,《新闻报》1929 年 5 月 10 日,第 4 张第 13 版。
④ 《纪念五九国耻应有的认识和努力》,《民国日报》1930 年 5 月 8 日,第 3 张第 1 版。
⑤ 《五九纪念市民大会激昂慷慨,十六年来国耻未雪,隐痛犹深,张学铭、刘宸章等演词之悲壮,决请撤销领判权,并废除不平等条约》,天津《益世报》1931 年 5 月 10 日,第 2 张第 6 版。
⑥ 《各地民众举行国耻纪念》,《申报》1931 年 5 月 10 日,第 3 张第 9 版。
⑦ 《昨日五九国耻纪念,各界代表举行纪念大会》,《申报》1935 年 5 月 10 日,第 3 张第 11 版。

动。"① 类似的活动常见于报端。

除上述几个主要不平等条约外，其他不平等条约也会被纪念，不过没有上升为国家纪念，也没有大规模的纪念活动。如中英《烟台条约》（1876 年 9 月 13 日）、中俄《伊犁条约》（1879 年 10 月 2 日）等。这些条约签署日同样会被当作废约宣传的节点。如 1928 年《河北省政府公报》就以 9 月 13 日为中英《烟台条约》纪念日，希望全国民众"一致努力，遵照三民主义，向前奋斗，共救国族危亡，一雪历来不平等条约之耻辱"。②

由于不平等条约特权的存在，近代列强在中国派遣军舰，驻扎军队或招募警察，常常对中国人民施加暴行，造成屠杀中国人民的重大惨案。这些惨案有"三一八"惨案、"五三"济南惨案、"五卅"惨案、"六一"长沙惨案、"六二三"沙基惨案、"九五"万县惨案等。这些惨案的发生与不平等条约均有密切关系，因此，纪念这些重大惨案势必要宣传废除不平等条约。

"三一八"惨案与《辛丑条约》有关。1926 年，冯玉祥的国民军与张作霖的奉军作战，日本军舰护卫奉系军舰进入大沽口，并炮击国民军，遭到反击。3 月 16 日，与《辛丑条约》有关八国公使立即以条约规定海口不得设防为由，联合向民国北京政府提出最后通牒，要求拆除大沽口防卫设施。3 月 18 日，北京学生联合会等举行反对八国最后通牒的国民大会，在段祺瑞执政府门前广场请愿时遭到镇压，形成惨案。关于"三一八"纪念与废除不平等条约之间的关系，时人指出，"三一八运动，由于帝国主义者凭借亡清城下之盟的《辛丑条约》，炮轰大沽，并提出无理的最后通牒，激起北平民众的反感而起"，而不平等条约尚在之时，中国没有摆脱半殖民地之地位，因此，"要知不平等条约一日不废除，国民革命即一日不成功"，"我们纪念三一八便要努力废除不平等条约的工作。"③ 为了纪念这个惨案，1929 年国民党将"三一八"定为"北平民众革命纪念日"，要求纪念时讲清《辛丑条约》带来的国耻。在废约运动高涨时期，"三一八"也就成为废约的节点。如 1931 年

---

① 《各地举行五九国耻纪念，居正在中央纪念会报告》，《申报》1935 年 5 月 10 日，第 1 张第 3 版。
② 《今日是芝罘条约纪念日》，《河北省政府公报》第 44 期，1928 年 9 月 13 日，第 2 页。
③ 蹋蹐：《纪念三一八要努力废除不平等条约的工作》，《闽锋周刊》第 4 期，1931 年 3 月 16 日，第 16 页。

3 月 18 日，天津市党部召集各团体、机关代表五百余人举行"三一八"纪念会，提出要"废除不平等条约"。①

"五三"济南惨案是日本为维护在华北和满蒙的特殊利益，于 1928 年 5 月 3 日试图阻止国民政府北伐时制造的惨案。国民党中央执行委员会于 1929 年将该日定为济南惨案国耻纪念日，要求各级党部举行纪念，并与废约联系起来。1930 年 5 月 3 日，上海市各界五月革命纪念节筹委会召集各界举行纪念大会。② 上海特别市党部宣传部指出，纪念"五三"济南惨案，"应把日本帝国主义迭次加于我们的旧仇新耻，忍辱负重，加紧提倡国货运动，制裁他的经济侵略，继续反日运动，震慑他野心暴发，并协力铲除他所明帮暗助的祸国殃民的阎冯等军阀余孽，赞助政府厉行废约。"③

"五卅"惨案发生于 1925 年 5 月 30 日。当时，上海学生在公共租界散发传单，发表演说，抗议日本纱厂资本家枪杀工人顾正红，打伤罢工工人。英国巡捕逮捕了部分学生。上海群众聚集在巡捕房前，要求释放学生，遭到巡捕开枪射击，造成惨案。国民党对"五卅"惨案的纪念活动颇多，以此激发民众的反帝情绪，尤其是废除不平等条约。例如，1927 年的"五卅"纪念活动，在全国各地均举行纪念大会，高呼口号，要求废除不平等条约。上海松江县党部改组委员会"特广印各种标语，沿途粘贴，届纪念大会时，再印特刊二千份，以期唤醒民众，为废除不平等条约之实施"。东吴五中等学校团体也积极宣传，"除发布各种标语外，尤绘关于国耻之讽刺画甚多，使见者触目惊心，群起而为雪耻之运动。"④ 上海学生联合会发起"五卅"烈士追悼大会，八十余个团体的代表共四百多人参加。追悼大会发表演说，呼喊口号，其中不少与条约有关，如"废除不平等条约""收回租界""打倒帝国主义""对英绝交""反对英兵来华""收回教育权"等。⑤ 南京国民政府在南京公共体育场举行"五卅"纪念大会，除了国民党中央党部、国民政府、总司

① 《各地举行三一八纪念会》，《申报》1931 年 3 月 19 日，第 1 张第 4 版。
② 《今日五三惨案纪念，今晨九时在蓬莱大戏院举行》，《申报》1930 年 5 月 3 日，第 5 张第 17 版。
③ 《纪念五三济南惨案应有的认识与努力》，《申报》1930 年 5 月 3 日，第 5 张第 17 版。
④ 《松江：县党部之宣传运动》，《申报》1927 年 5 月 30 日，第 2 张第 8 版。
⑤ 《昨日之追悼五卅烈士大会》，《申报》1927 年 5 月 30 日，第 3 张第 10 版。

令部军政各机关要人胡汉民、吴稚晖、陈铭枢等人外，农工商学各团体民众十余万人参加。大会通过收回租界、废除不平等条约等提案，并发表通电、宣言。① 湖北也举行规模盛大的纪念大会，如武昌约十万人参加，汉口约二十万人参加，汉阳约八万人参加，桥口约十万人参加。② 宁波、厦门、广州、杭州、安庆等地也均有类似大型活动，人数少则两三万，多则十余万。这些大会或者通电全国，或者发表宣言，或者演说，或者高呼口号，要求废除不平等条约。1929 年，国民党中央党部将"五卅"定为"上海惨案国耻纪念日"，专门规定了纪念仪式和宣传要点，要求各地高级党部召集各机关、学校、团体等开纪念大会，宣传要点包括"关于'五卅'惨案纪闻的始末""不平等条约""收回上海租界与中国独立自主之关系"。③

"六一"惨案是 1923 年 6 月 1 日日本军舰惨杀长沙市民的事件。国民党没有将该惨案发生日定为国耻纪念日。但是，这仍是一个国耻事件。湖南对此颇有纪念。1930 年 6 月 1 日，湖南省教育会、废约会等联合发起"六一"惨案七周年纪念大会，各团体、学校代表千余人参加。大会通电，呼吁努力废除不平等条约。④

沙基惨案发生于 1925 年 6 月 23 日。"五卅"惨案发生后，粤港工人为声援上海工人发动省港大罢工。6 月 23 日，广东各界举行声讨帝国主义制造"五卅"惨案大会，会后游行至沙基时，遭到沙面租界的英法军队扫射，造成重大死伤惨案。这也是一个重大国耻日，国民党每逢周年会举行纪念活动。如 1928 年 6 月 23 日，上海特别市党务指导委员会召集沙基惨案三周年纪念大会，除市党部及各级党部、淞沪警备司令部外，市农民协会、市妇女协会、工会整理委员会暨其他民众团体均派代表参加，共有四百余人。大会希望各民众团体要集中力量，作国民政府后盾，《努力于取消不平等条约及收回租界运动》。⑤ 1929 年，国民党中央党部将"六二三"定为"沙基惨案

---

① 《南京五卅纪念大会，共到十余万人，反对日本出兵》，《申报》1927 年 6 月 1 日，第 2 张第 6 版。
② 《武阳夏之五卅纪念》，《申报》1927 年 6 月 1 日，第 2 张第 6 版。
③ 《革命纪念日纪念式》，《中央周报》第 57 期，1929 年 7 月 8 日，专载，第 22 页。
④ 《湘各界纪念六一惨案》，《申报》1930 年 6 月 6 日，第 3 张第 9 版。
⑤ 《沙基惨案三周年纪念大会，市党部工整会均有热烈纪念会》，《申报》1928 年 6 月 24 日，第 4 张第 13 版。

国耻纪念日"。

万县惨案是 1926 年 9 月 5 日英国军舰炮击万县，造成中国军民重大死伤的惨案。这是一起英帝国主义凭借不平等条约对华实施炮舰外交的国耻事件。国民党虽未将此定为国耻纪念日，但因"九五"与"九七"国耻纪念日邻近，一般会合并举行纪念，激发反帝废约热情。如 1927 年 9 月 7 日，上海特别市党部民众训练委员会在上海总商会举行"九五""九七"国耻纪念大会，有五六千人参加。大会主席陈德徵报告会议宗旨，指出要毋忘国耻，"打倒帝国主义，废除不平等条约"。上海特别市第二区党部还发表告民众书，并印发标语传单多种，要求各学校举行纪念活动，同时在学校、影戏院等各处设置宣传点，召集民众听讲。①

除国耻纪念外，国民党还利用其他节点进行废约宣传。在举行革命人物纪念、北伐和国民革命纪念及其他节日或活动时，废约也是宣传的内容之一。

孙中山是国民党和中华民国的创立者。纪念孙中山是国民党构建"革命正统"地位的重要方式。因此，国民党决定将与孙中山有关的节点均上升为国家纪念，包括孙中山诞辰、逝世及领导的重要起义日期。在这些纪念日中，往往会提及孙中山的遗志"废除不平等条约"。

11 月 12 日是孙中山诞辰日，国民党会举行总理诞辰纪念。在该纪念活动中，废除不平等条约宣传是重要内容之一。如 1928 年 11 月，广州、南京、天津、清江浦、芜湖、阜宁、徐州、南昌、杭州、太原、长沙等地纷纷举行总理诞辰纪念，有的就在纪念大会中宣传废约。例如，长沙各界举行庆祝总理诞辰大会，到会万余人，就有专门演讲，要求发扬总理精神，废除不平等条约。② 在 1930 年孙中山诞辰六十五周年纪念时，上海市举行各界庆祝总理诞辰大会，通过五项提案，其中包括请修订中荷条约。③ 南京各界也举行纪念总理诞辰大会，通过提案，要求电请外交部抗议荷兰压迫南洋华侨，

① 《昨日国耻纪念大会，"九五""九七"合并举行，参加代表五千余人》，《申报》1927 年 9 月 8 日，第 3 张第 9 版。

② 《举国庆祝总理诞节，各地均有盛大庆祝会，广州市区分发寿幛》，《申报》1928 年 11 月 13 日，第 1 张第 4 版。

③ 《四中全会开幕声中本市各界要求，庆祝总理诞辰会，昨日发出五要点》，《申报》1930 年 11 月 14 日，第 3 张第 9 版。

并请外交部迅即宣布废除中荷条约。①

3 月 12 日是孙中山逝世纪念日。弥留之际，孙中山留下遗言，要求同志继承遗志，召开国民会议和废除不平等条约，完成未竟的革命事业。因此，在纪念总理逝世活动中，继承总理遗志，"速开国民大会"与"废除不平等条约"是必提的两个口号。如 1928 年 3 月，南京各界举行总理逝世三周年纪念大会，筹备处宣传部特意在《申报》上打广告，贴出巨幅标语："实现总理遗嘱——速开国民会议！实现总理遗嘱——废除不平等条约！"② 12 日，大会在南京公共体育场举行，发表告民众书，其中提及要"废除不平等条约"。③ 同日，上海也举行盛大的纪念会，呼喊多种口号，包括"废除不平等条约"。④ 1931 年 3 月 12 日，南京举行总理逝世六周年纪念，其中就提到取消不平等条约中关税自主问题已经完成，自 1930 年起积极交涉收回领事裁判权，希望民众拥护。⑤ 纪念孙中山逝世与废约之间的联系紧密，当时有人专门撰写《纪念总理与废除不平等条约》一文分析。⑥ 当时有人明确指出，纪念孙中山，不在于形式，而在于实际。"我们纪念总理就是要努力取消不平等条约，使革命早日成功，三民主义早日实现，才有意义，才有价值。如果是每年三月的这一天，就到会场里，发数张传单，呼两句口号，是无意义的，这是对不起我们的总理的，是不革命的。所以我们今天纪念总理逝世，就要努力以谋实现废除不平等条约，才有意义。"⑦

1921 年 5 月 5 日，是孙中山就任非常大总统的日子。国民党将此视为革命政府建立的纪念日，举行纪念活动。如 1927 年 5 月 5 日，上海特别市党部召集全市党员举行"五五"纪念大会，发表宣言，呼喊口号，其中包括"打倒帝国主义""取消不平等条约"等。⑧ 1929 年，国民党中央将"五五"定为"总理就任非常总统纪念日"，要求举行纪念活动。在纪念时，也会与

---

① 孙筹成：《总理诞辰纪念琐纪》，《申报》1930 年 11 月 16 日，第 5 张第 19 版。
② 《广告》，《申报》1928 年 3 月 9 日、10 日、12 日。
③ 《首都纪念会中之文字宣传》，《申报》1928 年 3 月 15 日，第 2 张第 7 版。
④ 《总理三周纪念大会》，《申报》1928 年 3 月 13 日，第 4 张第 13 版。
⑤ 《首都举行总理逝世六周纪念》，《申报》1931 年 3 月 13 日，第 2 张第 7 版。
⑥ 蓝尊洲：《纪念总理与废除不平等条约》，《江苏》第 18 期，1929 年 3 月 11 日，第 81、83 页。
⑦ 古妙：《总理逝世与实现废除不平等条约》，《四中周刊》第 44 期，1929 年 3 月 12 日，第 34 页。
⑧ 《昨日五五纪念详记》，《申报》1927 年 5 月 6 日，第 4 张第 13 版。

废约联系。如 1930 年 5 月 5 日，南京各界举行纪念大会，提出"纪念五五，要努力赞助政府，厉行革命外交，废除不平等条约"。① 1933 年的"五五"纪念中，宣传标语口号明确指出，要努力废除不平等条约，完成国家独立自由。②

9 月 9 日为孙中山首次起义纪念日。国民党中央将此定为国家纪念日。在南京国民政府统治前期，这个节日也与废约宣传联系起来。如 1930 年 9 月 9 日，上海特别市党部宣传部举行纪念大会，到会九百余人，大会口号包括"废除不平等条约"等。③ 又比如 1936 年 9 月 9 日，上海举行总理第一次起义四十二周年纪念大会，大会主席黄造雄提出，纪念的目的之一是为了实现总理遗志，其中包括"对外废除不平等条约"。④

孙中山先生纪念除了特定的节日纪念外，国民党中央、国民政府及各级党部、各级政府都会举行"总理纪念周"活动，作为常规化的纪念活动。在"总理纪念周"，都会恭读总理遗嘱，由主要长官发表演说。⑤ 在南京国民政府前期，"总理纪念周"活动往往会演讲废约问题。比如，1929 年 1 月 14 日上午，国民党中央党部举行第四十九次总理纪念周，五百余人参加，由胡汉民担任主席，其演说就提及"我全民族从根本上努力，并由政府、党部领导国民，一致从正当途径上协助外交，方能达到取消不平等条约目的"。同时，南京国民政府也举行第十五次总理纪念周，蒋介石、谭延闿等三百余人参加。⑥ 地方党政机关及学校团体等举行的总理纪念周活动可以参考上海、湖北、浙江、福建等地情况。如 1927 年 8 月初，上海各机关举行纪念周，其中党务训练所举行纪念周时请彭学沛作报告，"希各同志对裁厘加税、收回关税自主努力宣传，使民众有关税非自主不可之觉悟。"⑦ 1930 年 1 月 13 日，湖北举行党政联合扩大纪念周，由方觉慧担任主席，报告扩大撤废领事裁判权宣传意义。⑧ 1931 年 4 月 13 日，浙江举行联合总理纪念周，到会约

① 《首都举行五五纪念大会》，《申报》1930 年 5 月 6 日，第 2 张第 7 版。

② 《革命政府成立纪念，全市各界昨开大会》，《申报》1933 年 5 月 6 日，第 3 张第 9 版。

③ 《昨日九九纪念大会，总理首次起义纪念，共同代表九百余人》，《申报》1930 年 9 月 10 日，第 4 张第 13 版。

④ 《总理首次起义纪念，市党部昨召开大会，全市各界悬旗庆祝》，《申报》1936 年 9 月 10 日，第 3 张第 10 版。

⑤ 《中央与国府之纪念周》，《申报》1930 年 7 月 29 日，第 2 张第 8 版。

⑥ 《中央与国府之纪念周》，《申报》1929 年 1 月 15 日，第 3 张第 9 版。

⑦ 《各机关纪念周汇志》，《申报》1927 年 8 月 2 日，第 4 张第 14 版。

⑧ 《撤废领判权运动，武汉民气激昂》，天津《益世报》1930 年 1 月 15 日，第 1 张第 2 版。

两千人，邀请蒋介石发表演讲，"主张以中国固有之道德和平，以达取消不平等条约之目的。"① 1931 年 11 月 23 日上午，福建厦门大学大学部和高中部分别举行"本学期第十次纪念周"，大学部邀请杨振先演讲《取消不平等条约的方法》，高中部邀请王芙生演讲《国病》。②

除总理纪念外，其他革命先烈纪念及革命活动纪念也与废约宣传有关，如陈其美、廖仲恺等纪念就是如此。1916 年 5 月 18 日，陈其美（英士）被袁世凯谋杀。国民党对陈其美的纪念颇为重视，1929 年将 5 月 18 日列为"陈英士先生殉国纪念日"。是年纪念日，上海市举行陈英士殉国十三周年纪念活动，各机关、团体、学校及民众代表等参加公祭典礼，典礼的标语口号就有"废除不平等条约"。③ 廖仲恺是著名的民主革命活动家，国民党左派楷模，1925 年 8 月 20 日被刺杀。廖仲恺逝世后，国民党每年会举行纪念活动。1929 年，国民党中央党部将 8 月 20 日定为"廖仲恺先生殉国纪念日"。该纪念日也有专门标语。1931 年国民党中央党部政治训练部规定的"廖仲恺先生殉国纪念日"宣传标语共二十条，其中第七条是"彻底废除不平等条约，是廖先生生平最希望的"。④ 从这些例子可以看出，纪念日成为废约宣传的重要途径。

各种革命活动也纳入纪念范畴，如黄花岗起义。1929 年，国民党中央将 3 月 29 日定为"七十二烈士殉国纪念日"，举行纪念仪式。纪念活动也与废约宣传联系起来，如 1931 年 3 月 29 日，国民党中央党部举行黄花岗烈士殉国纪念。南京各界也举行纪念革命先烈大会，大会主席萧吉珊致辞指出，纪念的目的是为了效法先烈牺牲精神，努力打倒帝国主义，废除不平等条约，谋求国家建设。⑤

此外，各种欢迎活动、庆祝活动等也附带废约。随着国民革命军北伐的顺利进展，各地纷纷举行庆祝中华民国双十节、欢迎国民革命军、庆祝国民

---

① 《蒋主席参加浙省联合纪念周，主张以中国固有之道德和平以达取消不平等条约之目的》，《申报》1931 年 4 月 14 日，第 2 张第 6 版。

② 《第十次纪念周》，《厦大周刊》第 11 卷第 7 期，1931 年 11 月 14 日，校闻，第 11 页。

③ 《今日纪念陈英士先烈，上午十时在新普育堂公祭》，《申报》1929 年 5 月 18 日，第 4 张第 13 版。

④ 《"八二〇"廖仲恺先生殉国纪念本部规定应用标语》，《政治旬刊》第 73 期，1931 年 8 月 31 日，纪念特载，第 3 页。

⑤ 《首都举行黄花岗纪念》，《申报》1931 年 3 月 30 日，第 2 张第 6 版。

革命军北伐、纪念国民政府成立、庆祝国民政府定都南京等大会。这些大会的核心主题并非废除不平等条约。但是，这些庆祝活动中往往会出现废除不平等条约的标语，呼喊"废除不平等条约"等口号。

废除不平等条约是国民革命的口号之一。国民革命军积极进行废约宣传。"如士兵的胸前大都挂有为'废除不平等条约而战'，各码头墙壁上也写了些打倒帝国主义和废除不平等条约的大字，差不多国民革命军所到之地，国民政府所能统辖的地方，都有这一类的表现。"① 此外，各地方民众也会在欢迎国民革命军的活动中宣传废约。如 1927 年 3 月 22 日，上海市民召开欢迎北伐军大会，包括江苏和上海各级党部、学总会、学联会、商总会、店员总会、码头工会、丝厂总工会等在内的一千余个团体参加，人数在五十万以上。大会散发多种标语，其中包括"收回租界""废除不平等条约""继续反帝国主义运动"等宣传标语。② 6 月 13 日，扬州民众举行庆祝北伐胜利大会，到会团体八十余个。会议提出"废除不平等条约，收回治外法权"的要求。③ 6 月下旬，江苏涟水县举行军民联欢大会，欢迎国民革命军，到会民众及革命军官兵达数万人。会议提出诸多主张，其中就包括"国民会议所有建国之策，及废除不平等条约，收回已失权利诸事，迅速圆满解决"。④

1926 年 7 月 9 日，国民革命军举行北伐誓师大会。国民党对此颇为重视，每逢周年举行纪念活动。在废约运动时期，该纪念日也被当作废约宣传节点。如 1929 年 7 月，国民党上海特别市执行委员会宣传部制定《国民革命军誓师北伐三周纪念宣传要点》，指出，纪念北伐，就是"要谨遵总理的遗训，奋勇猛进，在本党统一指导之下，努力于废除不平等条约运动，督促政府历行革命外交"。⑤ 1930 年国民革命军誓师北伐四周年纪念时，提及"纪念七九，应努力于废除不平等条约，规复国家应有之权利，以竟先烈未竟之志"。⑥ 1934 年上海各界举行国民革命军誓师北伐纪念大会，主席陶百

① 徐邦杰：《废除不平等条约与国际社会党》，《正轨》第 1 期，1928 年 9 月 1 日，第 7 页。
② 《上海市民欢迎北伐军大会记》，《申报》1927 年 3 月 23 日，第 3 张第 9 版。
③ 《庆祝北伐胜利大会》《申报》1927 年 6 月 16 日，第 3 张第 10 版。
④ 《涟水军民联欢大会电》，《申报》1927 年 6 月 25 日，第 2 张第 6 版。
⑤ 《国民革命军誓师北伐三周纪念宣传要点》，《申报》1929 年 7 月 8 日，第 4 张第 13 版。
⑥ 《纪念七九应有的认识和努力》，《申报》1930 年 7 月 9 日，第 4 张第 14 版。

川指出,纪念北伐,复兴民族,要从废除不平等条约开始。① 可见,北伐纪念与废约宣传关系密切。

1925年7月1日,国民政府在广州成立。为了纪念这一事件,国民党中央党部将此日定为"国府成立纪念日"。在纪念活动中,国民党有意将废约宣传纳入范畴。如1930年国民政府成立五周年纪念时,上海市特别党部召开各界代表大会,指出:"今日纪念国民政府成立,吾人当拥护国民政府……对外继续国民外交,废除不平等条约,求中国之自由平等,愿我革命民众深所注意焉。"②

1927年4月18日,南京国民政府成立。国民党将此视为重要事件加以纪念。当日,南京各界举行庆祝国民政府建都南京并国民党恢复党权大会,到会十余万人。会议通过多项决议案,如"请国民政府从速废除不平等条约"。③ 1928年,上海市各界举行建都南京和克复武汉纪念大会,大会高呼口号,其中包括"废除不平等条约"。④

有时,双十节纪念也与废约宣传结合起来。如1928年10月10日,江苏盱眙各界举行庆祝纪念大会,发表全国通电,"热望全国民众一致敦促拥护国民政府"废除不平等条约,实现关税自主。⑤ 沛县各界举行双十庆典,通过多项提案,其中包括"废除不平等条约"和"实行关税自主",呼吁全国一致主张,共谋实现。⑥ 安徽正阳关举行军民联合庆祝国庆暨全国统一大会,要求"取消不平等条约""撤退驻鲁日军""实行关税自主"。⑦ 当年,国民党中央执行委员会宣传部颁布的国庆纪念标语十四条,就有"实行废除不平等条约"。⑧ 可见,双十节也是一个宣传废约的重要节点。

元旦、五一劳动节等与中国废约没有必然联系。但南京国民政府在宣传

---

① 《北伐誓师纪念各界昨开纪念大会,到各界代表共一百余人,陶百川报告纪念之意义》,《申报》1934年7月10日,第3张第11版。

② 《今日国府成立纪念》,《申报》1930年7月1日,第4张第13版。

③ 《宁庆祝之请愿与通电,八项请愿,五种通电》,《申报》1927年4月20日,第1张第4版。

④ 《上海各界昨日举行两纪念大会,建都南京、克复武汉》,《申报》1929年4月19日,第4张第13版。

⑤ 《盱眙双十节庆祝会电》,《申报》1928年10月15日,第2张第7版。

⑥ 《沛县各界电》,《申报》1928年10月12日,第2张第8版。

⑦ 《安徽正阳关电》,《申报》1928年10月12日,第2张第8版。

⑧ 《国庆纪念标语》,《申报》1928年10月10日,国庆增刊,第1张第2版。

废约时仍充分利用了这些节日。如 1929 年 5 月 1 日，上海各界举行五一劳动节纪念大会，到会的各工会、各团体、各级党部代表有三百余人。大会主席发表演讲，呼吁齐心努力，拥护国民党领导，达到消灭帝国主义、废除不平等条约的目的。[①] 1930 年五一节，上海举行庆祝大会，到会各界代表千余人，大会高呼口号"废除一切不平等条约"。[②]

运动会与不平等条约本来没有任何联系，但在南京国民政府前期废约运动高涨的背景下，也发生了联系。如 1927 年 8 月 27 日，第八届远东运动会开幕。会场布置贴有废约相关标语。在田径赛场入口处有国民党中央宣传部标语"拥护国民政府关税自主"，场外篱笆上则贴有上海市民拥护关税自主等标语多种。[③] 又如 1931 年 5 月，华北运动会举行时，山东省政府主席韩复榘在开幕词中指出，"运动非仅争夺锦标，发扬名誉，乃求个人体力发展及健康，推及人人而去打倒帝国主义，废除不平等条约。此为大会重大意义。"[④]

以上这些活动集会等情况说明，南京国民政府前期，废约运动已经深入到各种场合，国民党试图利用各种集会加强废约宣传，以增强民众对废约的认识，获取民众的支持。利用重要节点、重要活动时期开展废约宣传，确实有利于集结民众力量，唤起民众的废约热情。

第三节　宣传周活动与废除不平等条约

宣传周是国民党统治时期比较有特色的宣传活动。它采取集中宣传形式，动员效果比较明显，是国民党动员民众的工具。为了促进政令、法令实施，国民党举行了各种宣传周活动，如国民革命宣传周、三民主义宣传周、反日宣传周、反俄宣传周、禁烟（拒毒）运动宣传周、提倡国货运动宣传

---

① 《五一节劳动纪念会》，《申报》1929 年 5 月 3 日，第 4 张第 13 版。

② 《安然过去五一劳动节，在蓬莱大戏院举行，到各界代表千余人》，《申报》1930 年 5 月 3 日，第 5 张第 17 版。

③ 《第八届远东运动会之第一日：会场一瞥》，《申报》1927 年 8 月 28 日，第 3 张第 11 版。

④ 《华北运动会第一日》，《申报》1931 年 5 月 28 日，第 3 张第 10 版。

周、抗日救亡宣传周、抗日运动宣传周、国民会议宣传周、救国宣传周、合作运动宣传周、约法宣传周、地方自治宣传周、卫生运动宣传周、识字运动宣传周、造林宣传周。这些宣传周连续数日举行活动，有的主题活动连续几届举办宣传周，如提倡国货运动宣传周。宣传周活动一般规模甚大，主题明确，宣传内容丰富，形式多样，有效增加了宣传效率。在废约运动过程中，国民党举办了废约运动宣传周、关税自主宣传周、裁厘运动宣传周、撤废领事裁判权宣传周、收回租界运动宣传周、收回中东路宣传周、反日宣传周等宣传活动。通过这些废约宣传周活动，使民众深入了解了不平等条约的危害，认识到废除不平等条约的必要性。这些宣传周活动的举行，有利于激发民众的废约热情，形成声势浩大的废约洪流，对列强构成强大的民族主义压力。

一、 举行废约运动宣传周

废约运动宣传周是主题鲜明的废除不平等条约宣传活动。上海、太原、杭州、北平、福州等全国主要城市都举行了这种宣传周，但以上海开展的废约运动宣传周最具特色。

为使广大民众深入了解不平等条约危害及废除不平等条约意义，唤醒民众的废约意识，上海特别市指导委员会决定开展废约运动宣传周，指令宣传部负责筹备。1928 年 9 月 1 日，市宣传部召集第十二次宣传委员会，制定废约宣传周计划。会议通过二十二项决议，包括三类：（一）制作宣传材料，如不平等条约的纲目传单、各种废约宣传品（文字或图画）、不平等条约单行本；（二）通知各机关、团体进行废约宣传，如将各种不平等条约纲要或标语逐日登载各报封面、函铸丰搪瓷厂所制格言搪瓷牌应即改为各种废约标语、函市教育局通令各校在宣传周内凡关于党义及公民课程一律改授废约问题、函革命剧社速编废约戏剧和歌曲在本周实地表演、函邮务总局在宣传周内于信件上加盖废除不平等印戳、函市学联从速召集各校学生组织废约宣传队、通告各影戏院于开映影片前加映废约标语、令大小各报在宣传周内各出特刊一天、令各游艺场停演一小时作公共演讲、由各区分别召集各界举行谈话会、通电各地党部于一定日期共同举行公开演讲、各区举行公开演讲、用飞机散发传单、有奖征集废约文字及图画等；（三）其他，如请纠正外交部所定修约方针、呈市指委会厉行民兵制为废约实力准备、在宣传周内应特别注重日本因受抵货影响发生金融恐慌、废约运动应特别注重对日等。①

上海市宣传部开展废约宣传周活动得到了各机关、团体如海军部、邮局、报馆、影戏院、戏剧社、教育局及各学校、学联等的大力支持。例如，海军部派出飞机帮助散发传单，邮局邮务检查员加印废约标语小戳于信件上，报馆登载废约标语、不平等条约纲目和相关文章，影戏院配合演讲和加映废约标语，戏剧社积极排练节目等。在 12 日游艺会上，新醒社表演新剧《废约》，革命剧社表演独幕剧《在医院里》，张冶儿与易方朔表演《化子教歌》，革命剧社表演《精神复活》等，"大意不外废除不平等条约"。② 至于学校比较特殊，一方面学校是演讲的场所，市区宣传队员深入各学校演讲；另一方面，学校学生组织有演讲队，走上街头进行宣传。同时，学校本身也在积极开展废约宣传教育。按照市指委会宣传部要求，上海市教育局通令各校，将党义和公民课程一律改授废约问题，并就如何授课做了详细安排。关于教材和参考书目，教育局下发了《不平等条约一览表》和《帝国主义侵略的方式》两张表格作为简易教材，要求放大缮写，张贴于校内适当场所，进行讲述；列出《不平等条约要览》、《国际问题草案》、《国耻小史》、《经济侵略下之中国》、《三民主义》（民族主义一至六讲）、《第一、二次全国代表大会宣言》、《二十一条》、《中国丧地史》、《中国外交痛史》、《中国海关制度沿革》等十本著作作为参考书目。至于宣讲方法，教育局提出根据不同课程和年级由各校自行斟酌施行。关于课程，教育局建议党义科及纪念周主要节讲《民族主义》第一至六讲及《第一、二次全国代表大会宣言》和《国耻小史》；公民科主要讲述《怎样叫做不平等条约》《为什么要废除不平等条约》，并建议高年级讨论宣传废约的方法，中年级讨论废约方法，低年级做废约游戏，如收回割地、关税自立等夺旗竞争游戏；社会科主要研究不平等条约订立的经过，较高年级学生自制《中国损失主权一览表》《中国失地简图》等。

---

① 《市宣委会讨论废约运动宣传周》，《申报》1928 年 9 月 2 日，第 5 张第 17 版。
② 《废约运动宣传周之末日》，《申报》1928 年 9 月 14 日，第 4 张第 13 版。

此外，建议书写标语、做宣传文字、绘各种中国被压迫情形的图画、师生共同搜集我国民众受帝国主义者虐待凌辱的种种照片陈列展览、出学校新闻"运动废约"特刊等。①

此次废约宣传周活动开展颇为顺利。9月6日，市指委会宣传部举行部务会议，讨论了废约运动宣传周日程表及各项废约宣传工作安排，规定9月7日至13日为宣传周，第一天参加"九五""九七"纪念大会，招待报界；第二天进行露天演讲，召集不平等条约研究会；第三天后，每天举行露天演讲，同时分别举行电影演讲、定所演讲、化装演讲；最后一天各报出废约特刊；所有演讲指导大纲，由市宣传部陶百川负责起草；同时决定举行汽车游行等。②

9月7日，除参加"九五""九七"纪念大会外，上海市指委会宣传部招待报界，要求配合废约宣传，请在废约运动宣传周内出废约特刊一张，同时悬赏征求关于废约的戏曲、图画、文字。戏曲、图画没有题目限制，只需与废约有关即可。征文则只限于两个题目：第一组题目"国际间解除条约束缚之先例及其所得之教训"；第二组题目"本党为什么废约"。为了刺激民众踊跃投稿，市指委会宣传部决定设置奖励，第一名奖现金三十至五十元，第二名奖购书券二十至三十元，第三、四名奖励书籍。③这项活动得到了民众的热情支持，寄送作品多种。因为截止日仍陆续有作品寄来，组委会决定延期评奖。直至11月3日，组委会才举行颁奖典礼，其中论文甲组获奖者为韦永超等三人，乙组为熊冲等十人，图画组为孙庆祥等创作的十幅作品，戏剧组为王少游等五人。④

9月8日，市指委会宣传部召集不平等条约研究会，由陈德徵主持。他指出，召集研究会的目的是"使全体同志，对于不平等条约，有一个具体的观念，宣传时当有许多帮助"。⑤该项研究工作分为割地、赔款及外债；治外

① 《市教育局函各校行宣传纪念周，在宣传周内一律改授废约问题》，《申报》1928年9月8日，第3张第12版。
② 《市宣传废约运动宣传周今日开始》，《申报》1928年9月7日，第4张第13版。
③ 《市宣传废约运动宣传周今日开始》，《申报》1928年9月7日，第4张第13版。
④ 《市宣传部废约征文昨日给奖》，《申报》1928年11月4日，第4张第13版。
⑤ 《废约运动宣传周之第二日，召集不平等条约研究会，废约演讲队开始活动，电影演讲今日举行》，《申报》1928年9月9日，第4张第13版。

法权、领事裁判权；协定关税；租界制度；最惠国条款；内河航行权；文化侵略；建筑铁路及开矿权；驻兵及警察权等九部分，分别由第一至九区承担。至于研究方法，则由各区自行指定研究员，提出研究问题，分组解答，同时聘请研究有素者为顾问。研究结果最终由市宣传部汇集，编印成《不平等条约研究集》。①

废约宣传周采取的主要宣传方式是口头、文字和图画三种，同时辅以电影、戏剧、歌舞、游艺活动等形式。当然，这些形式并不是截然分开，有时几种方式结合在一起。例如，演讲时会散发传单、标语、图画。在 12 日晚上举行的化装晚会上，邀请了中央监察委员邵力子演讲《非"条约神圣"》，同时举行游艺活动。②

口头宣传包括露天演讲（如街头）、定所演讲（如工厂、学校、影戏院）等。演讲是宣传周的重要活动。为了规范演讲，市指委会宣传部制定了演讲队通则，共十条。通则规定，每区由宣传部召集 105 人，每 5 人为一队，组织 21 队，每天出动三队。如人数不敷，则组织 14 队，每日出动两队，每队出发两次。队长由区宣传部长指定，负责全队活动，指挥队员分发传单、贴标语、演讲、维持秩序。宣传队统一携带队旗，队员配备废约襟章。队员按照《废约运动宣传指导大纲》进行宣传，不得逾越范围。"演讲时间，最好在晚间或下午四时至六时，演讲地点，晚间可在街头巷尾，日间可在茶楼戏院。"同时规定演讲语言，要多用本地方言，简单明了，条分缕析。通则要求演讲时"先要估量听众的社会属性和智识程度，然后准备说话的材料，或用叙述体说明不平等条约订定的经过，或用演绎体报告不平等条约之内容，或用疏注体描摹不平等条约之痛苦，或用论辩体阐明废约与修约之是非。总之，事前须准备，事后须反省"。③

经过充分准备，宣传人员开始分赴各地演讲。9 月 8 日，市指委会宣传部派人到各影戏院演讲，包括上海大戏院、奥迪安大戏院、百星大戏院、共

---

① 《上海特别市党务指导委员会各部工作概况》，《上海党声》第 20 期，1928 年 9 月 16 日，第 4 页。
② 《上海特别市党务指导委员会各部工作概况》，《上海党声》第 20 期，1928 年 9 月 16 日，第 4 页。
③ 《废约运动宣传周之第二日，召集不平等条约研究会，废约演讲队开始活动，电影演讲今日举行》，《申报》1928 年 9 月 9 日，第 4 张第 13 版。

和影戏院、通俗影戏院、小世界、世界影戏院、奥飞姆影戏院等，各影戏院配备演讲队员一至两名不等。[①] 被派去演讲的人"均能将不平等条约之祸害及废约之理由，发挥尽致，听众颇为感动"。[②] 此后几天，这种演讲一直存在。此外，各区组织的露天演讲队也分赴所属各地宣传。如 9 月 9 日，第三区由区宣传部长朱应鹏及职员方霖、吴襄芸等分赴溥益纱厂、统一工会、鸿章工会演讲，并携带大批画报、传单等散发，又绘就大幅壁画标语，张贴党部照墙。第四区则派潘鼎元、张超人、邓通伟、郭太原等分赴广帮杂货工会、百星大戏院、奥迪安大戏院、上海大戏院等演讲。第八区则组织暑假留校学生在街头演讲，并派杨世贤、吴健英、王祺前往各校演讲。[③]

　　文字宣传包括传单、标语、特刊、图书等。市指委会宣传部拟订了标语数十种，除逐日登载各报外，还选择了三种类型的标语印刷六千张，张贴闹市区。张贴标语内容分三种：第一种为条约特权类，如"实行关税自主""收回内河航行权""取销领事裁判权""收回租界"；第二种为反日类，如"打倒日本帝国主义""厉行对日经济绝交"；第三种是废约类，如"废除不平等条约"。同时，市指委会宣传部编制了《重要不平等条约年表》，印刷两千余张，分发各区宣传。该年表内容包括条约名称、关系国、订立时间、内容择要等，选择了自《南京条约》至《华盛顿条约》在内的二十八个不平等条约，使人对不平等条约历史一目了然。[④] 此外，宣传部还印刷好四万张各色标语，由海军司令部派员驾机，腾空散播。这些飞机散发的标语内容为十二项，如"赞助中国废除不平等条约的国家，都是我们的朋友"，"反对废除不平等条约的，都是我们的仇敌"，"前北京伪政府所借的外债，中国人民不负债还的责任"，"以平等互惠的原则，和各国重订新约"等。[⑤]

　　至于图书方面，市宣传部筹划出版《帝国主义在华侵略之分析》《废除

---

①　《废约运动宣传周之第二日，召集不平等条约研究会，废约演讲队开始活动，电影演讲今日举行》，《申报》1928 年 9 月 9 日，第 4 张第 13 版。

②　《上海特别市党务指导委员会各部工作概况》，《上海党声》第 20 期，1928 年 9 月 16 日，第 4 页。

③　《各区宣传部积极宣传废约》，《申报》1928 年 9 月 10 日，第 4 张第 13 版。

④　《废约运动宣传周之第三日》，《申报》1928 年 9 月 10 日，第 4 张第 13 版。

⑤　《废约运动宣传周之第一日，市宣传部，飞机散发传单，张贴图画标语》，《申报》1928 年 9 月 8 日，第 4 张第 13 版。

不平等条约》等废约丛书。特刊则见于废约宣传周的最后一天，由《申报》《中央日报》《时报》《民众日报》《民国日报》《新闻报》《时事新报》刊载。这些文章一部分由市指委会宣传部职员撰写，一部分请对条约素有研究的人士撰述。特刊文章有陈德徵《弁言》、鲍进明《我们主张废除不平等条约的方法》、赵澍《不平等条约与中国》、袁业裕辑《总理废除不平等条约遗教汇录》、姜文宝《不平等条约所给予我们的痛苦》、许性初《废除不平等条约之意义》、梁曜森《修约与废约》、张霞飞《我们为什么主张废除不平等条约》、袁业裕《保证完成国民革命的方法》等。①

除文字标语外，市指委会宣传部也注意图画宣传，专门制作了废约图画，"送登本市各小报刊印，以唤起民众对于废约运动之兴趣。"这些图画名称如下：睡狮未醒，束缚未除；一切不平等条约以此为例；不平等条约之经济压迫，关税协定；日本帝国主义者，对于废约态度，不肯放松；铲除不平等条约之障碍物；废除不平等条约之根本解决，釜底抽薪；努力废除不平等条约；不平等条约之束缚；帝国主义铁蹄下之中国人民；痛不可忍之不平等条约；帝国主义之压迫与不平等条约之束缚；经济压迫下之中国人民；不平等条约是中国人的致命伤；不平等条约下各惨案之骷髅；不平等条约之痛苦，经济压迫；废除不平等条约；蝮蛇在手，壮士断其腕；欲达到光明之路，非铲除路上种种重重的障碍物不可，欲谋国家之自由平等，非取消不平等条约不为功。这些图画"内容警惕，堪以振聩启聋"。②

除了市党部外，上海县党务指导委员会也在 9 月 7 日举行废约宣传活动。除组织废约演讲外，还由县宣传部、民众训练委员会、组织部联合组织演讲队，携带多种宣传品，分赴各乡演讲，以唤醒民众扩大废约运动。演讲队主要在闵行、颛桥、北桥、三林塘等地的茶楼和学校举行宣传，"每处听众约有百余人不等，讲至中国人所受不平等条约之痛苦，闻者莫不动容。"县宣传部还出版有《辛丑国耻纪念册》，分送各机关及民众团体。③

上海特别市废约宣传周的举行，对于唤醒民众的废约意识具有重要意

---

① 《废约运动宣传周之第六日》，《申报》1928 年 9 月 13 日，第 4 张第 14 版。
② 《废约运动宣传周之第五日》，《申报》1928 年 9 月 12 日，第 4 张第 13 版。
③ 《废约运动宣传周之第一日》，《申报》1928 年 9 月 8 日，第 4 张第 13 版。

义。应该说，此次宣传周活动基本上达到了最初设想的目标，尤其是图画、影戏院等宣传效果较好。当然，此次废约宣传周也有可以改进的地方，市宣传部在事后总结了几点：在口头宣传方面，理论不宜太强，应力求浅显；时间方面，最好在下午五六点工厂散工之时，不宜在下午一时出发；语言方面，不宜太庄重，应多用土语，或带诙谐性质；人选方面，应多用妇女、工人或小孩子等讲演；方法上，将演讲方式改用谈话性质，多到家庭、工厂中去。在文字宣传方面，标语应力求美术化，报纸广告效果不佳，不如登载图画，标语应时常更换等。①

为扩大宣传，上海特别市党务指导委员会宣传部在举行废约运动宣传周时，特意通电各地党部、报馆，"希各地党部一致举行，全国民众一致奋起，不达目的不止。"②

除上海外，广州、太原、杭州、北平、福州等地也举行了规模不一的废约宣传活动。

1928 年 8 月 24 日，广州特别市党部召集各民众团体代表开各界拥护国民政府废约运动大会，到会团体五十余个，代表两百余人，包括省市党部、总工会、总商会、工联会、女界联合会、女权运动大同盟、华侨协会等。大会通过四项决议：通电全国，一致贯彻废约主张；通电全国，一致对日经济绝交；请省市党部组织废约运动会；请政府从速在安南设领事案。最后大众高呼"废除不平等条约""取销领事裁判权""收回关税自主""收回一切租借地""打倒日本帝国主义"等口号。此次大会通电主要针对日本阻挠中国废约，指出国民政府照会各国废约，英美等均接受而日本独持异议，因此全国民众应"一致奋起，扩大对日经济绝交，以制日本帝国主义者之死命，而促其觉悟"。③

山西省党务指导委员会决定 1928 年 9 月 7 日至 13 日在太原举行废约运

① 《废约宣传周工作总批判，市宣传委员会十四次常会报告》，《申报》1928 年 9 月 24 日，第 4 张第 13 版。
② 《不平等条约是中国人民的卖身契，市宣传部积极举行废约运动，并希望各地党部一致举行废约宣传》，《民国日报》1928 年 9 月 6 日，第 2 张第 8 版。
③ 《粤各界举行废约运动大会，各团体代表参加者二百余人，议决四要案并通电全国奋起》，《申报》1928 年 8 月 31 日，第 3 张第 12 版。

动宣传周，以扩大宣传，唤起民众觉悟。① 宣传周第一日，山西省党务指导委员会召集民众在太原举行各界废除不平等条约大会，各界约四万人参加。② 大会先由主席韩克温报告开会宗旨，表示要努力运动废除不平等条约。随即由大会提案委员李伯圣报告大会提案，随即大会通过决议，"电请国府自动宣布废除不平等条约，肃清关内外残余军阀"，同时"通电全国实行对日经济绝交，呈请党部、国府一致提倡国货"。③ 随后大会致函省政府，要求通令所属县政府一律提倡国货。④ 废约运动大会还邀请省指委会代表胡伯岳、总司令部代表张策安及太原市党部代表、济案后援会代表、工联代表、学联代表等相继演说。在大会开会时，组委会出动飞机、汽车散发各种传单，并组织男女小学生讲演团分组到各街讲演，粘贴标语、口号，机关、商号高悬国旗，学校、工厂、报馆放假一日，饭庄、妓馆、戏园暂停营业一日。大会闭幕后，与会各团体、学校又举行了游行。⑤

1928 年 9 月 17 日，浙江省党务指导委员会民众训练委员会召集杭州各界组织浙江省民众废约运动委员会，选举十一人为委员，其中常务委员三人，秘书一人，决定召集废约运动大会。⑥ 随即，浙江省民众废约运动委员会积极筹备，决定 10 月 3 日开始举行废约宣传周代表大会，决定由学联会组织演讲队，在省教育会举行化装演讲，在杭州影戏院等举行艺术活动，同时通电全国，"协起组织，为革命外交后盾。"⑦ 10 月 6 日，由浙江省民众废约运动委员会组织举行废约运动宣传大会，上午，学联会分派宣传队二十队

---

① 《废约运动》，《中央周报》第 14 期，1928 年 9 月 9 日，一周大事述评：党务报告，第 1 页。

② 关于参加团体数量，各报数据不一，《申报》报道为 40 多个团体（《举国纪念辛丑国耻》，《申报》1928 年 9 月 8 日），天津《大公报》、上海《民国日报》报道为 89 个团体共约 4 万人参加（《太原举行废约运动官民大会，四万人，通过四案，电国府》，天津《大公报》1928 年 9 月 9 日，第 2 版；《太原之废约运动，参加者四万余人》，《民国日报》1928 年 9 月 9 日，第 2 张第 1 版），天津《益世报》报道参加团体 89 个，民众近万人（《文瀛湖畔，山西各界举行废约运动大会纪，与会团体八十九，参加民众近万人，群情激昂，如火如荼》，天津《益世报》1928 年 9 月 11 日，第 1 张第 4 版）。

③ 《太原举行废约运动官民大会，四万人，通过四案，电国府》，天津《大公报》1928 年 9 月 9 日，第 1 张第 2 版。

④ 《山西省政府训令实字第二号，令各机关、各县县长》，《来复》第 508 期，1928 年 9 月 30 日，政教述闻，第 2 页。

⑤ 《文瀛湖畔，山西各界举行废约运动大会纪，与会团体八十九，参加民众近万人，群情激昂，如火如荼》，天津《益世报》1928 年 9 月 11 日，第 1 张第 4 版。

⑥ 《浙省废约委员会成立》，《申报》1928 年 9 月 19 日，第 3 张第 10 版。

⑦ 《浙废约运委会举行废约宣传周》，《中央周报》1928 年 10 月 1 日，第 2 张第 5 版。

在本市露天演讲，中央陆军军官学校预科大队沿途化装宣传。晚上，在省教育会会场举行会议，招待本市党员及新闻谈话，请求协助废约宣传。此外，还举行化装演讲、名人演讲、国技、唱歌、魔术等，观众不下两千人。① 10 月 7 日，杭州废约宣传活动扩大。白天，省会中小男女各学校一律组织临时宣传队，分段在城中宣传；中央陆军军官学校预科大队、浙江省地方自治专修学校等也积极宣传，并有汽车沿途散发废约宣传单。晚上，各机关团体在省教育会会场举行演讲，并有滑稽串剧、化装演说。②

北平特别市的废约运动宣传周由北平党政军联席会议筹备。11 月 14 日，北平特别市党政军扩大宣传联席会开会，由龙云担任主席。会议讨论了宣传周事宜，决议自 26 日起举行废约宣传周，并由参会各机关组织编撰股、讲演股，分别负责筹备工作。同时，会议决定废约宣传，专注讲演，既不召集民众大会，也不举行游艺。讲演队分十队赴各机关、中小学、民众团体及通俗演讲所进行演讲，各专门学校和大学则由各委员担任演讲。③ 19 日，北平特别市党政军扩大宣传联席会举行会议，具体讨论了废约宣传周的筹备情况。编纂股报告了宣传品的编纂工作，除 14 日会议决定的宣传品外，还编纂了《日本帝国主义者与满蒙》《打倒日本帝国主义》两种小册子。演讲股则将演讲队分配到各学校、民众团体、街衢。会议讨论了宣传周开幕典礼，决定 26 日在中山公园社稷坛举行，要求各民众团体、学校派代表参加。④ 22 日，北平特别市党政军扩大宣传联席会再次讨论废约宣传周秩序问题，决定增加宣传品，包括《不平等条约一览表》《废约宣传大纲》《告民众书》。同时，决定整个宣传周的活动安排：第一天在中山公园举行开幕典礼；第二、三天在各工厂举行宣传游行，市上讲演；第四天在总商会；第五、六天在各学校举行。会议同时要求各学校参加扩大宣传周，各报馆刊载废约宣传文字。⑤

在宣传周举行前，北平特别市党务指导委员会颁布了十七条废约标语，

---

① 《杭州废约宣传第一日》，《时报》1928 年 10 月 7 日，第 1 张第 2 版。
② 《杭州废约宣传第二日》，《时报》1928 年 10 月 8 日，第 1 张第 3 版。
③ 《废约宣传周二十六日举行，讲演团赴各处演说》，《京报》1928 年 11 月 15 日，第 6 版。
④ 《废约运动周下周举行，地点在中山公园社稷坛，闭幕礼宣传至星期六止》，《京报》1928 年 11 月 20 日，第 6 版。
⑤ 《废约宣传周，秩序办法已定》，《京报》1928 年 11 月 23 日，第 6 版。

包括"不平等条约是中国人民的卖身契""不平等条约是束缚中国人民的枷锁""不平等条约是帝国主义者侵略中国的利器""彻底废除一切不平等条约""全国民众一致团结起来誓死废除条约反对妥协式的修改""否认以前的赔款和助长内乱的外债""抵制帝国主义对华的文化政治经济各种侵略""打倒侵略满蒙的日本帝国主义""打倒造成济南惨案的日本帝国主义""打倒出卖满蒙的国贼才能打倒日本帝国主义""迅速肃清一切帝国主义者在华侵略的工具及其走狗""联合世界被压迫民族共同打倒帝国主义""中华民族解放万岁""实行关税自主""取消领事裁判权""收回一切租借地及租界""撤退驻华外国军队军舰"。① 26 日,北平特别市党政军联席会在中山公园启动废约宣传周,党政军机关及大中小学代表五百余人参加,军政要员张继、白崇禧、商震等出席并发表演说。开幕典礼当天,有飞机散布传单。② 开会伊始,大会主席金殿樑阐明举办宣传周的意义,指出:废约是孙中山先生遗愿,也是当前急务,但废约只依靠政府还不够,需要民众为后援,此次废约宣传周之意义即在此。他依据不平等条约特权的危害程度,指出实行关税自主、取消领事裁判权、收回租界及租借地是废约宣传的前三个主要口号。随后,市党部、市政府、第四路前敌总指挥部、政治分会、妇女协会、商民协会、反日会、警备司令部、宪兵司令部、卫戍司令部、交通大学、学联会等代表先后发表演说。最后,妇女协会代表领唱废约歌,并呼喊口号。③ 随后几天,宣传队员前往指定地点进行宣传,效果甚好。例如,27 日、28 日,宣传队前往各工会讲演。28 日的演讲听众"较前尤多",效果更好,鼓掌之声不绝于耳。④ 29 日,宣传队前往市总商会宣传,商民千余人听讲,演讲题目为《废除不平等条约之理由及方法》《不平等条约之内容》《商人对废约应取之态度》《商人与关税协定》《日本五十七年来侵略中国的状况及其过程》等。⑤ 30 日,宣传队员前往市立第一、二、三、四各中学及女一中、北平师范、春

---

① 《废约宣传周的标语,党部宣传部已公布》,《京报》1928 年 11 月 25 日,第 6 版。
② 《废约宣传周今日开幕典礼,九时在中山公园举行,各要人演说,飞机发传单》,《京报》1928 年 11 月 26 日,第 6 版。
③ 《废约宣传周之第一日》,《京报》1928 年 11 月 27 日,第 6 版。
④ 《废约宣传第三日,今日宣传在总工会》,《京报》1928 年 11 月 29 日,第 6 版。
⑤ 《前、昨日废约宣传,前日在总商会,昨日在各学校》,《京报》1928 年 12 月 1 日,第 6 版。

明女学、两级女中等十余校宣传，"凡讲演员所到之处，皆一律停课一小时或二小时，听众极其踊跃，成绩较前尤佳。"[①]

1928 年 12 月中旬，福建省党务指导委员会为宣传废约特举行党政联席会议，决定举行废约宣传周。14 日，省指委会召集各机关代表开筹备会议，讨论进行办法。会议决定：名称定为福建省会废约运动大会；文字宣传用小册子、特刊、传单、布标、纸标、画报、各报馆特刊各种；艺术宣传用化装游行、化装讲演、新剧杂技各种；宣传队由中等以上学校担任。此外决定了活动经费、组织机关等问题。同时，省指委会还召集各学校训育主任会议，决定：由各校组织演讲队分区担任演讲，费用按队分配；游艺方面，由各校训育主任负责通知学生，积极筹备新剧、跳舞、音乐、唱歌、国技、魔术、评话、双簧等各种游艺。为扩大宣传，市宣传部还在 13 日召集全市评话员一百三十余人开会，要求在讲评书时进行废约宣传。[②] 12 月 27 日，福建废约宣传周正式启动，连续四天宣传废约。[③] 第一天，国民党福建省党务指导委员会在福州南较场召开省会废约运动大会，到会民众数万。会议由方治任主席，邀请程时奎、郑崇菁、刘通、林学渊等发表演说，"会场空气甚紧张"。[④] 会议通过三项决议：请国民政府历行革命外交，无条件废除一切不平等条约；请国民政府根据本党对外政策第三条重新订立双方平等互尊主权条约；请中央党部通令海内外各级党部，组织国际废约宣传周。大会闭幕后，举行游行。游行队伍分为两队，第一队六十余团体，第二队八十余团体，合计三万余人参加，每人手持写有废约标语的纸旗，沿途散发传单，宣传队亦沿途讲演，路旁外国人也颇为感动。按照预定计划，12 月 28 日至 31 日应举行废约宣传游艺会，但因筹备不及，推迟到 30 日及元旦举行。[⑤]

1929 年 2 月 2 日，厦门党政军联席会议决定于 12 日举行废约运动，由县指委会、警备司令部、市公安局、县公署、侨务委员会、总商会、妇女解

① 《废约宣传周，昨日为其第五日》，《顺天时报》1928 年 12 月 1 日，第 7 版。
② 《福建"卫生""废约"两大运动》，天津《益世报》1928 年 12 月 29 日，第 2 张第 6 版。
③ 《闽事纪要》，《申报》1928 年 12 月 27 日，第 2 张第 7 版。
④ 《福州各界废约运动》，《申报》1928 年 12 月 28 日，第 2 张第 6 版。
⑤ 《闽省废约运动大会》，天津《益世报》1929 年 1 月 8 日，第 1 张第 4 版。

放协会、海员工会、禾山海军办事处等负责筹备。① 但因准备不及，推迟到2月19日举行。是日，厦门各界废约运动大会举行，到会五十余团体，约四千人参加，由思明县党务指导委员会沈可法为总主席，中央党部特派闽省党务视察员罗兆修、闽省党务指导委员会方治等多人发表演说。大会通过三项决议：电请中央本革命外交的精神，废除一切不平等条约；电请中央拒绝日本无诚意的谈判；通电全国，加紧反日工作。会后，各团体举行游行。②

至于其他地区的废约宣传周活动，限于资料，暂不阐述。

废约运动宣传周，尤其是上海这种规模颇大的废约运动宣传周举行，有利于强化废除不平等条约的宣传，使民众对不平等条约形成比较深刻的印象，从而唤起民众觉醒，对国民政府的废约外交进行了有效的国内动员。

二、 举行关税自主宣传周

关税自主宣传周是为了配合政府实施关税自主政策而举行的宣传活动。南京国民政府统治前期，关税自主宣传周活动包括两种：一种是1927年8月南京国民政府宣布实施裁厘加税、关税自主时部分地区举行的关税自主宣传周，一种是1928年底、1929年初南京国民政府准备实施国定税则时举行的关税自主宣传周。前者主要是在上海举行，后者则是国民党中央宣传部发起，海内外党部配合实施。

上海举行的关税自主宣传周是配合上海民众拥护国民政府实施关税自主大会的活动内容。1927年8月17日，上海民众拥护国民政府实施关税自主大会第四次执行委员会通过决议案，决定8月22日至27日为宣传周。宣传周期间计划请伍朝枢、郭泰祺、李权时、潘序伦、马寅初、贾士毅、余日章、刘湛恩、郑毓秀、周鲠生、彭学沛、黄惠平、陈德徵、王延松、严谔声、冯少山、赵晋卿等名人在青年会或市商会轮流演讲。③

为了规范宣传，国民党中央宣传部驻沪办事处专门制定了《关税自主宣

---

① 《厦各界筹备废约运动》，《民国日报》1929年2月3日，第2张第6版。
② 《厦各界举行废约运动大会，中央及省县委员均有出席》，《中央日报》1929年2月27日，第2张第6版。
③ 《拥护关税自主大会开会纪》，《申报》1927年8月18日，第4张第15版。

传大纲》，下发上海市宣传部门。该大纲包括关税沿革、关税制度与世界的趋势、关税自主与国民革命、关税自主后的财政计划、关税自主与中国国民的责任，同时规定关税自主宣传口号等。与之相关的具体宣传口号包括"全上海革命的民众，一致团结起来，作国民政府的先锋和后盾，拥护国民政府关税自主的政策，拥护国民政府裁厘加税的主张，废除一切的不平等条约，打倒共管中国海关的帝国主义"等等。[1]

上海特别市党务指导委员会组织了宣传大运动。8 月 21 日开始，各级宣传部组织宣传队赴各乡各镇进行宣传。[2] 具体宣传情形，可以看上海县党部宣传部门的活动。8 月 23 日，该县宣传部全体职员分路出发。第一路由蔡步白、胡乃文、符骏发等"携带多种标语画报"前往梅家弄五区党部，由该区党部召集民众百余人举行拥护关税自主裁厘加税大会，由蔡步白发表演说。在朱行镇五区二分部，由该区分部召集各界民众四五百人举行拥护关税裁厘加税大会，由胡乃文等演讲，会后举行大游行，沿途高呼口号。[3] 此后数日，宣传队员仍分队至各区进行宣传，有的讲关税自主裁厘加税，有的讲关税政策及海关历史，有的讲裁厘加税之利及谣言之不是等，效果很好。[4]

1927 年 8 月的关税自主、裁厘加税宣传随着南京国民政府宣布暂缓实施裁厘加税而结束。第二次大规模的关税自主宣传开始于 1928 年底。

经过谈判，到 1928 年底，国民政府与除日本外的其他列强进行了关税自主谈判，大体取得了列强对中国关税自主权的承认。在这种背景下，国民政府决定实施国定税则。12 月 7 日，国民政府宣布第二年 2 月 1 日实施新税则。为了配合这个政策实施，国民党中央执行委员会宣传部决定进行专题宣传，要求海内外各级党部自 12 月 24 日开始"举行关税自主宣传周"。[5] 为此，国民党中央执行委员会宣传部颁布了关税自主宣传周宣传大纲、宣传要点和标语，以便指导民众团体，一体举行。此次颁布的宣传要点有十点，阐

① 《中宣驻沪办事处关税自主宣传大纲》，《申报》1927 年 8 月 23 日，第 4 张第 15 版。
② 《上海县党部消息》，《申报》1927 年 8 月 21 日，第 4 张第 14 版。
③ 《上海县党部消息》，《申报》1927 年 8 月 23 日，第 4 张第 14 版。
④ 《上海县党部消息》，《申报》1927 年 8 月 24 日，第 4 张第 14 版。
⑤ 《中央通令举行关税自主宣传周》，《中央周报》第 29 期，1928 年 12 月 24 日，一周大事述评：党务报告，第 2 页。

述关税自主的各种好处，包括：关税自主，是完成中国独立，恢复中国主权，提高中国国际地位的基础工作；关税自主，是实行废除不平等条约的第一步工作；关税自主，是杜绝帝国主义者经济侵略行为的切要工作；关税自主是解决中国财政上困难的要着；关税自主，是使中国工商业上发达大道的推动机；关税自主，可以振兴中国农业；关税自主，可以促进国产输出；关税自主，可以使一切建设计划顺利进行；关税自主，便可彻底实行免除一切苛捐杂税；关税自主，可以渐使国民经济达到充分富裕的地步。宣传标语也有十条：废除不平等条约，收回关税自主权；实行关税自主，提高我国的国际地位；实行关税自主，恢复我国的经济壁垒；实行关税自主，充裕国家的收入；实行关税自主，发展本国工商业；实行关税自主，促进农业的发达；实行关税自主，限制外货的输入；遵奉总理遗训，实现关税自主；提倡国货，挽回利权，要关税自主；拥护国民政府，实行关税自主。① 这些宣传大纲、宣传要点和标语等简单明白地阐述了关税自主的必要性，有助于民众理解政府实施关税自主政策的出发点。

除直接通令各级党部外，国民党中央执行委员会宣传部还函请国民政府教育部转令各级学校宣传讲演，并函请内政部转饬各省市县政府遵照，布告民众。② 接到国民党中央执行委员会宣传部的命令后，各地党部纷纷行动，上海、江苏、天津、武汉、长沙、太原等地尤其积极，举行了较大规模的关税自主宣传周。

上海特别市党务指导委员会宣传部对宣传周做了详细安排，训令各区党务指导委员会，要求各区党部负责各自范围内的宣传工作；同时要求各区预先接洽学校两所，由市宣传部派员与各区宣传部长一道前往演讲，"各该校学生务须一律参加，校外学生及一般市民，亦应准其自由入座演讲。"市宣传部还就具体宣传工作做详细安排，要求各级党部组织专门宣传队，努力宣传，散发关税自主图画、广告、揭帖、标语等，并希望拟订关税自主歌，教小学生歌唱。按照统一部署，上海市预定 12 月 31 日举行南北市小学生游

① 《中宣发起关税自主宣传周》，《申报》1928 年 12 月 17 日，第 3 张第 9 版。
② 《中央通令各省举行关税自主宣传》，《河北周刊》第 21 期，1928 年 12 月 18 日，特载，第 37 页。

行，要求各区组织学生参加。① 市党务指导委员会宣传部还函请上海市教育局，要求全市中小学按照中央执行委员会宣传部规定进行宣传。② 24 日开始，上海市党务指导委员会宣传部"每日送插画一张，请各报登出"，并制定标语多种分发各区。③ 26 日至 31 日，上海市关税自主宣传周正式举行，每天由各区党务指导委员会宣传部负责，其中 26 日由一区党部负责，27 日由二、九两区党部负责，28 日由三区党部负责，29 日由四区党部负责，30 日由五、六两区党部负责，31 日由七、八两区党部担任。④ 在市党务指导委员会的领导下，各区党部进行宣传工作颇为努力。第一天，一区党部派员进行一般宣传，并指定务本女校、敬业中校两处进行公开演讲，欢迎辖区各校学生及各界人士前往听讲。⑤ 同时，在光华大学也举行集会演讲。⑥ 第二天，一、二、七、九区党部均派员向各民众团体进行公开演讲。市党部还派秘书葛建时前往二区党部南光中学演讲，"听讲甚为踊跃"。第三天，三区党部派员前往各学校演讲，并在和安小学、旅湖公学举行公开演讲。⑦ 随后几天，"各级党部宣传工作，较前更为猛晋。"⑧ 总的来说，上海关税自主宣传周组织较为得力，宣传工作责任明确，落实到了基层，宣传效果较好。

除上海市外，江苏省党务指导委员会也要求各级党务指导委员会宣传部通告各机关、各团体一律举行关税自主宣传运动。上海县党务指导委员会据此要求教育局转发各学校，联合当地党部，自 1929 年 1 月 18 日起举行关税自主宣传运动。⑨

天津的关税自主宣传周组织也很认真。为贯彻国民党中央党部宣传部指令，天津市指委会拟订了关税自主宣传周工作计划大纲，详细规定了宣传要点、宣传材料、方法、参加团体机关、组织、经费、宣传品和日程表。宣传

---

① 《关税自主分区宣传办法，市宣传部令各区准备》，《申报》1928 年 12 月 24 日，第 4 张第 13 版。
② 《市中小校宣传关税自主》，《申报》1928 年 12 月 27 日，第 3 张第 11 版。
③ 《关税自主宣传周今日开始》，《申报》1928 年 12 月 26 日，第 4 张第 13 版。
④ 《关税自主分区宣传办法，市宣传部令各区准备》，《申报》1928 年 12 月 24 日，第 4 张第 13 版。
⑤ 《关税自主宣传周今日开始》，《申报》1928 年 12 月 26 日，第 4 张第 13 版。
⑥ 《关税自主宣传周第一日记》，《申报》1928 年 12 月 27 日，第 4 张第 13 版。
⑦ 《关税自主宣传周第二日纪》，《申报》1928 年 12 月 28 日，第 4 张第 13 版。
⑧ 《关税自主宣传周第五日记》，《申报》1928 年 12 月 31 日，第 4 张第 13 版。
⑨ 《上海县教育局之两通告》，《申报》1928 年 1 月 19 日，第 3 张第 12 版。

要点与国民党中央宣传部颁布的要点内容基本相同。宣传材料，包括关税自主宣传大纲、传单（十二种，每种五千）、布标语（二十幅）、画报（四种，每种一千张）、大布画（数幅）。宣传方法，包括游行演讲、化装演讲、游艺场所和饭馆张贴标语、游艺场所演讲、学校讲演会。参加者包括总工会、学联会、商协会、妇协会、反日会等民众团体，各区党部、县指委会、铁路特别党部、军队特别党部或政训处等党部，市政府、警备司令部、公安局、特别一二三区公署、平奉路局、市教育局、县教育局、各学校等机关。大纲规定军政机关至少组织讲演队十五队，民众团体至少组织五队，每队五人。至于化装讲演队，由各团体机关自行决定。各机关团队的宣传经费，除各区党部由市宣传部给予津贴外，其余自行解决。除军政机关、学校自备宣传品外，其余民众团体和党部所需宣传品由市宣传部供给。关于宣传周日程表，规定 12 月 24 日由市指委会及各区党部负责张贴悬挂标语，25 日由市政府及其他行政机关组织上街游行讲演，26 日由警备司令部担任向士兵演讲的工作并组织演讲队上街演讲，27 日至 30 日分别由妇女协会及反日会，工会及商协，各区党部及其他党部，学联及各学校，担任讲演或化装演讲。① 此次关税自主宣传周，天津市各机关、团体均积极参与宣传。例如，26 日的演讲，警备司令部、卫戍司令部、宪兵部、第三十六师、第四十三师共派出八组宣传队，昼夜讲演，白天六路，夜晚两路，分别在车站、金城银行、商务印书馆、青年会、茶园等处进行宣讲，沿途并散发传单。②

　　长沙的关税自主宣传周活动与上海、天津不同，以大规模集会为主。12 月 22 日，长沙召开省市县党部联席会议，决定自 30 日起举行关税自主宣传周。③ 24 日，长沙各团体、学校举行反日宣传周仪式，同时各团体推举罗介夫等十一人为筹备关税自主宣传周委员。④ 30 日上午，关税自主宣传周大会开幕式在省教育会举行，"各界到者约百余团体，在万人以上。"大会主席罗

① 《关税自主宣传周计划大纲，已经市指委会拟定》，天津《益世报》1928 年 12 月 22 日，第 3 张第 11 版。
② 《关税自主宣传周之第三日，各军事机关踊跃参加，组织宣传队分路讲演》，天津《益世报》1928 年 12 月 26 日，第 3 张第 11 版。
③ 《两湖近闻》，《申报》1928 年 12 月 24 日，第 2 张第 6 版。
④ 《两湖近闻》，《申报》1928 年 12 月 26 日，第 2 张第 6 版。

介夫致辞，阐述了举行关税自主宣传周的原因，指出人民要生存，必须收回关税自主。而仅仅依靠政府收回关税自主权是办不到的，只有民众"一致团结的帮助政府"，收回关税自主权才能容易达到，所以"希望大家起来，努力奋斗"。随后，省政府、省县指导委员会代表先后致辞，呼吁民众为政府后盾，收回关税自主。交涉员李芳、民众团体代表吴达泉、商会代表王俭等相继发表演说。此次大会一致决定发表全国通电，希望全国同胞"一致拥护国民政府外交政策，以促关税自主之早日实现"。大会开幕式后，举行了游行活动，音乐队、军队、各机关、各团体、传单队、演讲队依次出发，"经保节堂、三公祠，上学宫街、党部街，纱帽塘、县党部，正北街、潮宗街，出草潮门，沿河街，直上进小西门，走坡子街、红牌楼、司门口、八角亭，走马楼、南阳街、府正街、老照壁、又一村，返省教育会。"在举行大会开幕式前，各机关、各团体纷纷派出宣传队，在长沙全城进行宣传，"标语传单，触目皆是。"① 这种宣传声势浩大，颇具震撼效果。但是，这种宣传持续效果不强，且难深入群众。

汉口也举行了关税自主宣传周。24 日，汉口各界在省党会举行关税自主宣传周开幕式，张难先等发表演说，② 湖北省市党务指导委员会发表联合宣言。③

山西太原的关税自主宣传周时间有所推迟。1929 年 1 月 2 日，太原各界民众在中山公园举行联欢庆祝大会，到会团体四十二个，四万余人参加。大会通过九项提案，其中第六项为要求 2 月 1 日实行关税自主。同时，大会决定随后两日在原地举行关税自主宣传周及收回汉口租界二周纪念。④

至于其他各地的关税自主宣传情况，由于资料有限，情况不是很清楚。按照国民党党务组织情况，理应同样进行了宣传。例如，浙江省政府就将内政部下发的举行关税自主宣传周函件转给各级机关。⑤ 陕西、河南、江西、

---

① 《湘省举行关税自主宣传周》，《申报》1929 年 1 月 7 日，第 3 张第 9 版。
② 《武汉关税自主宣传周》，《申报》1928 年 12 月 26 日，第 2 张第 6 版。
③ 《两湖近闻》，《申报》1928 年 12 月 24 日，第 2 张第 6 版。
④ 《晋省联欢庆祝大会，议决要案九则》，《申报》1929 年 1 月 4 日，第 2 张第 8 版。
⑤ 《浙江省政府训令秘字第三一四号，令各机关准内政部函举行关税自主宣传周，附发宣传大纲请转饬知照由》，1929 年 1 月 22 日，《浙江省政府公报》第 510 期，1929 年 1 月 24 日，命令，第 1 页。

河北、甘肃、广西等省政府或相关机关政府公报均刊载了《实行关税自主宣传要点》《实行关税自主标语》《关税自主宣传大纲》。① 这些说明，关税自主宣传应该是一场全国性的活动。

与关税自主宣传周相关的还有裁厘宣传周。1931 年 1 月 23 日，《大公报》报道天津市党部举行裁厘运动宣传周，"其宣传意义，为向市民解释裁厘之真义，并希望市民能帮助政府进行。"②

三、 举行撤废领事裁判权宣传周

撤废领事裁判权宣传周是一种主题明确的集中宣传活动，对唤醒民众关注领事裁判权问题有积极意义。撤废领事裁判权宣传周，是在南京国民政府与英、法、美等国交涉取消领事裁判权遭到拒绝后，做出单方面废除领事裁判权姿态的背景下，由国民党宣传部门组织领导的宣传活动。当时，国民党中央要求各级党部、政府等举行撤废领事裁判权宣传活动，以唤起民众支持。国民党中央执行委员会宣传部还特别制定《实行撤废领事裁判权宣传要点》，下发各级党部。宣传要点包括：民众应一致奋起，拥护国民政府恢复中国法权令，以表现民族精神；要求国民政府早日颁布管辖外人诉讼之实施办法，并厉行法治；实现了恢复中国法权令，方可保持国家主权之完整，脱离半殖民地的地位；十九年元旦日，是中华民族解除国际压迫的复活日，全国人民应振起民族精神，愈加奋勉；要实现中国法权令，须全国一致作外交后盾，其有借故阻挠之国家，即我中华民族之公敌，全国民众应热烈反对；我们要根本免除帝国主义者政治的侵略，还须努力收回全国租界；我们要恢复民族独立自由的地位，还须努力废除一切不平等条约。③

在这种背景下，天津、南京、上海、北平等地纷纷举行撤废领事裁判权宣传周。

---

① 《陕西教育周刊》第 64 期，1929 年 2 月 28 日；《河南教育》第 1 卷第 13 期，1929 年 2 月 15 日；《宣传周报（南昌）》第 4、5 合刊，1929 年 2 月 18 日；《甘肃省政府公报》第 80 期，1929 年 2 月 16 日；《广西公报》第 97 期，1929 年 2 月 11 日。

② 《裁厘宣传周今日开始实行》，天津《大公报》1931 年 1 月 23 日，第 2 张第 7 版。

③ 《实行撤废领事裁判权宣传要点》，《中央周报》第 82 期，1929 年 12 月 30 日，第 16 页。

天津特别市撤废领事裁判权宣传周开始于 1929 年 11 月 4 日，由天津市党务整理委员会发起。市宣传部为此制定了《工作计划大纲》，就宣传周进行宣传的方式、内容、时间等作出详细规定。宣传方式包括文字宣传、标语宣传、图书宣传、讲演宣传、组织讲演队等五种。其中，文字宣传主要是翻印中宣部《收回领事裁判权运动宣传大纲》和发表《告民众书》。《告民众书》阐述了领事裁判权的历史、危害、取消领事裁判权运动的历史等，呼吁"应一致团结起来将他打一个粉碎"，吸取失败的教训，发愤自动取消领事裁判权，"群策群力在本党领导之下作外交的后盾。"① 标语宣传主要有布标语和纸标语两种，布标语八幅，"分张各冲要地点"，纸标语"粘贴墙壁"。图书宣传则为"印讽刺画贴墙壁"。讲演宣传有两种，一是由教育局转令讲演所，"在本周内专讲演取销领事裁判权"，一是"广播无线电台演讲队"。此外，组织讲演队则为上街举行演讲活动，规定每日下午 2 时至 5 时由演讲队长带领前往各地分头举行。②

南京特别市的撤废领事裁判权宣传周是由"首都废约会"发起的。1929 年 12 月 21 日，经南京市党部批准，首都废约会召集南京各界各团体代表举行撤销领判权宣传周第一次筹备会议，决定自 25 日至 31 日举行宣传周，并计划于 31 日召开市民大会。③ 24 日，第二次筹备会决定，在宣传周，除请名人演讲外，还组织宣传队，发表告民众书及通电，同时决定 28 日在市党部召开代表大会，请胡汉民、王正廷、狄膺担任主席团。④ 25 日，宣传周正式开始。26 日，"首都各界撤销领判权宣传周筹备会"发表为撤销领判权告民众书。⑤ 28 日上午，"首都各界撤销领事裁判权宣传周"召集代表大会，到五百余人。⑥ 此次大会上，胡汉民、王正廷先后发表题为《中国撤废领事

---

① 《撤废领判权宣传周，由昨日起已开始宣传，市党部发表告民众书》，天津《益世报》1929 年 11 月 5 日，第 3 张第 12 版。

② 《取销领判权宣传周，讲演日期及地点分配，定十一月四日分头举行》，天津《益世报》1929 年 10 月 30 日，第 3 张第 10 版。

③ 《首都废约会近讯》，《申报》1929 年 12 月 22 日，第 2 张第 6 版。

④ 《首都撤销领判权运动》，《申报》1929 年 12 月 25 日，第 2 张第 7 版。

⑤ 《首都撤销领判权运动》，《申报》1929 年 12 月 27 日，第 2 张第 6 版。

⑥ 《撤废领判权国府明令已下，另将正式发表宣言，京各界举行宣传周》，《申报》1929 年 12 月 29 日，第 1 张第 4 版。

裁判权之必要》《撤废领事裁判权之过去及未来》的演讲。胡汉民指出，要
完成总理遗志，求中国自由平等，"先要废除一切不平等条约"，而不平等条
约中"最重要的一件，就是领事裁判权"。① 此次大会宣传效果甚好，"一时
全场革命空气，甚为紧张，一致誓为政府外交后盾。"②

　　上海特别市撤销领事裁判权宣传周有两种，一是 1929 年夏举行的，一
是 1930 年初举行的。限于资料，前者仅见上海党部第七区举行宣传周的消
息。《申报》报道："本市七区党部为促进取消领事裁判权，特举行撤销领事
裁判权宣传周。昨日为宣传周之第一日，由该区第六分部，在江湾东市新森
茶楼宣传，参加民众数百人。"张仲绵、陆仁生相继发表演讲。前者以张学
亮案交涉失败为例，分析了撤销领事裁判权的必要性；后者指出领事裁判权
只是不平等条约的内容之一，还有内河航行权、外兵驻扎权等，中华民族要
解放，"非取消一切不平等条约，尤其领事裁判权不可。"③ 至于整个上海特
别市的撤废领事裁判权宣传周似只见于 1930 年初。1 月 11 日，上海特别市
党部宣传部举行第四十一次市宣传会议，指出："撤销领事裁判权，乃废约
之初步，以上海市的地位言，尤须积极扩大宣传，以表现民意。"会议通过
决议，决定按照市宣传部拟定的计划进行宣传。④ 19 日，市宣传部举行第四
十二次会议，决定 20 日举行上海各界撤销领事裁判权宣传大会，要求各级
党部组织宣传队，出发宣传。⑤ 为配合大会召开，市宣传部拟定了整个宣传
计划，"领导全市各级党部、各民众团体等，努力宣传，扩大运动，以为中
央贯彻革命外交之后盾。数日以来，全市拥护中央撤废领事裁判权之声浪，
风起云涌，群情激昂，民气紧张，可见一斑。"⑥ 在市宣传部的领导下，上海
各区党部也在组织各辖区的宣传活动。1 月 19 日，上海特别市第四区党部举
行第三十九次宣传会议，由潘鼎元主持。他指出，此次会议的目的之一就是

---

① 胡汉民：《中国撤废领事裁判权之必要——在首都各界撤废领事裁判权宣传周的一个演词》，国民党广东
省宣传部编：《领事裁判权的撤废问题》，第 104 页。

② 《撤废领判权国府令已下》，《申报》1929 年 12 月 29 日，第 1 张第 4 版。

③ 《七区党部举行撤销领判权宣传周，昨日开始》，《申报》1929 年 7 月 1 日，第 4 张第 13 版。

④ 《市宣传部宣传会议，第四十一次》，《申报》1930 年 1 月 13 日，第 4 张第 14 版。

⑤ 《市宣传部宣传会议，第四十二次》，《申报》1930 年 1 月 20 日，第 3 张第 9 版。

⑥ 《沪市民众今日举行拥护法权大会》，《申报》1930 年 1 月 20 日，第 3 张第 10 版。

讨论宣传撤销领事裁判权运动。会议就如何扩大撤销领判权宣传案进行了讨论，并决议："通令各分部永久宣传队出发演讲，并散发宣传品。"① 第三区党部则呈请市党部执行委员会，请求举行撤废领事裁判权宣传周。2 月 26 日，国民党上海特别市执行委员会举行第九十八次常会讨论了这个提案，决定由宣传部核办。②

北平特别市撤废领事裁判权宣传周也是在 1930 年初举行的。1 月 19 日，市宣传部召集各区党部、民众团体宣传队开会，对举行撤废领事裁判权宣传周进行部署，制定了宣传工作计划大纲、宣传地点分配表等工作。主席龙云要求各宣传队努力宣传，所散发的宣传品务必"送到民众的心目中去，发生效力，不得随意乱掷"。市宣传部要求各宣传队每日宣传结束填报工作报告表，以便考核。为保证宣传效果，市宣传部决定每日派人到各宣传地点进行督察。20 日，宣传周正式开始。按照统一部署，选派了化装宣传队员；邀请《华北日报》发行撤废领事裁判权专刊，登载宣传周消息。此次宣传周，宣传部组织了 10 个宣传队，包括第五区党部 1 队、第七区党部 6 队、第六区党部 3 队，每队设队长 1 人（第六区党部 3 队共设队长 1 人），队员 4 人。③ 据报道，此次宣传活动声势颇大，"化装宣传队到处讲演，听众塞道。"④

湖南也举行了撤废领事裁判权宣传活动。1930 年初，国民党湖南省党务指导委员会宣传部制定了《撤废领事裁判权宣传标语》，除第十六条为"中国国民革命成功万岁"外，其余十五条都是围绕撤废领事裁判权的。⑤

湖北撤废领事裁判权宣传周的资料不多，但有资料证明湖北也举行过这种宣传活动。1930 年初，湖北省教育厅训令中就提及举行宣传周，宣传撤废领事裁判权、收回租界、关税自主等。⑥ 1931 年 5 月，湖北省立第十二民众

---

① 《四区党部宣传会议》，《申报》1930 年 1 月 20 日，第 3 张第 10 版。
② 《市执委会常会记，第九十八次》，《申报》1930 年 2 月 27 日，第 4 张第 13 版。
③ 《撤废领判权宣传周，北平今日开始化装宣传》，天津《益世报》1930 年 1 月 20 日，第 1 张第 2 版。
④ 《平津要讯》，《申报》1930 年 1 月 22 日，第 2 张第 6 版。
⑤ 湖南省党务指委会宣传部制：《撤废领事裁判权宣传标语》，《自治旬刊》第 60 期，1930 年 1 月 15 日，第 2 页。
⑥ 《湖北省政府教育厅训令，令省立各通俗教育馆，除努力宣传撤废领事裁判权，实行关税自主，收回租界，讨逆胜利各项外，对于废除阴历一项，尤应化装讲演令》（厅字第二八二号），1930 年 1 月 28 日，《湖北教育行政旬刊》第 23、24 期合刊，1930 年 2 月 28 日，公牍，第 30 页。

教育馆也举行过撤废领事裁判权宣传周。"该馆现以法权交涉尚未完全解决，亟应扩大宣传，特于本月十二日起举行废除领事裁判权宣传周努力宣传，以期民众深切了解。"①

从上述资料来看，撤废领事裁判权宣传周主要集中在 1929 年底、1930 年初，配合南京国民政府取消外人在华领事裁判权特令的颁布。当然，此后仍有集中举行的撤废领事裁判权宣传活动。例如，1931 年 4 月 25 日，南京国民政府教育部指令各省市教育厅局及专科以上学校，按照国民党中央训练部规定，协助当地党部进行关于撤废领事裁判权运动各项工作。国民党中央训练部为各级学校规定了三条办法，"一、随时集合学生举行关于撤废领事裁判权问题之讲演、讨论等集会。二、联合各校举行关于撤废领事裁判权之公开的演说竞赛。三、指导学生在假期中为撤废领事裁判权之宣传工作。"②这说明撤废领事裁判权宣传活动并不限于 1929 年底、1930 年初。但是，1930 年后以宣传周形式进行撤废领事裁判权宣传的活动比较少见了。

四、 举行收回租界运动宣传周等活动

除宣传撤废领事裁判权外，国民党还举行过收回租界宣传活动。有时，收回租界宣传活动与撤废领事裁判权宣传活动等是同时举行的，并没有严格区分。国民党中央执行委员会在给各级党部密电时就要求将二者结合起来宣传。密电指出，废除不平等条约是国民党"当前之最大工作"，"而尤以撤销领事裁判权、收回租界为刻不容缓之要图。"在国民党中央责成政府于最短时间内积极进行撤废领事裁判权和收回租界活动时，"我全党同志须即日加紧工作，取消领事裁判权，为收回租界之宣传，以促全国民众之奋起，并表示全国上下最后之决心"，因为领事裁判权与租界"于各帝国主义且有切肤之关系"，"苟不示以决心，期在必废，轻言放弃，势所难能。"这样，国民党各级党部就将废除领事裁判权与收回租界同时宣传。例如，国民党江西省

---

① 《省立第十二民众教育馆通讯》，《民众旬刊》第 12 期，1931 年 5 月 15 日，民教消息，第 47 页。
② 《教育部训令各省市教育厅局、国立省立私立专科以上学校，为准中央训练部函请通令协助进行关于撤废领事裁判权运动之各项工作令仰遵办由》（第六九八号），1931 年 4 月 25 日，《教育部公报》第 3 卷第 16 期，1931 年 4 月 26 日，命令，第 13—14 页。

党部要求各县宣传部遵照中央执行委员会密电。[1] 湖北省党务整理委员会宣传部"因撤废领事裁判权、关税自主、收回租界等各种运动，意义重大，急应扩大宣传"，遂要求各学校在寒假期间组织学生"乘各校学生寒假返里之机会，作普遍之宣传，以期唤起民众，一致拥护中央，贯彻废约之主张"。[2] 1930 年 2 月份，湖北省教育厅在训令中提及，"查撤废领事裁判权、实行关税自主、收回租界、讨逆胜利及改正历朔等项，前经本厅令饬各该馆遵照，举行宣传周，以广宣传在案。"此外，湖北省教育厅还规定在其他宣传活动中进行撤废领事裁判权宣传，要求省立各通俗教育馆于 1930 年 1 月 29 日至 31 日举行废除阴历宣传的同时，对撤废领事裁判权、实行关税自主、收回租界、讨逆胜利各项努力宣传。[3] 这些说明有些地方党部在举行宣传活动时会将几个主题结合起来进行。

单一主题的收回租界宣传周也有举行，目前所见资料是上海特别市举行这种活动。1929 年 7 月 11 日，上海市民举行收回租界宣传周。[4] 上海特别市第三区党部宣传部发起的收回租界宣传大运动连续举办七天，"成绩均甚好，计直接听讲者不下四千余人。"[5] 除了宣传大会、散发宣传品、发表演说、张贴标语等形式外，此次宣传周还举行了一些游艺活动助兴。例如，第三天的宣传活动中就有游艺多种。[6] 第四日的宣传活动中也有游艺十余种。[7]

1929 年底，上海还举行过一次收回租界运动宣传周。11 月 30 日，上海特别市执行委员会宣传部举行会议，通过决议，请市宣传部通令各区党部举

① 《训令各县市宣传部令饬遵照中央密电加紧撤销领事裁判权及收回租界之宣传工作由》，《江西党务月刊》第 7 期，1929 年 8 月 10 日，文书，第 16 页。

② 《鄂省督促学生利用寒假努力废约运动》，《中央周报》第 86 期，1930 年 1 月 27 日，一周大事述评：党务报告，第 4 页。

③ 《湖北省政府教育厅训令，令省立各通俗教育馆，除努力宣传撤废领事裁判权，实行关税自主，收回租界，讨逆胜利各项外，对于废除阴历一项，尤应化装讲演令》（厅字第二八二号），1930 年 1 月 28 日，《湖北教育行政旬刊》第 23、24 期合刊，1930 年 2 月 28 日，公牍，第 30 页。

④ 记工编：《历史年鉴》，吉林文史出版社，2006 年，第 141 页

⑤ 《三区党部收回租界大宣传之最后一日，今晨在奥飞姆大戏院开宣传大会》，《申报》1929 年 7 月 18 日，第 4 张第 13 版。

⑥ 《三区党部举行收回租界大宣传之第三日，昨在北火车站一带开会宣传》，《申报》1929 年 7 月 14 日，第 4 张第 13 版。

⑦ 《三区党部举行收回租界大宣传之第四日，昨在大夏大学开市民大会》，《申报》1929 年 7 月 15 日，第 4 张第 13 版。

行收回租界运动宣传周。① 但这次收回租界运动宣传周的资料暂未找到，情况不明。

除 1929 年举行的收回租界运动宣传周外，上海特别市宣传部还于 1930 年组织了大规模的收回租界宣传运动。是年 7 月 20 日，上海特别市党部宣传部举行第十二次宣传会议，部长陈德徵指出，"最近上海公共租界工部局竟欲以强力夺取我沪西警权，殊属非法，本党同志自应领导全沪民众，群起反对，对于事件，我人更觉收回全国租界为刻不容缓之事。市宣传部将于最近期间，举行大规模之收回租界宣传大运动。"② 至于具体的宣传情况，限于资料，未能考察。

主题明确的废约宣传周还有诸如收回中东路宣传周之类的，但这种宣传周规模并不大。中东路事件发生后，各地反俄情绪高涨，收回中东路权成为舆论关注点。沪宁、沪杭两铁路特别党部尤其关注中东路权问题。1929 年 8 月 1 日，沪宁、沪杭两铁路特别党部开会，决定举行拥护中央收回中东路权宣传周，定 8 月 5 日在百星大戏院举行宣传大会，要求"每机关应至少派一人出席讲演"，听众则由路局转饬所属员工"届时一律参加"。③ 同时，该党部举行各科联席会议及第一区筹备会议，讨论了宣传周筹备具体工作，决定：拥护中央收回中东路权宣传周定 8 月 5 日至 10 日举行，"在沪、苏、常、镇、杭、甬各站，依次举行宣传大会"；宣传周由特别党部下属六个区党部依次进行；会议确定由宣传科负责起草《告两路同志同胞书》，组织科负责起草《告两路同人书》，训练科负责起草大会宣言，宣传科负责印刷事务及标语；决定派员至各区指导筹备工作，并派员参加各区宣传周。会议还讨论了宣传周仪式、各区党部举行宣传周津贴、筹备第二区举行宣传等问题。④ 8 月 5 日为宣传周第一日。该日下午，两路特别党部召集所属党员、两路管理局机关人员、南北站全体员司工警及两路工整会全体职员，在闸北

① 《市宣传部三十六次宣传会议，决议扩大反俄宣传》，《申报》1929 年 12 月 2 日，第 4 张第 13 版。

② 《市宣传会议记》，《申报》1930 年 7 月 21 日，第 4 张第 13 版。

③ 《两路党部举行拥护收回中东路权宣传周，八月五日在沪苏等站分别举行》，《申报》1929 年 8 月 4 日，第 4 张第 13 版。

④ 《两路党部举行拥护收回中东路权宣传周》，《申报》1929 年 8 月 3 日，第 4 张第 14 版。

百星大戏院举行第一区宣传大会，请外交部派员报告中俄外交情形。^① 此外，湖北也举行了这种宣传周。8 月 7 日至 13 日，湖北各界收回中东铁路外交后援会举行反俄收路宣传周，并发出宣言多种。^②

除主题明确的废约宣传周外，一些涉外活动宣传周也可能与废除不平等条约有关。1928 年 12 月 3 日开始的南京特别市反日宣传周就是如此。当时，南京反日会组织汽车宣传队，前往政府请愿，其要求有三点：一是日本先撤兵，二是日本有废约诚意，三是宁案、汉案、济案与废约同时解决。^③ 宣传周第四日，中央大学全体学生千余人举行游行请愿活动，反对将废约改为修约，要求将济案问题与废约问题一并解决。^④ 除南京外，汉口等地举行的反日宣传周也提出了类似主张。12 月 9 日至 15 日，汉口反日宣传周"一致主张以革命精神，打倒日本帝国主义，废除一切不平等条约，并努力经济绝交，以为政府外交后盾，不获胜利，决不中止"。^⑤ 湖南宁乡反日会制定的《宁乡全县反日宣传周宣传大纲》明确指出："这次的反日运动是要废除不平等条约的运动。"该大纲列出反日宣传周的口号就有"废除一切不平等条约"。^⑥ 这些都说明，废除不平等条约成为反日宣传周的一个内容。

以上介绍的多是党政系统组织的民众运动。除此之外，实际上还有社会自发的民众运动，不受政府控制。例如，1928 年 12 月，社会各界对中比、中意等新约表示不满，对王正廷多有责备。13 日，南京中央大学学生举行反日示威运动，捣毁王正廷住宅。据《国闻周报》报道，其原因与王正廷主导签订中比、中意修约，允许外人在中国内地居住置产有关，加之传闻中日关税问题，宋子文有以承认西原借款为条件，引起不满。^⑦ 这显然不是政府所组织的民众运动。国民党在此次事件后一度要求民众运动必须受政府领导。又比如，1931 年 9 月 27 日，南京中央大学学生举行游行示威，愤于"王正

---

① 《两路党部宣传周之第一日》，《申报》1929 年 8 月 5 日，第 4 张第 13 版。
② 《武汉近闻》，《申报》1929 年 8 月 10 日，第 3 张第 10 版。
③ 《首都反日会举行宣传周》，《申报》1928 年 12 月 5 日，第 3 张第 9 版。
④ 《中大学生之反日请愿》，《申报》1928 年 12 月 8 日，第 3 张第 9 版。
⑤ 《汉口反日会通电》，《申报》1928 年 12 月 11 日，第 3 张第 9 版。
⑥ 《宁乡全县反日宣传周宣传大纲》，《宁乡周报》第 10 期，1928 年 12 月 11 日，第 2 页。
⑦ 《京学生捣毁王正廷宅》，《国闻周报》第 5 卷第 49 期，1928 年 12 月 16 日，一周间国内外大事述评，第 2 页。

廷之假革命外交，丧权辱国"，学生一度冲入外交部，殴打了王正廷，并向国民政府请愿，提出"枪毙王正廷"。[①] 这显然也不是政府控制的民众运动。不过，与党政系统组织的废约民众运动相比，自发的民众运动相对较少。

综上所述，南京国民政府前期，民众运动成为废约动员的重要形式，体现了"举国一致"要求改变不平等条约关系的一面。当时，党政组织成为废约民众运动的领导力量。不管是国民党还是共产党，都注意民众动员，引导民众开展废约运动。民众团体是组织民众运动的核心，成为发动废约运动的主体力量。普通民众是民众运动的基本力量，在党政组织的领导下，在民众团体的组织下，汇集成为强大的废约反帝洪流。没有民众成为政府后盾，外交将缺乏实力。南京国民政府显然意识到民众在外交中的力量，积极发动和引导民众从事大规模废约运动，实际上希望为外交提供后盾。王正廷就通过中央广播无线电台发表演说，公开宣布"希望民众奋起，作外交上有力之后盾"。[②] 通过大规模的民众运动，既起到了教育和动员作用，使废约深入人心，又向外展示了中国人民改善不平等条约关系的强大力量，警示了列强，迫使其不得不调整对华政策，同意改善不平等条约关系。因此，这种民众运动对不平等条约关系改变产生了一定影响。此外，值得注意的是，南京国民政府前期还有持续时间久、规模较大的抵制外货运动、提倡国货运动等特殊的民众运动，也与改善不平等条约关系存在密切联系。这些运动从经济领域反对列强侵略，希望摆脱不平等条约对中国经济的束缚，被视为"制裁列强"的有效方法。

---

① 《中央大学：殴警王正廷纪实》，《青年生活》第 1 卷第 1 期，1931 年 10 月 10 日，学校新闻，第 14 页。
② 《王正廷演讲废约，希望民众作外交后盾》，《兴华》第 25 卷第 47 期，1928 年 12 月 5 日，第 40 页。

第十一章　废约理论的探讨

　　理论、观念是行动的先导。调整条约关系的行动同样需要条约理论和条约观念的指导。在废约运动过程中，一些官员、学者对条约理论进行了探讨，舆论也积极参与宣传，促使整个中国社会条约观念发生变化。南京国民政府前十年，条约观念的变化，表现为从政府官员到民众，都充分认识到中外不平等条约权利义务的不对等，打破了"条约神圣"的观念，普遍接受了不平等条约是中国"卖身契"的说法，形成了不平等条约必须取消的共识，寻找了"情势变迁"原则作为改善条约关系的依据。但在如何改善条约关系的问题上，则由于认知差别及派别之争等因素影响，人们思想上出现了较大分歧，形成了"修约"与"废约"之争。

第一节　废约理由的讨论

　　南京国民政府前十年，一些政府官员、学者对废约的必要性进行了积极讨论，通过各种报纸、专业杂志和著作，充分阐述了不平等条约应废的理由，为南京国民政府对外交涉取消不平等条约作了理论和舆论准备。这一时期，研究者对条约的公平性、所谓神圣性及不平等条约的危害等方面进行了集中研究。

一、　不平等条约违背公平原则

条约是国与国之间的契约，理应平等，但现实是中国与列强签订的条约大多不平等，所以才有废除不平等条约运动。那么，什么是不平等条约呢？这是废除不平等条约首先应弄清楚的问题。但现实是，"废除不平等条约"已成"万众一致之口号"，其声浪"固已扬溢乎全国"，而一般士人并不清楚不平等条约是什么。① 因此，厘清不平等条约概念成为当时中国人废约时首先要解决的问题。

不平等条约的概念是基于条约的概念而来。对条约的概念，学术界有不同的看法。当时中国人就认识到，国际学术界对条约有三种不同的定义：第一派以条约是国家意志结合的表示；第二派以条约是拘束国家对外行为的规则；第三派以条约为决定国家之权利与义务之契约。② 当时中国人对条约的概念大多一致，认为条约就是国家与国家之间的契约，用以规范缔约方权利与义务关系的。基于此，人们对于不平等条约大多也是从缔约主体对等权利义务关系角度进行理解。

在权利义务关系观念下，条约应该是平等的。这里的平等是指法律上而言。"什么叫做法律上平等呢？即是：大凡缔结条约，当事的国家必要独立才行。"也就是说，凡缔结条约，国家之间，不论大小、强弱，其地位在法律上都是平等的。③ 当然，这种"国际间的平等"与普通意义的平等不同。它不是自然上的平等，不是政治上的平等，"乃是法律上的平等"。"就是说任何国家以国际社会一分子的资格，在法律上所享的权利义务相等；一个国家不能因为强大而对于弱小国家占有优越的权利。"在这个"平等"的意义

---

① 楼桐孙：《不平等条约或中国》，《东方杂志》第 4 期，1927 年 2 月 25 日，第 5 页。
② 洪仰山：《条约概论》，《福建民国日报副刊：青天白日》第 155 期，1931 年 8 月 23 日，第 1 页。
③ 使君：《条约和非条约》，《民声旬报》创刊号，1928 年 9 月 5 日，第 27 页。

上看，"条约是国家和国家的契约，是规定国家相互间的法律的关系，创造国际权利义务的工具。"①

相应地，定义不平等条约也多是从此出发，认为权利义务不对等是不平等条约的基本特征。周鲠生指出，"通常各国缔结条约都是双方平等互尊主权的；若是某缔约国否认对方的平等权利，而有法律上的不平等的规定，这就叫作不平等条约。"②楼桐孙在《不平等条约或中国》一文中指出，"条约者，二个或二个以上之国家，因规定相互间权利义务之对等关系所创立而应互相遵守之共同意思表示也。"权利义务不对等的当然就是不平等条约。③张霞飞、④刘亦奇、⑤杨明栋、⑥方信侯⑦等均有类似表述。

从这些可以看出，当时不少学者是从权利义务关系角度分析不平等条约问题的，是当时中国人对不平等条约的一般看法。这种观点实际上包含两层含义，一是基于条约本身而言，一是基于条约效果而言。⑧

对于不平等条约的判定，有人明确提出自己的判断标准。周鲠生提出两个标准：一是超越国际法所许范围之外，二是片面的。他认为，这两条必须同时具备。"若是那种关系是双方的，那末，虽然超越国际法范围之外，仍然称为平等。"例如，1871年中日条约允许对方拥有领事裁判权，这个权利虽超越国际法范围，但由于是相互的，因此仍是平等条约。至于国际法允许的片面规定也不构成不平等。如永久中立国不得与外国订立攻守同盟，虽是片面的限制，但系国际法所认的制度。依据这种判断，"历来中外所缔结的条约，并非一概都是不平等的。"如红十字条约、1899年和1909年海牙条约等。⑨王纪元也提出了类似的标准。他说平等与否的标准在于两点：第一，不平等条约是以一方利益为依归；第二，不平等条约超越国际法许可范围。

① 周鲠生：《不平等条约十讲》，上海太平洋书店，1928年，第3页。
② 周鲠生：《不平等条约十讲》，第6页。
③ 楼桐孙：《不平等条约或中国》，《东方杂志》第24卷第4期，1927年2月25日，第5页。
④ 张霞飞：《我们为什么要废除不平等条约》，《申报》1928年9月13日，第4张第13版。
⑤ 刘亦奇：《废约运动和新约之批评》，《持志》第351期，1929年5月，第1页。
⑥ 杨明栋：《不平等条约与中国》，《中华实事周刊》第2卷第8期，1930年6月7日，第2页。
⑦ 方信侯：《在国际法立场上讨论中国修约与废约的问题》，《求是月刊》第1卷第7期，1934年4月15日，第1页。
⑧ 张炳钧：《国民会议与废除不平等条约》，《河北前锋》第8期，1931年4月6日，第15页。
⑨ 周鲠生：《不平等条约十讲》，第9—11页。

所以，"不平等条约，就是国与国之间所订成的契约，而不是尊重双方的利益和主权的，仅是以片面的利益为依归的，并且所造成种种法律关系，是超越一般国际公法所允许的范围以外的。"① 当然，也有人提出不同看法。吴昆吾就认为周鲠生的看法不准确，他指出，"凡条约只规定片面义务者，即为不平等条约。"② 但不管怎样，当时人都认为，权利义务不对等，特别是一方片面享有权利或一方片面履行义务，是判断不平等条约的依据。

国际社会为何会产生不对等的权利义务关系呢？当时中国人大多从国家实力强弱角度进行分析，指出不平等条约是强国欺压弱国的产物。侯汉卿指出，"不平等条约，是帝国主义者以威胁和欺骗手段，与弱小国家所缔结的条约。大凡国际间所订各种条约，双方皆有履行的义务，故条约的内容，应以相互平等为原则。若违背此原则所缔结的条约，则一方享超越的权利，一方负特殊的义务，便成为不平等条约。"③

当然，对条约与不平等条约，也有从其他角度来定义的。有人从缔约主体和拘束效力角度分析条约与非条约、平等条约与不平等条约。《条约和非条约》一文专门分析了这种差异。该文指出，"条约原来有两个意义，一个是广义的，包括两国间一切文件而言；一个是狭义的，单指国际间的文件经过一定手续，而有拘束当事人效力底而言。但是一般所谓条约，通常限于狭义，都是把国家做主体，经过政府的全权代表磋商及国内最高主权者之批准，才可以叫做条约。"未经这种手续的，自然不是条约。作者指出，私人和外国缔结的条约、省政府和外国缔结的条约没有经中央政府承认的，都不是条约，没有条约效力。所以，废约先要区别哪些是条约，哪些不是条约。不是条约的，就不用我们来废止，根本就是无效的，绝不可以把非条约认为条约。至于条约与不平等条约，作者认为，条约就应该是平等的，因为条约缔结都是当事国独立进行的，以主权的名义进行；所谓不平等条约，并非法律上的不平等，只是内容的不平等。④

---

① 王纪元：《不平等条约史》，亚细亚书局，1935年，第4页。
② 吴昆吾：《不平等条约概论》，商务印书馆，1933年，第2页。
③ 侯汉卿《国民会议与废约》，《华北日报》1931年3月21日；3月22日。
④ 使君：《条约和非条约》，《民声旬报》创刊号，1928年9月5日，第27—29页。

有人从缔约条件出发分析条约与不平等条约的区别。杨伟能在《废约运动与帝国主义》一文中指出，条约是国家与国家间的契约。条约必须具备几个根本的条件，其主观条件是：第一，缔约当事者必具有完全缔约的资格；第二，条约的缔结，必出于双方当事者的自由同意。客观的条件是：第一，须在事实上为可能的，也就是条约的执行，在缔约国未有物质的不可能；第二，条约的目的，必须为合法的，即必须不违背国际公认之原则。据此可以判断，哪些条约是合法的、公道的，哪些是不合法的、不公道的。列强强迫中国签订的条约，没有得到当事者完全缔约的资格，不是出于双方当事者的自由同意，违背国际公认的原则。"所以不平等条约，就是帝国主义者用威力及诈术向弱国取得的权利的结晶，使弱小民族的国家永为他的奴隶。"[1]

还有人从条约的要素出发，判断条约是否平等。"按诸条约要素，一曰主权完整，二曰双方合意，三曰代表承认，四曰最后批准，五曰订约目的，六曰适合国际法。设该约有瓒侵任何方主权，或未经双方同意，抑或未经代表承认，以及未经人民批准与夫不合国际法与片面最惠国条款者，悖一，其条约即谓不平等，则我国所订之条约，直不平等中之尤者矣！"[2]

不管从哪个角度出发，当时中国人对不平等条约的理解都是为了论证它应该废止的理由。大体来说，当时中国人认定不平等条约是不合理的，因为它是强迫签订的，通过威胁或欺诈手段获得；是违背相互对等原则的，只有片面的享有权利或履行义务；超越了国际法许可范围，侵害或限制了对方主权。有人明确指出，"条约是国家与国家间的契约，国际条约的成立，她和私人契约一样，须具备几个根本的条件，其中最重要的是必出于双方当事者的自由意志！内容必须合法，即必须不违背国际法公认的原则，各国在华所订的条约……都是出于威迫的，讲到她们的内容，纯以劫夺他人的土地主权为目的，根本便是不合法。简单说起来，所谓不平等条约完全是片面的条约。订约的两造，一造为权利国，专享权利，不尽义务，一造为义务国，专尽义务，不享权利；这种条约是强国用威力及诈术向弱国取得的权利的结

---

① 杨伟能：《废约运动与帝国主义》，《东山月刊》第 2、3 期合刊，1928 年 12 月 15 日，第 9 页。
② 陈雨耕：《不平等条约与中国》，《遗族校刊》第 3 卷第 1 期，1935 年，第 86 页。

晶。"① 正因为如此，中国有权利不承认这种条约。

二、非"条约神圣"

按照国际法，条约一旦订立就应当遵守。不平等条约是否也适合这个原则呢？这就有争议了。帝国主义国家政府及其少数国际法学者抛出了所谓"条约神圣"原则，强调一切条约都应遵守。在他们眼中，条约就是条约，不存在平等不平等的问题。只要是缔约双方签订的条约，就应该无条件遵守，否则就会出现"无秩序"。如果弱国要废除不平等条约，就是破坏"条约神圣"原则。在近代中国，"条约神圣"原则是伴随着炮舰外交而来的，因此也逐步被中国政府所接受，于是就有了"信守条约"的方针。晚清政府和民国北京政府基本遵循这个方针。但是，五四运动后，随着民族主义的兴起，中国人民逐步意识到不平等条约对主权的束缚，要求废除不平等条约逐渐成为社会的共识。在这种情况下，条约"神圣"原则开始动摇。国民大革命兴起，废约反帝成为时代的潮流。在废约反帝运动猛烈冲击下，"条约神圣"原则被中国人民扔到了历史垃圾堆。"不平等条约在十几年前，和圣旨一样的威赫，谁也不敢违犯。近几年来，中国对于不平等条约的'神圣'观念，大大改变。"②

在这种背景下，帝国主义国家不得不调整对华政策。每当中国要求取消不平等条约特权时，帝国主义者就会祭出"条约神圣"的法宝，捍卫所谓条约权利。虽然他们也开始"让步"，答应协商修约，但仍不忘时时强调"条约神圣"。帝国主义者希望在"条约神圣"的借口下继续享有不平等条约特权，只不过允许双方协商，略微修改，但绝不允许中国单方面废约。例如，1926 年 12 月 18 日，面对中国国民革命迅猛发展，英国政府发表了对华"新政策"，提出愿意修订新约的主张，但坚持要维护"条约神圣"。③ 当国民政府宣布于 1930 年 1 月 1 日废除领事裁判权时，英国政府又搬出来"条约神

---

① 灵觉：《不平等条约到底说些什么？》，《生活周刊》第 3 卷第 38 期，1934 年，第 443 页。

② 《辩论：中国应自动的废除不平等条约》，《金陵光》第 16 卷第 1 期，1927 年 11 月，第 95 页。

③ 《英国对华"新政策"备忘录》，1926 年 12 月 18 日，复旦大学历史系中国近代史教研组编：《中国近代对外关系史资料选辑（1840—1949）》下卷第一分册，上海人民出版社，1977 年，第 113 页。

圣"原则，只允许中国逐步协商修约。英国外交部官员指示驻华公使蓝普森，要求他警告中国政府，有关领事裁判权问题的解决只能采取逐步的方法，只有双方"通过友好并不带偏见的谈判才能生效"。"假如发生阻止这种谈判开始或妨碍达成满意的结果的事情，这将是非常不幸的。中国政府自己将意识到，任何攻击英国国民基于百年来神圣的条约规定且对中国同样有利的合法权利或利益的行为，将使大英政府承担起重要的责任，因为这样的攻击将非常不利于以谈判的方式解决复杂的问题。"① 不仅英国以"条约神圣"为由反对中国单方面废约，日本、美国、法国等帝国主义国家莫不如此。日本政府对国民政府宣布中日通商行船条约期满作废一事尤为不满，声称这是"蔑视国际信义之暴举"，表示万难容忍。② 这实际上是威胁中国必须遵守"条约神圣"原则。

帝国主义者的这种条约立场，遭到了中国社会的抵制。美国驻华公使马克谟已经意识到了这一点："关于所谓的'不平等条约'，中国宣称是在受各国控制时被强加的，目前盛行的行动原则是如果这些条约是恼人的，中国不受这些条约义务的束缚。不仅政治鼓动者宣布这种原则，甚至连更友好更清醒的政治领袖也把它作为公理。""不仅对那些据说在威逼之下签订的条约，而且对中国在华盛顿会议上自愿殷切地签订的条约，中国也采纳并按这种观点行事，即中国只受那些对中国利益有益的条款约束。"③ 显然，中国社会拒绝接受不平等条约必须遵守的所谓"神圣"原则。

南京国民政府时期，中国社会各界对于"条约神圣"原则有清醒的认识。他们认为，不平等条约本身就违背了互尊主权的原则，是列强威迫下的产物，守约的基础不存在。国民党中央委员邵力子专门发表了《非"条约神圣"》的演讲，指出："现在我们有人疑心条约是神圣的东西，条约是双方同意签定的东西，这完全是帝国主义拿来骗人的话！"他认为，帝国主义者

---

① 《亨德森致蓝普森》，1929 年 12 月 20 日，王建朗主编：《中华民国时期外交文献汇编（1911—1949）》第 5 卷下，第 670—671 页。

② 《芳泽谦吉复外交部节略译文》，1928 年 7 月 31 日发，8 月 7 日到，王建朗主编：《中华民国时期外交文献汇编（1911—1949）》第 5 卷下，第 616 页。

③ 《马克谟致史汀生》，1929 年 7 月 15 日发，16 日到，王建朗主编：《中华民国时期外交文献汇编（1911—1949）》第 5 卷下，第 698 页。

是用条约来消灭弱小国家的。"在这种情形之下，我们要是迷信条约是神圣的，这种心理就是反革命的心理，不是革命者所应当有的！"① 这种观念并不少见。署名剑超的作者指出，"有人以为一切条约都是应当神圣的，都是应当遵守的，破坏条约是件很不名誉的事情，这真是一句再混蛋没有的话。须知我们所要遵守的条约乃是平等互尊的条约，绝不是压迫缔结的条约。"② 冯震、孟治等人也表达了同样的意思。③ 否认"条约神圣"的观点常见于报刊。有人甚至将否认"条约神圣"与革命性联系在一起。换言之，否认"条约神圣"，具有了革命的合理性。

不仅不平等条约不必遵守，中国人还应主动打破这种"虚伪的信义"。广东梅县私立东山中学学生罗盛年撰写论文指出，打破"虚伪的信义"是废约的第一步。中国人历来重信义，爱和平，但不是指遵守不平等条约。"因为不平等条约是帝国主义压迫我们所订的，并非我们愿意所订的平等或互惠条约，所以我们要极端反对，绝无履行的义务。"④ 从罗盛年的这篇论文来看，"条约神圣"观念破产已经被普通知识群体所接受。

不平等条约不再"神圣"。那么，满期的不平等条约是否可以由中国单独废止？列强的观点是，条约是"神圣"的，即使满期，也不能单方面废除。中国人对这种观点是不认同的。"就满期的条约来说，有少数学者抱着'条约神圣'的观念，以为条约不可由缔约国的一方面单独宣告废止。这是学者的理想，不顾事实的重要，不足为训！其他大多数学者都根据情势变迁的原则，承认单方面可以废止满期的条约。"⑤

除了直接否定"条约神圣"观点外，也有人以情势变迁原则委婉地批驳"条约神圣"观点。例如，伍薏农指出，"有人说条约就是契约，宜顾全信用，不可妄谈取消。这是不明白国家的生存，与个人的生存无异……今国家受不平等条约之束缚，不惟不能发育，且将不能生存。若仍遵守条约，是则

① 邵力子：《非"条约神圣"》，《浙江党务》第17期，1928年9月22日，第9页。
② 剑超：《从九七纪念谈到废除不平等条约》，《思想月刊》第4期，1928年，批判栏，第5页。
③ 冯震：《不平等条约的分析（续）》，《民众周报》第181期，1931年6月28日，第9—12页；孟治：《南京条约之因果的研究》，《新声半月刊》第2卷第4期，1930年7月1日，第77—81页。
④ 罗盛年：《不平等条约与中国前途》，《东山月刊》第1期，1928年10月15日，第9—10页。
⑤ 杨朝杰：《国际条约概论》，大东书局，1933年，第67页。

尾生抱柱之徒，非愚则迂。"作者认为，如国家生存发展与条约义务有冲突时，后者必须让步。中国的国际条约，均有取消现存条约之必要，因为"碍吾国之生存及发育也。现在情势，与缔结条约之时，大相径庭也"。①《兴华》杂志的社论也指出，随着情势变迁，条约必须遵守的原则应该有例外。② 类似的观点还有一些。

总的来说，这一时期中国社会对于遵守条约的态度是明确的：条约固然应该信守，但不是一切条约都应当遵守。不平等条约是束缚中国国家生存发展的工具，不适合时代的发展，不必遵守。"条约神圣"只是帝国主义维护不平等条约特权的借口。打破"条约神圣"原则，才能废除不平等条约。

三、 不平等条约是"卖身契"

除了不平等条约的不公平性外，时人还重点分析了不平等条约的危害。从国民个人生活，到社会发展、国家生存，乃至整个世界人类文明都受其影响。正如国民党中央民众训练部训令指出："不平等条约，阻碍我人民的生活，社会的生存，国民的生计，群众的生命，实为社会进化之障碍，人类文明之污点。"③

就中国国内而言，当时中国人基本形成共识，不平等条约严重束缚中国的生存与发展，因此必须取消。他们呼吁废约，一般理由就是孙中山所称不平等条约是束缚中国的"卖身契"。④ 孙中山的这个观点在南京国民政府前期非常流行。不管是政府机关，还是民间舆论，孙中山的这个遗训经常被引用，以论证废除不平等条约的合理性。废除"卖身契"一说也因此在当时流行。有人指出，"自从满清失政，我们和外人所订的条约，都是受强权无理的压迫，写成一些卖身契。这卖身契之废除，到了今日，已为全国民众一致之要求。"⑤ 国民革命军第三集团军政治训练部宣传处在告各界民众书中指

---

① 伍薏农：《不平等条约的分析及其修改方法》，民治书局，1929年，第132、134页。
② 《社言：废约原则》，《兴华》第25卷第37期，1928年9月26日，第1页。
③ 《废除不平等条约作特种讨论问题》，《宣传周报（湖南）》第31期，1931年6月14日，一周间大事纪要·党务要闻，第3页。
④ 《在上海招待新闻记者的演说》，广东省社会科学院历史研究室等编：《孙中山全集》第11卷，第336页。
⑤ 《第一次对外缔结平等条约已签字》，《中央侨务月刊》第2期，1929年10月，大事述评，第91页。

出:"自从有了这种卖身契,我们中国国民,便沦到了奴隶的地位,我们的国家也失去了自由平等。外国人的战舰,可以随便驶进中国的内地河,中国的经济命脉——海关,也是操在外国人的手里。外国人在中国设立租界,贩卖枪枝,助长军阀,挑拨内乱,种种作恶,都可以不受中国的法律制裁。这就是因为有不平等条约为之作护符,作保障。我们若免除以上的种种,恢复中国的自由平等,便只有废除不平等条约。除此以外,再没有第二个办法。"① 这些"卖身契"束缚了中国的生存和发展,造成了中国种种落后。既然是"卖身契",当然就必须取消才能重获自由。②

正由于不平等条约成为阻碍中华民族生存发展的主要因素,因此废除不平等条约是中国谋求发展的必要条件。有人指出,"不平等条约,为八十年来中国的枷锁,为帝国主义者压迫弱小民族的护符,损害领土的完整,危及国家主权和国民经济的安全,弄到国敝民贫,都是不平等条约的罪恶,实在不能不宣告废除","不取消不平等条约,则中国民族永没有生存的希望。"③ 有人指出,"不平等条约不彻底废除,则中国革命之目的——造成独立自由之国家断难达到。"④ 在当时的报刊舆论中,类似这样的言论比比皆是,反映了当时人们对不平等条约危害的认知颇有深度。

扫除这种危害中国生存与发展的障碍,已经成为当时中国社会的共识。"不平等条约之必须摆脱,这是举国上下一致承认的。"⑤ 这种共识最集中的表现就在 1931 年 5 月国民会议召开前后各地党政机关、各团体、个人纷纷通电要求或拥护政府发表废约宣言。"国民对代表之希望如何,对会议之要求如何,在未开会以前,各地函电纷飞,无不一致要求,废除不平等条约。"正是在这种举国一致情绪的激励之下,国民会议代表项定荣等一百余人在国民会议第二次会议上临时动议,提出《废除不平等条约》议案,得到积极响应。议案指出不平等条约必须废除的原因,"帝国主义者凭藉不平等条约,

---

① 《本部为废除不平等条约告各界民众书》,《革命前锋》第 9 期,1928 年 12 月 15 日,第 35 页。
② 陈崇灏:《废除不平等条约是我们的生死关头》,《职业市季刊》秋季号,1928 年,第 13 页。
③ 《警语》,《河北前锋》第 6 期,1931 年 3 月 23 日,第 42 页。
④ 王柏矩:《不平等条约的一笔总账》(本篇所有材料多得自张廷灏著《不平等条约的研究》一书),《江苏》第 22、23 期合刊,1929 年 5 月 1 日,第 170—184 页。
⑤ 章兆直:《中国之废约问题》,《金陵月刊》第 1 卷第 1 期,1928 年 12 月 10 日,第 2 页。

肆意侵略，煽动中国之内乱，以致中国不能统一，不能建设，故国民会议如欲图中国之统一建设，必先打倒最大之障碍，即不平等条约。"① 随后国民会议第五次会议通过《废除不平等条约宣言》，以国民会议名义发表，指出中国要求废除不平等条约的必要性。② 废约议案和废约宣言集中反映了当时中国人对不平等条约危害中国生存与发展的认识。

除从整体上考察不平等条约对中国的危害外，当时人们还从政治、经济、文化、社会等各个角度进行考察，分析不平等条约必须废除的原因，实际上是从不同角度补充不平等条约是中国"卖身契"的观点。以经济为例，人们对不平等条约严重阻碍中国社会经济发展的状况认识非常清楚。有人指出，"我国受不平等条约之束缚，一切不能建设，工商业固无由进步，即数千年来所以立国之农业，亦纷纷垂败，国内经济之命脉，全在外人掌握之中。人民生活，明知其有日益窘蹙之趋势而未由挽救；国际地位，明知其有日就消亡之危险而罔克自拔。此种痛苦，实我中华独立民族所仅有而世界上任何其他独立国所绝无。此痛苦一日不解除，我国一日无富强之希望，而人民亦一日无安居乐业之可能，故废除不平等条约，实乃训政时期之中国所当不惜一切艰苦奋斗以求实现之万急之要务，抑亦革命政府在未达到实现目的以前所不得一时一刻而安枕者也。"③ 也有人以交通事业为例，指出帝国主义通过不平等条约对中国经济的侵略。借助不平等条约，外人在华直接投资经营、借款兴筑铁路、航政、邮政、电信，"以致政治无由进展，经济濒于破产，伟大而有生气的中华民族，奄奄待毙。"④ 马寅初在浙江大学演讲《我国今日之经济状况》时指出，中国经济之所以落后，"不平等条约实万恶之源。"而在经济不景气时，不平等条约恶劣影响更明显。在他国运用有效的经济政策如提高关税政策、货币政策、倾销政策、汇兑政策、管理国际贸易

---

① 《国民会议议决废除不平等条约：全场一致鼓掌通过，推定起草宣言委员》，《东方民族》第 5 卷第 10 期，1931 年 5 月 16 日，第 2 页。
② 《国民会议为废除不平等条约宣言：国民会议第五次会议通过》，《宣传周报（湖南）》第 28 期，1931 年 5 月 21 日，特载，第 1 页。
③ 戴抒：《废除不平等条约，国人誓一致为政府后盾》，天津《大公报》1931 年 5 月 15 日，第 3 张第 11 版。
④ 王涛：《发展交通应努力废除不平等条约》，《自求》第 29 期，1931 年，第 27 页。

政策等，在中国根本行不通。"推究其源，皆系不平等条约所加的束缚。"①
正因为不平等条约严重束缚中国经济发展，因此，取消不平等条约才能发展
中国经济，成为中国人的共识。时人指出，"因为一切的经济压迫，都是根
据不平等条约，我们要解决经济问题，就得先取消一切不平等条约。所以废
除不平等条约为改造中国经济的先决条件。"②

人们对废除不平等条约的必要性阐述，不限于以上这些。如，有人从三
民主义实现分析，指出不平等条约阻碍三民主义的实现，废除不平等条约才
能实现三民主义。③ 有人从民族复兴的角度分析，指出"不平等条约与中国
民族之复兴运动，是绝对不两立的"。④ 有人从提升国际地位角度指出，"不
平等条约之急应撤废，实为今日我全民族之共同要求，亦即跻于国际平等，
世界大同之必由途径也。"⑤ 也有人从一些具体领域出发进行分析，例如，有
人考察了拒毒运动不能成功的原因，指出不平等条约没有取消，各国有租界
及领事裁判权等为护符进行贩毒，很难防止，这是最大原因。所以，不平等
条约不废除，帝国主义不消灭，拒毒运动不能取得彻底成功。⑥ 有人从国民
生命安全角度指出，不平等条约是中国人民一再被屠杀的原因。所以，根本
的办法是废除一切不平等条约。⑦ 类似的分析，在当时报纸杂志上可以找到很
多。总之，当时人们一致的观点是，不平等条约祸害中国，必须根本废除。

除了从中国的生存与发展考虑外，还有人从世界和平、人类幸福的伦理
高度进行思考，认为废除不平等条约是寻求世界和平、人类幸福的需要。王
正廷就明确指出，"废除不平等条约，非仅为自身而奋斗，亦为世界全体人

---

① 《不平等条约不废除，我国经济状况无法改善，马寅初先生莅校演讲，全程听众咸为之动容》，《国立浙江大学校刊》第 171 期，1934 年 5 月 5 日，校闻，第 1763 页。

② 何鲁瞻：《废除不平等条约为改造中国经济的先决条件》，《民钟季刊》第 1 卷第 3 期，1935 年 9 月，第 114 页。

③ 吴宿光：《废除不平等条约与三民主义》，《新晨报副刊》第 134 期，1928 年 12 月 19 日。

④ 周异斌：《废除不平等条约的理论与实际》，《政治与民意》第 6 期，1931 年 5 月 10 日，第 12 页。

⑤ 亮：《废除不平等条约与订立新约》，《建国月刊》第 33、34 期合刊，1929 年 1 月 12 日，时事评论，第 2 页。

⑥ 许绍棣：《不平等条约不废，拒毒运动不能澈底成功：在拒毒运动周开幕礼中的报告》，《浙江党务》第 58 期，1929 年 10 月 5 日，第 19 页。

⑦ 《五卅运动与不平等条约》，《革命前锋》五一八、五卅纪念合刊，1929 年 5 月 20 日，第 34 页。

类之和平幸福而奋斗。"① 有人认为，人类自相残杀的根源，"皆由野心国不顾公理，以强凌弱，逼订不平等条约，为侵略他国权利之工具"，"故欲求世界和平，必先求世界公平，欲求世界公平，则必先废除一切不平等条约。所以巩固和平之基础者在此。夫不平等条约者，世界人类之公敌也，酝酿战祸之导线也，制造战争之原料也。不平则鸣，杀机即由此而起，故不平等条约一日不废除，即一日不得和平。"② 有人从伦理的角度分析废除不平等条约的意义，指出"废除不平等条约，决非仅仅是为我民族本身的利益，从全世界的立场及全人类的立场看来：一切被压迫的民族，都应解放。一切不平等的条约，都应废除。"废除不平等条约，不仅仅是为了争民族一族的利益，而是为了爱护世界人类的宗旨。这就是我们要求废除不平等条约的伦理的根据。③

总之，不管是从中国自身利益出发，还是从世界人类整体利益出发，不平等条约都应该取消。换言之，中国要求立即取消不平等条约具有正当性、合理性。

第二节　废约方法的思考

取消中外不平等条约是当时中国社会的共识。那么，什么情况下不平等条约才能被"合法"取消呢？这需要从一般的条约废止理论说起。

按照国际法，条约必须遵守，但不意味着条约永久有效。在一定情况下，条约是可以废止的，不管是有期限的，还是无期限的。问题是，条约在什么情况下可以废止或者失去拘束力？当时一部分中国学者从国际法角度进行了深入的理论研究，探讨条约废止的各种情况。例如，吴昆吾专门探讨了条约废止的十三种情况，包括条约全部履行、条约期限届满、条约解除条件

---

① 王正廷：《废除不平等条约之真义与今后之努力》，《中央周报》第 71 期，1929 年 10 月 14 日，论著，第 17 页。

② 王介安：《废除不平等条约》，《国货月刊》第 1 卷第 1 期，1928 年 10 与 10 日，第 69 页。

③ 宓汝卓：《废除不平等条约之伦理的根据，读了伍公使在国联会演说有感》，《中外评论》独立第 7 期，1929 年 10 月 10 日，时评，第 1—2 页。

（条约中有载明某项情势发生，本约即失效力者，为解除条件，此条件实现后，条约应即终止）、条约不能实行（条约在法律上不能实行或者事实上不能实行）、条约目的违法（如贩卖奴隶等违反国际法）、条约与《国联盟约》相抵触、缔约方抛弃权利、双方同意废止条约、单方解约、对方不履行条约、缔约国交战、缔约国变更或消灭、时效问题等。[①] 张廷灏则将条约废止的情况概括为条约履行期满、自由解约（单独）、合意解约、目的物消灭、一方抛弃、目的成就、主体消灭、时代变化（形势迥异）等八种。[②] 杨朝杰认为条约废止包括双方同意取消（包括双方明示废止；双方暗示同意废止，如缔结新约；缔约一方放弃权利，负有义务的一方乐意接受）、因条约期满废止、因条约的主要条件已经履行而自行废止、有绝不能实行的事实发生而条约即作罢、两造合并、两造战争、情势变迁等七种情况。[③] 类似的研究在当时的国际法著作中还有不少。这些研究其实差别不大，只是归类不同而已。这些情况大部分适应于普通条约废止的情况。

而在近代国际关系中，中国处于弱势地位，列强通过不平等条约独享权利，中国履行条约义务。在这种情况下，列强根本不愿意放弃条约特权，千方百计延续条约效力，拒绝中国废止不平等条约。南京国民政府统治时期中国社会已经觉醒，强烈意识到不平等条约的严重危害，要求尽快废止不平等条约，不愿意也不可能等待所有条约期满才废止（有的条约有效期很长，即使期满的条约列强也认为一直有效），不可能寄望于列强主动抛弃权利或同意废约，当然也无力自由解约或主动通过战争形式废约，因此中国只能着重考虑"合法"的单方面废约。于是，当时中国社会将目光集中在"情势变迁"原则（Doctrine of Rebus Sic Stantibus）上，认为它可为中国废约提供法理依据。但在条约解除的各种情况中，该原则又是争议最多的。因为情势、变迁没有一定的标准，容易任意拒绝条约义务。[④] 在这种情况下，1927—1937年间，中国人加强了"情势变迁"原则的研究。

---

① 吴昆吾：《条约论》，商务印书馆，1931年，第80—90页。
② 张廷灏讲演，高尔松笔记：《不平等条约的研究》，光华书局，1927年，第12—13页。
③ 杨朝杰：《国际条约概论》，第62—67页。
④ 费青：《国际法上"情势变迁"原则之研究》，《法学季刊》第4卷第1期，1929年，第29页。

"情势变迁"，又称"情势变更""情势迥异""情势变化""情形变更""环境变迁"等，本是私法上的原则，18 世纪末扩展到公法领域，成为国际法一个重要的条约原则。其意思是条约的存在，应以情势依旧为条件。当情势不能和缔约的时候相同时，条约应予取消。按照一般的说法，条约如无期限，缔约双方已默认因此情势而订约，则将来情势变迁，此约当然废止。但是，这个解除是双方同意解除还是单方面可以解除呢？如果是双方同意解除，问题不大。如果是单方面解除，则容易出现争持，因为条约对一方有损时对另一方也许是有益的。不平等条约就是这种情况，中国单方面解除就引起列强的抗议。

"情势变迁"原则对当时中国人来说并不陌生。早在 1910 年《申报》就以该原则来说明中俄陆路商约改订问题。① 当然，这里的"情势变迁"还不是单方面解约的依据。正式以"情势变迁"原则来阐述中国可以单方面废约的例子至少在 1919 年就出现了。当时《申报》转述了《北京英文导报》的观点，阐述中国对于胶州权利的主张，其中提及 1915 年中日条约可视为废纸，其理由就是"情势变迁"。② 此后，中国学者研究"情势变迁"原则开始增加。例如，苏希洵从法理上研究中国取消不平等条约的依据，其中就包括"情势变迁"原则。他指出："我国取消无期限或期限太远之条约，若以情形变更为理由，法律上即有坚实之根据，对方亦将无辞以难我。"③《益世报》和《京报》副刊等刊登过有关"情势变迁"的文章，如《条约之拘束》《异哉关税法权会议美国全权代表司注恩氏之演辞》等。④ 至于官方以情势变迁原则对外要求修改或废除条约，则以中比废约、中西废约为典型。但总体来说，不管是民众，还是政府，北京政府时期对"情势变迁"原则研究偏弱，不仅有关论述数量少，且欠缺深入研究。

南京国民政府成立后，中国社会对"情势变迁"原则的了解明显增多。

---

① 《改订中俄陆路商约之预备》，《申报》1910 年 6 月 6 日，第 3 张第 10 版。
② 《外报之青岛问题观》，《申报》1919 年 2 月 15 日，第 2 张第 6 版。
③ 苏希洵：《取消不平等条约之法律根据》，《甲寅杂志》第 1 卷第 11 期，1925 年 9 月 26 日，第 15 页。
④ 旨微：《条约之拘束》，北京《益世报》，1925 年 11 月 1 日，第 1 张第 2 版；卿汝楫草：《异哉关税法权会议美国全权代表司注恩氏之演辞》（十二月十七日在燕大讲），《京报副刊》第 364 期，1925 年 12 月 21 日，第 1—2 页。

无论是政府还是民众都频频提及"情势变迁",以论证废约或修约的合理性。一些政府官员已经具有这方面的认知,外交部门在对外交涉中以"情势变迁"原则为武器进行辩论的事例增多。学者对此研究不仅数量增多,而且颇为深入。民众团体和报刊皆关注"情势变迁"的废约功能。

国民政府官员对依据"情势变迁"原则来废约或修约有清楚的认识。例如,1928 年 1 月 17 日,蒋介石在国民党第四次全国代表大会上提出议案,其中就废约问题指出:"废除不平等条约应以和平方法与不妥协精神与缔约各国分别进行缔结新约之谈判,各缔约国拒绝谈判,或无结果时,即依国际公认之习惯,本情势变迁理由,单方宣告废约。"① 司法院院长王宠惠在谈及中日商约问题时指出,"吾人宜根据国际公法情势变迁之原则,要求修约,不能支支节节,咬文嚼字。"② 从驻墨西哥公使任上调任外交部次长的李锦纶在纽约演讲时以"情势变迁"为理由阐述收回法权的必要性。③ 一些负责对外交涉的官员也主动运用"情势变迁"原则废约。如交通部电政司司长庄智焕提议改订中法越南通商条约时提前研究中法滇越接线章程,理由是"该约订于前清,与现时情势,多不适用"。④ 外交部云南交涉员张维翰呈请铁道部,要求废止 1914 年钦渝借款合同,其理由是"中法各种约章,有业已到期,当然废止者。有尚未到期,而情势变迁,应加修改者"。⑤ 这些情况说明,"情势变迁"原则已被政府官员所接受。

在对外交涉中,国民政府也多次运用"情势变迁"原则维护自己的废约权利。例如,1928 年 7 月 1 日,外交部照会意、丹驻华公使,宣布废止中意、中丹通商条约,指出:自订约以来六十余年,"两国之政治、经济、商务情形或已根本发生变迁,或已完全不复存在",条约所载之各项规定"与订约时情形有密切之关系","今此种情形既已更易",则"该约自不应继续

---

① 《蒋介石拟定之提案》,《申报》1928 年 1 月 18 日,第 1 张第 4 版。
② 《王宠惠博士昨午抵沪,与本报记者谈话,修改条约与取消治外法权,考察感想与国际对我态度》,《申报》1928 年 9 月 1 日,第 4 张第 13 版。
③ 《李锦纶在美演讲法权,八十年来情势变迁,我国收回实非得已》,《新晨报》1930 年 2 月 6 日,第 3 版。
④ 《交部注意中法越南通电问题,拟具大纲咨请外部注意交涉》,《申报》1929 年 1 月 27 日,第 3 张第 10 版。
⑤ 《张维翰请废止钦渝借款合同,铁道部已约各要人一度讨论》,《申报》1929 年 1 月 28 日,第 3 张第 9 版。

存在"。① 在中日商约交涉时，"情势变迁"原则是引起激烈争吵的焦点问题之一。7月19日，外交部照会日本驻华公使芳泽谦吉，宣布中日旧约期满作废，提议另订新约。7月31日，芳泽谦吉复照否认旧约失效，认为中国宣布废约违反条约规定，违背国际惯例，蔑视国际信义。② 8月14日，外交部再次照会日方，以"情势变迁"原则驳斥其观点，阐述了国民政府要求改订新约的合理性，指出：此三十年间两国之经济、商务、人民关系及政治状况屡有变迁，已不能适应现时情势，勉强行之，必致滋生困难。基于此，亟宜根本改订，根据平等相互之原则，缔结新约。且国际间彼此情势既有变迁，断无可以永久适用之条约，准之法理，按之先例，国民政府此举绝无蔑视国际信义之嫌。③ 日本政府对中方依据"情势变迁"原则废约表示不满。1929年4月26日，芳泽谦吉照会称："情势变迁原则在国际间为法规上之原则，并非确定。且若承认此种原则时，则一切条约，无论何时，殆按照缔约国一方之意思，得以废弃，必至国际法根本动摇，征诸先例，亦未有承认适用该原则者；矧中日条约特规定条约效力之条款，固已豫为情势变迁之设想。且情势变迁当然不能使条约无效，甚为明显。"④ 由于日本的态度强硬，国民政府没有就"情势变迁"是否适用进一步辩论。4月27日，外交部照会称对双方争持"存而不论"。⑤ 从这一事件可以看出，尽管最终"妥协"，但国民政府对"情势变迁"原则的运用还是颇为娴熟的。

国民政府不仅在单独国别交涉时运用"情势变迁"原则废约，在国际舞台也是如此。例如，1929年9月，国民政府指示中国驻国联代表，要求组织专门委员会，"讨论关于中国各不适现情条约，实行联盟会章第十九款一节。""中国方面以所缔各约，缘情势变迁，已陈旧不合现情，若再继续不改订，行

---

① 《改订中丹、中义两国商约照会》，国民政府外交部编印：《国民政府近三年来外交经过纪要》，1929年，第82—83页。

② 《外交部致日本国驻华公使照会》《驻华日本公使复外交部节略译文》，国民政府外交部编印：《国民政府近三年来外交经过纪要》，第84—87页。

③ 《外交部复日本国驻华公使节略》，国民政府外交部编印：《国民政府近三年来外交经过纪要》，第87、89页。

④ 《芳泽谦吉致外交部节略》，1929年4月26日，王建朗主编：《中华民国时期外交文献汇编（1911—1949）》第5卷下，第619—620页。

⑤ 《外交部复芳泽谦吉节略》，1929年4月27日，王建朗主编：《中华民国时期外交文献汇编（1911—1949）》第5卷下，第620页。

将危及世界和平。会章第十九款既有规定，故认为应有提出要求权利。"①

国民政府依据"情势变迁"原则对外宣布废约最精彩的一次表现是 1931 年 5 月通过国民会议废约宣言。宣言指出："盖衡以国际公法上之惯例，凡条约当情势有显著之变迁时，缔约国一方面得根据情势变迁原则，宣告废除，而得以合乎公平原则，与实际情势之适宜条约，以免阻害缔约国之利益，而危及国际之义信与和平。"而中外不平等条约已束缚中国八十余年，损害中国主权，妨害中华民族的生存与发展，违背国际公平与正义，因此中国有理由要求废止。具体来说，有三点理由：一是情势变迁；二是国联规约第十九条规定"国际联合会大会对于已经不适用条约，危害国际员和平之情状，得以随时劝告会员，考虑修改"；三是我国政治事项改善，已无借口。②

从以上这些事实可以看出，"情势变迁"原则已经成为南京国民政府废约援引的重要依据。除日本激烈反对外，其他国家并没有明确否认这个依据，有的国家实际上予以默认。例如，"中英商约，虽尚未满期，惟双方已同意，根据情势变迁之原则，提前修改。"③ 又比如，中巴商约因现情势变迁，双方均愿重订。④ 这些说明南京国民政府援引此原则还是比较明智的，也有一定效果。

为促进废约，当时学者也对"情势变迁"原则进行了介绍与研究。愈明谦翻译了美国学者嘉纳刊登在《美国国际法杂志》上的《情势变迁说与废止条约》一文。文章对中国政府依据"情势变迁"原则宣布废止不平等条约进行讨论，指出"援引此原则者不乏先例"。各公法学者对情势变迁原则是否为国际公法上之公认规律意见不一，但多数认为至少"已确定为国际道德与公共政策之一种原则"。虽然在通则上缔约国应自愿订立条约，但也认为有例外情形，"为任何一方虽无法律上权利，而有道德上权利，得以要求修约，

---

① 《我国代表据理力争改订不平等条约，联盟审查股对我国提案，将有议决附件提出讨论》，《申报》1929 年 9 月 25 日，第 2 张第 6 版。

② 《国民会议为废除不平等条约宣言：国民会议第五次会议通过》，《宣传周报（湖南）》第 28 期，1931 年 5 月 21 日，特载，第 2 页。

③ 《中英交涉近讯，修约问题非正式接洽中，中缅划界先从调查入手》，《申报》1929 年 8 月 7 日，第 4 张第 13 版。

④ 《中巴商约因情势变迁将重行商订》，《新蜀报》1932 年 10 月 23 日，第 2 版。

另订新约，或甚至废约者也。"文章介绍了何种"情势变迁"可以废约。国际法学者一般认为，自订约以来，其情势果有"完全""重大""主要"或"真实"之变迁，则不满意之一方可以提出不再履行。① 这是当时较早介绍国外学者对中国政府依据"情势变迁"原则进行废约的文章。

至于研究"情势变迁"的专题文章，当时也有很多，仅 1929 年就有好几篇专题论文面世。费青在东吴大学法律学院所办的《法学季刊》上发表文章，就国际法上的"情势变迁"原则进行研究。作者指出，在条约废止的各种情况中，"情势变迁"原则是争议最多的。关于运用"情势变迁"原则的具体条件，国际法学者提出四个标准：缔约时的情势必为条约的原因；情势变迁后条约与一国之自存权相左；情势变迁后条约与一国之发展相左；于废止条约时不背国际间的信义。那么，以此衡量中国废约是否符合呢？费青予以分析指出："我国所有的不平等条约，除了一部份系在强暴胁迫下所订定，他的废止乃合于以力抗力原则，不在本文讨论的范围以内，其他条约都为了当时的特殊情形而订立的。譬如领事裁判权的承认，乃为当时中国法律和司法制度上的缺陷，这就是为该条约原因的情势，若一旦这情势变了，则该条约当然可废止。"而我国的政治、经济、社会以及国际关系上种种情势均发生激烈的变迁。"至于国际间的信义，则我们的废约既为根据于合法的条件，即为合法的步骤，决不能说有背信义。"且中国多次在国际舞台表达了改善国际关系的愿望，但被拒绝，故废约是不得已而为之，合乎国际法。② 王显廷对条约撤废做了专门研究。他认为，情势变迁"可减轻或解除条约之义务"。不过，虽然"情势变迁"可以作为废约的根据，但"必赖缔约国之同情谅解始得成立"，也就是说，情势变迁的运用关键在实力，而不是法理问题。中国首务之急，在培植实力，以为外交之后盾。当然，列强也应该"顾全国际道义"。③ 吴南如在《"不适用"条约之修改》一文中也考察了"情势变迁"原则。所谓"不适用"条约，是根据"情势变迁"原则而生的。他指

---

① ［美］嘉纳著，俞明谦译：《情势变迁说与废止条约》，《星期评论》（上海《民国日报》副刊）第 33 期，1927 年 12 月 26 日，第 9 页。

② 费青：《国际法上"情势变迁"原则之研究》，《法学季刊》第 4 卷第 1 期，1929 年，第 40 页。

③ 王显廷：《条约撤废之研究》，《新纪元周报》第 1 卷第 19 期，1929 年 7 月 14 日，第 19 页。

出，订立条约时所根据的情势发生重大变更时，此项条约称为不适用条约，或曰废约。对这种条约，要么协商修约，要么自动废除。[1]

此后，吴昆吾、吴颂皋、杨振先、方信侯、廖仲衡、黄廷英等学者均考察了"情势变迁"与废约的关系。

吴昆吾在《条约论》一书中对"情势变迁"有所论及，[2] 并发表专文着重考察缔约方是否可以依据"情势变迁"原则单方面废约。他比较赞成特殊情况下可单方面废约的折中说，即"如某约之履行，则危及国家，或因某情势而订约，现在此情势业经变迁，则此约无复有存在之理由"。他认为，"情势变迁"已成为国际法一大原则。依据此原则，双方同意可废约，单方废约得到对方默认的事例也有，关键在能否善于利用。他提醒当局，废约者善利用此情势，遂达目的；否则两国交恶，或至兵戎相见，则步塞尔维亚之后尘。[3]

吴颂皋在《修约之法律的根据》一文中谈到"情势变迁"原则。他批驳了欧美国际法学者认为缔约国无权单方面宣告废约或要求改约的说法，指出，条约的成立必有一种"特殊情势"，"若某种情势已有变迁，而条约仍欲拘束缔约国之对外行为，结果必致损害一国之生存与发展，故缔约国有此权利，要求废除此等不合情势的条约之束缚。"他具体分析了中国与各国签订的不平等条约的一些情势变迁情况，如领事裁判权是基于司法制度不同，所以司法制度改变，情势就变了；京津铁路驻军，是基于排外情势，这种情势变了；租借地是基于势力范围而提出，势力范围已经不存在。他的结论就是中国有权基于"情势变迁"原则提出修约。[4]

杨振先指出，国际上学者们对"情势变迁"原则的态度可分为三派，即极端坚持此原则可为解约的法理根据；有条件地承认此原则的适用；绝对否认此原则的成立。在实践中，也有三种行为，即完全利用第一种主张而废约，一般是弱国对强国，当后者正在多事之秋之时，此法常被适用；采用协调手段，即根据某种条件，由双方合意解除之，一般是强国与强国；完全不

---

① 吴南如：《"不适用"条约之修改》，《中外评论》独立第 7 期，1929 年 10 月 10 日，时评，第 2—4 页。

② 吴昆吾：《条约论》，第 151 页。

③ 吴昆吾：《情势变迁条款问题》，《中华法学杂志》第 1 卷第 4 期，1930 年 12 月，第 53 页。

④ 吴颂皋：《修约之法律的根据》，《国立中央大学社会科学季刊》第 1 卷第 2 期，1931 年 6 月，第 2—3 页。

允许废约，一般是强国对弱国。① 在杨振先看来，国际上大部分学者是承认
"情势变迁"原则的，在事实上也存在依此原则废约的例子。不过，他指出，
使用"情势变迁"原则废约很难成功。"因为这条款的使用，不是弱小各国
都能实行的，他必须要有特殊的机会，和强有力的外交后盾。否则，世界各
国的不平等条约，都可完全废除了。"作者以巴黎和会中国请求废约失败为
例，指出："用单方宣布改除条约的方法，是不行的，必须有良好的因缘，
强有力的外交后盾，和自己实力的雄厚，那时要引用情势变迁条款，谁都不
敢反对了。"② 这实际上是警示中国政府，"情势变迁"原则运用成功与否不
在于原则本身。

方信侯从国际法角度探讨中国的修约与废约问题，其中探讨了"情势变
迁"原则。他指出，"情势变迁"原则是最有争议的。他认为，"凡允订的条
约，都推定其为无碍于国家的生存和发达，同时也就是默认苟遇情势变迁，
致使条约的义务危及国家的生存和发达时，得有权利主张，解放此种义务。"
所以，"我们可以知道在情势变迁原则之下，国家单独要求废止旧约，未尝
有背于国际法的原理，则很明显。"中国的情势与不平等条约签订时的情势
已有"剧烈的变化"，列强仍强迫中国承认旧约，是不公平的。③

廖仲衡比较清晰地解释了"情势变迁"的含义，指出，所谓情势是指客
观的事实，例如经济、政治状态等等，"同时情势是指缔结条约当时的环境。
换句话说，因为在当时环境之下，才产生此种条约，情势是条约的背景，并
不包含'条件'或'主观诱因'的意味。""变迁是指情势已呈客观的变化。
缔约国一方主观的想像，不能叫作变迁。"他也分析了情势变迁适用的范围，
认为"凡是非过渡性质的条约"均可适用，如通商条约，而"过渡性条约"
则不适用，如割让条约、承认条约。他认为："从理论上说来，情势变迁原
则并不是给国家一种单独解除条约拘束的权力，更不是给国家自由撕毁条约

---

① 杨振先：《情势迥异的原则可为解除条约的理由么》，《民族》第 4 卷第 5 期，1936 年 5 月，第 734、743—744 页。

② 杨振先：《情势变迁说》，《厦门大学学报》第 1 卷第 2 期，1932 年 10 月，第 9 页。

③ 方信侯：《在国际法立场上讨论中国修约与废约的问题》，《求是月刊》第 1 卷第 7 期，1934 年 4 月 15 日，第 4、9 页。

的权利，乃是一种在某种事件发生的场合，用来解释条约无效的法规，并不是缔约的一方有权解除既成的拘束，乃是拘束的本身已经破坏。据此，在他方拒绝解约的场合，理论上不能由一方单独解除。可是事实上走到极端，势必使解约国铤而走险，拼于一战，尽其最后的挣扎，以达其目的，为国际和平作想，也不是一种妥善的办法。"他赞同奥本海的观点，主张在他方拒绝解约的时候单独宣告废约。不过，这需要条件，即国力是否充实、时机是否到来。他的结论是："我想我们既不愿投降环境，既不打主意作列强的顺民，要想利用情势变迁原则完全达到废除不平等条约的目的，自有待于进一步的努力。因为情势变迁虽然是国际法上承认的原则，但它是写白纸上的黑字，它本身并不能保障我们的权利。要想使它能够保障我们权利的话，就要看我们怎样去利用它。在我们未养成充实的国力，未寻着适当的时机，就是利用它，也还是不发生效力的。"[①]

东吴大学政治系主任黄廷英在《国际联盟第十九条与情势变迁原则》一文中认为，条约虽是神圣的，应该互守信义，但国际关系绝非一定不变的，条约也应该加以修改，以适用新的情势。关键是情势到底是什么？情势到什么程度可以解约？情势变迁适用哪些条约？要求解约的一方到底有什么权利？作者指出，不是所有情势都足以解约。如果任何情势变迁，都足使条约无效，那世界上就没有一个有效的条约。情势变迁只有到"根本改变"才能解约。当情势变迁有碍条约的义务的履行或事实上不能履行时，且因情势变迁，条约之履行将使一个缔约国的生存或独立发生危险时，缔约国才可以解约。情势变迁原则运用应有一定步骤，即先征求意见，如果获得同意则双方取消或修改。若此项要求遭他方恶意拒绝，或置之不理，而此时又无法律手续解决的途径，则要求国需行使"宣告解约"的步骤。作者认为，这样既不至滥用"情势变迁"原则，"且于情于理于公法均无可疵。"[②]

此外，还有一些学者在其相关条约研究或国际法著作中阐述自己对"情

---

① 廖仲衡：《从情势变迁谈到条约终止问题》，《国立武汉大学四川同学会会刊》第 2 卷第 1 期，1935 年 6 月，第 17、29、30 页。

② 黄廷英：《国联盟约第十九条与情势变迁原则》，《时事月报》第 15 卷第 4 期，1936 年 10 月，第 251—252 页。

势变迁"原则的看法。例如，柳克述认为，各国与中国签订的不平等条约都可以适用此原则。① 张廷灏指出，情形变更，条约就不再适宜了。中外不平等条约缔结多年，现在的情形，和缔约时的情形，绝少不变更的，因此可以据此"自动宣告一切不平等条约无效"，这是对付帝国主义侵略的有力武器。② 周鲠生认为，依据"情势变迁"原则片面宣告废除是废约的一种方法。不过，这是一种"非常手段"，影响经济政治颇大，"若果真正实行，也许遭列国的反对或且酿成意外的纠纷。"因此，他建议这只作为最后手段使用。③ 周鲠生还有专门文章考察"情势变迁"到何种程度可以构成条约失效的理由，以及实践中情况如何。④ 杨朝杰把"情势变迁"作为废约的七种方法之一。他指出，对于满期条约，大多数学者是承认可以依据"情势变迁"原则单方面废止的。至于未满期条约，虽有两种不同学说，但一般学者是承认可以单方面废约的。而且，《国联盟约》第十九条、第二十条允许缔约国根据情势废约。当然，"情势变迁并不是泛泛的指国家政体的变迁，或指政府的变迁，或指世界一般状况的变迁而言。他的正确解释，就是指一种条约的成立，是在一种主要的情势之下，然后缔结成功而言。如果一种条约缔结的当时，没有一种主要的情势存在，这种条约绝对不会缔结成功。换句话说，也就是没有缔结此种条约的必要。"比如，租借地是由于势力范围的存在，租界是由于外人居留地逐渐扩张，领事裁判权是借口中国司法制度不良不足以保障外国侨民生命财产安全，使馆界是由于义和团事件的出现等。现在这些情势都已经不存在了，因此自然应该废除。⑤

总的来说，学者们从法理层面对"情势变迁"原则进行了颇为深入的研究。尽管存在某些不同看法，但他们基本上都倾向于认为，"情势变迁"原则是国际法的一个重要原则，可以用来支持中国废约。他们的研究为当时中国废约提供了法理支持，有利于废约运动的推进。

---

① 柳克述：《不平等条约概论》，泰东书局，1927 年，第 81 页。
② 张廷灏讲演，高尔松笔记：《不平等条约的研究》，第 144、146—147 页。
③ 周鲠生：《不平等条约十讲》，第 168、171—172 页。
④ 周鲠生：《条约之"事状如恒"条款》，《国立武汉大学社会科学季刊》第 6 卷第 4 期，1936 年 8 月，第 697—733 页；第 7 卷第 1 期，1936 年 10 月，第 1—32 页。
⑤ 杨朝杰：《国际条约概论》，第 68 页。

"情势变迁"原则不仅是学术精英们关注的对象，也为其他大众所了解。民众团体呼吁运用"情势变迁"原则废约的主张也常见于报端。例如，1927年6月3日，巴达维亚城废约外援会通过国民党海外部驻粤办事处致函国民政府外交部，要求废除1910年中荷领事条约，就以"情势变迁"为理由。① 1928年3月13日，上海总商会、县商会及闸北商会等三团体招待英国驻华公使蓝普森，其中上海总商会代表冯少山在致辞中呼吁英国带头修约。他指出，"处今之世，情势变迁，已非复昔日之时代，而今日之中国，亦非复如八十年前处于君主专制之下，签订不平等条约时之旧状"，英国顺应时代要求，先行修约，"为各国倡"。② 由于各国一再推诿，致使撤废领事裁判权遥遥无期，1937年有律师团体呼吁援引"情势变迁"原则立即宣布废约。上海律师公会律师陆鼎揆等建议，"援引英法比各国停付美国战债等先例，申明不能再行继续容忍理由，决定日期，自行撤废。"他们认为，单独废约"非特国际公法上，明明有情势变更可为例外之规定，得以援用"。十年来，列强各国对比此更重要的条约单方废除者不少。因此，中国"当然自得援引列强之先例，根据形势变更之大原则，而自行单独宣告废止之"。③ 杭县律师公会也致电国民政府行政院，请废止领事裁判权，其理由是"情势变迁，条约失效，国际公法，本有此种例外。十年以来，以单方意思宣告废约者指不胜屈"。④ 类似这样的建议，在当时还有一些，反映了这一时期民众团体对"情势变迁"原则的接受。

报刊对"情势变迁"原则也有关注。《益世报》发表社论，指出"事实变迁非条文所能拘束"。文章认为，"法律之适用，不能严格拘泥于法律之条文，而以其是否合于当时之事实以为断"。严格的法律问题如此，国际条约还不是严格的法律，只是"根据于事实的事件"，因此更应以事实为断。"不平等条约，更为基于特殊事实之一种事件，其不能有永久之效力，其效力必

---

① 《粤省函请外部废除中荷领约，海外部驻粤办事处致外部函》，《申报》1927年7月28日，第3张第10版。

② 《三商会欢宴英公使纪，到中英宾客百余人，双方希望中英亲善》，《申报》1928年3月14日，第4张第13版。

③ 《陆鼎揆等建议主张自动撤废领判权》，《申报》1937年3月23日，第3张第10版。

④ 《杭县律师公会请废领判权》，《东南日报》1937年5月21日，第2张第6版。

随事实之变迁而消失，乃为国际法学者所公认（国际联盟盟约十九条章程且以明文规定）。"因此，中国完全有理由根据情势变迁，根本废除不平等条约。①《国闻周报》发表《废约与修约》一文，引用奥本海等人的观点，论证了中国有根据"情势变迁"原则宣布废约的权利。奥本海等人的观点是，"条约一国因情势发生重大变迁，对于条约义务，认为无可忍耐时，应先通知对方，要求废除。若遭拒绝，则条约义务与解放权利发生冲突，此时只有义务国自行宣布，不再受条约之拘束。"文章认为，奥本海之说"最为允当"。国民政府通知各国废约符合这一主张。②《金陵月刊》发表章兆直的文章，指出，修约是有国际法根据的。除条约规定失效、条约的目的物已失外，还有情势变迁（情势迥异主义）。他认为，不平等条约侵犯中国主权和尊严，与国际法原则相冲突，不能有效。且按照中国和国际情势，以前的不平等条约绝对不能适用。因此，中国提议修约，是有极显明的根据的。③《申报》介绍英国学者关于取消领事裁判权的观点，指出外人在华享有领事裁判权是在 1843 年，"惟当时情势，与今已大不相同"，因此取消领事裁判权是"急不容缓之举"。④《大公报》发表文章主张收回使馆界，撤退与之相联的驻兵，其理由就是"条约有因情势变迁而取消修正之原则，如北平使馆界之当废除，在法理与事实，胥为绝无可疑之举"。⑤《政治与民意》刊载文章认为，"我人为了国家的存立、民族的生存和主权的完整，可依国际公法上情势变迁原则废除不平等条约，是不成问题的。"⑥ 类似的主张常见于报端。

综上所述，"情势变迁"原则引入中国后，到南京国民政府统治时期已经成为中国社会所接受的重要国际法原则，被视为可资废约的重要法理依据。为推动废约，学术精英们对"情势变迁"原则开展了深入的学理探讨，舆论界积极关注和介绍"情势变迁"原则，政府主动运用"情势变迁"原则

---

① 春浦：《对于废约之另一观察，事实变迁非条文所能拘束》，天津《益世报》1928 年 9 月 9 日，第 1 张第 2 版。
② 天生：《废约与修约》，《国闻周报》第 5 卷第 39 期，1928 年 10 月 7 日，第 2 页。
③ 章兆直：《中国之废约问题》，《金陵月刊》第 1 卷第 1 期，1928 年 12 月 10 日，第 5 页。
④ 《英学者论取销在华法权》，《申报》1929 年 1 月 28 日，第 4 张第 13 版。
⑤ 《收回使馆界》，天津《大公报》1929 年 2 月 13 日，第 1 张第 2 版。
⑥ 张权：《单独废除不平等条约后的外交》，《政治与民意》第 11 期，1931 年 5 月 15 日，第 1 页。

开展废约外交。与此前相比，依据"情势变迁"原则可以废约的观念被广泛接受，成为南京国民政府时期条约观念变化的重要体现。

值得注意的是，除"情势变迁"原则外，当时学者还提出了新的国际法理论，探索废约依据。吴本中的《不平等恶条约"消灭期"》是一篇有理论创建的学理研究论文。他提出了不平等"恶"条约的概念，探索了这种条约的消灭途径，创立了"恶"条约"消灭期"这一学说。作者认为，不平等条约未必不公平、不合理，而条约公平、合理又未必均系平等条约。若仅因不平等即可修改废除，则殊属难言。公平、合理但不平等的条约，是无害的。反之，亦然。所以，应该是恶条约则要废除。在恶条约问题上，国际法面临困境，一方面各国"应当慎守条约义务，不能以一方意志而改变约章"，但另一方面，条约又不能无修改之望。作者认为，应当创立一消灭期。消灭期规定在国际法典、公约、《国联盟约》上均可。[①] 作者实际上是希望通过创立不平等"恶"条约"消灭期"这一概念，解决国际法面临的困境，为中国寻找和平废约的依据，找到取消不平等条约的合法途径。这是当时中国国际法学者对条约理论的新贡献。

第三节 "修约"与"废约"主张之争

毫无疑问，当时中国人很少有不赞成取消不平等条约的。但是，在如何取消不平等条约问题上却有争议。当时中国社会存在"修约"与"废约"两种方案。"修约"与"废约"是根本对立的，还是"殊路同归"？对于这个问题，当时中国社会各界有不同的看法，反映出这一时期中国人对条约问题的不同态度。

共产党是坚定的废约派。自成立之日起，共产党就提出"反帝废约"主张，力主彻底废除不平等条约，明确反对修约。共产党认为，"修约"与"废约"的界限不可模糊。在共产党看来，"修约"就是承认不平等条约特

---

① 吴本中：《不平等恶条约"消灭期"》，《外交月报》第3卷第5期，1933年11月15日，第2、20页。

权，就是向帝国主义妥协。"废约"就是根本铲除不平等条约特权，就是革帝国主义的命。在这种思想指导下，共产党对国民党以"修约"代替"废约"的政策进行了猛烈的抨击。关于共产党的态度，第七卷有专门论述。

批评国民党将"废约"改为"修约"的不止有共产党，醒狮派就直斥南京国民政府"修约"卖国。陈启天在《醒狮》上发表文章怒斥国民党："国民党以废除不平等条约欺人，而自取得北京以后，便实际进行卖国的修约，将废除不平等条约的欺人主张公然抛在九霄云外去了。所谓修约不但未将不平等条约废除，而且增订不平等条约，这不是卖国，是什么？这样卖国的外交，又与从前北京政府的外交有什么分别？"①

而国民党统治集团也存在不同认知。有人认为"废约"与"修约"根本对立，也有人主张"废约"与"修约"并行不悖，或者认为"修约"就是"废约"。"废约"与"修约"一度引起国民党内部的争论，反映出国民党内部政策矛盾与分歧，有时还涉及派系和权力争斗。正如署名"息影"的作者指出的，关于不平等条约应该废除还是修改，"当局主张其一，民众主张其又一。西山派主张其一，反西山派主张其又一。这个问题本来在本党没有两个主张，但是特殊地位和特殊派别，使党内外发生两种论调。第一是废约论，第二是修约论。"②

南京国民政府外交当局以王正廷为代表，力主"修约"与"废约"是不矛盾的，在"废约"的口号下推行"修约"外交方针。1928 年 6 月 14 日，王正廷就任南京国民政府外交部部长。15 日，他对新闻界发表谈话，表示，对于不平等条约，将采取三年前他在北京政府时期所用的"到期修改"办法，只不过不必等到期满而后改订，也就是说可以提前修改。③ 7 月 7 日，国民政府外交部发表了《关于重订条约之宣言》，正式宣布了条约满期者废除、未满期者改订新约政策，实际上确立了修约外交方针。这引起外界的批评。王正廷为此从孙中山那里寻找解释依据，声称"修约"符合孙中山的观点："关于废除不平等条约一项，总理遗嘱中，有废除二字，而建国大纲中

---

① 陈启天：《南京政府欺人卖国的修约案件》，《醒狮》第 195 期，1928 年 11 月 25 日，第 4 页。
② 息影：《废约乎？修约乎？请外交当局答覆！》，《青年呼声》第 10 期，1928 年 7 月 15 日，第 4 页。
③ 《王正廷就外长职》，《国闻周报》第 5 卷第 24 期，1928 年 6 月 24 日，一周间国内外大事述评，第 9—10 页。

并有修改字样。"他指出，按照孙中山的意思，条约满期要废除，未满期的则修改不平等之点。[①] 这个观点也由外交界人士阐发。有某外交家称："夫废约云者，凡不平等条约满期时废除之之谓。彼旧约满期之国，而不重订新约者，则其旧约自当废除。至未满期之条约，则设法使之提前修改。修约即修改不平等条约之谓。修改不平等条约，使之平等，与夫废除不平等条约，而重订平等新约，二者手段虽略有不同，而目的则一，所谓殊途同归也。故废除不平等条约，为总理遗嘱所示，而修改各国条约又为总理建国大纲之所定。……乃者少数人士，以为我国民政府近来之修约运动，有违总理遗意，且认为不彻底者，实为误会云云。"[②] 这实际上是为"修约"辩解。

王正廷的"修约"解释得到了部分国民党人的认同。例如，国民党河北省党务整理委员会宣传部发行的《河北周刊》就对外交当局"不得已的苦衷"表示谅解。"数年以来，国民能一致的督促政府汲汲于作废除不平等条约运动，外交当局，因顾虑事实的困难，不能实行无条件的废除一切不平等条约，这种事实上的困难，不可厚非，而且应该谅解中央不得已的苦衷；因为以国际地位低下至于今日的中国，谈到与列强争持废除不平等条约，事实上实非易事。况且与虎谋皮，万难得到圆满结果。然而与其使不平等条约牢不能破的存在，毋宁得到修改的办法为渐进于废除的初步。因为修改不平等条约，固然不能使帝国主义侵略的野心绝迹于中国，而关税自主，使国税的收入增加，就不能不说比以前进步多了；况以和平外交的方式，进行废除或修改各种已成的不利于中国的条款，能得敦厚睦谊的成效，何尝不足以使帝国主义侵略的野心稍煞。这样，确实没有革命外交成效的迅速和彻底，然而革命外交，不是随时可以应用，稍一不慎，难免不引起国际纠纷。所以外交问题，国民固应切实关怀，事实上的困难，也应顾虑，而不可一味埋怨中央的不能为。"[③] 上海特别市社会局甚至高度赞赏中央政府修约的成功，指出："在过去数月以内，外交当局，积极的分头修订新约。修约的唯一目标，是

---

① 建新：《废约与修约的解释就是如此吗》，《津浦三日刊》第21期，1928年2月8日，第11页。

② 《外交训练，解说废约与修约》，《京报》1929年2月5日，第3版。

③ 杨君一：《从废除不平等条约谈到收回租界》，《河北周刊》第18、19期合刊，1930年1月25日，第31—32页。

在废除从前关税协定的条款，代以平等相互的规定。这可以说是中外条约史的新纪元了。""国民政府的改约工作，可以说得到相当胜利了。"① 这种论调代表了一部分国民党人的态度。

有的"民众团体"也发表通电对"修约"表示赞同，认可"修约"与"废约"并行不悖的说法。例如，旅沪山东集议公所、济兖会馆两团体在电报中指出，"总理遗嘱有言'召集国民会议及废除不平等条约，尤须于最短期间促其实现'，而总理建国大纲第四条，固皇皇昭示我人以'修订各国条约'矣。是废约与修约，均无悖于总理之主张，要在外交当局，观察外交情势而决定之。今外间竟有以修约非国民党主张为言者，是对于个人情感之恶化，乃并总理之建国大纲而遗忘之矣。"② 当然，持这种主张的"民众团体"并不是主流。

有的报刊舆论也对国民政府"修约"表示理解。《中央日报》副刊《中外评论》（随后独立发行）发表福熙的《修约与废约》一文，为修约寻找依据。文章指出，孙中山遗嘱说要废除不平等条约，而国民政府建国大纲里说要修改各国条约，"可见，先总理很明确的认定'修约'与'废约'是二种具同样效力使中国平等独立的方法。"作者认为，这并不矛盾。因为不平等条约有二种，一种是期限已满，一种是期限未满的。作者认为，期限已满的，孙中山主张废除，期限未满的，主张修改。③ 这显然是进一步解释了王正廷的"修约"论。

天津《益世报》的态度颇有意思。它抱怨有些人不理解"修约"系正当手段。"国人不察，徒惑于第三国际之宣传，而只知高呼取消不平等条约，撤废不平等条约，而不知条约之解除与改正，必经正当手续。"该报甚至将此归罪于共产党，声称"乃系共产党扰乱东亚之毒计，使中国在国际上起一扰乱，彼遂得收渔人之利，殊不知中国尽有平坦之途，以合理态度从事修

---

① 社会局：《税权恢复运动之过去、现在与将来》，《申报》（上海特别市市政周刊）第 65 期，1929 年 1 月 31 日，第 1 版。

② 《两鲁团体致王正廷电，希望迅速解决济案》，《申报》1928 年 9 月 4 日，第 4 张第 13 版。

③ 福熙：《修约与废约》，《中外评论》独立第 8 期，1929 年 10 月 20 日，第 3—4 页。

改，正不必一蹴而推翻之，演成骚乱之局面也"。① 该报承认不平等条约"原应一律废除，不应修改"，修约"本为一种退让办法，为国民所极不满意之事"。但该报又强调，"而就国际关系的立场上言，则又为中国政府对于维持国际睦谊与和平之不得已的办法。"该报从目的与手段关系角度出发，认为应以"废约"精神"修约"，对国民政府修约提出建议："其已满期宣告废止者（中日、中比、中葡、中丹、中西、中意六约），即实行临时办法，无用再事踌躇。其未满期者，亦不能任其迟延，名为修约，而实等延长其不平等权利。是以现在应以废约之精神而进行修约，不应以修约之方法而代替废约。以废约之精神进行修约，则随时均有实行临时办法与宣告废除未满期的不平等条约之自由与权利。若以修约的方法以代废约，则已宣告废止之条约，因未实行临时办法而事实上等于空言。其未满期条约之修改，更等于空言之空言矣。"该报指出，"废约为目的，修约为手段，手段不能变更目的，修约不能变更废约，于一定之时期中，中国与各国之平等新约如不能次第成立，则中国应采取毅然决然之手段，贯彻其废约之目的。此种废约的外交上之手续，则应取一九二三年土耳其政府之办法，宣告一切不平等的条约一律无效，而与各国重订新约。"②

天津《大公报》对国民政府"由废约退为修约"表示理解，认为在当前国际环境之下，这种办法"实为势所必至，无足诧怪"。③《新蜀报》发表社论称："孙中山首倡革命，即有打倒帝国主义与废除不平等条约之主张，全国民众亦相与热烈拥护，大有不达目的，誓死不休之势，今国府告成，而反帝废约之口号，已久无所闻。时移势易，彼一时，此一时，中央困于环境，自不能倡言反帝废约，然修改不平等条约乃中国和平正大之要求，亦为条约所特许。"体现出对国民政府由废约转向修约的理解。④

但是，在一部分激进国民党人看来，"废约"与"修约"是不能混同的。由反对蒋桂集团的人士创办的《疾风旬刊》明确主张"我们要的是废约而不

----

① 《今日正国人研究修约问题之时》，天津《益世报》1928年3月23日，第3张第10版。
② 《以废约的精神修约》，天津《益世报》1928年10月26日，第1张第2版。
③ 《今后之收回领事裁判权问题》，天津《大公报》1928年9月6日，第1张第1版。
④ 《请中央坚决修改不平等条约》，《新蜀报》1934年7月3日，第2版。

是修约"。① 国民党党务系统以江浙等南方国民党为代表,多倾向于反对"修约"论。这一派的典型代表是国民党浙江省党务指导委员会常务委员何应钦、王漱芳等国民党中下层。他们联名呈文国民党中央执行委员会,强烈批评王正廷的修约外交,指出,"废约与修约大有霄壤之别","本党之革命的外交,应为彻底地废约,而非苟且地修约。""废约"就是革命外交,"修约"就是妥协外交,两者不能并存。② 持这种观点的国民党人并不少见。国民党浙江省指导委员会民众训练委员会召集杭州各界组织废约运动委员会,其主席就称:"本党主张废约,不是修约,其理由有三:(一)满清及伪政府所订条约,不能代表民意。(二)强迫所订条约,没有遵守的义务。(三)过去的条约应失效。"③ 国民党江苏党务指导委员会宣传部所编的《江苏党声》发表文章指出,"总理所昭示我们的,是废除不平等条约,取消不平等条约,并没有说修约或改约。在总理全部遗教里,毕生精神里,始终找不出一点修改的意味。"④ 该省党务指导委员会对王正廷未实行革命外交很不满,专门呈请中央惩办王正廷。⑤ 国民党上海特别市党务指导委员会宣传部长陈德徵在《星期评论》上多次发表文章呼吁废约,指出:"我们始终以为,现在中国对列国,只有首先宣告废约,若有人弃废约而谈修约,那便是叛党的东西!"⑥ 国民党汉口特别市党务指导委员会指责外交当局将"废约"变"修约"的主张,指出,"关于废约一变而为所谓修约问题,可说是失掉了本党总理所定的革命外交精神。"⑦ 该委员会对于王正廷主持修订的中比、中意新约颇为不满,电请中央"罢斥王正廷"。⑧ 国民党广西省执行委员会宣传部刊物《唤

---

① 岂默:《我们要的是废约而不是修约》,《疾风旬刊》第 6 期,1928 年 10 月 28 日,第 2 页。
② 《何应钦等为请厉行"革命外交"的呈文》,1928 年 7 月 21 日,中国第二历史档案馆编:《中华民国史档案资料汇编》第 5 辑第 1 编《外交》(一),第 38—39、35 页。
③ 《浙省废约委员会成立》,《申报》1928 年 7 月 19 日,第 3 张第 10 版。
④ 陈涛:《废约问题与外交方策》,《江苏党声》第 2 期,1928 年 8 月 5 日,第 8—9 页。
⑤ 《呈文:呈请撤惩崔士杰及外交部长王正廷由》,《江苏党务》第 6 期,1929 年 6 月 1 日,文书摘要,第 2—3 页。
⑥ 德徵:《废约与缔约》,《星期评论》第 2 卷第 11 期,1928 年 7 月 16 日,第 1 页。
⑦ 《废约近讯》,《中国国民党汉口特别市党务指导委员会半月刊》第 5 期,1928 年 8 月 31 日,时事要闻,第 4 页。
⑧ 《汉口特别市党务指导委员会对于义比条约问题电请中央罢斥王正廷》,《湖北省政府公报》第 28 期,1928 年 12 月 24 日,党务,第 77—78 页。

起》发表文章指出："我们为民族争生存而废除不平等条约，为争国际之地位平等而废除不平等条约，为扫除实现三民主义的障碍而废除不平等条约，那末，废除不平等条约，是本党目前最紧切的工作。但是中央最近所进行的外交，是不是彻底废除不平等条约呢？恐怕已是不彻底的修改吧。"文章明确指出，外交当局违背总理遗训及民众愿望。"总理所昭示于吾人的，是废除不平等条约，不是修改不平等条约；民众所需要的，是废除不平等条约，不是修改不平等条约。负外交责任的委员们，竟敢抹煞总理遗训及民众愿望。"文章指责中央的外交方针"是秘密的外交，卖国的外交，是修改不平等条约的外交；不是革命的外交，不是民意的外交，不是彻底废除不平等条约的外交。我们绝对不承认而种下将来祸患之根"。[①]

国民党一些基层组织也明确反对中央的"修约"外交。如国民党津浦铁路特别党部筹备委员会所办《津浦三日刊》发表文章专门批驳王正廷观点："查建国大纲是总理在十三年四月写的，遗嘱是在十四年二月二十四日写的，三月十一日补签的字。那末在法律上，在理论上，当然是应该服从遗嘱上所说的话，因为政纲政策，是有时间性的，是可随着环境的不同而变更的啊！但是事实上也许政治是活动的，也许总理的遗嘱，到了现在又因为环境的不同，又有变更之必要了！"[②] 1929 年 9 月 28 日，国民党上海县第二次全县代表大会宣言指出："乃二年以来，不平等条约，不独未能废除，且因修约，而加一层保障。此或因国际环境之困难，政府不能施以断然之处置。"[③]

国民党内中下级机构中类似的呼声很多，反映了国民党党务系统，尤其是国民党中下层与国民党中央高层、政府外交当局的矛盾。

其实，在国民党集团高层内部，反对"修约"论的大有人在。国民党中央执行委员会常务委员于右任向记者表示，"中央对废除不平等条约，秉承总理遗志，决不让步。"[④] 这代表了一部分国民党中央执行委员的废约倾向。国民党中央执行委员会宣传部所编外交刊物《革命外交周刊》将"废约"与

---

① 洪：《总理遗嘱上的主张是修约吗》，《唤起》第 2 期，1928 年 12 月 6 日，第 7 页。
② 建新：《废约与修约的解释就是如此吗》，《津浦三日刊》第 21 期，1928 年 2 月 8 日，第 12 页。
③ 《县二全大会昨日闭幕，发表大会宣言》，《申报》1929 年 9 月 29 日，第 4 张第 13 版。
④ 《于右任氏之谈话》，《民国日报》1928 年 7 月 23 日，第 2 张第 5 版。

"修约"视为区分革命与否的标准，称废除不平等条约，才是革命的办法。"修约，就是妥协，就是投降。在革命的政府之下，不许有这种不彻底的现象。"①

　　拥护汪精卫的国民党改组派就对外交当局的"修约"论表示不满。顾孟余等人在上海主办的《前进》杂志刊载余思汉的文章，对"修约"与"废约"进行辨析，批评"修约"论。文章指出："修约两个字，在国民党对外政策中绝对找不出根据，国民党对外政策中只承认废约一个办法。因为从废约下手，就是把所有不平等条约全部取消，然后再重订双方互尊主权的新约；如果从修约下手，那么，至少要承认所有不平等条约为有效，或至少要承认所有不平等条约只须局部修改，不必全部推翻。废约是革命的方法，修约是改良的方法。""我们第一要认清楚：废约绝不是和平的外交，乃是革命的外交；废约绝不是向人乞怜的外交，乃是主张正义的外交。"余思汉对中国国民党缺乏土耳其国民党那种"废约的勇气和决心"表示惭愧，对外交当局所采取的修约方法表示不满，指出，"废约"并不是对外宣战，不必斤斤计较国力的强弱。暹罗的历史已经证明，国力强弱不是废约与否的标准。"内政修明与否、法治主义的确立与否，乃是废约与否的标准。"② 陈公博等人主办的政论刊物《革命评论》刊载三民导报社记者的来信，指出，"修约"违背总理遗言，违背三民主义。国民革命不是修改不平等条约，而是废除或取消不平等条约，才能自强。总理遗嘱是废除不平等条约，国民党对外政策是取消一切不平等条约。③ 改组派在上海的政治刊物《青年呼声》喊话外交当局，明确指出：只承认废约，不承认修约。④ 署名"一凡"的作者在《青年呼声》发表文章，指出王正廷的外交政策"和本党的外交政策，不是一致的"。他明确区分了取消与修改、一切与一部、内政与外交等概念，指责王正廷的修约外交与北京政府的外交政策没有区别，是软化的、妥协的外交，不是硬性的、革命的外交。⑤ 改组派的主张实际上带有反蒋的味道。

① 郭法顺：《废除一切不平等条约》，《革命外交周刊》第 9 期，1930 年 4 月，第 19 页。
② 余思汉：《关于废约的意见》，《前进》第 1 卷第 6 期，1928 年 7 月 16 日，第 1、4 页。
③ 汪羽军：《"废除""取消"与"修改"及其他》，《革命评论》第 11 期，1928 年，第 47 页。
④ 息影：《废约乎？修约乎？请外交当局答覆！》，《青年呼声》第 10 期，1928 年 7 月 15 日，第 4—5 页。
⑤ 一凡：《王正廷的外交政策》，《青年呼声》第 8 期，1928 年 7 月 1 日，第 4—6 页。

拥护胡汉民的国民党再造派相对平和一些。他们没有强烈批评王正廷的"修约"论，但也不完全赞同。再造派认为，王正廷的期满废止、未期满修订政策太软弱。谌小岑将王正廷的改订条约宣言视为"中国废约运动的障碍者"，指出，"这个宣言在本党义的立场上观察是没有什么价值的。因为满期条约的取消，是当然的事实，对未满期的不平等条约加上'修订'两字，也就毋乃太客气了——太示弱了。"① 他们这一派是主张以"王道精神"向各国要求取消不平等条约。"所谓'王道'，乃博爱、仁义、和平等等，在使人家心悦诚服。"换言之，就是以德服人，幻想帝国主义者放弃条约。乍一看，胡汉民的废约主张与王正廷的"修约"主张相似，都是以和平手段废约，而不是以武力与强权废约。但胡汉民的态度比王正廷要显得稍微强硬一些。胡汉民是主张"堂皇正大地要求不平等条约的即日取消"。② 至于如何才能取消呢？胡汉民的意思是，自己做好国内的事情，使延宕不平等条约的取消者无从借口。③

除了党务系统外，政府系统也有不赞同"修约"论的。有的地方政府反对将"废约"政策变为"修约"政策。例如，江西省政府机关刊物《策进》就发表多篇反对修约政策的文章。署名"甫"的作者公开指责修约论违背孙中山遗嘱。以前段祺瑞政府提出修改不平等条约，遭到全国人民的痛骂。"因不平等条约只有根本废除，决没有修改的余地。那一个不主张废除而主张修改，那根本就是帝国主义的走狗！"可是，现在"革命同志"也主张修约。难道忘记总理遗嘱了？"至于怎样才能废除不平等条约呢？向国际联盟请求是不中用的！向国际联盟请求不但不能废除，连'修改'也是梦想！"④ 署名"蓼莪"的作者呼吁："我们目前迫切的革命工作是在积极废除一切不平等条约，中国的革命成功，要视废约与否以为断。我们需要革命的外交，我们绝对反抗'修约'的滑调。"⑤

① 小岑：《中国废约运动的障碍者》，《再造》第 13 期，1928 年 7 月 12 日，时事短评，第 4—5 页。
② 胡汉民：《王道精神与废除不平等条约：十八年七月十五日在中央纪念周讲词》，《中央周报》第 60 期，1929 年 7 月 29 日，选录，第 11、13 页。
③ 胡汉民：《努力取消不平等条约：十八年七月八日在立法院纪念周讲演词》，《中央周报》第 59 期，1929 年 7 月 22 日，选录，第 29 页。
④ 甫：《修改不平等条约与废除不平等条约》，《策进》第 2 卷第 41 期，1928 年 6 月 26 日，社评，第 5 页。
⑤ 蓼莪：《废约运动》，《策进》第 2 卷第 51 期，1928 年 9 月 10 日，第 1 页。

国民党军队系统也有反对改"废约"为"修约"的。黄埔同学会创办的《血花》明确表示对外交部的不满。"近来各党部、民众团体对于废约的运动的宣传怒潮澎湃地激涨起来。这是一般民众深知非把不平等条约废除，无以拯救中国！可是政府的外交部，近日又在热谈修约，未曾见过半只废字。"① 国民革命军第三集团军总政治训练部宣传处创办的《革命前锋》对国民政府外交部发出的废约通牒进行评述，指出，"自废约通牒发出以后，似乎是要废约了，但自实际事实方面去观察，则大像修约的态度。"在该刊看来，废约与修约是革命与否的区分。革命的态度，自然是要废约。"如果我们此刻真是要拿修约代替了废约，那痛快点说是要打总理的嘴巴了，要卷革命的旗帜了，那和段政府时代的关税会议有何分别？更说什么国际信用呢？"② 1928年底，该部专门就废约发表告民众书，明确指出：只有废除不平等条约一个办法。孙中山是主张废约的，不曾主张过修约的。"主张修约的，便不是总理的信徒，而是叛徒。"③ 淞沪警备司令部政治训练部编印的《血路》指出，与帝国主义修约交涉是"与虎谋皮"，"国人诚欲废除压迫吾国之不平等条约，非全国国民武装起来，一齐踏进革命阵线，及联合世界被压迫民族向帝国主义进攻不可。"④

国民党人创办的一些刊物明确反对"修约"论。例如，重庆《正声》杂志对外交当局将孙中山的"废约"改为"修约"表示不满。文章质问外交当局："既云不平等，而根本就应废除，还谈得上什么修改？既云修改不平等条约，而'不平等'三字，自己仍在承认着。修改之后，除了由'不平等条约'，一变而成为'修改的不平等条约'之外，还有什么？"⑤ 上海《统一》杂志反对采取渐进的改约方式，主张用"快刀断麻的手段"废约。"改约须仰他人的鼻息，且须悠久的岁月，废约则主权操持在我，旦夕间可以实行。这个界限，若不分别清楚，则革命的外交，便说不上……"⑥ 类似的

---

① 化侠：《目前废约与修约》，《血花》第4期，1928年9月21日，时事述要，第2页。

② 执钧：《修ါ废约与国际信用》，《革命前锋》第6期，1928年10月20日，第17—18页。

③ 《本部为废除不平等条约告各界民众书》，《革命前锋》第9期，1928年12月15日，第35页。

④ 谢灏龄：《我国不平等条约之经济的解剖（二）》，《血路》第1卷第4期，1928年6月10日，第35页。

⑤ 《革命外交与外交革命》，重庆《正声》第1期，1929年5月20日，第28页。

⑥ 村：《日本取消不平等条约的先例》，《统一》第6期，1929年2月28日，论著，第18页。

杂志还有不少。

《申报》等影响较大的"中间"报纸对"修约"也表示反对。《申报》专门出版有"废约特刊"，其中就有多篇文章专门讨论了"废约"与"修约"的区别。梁曜森《修约与废约》一文指出，"修约就是对于不平等条约主张修改，不是废除"，而"废约就是对于不平等条约主张根本废除，不是修改。这两种主张，虽然大家都有共同的目的和要求，但却有所取的策略和表现的态度底不同"。① 陈德徵《弁言》指出，"我们深深地尝着了不平等条约的苦滋味，因此决定要把此卖身契完全销毁，我们当然不是希望卖身契中的条件的改善，我们也并不愿意仅把卖身契中的文字的修正，我们只是希望从根本上把整个的卖身契作废，把整个的卖身契宣告无效。这一点就是我们不赞成修改不平等条约的根据。"他对王正廷的条约期满废止、未满期修正的做法也表示不赞同，认为那是"万分不彻底的求饶方法"。② 鲍进明《我们主张废除不平等条约的方法》一文指出，"独立自由的中国，决无和不平等条约并存之理。换一句话说，就是我们要求中国独立自由，必须先废除一切束缚我们的不平等条约"。他指出，废约"是重在彻底废除帝国主义一切束缚我们的卖身文契"。从过去的事实看，修约完全失败，将希望寄托在帝国主义者身上，是一种永远不会实现的梦想。因此，"我们最扼要的主张，是自动废除一切不平等条约，打倒一切侵略我们的帝国主义，反对不彻底的修约主张。"③ 许性初《废除不平等条约之意义》一文态度也很明确："我们要彻底打倒军阀，彻底打倒帝国主义，就要彻底废除一切不平等条约。"他将"废约"和"修约"的主张差别做了比较。"观察过去的历史，中国的修约运动总是完全失败的，而且我们所受的痛苦和束缚，并不是某一国所订的某一种条约所赐给我们的，完全是许多的条约！不论那一国所订立的，只要不是平等互尊的条约，就给我们很多的痛苦和束缚，要是我们仅仅取消一部分的不平等条约，或竟说是修改一部分，我们定不能得完全的自由与平等。我们要把卖身契完全销

---

① 梁曜森：《修约与废约》，《申报》1928 年 9 月 13 日，第 4 张第 13 版。
② 陈德徵：《弁言》，《申报》1928 年 9 月 13 日，第 4 张第 13 版。
③ 鲍进明：《我们主张废除不平等条约的方法》，《申报》1928 年 9 月 13 日，第 4 张第 13 版。

毁，根本废除一切不平等条约，所以我们要反对不彻底的修约主张。"① 从这里可以看出，此时的《申报》是主张"废约"，反对"修约"的。

一些自由主义知识分子群体主办的报刊对南京国民政府"修约"持批评态度。张君劢等创办的《新路半月刊》对国民党政策多有批评。其中，对外交部的修约多有质疑。署名"力人"的作者在《中山所谆属之废除不平等条约竟如何》一文中指出："就条约一项言之，所谓废除者，英文为 Abolish，即以单方之行为，废之除之，如俄之宣告为无效是矣。反之，国际间普通行为，是曰修改，英文曰 Revise，以双方之同意行之。中山深于英文，此二字辨之已熟，今国民党人每日诵读遗嘱，试问近半年来外交部之重订条约，其为废除耶，其为修正耶。如曰废除，则何必多此美国以至西班牙之十余种约章，如曰修改，则何以对中山之遗嘱。且就所修改者言之，其为已平等耶，其为未平等耶?"② 章乃器等所创办的《新评论》发表文章抨击王正廷的修约政策。温俊也在《修约呢? 废约呢?》一文中指出："'自由''独立'的中国，只有把于前与帝国主义者所订的不平等条约全部取消；修约是被压迫民族无力的及懦怯的一种卑劣举动。""反对不彻底的修约主张! 取用革命的手段去废约!"③ 张世豪的《修约与废约"内容实同"》痛骂"冥顽不化的外交当局"不受"举国若狂的废约宣传的暗示"，不厉行革命外交方针，"对外自动宣布废除不平等条约"，而是接连修约。文章批驳了外交界的要人发表修约与废约内容实同的谬论，指出，"这不平等条约是'根本不能要的东西'，若用头痛治头，脚痛治脚的不彻底的修约办法，是无济于事的。干脆的说，'修约'与'废约'是根本不能相混的。"④ 胡适等创办的《现代评论》也就外交当局的修约外交进行批评，指出："不平等条约包含的事实或制度极多，废除不平等条约，必须是全部的，必须能根本消除一切的不平等事实和制度，打破外人在华的特权地位。"而外交当局采取的方针相反，"名为废除不平等条约，实在'修约'之形式下，限制交涉的目标。"比如，关税问题，

---

① 许性初:《废除不平等条约之意义》,《申报》1928 年 9 月 13 日, 第 4 张第 13 版。
② 力人:《中山所谆属之废除不平等条约竟如何》,《新路半月刊》第 1 卷第 9 期, 1928 年 6 月 15 日, 第 2 页。
③ 温俊也:《修约呢? 废约呢?》,《新评论》第 21 期, 1928 年 10 月 15 日, 第 33—34 页。
④ 张世豪:《修约与废约"内容实同"》,《新评论》第 23 期, 1928 年 11 月 15 日, 第 33—34 页。

只缩小至关税自主，而不是全部关税条约问题解决，与孙中山"主张废除不平等条约的主旨，相隔未免太远了"。"关税自主，固然是打破不平等条约的一重要部分而财政上可以增加收入，但是废约不只是为财政的目的，而在根本的回复中国的自由平等。如果今日国民政府的外交，只以办到关税自主为目标，那便是狭义的'修约'，决不是真正废约。"[①] 类似的刊物还有一些。

教育界反对"修约"的也有人在。例如，国立劳动大学编译馆所办《劳大论丛》刊载主要撰稿人蒋竹如的文章，反对不彻底的修约论，主张彻底废除不平等条约。他认为修约"有承认旧约予以保障之危险"，是得不到好结果的。"现在取消不平等条约的唯一方法，就只有用革命手段，自动的将一切不平等条约，彻底废除。"[②] 吴淞中公学校创办的《中公学生》发表邓中邦的《废约与修约》一文，讽刺南京国民政府外交方针由"废约"变为"修约"，令人百思不得一解。文章指出："就中国文字上来讲，废约是根本上不承认不平等条约存在。修约是承认不平等条约存在的，不过略加修改而已。这点意见，根本还没有弄清楚，所以不知错误到什么田地，还要拿什么事实来证呢！"作者认为："我们只有准备智力、财力、武力自动的废除中外间的一切不平等条约，才有我们唯一的出路。"[③]

至于"民众团体"反对修约的也有。例如，1928 年 9 月 9 日，英美工会、南洋烟草工会、商务工会、报界工会、商务职工第三分会、邮务工会、华商电气工会等七家工会对国民政府修约政策表示反对，通电指出："（不平等条约）乃为帝国主义者处心积虑、利诱威迫所造成，与之言修改，真何异于与虎谋皮。况且在理论上说，这种条约，我国民政府本来是没有承认过的，现在竟贸贸然同他们讨论起修改来，那末至少要承认所有不平等条约为有效，或至少要承认所有不平等条约只须局部修改，不必全部推翻了。若修约的结果，果能出人意外，根本加以改造，那真是我国民求之不得的事。若不然，则在未改订以前，尚可说是受事实上非理的暴横。改订以后，岂不是受了法律上的痛苦，而再没有诉之公理的余地了吗？"修约是违背总理遗训

①　一松：《修约的外交方针》，《现代评论》第 8 卷第 205 期，1928 年 11 月 11 日，第 7—8 页。
②　蒋竹如：《废除不平等条约》，《劳大论丛》二周纪念刊物之二，1929 年，第 5 页。
③　邓中邦：《废约与修约》，《中公学生》创刊号，1928 年 12 月 29 日，第 5 页。

的。电报指出，世界上单方面废约的例子不少，如土耳其就废约成功，可以借鉴。总之，彻底废约"为吾民族唯一自救之方"。[①]

可见，南京国民政府前期，在"废约"与"修约"的认知问题上，中国社会出现较大分歧，形成不同观念。他们都能从孙中山那里寻找到各自所需的"依据"。这也是为何当时"废约"与"修约"观念能够同时存在的原因。

一般来说，革命派和政府内不当权的派别及其舆论，倾向于主张直接"废约"，不接受"修约"观念，将"废约"与"修约"对立起来，认为两者的区别是"革命"与"妥协"（甚至"反革命"）的区别。他们注意到了不平等条约的危害性，认识到了中国废约的合理性，正确认识到帝国主义的本质，明白"修约"就是"与虎谋皮"，意识到"修约"可能产生的不利后果。当然，他们本身又分属于不同政治派别，批评"修约"论实际各有不同的政治目的。他们的"废约"论也有一定差别。但总的来说，"废约"论占据了"道德"高点，一定程度上主导了社会舆论，对政府外交形成了巨大舆论压力。

政府决策层和外交执行者及其影响的舆论，倾向于以"修约"方式实现取消不平等条约的目标。他们口头上也喊着要"废约"，但实际上是主张"修约"。他们并不认为"废约"与"修约"是根本对立的，认为"修约"也是取消不平等条约的方式，"废约"与"修约"是目的与手段的关系。为了推行修约外交，这一派也从孙中山那里寻找到了"依据"。他们往往属于外交"务实派"。"修约"派注意到了中国取消不平等条约面临的现实困境，努力寻找修约的可行性。当然，他们过于夸大中国取消不平等条约的困难，过于相信外交的力量，过于相信列强的"诚意"，没有正确认识到帝国主义侵略的本性。南京国民政府前期修约外交的失败，证明"修约"手段不能成功。

综上所述，二十世纪二三十年代，由于民族主义的刺激，国民大革命的兴起和发展，推动了废约反帝潮流的出现。南京国民政府成立后，仍受这种潮流的影响，从政府到民众，都认识到改善不平等条约关系的必要性，形成了普遍共识。此外，从欧美留学归来的大批政治学学人及国内政治学系的普遍建立，培育了大批政治学人才，极大地充实了国际法研究力量，推动了条

① 《七工会主张彻底废除不平等条约宣言》，《申报》1928 年 9 月 13 日，第 4 张第 14 版。

约研究，有助于条约观念的更新。

南京国民政府前十年，中国社会对不平等条约的公平性、"神圣性"、危害性有了清晰认识，对改善不平等条约关系的合法依据和可能途径有了深入思考，甚至形成了颇具特色的知识理论，丰富了国际法理论体系。当然，其中不少观念在此前已经产生，但与晚清、民国北京政府时期相比，这一时期的认知更具有系统性、理论性，且成为从政府到民众的普遍共识，而不再是少数人的特有观念。更值得一提的是，这一时期的条约观念明显指引着政府和民众改善不平等条约关系的行动。比如，"情势变迁"原则正式写入外交照会，且成为中国政府废约的法理依据。对不平等条约问题的普遍共识，有助于形成改善不平等条约关系的强大合力，为政府外交提供了后盾，也形成压力。而"修约"与"废约"的争议，有时发展成为现实政治斗争的尖锐对立。

在条约观念的变化中，舆论界和知识精英扮演着先锋的角色。与以前相比，他们对条约问题的探讨更有学理性，对改善不平等条约关系有较为深入的理论思考，更注意从国际法等角度探讨改善不平等条约关系的合理性。在条约观念的变化中，政府官员具有举足轻重的地位。他们的观念直接影响着改善条约关系的实际行动。这一时期政府官员普遍对不平等条约的危害性和不合理性有了清醒认识，指引着他们致力于改善不平等条约关系。但是，由于所属政治派别差异、所处地位差别及知识背景等不同，当时政府官员对改善不平等条约的途径和方式有不同的认识，导致不同的态度。

结 语

在中国废约史上，南京国民政府统治前十年是一个非常重要的阶段。如果说民国北京政府时期是条约特权制度的松动时期，那么南京国民政府统治前期是条约特权制度的动摇时期，是条约制度从松动到崩溃的转折阶段，为抗战后期及战后基本废除不平等条约特权制度奠定了基础。这一时期，中国社会从政府到民间，形成了废除不平等条约的共识，一致对外要求废约，使列强不得不正视这股民族主义的潮流。在取消不平等条约特权问题上，南京国民政府比民国北京政府要积极、主动得多，态度要强硬一些，取得的成绩也要大得多。南京国民政府积极从事取消不平等条约的外交活动，签订了一系列新约，大体实现了关税自主；成功地收回了部分租界和租借地；取消领事裁判权的交涉也进入了实质性谈判阶段，并取得了一定进展；收回航权、取消驻军等也进入筹备阶段。在改善"准条约"关系问题上，南京国民政府也取得了明显进步，电信、外债等特权大部分取消。总的来说，南京国民政府的废约外交努力比其前任政府来说，还是值得肯定的。这些"成绩"的取得，使不平等条约特权制度的根基开始动摇，旧有不平等条约关系得到一定程度的改善。

在改善旧有不平等条约关系的同时，南京国民政府还积极建立或拓展新的平等条约关系。通过废止旧约、缔结新约，与部分条约国家重新建立了平等条约关系；通过积极主动磋商友好条约或通商条约，与一些无约国家建立了友好邦交，确立了平等条约关系。不管是缔结的平等条约数量，还是平等条约内容，都比民国北京政府时期有明显进步。数量上，从 1928 年中美《关税条约》签订开始，至 1937 年 12 月 21 日中国与爱沙尼亚签订《友好条约》止，南京国民政府与各国政府签订了近三十个平等新约，并与十余个无约国进行了积极磋商，为此后缔结平等条约关系奠定了基础。这个数量比民国北京政府时期明显增加。从内容上说，这一时期新建立的平等条约关系基本上是以平等互惠为原则的。不管是关税新约，还是通商条约、互不侵犯条约、友好条约，大体都是遵循这一原则缔结。尽管有的条约存在某些对中国不利条款或中国无法真正从中获益（例如因中国工业落后，可能事实上难以享受对方的"互惠"待遇），但总体上是对中国主权恢复或保持有利的。此外，值得一提的是，南京国民政府颇为注意利用参与国际公约和国际组织活动拓展国际舞台，并为维护自身利益服务。这一时期建立的国际条约关系是平等的。总之，不管是双边还是多边平等条约关系的建立和拓展，都有利于中国国际地位的提升。这一点也是应该予以肯定的。

在废除不平等条约问题上，民众的影响和作用应该予以注意。这一时期，民众与政府在废约问题上的配合程度比以往各时期要高。政府有意识地借助民众力量对列强施压，迫使列强同意谈判，民众积极配合政府废约，形成声势浩大的废约宣传与政治运动，对外展示强大的民族主义力量。民众既为政府外交提供"后盾"，也给政府施加压力，有力地促进了政府的废约进程。大体来说，民众既接受政府的废约指导，又向政府提出自己的废约诉求。民众与政府有一致的时候，典型的事例就是 1931 年国民会议正式代表全体国民宣布废除不平等条约。当然，民众与政府也有矛盾冲突的时候。当政府废约不能满足民众愿望时，民众会将情绪发泄到政府官员身上，例如殴打王正廷事件。从这一时期的民众废约运动来看，民众力量是改善中外条约关系的重要因素。

在普通民众与政府之间，知识阶层是一股比较特殊的力量，发挥着桥梁作用。他们积极利用其知识特长，从事废约宣传和理论研究，既为政府废约提供理论指导，发挥智库作用，又传达政府的废约意图，宣传政府的废约方针，引领民众开展废约运动。当然，知识阶层与政府也并不一致，有时批评政府废约政策还比较激烈。

总的来说，南京国民政府统治前期，在政府与民众的共同努力下，中外条约关系发生了重要变化，旧的不平等条约关系得到较大改善，新的平等条约关系正在建立，并日益成为一种新的趋势。当然，条约关系的彻底转变没有能够最终完成。在 20 世纪 30 年代日本帝国主义对华侵略加剧、民族危机日益严重的背景下，旧的不平等条约关系改善遭到挫折。

在改善条约关系的过程中，职业外交官的作用不可忽视。伍朝枢、王正廷、徐谟、郭泰祺、罗文干、顾维钧、施肇基、颜惠庆、蒋廷黻、李锦纶、郭秉文、张维城、崔士杰、周龙光、钱泰、凌冰、胡世泽、蒋作宾、张履鳌、高鲁、徐东藩、刘师舜等一大批职业外交官活跃于外交舞台。他们为废除不平等条约，建立平等条约关系，做出了贡献。尤其是王正廷作为 1928—1931 年间南京国民政府改订新约运动的灵魂人物，发挥了核心作用。他提出的废止旧约、改订新约方针成为南京国民政府前期的条约政策；其提出的个别国家单独谈判方式成为南京国民政府前期改订新约的有效方法；其提出的分步骤取消不平等条约特权的办法也成为南京国民政府前期废约的思路；其提出的平等互惠原则成为南京国民政府建立平等条约关系的指导原则等等。在他的指挥下，南京国民政府逐步取消了列强在华的一些条约特权，收回了一些主权，缔结了一批平等新约，拓展了平等条约关系。尽管时人对其废约政策和废约成果提出了诸多指责，后人对其废约成效也多有批评，但不可否认的是，这一时期的王正廷较为成功地探索了一条和平废约的道路。

南京国民政府前期，既有统一的政府，又有民众的支持，制定了较为合理的废约方针，并为废约做了诸多政策和体制的调整，还有一批优秀的职业外交官努力从事废约，形成了对外废约合力，改善不平等条约关系具有极有利的条件。但遗憾的是，这十年未能完成孙中山的遗愿，南京国民政府自己确立的废约目标也未能实现，旧有不平等条约关系未能根本改善，不平等条约特权制度和体系延续了其生命。其原因主要有：

第一，日本帝国主义是中国改善条约关系的主要外部阻力。日本是在华享有条约特权的主要国家，也是既得利益的坚定维护者，因此最不愿意放弃在华条约特权。日本政府对南京国民政府宣布废除旧约、重订新约的照会反应最强烈，进行了强硬抗议。关税条约谈判，日本一直拖延，最终因为其他条约国家都已经与中国缔结关税条约，才不得已让步，与中国达成一个条件苛刻的条约，成为最后一个有条件承认中国关税自主的国家。1928—1931年，中国的改订新约运动进展顺利。按照这一发展趋势，中国完全可能在不久之后实现废约目标。但是，"九一八"事变、"一·二八"事变、华北事变、"七七"事变等一系列侵华事件相继发生，日本帝国主义侵略行为不断升级，打断了中国的废约进程，南京国民政府被迫将精力由废约交涉转向对日外交。正是日本帝国主义的侵华，无形中断了中国的废约交涉，使不平等条约关系继续延续。

第二，英美为首的西方列强不愿意放弃既得条约权益是中国废约受阻的重要原因。西方列强享受条约特权历史很长，已经形成庞大而复杂的利益体系。废除不平等条约，意味着要列强放弃长期以来一直享受的既得权益，势必影响列强利益。因此，列强决不会主动放弃条约特权。面对中国民族主义的汹涌波涛，帝国主义者不得不做出一定妥协，对华政策有一定调整。但是，它们仍希望最大限度地保留条约特权。在中国政府提出废止旧约时，列强无不予以拒绝，只同意协商谈判修约，坚决反对中国单方面废约。在修约交涉中，列强采取拖延态度，对法权、航权、租借地、租界等关键性条款拒绝让步。当日本侵华加剧造成远东局势紧张时，英美等国乘机停止磋商，修约交涉无形停顿。

第三，中国国际地位不高影响了废约效果。南京国民政府成立后，对外展现了政权统一的形象，中国国际地位较前有所提升。在这种背景下，改订新约运动才取得一定成功。但是，中国仍是一个内战频繁、贫穷落后的国家，在国际上处于半殖民地状态。这从中日关税条约谈判中可以看出，南京国民政府不得不接受日本比较苛刻的条件。又比如，在向列强提出全面修约时，英、美、法等大国表示拒绝，只愿意谈判关税条约，南京国民政府也只得接受。按照当时人的说法，这都是基于"次殖民地"的地位决定的。"九一八"事变后，中国国际地位迅速下降。为了对付日本侵略，南京国民政府不得不寻求英美的声援。在这种艰难和尴尬背景下，废约自然无法取得预期效果。

第四，中国政局变动影响废约进程。内政与外交关系密切。南京国民政府统治前十年，中国政局变动频繁，影响了对外废约交涉。首先，国共两党处于生死较量之中，国民党集中精力绞杀共产党。中国内战为列强拖延修约谈判提供了借口。且国共不和，对外表达的条约态度自然不一。共产党全面批判国民党的废约方针和政策，提出主动彻底废约的主张。至少在废约舆论上，国共两党不可能步调一致，自然影响了对外力量的展示。其次，国民党内部政治斗争严重影响对外交涉。这一时期，国民党形式上完成了对全国的统一，但实际上内部派系林立，经常发生政治斗争，甚至爆发大规模军阀混战。政局动荡，势必影响对外交涉。例如，宁汉合流后，胡汉民系的伍朝枢就任外交部部长，信心十足地宣布要继承总理遗志，废除不平等条约。但是，随着胡汉民集团在政治斗争中失利，伍朝枢不得不辞职。他在辞职宣言中指出，政局频繁变动，使外交无从着手，或前功尽弃。又如，1930 年初，中美、中英进行法权问题谈判，本来进展颇为顺利，英美都已准备了条约草案。但是，此时蒋冯阎斗争激烈，随后于 5 月爆发中原大战，影响了修约交涉进行，修约谈判因此中断了半年之久。此后法权交涉虽恢复，但仍受政局影响。1931 年，中美法权交涉再度启动。但因 5 月 28 日蒋介石囚禁胡汉民，引起不满，反蒋派在广州成立国民政府，政局再次动荡，负责中美法权交涉的驻美公使伍朝枢辞职，美国乘机中断了在华盛顿举行的法权磋商。可见，政局对外交有严重影响。

第五，外交官员频繁变动，不利于废约。外交官员是负责废约的一线战斗人员。他们的稳定是废约政策贯彻的必要保证。但是，南京国民政府前十年外交官员变动过于频繁。自 1927 年伍朝枢就任南京国民政府外交部部长起，南京国民政府前十年先后经历了伍朝枢、郭泰祺（代理）、黄郛、唐悦良（代理）、王正廷、施肇基、李锦纶（代理）、顾维钧、陈友仁、罗文干、汪精卫（兼任）、张群、王宠惠等多任部长。由于派系斗争，每换一个部长，外交部职员就进行一次调整，显然不利于对外废约交涉。即使任职较长的王正廷在担任外交部部长期间（1928—1931）主持废约取得了一定成绩，但也多次受到国民党内部的非议而要提出辞职。这些非议既有政治观点的不同，也有派系因素在内。1928 年底，中意、中比新约签订后，国民党内部对王正廷的批判不断，宋子文、孙科及其他部分国民党党政要人都有责难之声。社会舆论也直指王正廷，甚至有打倒王正廷的呼声，王正廷住宅也遭到攻击。为此，王正廷提出辞职。[①] 此案虽经蒋介石平息，但不久王正廷又遭到了非

---

① 此次风波具体情况，参见李育民：《中国废约史》，第 672—679 页。

难。1929 年 5 月 21 日国民党中央执行委员会第十八次会议专门讨论了撤惩王正廷及其倚重的郭秉文、张维城、崔士杰、周龙光等一案。① "九一八"事变后，王正廷遭到监察院委员高友唐等人的弹劾。② 王正廷本人遭到南京中央大学学生的殴打。面对这些"非议"和"侮辱"，王正廷及其下属失去了废约积极性。随着此次王正廷的辞职，南京国民政府前期改订新约外交也告一段落。此后继任的外交部部长，虽也有提及修约的，但大多没有实质进展。可见，外交官员尤其是外交主官的变动，对废约进程是有影响的。

总的来说，南京国民政府前期条约关系出现了由不平等关系向平等关系转变的趋势，条约关系得到了一定程度的改善，有利于中国主权的恢复。但是，由于多种因素的影响，条约关系的改善遭受重大挫折。日本帝国主义全面侵华战争爆发后，中国废除不平等条约的进程受阻。直到抗战后期，随着中国国际地位的提升，废除不平等条约的目标才基本实现。

---

① 《呈请撤惩崔士杰及外交部长王正廷由》，1929 年 5 月 21 日，《江苏党务》第 6 期，1929 年 6 月 1 日，文书摘要，第 2—3 页。

② 《提劾外交部部长王正廷巧于趋奉，误国丧权，串通日商垄断面粉案：本院呈国民政府文》，《监察院公报》第 7 至第 12 期合刊本，1931 年 11 月至 1932 年 4 月，第 183—185 页。

主要参考文献

一、 资料丛刊、汇编、史志、年鉴、纪要、大事记、辞典、已刊及未刊档案等

边言辑：《中苏复交后关于订定中苏商约的史料一组》，《民国档案》2006年第3期

卞岩选辑：《1932年中苏复交档案史料》，《民国档案》2006年第2期

财政部财政科学研究所、中国第二历史档案馆编：《国民政府财政金融税收档案史料（1927—1937）》，中国财政经济出版社1997

财政科学研究所、中国第二历史档案馆编：《民国外债档案史料》，档案出版社1991

财政整理会编印：《财政部经管有确实担保外债说明书》，1928

陈志奇辑编：《中华民国外交史料汇编》，台北渤海堂文化事业有限公司1996

程道德等编：《中华民国外交史资料选编（1919—1931）》，北京大学出版社1985

重庆市地方志编纂委员会总编辑室编：《重庆市志》，四川大学出版社1992

复旦大学历史系中国近代史教研组编：《中国近代对外关系史资料选辑（1840—1949）》下卷第一分册，上海人民出版社1977

顾维钧编：《参与国际联合会调查委员会中国代表处说帖》，1932，收入沈云龙主编：《近代中国史料丛刊续编》第49辑483册，台北文海出版社1978

贵阳市志编纂委员会编：《贵阳市志税务志》，贵州人民出版社1995

郭恒钰、罗梅君主编，许琳菲、孙善豪等译：《德国外交档案：1928—1938年之中德关系》，台北"中研院"近代史研究所1991

郭廷以编著：《中华民国史事日志》第2册，台北"中研院"近代史研究所1984

国际劳工局中国分局编印：《国际劳工组织与中国》1948

国民政府外交部编印：《国民政府近三年来外交经过纪要》，1929

国民政府行政院秘书处编印：《国民政府行政文件集》，1929

海关总署《旧中国海关总税务司署通令选编》编译委员会编：《旧中国海关
总税务司署通令选编》，中国海关出版社 2003

洪葭管主编：《中央银行史料》，中国金融出版社 2005

胡瑞荣主编：《卢湾区志》，上海社会科学院出版社 1998

记工编：《历史年鉴》，吉林文史出版社 2006

季啸风、沈友益主编：《中华民国史史料外编：前日本末次研究所情报资料
（中文部分）》，广西师范大学出版社 1997

交通部年鉴编纂委员会编：《交通年鉴》，交通部总务司编印 1935

交通部总务司统计科编：《交通部统计半年报》，交通部总务司 1934

交通铁道部交通史编纂委员会编：《交通史·电政编》，交通部总务司编印 1936

经济会议秘书处编：《全国经济会议专刊》，财政部驻沪办事处 1928

李嘉谷编：《中苏国家关系史资料汇编（1933—1945）》，社会科学文献出版
社 1997

立法院编译处编印：《中华民国法规汇编》，1933

辽宁省档案馆编：《九一八事变档案史料精编》，辽宁人民出版社 1991

刘绍唐编：《民国大事日志》第 1 册，传记文学出版社 1978

马骏主编：《国际法知识辞典》，陕西人民出版社 1993

梅绍祖主编：《上海长途电信百年大事记（1881 年—1997 年）》，上海市长
途电信局印 1998

秦孝仪主编：《中华民国重要史料初编：对日战争时期》，台北"中国国民党
中央委员会党史委员会"1981

全国财政会议秘书处编：《全国财政会议汇编》，收入沈云龙主编：《近代中
国史料丛刊三编》第 29 辑第 288 册，台北文海出版社 1987

全国政协文史资料委员会编：《文史资料选辑》，中国文史出版社 2000

全国政协文史资料委员会编：《文史资料存稿选编》，中国文史出版社 2002

荣孟源主编：《中国国民党历次代表大会及中央全会资料》，光明日报出版
社 1985

商务印书馆编译所编：《国际条约大全》，商务印书馆 1925 年增订

上海通志编纂委员会编：《上海通志》，上海人民出版社 2005

石源华主编：《中华民国外交史辞典》，上海古籍出版社 1996

世界知识出版社编：《国际条约集（1917—1923）》，世界知识出版社 1961

台北"国史馆"藏国民政府档案

台北"国史馆"藏交通部档案

台北"国史馆"藏司法行政部档案

台北"国史馆"藏外交部档案

台北中国国民党党史馆藏政治档案

台北中国国民党党史馆藏中央政治会议速纪录

台北"中研院"近代史研究所档案馆藏外交部档案

台北"中研院"近代史研究所编：《海防档・电线》，台北"中研院"近代史
　　研究所 1957

天津档案局、南开大学分校档案系编：《天津租界档案选编》，天津人民出版
　　社 1992

外交部编纂委员会编印：《中国恢复关税主权之经过》，1929

外交部参事厅编印：《外交部法规会编》，1937

王建朗主编：《中华民国时期外交文献汇编（1911—1949）》，中华书局 2015

王捷、杨玉文等主编：《第二次世界大战大词典》，华夏出版社 2003

王世杰、胡庆育编著：《"蒋总统"对中国及世界之贡献：中国不平等条约之
　　废除》，台北"蒋总统"对中国及世界之贡献丛编编纂委员会 1967

王铁崖编：《中外旧约章汇编》第 1、2、3 册，生活・读书・新知三联书店
　　1957、1959、1962

威海市政协文史资料研究委员会编：《威海文史资料》，威海市新华印刷有限
　　公司 1984

威海卫管理公署秘书处编印：《威海卫收回周年特刊》，1931

厦门档案资料丛书编委会编：《近代厦门涉外档案史料》，厦门大学出版
　　社 1997

厦门总商会编：《厦门商会档案史料选编》，鹭江出版社 1993

夏新华、胡旭晟整理：《近代中国宪政历程：史料荟萃》，中国政法大学出版社 2004

薛典曾、郭子雄编：《中国参加之国际公约汇编》，商务印书馆 1937

佚名编：《关税特别会议议事录》，1928 年印，收入沈云龙主编：《近代中国史料丛刊》第 16 辑 160 册，台北文海出版社 1968

张海鹏主编：《中葡关系史资料集》，四川人民出版社 1999

张研、孙燕京主编：《民国史料丛刊》，大象出版社 2009

章进主编：《中国外交年鉴（民国二十二年一月至十二月）》，生活书店 1934

章进主编：《中国外交年鉴（民国二十三年一月至十二月）》，世界书局 1935

章进主编：《中国外交年鉴（民国二十四年一月至十二月）》，正中书局 1936

浙江省中共党史学会编印：《中国国民党历次会议宣言决议案汇编》

中国第二历史档案馆：《国防设计委员会筹备收回引水权档案史料选》，《民国档案》1996 年第 2 期

中国第二历史档案馆编：《国民党政府政治制度档案史料选编》，安徽教育出版社 1994

中国第二历史档案馆编：《中华民国史档案资料汇编》第 3 辑、第 5 辑第 1 编，江苏古籍出版社 1991、1994

中国第二历史档案馆：《驻苏大使蒋廷黻与苏联外交官员会谈记录（1936 年 11 月—1937 年 10 月）》，《民国档案》1989 年第 4 期

中国国民党浙江省执行委员会宣传部编印：《撤销领事裁判权》，1929

中国人民政治协商会议湛江市委员会文史资料研究委员会编：《湛江文史资料》第 9 辑《广州湾法国租借地史料专辑》，湛江市紫荆印刷厂 1990

中国社会科学院近代史研究所近代史资料编辑部编：《近代史资料》，知识产权出版社 2006

中国社会科学院近代史研究所《近代史资料》编译室主编：《秘笈录存》（近代史资料专刊），知识产权出版社 2013

中国社会科学院近代史研究所中华民国史研究室编：《中华民国史资料丛

稿·大事记》第 14、19 辑，中华书局 1985、1981

"中华民国"史事纪要编辑委员会编：《中华民国史事纪要》1928 年 7—12
    月、1929 年 1—2 月、1934 年 1—3 月，台北"中华民国"史料研究中心
    1982、1985、1986

"中华民国"外交问题研究会编：《国民政府北伐后中日外交关系》（中日外
    交史料丛编第 1 编），台北中国国民党中央委员会党史委员会，1964 年版，
    1995 年发行

朱汇森主编：《电信史料》，台北"国史馆"1990

二、人物文集、传记、年谱、回忆录、日记等

广东省社会科学院历史研究室、中国社会科学院近代史研究所中华民国史研
    究室、中山大学历史系孙中山研究室编：《孙中山全集》，中华书局 2011

《蒋介石日记》，斯坦福大学藏，中国社会科学院近代史研究所抄本

马寅初：《马寅初全集》，浙江人民出版社 1999

钱端升：《钱端升全集》，中国政法大学出版社 2017

沈云龙编辑：《亦云回忆》，台北传记文学出版社 1980 年第 2 版

宋庆龄基金会编辑：《宋庆龄选集》，中华书局 1966

孙大权、马大成编注：《马寅初全集补编》，上海三联书店 2007

王正廷著，柯龙飞、刘昱译：《顾往观来——王正廷自传》（内部资料），宁
    波国际友好联络会编印 2012

吴天放编辑：《王正廷近言录》，现代书局 1933

朱传誉主编：《王宠惠传记资料》，台北天一出版社 1979

［日］重光葵口述，天津市政协编译委员会编译：《重光葵外交回忆录》，知
    识出版社 1982

三、论著、论集、学位论文等

百闵编：《中日关税协定问题》（日本研究会小丛书第七种），日本评论社印
    行 1933

蔡翔、孔一龙主编：《20世纪中国通鉴》，改革出版社 1994

陈华彬：《民法总论》，中国法制出版社 2011

陈诗启：《中国近代海关史》，人民出版社 2002

陈新宇等：《中国近代法律史讲义》，九州出版社 2016

程道德：《近代中国外交与国际法》，现代出版社 1993

范祥善编辑：《现代外交评论集》（现代新文库），世界书局 1930

洪钧培编：《国民政府外交史》，华通书局 1930

侯中军：《企业、外交与近代化：近代中国的准条约》，中国社会科学出版
　　社 2016

胡永龄：《战时国际公法》，中华书局 1947

黄彦编注：《论三民主义与五权宪法》，广东人民出版社 2008

黄荫莱：《中国国民经济在条约上所受之束缚》，交通大学研究所，1936

黄元彬：《白银国有论》，商务印书馆 1936

李恩涵：《北伐前后的"革命外交"（1925—1931）》，台北"中研院"近代
　　史研究所 1993

李权时：《中国关税问题》，收入王云五主编：《万有文库》（第二集七百种），
　　商务印书馆 1936

李旭主编，李充生编著：《旅大的今昔》（史地丛书第一种），拔提书局 1947

李育民：《近代中国的条约制度》，湖南师范大学出版社 1995

李育民：《中国废约史》，中华书局 2005

刘达人、袁国钦：《国际法发达史》，商务印书馆 1937

刘利民：《列强在华租借地特权制度研究》，湖南人民出版社 2011

刘平：《民国银行家论社会责任》，上海远东出版社 2017

刘彦：《被侵害之中国》，上海太平洋书店 1928

柳克述：《不平等条约概论》，泰东书局 1927

马振犊、唐启华、蒋耘：《北京政府时期的政治与外交》，南京大学出版社 2015

单冠初：《中国收复关税自主权的历程》，学林出版社 2004

申晓云：《国民政府建立初期"改订新约运动"之我见——再评王正廷"革命

外交"》,《南京大学学报(哲学·人文科学·社会科学版)》2001年第1期

石源华:《中华民国外交史新著》,社会科学文献出版社2013

宋清松:《广州、武汉国民政府时期的革命外交(1923—1927)》,东北师范大学硕士学位论文2009

孙晓楼、赵颐年编著:《领事裁判权问题》(现代问题丛书),商务印书馆1937

完颜绍元:《王正廷的外交生涯》,团结出版社2008

王洸编:《中华水运史》,台湾商务印书馆1982

王纪元:《不平等条约史》,亚细亚书局1935

王建朗:《日本与国民政府的"革命外交":对关税自主交涉的考察》,《历史研究》2002年第4期

王立诚:《中国近代外交制度史》,甘肃人民出版社1991

王轼刚主编:《长江航道史》,人民交通出版社1993

王孝通:《中国商业史》(中国文化史丛书),商务印书馆1998

王芸生编著:《六十年来中国与日本》第8卷,生活·读书·新知三联书店1982

吴昆吾:《条约论》,商务印书馆1931

吴昆吾:《不平等条约概论》,商务印书馆1933

伍蕙农:《不平等条约的分析及其修改方法》,民治书局1929

武堉干:《中国关税问题》,收入王云五主编:《万有文库》(第一集一千种),商务印书馆1930

徐万民、李恭忠:《中国引航史》,人民交通出版社2001

许德珩:《中日关系及其现状》(抗战特刊第一种),中山文化教育馆1939

杨朝杰:《国际条约概论》,大东书局1933

杨幼炯:《近代中国立法史》,上海书店出版社1989

姚希明:《领事裁判权的撤废问题》,中国国民党广东省宣传部编印1930

邮电史编辑室编:《中国近代邮电史》,人民邮电出版社1984

张廷灏讲演,高尔松笔记:《不平等条约的研究》,光华书局1927

郑慧娴:《南京国民政府收回海底电线问题研究》,湖南师范大学硕士学位论文 2018

周斌:《舆论、运动与外交:20 世纪 20 年代民间外交研究》,学苑出版社 2010

周鲠生:《不平等条约十讲》,上海太平洋书店 1928

周鲠生:《革命的外交》,上海太平洋书店 1929 年增订三版

朱汉国、杨群主编,陈争平册主编:《中华民国史》第 3 册,四川人民出版社 2006

朱铭、王宗廉主编,刘大可卷主编:《山东重要历史事件:北洋政府时期》,山东人民出版社 2004

[奥地利] 格尔德·卡明斯基、埃尔泽·翁特里德著,包克伦等译:《奥中友谊史》,世界知识出版社 1986

[美] 威罗贝著,王绍坊译:《外人在华特权和利益》,生活·读书·新知三联书店 1957

[日] 信夫清三郎编,天津社会科学院日本问题研究所译:《日本外交史》,商务印书馆 1980

[苏] 卡比察著,赵承先、忻鼎明译:《1931—1945 年的中苏关系》,世界知识出版社 1957

[英] 莱特著,姚曾廙译:《中国关税沿革史》,生活·读书·新知三联书店 1958

四、 报纸、杂志

《安徽省政府公报》《北平晚报》《布尔塞维克》《财政日刊》《策进》《晨熹》《成都市市政公报》《持志》《大道半月刊》《大公报》《大晶报》《电信》《电信效率》《电友》《东方民族》《东方杂志》《东南日报》《东三省官银号经济月刊》《东山月刊》《法律评论(北京)》《法声》《法学季刊》《法学杂志》《冯庸大学月刊》《福建党务半月刊》《福建民国日报副刊:青天白日》《甘肃省政府公报》《革命评论》《革命前锋》《革命外交周刊》《工商半月刊》《公

安周刊》《关税问题》《观察》《观海》《广东省党务》《广西公报》《国货评论刊》《国货月刊》《国际劳工通讯》《国际贸易导报》《国际周报》《国立武汉大学社会科学季刊》《国立武汉大学四川同学会会刊》《国立浙江大学校刊》《国立中央大学社会科学季刊》《国民外交杂志（南京）》《国民周刊》《国外情报选编》《国闻周报》《海光》《海军公报》《海事》《海外月刊》《汉平新语》《航声》《航业月刊》《河北高等法院公报》《河北前锋》《河北省政府公报》《河北周刊》《河南教育》《湖北教育行政旬刊》《湖北民政月刊》《湖北省政府公报》《湖北周报》《华北日报》《华侨半月刊》《唤起》《会报》《火线》《疾风旬刊》《甲寅杂志》《监察院公报》《监狱杂志》《检阅》《剪报》《建国月刊》《建设周刊》《江苏》《江苏党声》《江苏党务》《江苏省民众厅庶政会议汇刊》《江西党务月刊》《交通公报》《交通杂志》《交通职工月报》《教育部公报》《金陵光》《金陵月刊》《津逮》《津浦三日刊》《津浦铁路公报》《禁烟半月刊》《禁烟汇刊》《禁烟委员会民国二十年十一月份工作报告》《京报》《京报副刊》《经济通讯》《拒毒月刊》《军队党部政治通讯》《军事杂志》《军政公报》《来复》《劳大论丛》《立报》《立法院公报》《立法专刊》《贸易》《蒙古旬刊》《民报》《民国日报》《民声旬报》《民钟季刊》《民众旬刊》《民众周报》《民族》《闽锋周刊》《南海县政季报》《南京日报》《南开大学周刊》《南宁民国日报》《南洋研究》《宁乡周报》《女铎》《前进》《钱业月报》《侨务汇刊》《青年呼声》《青年生活》《求是月刊》《全国财政会议日刊》《全国交通会议日刊》《三民半月刊》《三五特刊》《厦大周刊》《陕西教育周刊》《汕头市市政公报》《商业月报》《上海党声》《上海法曹杂志》《上海货价季刊》《申报》《生活周刊》《时报》《时代日报》《时时周报》《时事年刊》《时事月报》《世界月刊》《世界周报》《是非公论》《顺天时报》《司法公报》《司法汇刊》《司法杂志》《思想月刊》《四川经济月刊》《四中周刊》《苏衡》《太平洋月刊》《统一》《外部周刊》《外交部公报》《外交公报》《外交评论》《外交月报》《外交周报》《外论通信稿》《无线电杂志》《五中周刊》《西北日报》《先导月刊》《现代评论》《现代司法》《现代邮政》《向导周报》《协进》《新晨报》《新晨报副刊》《新光》《新纪元周报》《新路半月刊》《新评论》

《新声半月刊》《新蜀报》《新闻报》《新中华》《星期评论》《行政院公报》《醒狮》《兴华》《宣传周报（湖南）》《宣传周报（南昌）》《宣传周刊》《学行月刊》《血花》《血路》《遗族校刊》《益世报》《银行月刊》《银行周报》《再造》《浙江党务》《浙江民政月刊》《浙江省政府公报》《真光杂志》《正轨》《正声》《政治评论》《政治旬刊》《政治与民意》《政治月刊》《知难》《职业市季刊》《中公学生》《中国国民党汉口特别市党务指导委员会半月刊》《中国国民党指导下之政治成绩统计》《中华法学杂志》《中华实事周刊》《中华月报》《中南情报》《中外评论》《中外问题》《中外月刊》《中央党务月刊》《中央民众训练部公报》《中央侨务月刊》《中央日报》《中央日报特刊》《中央银行旬报》《中央政治学校校刊》《中央周报》《中央周刊》《自觉》《自求》《自治旬刊》《总商会月报》

五、 外文资料

日本外务省编纂：《日本外交文书》昭和期Ⅰ第1部第3卷，1993

Foreign Office Files for China，*1919-1980*，Sources from the National Archives，UK

F. Johnston，*Lion and Dragon in Northern China*，London and Aylesbury：Hazell，Watson and Viney，LD.，1910

Wesley R. Fishel，*The End of Extraterritoriality in China*，Berkeley & Los Angeles：University of California Press，1952

Peter Wesley-Smith，*Unequal Treaty 1898-1997*：*China，Great Britain and Hong's New Territories*，Hong Kong：Oxford University Press，1980